사실성과 타당성

담론적 법이론과 민주적 법치국가 이론

나남
nanam

한상진

서울대 사회학과 및 동대학원 졸업
미국 서던일리노이대학 사회학 박사
미국 뉴욕 컬럼비아 대학교 초빙교수
독일 베를린 사회과학원, 프랑스 파리 고등사회과학원 초빙교수
한국정신문화연구원장
현재 서울대 사회학과 명예교수
한상진 사회이론연구소 소장
저서로 《한국사회와 관료적 권위주의》
《민중의 사회과학적 탐색》, 《중민이론의 탐색》 등

박영도

서울대 사회학과 및 동대학원 석사·박사
독일 프랑크푸르트대학 사회연구소 객원연구원
한국정신문화연구원 연구교수
연세대 국학연구원 HK연구교수
주요 논문으로 "현대사회이론에서 비판패러다임의 구조변동"
"하버마스에서 주체중심적 사유의 지양과 언술변증법" 등

나남신서 1226

사실성과 타당성

담론적 법이론과 민주적 법치국가 이론

2000년 8월 25일 초판 발행
2007년 6월 25일 재판 발행
2018년 1월 15일 재판 3쇄

저자 Jürgen Habermas
역자 한상진·박영도
발행자 趙相浩
발행처 (주) 나남
주소 10881 경기도 파주시 회동길 193
전화 (031) 955-4600 (代)
FAX (031) 955-4555
등록 제 1-71호 (1979. 5. 12)
홈페이지 http://www.nanam.net
전자우편 post@nanam.net

ISBN 978-89-300-8226-6
ISBN 978-89-300-8001-9 (세트)
책값은 뒤표지에 있습니다.

나남신서 1226

사실성과 타당성

담론적 법이론과 민주적 법치국가 이론

위르겐 하버마스 | 한상진 · 박영도 옮김

나남
nanam

Faktizität und Geltung
Beiträge zur Diskurstheorie des Rechts und des demokratischen Rechtsstaats

by Jürgen Habermas

한국어판 서문

한국은 한 세대 만에 전산업사회에서 탈산업사회로의 도약을 이룩한 영토국가로서 그 유례를 찾아볼 수 없는 사례이다. 현기증을 일으킬 만큼 빨랐던 전환의 속도 때문에 이 소용돌이의 한가운데 있던 국민들은 사회적인 면에서나 심리적인 면에서 높은 비용을 치렀다. 더욱 놀라운 점은 이 와중에서도 한국의 시민들이 처음 사회경제적 변동을 완수했던 권위주의적 개발독재의 정치형태로부터 한 단계 한 단계 해방을 이룩하는 에너지와 용기를 보여주었다는 점이다. 우리가 알고 있듯이, 정치적 자유와 경제적 자유가 어깨를 나란히 하여 진척된다는 것은 결코 자명한 일이 아니다.

경제적 성장이 민주적 입헌국가의 형태 속에서 수행될 때 비로소, 정부의 정당성을 재는 척도가 될 요구수준 높은 규범적 기대가 존재한다. 여기서 말하는 기대란 자유롭고 평등한 시민들의 자기결정적 연합체 속에서 모든 사람들이 평등하게 자유를 향유하는 상태에 도달한다는 기대를 말한다. 그러나 복잡한 사회에서는 개별 시민들의 생활조건 사이에 강한 불평등이 있다. 이러한 까닭에 평등한 법적 자유가 모든 사람들에게서 실질적으로도 평등한 사용가치를 지닐 수 있도록 능동적 국가가 보장하는 한에서, 민주주의의 평등주의적 약속이 이행될 수 있다. 존 롤즈가 '평등한 권리의 공정한 가치'라는 말을 한 것도 이런 맥락에서이다.

시민들이 법적으로 보장된 자유를 실제로 사용할 수 있는 평등한 기회가 생활상태의 차이 때문에 박탈당해선 안 된다. 사회적 불평등은 시민적(*zivilen*) 한계 안에 머물러 있어야 한다. 이 말은 사회적 불평등이 시민적 연대성의 망을 파괴해선 안 된다는 것을 뜻한다.

나는 민주주의를 자기교정적 학습과정으로 파악할 것을 제안한다. 헌법의 고정된 문장은 변화하는 해석의 흐름 속에서만 생동하는 것으로 남는다. 헌법은 시민권을 실현하기 위한 완수되지 않은 프로젝트이며, 앞으로도 결코 완수될 수 없는 프로젝트이다. 시민권은 매 세대마다 변화된 역사적 상황에 비추어 새롭게 비판적으로 해석되고 소화되어야 하며, 그 실체도 지금까지보다 더 포괄적으로 실현되어야 한다. 민주적 제도들에는 배제된 사람들의 포용에 대한 희망과 힘없는 사람들에게 힘을 부여하는 것에 대한 희망이 결합되어 있다. 민주주의는 활기찬 시민사회와 역동적인 정치적 공론장(公論場)을 먹고 산다. 주변화된 층을 정치적 공동체 속으로 포용하여, 목소리를 잃은 사람들에게 정치적 목소리를 되돌려주기 위해선 시민사회와 정치적 공론장으로부터 끊임없이 자극이 나와야만 한다.

3년 반 전에 한국을 방문했을 때 나는 장기적인 민주화 과정의 위험과 저항을 보고서 깊은 인상을 받았다. 그때 이후 민주화 과정은 정부의 지원 하에 속도를 더해가면서 계승되고 있다. 이러한 상황에서 이 책이 한국어로도 간행되어 기쁘게 생각한다. 이 책의 연구목표는 복잡한 사회의 저항에 부딪혀 메아리 없는 외침으로 끝나버리는 것처럼 보이는 민주적 입헌국가의 고전적 원칙들을 의사소통이론의 관점에서 새롭게 독해하는 데 있다. 나는 어떻게 현대적 지식기반사회의 의사소통조건 아래에서 자유롭고 평등한 인격체들의 자기결정적 결사체라는 충일한 이념을 냉소나 체념에 빠지지 않으면서 계속 지켜나갈 수 있는지를 보여주고자 한다. 그러나 여기서 나의 분석은 여전히 국민국가적 사회상태에 국한되어 있다. 지금까지 자유민주주의는 국민국가의 경계 안에서만 실현되었기 때문이다.

그러나 무역관계, 금융시장, 투자전략의 세계화가 진척되면서 1980년대 중반 이래 세계경제의 구조변동은 점점 더 뚜렷해졌다. 이와 함께 생겨난 탈국민국가적 상황(*postnationale Konstellation*)은[1] 특히 국민국가의 행동반경에 영향을 미쳤다. 국민국가가 자국경제의 세원을 끌어내어 지금까지와 마찬가지로 국민국가적 경계 안에서 사회정책과 경제정책을 추진하기 위한 재정적 기초를 확보할 수 있는 능력은 점점 줄어들고 있다. 국민국가적 정치의 영향력이 축소되면서 민주적 의견형성과 의지형성의 대상이 될 수 있는 문제의 영역도 동시에 줄어들었다. 축소지향적 정치와 그 자체로서 민주화될 수 없는 세계화된 경제 간의 비중이 이렇게 달라지면서, 다음 질문이 절실하게 제기된다. 탈규제화의 바람직하지 않은 결과들을 초국가적 차원에서, 그리고 새로운 형식의 정치적 조정을 통하여 흡수해낼 수 있을 것인가? 그러나 세계정부 없는 세계적 규모의 내치(*Weltinnenpolitik*)—'국경 없는 공간에서의 통치'—라는 문제가 대두하면서, 이 책에서 다루고 있는 민주적 정당화의 국민국가적 형식도 새로운 도전에 직면하게 된다.

1999년 12월, 슈타른베르크에서

위르겐 하버마스

1) J. Habermas, *Die postnationale Konstellation*, Ffm, 1998.

역자 서문

민주주의는 법치(法治)라고 하는데, 법이 없는 나라가 없을진대 법의 지배는 과연 어떤 조건 위에서 민주적 정당성을 획득하는가? 흔히 하는 말로, 법은 통치의 수단인가 아니면 인권의 보루인가? 법학도들이 가정하듯이, 법은 정의의 상징인가 아니면 강자의 이익을 대변하는가? 기능적으로 고도로 다원화된 현대사회의 제도와 조직은 각각의 법과 규칙에 따라 움직이기 때문이다. 그러나 인간은 없고 법과 관료만 있는 삭막한 사회를 넘어 다원사회를 이끌고 매개하는 윤활유로 법이 작동하려면 어떤 의사소통의 장치가 전제되어야 할 것인가? 보다 고전적 질문을 던지자면, 민주주의란 국민주권을 뜻하고 그 방식은 선거를 통한 대의민주주의로 요약되는데, 세계적 규모의 지식정보 혁명이 일어나고 있는 21세기 인터넷시대에 국민주권의 개념은 어떻게 재정립되어야 할 것인가?

이런 일련의 질문들에 가장 근원적이고 심오한 통찰을 보여주는 책이 바로 위르겐 하버마스의 《사실성과 타당성》(*Faktizität und Geltung*)이다. 하버마스는 수많은 논쟁과 저술을 통하여, 특히 온갖 상대주의적 '포스트모던' 사조들이 득세하는 오늘의 불확실성 시대에 인간의 이성과 합리성을 새롭게 변호하고 발굴해온 작업으로 이미 세계학계가 명실공히 이 시대 최고의 지성으로 인정하는 거장이다. 원숙한 그의 모든 사상의 뿌리에는 담론에 대한 새로운 성찰이 숨쉬고 있다. 독특한 언어이론의 개척으로 그는 맑스주의, 실증주의, 기능주의 등의 한계를 돌파했으며, 《사실성과 타당성》은 그의 담론이론을 법이론과 민주주의 이론에 접목시킨 탁월한 결과라고 할 수 있다.

1992년 출간되어 이미 현대의 고전으로 주목받는 이 책에서 하버마스는 한편으로는 언어에 내재하는 사실성과 타당성의 생산적 긴장에서 출발하여 철학이 관심을 갖는 정의이론과 사회과학의 법이론을 아우르는 '담론적 법이론'(*Diskurstheorie des Rechts*)을 제시하는가 하면, 다른 한편으로는 법과 권력의 내재적 관계에서 출발하여 자유주의 전통과 공화주의 전통의 대립을 극복하는 '담론적 민주주의 이론'(*Diskurstheorie der Demokratie*)을 제시한다. 또한 사회의 기능적 복잡성과 문화적 다원주의가 갈수록 커지는 오늘의 상황에서 민주적 법치국가의 고전적 이념을 어떻게 새롭게 해석하고 제도화할 수 있는지를 규명한다. 아울러 사회주의가 표방했던 '자유로운 생산자 공동체'라는 민주주의 모델을 '자유롭고 평등한 시민들의 자율적인 법적 공동체'라는 모델로 대체하고자 한다.

600여 페이지에 걸쳐 전개되는 복잡하고 정교한 논의를 충실히 소화하고 추적하기란 결코 쉬운 일이 아닐 것이다. 그러나 민주주의와 법, 시민사회, 커뮤니케이션 그리고 자아 및 집단 정체성 등에 관심을 갖는 철학, 법학, 정치학, 사회학, 정보학, 윤리학 등의 야심찬 연구자들에게는 이 과제가 매력적인 도전이 될 것이다. 이 책이 여러 학문분야 사이의 학제간 토론에 다소라도 기여할 수 있게 되기를 기대하는 마음 간절하다.

번역은 독일어본 초판(1992년)을 대본으로 삼았다. 그러나 초판의 각주에 실린 미간행 원고들이 그 동안 출판된 것도 있어서, 각주는 제4판(1994년)을 사용하였다. 그리고 4판에 실린 '후기'를 추가로 번역했고, 또 4판에 추가된 참고문헌도 함께 실었다. 그러므로 사실상 제4판과 차이는 없는 셈이다.

원본에 "예비연구와 보충연구"라는 제목으로 부록에 포함되었던 논문들, "Recht und Moral: Tanner Lectures"("법과 도덕", 1986) "Volkssouveränität als Verfahren("절차로서의 국민주권", 1988), "Staatbürgerschaft und Nationale Identität"("시민권과 민족 정체성", 1990) 등 3편은 번역에서 제외하였다. 그 이유는 책이 너무 방대한 데다 논문들의 성격상 "예비연구와 보충"을 따로 하나의 책으로 출간하는 편이 더 좋으리라는 생각 때문이었다. 그 대신 이 책의 기본 논지를 저자가 정리한 '4판 후기'를 추가했다. 서문과 함께 이 후기를 먼저 읽으면 정밀한 논증으로 일관된 이 책의 기본요지를 보다 쉽게 파악할 수 있을 것이다. 아울러 이 책의 부록에 실린 한상진의 "하버마스 인터뷰" 꼭지들도 하버마스의 전반적 사상과 함께 이 책의 핵심주장, 그리고 한국사회에 대한 그의 관심을 이해하는 데 도움이 될 것이다.

번역에 바친 박영도의 헌신과 공이 매우 컸음을 밝혀둔다. 출판을 앞두고 두려운 마음이 앞서는 것도 사실이다. 원래의 의미를 해치지 않는 범위 안에서 독일어 원본을 우리말 문체에 맞게 번역하려고 애를 썼다. 이 과정에서 영어 번역본(*Between Facts and Norms*, translated by W. Rehg, The MIT Press, 1996)도 때론 도움이 되었다는 점을 밝힌다. 그러나 여전히 어색한 표현과 눈에 거슬리는 문장들이 있을 것이고, 또 최대의 노력에도 불구하고 적절치 않은 번역이 있을 수도 있을 것이다. 이러한 부분은 사정이 허락되는 대로 고쳐나가도록 하겠다.

이 자리를 빌려 이 책의 번역을 지원한 한국학술진흥재단에 감사드린다. 박영도는 1997년 10월부터 1999년 7월까지 프랑크푸르트 대학 사회연구소(Institut für Sozialforschung)에 머물면서 번역도 하고 연구도 했는데 이런 도움을 준 위르겐 하버마스 교수와 악셀 호네트 교수께 감사의 뜻을 표한다. 아울러 번역의 질을 높이는 데 도움을 준 서울대 사회학과 박사과정의 김수정, 김성언과 동해대 정태석 교수 등에게도 고마움을 표하는 바이다. 마지막으로 변하지 않은 친절과 호의 속에 이 책의 출판도 흔쾌히 맡아주신 나남출판 조상호 사장을 비롯한 편집부 직원들에게도 감사드린다.

(2000년 7월)

이 책이 출간된 지 7년이다. 그동안 이 책의 중요성은 더욱 커졌다. 주권과 인권의 긴장은 지구적 차원으로 확대·심화되었다. 신자유주의 세계화로 인한 시장의 사회적 독재는 왜 오늘의 민주주의에 화폐, 권력, 연대성 간의 새로운 삼권분립이 절실하게 요청되는지를 웅변하고 있다. 정치의 사법화 현상은 왜 법치가 아니라 민주적 법치가 중요한지를 말해 준다. 또한 이 책은 새로운 규범적 기대지평이 어떻게 가능한지도 보여준다. 현재를 이해하고, 그 위에서 과거의 억눌렸던 기대를 발굴하고 앞으로 실현해야 할 기대를 형성하는 데 이 책이 큰 도움이 되리라 믿는다.

재판을 준비하면서 부끄러움으로 얼굴이 붉어진 적이 한두 번이 아니었다. 특히 법률용어와 관련하여 오역이 많았다. 늦었지만 이번 기회에 바로잡게 되어 참으로 다행이다. 원고를 일일이 검토하여 잘못된 용어를 바로잡아준 연세대 법대 김정오 교수님께 이 자리를 빌려 깊이 감사드린다. 그 외에 '의사소통행동'을 '의사소통행위'로 바꾸는 등 몇 가지 용어변동이 있었다.

수정하긴 했지만 여전히 잘못된 표현이 있을 것이다. 사정이 허락하는 대로 계속해서 고칠 것을 약속드린다. 마지막으로 원고를 일일이 읽어준 조상호 사장님을 비롯해 나남출판의 많은 분께 다시 한 번 감사드린다.

2007년 6월

한상진 · 박영도

서 문

독일에서 법철학은 이미 오래 전부터 더 이상 철학자만의 문제가 아니었다. 나는 헤겔의 이름을 거의 언급하지 않고 오히려 칸트의 법이론에 더 많이 의존하고 있는데, 이것은 우리에게 도달불가능한 규준을 설정했던 모델을 피하려는 나의 바람을 표현하는 것이기도 하다. 사회적 현실과의 만남을 추구했던 곳에서 법철학이 법과대학으로 이주했던 것은 결코 우연이 아니다.[1] 그러나 나는 법학의 일부로 전문화되어 여전히 형법의 기초에 관한 논의에[2] 열중하는 법철학의 전통도 마찬가지로 피하고자 한다. 한때 헤겔철학의 개념 속에 포괄될 수 있었던 것은 오늘날 법이론, 법사회학, 법률사, 도덕이론과 사회이론의 전망들을 조합하는 방법론적으로 다원적 접근방법을 요구한다.

1) W. Hassemer, "Rechtsphilosophie, Rechtswissenschaft, Rechtspolitik," *Archiv für Rechts-und Sozialphilosophie*, Beiheft 44, 1931, 130~143.

2) 이 주제와 관련하여 담론이론이 기여할 수 있는 것에 대한 개괄로는 K. Günther, "Möglichkeiten einer diskursethischen Begründung des Strafrechts," in : H. Jung et al. (Hg.), *Recht und Moral*, Baden-Baden 1991, 205~217.

이런 방식을 사용하여 흔히 오인되는 의사소통행위이론의 다원주의적 성향을 분명하게 드러내줄 수 있는 한, 나는 이 방식을 환영하는 바이다. 철학적 기본개념은 결코 독자적인 고유한 언어를 형성하지 않으며, 어떤 경우에도 모든 것을 자기 안으로 동화시켜 버리는 체계를 더 이상 형성하지 않는다. 오히려 그것은 과학적 인식을 재구성적으로 흡수하기 위한 도구를 제공한다. 철학은 독자적 능력으로는 오직 기본개념의 투명성만 제공할 수 있을 뿐이지만, 그 다언어적 성격 덕분에 메타이론적 차원에서 놀라운 정합성을 발굴할 수 있다. 그리하여 의사소통행위이론의 기본가정들도 다양한 담론세계로 가지를 뻗는다. 그리고 거기서 만난 논증맥락들 속에서 자신의 가치를 입증해야 한다.

제 1장에서는 의사소통행위이론의 토대와 관련되는 사실성과 타당성의 관계의 몇 가지 측면을 개괄적으로 다룬다. 이 책의 제목에서 언급하고 있는 이 문제는 물론 내가 여기서 다룰 수 있는 정도보다 훨씬 상세한 철학적 설명을 요구한다. 제 2장에서는 사회학적 법이론과 철학적 정의이론 사이의 간극을 아우르는 접근방법을 스케치할 것이다. 이어지는 두 개의 장에서는 담론적 법이론의 틀 속에서 고전적 이성법의 일부를 재구성할 것이다. 거기서 나는 다른 곳에서 발전시켰던 담론윤리의 기본가정에서 출발하여 작업할 것이다.[3] 그러나 지금 나는 도덕과 법의 보완적 관계와 관련하여 타너 강좌(Tanner Lecture)에서와는 다른 견해를 갖고 있다.[4] 제 5장과 제 6장에서는 법이론의 중심

---

3) J. Habermas, *Moralbewußtsein und kommunikatives Handelns*, Frankfurt/Main 1983 ; *Erläuterungen zur Diskursethik*, Frankfurt/Main 1991.

4) 아펠(K. O. Apel)도 내가 보기엔 과도하게 규범주의적인 접근방법을 선택했다. K. O. Apel, "Diskursethik vor der Problematik von Recht und

대상을 놓고 담론이론적 접근방법을 검사할 것이다. 여기서 나는 독일과 미국에서 현재 일어나는 논쟁을 참조하는데, 이는 다름 아니라 내가 이 두 나라의 법전통에 대해서만 어느 정도 친숙히 알고 있기 때문이다. 제 7장과 제 8장에서 나는 규범적 내용이 있는 토의정치 개념을 설명하고, 복잡한 사회에서 권력순환을 법치국가적으로 규제할 수 있기 위한 조건을 사회학적 관점에서 검토할 것이다. 여기서 나는 민주주의 이론을 주로 정당화의 측면에서 다룰 것이다. 마지막 장에서는 절차주의적 법 패러다임 개념 속에서 법이론적 고찰과 사회이론적 고찰을 종합한다.

그 외에도 나는, 이러한 경로를 거쳐, 의사소통행위이론이 제도의 현실에 대해 눈감고 있다는 비판이나[5] 그 이론이 심지어는 무정부주의적 결과를 초래하기도 한다는 비판을[6] 수행적으로 반박하고자 한다. 그러나 민주적 법치국가의 제도들이 평등한 **주관적** 자유를 실질적으로 보장하기 위해 자양분으로 삼아야만 하는 구속 없는 **의사소통적** 자유의 잠재력이 무정부주의적 핵심을 갖고 있음은 물론이다.

전문적인 법적 문제에 관한 한 일반인에 지나지 않은 나는 내가 원할 수 있는 정도보다 더 깊게 전문적 법적 토론에 관여해야 했다. 그 과정에서 이 학문분야가 이룩한 인상적인 건설적 성과에 대한 존경심도 점점 늘어갔다. 나는 법과 헌법의 패러다임적 배후이해의 해명에 대한

Politik," in : K. O. Apel · M. Kettner (Hg.), *Zur Anwendung der Diskursethik in Politik, Recht und Wirtschaft*, Frankfurt/Main 1992, 29~61.

5) 부브너(R. Bubner)가 항상 이런 비판을 제기했다. 최근의 비판으로는, R. Bubner, "Das sprachliche Medium der Politik," in : *Antike Themen und ihre moderne Verwandlung*, Frankfurt/Main 1992, 188~202. 특히 196 ff.

6) O. Höffe, *Politische Gerechtigkeit*, Frankfurt/Main 1987, 193 ff.

나의 제안을 현재 진행되는 논의에 대한 하나의 기여로 이해한다. 특히 이것은 법학자들 사이에서 늘어나고 있는 법회의주의를 겨냥하고 있으며, 무엇보다도 현존하는 법적 관행의 규범적 전제가 갖는 사회적 영향력을 과소평가하는, 내가 보기에 그릇된 실재론을 겨냥하고 있다. 정치 공동체의 최선의 법적 구성에 관해 17세기 이래 끊임없이 이루어졌던 논쟁들 속에는 근대 전체의 도덕적-실천적 자기이해가 표현되어 있기도 하다. 이 자기이해는 보편주의적 도덕의식에 대한 증언과 민주적 법치국가의 자유로운 제도들 속에서 똑같은 정도로 표현되고 있다. 담론이론은 이 자기이해를 재구성하여 그것의 고유한 규범적 논리를 과학주의적 환원과[7] 미학적 동화[8]에 대항하여 주장할 수 있도록 만들려는 하나의 시도이다. 현대의 자기이해가 분화되어 나타나는 3개의 타당성 차원이 무너져선 안 된다. 그 어느 세기보다도 현존하는 비이성의 공포를 우리에게 가르쳐주었던 금세기 이후에, 이성에 대한 본질주의적 신뢰의 마지막 잔재마저 파괴되었다. 그러나, 그럴수록, 이제 자신의 우연성을 의식하게 된 현대는 더욱더 절차적 이성에 의존한다. 또한 이것은 더욱더 현대가 스스로에게 소송을 제기하는 이성에 의존한다는 뜻이기도 하다. 이성에 대한 비판은 이성 자신의 작품이다. 이러한 칸트적 이중의미는 우리가, 이미 언어적으로 구조화된 삶의 형식 속에 위치하는 우리가 호소할 수 있는 더 높은 실재도 없고 더 깊은 실재도 없다는 철저한 반플라톤적 통찰에서 비롯한다.

30년 전에 나는 헤겔의 법철학을 유물론적 역사철학으로 변형시키려

7) N. Luhmann, *Beobachtungen der Moderne*, Köln 1992.

8) J. Derrida, *Gesetzeskraft : Der 'mystische Grund der Autorität'*, Frankfurt/Main 1991.

는 맑스의 시도를 다음과 같이 비판했다.

> 맑스는… 부르주아 법치국가에 대한 이데올로기 비판을 통해, 그리고 자연적 권리의 기초를 사회학적으로 해체함으로써, 합법성의 이념 자체와 자연법의 의도 자체가 맑스주의에서 지속적으로 불신받게 만들었다. 그 결과 자연법과 혁명을 이어주던 연결고리는 그때 이후 깨어졌다. 국제적 내전의 당파들은 그 유산을 숙명적이리만큼 분명하게 분할하였다. 한쪽은 혁명의 유산을, 한쪽은 자연법의 이데올로기를 상속했다.[9]

국가사회주의의 붕괴 이후에, '세계적 내전'의 종식 이후에, 패배한 쪽의 이론적 오류는 명백하게 드러났다. 그들은 사회주의적 기획을 구체적인 생활형식의 투사와—그리고 그것의 폭력적 관철과—혼동했다. 그러나 그럼에도 불구하고 '사회주의'를 참여자들 스스로가 먼저 그것에 관해 상호이해에 도달해야만 하는 그런 해방된 삶의 형식의 필수조건들에 대한 총괄개념으로 이해한다면, 우리는 법적 공동체의 민주적 자기조직이 이 사회주의적 기획의 규범적 핵심이기도 하다는 것을 알 수 있다.

다른 한편 자신이 승리했다고 여기는 쪽도 그 승리를 누리지 못했다. 현대의 도덕적 실천적 자기이해의 유일한 상속자로 등장할 수도 있었을 바로 그 순간에, 그들은 두려움을 자아내는 세계사회의 차원에서 자본주의에 대한 사회복지국가적이고 생태적인 순치를 열정적으로 추진해가야 할 과제를 거부하였다. 그들은 시장을 통해 운행되는 경제의 고유한 체계적 논리에게 열광적인 존경심을 퍼부었다. 그들은 국가

9) 1962년 10월에 있었던 "자연법과 혁명"에 관한 강연은 J. Habermas, *Theorie und Praxis*, Frankfurt/Main 1971, 89~127쪽에 실려 있다. 위에서 인용한 부분은 117 f.

관료제의 권력매체가 과잉팽창하는 것에 대해서는 적어도 경계심은 갖고 있었다. 그러나, 정말로 위협받고 있는 자원, 즉 법적 구조 속에서 보존되어 있으며 끊임없이 쇄신할 필요가 있는 사회적 연대성이라는 자원과 관련해서는 이와 유사한 감수성은 그 기미조차 보이지 않는다. 경제성장의 생태론적 한계와 북부와 남부에서 점점 늘어가는 생활조건의 격차가 던지는 비상한 도전 앞에서, 국가사회주의적 사회를 분화된 경제체계의 메커니즘으로 전환시키려는 역사상 유례없는 과제 앞에서, 남부의 빈곤지역으로부터 밀려오는 — 이제는 동부의 빈곤지역도 여기에 가세하였다 — 이민행렬의 압력 앞에서, 새로운 종족적, 민족적, 종교적 전쟁과 핵위협, 그리고 국제적 분배투쟁의 위험 앞에서, 이와 같은 경악스러운 배경 앞에서 서구의 민주적 법치국가 사회의 정치는 오늘날 방향과 자기의식을 상실하였다. 공허한 수사적 미사여구 뒤에서는 소심함과 무기력이 지배하고 있다. 민주주의가 확립되어 있는 사회에서도 현존하는 자유의 제도들은 더 이상 도전으로부터 자유롭지 못하다. 비록 이 사회의 시민들이 더 적은 민주주의보다는 더 많은 민주주의를 향한 압력을 가하고 있지만 말이다. 그러나 나는 이러한 불안과 동요에는 더 심층적인 이유가 있다고 생각한다. 완전히 세속화된 정치에서 법치국가는 급진적 민주주의 없이는 이루어질 수도 없고 유지될 수도 없다는 예감이 바로 그것이다. 이 예감으로부터 하나의 통찰을 얻어내는 것, 바로 이것이 이 연구의 목표이다. 사적인 법적 주체들이 정치적 자율성을 공동으로 행사하는 가운데 정당한 이익과 규준을 스스로 분명하게 밝히지 않는다면, 또 어떤 관점에서 같은 것을 같게 다루고 같지 않은 것을 같지 않게 다루어야 하는지에 대해 스스로 동의하지 못한다면, 궁극적으로 그들은 평등한 주관적 자유의 향유에 도달할 수 없을 것이다.

우리의 상황이 불러일으키는 문제와 분위기에 관해 나는 어떤 환상도 품고 있지 않다. 그러나 분위기는, 그리고 멜랑콜리한 분위기의 철학은 민주적 법치국가의 급진적 내용을 — 나는 바로 이 내용을 복잡한 사회의 상황에 합당하게끔 새롭게 독해하고자 했다 — 패배주의적으로 포기하는 행위를 정당화하지 못한다. 그렇지 않았다면, 나는 다른 문학 장르를 선택했어야만 했을 것이다. 예를 들어 몰락하는 문화의 이행되지 않은 약속을 후세를 위해 기록하고 있는 헬레니즘 시대 문인의 일기 같은 것 말이다.

부록으로는 이미 독일에서 출간된 두 개의 논문을 실었다. 그 중 하나는 절차적 민주주의 개념을 더 큰 역사적 맥락 속에 위치시키고 있다. 다른 논문은 끊임없이 오해되고 있는 헌법애국주의(*Verfassungspatriotismus*)라는 개념을 세 가지 상이한 측면에서 설명하고 있다. 6년 전에 하버드 대학에서 있었던 타너강좌는 지금까지는 영어, 네덜란드어, 이탈리아어로만 출간되었는데, 그것은 1985/1986년 학기 동안에 프랑크푸르트 대학 법철학 강좌의 성과였다.

또 같은 시기 독일학술진흥재단(Deutschen Forschungsgemeinschaft)의 라이프니츠 프로그램은 예상치 않게도 나에게 자유 주제로 5년 동안 연구 프로젝트를 추진할 수 있는 기회를 제공했다. 이 뜻밖의 행운을 기회로 나는 법이론에 대한 연구그룹을 조직했다. 이 연구그룹은 남달리 자극적이고 학구적인 맥락을 형성했다. 이 맥락 속에서 나는 당시에 내가 받아들였던 다양한 실마리들을 하나로 엮어낼 수 있었다. 이 협동연구의 성과로서 여타의 많은 논문들 외에도 일련의 단행본들이 나왔는데,[10] 이 협동연구에 특별한 감사를 보낸다. 유능한 공동연구자들의 생산적인 도움이 없었다면 나는 법철학 프로젝트를 엄두도 내지 못했을 것이며, 이 프로젝트를 수행하는 데 필요한 논증과 지식을 소화하지도 못했을 것이다. 이 외에도, 이 연구그룹의 상임 멤버인 인게보르크 마우스(Ingeborg Maus), 라이너 포르스트(Rainer Forst), 귄터 프랑켄베르크(Günter Frankenberg), 클라우스 귄터(Klaus Günther), 베른하르트 페터스(Bernhard Peters), 루츠 빙어트(Lutz Wingert)는 이 책의 초고에 대한 귀중한 논평을 통해 커다란 도움을 주었다. 이 자리를 빌려 이들 모두에게 심심한 감사를 표한다. 또한 여러 암시를 주었던 토마스 매카시(Thomas McCarthy)에게도 고마움을 표하고 싶다. 나는 클라우스 귄터의 법률 전문지식으로부터 너무나 많은 것을 배운 나머지, 나의 잘못에 대한 책임을 다른 사람들과 마찬가지로 그에게도 면제시켜야 할지를 망설이지 않을 수 없을 정도였다.

그러나 이 자리를 빌려 분명히 밝히지만 그는 나의 잘못에 대해 전혀 책임이 없다. 마지막으로, 초고를 만드는 과정에서, 특히 거듭되는 교정과정에서 수고가 많았던 하이데 나트킨(Heide Natkin) 여사에게 감사를 표한다.

1992년 7월, 프랑크푸르트에서

위르겐 하버마스

10) K. Günther, *Der Sinn für Angemessenheit*, Frankfurt/Main 1988 ; B. Peters, *Rationalität, Recht und Gesellschaft*, Frankfurt/Main 1991 ; I. Maus, *Zur Aufklärung der Demokratietheorie*, Frankfurt/Main 1992 ; B. Peters, *Die Integration moderner Gesellschaften*, Frankfurt/Main 1993, L. Wingert, *Gemeinsinn und Moral*, Frankfurt/Main 1993, R. Forst, *Kontexte der Gerechtigkeit*, Frankfurt/Main 1993.

나남신서 1226

사실성과 타당성

담론적 법이론과 민주적 법치국가 이론

차 례

1 사실성과 타당성의 사회적 매개범주로서 법

주관적 능력으로서의 실천이성이라는 개념은 근대의 산물이다. 아리스토텔레스적 개념들을 주체철학의 전제 위에서 재구성하는 작업은 실천이성을 문화적 삶의 형식과 정치적 삶의 질서로부터 분리시킨다는 단점을 안고 있었다. 그러나 다른 한편으로 그것은 장점도 갖고 있었다. 이제 실천이성은 개인주의적으로 이해된 행복과 아울러 도덕적으로 첨예화된 개인의 자율성과 관계맺게 되었으며, 부르주아 사회의 구성원의 역할과 아울러 정치적 시민과 세계시민의 역할도 떠맡을 수 있는 사적 주체로서의 인간의 자유와 관계맺게 되었기 때문이다. 세계시민으로서의 역할 속에서 개인은 인간 일반과 서로 융합된다. 개인은 개별적 나인 동시에 일반적 나인 것이다. 19세기에 오면 18세기의 이 개념적 목록에 역사의 차원이 추가된다. 국제법의 주체인 국가가 민족의 역사 속에 얽혀 들어가는 것과 유사한 방식으로, 개인적 주체는 자신의 생활사 속으로 얽혀 들어간다. 헤겔은 이러한 상황을 표현하기 위하여 객관적 정신이라는 개념을 만들어냈다. 물론 아리스토텔레스와 마찬가지로 헤겔도 사회의 통일성은 정치적 삶과 국가의 조직 속에 있다고 확신했다. 예전과 마찬가지로 신시대의 실천철학도, 구성원이 집합체에 속하고 부분이 전체에 속하듯이 개인은 사회에 속한다는 가정에서 출발했던 것이다. 전체는 그 부분의 결합을 통해 비로소 구성되는 것임에도 불구하고 말이다.

그러나 그동안 현대사회는 대단히 복잡해져서, 국가를 중심으로 하는 사회라든가 개인들로 합성된 사회라는 두 가지 사고방식은 더 이상 아무 문제없이 현대사회에 적용될 수 없게 되었다. 이미 맑스주의 사회이론은 이러한 사실로부터 규범적 국가이론을 포기하는 결론을 이끌어냈다. 그러나 여기서도 실천이성은 관료적 국가권력과 자본주의적 경제를 모두 지양하고 민주적으로 자주관리되는 사회라는 개념 속에서 자신의 역사철학적 흔적을 남겼다. 체계이론은 이 흔적마저 지워버리고 실천이성의 규범적 내용에 대한 모든 관계를 포기하고 만다. 국가는 기능적으로 특수화된 다른 사회적 하위체계들 곁에서 하나의 부분체계를 형성할 뿐이라는 것이다. 개인과 사회가 서로에 대하여 체계와 환경의 관계를 맺는 것과 유사한 방식으로 이들 하위체계들은 서로에 대하여 체계와 환경의 관계를 맺는다. 자연주의적으로 개념화된 개인의 자기주장이라는 홉스의 관점에서 출발하여 자기준거적으로 운행되는 체계의 자기산출(*Autopoiesis*)이라는 루만의 개념에 이르기까지, 실천이성을 제거하려는 일관된 노력들이 하나의 노선을 형성하고 있다. 실천이성 개념의 경험주의적 축소형태들이나 그것을 다시 부활하려는 노력들 그 어느 것도 한때 그 개념이 윤리와 정치, 이성법과 도덕이론, 역사철학과 사회이론의 연관 속에서 보유했던 설명력을 되돌려줄 수는 없어 보인다.

역사철학은 목적론적 개념을 통해 미리 역사과정 속에 투사한 이성만을 그 역사과정으로부터 읽어낼 수 있을 뿐이다. 이성적 삶을 위한 규범적 명령은 역사로부터도 얻어낼 수 없지만, 유적 인간에 대한 자연사적 구성으로부터도 얻어낼 수 없다. 역사철학과 마찬가지로 셸러(Max Scheler)나 겔렌(Arnold Gehlen) 류의 인간학도 그들이 헛되이 철학적 목적에 이용하고자 했던 과학의 비판에 무릎꿇고 만다. 역사철학과 인간학의 약점은 서로 대칭적 관계에 있었던 것이다. 정당화의 과제를 맥락주의적 입장에서 포기하는 것도 그다지 설득력이 없다. 그것은 역사철학적 정당화와 인간학적 정당화의 파산에 대한 하나의 응답이었지만, 사실적인 것의 규범적 힘에 반항조로 호소하는 상태를 넘어서지 못한다. 찬사를 받고 있는 '북대서양의' 민주적 법치국가의 발달노선이 우리에게 보존할 만한 가치가 있는 결과를 남겨준 것은 분명하다. 그러나 미국 헌법의 비조가 남긴 유산의 상속자에 끼일 행운을 얻지 못한 사람들은, 자신의 고유한 전통에 눈을 돌린다 하더라도, 보존할 만한 가치가 있는 것과 비판받아야 할 것을 구별시켜줄 수 있는 훌륭한 근거들을 발견해낼 수 없을 것이다.

그러니까 주체철학에 의해 파악되었던 실천이성의 내용이 파산한 이후, 그 내용을 역사의 목적론 속에서도, 유적 인간의 구성 속에서도 발견할 수 없을 뿐만 아니라, 나아가 성공한 전통이라는 우연한 기초에 의존하여 근거지을 수도 없다는 트릴레마가 발생한 것이다. 그리고 이성법적 규범주의의 흔적은 이 트릴레마 속으로 사라지고 만다. 이제 유일하게 남은 것으로 보이는 대안, 즉 이성 일반에 대한 성급한 부정이라는 대안이 매력적인 것으로 보이는 이유도 여기에 있다. 이 대안은 니체의 뒤를 잇는 이성비판의 극적 형태를 띠기도 하고, 참여자의 관점에서 볼 때 여전히 구속력을 갖고 있거나 아니면 일반적으로 의미를 갖고 있는 모든 것을 중립화시키는 사회과학적 기능주의라는 냉정한 모습을 띠기도 한다. 그러나 인문과학의 영역에서 반직관적인 것에 절대적으로 의존하지는 않으려는 사람이라면 누구나 이 해결책에서도 별 매력을 발견하지 못할 것이다. 이러한 까닭에 나는 의사소통행위이론으로 다른 길을 제안하였다. 이제 실천이성의 자리에 의사소통적 이성이 등장한다. 그러나 이것이 단순히 이름만 바꾼 것에 그치는 것은 아니다.

구유럽의 사상적 전통에서 실천이성과 사회적 실천 사이의 관계는 너무 직접적이고 직선적이었다. 그리하여 사람들은 전적으로 규범적인 문제제기나 — 역사철학을 통해 걸러진 — 은밀한 규범적 문제제기의 관점에서 사회적 실천의 영역에 접근했다. 실천이성이 개인의 행위에 방향을 제시하려고 했듯이, 자연법도 — 헤겔에 이르기까지 — 유일하게 옳은 정치적, 사회적 질서의 규범적 청사진을 그리고자 했다. 그러나 언어적 매체 속으로 자리를 옮기고 이로써 오직 도덕적 문제에만 결박된 상태로부터 벗어난 이성 개념은 이론구성 속에서 과거와는 다른 위치를 차지한다. 왜냐하면 그것은 주어져 있는 능력 및 의식의 구조를 재구성하는 기술적(*deskriptiven*) 목적에 봉사할 수 있으며, 또한 기능적 고찰방식과 경험적 설명과 접맥점을 발견할 수 있기 때문이다.[1)]

우선 의사소통적 이성은 더 이상 개별 행위자라든가 국가나 사회 같은 거대주체에 귀속되지 않는다는 점에서 실천이성과 구별된다. 의사소통적 이성을 가능하게 만드는 것은 오히려 언어적 상호작용의 망을 매개하고 삶의 형식을 구조화하는 언어적 매체이다. 이 합리성은 상호이해라는 언어의 텔로스 속에 새겨져 있으며, 가능성을 제공하는 동시에 제약하는 조건들의 앙상블을 형성한다. 청자(聽者)와 함께 세계 속의 그 무엇에 관해 상호이해에 도달하기 위하여 언제나 자연적 언어를 사용하는 사람은 수행적 입장을 취하고 특정한 전제를 받아들여야 한다는 점을 잘 알고 있다. 무엇보다도 그는, 언어적 상호작용의 참여자들이 발화수반적(*illokutionären*) 목표를 유보없이 추구하고, 그들간의 동의를 비판가능한 타당성 주장의 상호주관적 인정을 통해 형성하며, 합의로부터 도출되는 상호작용과 관련된 책무를 받아들일 자세가 되어 있다는 가정에서 출발해야 한다. 이런 식으로 말의 타당성 기초 속에 들어오게 된 것은 의사소통행위를 통해 재생산되는 생활형식 속으로 퍼져간다. 의사소통 합리성은 초월적으로 그 무엇을 가능하게 만드는 조건, 구조를 형성하는 조건, 그리고 확산적 조건들의 탈중심화된 연

---

1) J. Habermas, "Rekonstruktive vs. verstehende Sozialwissenschaften," in : *Moralbewußtsein und kommunikatives Handeln*, Frankfurt/Main, 1983, 29 ff.

관 속에서 표현된다. 그러나 그 합리성이 행위자들에게 무엇을 해야만 하는지를 말해주는 주관적 능력인 것은 아니다.

의사소통적 이성은 실천이성의 고전적 형태와는 달리 행위규범의 원천이 아니다. 의사소통적 행위자가 반사실적 유형의 화용론적 전제를 받아들여야만 하는 한에서, 그 이성이 규범적 내용을 갖는다. 다시 말해서 행위자는 이상화를 해야 하는 것이다. 예를 들어 언어적 표현에 동일한 의미를 부여해야 하고, 발화할 때 맥락을 초월하는 타당성 주장도 함께 제기해야 하며, 청자가 책임감이 있다고, 다시 말해서 자율성과 — 자신과 타인에 대한 — 진실성을 갖고 있다고 가정해야 한다. 따라서 의사소통 행위자는 약한 선험적 강제성을 가진 '해야 한다'(*Muß*)에 의해 구속받는다. 그러나 그렇다고 해서 그가 항상 행위규칙이 강제하는 명령적인 '해야 한다'에 직면한다는 뜻은 아니다. 그것이 의무론적으로 도덕적 명령의 당위적 타당성에서 비롯된 것이든, 가치론에서처럼 선호하는 가치들의 배치구조에 기인하는 것이든, 또는 경험적으로 기술적 규칙의 효과에서 나온 것이든 간에 말이다. 자신의 결과에 대해 비판적 태도를 취하고 자신을 초월할 수 있는 사실적 상호이해의 반사실적 기초는 바로 이 일군의 불가피한 이상화에 있다. 이와 함께 이념과 현실의 긴장이 언어적으로 구조화된 삶의 형식들의 사실성 자체 속으로 뚫고 들어간다. 의사소통적인 일상적 실천이 그것에 내재하는 이상적 전제들 때문에 과도한 규범적 부담을 지고 있는 것은 사실이다. 그러나 학습과정은 이 세계내적 초월성의 빛 속에서만 이루어질 수 있다.

그러므로 의사소통적 이성이 타당성 주장으로의 정향을 가능하게 하지만, 그렇다고 그것이 실천적 과제를 해결하기 위한 특정한 내용적 방향을 스스로 제공하는 것은 아니다. 그것은 정보를 주지도 않으며, 직접적으로 실천적인 것도 아니다. 한편으로 그것은 명제적 진리, 주관적 진실성, 규범적 정당성이라는 타당성 주장의 전체 스펙트럼으로 자신을 확장하며, 또 그러한 한에서 단순히 도덕-실천적 질문의 영역에만 머물러 있지는 않다. 다른 한편 그것은 오로지 통찰들과 — 원칙적으로 논증적으로 해명할 수 있는 비판가능한 발화들과 — 관계하며, 또 그러한 한에서 동기를 부여하려고 하고 의지를 인도하려 했던 실천이성에 못 미친다. 구속력 있는 행위정향이라는 의미의 규범성은 상호이해지향적 행위의 합리성과 완전히 일치하지는 않는다. 도덕적 통찰에 대한 정당화의 장에서만 규범성과 합리성이 서로 겹친다.[2] 도덕적 통찰은 가설적 태도 속에서 획득되고, 오직 합리적 동기화의 약한 힘만 운반한다. 그리고 어떤 경우에도 그것은 통찰로부터 동기화된 행위로의 전환을 스스로 보장하지는 못한다.

나는 재구성적 사회이론의 맥락에서도 의사소통적 이성개념을 계속 사용하는데, 이때 독자들은 이러한 차이를 유념해야만 한다. 사회이론이라는 새로운 맥락 속에서는, 전승된 실천이성의 개념은 다른 지위를, 즉 일정 정도 색출(索出)적 지위를 갖는다. 이제 그것은 더 이상 법과 도덕에 대한 규범적 이론의 청사진을 직접 제공하지 않는다. 오히려 그것은 법적 형식에 따라 행사되는 민주적 지배가 뿌리내리고 있는, 의견을 형성하고 결정을 준비하는 담론의 망을 재구성하기 위한 아리아드네의 실을 제공한다. 이 전망에서 보면, 정치적 의지형성, 입법, 재판과 같은 법치국가적 의사소통 형식들은 체계의 명령에 의해 압박받고 있는 현대사회의 생활세계의 합리화 과정이라는 더 포괄적인 과정의 일부이다. 물론 이러한 재구성은 입헌국가의 불투명한 현실적 관행을 평가할 수 있는 비판적 기준도 제공해줄 것이다.

전통적인 실천이성의 개념들과 거리가 있음에도 불구하고, 법과 민주주의 일반에 관한 오늘날의 이론이 여전히 고전적 개념구성체와의 접맥을 추구하고 있다는 것은 결코 사소한 일이 아니다. 그러한 이론은 상호이해 과정이 갖는 사회적 통합력에서 출발한다. 이 상호이해 과정은 합리적 동기화를 제공한다는 점에서 폭력으로부터 자유로울 뿐

2) J. Habermas, *Erläuterungen zur Diskursethik*, Frankfurt/Main 1991(a).

아니라, 여전히 보존된 신념의 공동성에 기초하여 거리두기를 가능하게 하고 차이를 인정하게 만든다. 이러한 전망에서 출발하여 오늘의 도덕 및 법철학자들은 예전과 다름없이, 아니 예전보다 더 활기차게 규범적 담론을 펼쳐간다. 물론 그들은 참여자와 당사자의 수행적 태도 속에서 규범적 타당성의 문제만 전문적으로 다루고 있기 때문에, 일반적으로 그들은 사회과학적 관찰자들에 의해 이미 오래 전에 탈마술화된 생활세계의 제한된 지평 내부에 한사코 머물려는 경향이 있다. 규범적 이론들은 이성법에서 영감을 받은 근대적 입헌국가의 자기이해를 이미 오래 전에 무너뜨렸던 엄연한 객관적 사실들에 충분한 주의를 기울이지 않고 있다는 혐의를 받는다. 사회과학적 객관화라는 시각에서 보면, 여전히 폭력을 통해 안정화된 질서와 이성적으로 정당화된 질서라는 대안을 갖고서 작업하는 철학적 구상은 신분적으로 분화된 사회에서 기능적으로 분화된 사회로의 이행이 완수되면서 불합리한 것으로 판명난 초기 근대의 과도기적 의미론에 속하는 것으로 보인다. 이러한 관점에서 보면, '실천이성'의 후속 개념인 의사소통적 이성개념을 이론 전략상의 중심적 위치에 배치하는 사람도 관찰가능한 의사소통의 넓은 스펙트럼 중에서 작은 부분에 불과한 특수한 의사소통 형식, 요구조건이 까다로운 의사소통 형식만 부각시켜 특별 취급할 수밖에 없는 것으로 보인다. "그와 같이 협소한 채널을 사용해서는, 상호이해의 새로운 패러다임 속에 충분하게 복잡한 사회이론을 결코 다시 채워넣지 못할 것이다."[3]

사실성과 타당성 사이에서 이쪽 저쪽으로 찢겨진 오늘날의 정치이론과 법이론은 더 이상 서로 할 말이 없는 진영들로 분열되었다. 항상 사회적 실재와의 접촉점을 상실할 위험을 안고 있는 규범주의적 접근방법들과 모든 규범적 측면들을 제거해 버리는 객관주의적 접근방법들

---

3) N. Luhmann, "Intersubjektivität oder Kommunikation," *Archivo di Filosofia*, Vol. LIV, 1986, 51 Fn. 28.

사이의 긴장은 하나의 경고로 간주될 수 있을 것이다. 즉 분과학문적 시각에 고착되지 말고, 다양한 방법론적 위치(참여자 대 관찰자), 다양한 이론적 목표(의미이해적 해명과 개념적 설명 대 기술과 경험적 설명), 다양한 역할전망(법관, 정치가, 입법가, 수혜자, 시민), 그리고 다양한 실용적 연구태도들(해석학자, 비판가, 분석가 등)에 열려 있는 개방적 자세를 취할 것을 촉구하는 경고로 간주될 수 있을 것이다.[4] 이하의 연구는 이와 같은 폭넓은 장 속에서 움직인다.

지금까지 담론이론적 접근방법은 개인적 의지형성을 해명하기 위해 설계되었으며, 도덕철학적 영역과 윤리적 영역에 머물러 있었다. 그러나 기능적 관점에서 보면, 왜 원리의 인도를 받는 탈전통적 도덕형식이 실정법에 의해 보충되어야 하는지 그 이유를 제시할 수 있다.[5] 이 때문에 처음부터 법이론의 질문은 단순한 규범적 고찰방식의 틀을 파열시켜 버린다. 담론적 법이론과 담론적 법치국가 이론은, 비록 법철학과 국가철학의 인습적인 문제제기를 수용한다 하더라도, 그들의 인습적 궤도를 깨뜨리고 나와 새로운 궤도를 개척해야만 한다. 처음 두 장에서 나는 왜 의사소통행위이론이 법이라는 범주에 중심적 위상을 부여하는지, 그리고 왜 그 이론이 담론적 법이론에 적합한 맥락을 형성하는지를 설명하는 이중의 목표를 추구할 것이다. 여기서 나의 관심사는 사회학적 법이론과 철학적 정의이론이라는 두 개의 전망을 모두 아우르는 재구성적 접근방법을 개진하는 것이다. 제 3장과 4장에서는 담론이론적 시각에서 법체계의 규범적 내용과 법치국가의 이념을 재구성할 것이다. 여기서 나는 이성법적 문제제기를 이어받아 자유롭고 평등한 시민들의 법적인 자기조직이라는 오래된 약속이 어떻게 복잡한 사회라는 조건 속에서 새로운 방식으로 개념화될 수 있을지를 보여주고자 한다. 이와 관련하여 나는 담론적 법개념과 담론적 민주주의 법

4) B. Peters, *Rationalität, Recht und Gesellschaft*, Frankfurt/Main 1991, 33 ff.
5) 이 책의 3장 2절 참조.

치국가 개념을 오늘날의 토론맥락 속에서 검증하고 발전시킬 것이다. 제 5장은 판결의 합리성 문제를 일반적 수준에서 다룰 것이며, 제 6장은 헌법재판의 정당성 문제를 다룰 것이다. 제 7장은 경험주의적 권력개념에 바탕을 두는 민주주의 이론과의 논쟁을 통해 토의정치(*deliberativer Politik*)의 모델을 발전시킬 것이다. 그리고 제 8장에서는 권력순환의 법치국가적 규제가 어떻게 복잡한 사회 속에서 기능할지를 탐색한다. 마지막으로 담론적 법이론은 이 사회이론적 통찰과 결합하여 부르주아적 형식법의 사회적 모델과 사회국가의 사회적 모델 사이의 대립을 넘어설 수 있는 절차론적 법패러다임을 도입하는 데 기여할 것이다. 이것을 마지막 장에서 보게 될 것이다.

법이론에서는 사회학자, 법학자, 철학자가 사실성과 타당성의 관계에 대한 적합한 규정을 놓고 논쟁을 벌이고 있다. 이 문제적 관계에 대해 어떠한 입장을 취하는가에 따라 이들은 상이한 가정과 상이한 이론전략에 도달한다. 그러므로 나는 우선 법이론에 대한 나의 관심을 근거짓는 사회이론적 문제제기를 설명할 것이다. 의사소통행위이론은 사실성과 타당성의 긴장을 이미 자신의 중심개념 속에 수용한다. 이 위험어린 결정을 통해 그 이론은 사회와 이성 사이에 — 어떤 방식으로 매개되었든 간에 — 존재하는 내적 연관에 대한, 따라서 사회적 삶의 재생산 과정에 가해지는 제약 및 강제와 의식적 삶의 영위라는 이념 사이의 내적 연관에 대한 고전적 견해와 연결고리를 유지한다.[6] 물론 이와 함께 그 이론은 사회의 재생산이 초월적인 타당성 주장과 같이

6) 후설도 이와 유사한 방식으로 생활세계의 구성에서 타당성 주장이 갖는 근본적인 역할을 고려하였다. 이에 대해서는, J. Habermas, "Vorlesungen zu einer sprachtheoretischen Grundlegung der Soziologie," in : *Vorstudien und Ergänzungen zur Theorie des kommunikativen Handelns*, Frankfurt/Main 1984, 특히 35 ff. 참조.

허약한 기반 위에서 어떻게 이루어질 수 있는가 하는 문제를 설명과제로 떠맡게 된다. 법이라는 매체, 특히 실정법이라는 근대적 매체가 그 설명을 제공할 수 있는 후보로 제시된다. 이러한 유형의 법규범은 고도로 인위적 공동체를 가능하게 한다. 즉 합리적으로 동기화된 동의라는 가정과 외적 강제의 위협에 동시에 의존하여 통합되는, 평등하고 자유로운 법인격체들의 연합체를 가능하게 한다.

의사소통적 행위개념에 의해 이제 상호이해지향적으로 사용되는 언어의 발화수반적 결속 에너지가 행위조정의 중요한 기능을 담당하게 된다. 그러므로 나는 (1) 우선 언어가 이성을 구체화하는 보편적 매체로서 개념화될 때 사실성과 타당성의 관계에 대한 고전적 견해, 즉 관념론적 철학의 전통에서 발전된 고전적 견해가 어떻게 달라지는지를 상기시키고자 한다. (2) 행위조정의 양태 자체 속에 스며들어 있는 사실성과 타당성의 긴장은 사회질서의 유지와 관련하여 까다로운 요청을 제기한다. 생활세계, 자연발생적 제도, 그리고 법은 비판가능한 타당성 주장에 대한 '예/아니오' 입장표명을 통하여 수행되는 사회구성의 불안정성을 보완하여 상쇄시키는 역할을 떠맡는다. (3) 근대적 경제사회에서는 이 일반적 문제는 전통적 인륜성을 벗어난 전략적 상호작용을 규범적으로 규제해야 하는 곳에서 특히 첨예하게 제기된다. 이것이 한편으로는 주관적 법의 구조와 타당성 의미를 설명해주며, 다른 한편으로는 자유롭고 평등한 시민들의 연합체로서 공동생활의 규칙을 스스로 결정하는 법적 공동체의 이상주의적 함축을 설명해준다.

1. 의미와 진리 :
언어에 내재하는 사실성과 타당성의 긴장에 대하여

'실천이성'의 기본개념을 '의사소통 합리성'을 통해 재조명할 경우, 아리스토텔레스에서 헤겔에 이르는 실천철학 속에서 발전된 문제제기와 문제해결을 사회이론으로부터 잘라내지 않아도 된다는 장점이 있다. 생활세계 안에서 끊임없이 제기되는 문제들에 대한 무관심한 태도는 우리가 탈형이상학적 가정들을 위하여 어쩔 수 없이 지불해야만 할 대가라는 견해도 있지만, 이 견해는 결코 확실한 것이 아니다. 이론이 보통사람들의 일상적 통찰이라는 자산에 접근하는 경로를 봉쇄하지 않는 한, 이론이 참여자들을 객관적으로 압박하고 있는 문제들을 방법론적 이유에서 무시할 수는 없다. 물론 실천철학이 "나는 무엇을 해야 하는가?", 혹은 "장기적 관점에서 그리고 전체적 시각에서 볼 때 나에게 좋은 것이 무엇인가?"라는 기본질문을 일상으로부터 아무런 매개 없이 직접 건네받아 사회과학적 객관화의 여과장치를 거치지 않고 가공할 수는 없다. 실천이성의 기본개념을 포기하는 것은 이러한 규범주의에 대한 단절을 가리키는 신호이다. 그러나 그 후속개념인 의사소통적 이성도 관념론적 유산의 일부를 여전히 보존한다. 비록 그 유산이 설명적 이론의 형성이라는 달라진 맥락 속에서는 결코 장점만 갖는 것은 아니지만 말이다.

오늘날 이성개념이 플라톤적 기원으로부터 아무리 멀리 떨어져 있고, 또 패러다임 변동 때문에 아무리 달라졌다고 하더라도, 이성개념에는, 비록 이상적 내용이나 이념에 대한 연관은 아니라 할지라도, 이상화하는 한계개념에 대한 연관은 여전히 구성적인 것으로 남는다. 어떤 이상화도 설명을 요구하는 주어진 실재에 대한 단순한 모방적 적응으로 끝나는 개념에는 만족하지 않는다. 이러한 이상화가 의사소통적 이성에 의해 이제 사회적 실재에게도 귀속되고, 이를테면 거기서 구체화된다고 한다면, 이성과 현실을 혼동하는 모든 양식에 대해 정당한 경험과학적 불신이 늘어날 것이다. 어떤 의미에서 의사소통적 이성과 같은 것이 사회적 사실 속에서 구체화될 수 있는가? 우리가 이렇게 완전히 반사실적인 것으로 보이는 가정을 설정해야 하는 이유는 무엇인가? 나는 의사소통행위이론의 기본특징을 반복하는 번거로움은 피하고, 개념형성과 판단형성의 요소적 차원에서 일차적으로 등장하는 사실성과 타당성의 관계가 언어적 전회 이후에 어떻게 서술될 수 있는지를 간략하게 상기하고자 한다.

(1) 예지계와 현상계의 추상적 대립에 대한 칸트의 형이상학적 배후가정이 더 이상 신뢰받지 못하게 된 이후, 그리고 현상과 본질의 변증법적 운동에 대한 헤겔의 사변도 그 설득력을 상실한 이후, 19세기 후반에는 논리적 관계 또는 일반적으로 개념적 관계보다 심리적 설명을 우선시하는 경험주의적 관점이 널리 유포되었다. 타당성 관계는 의식의 사실적 과정 속으로 동화되었다. 이러한 심리주의에 대항하여 미국의 퍼스(Ch. S. Peirce), 독일의 프레게(Gottlob Frege)와 후설(Edmund Husserl), 영국의 무어(G. E. Moore)와 러셀(B. Russell) 등을 중심으로, 거의 같거나 적어도 유사한 논증들이 대두하였다. 이들은 경험적 심리학을 논리학, 수학, 문법의 기초과학으로 삼으려는 경향에 반대를 표명함으로써 20세기 철학으로의 전환을 준비하는 거점을 마련하였다.

프레게는 그 핵심적 반대논지를 다음의 명제로 요약한다. "우리는 우리의 표상의 운반자이지만 우리의 사상의 운반자는 아니다."[7]

표상은 그때그때 나의 표상이나 당신의 표상이다. 그러나 표상이 시간과 공간 속에서 동일시가능한 표상주체에게 귀속되는 데 반해, 사상은 개인적인 의식의 경계를 뛰어넘는다. 사상은 설령 상이한 주체들에

7) G. Frege, *Logische Untersuchungen*, Göttingen, 1966, 49.

의하여 그때그때 상이한 장소와 상이한 시간에 파악되어도, 그 내용의 측면에서는 엄격한 의미에서 동일한 사상으로 남는다.

게다가 단순 서술문을 분석해 보면, 사상이 표상적 사유의 객체보다 더 복잡한 구조를 갖고 있다는 사실이 드러난다. 우리는 명사, 호칭, 지시어를 사용하여 개별 대상과 관계하지만, 그러한 단수 용어가 주어로 등장하는 문장은 전체적으로 명제를 표현하거나 사태(*Sachverhalt*)를 재현한다. 그러한 사상이 참일 때, 그 사상을 표현하는 문장은 하나의 실태(*Tatsache*)를 재현한다. 이 간단한 고찰만으로도 사유를 표상적 의식으로 여기는 견해는 이미 비판받는다. 표상 속에는 대상만이 주어져 있다. 이에 비해 사태나 실태는 사상 속에서 파악된다. 이제 사상과 실태는 더 이상 표상가능한 대상들의 세계 속으로 직접 이식될 수 없다. 우리는 서술된 사태, 따라서 문장 속에서 표현된 사태로서의 그것에 접근할 수 있을 뿐이다.

(2) 사상은 명제적 구조를 갖고 있다. 이 말의 의미는 단순한 주장문의 문법적 구조를 보면 분명해진다. 그러나 여기서 이 문제를 상세하게 다룰 필요는 없을 것이다. 중요한 점은 문장의 구조에서 사상의 구조를 읽어낼 수 있다는 점이다. 문장은 문법적 언어의 요소적 성분으로서, 참이거나 거짓일 수 있다. 그러므로 사상을 표상과 구별시켜주는 독특한 지위를 설명하려고 할 때 우리는 언어라는 매체에 의존한다. 그렇다면 이제 사상이 개인적인 경험적 의식의 경계를 넘어선다는 점과 사상의 내용이 개인적 체험의 흐름으로부터 독립적이라는 점은 언어적 표현이 상이한 사용자들에게서 동일한 의미를 갖는다는 명제를 통해 동시에 표현될 수 있다. 어떤 경우에도, 언어공동체에 소속된 사람들이 실제로 말을 할 때에는 화자와 청자가 하나의 문법적 표현을 동일한 방식으로 이해할 수 있다는 가정에서 출발해야 한다. 그들은 동일한 표현이 그 사용맥락과 언어행위의 다양성 속에서도 동일한 의미를 유지한다고 가정한다. 이미 의미의 기호적 기체(基體)의 차원에

서도, 기호의 유형은 그것에 상응하는 기호사건들의 다양성 속에서도 동일한 기호로 재인식될 수 있어야 한다. 이와 같이 구체적으로 지각된 유형과 사례의 관계 속에는, 철학적 관념론이 본질과 현상의 관계로 파악했던 일반자와 특수자의 논리적 관계가 반영되어 있다. 이것은 개념이나 의미 그리고 그 표현의 현상형식에도 똑같이 해당된다. 일반적인 것, 자기동일적이며 공개적으로 접근될 수 있는 것, 개인적 의식에 대해 초월적인 그 무엇으로서 서술된 사상을 특수하고, 에피소드적이며, 사적으로만 접근가능하고 따라서 의식에 내재된 표상으로부터 구별시켜주는 것은 언어기호와 문법적 규칙의 이상성이다. 음성적, 구문적, 의미론적 측면에서 언어적 사건들에게 모든 변이에도 불구하고 재인식가능한 불변의 특정한 형식을 부여하는 것은 바로 이 규칙이다.

(3) 개념과 사상의 일반성이 갖는 이상성은 다른 종류의 이상성과 얽혀 있다. 모든 완전한 사상은 저마다 하나의 진술문 속에서 표현될 수 있는 사태를 자신의 특정한 내용으로 갖는다. 그러나 모든 사상은 진술내용을 넘어서 또 하나의 규정을 요구한다. 즉 그 사상이 참인가 거짓인가 하는 질문이 제기되는 것이다. 생각하고 말하는 주체들은 모든 사상에 대해 '예' 혹은 '아니오'라는 태도를 취할 수 있다. 이러한 까닭에 사상의 단순한 소유에 평가행위가 첨가된다. 긍정된 사상이나 참된 문장만이 하나의 실태를 표현하는 것이다. 사상에 대한 긍정적 평가나 진술의 단언적 의미는 판단 혹은 문장의 타당성과 관련된, 이상성의 또 하나의 계기를 작동시킨다.

표상적 사유에 대한 의미론적 비판에서도 이미 지적되었다시피 "이 공은 붉다"는 문장이 붉은 공이라는 하나의 사물에 대한 개별적 표상만을 표현하는 것은 아니다. 오히려 그 문장은 그 공이 붉다는 사실에 대한 서술이다. 다시 말해서 이것은 명제 p를 단언적 양식으로 발화할 때 화자는 자신의 긍정적 판단이나 수긍을 통해 하나의 대상의 실존을 지시하는 것이 아니라, 그것에 상응하는 하나의 사태의 존립을 지시하는 것이다. 명제 p를 확장하여 다음 문장을 만들어보자. "공이라는 대상이 적어도 하나 있으며, 그것이 붉다는 말이 타당하다"(*Es gibt* mindestens einen Gegenstand, der ein Ball ist, und von dem *gilt* daß er rot ist). 여기서 우리는 명제 p의 진리 타당성과—그것에 상응하는—사태나 상황의 존립 내지 사실임(*Der-Fall-sein*)을 한 대상의 현존이나 실존에 유비시켜 이해할 수 없다는 것을 금방 확인할 수 있다. 진리적 존재(*veritative Sein*)를 실존과 혼동해서는 안 되는 것이다.[8] 그렇지 않을 경우, 우리는 프레게와 후설 그리고 포퍼처럼 플라톤주의적 의미개념의 유혹에 빠져, 사상과 명제와 사태에게 관념적인 즉자 존재성을 부여하게 될 것이다. 그들은 의식철학의 건축구조를 무시간적인 관념적 구성물로 이루어진 제3의 세계로 보충할 필요가 있다고 생각했다. 여기서 제3의 세계는 시공간적으로 지역화가능한 과정들의 세계와 대립한다. 다시 말해서 한편으로는 경험가능하고 처치가능한 대상과 사건들의 객관적 세계와 대립하고, 다른 한편으로는 각 개인만이 특권적으로 접근할 수 있는 주관적 체험의 세계와 대립한다.

그러나 의미 플라톤주의자들이 주창하는 이 3개의 세계론은 주관적 관념론의 2개의 왕국론에 못지않게 형이상학적이다. 왜냐하면 그 3개의 세계가 서로 어떻게 만나는지가 수수께끼로 남기 때문이다. 예를 들어 프레게는 "무시간적인 것도 모종의 방식으로 시간적인 것과 결합되어 있어야 한다"고 생각한다.[9] 일단 의미와 사상이 관념적으로 존재하는 대상들로 실체화되고 나면, 세계들 사이의 관계가 풀리기 어려운 문제로 남는다. 즉 문장의 의미와 사상이 실태를 어떻게 반영하는지, 그리고 사상이 정신 속으로 어떻게 들어오고 평가되는지가 설명하기 힘든 문제로 남는 것이다. 형식적 의미론은 10여 년이나 이 문제에 몰두했지만 허사로 끝났다.

---

8) E. Tugendhat, *Einführung in die sprachanalytische Philosophie*, Frankfurt/Main 1976, 35 ff.

9) Frege(1986), 52.

(4) 사상의 이상적 지위는 개념과 판단에게 일반적이고, 상호주관적으로 재인식될 수 있으며, 또 그런 의미에서 동일한 내용을 보장하고, 이로써 사상에게 체험의 흐름을 벗어난 안정된 명제적 구조를 부여한다. 이 이상적 지위는 내생적으로 진리의 이념을 가리키고 있다. 그러나 의미의 일반성이 갖는 이상성과는 달리 진리 타당성의 이상성은 문법적 불변요소, 즉 언어 일반의 규칙구조만으로는 설명할 수 없다. 형식적 의미론은 프레게의 길을 따라 오직 의미론적 언어개념만으로 작업하고 언어사용의 모든 측면들을 경험적 분석에 떠넘겨 버렸기 때문에, 진리의 의미를 언어적 의사소통의 지평 속에서 설명할 수 없었다. 그 대신 형식적 의미론은 언어와 세계, 문장과 실태, 혹은 사상과 사유의 힘 (즉 사상을 파악하고 평가할 수 있는 주관적 능력) 사이의 존재론적 관계에 호소하였다. 이에 반해 퍼스는 언어사용을 형식적 분석의 대상에 포함시킴으로써 언어적 선회의 길을 따라 한 발자국 더 나아갔다.

훔볼트가 대화를 그렇게 여겼듯이, 퍼스도 의사소통과 일반적 기호해석을 언어적 성취의 핵심으로 간주했다. 상호이해의 실천을 모델로 사용함으로써 그는 개념형성이 갖는 일반성의 계기만이 아니라 참된 판단의 형성이 갖는 시간초월적 계기도 설명할 수 있었다. 퍼스에서는 세계가 언어 속에서 재현된다는 이원적 구상을 대신하여 그 무엇을 가능한 해석자들에게 언어적으로 재현한다는 3원적 구상이 등장한다.[10] 가능한 실태의 총괄로서의 세계는 하나의 해석공동체에 대해서만 구성된다. 그리고 이 공동체의 구성원들은 상호주관적으로 공유된 생활세계 내부에서 세계 속의 그 무엇에 관하여 상호이해에 도달한다. 참된 진술 속에서 서술될 수 있는 것이 '현실적인 것'인데, 여기서 '참이다'는 말은 다시 일자가 하나의 단언적 명제를 제시할 때 타자를 향해 함께 제기하는 타당성 주장(*Anspruch*)을 참조하여 설명된다. 화자는 자

10) J. Habermas, "Charles S. Peirce über Kommunikation," in : *Texte und Kontexte*, Frankfurt/Main 1991(b), 9~33.

신이 제시한 명제의 단언적 의미를 통하여 그 명제에 대한 비판가능한 타당성 주장을 함께 제기한다. 그리고 어느 누구도 해석되지 않은 타당성 조건에 직접 접근할 수 있는 가능성은 갖지 못하기 때문에, '타당성'(*Gültigkeit*)은 인식론적으로 '우리에게 입증된 타당성'(*Geltung*)으로 이해되어야 한다. 한 논자가 제기한 진리주장이 정당하려면, 그는 가능한 모든 반대자의 반론으로부터 그 진리주장을 근거에 의거하여 방어할 수 있어야 한다. 그리고 궁극적으로는 해석공동체 전체의 합리적 동기에서 나온 동의를 얻을 수 있어야 한다.

그러나 이때 특수한 삶의 형식이 확립된 하나의 특수한 공동체를 참조하는 것만으로는 충분하지 않다. 설령 우리가 언어와 논증의 영역으로부터 탈출할 수 없고, 실재성을 우리가 참된 진술 속에서 재현할 수 있는 것들의 총합으로 이해해야만 한다고 하더라도, 우리와는 독립적이며 이러한 의미에서 초월적인 그 무엇에 대한 연관이 실재에 대한 연관 속으로 사라지지는 않는다. 화자와 청자는 진리주장을 통해 모든 개별적 집합체의 국지적 규준들을, 지금 여기에서 지역화되는 모든 특수한 상호이해의 국지적 규준들을 초월한다. 이러한 이유에서 퍼스는 '최종의견' 즉 이상적 조건 속에서 도달된 합의라는 반사실적 개념을 사용하여 내재적 초월성과 같은 것을 구성한다.

> 그렇다면 실재적인 것은 정보와 추리가 조만간 최종적으로 귀착될 곳이며, 따라서 나와 너의 변덕으로부터 독립적인 것이다. 그러므로, 실재성이라는 개념이 지식의 명시적 증대를 가져올 수 있는, 그러나 명시적 한계는 없는 공동체 개념을 본질적으로 포함하고 있다는 사실은 실재성 개념의 기원 자체가 보여주고 있다.[11]

---

11) CH. S. Peirce, *Collective Papers*, Vol. 5, 311 ; 또한 K. O. Apel, *Der Denkweg von Charles S. Peirce*, Frankfurt/Main 1975 ; J. E. McCarthy, "Semiotic Idealism," *Transactions of the Ch. S. Peirce Society*, Vol. 20, 1984, 395 ff.

퍼스는 진리를 합리적 수락가능성으로 설명한다. 다시 말해서 사회적 공간과 역사적 시간의 측면에서 이상적으로 확장된, 판단능력을 갖춘 해석자 청중의 의사소통 조건 속에서 비판가능한 타당성 주장을 입증하는 것이라고 설명한다.

(5) 진리의 이념에 대한 이러한 화용론적 설명을 매개로 하여 우리는 하나의 특정한 사실성과 타당성의 관계와 만나게 되는데, 이 관계는 상호이해의 실천 그 자체를 구성하며, 그러한 한에서 — 도구적 행위나 과학의 방법론적 실천 속에서 대상화되는 자연의 실재성에 비해 — 한 단계 상위에 있는 사회 — 퍼스의 '연구자 공동체'도 여기에 속한다 — 의 실재성과 관련되어 있다. 개념의 일반성이 갖는 이상성은 어떻게 동일한 의미가 그 언어적 실현의 다양성에도 불구하고 유지될 수 있는지를 언어의 규칙구조에서 출발하여 설명해야 한다는 문제를 우리에게 제기한다. 그리고 진리 타당성의 이상성에서 우리는 또 다른 과제와 대면하게 된다. 그것은 상호주관적 인정과 수락을 겨냥하면서 **지금 여기서** 제기되는 진리주장이 어떻게 각각의 해석자공동체에서 작동하는 '예/아니오' 입장표명의 기준을 넘어설 수 있는가 하는 문제를 논증적 실천의 의사소통적 조건에서 출발하여 설명해야 하는 과제이다. 오직 이 초월적 계기만이 진리주장을 지향하는 정당화의 실천을 단순히 사회적 인습에 의해 규제되는 여타의 실천들로부터 구별시켜준다. 퍼스에서 **무한적** 의사소통 공동체의 참조는 무제약성이 포함하는 영원성(혹은 초시간적 성격)의 계기를 목표지향적인 개방적 해석과정이라는 이념으로 대체하는 역할을 담당한다. 이 해석과정은 사회적 공간과 역사적 시간의 한계를 내부로부터, 즉 세계 속에 자리잡고 있는 유한적인 실존의 전망에서 출발하여 초월한다. 퍼스에 의하면, 무한적 의사소통 공동체의 학습과정은 모든 시공간적 거리를 이어주는 다리를 다름아니라 시간 속에서 설립한다. 초월적인 타당성 주장의 무제한적 주장을 위해서는 충분하게 충족된 것으로 가정되어야만 하는 조건들이

있는데, 이 조건들은 바로 이 세계 속에서 실현되어야 하는 것이다. 이제 만약 그 조건이 어느 정도 충족되어, 구체적으로 행해지는 논증적 실천이 불가피하게 전제되어야 하는 무한적 해석공동체의 보편적 담론의 시공간적으로 지역화가능한 구성부분으로 규정될 수 있을 정도가 된다면, 그 충족의 정도는 '충분한' 것으로 간주된다. 이러한 **투사**에 의해 사실성과 타당성의 긴장은 의사소통의 전제 속으로 전이된다. 비록 이 전제가 근접적으로만 충족될 수 있는 **이상적** 내용을 갖고 있을지라도, 모든 참여자들이 진술의 진리를 주장하거나 반박하기 위해서는, 그리고 그 타당성 주장을 정당화하기 위하여 논증을 시작하기 위해서는 **사실상** 이 전제를 가정해야만 한다.

물론, 퍼스의 일차적 목표는 인식이론적-과학이론적 문제제기를 기호학적으로 변형시키는 데에 있었기 때문에, 이 모델에서 퍼스가 염두에 두었던 것은 지식인 공화국에서 이루어지는 논증이었다. 그러나 연구자들의 의사소통 공동체 내부에서 이루어지는 상호이해에 적용되는 것은, 필요한 변형이 가해진다면, 일상적 의사소통에도 적용된다. 왜냐하면 일상적인 의사소통적 실천에서도 연구자들의 의사소통의 그것과 전적으로 유사한 구조와 전제가 있다는 것이 언어행위이론을 통해 입증되었기 때문이다. 여기서도 참여자들은 세계 속의 그 무엇에 관한 자신의 발화가 타당함을 주장함으로써 그것에 관한 상호이해에 도달한다. 물론 논증을 통해 조절되는 연구과정의 경우와는 달리 일상적 실천에서는 언어가 서술기능에만 배타적으로 혹은 압도적으로 국한되지 않는다. 여기서는 언어의 **모든** 기능과 모든 세계연관이 작동하며, 따라서 타당성 주장의 스펙트럼도 진리주장을 넘어서 확장된다. 게다가 단언적 진리주장 외에 주관적 진실성과 규범적 정당성에 대한 주장을 포함하는 이 타당성 주장은 일단은 소박하게, 따라서 직접적으로 제기된다. 비록 그것도 암묵적으로는 담론적 검증의 가능성에 의존하지만 말이다.

그러므로 이 확장된 타당성 스펙트럼을 생활세계적 맥락 속으로 위치시키기 위해서는 퍼스의 무제약적 의사소통 공동체 개념을 과학자들의 협동적 진리추구를 넘어서 일반화할 필요가 있다. 퍼스가 과학적 실천의 더 이상 회의할 수 없는 논증적 전제 속에서 발견한 저 사실성과 타당성의 긴장을 우리는 다양한 종류의 논증의 의사소통적 전제를 넘어서 개별적 언어행위와 이를 통해 결합되는 상호작용 연관의 실용적 전제 속에서도 추적할 수 있을 것이다.[12]

12) J. Habermas, "Zur Kritik der Bedeutungstheorie," in : *Nachmetaphysisches Denken*, Frankfurt/Main 1988, 105 ff. ; 이와 관련하여 A. Wellmer, "Konsens als Telos sprachlicher Kommunikation?," in : H. J. Giegel (Hg.), *Kommunikation und Konsens in modernen Gesellschaften*, Frankfurt/Main 1992, 18~30도 참조할 것.

2. 내부로부터의 초월 :
의견불일치 위험의 관리

더 상세한 설명을 필요로 하는 이 논쟁적 발상에 대해 우리가 어떠한 입장을 취하든 간에, 한 가지 정도는 분명하게 말할 수 있다. 언어적 표현의 의미와 진술문의 타당성을 해명할 때 우리는 언어매체와 결합되어 있는 이상화와 접하게 된다는 것이 그것이다. 이때 개념 및 의미의 일반성이 갖는 이상성은 언어의 의미론적 분석을 통해 접근할 수 있는 데 비해, 타당성이 갖는 이상성은 상호이해를 지향하는 언어사용의 화용론적 분석을 통해 접근할 수 있다. 게다가 만약에 언어행위의 발화수반적 의무가 상이한 행위자들의 행위기획을 조정하기 위해 요구된다면, 언어 자체에 내재하는 이 이상화는 행위이론적 의미까지 얻게 된다. 언어적 상호이해를 행위조정의 메커니즘으로 도입한 의사소통행위의 개념에 의해 이제 타당성 주장을 지향하는 행위자들의 반사실적 가정도 사회질서의 구성 및 유지와 관련하여 직접적인 유관적합성을 갖게 된다. 왜냐하면 사회질서는 규범적 타당성 주장의 인정이라는 양태 속에서 존립하기 때문이다. 이것은 언어와 언어사용에 내장된 사실성과 타당성의 긴장이 사회화된, 언제나 의사소통적으로 사회화된 개인들의 통합양식 속에 재등장하며, 또 참여자들에 의해 처리되어야 한다는 것을 의미한다. 이 긴장은 뒤에 보겠지만 실정법을 통해서 이루어지는 사회적 통합 속에서 특수한 방식으로 안정된다.

(1) 명시적인 폭력의 행사 없이 등장하는 모든 사회적 상호작용은 어떻게 다수의 행위자의 행위계획이 서로 조정되어 한 사람의 행위가 다른 사람의 행위와 '접속될' 수 있는가 하는 문제의 해결책으로 이해될 수 있다. 그러한 식으로 연속하여 이루어지는 접속은 이중의 우연성이

라는 조건 속에서 이루어지는 선택 가능성의 놀이공간을 일정하게 축소시킴으로써, 어느 정도 갈등 없이 의도와 행위의 망을 형성할 수 있으며, 따라서 행위의 유형과 사회질서 일반을 성립시킬 수 있다. 언어가 단순히 정보를 전달하는 매체로만 사용되는 경우에는, 행위의 조정은 서로에 대하여 목적합리적으로 행위하는 행위자들 사이의 상호 영향력 행사를 통해 이루어질 것이다. 그러나 언어행위의 발화수반적 힘이 행위를 조정하는 역할을 담당하게 되면, 언어 자체가 사회적 통합의 일차적 원천이라는 의미를 획득하게 된다. 오직 이러한 경우에만 '의사소통행위를 말할 수 있다. 이러한 행위에서 행위자들은 화자와 청자의 역할 속에서 협의를 통하여 공통의 상황해석을 산출하고, 상호이해 과정을 통해, 즉 발화수반적 목표를 유보 없이 추구하는 방식으로 서로의 행위계획을 동조시킨다. 물론, 행위자들이 세계 속의 그 무엇에 관해 상호이해에 도달하려는 수행적 태도를 유지하기 위하여 관찰자의 객관적 태도와 직접적으로 자신의 성공을 지향하는 행위자의 객관적 태도를 유보하는 한에서만, 언어의 결속 에너지가 행위계획의 조정을 위해 동원될 수 있다. 그리고 이러한 조건에서는 하나의 언어행위를 하는 것 자체가 행위를 조정하는 효과를 가질 수 있는데, 왜냐하면 상호작용과 관련된 의무는 화자의 진지한 언어행위에 대한 청자의 긍정적 태도표명으로부터 나오기 때문이다.

의사소통행위의 바탕을 형성하는 상호이해지향적 언어사용은 참여자들이 주장된 언어행위의 타당성에 동의하거나 이의를—이들은 후속 행위 속에서 이 이의를 협동적으로 고려한다—제기하는 방식으로 기능한다. 모든 언어행위에서는 상호주관적 인정을 겨냥하는 비판가능한 타당성 주장이 제기된다. 화자가 타당성을 주장하면서 필요한 경우 올바른 근거로써 그 주장을 입증할 수 있다는 신뢰할 만한 보장을 함께 제시할 수 있을 때 비로소 언어행위가 조정력을 갖게 된다. 그러나, 특정한 장소에서 작동하고 또 인정되어 있는 모든 국지적 규준들을 넘어서는 이 무제약적 타당성 주장 때문에, 퍼스가 과학적 진술의 진리 타당성을 사례로 분석했던 그 이상적 긴장이 생활세계의 사실성 속으로 진입하게 된다. 비판가능한 타당성 주장의 입증가능성이라는 이념은 의사소통 행위자 자신이 선택한 이상화를, 초월적 천상에서 생활세계적 지상으로 내려온 이상화를 필요로 한다. 의사소통행위이론은 예지의 왕국을 탈초월화시키는데, 이는 오로지 퍼스가 과학적 논증이라는 탈일상적 의사소통 형식에서 증명했던 초월적 선취가 갖는 이상화의 힘을 언어행위의 불가피한 화용론적 전제 속으로, 따라서 의사소통적인 일상적 실천의 심장부로 이주시키기 위해서이다. 이제 가장 유동적인 언어행위도, 또 가장 인습적인 '예/아니오' 입장표명도 잠재적 근거에 의존한다. 이로써 모든 언어행위는 그것이 정당화되고 합리적으로 수락되기 위해서는 반드시 납득시켜야 하는 무제약적 해석공동체라는 이상적으로 확대된 청중을 참조한다.

(2) 우리는 개념과 의미의 일반성이 갖는 이상성과 타당성의 이상성을 구별하였다. 이 두 측면은 한편으로는 언어 일반의 규칙구조를 통해서, 다른 한편으로는 상호이해지향적 언어사용의 전제들에 의존하여 설명할 수 있다. 이상화의 두 단계는 언어적 의사소통 자체에 내장되어 있으며, 의사소통행위를 매개로, 방사선처럼 시간과 공간 속으로 뻗어나가는 상호작용 망이라는 사회적 실재를 구성하는 데 동참하게 된다. 의미일반성의 이상성은 의사소통행위 연관의 모양새를 규정한다. 왜냐하면, 만약 참여자들이 자신이 사용하는 표현에 동일한 의미를 부여한다는 것을 공통의 (혹은 번역가능한) 언어에 기초하여 전제하지 않는다면, 그들은 세계 속의 그 무엇에 관해 상호이해에 도달한다는 의도조차 가질 수 없기 때문이다. 이러한 조건이 충족될 때 비로소 오해도 오해로 판명될 수 있다. 언어적 표현을 동일한 의미로 사용한다는 전제는 관찰자의 관점에서 보면 충족되지 않는 것으로 판명되는 경우가 종종 있을 것이며, 또 민속학자의 현미경으로 관찰하면 아마도 그 전제는 항상 충족되지 않는 것으로 판명될 것이다. 그러나 이 전제

는 비록 반사실적 전제일지라도 모든 상호이해지향적 언어사용에서 필수적이다.

자신의 객체영역에 접근할 수 있는 통로가 해석학적 의미이해에 있다는 상황을 의식하는 사회학이라면 타당성과 사실성 사이의 이 긴장을 고려해야만 한다. 그러나 이러한 상황 때문에 사회학의 인습적인 경험과학적 자기이해가 흥분할 것까지는 없다. 왜냐하면 사회학은 단순한 오해에서 비롯된 의사소통상의 교란을 처리할 수 있는 정상적 능력 — 이것은 언어능력의 습득과 함께 습득된다 — 을 의사소통적으로 행위하는 주체들 자신에게 귀속시킬 수 있기 때문이다. 오해는 필수적으로 가정된 이상화를 무해한 방식으로 철회시킨다. 의사소통행위에서 불가피하게 요구되는 또 다른 전제 — 이것 역시 이상화하는 전제인데 — 에서도 사정은 비슷하다. 즉 상호작용에 참여하는 사람들은 서로에게 귀책능력을 부여해야 하며, 따라서 각자 타당성 주장을 지향하면서 행위할 수 있다는 것을 가정해야 한다. 이러한 합리성 기대가 거짓으로 판명되는 순간, 참여자들도 — 가상적 참여자로서의 사회학적 관찰자들과 똑같이 — 수행적 태도를 바꾸어 객관적 태도를 취하게 된다.

그러나 의사소통행위의 요구수준이 높은 반사실적 전제에는 타당성 주장의 무제약성을 보장하는 것으로 간주되는 또 다른 전제가 있는데, 이 전제의 측면에서 보면 다른 종류의 문제들이 생겨난다. 의사소통을 통해 도달된 동의는 행위의 조정과 상호작용의 복잡한 구성과 연속되는 행위들의 망을 가능하게 한다. 이때 그 동의는 비판가능한 타당성 주장의 상호주관적 인정에 비추어 평가되며, 이로써 일상적 언어게임이 순조롭게 작동하기 위해서 필요한 핵심기능은 이중의 부정에 기초한 '예/아니오' 입장표명에 부여된다. 이상화의 두 번째 단계는 이러한 방식으로 사회적 실재의 구성을 규정한다. 이 과정에서 '예/아니오' 입장표명은 그것이 창출한 사회적 사실에게 이상적 긴장이라는 짐을 지운다. 왜냐하면 그 사회적 사실은 보편적인 타당성 주장 — 이것이 정당화되기 위해서는 이상적으로 확장된 청중의 동의가 전제되어야 한다 — 에 반응하기 때문이다. 진술과 규범에서 (그리고 체험문장에서도) 함께 주장되는 타당성은 그 의미에서는 시간과 공간을 초월하는 데 비해, 그 타당성의 현실적 주장은 언제나 지금 여기에서, 즉 특정한 맥락 속에서 제기되고 또 그 속에서 행위상의 실제적 결과를 동반하면서 수락되거나 기각된다. 우리가 말을 하거나 정당화를 할 때 함께 주장하는 **타당성**은 현실적으로 확립되어 있는 규준의 **사회적 효력**(*Sozialen Geltung*)이라든가 단순히 관습이나 제재의 위협을 통해 안정화되는 기대의 사회적 효력과는 구별된다. 무제약성이라는 이상적 계기는 상호 이해의 사실적 과정 속 깊숙한 곳으로 스며드는데, 이는 타당성 주장이 두 얼굴을 갖기 때문이다. 다시 말해서, 하나의 주장으로서 그것은 모든 맥락을 넘어서지만, 그것이 행위조정 효과를 갖는 동의를 운반하려면 지금 여기서 제기되고 또 수락되어야 하는 것이다. 타당성을 제기하고 수락하는 맥락의 영도(*Null-Kontext*)는 없기 때문이다. 화자가 주장하는 합리적 수락가능성의 보편성은 모든 맥락을 뛰어넘는다. 그러나 특정 맥락 속에서 구속력 있는 인정을 받을 때 비로소 타당성 주장이 맥락에 구속받는 일상적 실천들을 사회적으로 통합할 수 있는 역할을 담당할 수 있다.

자신의 대상 영역 속에 사실성과 타당성 사이의 이 두번째의 좀더 근본적인 긴장이 자리잡고 있다는 사실을 인식하고 있는 이해사회학은 자신의 인습적인 경험과학적 자기이해를 수정하고, 자신을 재구성적 절차를 따르는 사회과학으로 생각해야 할 것이다. 끊임없이 위협받는 반사실적 전제 위에서 작동하는 불안정한 사회화의 조건 속에서 어떻게 사회적 통합 일반이 등장할 수 있는지를 설명하기 위해서는 그러한 재구성적 접근방법이 필요하다.

(3) 사회적 통합의 조건을 재구성하기 위한 첫번째 단계는 **생활세계** 개념이다. 사실성과 타당성 사이의 폭발적인 긴장 때문에 항상 위험에 처하는 합의형성 과정으로부터 어떻게 사회질서가 발생할 수 있는가

하는 문제가 여기서 준거점을 형성한다. 어떠한 상호작용이든 일정하게 해결해야만 하는 저 이중의 우연성은, 의사소통행위의 경우에는, 상호이해 메커니즘 자체에 내장되어 있으면서 항존하는 의견차이의 위험이라는 형태로 나타난다. 그리고 모든 의견차이는 행위조정의 측면에서 볼 때 많은 비용을 요구한다. 보통의 경우에 선택의 여지는 별로 많지 않다. 직접 '보수작업'을 한다거나, 공유하는 신념의 토대를 축소시키는 결과를 감수하면서 논쟁적 주장을 제쳐둔다거나, 결과의 불확실성이나 교란적 문제화의 효과를 감수하면서 비용이 많이 드는 논증적 담론으로 이행한다거나, 의사소통을 중단하고 의사소통의 장으로부터 철수한다거나, 성공지향적인 전략적 행위로 입장을 바꾸는 것 등의 선택지가 있다. '아니오'라고 말할 수 있는 능력에 기초하여 동의에 이르려는 합리적 동기화는 확실히 폭력 없이 행위기대의 안정화를 가져올 수 있다는 장점을 갖는다. 그러나 경험으로부터, 즉 우리를 놀라게 하는 우연성으로부터 끊임없이 연료를 공급받는 의견차이의 높은 위험 때문에, 만약에 의사소통행위가 풍부한 배후가정을 통해서 뒤에서 받쳐주는 생활세계적 맥락 속에 자리잡지 못할 경우, 상호이해지향적 언어사용을 통한 사회적 통합의 가능성은 거의 사라질 것이다. 명시적인 상호이해는 처음부터 당연시된 공통의 확신이라는 지평 속에서 움직이고 있는 것이다. 이와 동시에 그것은 언제나 이미 친숙한 것들이라는 자원으로부터 자양분을 공급받는다. 경험과 모순, 우연성과 비판으로 인해 끊임없이 생겨나는 불안정과 동요는 일상적 실천 속에서는 생활세계 깊숙한 곳에 뿌리내리고 있는 합의된 해석틀, 헌신성, 숙련이라는 부서질 수 없는 넓은 암반에 부딪혀 깨어진다.

여기서 생활세계에 대한 형식적-화용론적 분석이나 좀더 넓은 이론적 구조 속에서 의사소통행위가 차지하는 장소(다시 말해서 합리적 담론과 생활세계 사이에 위치하는 장소)에 대해서 상세하게 다룰 필요는 없을 것이다. 생활세계는 언어상황의 지평을 형성하는 동시에 해석의 원천을 형성하지만, 역으로 그것은 오직 의사소통행위를 통해서만 재생산된다.[13] 현재의 맥락에서 생활세계의 배후지식과 관련하여 나에게 관심이 있는 것은 그것의 전술어적이고 전범주적인 성격이다. 그리고 이것은 이미 후설이 일상적 실천과 세계경험의 이 '망각된' 의미기초에 대한 연구에서 주목했던 것이기도 하다.[14]

우리가 의사소통행위를 하는 동안 생활세계는 직접적 확실성이라는 양식으로 우리를 에워싸며, 우리는 그것과 거리를 두지 않으면서 생활하고 말한다. 이렇게 모든 것에 삼투하지만 잠재적이고 눈에 띄지 않는 이 의사소통행위의 배후지를 우리는 지식과 능력의 응집된, 그러나 결함 있는 형식이라고 기술할 수 있다. 한편으로 우리는 그 배후지식을 보유하고 있다는 사실을 반성적으로 인식하지 않은 채 그것을 비자의적으로 사용한다. 이러한 방식으로 배후지식은 절대적 확실성을 획득하게 되고, 주관적 관점에서 보면 심지어 지식으로서의 성격을 증대시키기도 하는데, 이것은 다름아니라 배후지식이 갖고 있는 한 속성, 즉 배후지식으로부터 지식의 구성적 특징을 박탈하는 속성 때문이다. 다시 말해서 우리는 이러한 종류의 지식을 그것이 거짓일 수도 있다는 것을 의식하지 않는 채 사용하는 것이다. 모든 지식이 오류의 가능성을 가지며 또 그렇게 인식되는 한, 배후지식은 엄격한 의미에서 보면 지식이 아니다. 배후지식에는 문제시될 수 있는 가능성에 대한 내적 연관이 없다. 왜냐하면 그것은 비판가능한 타당성을 주장하면서 발화되는 순간에만 문제시될 수 있는데, 그러나 그것이 논의의 주제가 되는 순간 그것은 더 이상 생활세계적 배후지식으로 기능하지 않고, 배후지식으로서의 그것의 양태는 산산이 깨어지기 때문이다. 배후지식은 그 자체로서는 반증될 수 없다. 그것이 주제로 떠올라, 가능한 문제화

---

13) J. Habermas(1981), Bd. 2, 182~232; "Handlungen, Sprechakte, sprachlich vermittelte Interaktionen und Lebenswelt," in: J. Habermas(1988), 63~104.

14) J. Habermas, "E. Husserl über Lebenswelt, Philosophie und Wissenschaft," in: J. Habermas(1991b), 34~43.

의 소용돌이 속으로 휩쓸려 들어가는 순간, 그것은 분해되어 버리기 때문이다. 배후지식이 고유한 안정성을 부여받고 또 우연성을 산출하는 경험의 압력으로부터 벗어나게 되는 것은, 그것 속에서는 사실성과 타당성의 긴장이 독특한 방식으로 평준화되어 사라져 버리기 때문이다. 다시 말해서, 타당성의 차원 속에는 항상 주어진 것을 넘어서는 이상화라는 반사실적 계기가 있으며, 또 이 계기 때문에 비로소 현실과의 실망스러운 대질도 가능해지는 것인데, 배후지식에서는 이 계기가 소멸되어 버리는 것이다. 그러나 암묵적 지식이 갖는 확신력의 원천인 타당성의 차원 자체는 그대로 남는다.

(4) 이와 유사하게 행위기대를 안정시키지만 그 형태는 전혀 다른 타당성과 사실성의 융합의 경우를 우리는 이미 의사소통행위를 통과하여 주제화될 수 있는 지식의 차원에서 발견할 수 있다. 이를테면 공격불가능해 보이는 권위를 주장하면서 등장하는 고대적 제도가 그것이다. 터부를 통해 보호받는 부족사회의 제도 속에서는, 인지적 기대와 규범적 기대는 아무 구별 없이 동기 및 가치정향과 결합되어 하나의 신념복합체 속으로 공고하게 융합된다. 폭력을 소유하는 이 제도의 권위는 행위자들의 생활세계 내부에서 행위자들과 만난다. 이제 이 생활세계는 더 이상 참여자들의 형식적-화용론적 관점에서 배후지식으로 기술되지 않고, 사회학적 관찰자의 관점에서 대상화된다. 그리하여 이 (고대적) 제도를 그 구성요소 중의 하나로 포함하는 생활세계는 의사소통행위를 통하여 재생산되는 복합체로, 그러나 상호침투하는 문화적 전통과 정당한 질서와 개인적 정체성들이 엮여져서 형성하는 복합체로 보이게 된다.

아놀드 겔렌의 인류학적 제도이론은 아우라의 광채 속에서 신성함을 보장받는 근원적인 규범적 합의라는 현상에 시선을 돌렸다. 이 동의는 특히 제도 깊숙한 곳에 뿌리내리고 있음에도 불구하고 명시적인 지식으로서 문화적으로 전승되고 습득되는 행위기대와 관계하며,[15] 이러한 점에서 그것은 생활세계적 확실성과 구별된다. 왜 이러한 지식이 유보조건 아래에서만 주제화될 수 있는지는 신화적 이야기와 의례행위의 상호작용을 사례로 보여줄 수 있다. 의례 속에 고정된 의사소통의 패턴은 기술적, 평가적, 표출적 내용이 융합되어 형성하는 하나의 신드롬의 권위적 타당성을 문제화의 압력으로부터 차단시켜준다. 응결된 신념복합체는 사실적인 것의 힘을 부여받으면서 일종의 타당성을 주장한다. 이 경우 사실성과 타당성의 융합은 우리가 생활세계로서 배후에 두고 있는, 언제나 이미 친숙한 확실성에 대한 근원적인 신뢰라는 양식으로 이루어지는 것이 아니라, 우리에게 위압적으로 대립하면서 양가감정을 유발하는 권위의 양식 속에서 이루어진다. 뒤르케임은 이 타당성 양식의 양가성을 신성한 객체의 지위를 사례로 밝혀낸 적이 있다.[16] 이 신성한 객체는 그것을 바라보는 사람들의 마음속에 공포와 열망이 혼재된 감정을 심어주며, 경외와 전율을 동시에 불러일으킨다. 이 대립하는 감정의 공생은 오늘날에도 미학적 경험 속에서 체험할 수 있다. 그 양가감정은 바타이유(George Bataille)와 레이리(Michel Leiris) 같은 작가들이 자신의 문학작품 속에서 산출했을 뿐 아니라 묘사하기도 했던, 초현실주의적 쇼크 속에서 순치되고 또 반복되었다.[17]

사람들에게 공포감을 유발하면서 동시에 마음을 끌어당기는 강력한 권위적 제도의 마력에서 뚜렷하게 드러나는 것은 오늘날 우리의 눈에는 양립할 수 없는 것으로 보이는 두 개의 계기가 하나로 융합되는 현상이다. 폭력적 보복의 위협과 사람들을 결속시키는 확신의 힘은 단순히 공존할 뿐 아니라 동일한 신화적 기원으로부터 생겨난다. 인간이 부과하는 제재는 이차적인 것이다. 즉 그것은 그것에 앞서 존재하는, 처음부터 강제적인 동시에 유대형성적인 권위의 위반을 처벌한다. 사회적

---

15) A. Gehlen, *Der Mensch*, Bonn 1950; *Urmensch und Spätkultur*, Bonn 1956.

16) Habermas(1981), Bd. 2, 79 ff.

17) W. Benjamin, "Der Surrealismus," *Gesammelte Schriften*, II, 3, 295 ff.

제재는 이른바 자신의 의례적 의미를 이 권위로부터 빌려온다. 타당성 주장을 지향하는 행위를 통해 사회적 집합체를 통합하는 것은 그 속에 내재하는 의견차이의 위험이 타당성의 차원 자체 속에서 통제될 수 있을 때에 비로소 보장된다. 오늘날에도 우리들이 근친상간 터부의 위반에 대해 보여주는 뿌리깊은 반응에서, 우리는 친족체계에 기초한 사회의 핵심영역에서 행위기대의 안정성이 마력적 권위, 즉 사람들을 결속시키면서 공포감을 주는 권위가 보유하는 확신을 통해 보장되어야 했다는 상황을 기억하게 된다. 더욱이 이 안정성은 제재의 강제력을 설득력 있는 근거의 강제 없는 강제로부터 분리시키는 비가역적인 문턱 아래에서 보장되어야만 했다.

이 문턱 너머에서 타당성은 사실적인 것의 힘을 유지한다. 그 타당성이 명시적인 의사소통의 배후에 머물러 있으면서 의사소통의 대상이 되지 않는 생활세계적 확신의 형식을 취하든 아니면 그것이 이미 의사소통적으로 통제가능하지만, 그럼에도 불구하고 마력적인 권위에 의해 의사소통에 제약을 받고 문제화의 급류로부터 벗어나 있는 행위정향적 확신의 형태를 취하든 간에 말이다.

(5) 재구성의 세 번째 단계에 와서야 우리는 법의 범주에 도달한다. 의사소통행위가 생활세계적 맥락 속에 묻혀 있는 상황이나 강력한 고대적 제도를 통해 행위를 규제하는 상황은 상대적으로 미분화된 소규모의 집단들에서 도대체 어떻게 사회적 통합이 상호이해 과정이라는 있음직하지 않은 기초 위에서 가능해지는지를 설명해준다. 물론 사회가 진화하면서 비판가능한 타당성 주장에 대한 '예/아니오' 입장표명의 불일치 위험이 등장할 여지는 많아진다. 사회의 복잡성이 늘어날수록 그리고 자기민족 중심의 제한된 전망이 넓어질수록, 삶의 형식이 다원화되고 생활사가 개인화되는 경향도 강해지며, 이와 함께 생활세계적 배후확신들의 중첩지대나 수렴지대도 줄어든다. 그리고 그 배후확신의 탈마술화가 진행되는 정도에 비례하여, 신성시되었던 확신의 복합체

는, 서로 분화된 타당성의 측면들을 따라서, 정도의 차이는 있지만 의사소통적으로 유동화된 전통의 어느 정도 임의적으로 주제화가능한 내용으로 분해된다. 그러나 무엇보다도 사회적 분화과정은 기능적으로 전문화된 과제들, 사회적 역할들, 이해상황의 다기화를 강제한다. 이와 함께 한편으로는 의사소통행위는 협소한 제도적 조건을 벗어나 확장된 선택공간을 획득하게 되고, 다른 한편으로는 점점 더 많은 영역에서 개인적 성공을 지향하는 이기적 행위가 방출되는 동시에 요구되기에 이른다.

이 간략한 개관만으로도 현대사회에서 등장하는 문제를 적시하는 데 모자람이 없을 것이다. 자율화된 의사소통행위와 전략적 행위가 행위자 자신의 시각에서 보더라도 분명하게 분화되어 있는 사회적 질서에서, 그 질서의 타당성은 어떻게 안정될 수 있을 것인가? 지금까지는 이익지향적 행위가 언제나 규범적 질서의 틀 안에 자리잡고 있었다. 국가에 의해 조직되는 사회에서도 이미 법규범이 성숙한 규범적 질서 위에 부과되었다. 그러나 전통사회에서 법은 여전히 종교적으로 승화된 신성한 영역이 보유하는 자기권위화의 힘에 의존하고 있었다. 예를 들어, 유럽의 법 전통에서 잘 알려져 있는 법적 위계에 따르면 정치적 지배자가 제정한 법은 교회가 관장하는 기독교적 자연법에 종속되어 있는데, 이 위계질서는 신성에 기초한 사실성과 타당성의 융합에 뿌리를 두고 있다.

이제부터 나는 규범적 질서가 메타 사회적 보장 없이 유지되어야만 하는 세속화된 사회의 상황에서 출발할 것이다. 처음부터 다원화되어 있고 더욱더 분화된 생활세계적 확신도 이 결핍을 메우기에는 역부족이다. 그 결과 사회적 통합은 점점 더 행위자들이 상호이해 과정에 기초하여 스스로 성취해야 할 과제로 변모되었다. 그리고 이들에게 타당성과 사실성은, 다시 말해서 합리적으로 동기지어진 확신의 결속력과 외적 제재의 강제력은 적어도 인습과 습관에 의해 규제되는 행위영역 바깥에서는 양립될 수 없는 것으로 분리되었다. 뒤르케임과 파슨즈에 동의하여 나는 성공지향적 행위자들이 서로에게 행사하는 영향력에만 의존해서는 상호작용 맥락이 안정된 질서로 공고화될 수 없다고 가정하는데, 이 가정이 타당하다면 사회는 궁극에는 의사소통행위를 통해 통합되어야만 한다.[18] 이와 같은 상황에서는 다음의 문제가 첨예하게 대두하지 않을 수 없다. 생활세계가 분화되고 다원화되고 탈마술화되고, 이와 동시에 신성한 권위의 구속에서 풀려나고 강력한 제도로부터도 해방된 의사소통행위 속에서 의견불일치의 위험이 늘어난다고 할 때, 어떻게 그 생활세계가 사회적 통합을 달성할 수 있을 것인가? 이 시나리오에 따르면, 근대 경제사회가 실증하듯이 사회구조적으로 불가피한 전략적 상호작용이 더 많이 해방된다면, 늘어나는 통합의 요구는 상호이해 메커니즘으로는 해결전망이 보이지 않는 과도한 부담이 되지 않을 수 없다. 갈등이 생겼을 때 의사소통 행위자들은 의사소통을 단절하거나 전략적 행위로 방향을 바꾸는 두 가지 선택지를 갖는다. 즉 해결되지 않은 갈등을 지연시키거나 타협으로 해결을 볼 수 있는 것이다. 이제 전략적 상호작용을 규범적으로 규제하고, 이 규제에 따라 행위자들이

---

18) 의사소통행위의 기초개념은 어떻게 사회적 통합이 상호주관적으로 타당한 언어의 결속력을 통해서 출현하게 되는지를 설명한다. 그 결속력은 언어의 결속에너지를 사용하여 주체들에게 실용적 제약을 가하며, 성공만을 지향하는 이기적 관점을 탈피하여 상호이해의 합리성이라는 공적 기준에 자신을 개방할 것을 요구한다. 이러한 시각에서 보면, 사회는 의사소통행위를 통해 재생산되는 상징적으로 구조화된 생활세계로 서술된다. 물론 그렇다고 해서 생활세계 속에서는 어떠한 전략적 상호작용도 등장할 수 없다는 말은 아니다. 그러나 이제 그것은 홉스나 게임이론에서 갖는 위상과는 다른 위상을 갖게 된다. 이제 그것은 더 이상 제도적 질서를 산출하는 메커니즘으로 개념화되지 않는다. 오히려 전략적 상호작용은 이미 다른 곳에서 구성된 생활세계 속에서 자신의 위치를 발견하게 된다. 전략적으로 행위하는 사람도 항상 등뒤에는 생활세계적 배후근거를 갖고 있다. 그러나 이 배후근거가 갖는 행위조정력은 중립화된다. 더 이상 그것은 공유된 합의를 미리 제공하지 못하는데, 이는 전략적 행위자는 다른 상호작용 참여자는 물론이고 제도적 맥락을 오직 사회적 사실로만 대하기 때문이다. 관찰자의 객관적 태도를 취하는 그로서는 청자와 상호이해하듯이 이 제도적 맥락과 상호이해할 수 없다.

상호이해에 도달하는 방안이 하나의 탈출구로 제시된다. 그러나 그러한 규칙은 역설적 성격을 갖는데, 이는 사실성과 타당성이 행위주체 자신에게서는 두 개의 서로 배제하는 차원들로 분리되어 있다는 전제에 비추어 보면 잘 드러난다. 전략적 행위자의 관점에서 보면 모든 상황요소들은 자신의 이익에 따라 평가해야 할 사실들로 전환된다. 그런데 상호이해지향적 행위자는 공통의 상황이해에 의존하며 상호주관적으로 인정된 타당성 주장의 관점에서 상황을 해석한다. 만일 이 성공지향과 상호이해지향이 행위주체에게 완전한 대안이 된다면, 사회통합적 구속력을 가질 수 있는 규범, 따라서 모든 참여자들에게 구속력이 있게끔 전략적 상호작용을 규제할 수 있는 규범은 행위자의 관점에서 본다면 동시에 충족할 수 없는 두 개의 모순적 조건을 충족하지 않으면 안 된다. 한편으로 그 규칙은 행위자에게 하나의 사실적 제약이 되어야 한다. 이때 전략적 행위자들은 객관적으로 바람직한 방식으로 그들의 행위를 이 제약에 적응시키지 않으면 안 된다고 느끼며, 이를 위하여 모든 관련 정보가 변형된다. 다른 한편 그러한 규칙은 그 규칙을 준수할 사람들에게 의무감을 부과하고 그럼으로써 사회통합적 힘을 갖고 있어야 한다. 나의 이론에 따를 때, 이것은 상호주관적으로 인정된 규범적 타당성 주장이라는 바탕 위에서만 가능하다.

이상의 분석에 따르면, 사회통합의 요구를 충족할 수 있는 규범은 그 규범을 준수하려는 의지를 사실적 강제와 정당한 타당성 모두를 통하여 산출해야만 할 것이다. 그러한 종류의 규범은 과거와 마찬가지로 타당성에 사실성의 힘을 부여할 수 있는 권위를 가져야 한다. 그러나 과거와는 달리 이번에는 성공지향적 행위와 상호이해지향적 행위가 이미 양극화되어 있는 조건 위에서, 다시 말해서 사실성과 타당성의 양립불가능성이 이미 지각되어 있다는 조건 위에서 그러한 권위를 가져야 한다. 앞서 이미 가정했듯이 신성의 메타 사회적 보장은 고대적 제도의 양가적 구속력을 가능하게 하며, 그럼으로써 타당성의 차원 자체 속에서 타당성과 사실성이 합금되는 것을 허용하는데, 이제 그러한 메타 사회적 보장은 무너졌다. 이제 그 수수께끼의 해결책은 개인적 자유에게 법의 강제력을 빌려주는 권리체계 속에서 발견되어야 한다. 이때 우리는 역사적 전망에서 보아 다음의 사실을 확인할 수 있다. 즉 근대법의 핵심은 개인적 자유의 정당한 범위를 명시하며 따라서 사적 이익의 전략적 추구에 부합되는 사적 권리들로 구성되어 있다는 사실을 확인할 수 있다.

3. 법적 타당성의 차원들

홉스 이래, 계약의 자유와 소유의 자유에 바탕을 둔 부르주아 사법(私法)의 규칙이 법 일반의 원형으로 간주되었다. 칸트의 법이론도 법으로 보장된 주관적 행위의 자유가 침해될 때 개인이 강제력을 사용하는 것을 허용하는 자연적 권리에 대한 논의, 즉 '주관적' 권리에 대한 논의로 시작한다. 자연법에서 실정법으로 이행하면서 이렇게 사적으로 강제력을 사용할 수 있는 권한은 법적 소송을 제기할 수 있는 권한으로 변형된다. 전자의 권한은 국가가 정당한 강제력의 모든 수단을 독점한 이후에는 더 이상 개별적 법적 인격체에게 허용되지 않는다. 이와 동시에 주관적인 사적 권리는 그것과 구조적으로 동질적인 또 하나의 권리, 즉 국가권력의 월권으로부터 보호받을 수 있는 권리를 통해 보완된다. 이 권리는 사적인 법적 인격체들의 생명, 자유, 재산이 국가권력에 의하여 불법적으로 침해받는 것을 막아준다. 우리의 맥락에서 흥미있는 것은 무엇보다 합법성 개념이다. 칸트는 이 개념을 사용하여 주관적 권리에서 출발해서 법 일반의 복잡한 타당성 양식을 설명하였다. 이로써 사실성과 타당성은 법의 타당성이라는 차원에서 다시 한 번 서로 얽힌다. 그러나 이번에는 그 두 계기가 생활세계적 확실성이라든가 어떠한 토론도 허용하지 않는 강력한 제도의 강제적 권위에서처럼 하나의 분리될 수 없는 아말감으로 융합되는 것이 아니다. 법의 타당성 양식 속에서는 국가에 의한 법집행의 사실성이라는 계기와 자유를 보장한다는 점에서 합리적이라고 주장하는 법률제정 절차의 (근거짓는 힘의) 정당성이라는 계기가 서로 얽힌다. 이와 동시에 변별성을 유지하고 있는 이 두 계기 사이의 긴장은 강화되고 행위에 영향을 주는 방식으로 조작화된다.

(1) 법의 타당성 속에서 안정화된 사실성과 타당성의 관계가 칸트에서는 법에 의해 확립된 강제와 자유의 내적 연관으로 나타난다. 법은 처음부터 강제력을 행사할 수 있는 층위와 결합되어 있다. 그러나 이 강제는 "자유의 장애물을 방지하는" 데, 즉 개인의 자유에 대한 침해를 방지하는 데 사용되는 한에서만 정당하다. 이와 같은 "일반적인 상호강제와 개인의 자유 간의" 내적 '결합'이 법의 타당성 주장 속에서 표현된다.[19] 법적 규칙은 "자유의 일반적 법칙에 따라 한 사람의 자의(*Willkür*)가 타인의 자의와 통합될 수 있는" 강제의 조건을 제정한다.[20] 한편으로 행위의 합법성은 "행위와 법의 단순한 합치"로 강제될 수 있다.[21] 이것은 행위주체가 도덕적 이유가 아닌 다른 이유에서 법을 준수할 수 있어야 한다는 것을 뜻한다. '강제의 조건'은 행위자들에게 규칙에 맞는 행위를 할 수 있는 기회로 지각되기만 하면 그만이다. 왜냐하면 의무에서 나오는 행위, 그러니까 도덕적 동기에서 법을 준수하는 행위는 분석적 이유에서 볼 때 결코 강제될 수 없기 때문이다. 그러나 다른 한편으로 한 사람의 자의와 다른 사람의 자의의 통합, 즉 사회적 통합은 규범적으로 타당한 규칙에 바탕을 둘 때에만 가능하다. 다시 말해서, 도덕적 관점에서 —"자유의 일반적 법칙에 따라"— 행위자들로부터 합리적으로 동기지어진 강제 없는 인정을 얻을 수 있는 규칙에 기초할 때 사회적 통합이 가능하다. 법적 청구는 강제력을 행사할 수 있는 층위와 결합되어 있다. 그러나 그것은 그 규범적 타당성 때문에, 그러니까 '법에 대한 존경' 때문에 준수될 수 있는 것이기도 해야 한다.[22] 칸트의 합법성 개념은 법규범이 도덕적으로 인정받을 가치가 있는지의 여부는 무시한 채 오직 객관적으로 법규범에 일치하는 행위만을 요구하는 행위규칙의 역설을 해결한다. 법규범은 강제법인 동시에 자유의 법

---

19) I. Kant, "Einleitung in die Rechtslehre," *Werke* (Weischedel) Bd. IV, 338 f.
20) *Ibid.*, 337.
21) *Ibid.*, 324.
22) *Ibid.*, 510 f.

이다. 비록 두 요소가 각기 다른 측면에 있기는 하지만 말이다.

칸트의 법이론의 용어로 우선 해명한 법적 타당성의 이중적 성격은 행위이론의 관점에서 설명할 수도 있다. 법적 타당성의 두 요소인 강제와 자유는 어떠한 행위정향을 택할 것인지를 행위자에게 맡긴다. 경험적 고찰방식에서는, 실정법의 타당성은 우선 동어반복적으로 규정된다. 다시 말해서 법적으로 타당한 절차에 따라 법의 힘을 획득한 것이, 그리고 법적으로 무효화될 수 있는 가능성에도 불구하고 당분간 법의 힘을 보유하는 것이 법으로 간주된다. 그러나 이와 같은 법적 타당성의 의미는 법의 사회적 효력 혹은 사실적 효력이라는 한 측면과 법의 정당성 혹은 타당성이라는 다른 측면을 모두 참조하는 한에서만 적절하게 설명될 수 있다.[23] 법규범의 사회적 효력은 그것이 실제로 실행되고 관철되는 정도에 따라 규정되며, 따라서 법적 공동체 속에서 사실적으로 기대될 수 있는 수락의 정도에 따라 규정된다. 물론 관습과 습관의 인습적 효력과는 달리 성문법의 효력은 친숙한 혹은 전승된 삶의 형식의 자생적 사실성이 아니라 법적으로 정의되고 법정에 의해 강제될 수 있는 제재의 위협이라는 인위적으로 설립된 사실성에 기초한다. 이에 반해 규칙의 정당성은 그것의 규범적 타당성 주장이 담론을 통해 검증될 수 있는가에 달려 있으며, 궁극적으로는 그 규범이 합리적 제정절차를 통해 발생한 것인가에, 또는 최소한 실용적, 윤리적, 도덕적 관점에서 정당화될 수 있는가에 달려 있다. 하나의 규칙의 정당성은 그것의 사실적인 관철 정도와는 무관하다. 반대로 규칙의 사회적 효력이나 사실적 준수는 법공동체의 구성원들이 그 정당성을 어느 정도나 신뢰하는가에 따라 달라진다. 또 이 신뢰도는 그 규칙이 합리적으로 근거지어질 수 있는지에 달려 있다. 법질서를 안정시키기 위하여 협박, 상황의 힘, 인습, 순수한 관습과 같은 다른 요인들이 개입하

---

23) R. Dreier, "Recht und Moral," in : *Recht-Moral-Ideologie*, Frankfurt/Main 1981, 180 ff. 특히 194 ff.

면 할수록, 그 법질서는 정당하지 않거나 최소한 정당하지 않다고 간주된다.

일반적으로 법체계 전체는 개별적 법규범보다 높은 정당성을 갖는다. 드라이어(Ralf Dreier)는 법체계가 법적 타당성을 갖기 위한 필수조건으로서 다음을 꼽는다.

> (법체계는) 첫째, 광범위한 사회적 효력을 가져야 하며, 둘째, 광범위한 윤리적 정당성을 가져야 한다. 개별적 법규가 법적 타당성을 갖기 위해서는 위에서 언급한 기준을 충족하는 헌법에 따라 제정되어야 한다. 그 밖에도, 개별적 법규는 첫째, 최소한의 사회적 효과 및 그 효과의 전망을 보여주어야 하며, 둘째로는 최소한의 윤리적 정당화 및 그 잠재력을 보여주어야 한다.[24]

법의 타당성은 한편으로는 평균적 법규준수에 비추어 측정되는 사회적 효력의 사실성과 다른 한편으로는 규범적으로 인정받을 수 있다는 주장의 정당성과 이중으로 관련되어 있으며, 이러한 사실 때문에 법적 인격체들은 동일한 법규에 대한 태도로서 객관적 태도와 수행적 태도를 선택할 수 있고 또 그 태도에 따라 그 법규를 독해할 수 있게 된다. 행위자들이 법규의 집행을 예상하면서 자신의 이익을 추구하는 태도를 가질 때, 그들의 '자의'에 대해 법규는 하나의 장벽을 형성하고 따라서 행위자들은 이 장벽을 위반할 때 발생하는 결과를 계산할 수 있게 된다. 이에 반하여 행위자들이 각자의 행위가 성공하기 위한 공통의 조건에 관하여 다른 사람과 상호이해에 도달하려는 태도를 취할 때, 법규는 자신의 규범적 타당성 주장과 그것을 비판적으로 검증할 수 있는 가능성을 통하여 행위자들의 '자유의지'를 결합하는 역할을 수행한다.

이러한 선택지가 열려 있다고 해서, 행위자의 관점에 볼 때 통합될

---

24) *Ibid.*, 198. 여기서 드라이어는 '윤리적'(*ethisch*)이라는 표현을 '도덕적'이라는 의미로 사용하고 있다.

수 없는 것으로 머물러 있는 그 두 가지 계기가 융합되었다는 뜻은 아니다. 왜냐하면 행위자들이 어떤 전망을 선택하는가에 따라 법규는 행위자에게 상이한 종류의 상황구성요소로 나타나기 때문이다. 전략적으로 행위하는 사람에게 법규는 선택의 폭을 외적으로 제한하는 사회적 사실의 차원에 자리잡을 것이며, 또 의사소통 행위자에게 법규는 법인격체들 사이에서 합리적으로 동의받았다고 가정되는 의무적인 행위기대의 차원에 자리잡을 것이다. 그러므로 행위자는 법적 타당성을 갖는 명령에게 관점에 따라 어떤 때는 그 결과를 예측할 수 있는 사실의 지위를 부여하고 또 어떤 때는 규범적 행위기대의 의무론적 구속성을 부여한다. 이제 하나의 규범의 법적 타당성은 다음 두 가지가 동시에 보장된다는 사실을 의미한다. 하나는 필요한 경우 제재를 통하여 강제되는 평균적 규범준수라는 의미의 행위의 합법성이며, 다른 하나는 법에 대한 존경에서 나온 규범준수를 항시 가능하게 만드는 규칙의 정당성이다. 바로 여기에 규범의 법적 타당성의 요점이 있다.

우리는 법을 강제법인 동시에 자유법으로 이해하는 이 이중의 행위자 전망을 주관적인 사법에서 읽어낼 수 있다. 이 법은 규칙을 준수하려는 동기를 행위자에게 맡김으로써, 그들이 개별 법규에 대하여 전략적 태도를 취하는 것을 허용한다. 이와 동시에 그 법규들은 전체적으로 정당한 법질서의 구성요소들로서 규범적 타당성을 주장하면서 등장한다. 이때 법규들은 이 타당성 주장이 합리적으로 인정받을 것이라고 기대하며, 또 행위자들이 강요될 수 없는 의무의 동기에서 그것을 준수할 것을 요청한다. 이러한 요청이 뜻하는 것은, 법질서는 사람들이 항상 법에 대한 존경심에서 규칙을 준수하는 것을 가능하게 만들어야 한다는 점이다. 강제법의 타당성 양식에 대한 이 분석에서 입법과 관련한 하나의 결론이 나온다. 즉 실정법은 정당해야만 하는 것이다.

법질서는 각 인격체의 권리가 다른 모든 인격체들에 의하여 인정되도록 보장해야 한다. 그러나 그것으로 그쳐서는 안 된다. 나아가 각자의 권리에 대한 상호인정이 정당한 법률에 기초해야 한다. 즉 만인에게 동등한 자유를 보장함으로써 "각자의 의지의 자유가 모든 사람의 자유와 … 함께 존립할 수 있게" 하는 법률에 기초해야 한다. 도덕적 법칙은 이 조건을 충족한다. 그러나 실정법적 규칙의 경우에 그 조건은 정치적 입법자에 의해 충족되어야 한다. 그러므로 법체계에서는 입법과정이 사회통합의 고유한 장소가 된다. 이 때문에, 입법과정에 참여하는 사람들에게는 사적 법 주체로서의 역할을 벗어나 시민의 역할과 함께 자유롭게 연합된 법적 공동체의 구성원이라는 관점을 취해야만 한다. 공동의 삶을 규제하는 규범적 원칙에 대한 동의는 이 법적 공동체 속에서 전통에 의하여 이미 확립되어 있거나 또는 규범적으로 인정된 규칙에 따른 상호이해의 성취를 통하여 산출될 수 있다. 우리는 이미 강제력을 갖춘 층위에 의하여 보장된, 자신의 이익을 전략적으로 추구할 수 있는 주관적 권리를 단서로 사실성과 타당성의 고유한 통합을 해명한 적이 있다. 그러한 통합은 하나의 입법과정을 요구하는데, 그러나 이 과정에 참여하는 시민들이 다시 성공지향적 법 주체의 역할 속에서만 참여해서는 안 된다. 정치적 참여의 권리와 의사소통의 권리는 정당한 입법과정의 본질적 요소이다. 그러한 한, 이 주관적 권리들이 민법의 사적 주체로서만 행위하는 법인격체에 의해 행사되어선 안 된다. 오히려 그것들은 상호주관적 이해를 획득하는 과정에 참여하는 상호이해지향적 행위자의 태도 속에서 행사되어야 한다. 그러므로 사실성과 타당성의 긴장을 증대시키는 동시에 행위에 영향을 주도록 조작화하는(*operationalisiert*) 근대법 개념 속에는 이미 루소와 칸트가 발전시킨 민주주의 사상이 담겨 있다. 다시 말해서 주관적 권리들로 구성되어 있는 법질서의 정당성 주장은 오직 '모든' 자유롭고 평등한 시민들의 '합치되고 통합된 의지'가 갖는 사회통합력을 통해서만 입증될 수 있다는 사상이 이미 그 속에 담겨 있는 것이다.

시민의 공적 자율성(*staatsbürgerlichen Autonomie*)이라는 이념에 대해서는 앞으로 상세하게 다룰 것이다. 당분간은 그 이념에 따를 때 강제법은 자유법으로서의 자신의 정당성을 입법과정 속에서 — 그리고 입법과정을 통하여 — 증명해야 한다는 사실만 주목하기로 하자. 나아가 법의 이러한 실정화 속에서 사실성과 타당성의 긴장이 다시 한 번 재생산되지만, 이미 성문화된 법규의 타당성의 차원에서와는 다른 방식으로 재생산된다는 점도 기억할 필요가 있다. 확실히 합법적 행위는 제재의 위협에 의해 뒷받침되고 정치적 입법자의 결정을 통하여 법적 힘을 획득하는 규범을 준수하는 행위라고 기술할 수 있다. 그러나 법적 강제의 허용이 (우연적이며 원칙적으로 수정될 수 있는) 입법자의 결정과정과 연결된 정당성에 대한 기대에 기원을 두어야만 하는 한, 입법의 사실성은 제재에 바탕을 둔 법집행의 사실성과는 구별된다. 법의 실정성에는 입법의 민주적 절차가 성문화된 규범의 합리적 수락가능성을 근거짓는다는 기대가 결합되어 있다. 법의 실정성 속에서는, 단적으로 우연적인 임의의 의지의 사실성이 표현되는 것이 아니라, 정치적으로 자율적인 시민들의 이성적인 자기입법에서 비롯되는 정당한 의지가 표현된다. 칸트에서도, 자체적으로 재생산될 수 있는 것이 아니라 시민들의 배후합의에 의존하는 법적으로 질서지어진 이기주의 체계의 공백은 이 민주주의 원리에 의해 메워져야 했다. 그러나 단순히 성공지향적 행위를 위주로 설계된 주관적 권리만이 법적으로 주장되는 경우 생길 수밖에 없는 이 연대성의 공백이 다시 그와 동일한 종류의 법에 의해서 메워질 수는 없으며, 어떤 경우에도 오직 그러한 법에만 의존해서는 메워질 수 없다. 성문법은 행위자들에게 태도와 동기를 일임하는 합법성에만 의존해서는 자신의 정당성의 토대를 보장할 수 없다.

법질서는 두 가지 방식으로 보장된다. 신분사회나 근대 초의 절대주의 시대에서는 법질서가 사회전체적 에토스의 맥락 속에 자리잡고 있으면서 초실정적 법이나 신성한 법의 권위에 복속되어 있었다. 그러나 이제 근대에 오면 주관적 행위의 자유는 다른 종류의 주관적 권리를 통하여, 그러니까 단순한 선택의 자유(*Willkürfreiheit*)가 아니라 칸트적 의미의 자율성에 맞추어 설계된 시민권을 통하여 보충된다. 왜냐하면, 종교적 혹은 형이상학적 뒷받침이 사라진 상황에서, 권리의 이기적 사용에 맞추어 설계된 강제법은 자신의 사회적 통합력을 오직 다음의 경우에만, 즉 법규에 의해 규제되는 행위자들이 동시에 전체로서의 자신을 그 규범의 이성적 창조자로 이해하는 경우에만 유지할 수 있기 때문이다. 그러한 한에서, 근대법은 시민의 역할 속에 집중되어 있고 궁극에는 의사소통행위로부터 나오는 연대성을 먹고 산다. 앞으로 보겠지만, 시민들의 조직화된 자기결정의 실천에서 그들의 의사소통적 자유가 법적 제도와 절차를 통해 다면적으로 매개된 형태를 취할 수 있지만, 그렇다고 완전히 강제법에 의해 대체될 수 있는 것은 아니다. 그러나 법집행의 사실성과 법의 타당성을 근거짓는 입법과정의 정당성 사이의 이 내적 연관은 의사소통 행위자들의 상호이해 과정으로는 감당하기 어려운 사회적 통합력을 대체해야 하는 법체계에게 무거운 부담을 안겨준다. 왜냐하면 계몽된 사회학자의 눈으로 볼 때, 근대법이 오로지 혹은 일차적으로 규범적 동의 — 이것이 주어져 있건 성취되건 간에 — 라는, 다시 말해서 연대성의 의사소통적 원천이라는 토양 위에서 사회적 통합력을 획득한다는 주장보다 더 현실성이 떨어지는 것은 없어 보일 테니 말이다.

특히 사회가 고도로 복잡해지면 그 사회가 충족해야만 하는 기능적 요건 때문에 또 다른 종류의 사회적 사실성이 등장한다. 이것은 법집행의 사회적 사실성과는 달리 더 이상 법질서의 정당성 주장과 내적 관계를 갖지 않는다. 법의 규범적인 자기이해는 외부로부터 법체계로 개입해 들어오는 사회적 사실에 의하여 부정될 수 있다. 여기서 사실성과 타당성은 서로 외적 관계를 맺게 된다. 왜냐하면 현재 통용되는 법이 함축하는 규범적 의미와 법적 결정을 실제로 지배하는 사회적 제약이라는 두 계기는 서로 독립적으로 기술될 수 있기 때문이다. 이 주제는 다음 장에서 다룰 것이다. 그 전에 여기서는 근대사회의 법의 하부구조를 구성하는, 지금까지 해명한 사실성과 타당성의 내적 관계를 다시 한 번 요약하겠다.[25)]

(2) 프레게와 퍼스가 언어분석적 선회를 수행한 이후에 이념과 현상적 현실 사이의 고전적인 대립이 극복되었다. 플라톤 전통에서 출발한 그 대립은 처음에는 존재론적으로, 그 다음에는 의식철학적으로 해석되었다. 그러나 이제 이념 자체가 곧장 언어 속에서 구체화되는 것으로 개념화되면서, 세계 속에서 등장하는 기호와 언어적 표현의 사실성은 의미의 일반성과 진리 타당성이라는 이상성과 내적으로 결합된다. 의미의 의미론적 일반성은 사건으로서의 기호와 언어과정(및 글로 씌어진 자료)의 흐름 속에서 문법적 규칙에 따라 유형별로 식별가능한 기호와 표현의 매체 속에서만 자신의 이상적 규정성을 획득한다. 나아가, 하나의 진술이 타당하다는 것과 그것이 진리로 간주된다는 것(*Für-wahr-Halten*)이 어떻게 다른지는, 이상적 타당성 개념은 이상적 조건 속에서 합리적으로 주장될 수 있는 가능성(*Behauptbarkeit*)으로 이해되어야 한다는 명제를 통해 설명된다. 다시 말해서 이상적 타당성 개념은 오직 주장의 담론적 검증과 관련해서만 이해되어야 하는 것이다. '타당하다'는 술어가 3가지 측면을 가진 것으로 이해하면, 진리 타당성의 이념은 오직 우리들의 담론적 정당화 행위가 충족해야 할 전제들 속에서만 표현되며, 따라서 언어사용의 차원에서 표현된다. 여기서 우리는 하나의 진술의 타당성과 그 타당성을 이상적으로 확장된 청중들에게 증명하는 것 사이의 내적 연관을 보게 된다. 타당한 것은 사실적으로 제기된 반론들에 맞서 증명되어야 하는 것이다. 의미 일반성의 이상성도 그렇지만 타당성의 차원도 언어 자체 속에서 타당성과 사실성의 긴장을 통해 구성된다. 진리주장을 합리적으로 수락할 수 있는 가능성의 담론적 조건과 진리는 서로를 해명해 주는 것이다.[26]

의사소통행위에서 행위자들은 상호이해지향적 언어사용을 통하여 그들의 행위를 조정한다. 따라서 여기서 사실성과 타당성의 긴장관계

25) 이하의 논의는 Lutz Wingert와의 토론에서 많은 자극을 받았다.

26) H. Putnam, *Vernunft, Wahrheit und Geschichte*, Frankfurt/Main 1982.

는 사회적 사실의 세계 속으로 진입한다. 우리는 사건으로서의 기호와 언어과정의 사실성을 의미의 차원과 타당성의 차원에 없어서는 안될 필수적 계기로 이해할 수 있다. 이에 비해 우리는 타당성 주장과 함께 의사소통행위 속으로 끌려들어온 사실성과 타당성의 언어내적 긴장 자체를 사회적 사실의 한 계기로, 다시 말해서 삶의 형식을 재생산해가는 일상의 의사소통적 실천의 한 계기로 파악해야만 한다. 행위조정이, 그리고 상호작용의 네트워크 형성이 상호이해 과정을 통하여 이루어지는 한, 상호주관적으로 공유된 확신이 사회통합의 매체가 된다. 행위자들은 자신이 이해하고 또 타당하다고 간주하는 것을 확신한다. 문제시된 확신이 오직 근거에 의해서만 뒷받침되거나 수정되는 것은 이러한 이유에서이다. 그러나 자연주의적 입장에서 근거들 자체가 본래 어떤 의견을 제시하거나 평가를 내리는 성향이라고 기술한다면 그것은 적절하지 않다. 오히려 근거들은 비판될 수 있는 타당성 주장을 검증하는 논증의 교환에서 사용되는 일종의 통화라고 할 수 있다. 근거들이 합리적 동기를 부여하는 힘을 갖는 것은 발화행위에 내재하는 의미와 타당성 사이의 내적 연관 덕분이다. 이때 근거들은 처음부터 이중의 측면을 갖는다. 왜냐하면 그것은 신념을 강화시킬 수도 있고 뒤집어버릴 수도 있기 때문이다. 언어와 그 사용에 내재하는 사실성과 타당성의 긴장은 이 근거들을 통하여 사회 속으로 침투해 들어간다. 한 사회의 통합이 공유된 신념에 의해 뒷받침받는 한, 그 통합은 신념의 가치를 떨어뜨리는 근거들의 해체효과에 영향을 받지 않을 수 없다(근거들의 한 범주 전체의 가치가 폄하되는 경우에는 특히 그러하다). 사회적 현실 속으로 뚫고 들어온 그 긴장은 궁극에는 다음 사실에 기인한다. 즉, 사회적 사실들을 산출하고 지속시키는 타당성 주장의 수락여부가 맥락에 좌우되는 근거의 수락에 의존하고 있는데 이 근거들은 항상 좀더 나은 근거들과 맥락을 변경시키는 학습과정에 의하여 그 가치가 떨어질 수 있는 위험에 노출되어 있다는 사실에 기인한다.

의사소통적 사회화가 보여주는 이러한 구조적 속성은 왜 해석과 신념에 의해 매개되어 있으며 상징적으로 미리 구조화된 생활세계가, 나아가 사회적 연결망 전체가 오류의 가능성이 있는 타당성의 가정들에 의하여 관통되어 있는지(*durchschossen*) 그 이유를 설명해 준다. 또한 그것은 오류의 여지가 있는 타당성의 가정에 의존하는 사회적 행위기대가 기껏해야 불확실한 안정성밖에 갖지 못하는 이유가 어디에 있는지도 설명해준다. 그 안정성은 항시 근거 있는 반론에 의하여 무너져 버릴 위험을 물리쳐야만 하는 사회적 통합의 성과 덕분에 생긴다. 확실히 근거들은 맥락에 따라 달라지는 합리성 기준이라는 배경 위에서 등장한다.[27] 그러나 맥락을 변경시키는 학습과정의 결과를 표현하는 근거들도 있으며, 이들은 기존의 합리성 기준들을 무너뜨릴 수 있다.

우리는 이 위험에 대처하고 아울러 의사소통적 사회화에 내재하는 불안정성에 대처하는 두 가지 전략을 알고 있다. 하나는 의사소통 메커니즘에 제한을 가하는 전략이고, 다른 하나는 반대로 그 메커니즘의 제약을 제거하는 전략이다. 의사소통행위 속에 내장되어 있는 위험은 의사소통행위가 아무런 의문 없이 자명한 것으로 간주되는 — 왜냐하면 이 확신들은 의사소통 과정에서 사용할 수 있으며 의도적으로 동원할 수 있는 모든 근거들로부터 차단되어 있기 때문이다 — 직관적 확신들에 의해 뒷받침될 때 제한된다. 생활세계적 배후근거를 형성하면서 행위를 안정시키는 이 확실성은 가능한 주제화의 문턱 아래에 완강하게 자리잡고 있으며, 따라서 확신과 근거들의 단순한 수락과 그것들의 수락가능성을 구별할 수 있는 차원 — 이 차원은 의사소통행위 속에서 비로소 열린다 — 으로부터 차단되어 있다. 이와 유사한 사실성과 타당성의 융합을 우리는 신성한 세계상과 거대한 제도의 주술적 권위와 밀착되어 있는 행위조정적 확신의 타당성 차원 속에서 관찰할 수 있다. 그러한 형태의 권위는 규범적 확신이 생활세계적 배후에 머물러 있어서

---

27) R. Rorty, *Solidarität oder Objektivität*, Stuttgart 1988. 이에 대한 비판으로는 H. Putnam, "Why Reason can't be naturalized?," *Synthese* 52(1982), 1~23.

주제화될 수 없고 근거와 연결될 수 없다는 사실에 바탕을 두는 것이 아니다. 오히려 그것은 주제의 선택이 미리 결정되어 있고, 또 사용할 수 있는 근거들의 유형도 엄격하게 고정되어 있다는 사실에 바탕을 두고 있다. 의사소통 과정에서 근거를 사용하고 동원하는 것을 금지하고 비판에 재갈을 물림으로써, 권위주의적 규범과 가치는 상호이해 과정이 가져오는 문제화의 소용돌이로부터 멀찌감치 떨어져 있는 준거틀을 의사소통 행위자들에게 제공한다. 규범과 가치가 의사소통 과정에서 유동화되고, 수락가능성과 단순한 수락 사이의 범주적 차이라는 관점에서, 자유롭게 동원될 수 있는 근거들의 제한 없는 놀이에 노출될 때 비로소 가치와 규범과 상호이해를 통하여 이루어지는 사회적 통합이 의사소통 행위자들 스스로의 활동과 성취에 의존하게 된다.

광범위한 영역에서 이익을 추구하는 행위를, 따라서 규범으로부터 중립화된 행위를 요구하는 근대의 복잡한 사회라는 조건 아래에서는, 제약에서 풀려난 의사소통행위가 자신에게 맡겨진 사회적 통합의 짐을 벗어던질 수도 없고 그렇다고 진지하게 담당할 수도 없는 역설적 상황이 발생한다. 의사소통행위가 자신의 자원에만 의존하여 자신에 내장되어 있는 의견불일치의 위험을 해결하려고 할 경우 의견불일치의 위험을 증대시키는 방식으로, 그러니까 합리적 담론을 계속하는 방식으로 해결하는 수밖에 없다. 그럼 제약에서 풀려난 의사소통이 자신에게 맡겨진 일을 부정하지 않으면서도 사회적 통합의 부담을 덜 수 있도록 해주는 메커니즘은 어떠한 것인가? 이런 질문을 던져보면, 지금까지 신성에 의해 보호받으면서 인습적인 인륜성과 뒤섞여 있었던 법을 완전히 실정화하는 길이 이 난국을 벗어날 수 있는 하나의 설득력 있는 탈출구로 떠오를 수 있을 것이다. 다시 말해서, 의사소통행위에 내장되어 있는 의견불일치의 위험에 대처하는 두 가지 전략인 제약의 전략과 해방의 전략을 결합하면서 동시에 분업의 원리에 따라 이들에게 각기 다른 임무를 맡기는 규칙체계가 고안될 수 있는 것이다.

한편으로, 법집행을 국가가 보장하는 것은 주술적 권위에 의한 기대의 안정화를 대체하는 기능적 등가물이라고 할 수 있다. 세계관에 바탕을 두는 제도가 의사소통을 제약함으로써 행위를 조정하는 신념을 고정시키는 데 반해, 근대법은 법의 준수만을 강제할 뿐 법준수의 동기는 시민들에게 맡김으로써 신념을 제재로 대체할 수 있게 해준다. 이 두 가지 경우 모두에서, 행위자들이 그들이 따라야 할 규범의 타당성을 질문할 수 없게 만드는 방식을 통해 근거 있는 이견으로 인한 불안정화가 완화된다. 물론 근대법의 경우 '할 수 없음'은 다른 의미를, 그러니까 목적합리적 의미를 갖는다. 왜냐하면 타당성의 양식 자체가 달라졌기 때문이다. 권위에 의존한 신념의 타당성 속에서는 사실성과 타당성이 융합되어 있는 데 반해, 법의 타당성에서는 그 두 요소가 분리된다. 다시 말해서, 법질서의 강제된 수락은 법질서의 정당성 주장의 기반인 근거들의 수락가능성과 구별된다. 이 이중의 코드화는 다른 한편으로는 법의 실정성과 정당성 주장의 조합이 원칙적으로 모든 가치와 규범을 비판적 검사에 개방하는 의사소통의 허방을 고려하고 있다는 사실을 가리킨다. 법공동체의 구성원들은 그들이 복종해야 하는 규칙의 권위를 자유로운 정치적 의견형성과 의지형성 속에서 스스로 부여한다고 가정할 수 있어야 한다. 확실히 이 정당화 과정은 법체계의 구성부분으로 포함된다. 아무런 형식 없이 자유부동하는 일상적 의사소통의 우연성을 고려할 때 그 정당화 과정 자체가 법제화될 필요가 있기 때문이다. 이러한 제약의 조건 위에서, 모순의 지속적 위험은 합리적 담론 속에서 계속 유지되어, 이성적으로 추정되는 정치적 의견형성과 의지형성의 생산력으로 변형된다.

(3) 우리가 이러한 방식으로 근대법을, 상호이해를 달성하는 과제에서도 이미 힘겨운 상태에 있는 의사소통 행위자들에게 제약 없는 의사소통의 원리를 철회하지 않는 가운데 사회적 통합의 과제를 면제시켜 주는 메커니즘으로 간주한다면, 합리적 수락가능성의 주장과 실정성이라는 법의 두 측면을 모두 이해할 수 있을 것이다. 법의 실정성은 다

름아니라 인위적으로 만들어진 한 사회적 실재의 층이 의식적으로 제정된 규범의 틀에 의하여 등장한다는 것을 의미한다. 그러한 실재의 개별적 구성부분은 변경되거나 완전히 효력을 상실할 수 있기 때문에, 그 실재는 그것을 산출한 규범적 틀이 무효화되지 않는 한에서만 존재할 수 있다. 이러한 변화가능성에 비추어 보면, 실정법의 타당성은 특정한 규범에게 효력상실이라는 항상적 가능성에도 불구하고 추후통지가 있을 때까지는 지속성을 부여하는 의지의 순수한 표현으로 나타난다. 앞으로 보겠지만, 바로 이 순수한 제정의 자원주의(*Voluntarismus der puren Setzung*)라는 심지로부터 법실증주의의 파토스가 불붙어 타오른다. 다른 한편, 법의 실정성이 오직 자의적 결정의 우연성에만, 따라서 순수한 결단의 우연성에만 바탕을 둘 경우 그것의 사회적 통합력은 손실을 입고 만다. 법은 자신의 구속력을 법의 실정성과 정당성 주장 사이의 동맹으로부터 빌려온다. 이 결합은 사실에 기초한 수락과 타당성 주장의 합리적 수락가능성 사이의 상호침투를 반영한다. 그리고 이 상호침투는 이미 의사소통행위 속에, 그리고 어느 정도 자연발생적인 사회질서 속에 사실성과 타당성의 긴장이라는 형태로 포함되어 있다. 이 이상적 긴장은 법차원에서 강화되어 다시 등장하는데, 이번에는 좀더 특정화되어, 규칙의 평균적 수락을 보장하는 법의 강제력과 규칙의 정당성 주장을 입증하는, 다시 말해서 규칙을 합리적으로 수락할 만한 것으로 만드는 자기입법의 이념 — 혹은 연합한 시민의 정치적 자율성이라는 가정 — 에 대한 관계 속에서 등장한다.

나아가 법의 타당성 차원에 내재하는 이 긴장 때문에 법을 집행하기 위하여 (그리고 유권적으로 적용하기 위하여) 요구되는 정치권력 — 법은 이 정치권력 덕분에 실정성을 갖는다 — 을 정당한 법의 형식 속에서 조직해야 할 필요성이 생긴다. 법치국가의 이념은 법이 전제하는 권력을 법적으로 변형시켜야 한다는 절실한 요청에 대한 대답이다. 법치국가의 이념 속에서, 자기입법이라는 시민적 실천은 제도적으로 분화된 형태를 취한다. 법치국가의 이념은 법의 자기적용이라는 나선형의 운동을 가동시킨다. 다시 말해서 법의 자기적용은 외부로부터 법으로 관류해 들어오는 법적으로 통제되지 않는 사회적 권력의 사실성에 대항하여 내적으로 불가피한 정치적 자율성이라는 가정을 관철시키는 것이다. 법치국가의 발달과정은 법체계가 자신의 규범적 자기이해와 모순되게도 부당한 세력관계에 의하여 압도되는 사태를 방지하기 위하여 취해진, 경험의 인도를 받으며 근본적으로 열려 있는 예방책들의 시퀀스라고 이해할 수 있다. 여기서 다루어지는 중요한 문제는 (법체계의 시각에서 지각된) 사실성과 타당성의 외적 관계이며, 그 자체 규범적 가공을 필요로 하는 규범과 현실의 긴장이다.

근대사회는 가치와 규범과 상호이해 과정을 통하여 사회적으로 통합될 뿐 아니라 시장과 행정권력을 통하여 체계적으로 통합되기도 한다. 화폐와 행정권력은 체계를 형성하는 사회통합의 메커니즘으로서, 행위를 의도적으로 그러니까 의사소통의 비용을 들여가면서 상호작용 참여자들의 의식을 통하여 조절하는 것이 아니라 행위자들의 등뒤에서 객관적으로 조절한다. 아담 스미스 이래 시장의 '보이지 않는 손'은 이러한 규제유형의 고전적 사례이다. 이 두 가지 매체는 법적 제도화라는 경로를 통하여 의사소통행위를 통해 사회적으로 통합되어 있는 생활세계의 질서 속에 닻을 내린다. 이러한 방식으로 근대법은 사회통합의 3가지 자원들 모두와 연결된다. 시민들에게 그들의 의사소통적 자유를 공동으로 행사할 것을 요청하는 자기결정의 실천을 통하여 법은 자신의 사회적 통합력을 궁극적으로는 사회적 연대성이라는 원천에서 길어온다. 다른 한편 사법과 공법의 제도들은 시장의 질서와 국가권력의 조직을 가능하게 한다. 생활세계로부터 분화되어 나온 경제체계와 행정체계의 작동은 법의 형식 속에서 이루어지기 때문이다.

이러한 방식으로 법이 연대성뿐만 아니라 화폐와 행정권력과도 연결되어 있기 때문에 법은 자신의 통합활동 속에서 상이한 원천을 가진 명령들을 융합한다. 그렇다고 해서 법규범이 어떻게 이 명령들의 균형을 맞출 것인지를 말해주는 표식을 이마에 달고 있는 것은 아니다. 법의 상이한 주제영역들에서 정치와 입법이 반응해야 할 규제의 필요의 원천들을 알아낼 수 있는 것은 사실이다. 그러나 국가기구와 경제체계 그리고 여타의 사회적 영역의 기능적 명령 속에서 규범적 필터를 충분히 거치지 않은 이해관계가 관철되는 경우가 종종 있는데, 이는 오직 그 이해관계가 상당히 강력한 것이고 또 정당성을 제공하는 법형식을 자신의 사실적 위력을 숨기는 외투로 사용하기 때문이다. 이러한 까닭에 근대법은 분화된 경제사회의 기능적 명령과 관련된 정치적 지배를 조직하는 수단으로서 사회적 통합의 심층적으로 양가적 매체로서 남는다. 법이 부당한 권력에게 정당성의 외양을 제공하는 경우가 허다하다. 그러기에 법적 통합이 연합한 시민들의 동의에 의존할지 아니면 그것이 국가의 자체 프로그램이나 사회구조적 권력의 결과로서 등장하고 필요한 대중의 지지를 이 물질적 기초에 의존하여 스스로 산출할지는 첫눈에 보아서는 알 수 없다.

그러나, 법체계 전체가 메타 사회적 보장책에 의존할 수 없고 비판을 면제받을 수 없게 될수록, 자연발생적으로 조절되는 법의 자기정당화의 여지는 줄어든다. 근대사회에서 사회적 통합이라는 중요한 과제를 떠맡게 된 법이 사회적 재생산의 기능적 명령이라는 세속적 압력을 받게 되는 것은 사실이다. 그러나 이와 동시에 법은 모든 규제를 정당화해야 하는 이를테면 이상주의의 압력으로부터도 벗어나지 못한다. 경제체계와 국가기구가 화폐와 행정권력을 통하여 수행하는 체계통합적 활동은, 법적 공동체의 헌법적인 자기이해에 따라, 시민의 자기결정적 실천이라는 사회적 통합의 과정과 연결되어야 한다. 헌법의 이상론과 법질서, 특히 사회적 권력의 불균등 분배를 반영하는 경제법의 유물론 사이의 긴장은 법에 대한 철학적 접근방법과 경험적 접근방법의 분열 속에 반영되어 나타난다. 법에 내재하는 사실성과 타당성의 긴장을 다시 살펴보기 전에 먼저 정의에 대한 철학적 담론과 법에 대한 사회학적 담론 속에 반영되어 있는, 근대법의 자기이해와 사회적 사실성 사이의 외적 관계를 다루도록 하겠다.

2

사회학적 법개념과 철학적 정의개념

언어에 내재하는 합리성의 잠재력은 의사소통행위라는 경로를 통하여 사회통합의 기능을 위하여 요구되고 동원되며, 또 사회진화의 과정 속에서 자유롭게 펼쳐진다. 근대법은 사회통합의 문제와 관련하여 과도한 짐을 지고 있는 사회질서의 기능적 공백을 메운다. 의사소통행위의 실용적 전제가 담고 있는 이상적 내용으로 인하여 형식화되지 않은 생활세계에 이미 내장되어 있던 사실성과 타당성의 긴장은 근대법의 타당성 차원 속에서 집약되어 나타난다. 법의 타당성의 이상적 내용이 법공동체의 의식적이고 자율적인 조직이라는 이념 — 이것은 처음에는 이성법에 의하여 개념화되었다 — 속에서 명료하게 표현되면서 시장에 의해 조절되는 경제와 관료화된 행정의 기능적 명령과 충돌을 빚게 되자, 법의 규범적 자기이해에 대한 사회과학적 비판이 등장하게 된다. 한편으로 법은 화폐와 행정권력에 의해 조정되는 체계들이 전체 사회적 의식에 의해 매개되는 사회적 통합으로부터 완전하게 벗어나서는 안 된다는 강한 요구를 지켜나가야만 했다. 그러나 다른 한편으로는 바로 이 요구가 법의 사회학적 탈마술화 과정의 희생양이 되어버린 것으로 보였다. 어떻게 사회가 이 모순을 해결할 것인지가 이데올로기

비판적 연구와 권력비판적 연구가 오랫동안 몰두했던 주제였다. 나는 법비판이 급진적인 반론, 즉 주변화되어 버린 법이 점점 증대하는 사회적 복잡성이라는 상황 속에서 자신의 기능을 계속하여 충족할 수 있으려면 정규성의 가상을 벗어던져야 한다는 급진적인 반론으로 귀결되는 한도 내에서만 규범적 주장과 현실을 대질하는 법비판의 노선을 따르기로 하겠다.[1] 만약 그 반론이 사실이라면, 그것은 법의 규범적인 자기이해와 접목하고 있는 담론이론의 기초를 제거해 버리고 말 것이다. 왜냐하면, 그럴 경우, 애초에 그러한 접근방법은 냉소적이 되어버린 현실과 접맥할 수 없게 될 터이기 때문이다. 사회과학의 법회의주의에 대항하여 철학적 정의이론은 단호하게 근대적 법질서의 도덕적 내용을 연구한다. 법의 이 합리적 구성은 질서 있는 사회라면 따라야 할 원리를 정당화하는 데 기여한다. 그러나 그것은 동시대 사회의 현실과 너무 동떨어진 나머지 그 원칙이 실현될 수 있는 조건을 특정화하는 문제와 관련하여 어려움을 안게 된다.

(1) 먼저 법의 객관주의적 탈마술화가 갖는 유용성과 단점을 검사하기 위해 사회과학적 담론의 체계이론적 노선을 따라가 보기로 하겠다. (2) 그 다음에 존 롤즈가 발전시킨 법개념을 단서로 삼아 순수히 규범적으로 전개된 철학적 정의의 담론이 안고 있는 상보적 난점을 보여주고자 한다. (3) 마지막으로 막스 베버와 탈코트 파슨즈에서 출발하여 법체계를 외적 관점에서 사회적 현실의 일부로 기술할 수 있을 뿐 아니라 내적 관점에서 그 규범적 내용을 재구성할 수 있도록 해주는 이중적 관점을 발전시키겠다.

---

1) Peters (1991), 136~166 참고.

1. 법의 사회과학적 탈마술화

국가와 사회에 대한 분석에서 법이라는 범주가 차지하는 위상은 지난 3세기 동안 과학적 경향들의 변화과정과 그 운명을 같이 하였다. 홉스에서 헤겔에 이르는 근대 자연법에서 법은 여타의 모든 사회적 관계를 매개하는 핵심범주로 간주되었다. 사법적 사유방식은 질서정연한 사회의 정당성을 위한 적절한 모델을 제공하는 것으로 보였다. 이성법이 제시하는 청사진에 따라 설립된 사회가 좋은 사회로 서술되었다. 그러나 이미 스코틀랜드 도덕철학자들은 이성법 개념에 반대하여 기존에 확립되어 있던 관행, 인습, 제도와 같은 삶의 맥락들은 형식법의 개념들을 통해 재구성되지 않는다는 자연사회이론을 펼쳤다. 아담 퍼거슨(Adam Ferguson)과 존 밀라(John Millar)는 고전적 정치학과 근대 정치경제학 사이에 서 있으면서 아리스토텔레스를 넘어서 맑스로 나아가는 첫발을 내디뎠다.[2] 경험주의자였던 이들은 규범적 논증에 몰두한 나머지 역사적 특수성과 사회문화적 사실들을 무시하는 이성법의 규범적 명령주의(*Präskriptivismus*)에 반기를 들었다. 초창기의 사회학자이자 인류학자로서 이들은 관습적인 사회적 관계, 기존 제도들, 뿌리깊은 이해관계와 계급구조들의 비형식적 망을 의지와 의식에 의해 정교하게 구축된 법체계 속으로 말끔하게 용해시켜 버리는 합리주의에 반기를 들었다.

물론 사회계약의 모델은 근대의 교환사회에서 사적 개인들이 경제적 교환관계에 참여함으로써 동등한 자연적 자율성과 평등성을 보장받는 듯이 보인다는 점을 자신의 토대로 삼을 수 있었다. 이렇게 자연발생

2) A. Ferguson, *Versuch über die Geschichte der bürgerlichen Gesellschaft*, Frankfurt/Main 1986 ; John Millar, *Vom Ursprung des Unterschieds in den Rangordungen und Ständen der Gesellschaft*, Frankfurt/Main 1967.

적으로 자유를 보장하는 부르주아 사회의 성격은 형식법에 의해 확인되고 확정되기만 하면 되는 것으로 보였다. 물론 이러한 생각은 로크에서 칸트와 토마스 페인에 이르는 다양한 자유주의자들에 의해 비로소 명시적으로 해명되었다.[3] 모든 사회계약 이론에서, 사회의 구조적 골격을 형성하는 제도를 이성법을 통해 추론적으로 구성하려는 시도는 전체 사회를 본원적으로 자율적이고 평등한 구성원들의 자유의지에 기초한 결사체라는 의도적 복합체로 이해할 수 있다는 견해로 귀착되었다.[4] 도저히 가능성이 없어 보이는 이러한 이념이 설득력을 얻을 수 있었던 유일한 이유는 근대 시장사회가 처음에는 교환 당사자들이 '본래부터' 자유롭고 평등한 인간으로서 서로 관계맺을 수 있는 자연적 기초로 보였기 때문이었다. 이때 교환 당사자들이 '본래부터' 자유롭고 평등한 인간으로 간주될 수 있었던 것은 (맑스가 말하는) 균형상태에 있는 소상품 경제의 평등한 조건 아래에서 (남성가장과 동일시되었던) 상품 소유자들이 정치적 결사체가 의도적으로 산출되기에 앞서 이미 사적으로 자율적인 법 주체라는 지위를 가상적으로 보유하고 있었던 것으로 보였기 때문이다. 이러한 배경은 자연상태를 경제적 관계가 아니라 권력을 통하여 특징지었던 이론가들에게는 확실히 그 중요성이 덜했다. 그러나 자연상태에 대한 홉스적 구성도 부르주아 사회를 모든 법적 규제에 앞서 정치적 사회화의 원천으로서 기능하는 — 왜냐하면 경제적 경쟁관계는 계약을 체결하며 따라서 법을 제정하는 주체를 이미 함축하고 있기 때문이다 — 영역이라고 간주하는 견해와 비록 동일하지는 않지만 적어도 그것에 대한 기능적 등가물이라는 성격은 보유하고 있었다.

---

3) C. B. Macpherson, *Die politische Theorie des Besitzindividualismus*, Frankfurt/Main 1973 ; W. Euchner, *Naturrecht und Politik bei John Locke*, Frankfurt/Main 1979.

4) I. Fetscher, H. Münkler (Hg.), *Pipers Handbuch politischer Ideen*, Bd. 3, München 1985, Kap. VII, 353 ff.

이 전제가 명시적으로 발전되었건 암묵적으로 가정되었건 간에, 이 전제에 비추어 보면 왜 스코틀랜드 도덕철학에서 시작하는 경제적 분석이 이성법의 전통에 지속적으로 회의의 눈길을 던지게 되었는지 그 이유를 설명할 수 있다. 아담 스미스와 리카르도에 의하여 부르주아적 시민사회를 익명의 법칙이 지배하는 상품교환과 사회적 노동의 영역으로 파악하는 정치경제학이 발전하였다. 헤겔은 정치경제학의 관점에 따라 이 시민사회를 개인의 모든 현실적 자유를 강탈하는 '욕망의 체계'라고 불렀다. 이윽고 정치경제학 비판가로서 맑스는 시민사회의 해부학을 통하여 자본의 자기증식 과정이 자기소외된 개인의 머리 위에서 관철되면서 점점 더 심각한 사회적 불평등을 산출하는 구조를 폭로한다. 이로써 시민사회 개념은 변형을 겪게 되었다. 처음에 시민사회는 그 속에서 개인들이 의지와 의식을 갖고서 연대를 맺는 가운데 사회적 과정을 공동으로 통제할 수 있는, 자유를 가능하게 하며 자율성을 산출하는 조건들의 총체로서 이해되었다. 그러나 이제 그것은 몰의식적으로 사회화된 개인들의 의지로부터 자립화되어 자신의 고유한 논리만을 따르며, 사회 전체를 경제학적으로 해독되는 사회의 자기안정화의 명령에 복속시키는 익명의 지배체계로 전환된 것이다.

정치경제학과 정치경제학 비판이 가져온 이러한 관점선회와 함께 법이라는 범주는 그것이 보유하고 있던 이론전략상의 핵심역할을 상실하고 말았다. 사회적 삶의 재생산은 이성법의 빈약한 규범적 사유틀 속에서 파악하기에는 너무나 복잡했다. 뿐만 아니라 이제 사회통합의 메커니즘도 전혀 다른 종류의 것으로, 그러니까 비규범적인 종류의 것으로 보였다. 정치경제학의 개념들 속에서 파악된 부르주아 사회의 해부학은 폭로효과를 갖고 있었다. 법관계가 아니라 생산관계가 사회적 조직을 묶어주는 결절점을 형성한다는 사실이 드러났다. 곧이어 이 의학적 이미지는 유서깊은 건축 메타포에 의해 대체되었다. 사회의 경제적 토대 속에서는 한 사회계급의 다른 사회계급에 대한 지배가 생산수단의 사적 통제력이라는 비정치적 형태로 관철되었으며, 이제 법은 이 경제적 토대 위에 서 있는 정치적 상부구조에 속하는 것이 되었다. 교환가치를 생산하고 재생산하는 반복적 순환과정은 근대법이 수행하던 사회적 통합 속으로 완전히 관류해 들어갔으며, 근대법을 주변적 현상으로 전락시키고 말았다. 이와 함께 정치경제학이 발견하고 분석한 시장 메커니즘이 사회이론에서도 지도적 위치를 획득하게 되었다. 그리고 행위자들의 등뒤에서 비의도적으로 관철되는 익명의 사회구성이라는 실재론적 모델이 법적 인격체들에 의하여 의도적으로 산출되고 연속적으로 유지되는 결사체라는 관념론적 모델을 대체하였다.

그러나 맑스는 아리스토텔레스에서 헤겔에 이르는 전통에서 하나의 표준을 제공했던 총체성으로서의 사회라는 고전적 개념을 버리지 않았다. 다만 개인들을 부분으로서 통합하고 있는 사회적 전체의 정점과 중심을 전도시켰을 뿐이다. 그 결과 법적으로 구성된 국가질서의 명시적 통일성은 자본의 자기증식의 체계적으로 설립된 잠재적 통일성에 의해 대체되었다. 부정적 총체성으로 이해된 그 통일성은 역사철학적 사유방식을 통하여 그것의 대립물인 의식적으로 설립된 총체성이라는 고전적 이미지와 여전히 관계를 맺고 있었다. 비코에서 콩도르세에 이르는 과정에서 자연의 목적론이 역사의 차원으로 자리를 옮긴 후에, 사회는 자신 속에 아로새겨져 있는 의도적 연합체의 본질을 역사적 과정의 경로 속에서 실현하는 발전적인 자기준거적 총체성으로 파악될 수 있었다.[5] 특히 이 총체성은 자본의 물신성으로부터 해방되어 물질적 생활과정의 조건들을 공동으로 통제하는 미래의 생산자 연합체 속에서 자신의 본질을 실현할 것이라고 간주되었다.

그러나 다른 종류의 반론은 차치하더라도, 그 근거가 불확실한 이러한 역사철학적 구상은 그 배후에 깔려 있는 목적론적 전제에 대한 비판이나 전체론적 사회 개념에 대한 비판을 견뎌낼 수 없었다. 그럼에도 불구하고 이론사적 맥락에서는 맑스가 선호했던 엄격한 객관주의적

---

5) K. Löwith, *Weltgeschichte und Heilsgeschehen*, Stuttgart 1953.

접근방법이 다양한 노선의 이론적 전통 속에서 성공적으로 관철되었다. 그 접근방법은 사회구성의 메커니즘을 외적 전망에서 관찰하였는데, 이 전망에서 보면 가치와 규범과 상호이해 과정을 통해 이루어지는 사회적 통합은 물론이고 법을 통해 이루어지는 사회적 통합도 한낱 가상에 지나지 않았다. 이윽고 맑스주의적 기능주의에서 역사철학적 희망마저 사라져 버리자, 사회는 역사의 역동성을 벗어나, 모든 것을 관통하면서 자신을 가속화시키는 축적과정의 반복강제에 사로잡혀 물화된 사회적 관계의 세계로 얼어붙고 만다.[6] 이러한 유형의 체계이론이 멜랑콜리한 체취를 풍길 수 있었던 것은 그것이 여전히 부정적 시각에서 강제적 관계로 해석된 총체성에 대한 은밀한 관계를 보존하고 있었기 때문이다.[7] 그러나, 불가피한 사회분화와 늘어나는 사회적 복잡성에 대한 통찰 때문에 이제 정점으로 치달은 도구적 이성의 추상적 전체에 대해 이렇게 부정적으로 관계하는 것마저 어렵게 되자, 체계이론은 긍정적 이론으로 변모하여 비판적 예리함을 잃어버리고 만다. 이 과정에서 그것은 경제적 등가교환이라는 유일한 통합 메커니즘에 철학적으로 고착되어 있는 상태로부터도 벗어난다.

또한 체계 기능주의는 다수의 체계들로 분리되어 탈중심화되어 있는 기능적으로 분화된 사회라는 개념을 통해 맑스의 실재론마저 넘어설 수 있다. 이제 사회학적 관찰자는 자기와 자신의 과학까지도 다른 체계들과 나란히 서 있는 하나의 체계로서 기능적으로 분화된 사회체계 속에 포섭되는 것으로 본다. 이와 같이 정점이나 기초가 존재하지 않는 가운데 다극화된 사회 속에서는 자기준거적으로 폐쇄된 채 경계를 유지해가는 다수의 부분 체계들이 서로에 대하여 환경을 형성한다. 이들은 이를테면 수평적 차원에서 서로 만나며, 또 서로를 관찰함으로써 그리고 직접적 개입의 가능성이 없이 서로의 관계에 대해 반성적 태도

6) S. Benhabib, *Critique, Norm and Utopia*, New York 1986.

7) W. Lepenies, *Melancholie und Gesellschaft*, Frankfurt/Main 1969.

를 취함으로써 자신을 안정시킨다. 단자론적 관점에서 사유된 후설적 의식주체의 초월적 능력이 의식이라는 단자의 주관성은 벗어던졌지만 다시 단자론적으로 자기 속에 갇혀버린 체계로 이월된다.

루만은 초월적 현상학의 체계이론적 유산을 상속받아 주체철학을 철저한 객관주의로 변형시켰다. 레비스트로스에서 알튀세와 푸코까지의 구조주의 사회이론도 비록 다른 방식을 통해서이지만 동일한 길을 걸어간다. 두 경우 모두에서 자신의 고유한 세계를 구성하거나 또는 한 차원 위에서 공동의 생활세계를 상호주관적으로 공유하는 주체들은 설 자리를 잃어버린다. 이와 함께 행위자들이 스스로 의식을 통해 수행하는 모든 의도적 통합활동은 그 권리를 상실한다. 행위자의 자기이해에서 출발하여 내적으로 접근하는 행위이론은 해석학적 흔적들을 따라 사회로 접근할 수 있는 통로를 발견할 수 있는데, 이제 그러한 흔적들은 모두 지워져 버린다. 맑스의 체계분석이 이렇게 철저화되면서 객관주의적 사회이론은 전체론적이고 역사철학적인 기본개념들의 편협성과 규범적 균형추에 대해 새로운 유형의 거리를 취하게 된다. 다시 말해서 고도로 복잡한 사회의 변이범위, 우연성, 다면성에 대한 시각이 편견 없이 열리게 된다.

법사회학적 연구도 이 새로운 패러다임으로부터 이익을 얻을 수 있다. 법체계 또는 그 기초를 이루는 구조는 이른바 이데올로기 비판에 의해 상실되었던 자신의 자율성을 되찾는다. 법은 더 이상 부수적 현상이 아니라 다시 한 번 고유한 내적 논리를 갖게 된다. 그러나 법은 탈중심화된 전체 사회 속에서 주변적 지위만 가질 뿐이고, 체계들과 담론들의 무질서한 다양성 중의 하나의 체계 혹은 하나의 담론을 형성할 뿐이다. 법과 관련된 현상들, 그러니까 법적으로 구조화되거나 조절되는 의사소통은 하나의 특수한 언어 속에서 기술되는데, 그 언어는 객관주의적 방식으로 행위자의 자기이해를 무시하고 또 행위자의 직감적 지식과 연결될 수 있는 통로를 찾지도 않고 발견하지도 않는다. 자기 자신마저 환경 속의 체계로 파악하는 체계 관찰자가 취하는, 혹은 토착민들의 관행과 언어게임마저 행위자에 의해 주도되지 않은 낯선 것으로 놓고 대면하는 민속학자들이 취하는 인위적인 낯설게 만들기의 객관적 시선 속에서, 모든 사회적 삶의 연관은 해석학적으로 접근할 수 없는 제2의 자연으로 얼어붙고, 이 제2의 자연에 관한 반직관적 지식들이 자연과학에서처럼 누적된다.

18세기에 자연사회 이론과 자연법 이론 사이에 있었던 초기의 논쟁에서부터 구조주의와 체계이론에 이르는 경로를 따라가 보면, 사회과학적 성찰이 사회에 대한 계약이론의 규범적이고 합리주의적인 전제들을 복구할 수 없을 정도로 무너뜨렸을 뿐만 아니라, 사회이론의 중심 범주로서의 법의 의미를 돌이킬 수 없을 정도로 평가절하시킨 듯이 보인다. 루만의 법사회학은 이러한 이론사적 발달의 잠정적 종착점에 자리잡고 있다.[8] 여기서 나는 법에 (고전적 사회이론에서 법의 위치에 비교해 볼 때) 주변적 위치를 배당하고, 사물을 객관적으로 기술함으로써 법적 타당성이라는 현상을 중립화시키는 이론의 가장 엄격한 변종이라는 점에서만 그의 이론에 관심을 둔다.

루만의 이론에서 법은 오직 행위기대의 안정화라는 기능주의적 관점 속에서만 파악된다. 기능적으로 완전히 분화된 사회에서 법은 기대를 시간적, 사회적, 객관적 차원에서 일치된 방식으로 일반화하여 우연적으로 등장하는 갈등을 합법/불법의 이원적 코드에 따라 구속력 있게 판결내릴 수 있도록 한다는 특수한 과제를 전담한다. 전체로서의 법체계는 법을 지향하는 모든 의사소통을 포괄한다. 좁은 의미에서 그것은 법적 상황을 제도화된 법절차, 법규범, 법리해석에 따라 변화시키는 법적 행위를 포함한다. 물론 이러한 인습적인 법사회학적 규정들은, 법의 진화론적 분화가 실정화된 법을 마침내 하나의 자기산출적 체계로 자립화시키는 자율화로 이해되어야 한다는 가정이 있을 때 비로소,

---

8) N. Luhmann, *Ausdifferenzierung des Rechts*, Frankfurt/Main 1981 ; *Legitimation durch Verfahren*, Neuwied 1969.

그 특수한 의미를 얻는다. 그러고 나면, 법체계는 하나의 회귀적으로 폐쇄된 의사소통 체계로서 자신을 환경으로부터 자기준거적으로 구별하게 되며, 그 결과 법체계는 자신의 외부와의 관계를 오직 관찰을 통해서만 전개하게 된다. 법체계는 자신의 구성요소를 다시 법의 범주 속에서 기술하며, 이 자기주제화를 사용하여 법적 행위를 자신의 수단으로 구성하고 또 재생산한다. 법체계의 구성요소들이 이런 방식으로 서로 결합되어 "규범과 법적 행위가 서로를 상호적으로 생산하고 절차와 법 도그마틱이 이 관계들 자체를 서로 관계짓는" 정도만큼 법체계는 자율성을 획득하게 된다.[9)]

이런 발상의 첫 번째 결과는 하나의 단자처럼 닫혀 있으면서 동시에 열려 있는 법체계가 나머지 모든 행위체계로부터 분리된다는 데에 있다. 자율화된 법체계는 사회 속의 자신의 환경과 더 이상 **직접적** 교환관계를 맺을 수 없고, 또 그 환경에 대해 규제적 영향을 미칠 수도 없다. 자기산출적으로 폐쇄된 법체계는 자신의 환경을 스스로 구성하기 때문에, 이 체계가 경계 바깥에 있는 사건과 관찰을 통해 맺는 관계는 이 체계에게는 자기에게 영향을 미치려는 **동인**으로만 기능할 뿐이다. 따라서 전체 사회를 조정하는 법의 기능은 부정된다. 법은 고작해야 은유적 의미에서만 사회를 '규제할' 수 있을 뿐이다. 법이 자신을 변화시킴으로써, 법은 다른 체계들에게 변화된 환경으로서 자신을 제시한다. 그리고 그 체계들은 변화된 환경에 대하여 다시 마찬가지로 간접적 방식으로 '반응할' 수 있다. 잠시 후에 이 문제를 다시 다루기로 하겠다.

무엇보다 우리의 관심을 끄는 것은 두 번째 결과인데, 고전적 사회이론 속에서 등장했던 법체계의 규범적 자기이해가 후대에 남긴 모든 흔적들이 깨끗이 지워졌다는 것이 그것이다. 이미 학습이론이 규범적 행위기대를 반사실적인 인지적 기대로 변형시켜 해석함으로써 당위적

9) G. Teubner, *Recht als autopoietisches System*, Frankfurt/Main 1989, 46.

타당성의 의무론적 차원을 지워버렸고, 이와 함께 행위규범과 계율의 발화수반적 의미까지 지워버렸다. 루만은 이 사상을 받아들여, 규범적 행위기대를 배우지 않으려는 전략(*der Strategie des Nichtlernens*)이라는 개념으로 설명한다.

> 이 개념으로 심리학자들은 배우려는 의지 없이 자기 생각만 고집하는 행위만을 (생각한다). 그러나 그들은 지배적인 도덕, 제도, 법에 의존하여 그와 동일한 전략을 택하는 행위까지 생각하진 않는다. 비학습이 사회적 규범 속에서 비로소 그 병리적 성격을 벗어던진다는 사실이 여기서 밝혀진다.[10]

존재와 당위 사이의, 진리 타당성과 당위 타당성 사이의 차이는 학습과 비학습이라는 두 가지 반응가능성으로, 그러니까 오직 인지적 기대만을 준거점으로 삼는 두 가지 대안적 반응가능성으로 환원된다. 다시 말해서 사람들이 실망하면서도 수정하려고 하지 않는 인지적 기대가 바로 '규범적' 기대라는 말이다. 기능주의적 법사회학은 자신의 기본개념을 이런 식으로 바꾸어 버림으로써 법의 복잡한 타당성 양식의 의미에 대해 눈멀게 된다.

법의 규범적 측면이 이렇게 경험주의적으로 재해석된 이후에야 비로소 법체계가 한편으로는 도덕과, 다른 한편으로는 정치와 맺는 모든 내적 관계로부터 분리되었다는 가정이 그럴듯해 보인다. 이런 접근방법은 분석에 편견을 불어넣음으로써 마침내 법을 법적용의 특수한 기능으로 환원시키는 결과를 빚는다. 이 과정에서 정치권력의 발생, 획득, 사용에 대한 입헌민주주의적 조직과 법 사이의 내적 연관이 시야에서 사라지게 된다.

10) N. Luhmann, "Normen in soziologischer Perspektive," in : *Soziale Welt* 20, 1969, 35.

마지막으로 결정적 변화는 법이 자기조정적 체계로 객체화되었다는 것이다. 법이 이런 식으로 기술되면 합법과 불법에 관한 의사소통은 그 사회적 통합상의 의미를 박탈당한다. 이와 함께 법규범과 법적 행위는 법적 동료들의 결사체 내부에서 이루어지는 합리적 동기에 따른 상호이해 과정에 대한 가정과 전혀 무관해진다. 법이 갖는 갈등을 관리하는 통합작용이 체계적 기능으로 기술되면서, 그 통합작용은 비의도적 사회구성의 양식에 합병된다. 이와 함께 사법적 담론에서 발화되는 타당성 주장과 근거들은 내재적 가치를 상실한다. 그 결과 사법적 논증의 의미는 다른 동기에서 비롯된 판결의 예측불가능성(*Überraschungswert*)을 줄이고 그 판결이 실제로 수락될 가능성을 높이는 기능으로 환원되고 만다. 관련 당사자들에게는 근거제시로 간주되는 것들이 사회학적 관찰자의 관점에서는 필연적 허구의 공식으로 축소되고 만다. "복잡한 법적 결정의 보증으로서의 근거들은 대체되기 어렵기 때문에, 법률가들에게는 마치 근거들이 결정을 정당화하지 결정이 근거들을 정당화하지 않는 듯이 보인다."[11] 앞으로 보겠지만 담론적 법이론에서 사법적 논증은 중심적 위상을 갖는다. 그러나 체계이론적 관점에서 보면 그것은 근거들의 교환을 통하여 합법/불법이라는 코드값을 할당함으로써 의견차이를 해결하는 특수한 의사소통일 뿐이다. 기능주의적 관점에서 볼 때 중시되는 것은 물론 근거들을 통하여 얻을 수 있는 발화외적 효과(*perlokutionären Effekte*)들 뿐이다. 근거들의 발화외적 효과들을 수단으로 삼아 법체계는 자신의 결정에 대해 확신을 갖는 것이다. 그러나 근거들이 합리적 동기부여의 내생적 힘을 더 이상 갖지 못한다면, ―다시 말해서 루만이 정식화하듯이 근거들이 더 이상 근거지어질 수 없다면― 법체계 속에서 형성된, 대단히 비용이 많이 드는 논증문화는 수수께끼가 되고 만다. "왜 사람들이 전혀 근거도 아닌 근거들을 필요로

---

11) N. Luhmann, *Die Soziologische Beobachtung des Rechts*, Frankfurt/Main 1986.

하는지"[12] 그 이유가 설명되어야만 할 것이다.

사회과학적 탈마술화라는 긴 여정 끝에 체계이론은 이성법적 규범주의의 마지막 흔적마저 깨끗이 지워버렸다. 자기산출적 체계 속으로 철수한 법은 대상을 낯설게 만드는 사회학적 시선 속에서 궁극적으로 법공동체의 자율적 조직을 가리키는 모든 규범적 함축을 벗겨내 버렸다. 자기산출적 체계로 기술되어 이제 나르시스트적으로 주변화된 법은 기껏해야 외부의 자극 때문에 생겨난 자신의 문제에 대해서만 반응할 수 있을 뿐이다. 그리하여 법은 사회 전체가 짊어지는 문제는 지각할 수도 없고 처리하지도 못한다. 동시에 법은 자신의 자기산출적 체제에 맞추어 자신의 모든 활동의 재원을 자기 스스로 생산한 자원으로부터 충당해야만 한다. 법은 자신의 타당성을 오직 실증주의적 의미에서 현행법으로부터만 도출할 수 있을 뿐이다. 루만이 법정 절차를 사례로

12) N. Luhmann, Juristische Argumentation, 미간행 원고 1991, 1. 루만이 제시하는 대답은 설득력이 크지 않다. 대체로 그 대답은 다음과 같아 보인다. 알지 못하던 것을 알게 해주는 것이 '정보'라면, 그리고 이미 알고 있는 것의 반복이 '불필요한 잉여'라면, 일반적으로 의사소통은 정보를 불필요한 잉여로 전환시키는 과정으로 이해할 수 있다. 논증도 마찬가지 길을 반성적 차원에서 수행한다. 논증은 가용한 불필요한 잉여의 도움을 받아서 충분한 정도의 불필요한 잉여를 보장하고 또 이런 방식으로 물밀듯이 밀려오는 정보들의 변이압력에 대처하기 위하여 근거들을 사용한다. 이에 상응하여 사법적 논증은 결정의 일관성을 지속적으로 보장하기 위하여 새로운 사례들이 가하는 변이의 압력에서 발생하는 근거제시의 요구를 처리한다. 그러므로 사법적 논증은 예상되는 결과에 비추어 이익을 저울질하는 판결의 인지적 적응성을 막는 법도그마틱의 장벽을 세운다. 그러나 이러한 대답은 설득력이 없다. 왜냐하면 현행법의 법도그마틱적 보존은 오히려 논증의 제약을 통해서 할 때 그 위험도가 덜할 것이기 때문이다. 근거들은 불필요한 잉여의 기능만 갖는 것이 아니라, 원래부터 양날을 가진 칼이기도 하다. 즉 논증은 지식의 정합성을 보장할 뿐 아니라, 새로운 것을 새롭게 해석하고 지식맥락을 변화시킨다는 점에서 혁신적이기도 하다. 이런 이유 때문에, 사법적 원칙에 대한 결정도 관례적 판결에 비해 훨씬 많은 논증을 필요로 한다. 여기서 또 한 가지 지적할 수 있는 것은 체계이론적 접근방법이 정당화의 내적 기능, 그러니까 오류를 피하거나 교정하는 기능을 전혀 설명하지 못한다는 점이다. 왜냐하면 그것은 현실적인 법적 결정과 올바른 법적 결정을 분석적으로 구별하지 못하기 때문이다.

해명했듯이, 정당화에 대한 더 이상의 요구는 모두 기각된다. 법체계가 규제라는 형태로 제공할 수 있는 산출물은 없다. 환경에 대한 법의 개입은 부정된다. 또한, 법체계가 정당화라는 형태로 받을 수 있는 투입물도 없다. 정치과정, 공론장, 정치문화조차도 법체계로서는 이해할 수 없는 언어를 갖고 있는 환경으로 간주될 뿐이다. 법은 자신의 환경에게 '소음'만 제공할 뿐이고, 이 소음들은 법을 자신의 환경으로 여기는 다른 체계들의 내적 질서 속에 고작해야 변이를 유도할 수 있을 뿐이다.

물론 법과 다른 기능체계들 간의 이 상호 무관심은 경험적으로 관찰되는 상호의존성과 합치되지 않는다. 설령 우리가 법집행에 대한 인상적인 연구결과들의 영향을 받아 법적 개입이 갖는 행위조정의 효과에 대하여 일반적으로 회의적으로 평가하고,[13] 또 통상적 견해와는 반대로 입법과정을 엄격하게 법 내부의 과정으로 추상시킨다고 하더라도 말이다. 여기서 나는 비판과 회피방법에 대하여 상세하게 다룰 수는 없다.[14] 다만 사회가 각기 자신의 고유한 담론을 수행하고 서로 양립될 수 없는 고유한 현실을 구성해가는 다수의 자율적 부분체계들로 파편화되는 것으로부터 토이브너(G. Teubner)가 끌어낸 한 가지 결과만을 다루고자 한다. 법적 구성주의는 이론적으로나 경험적으로 한 가지 질문에, 즉 법체계의 자기준거적 폐쇄성이 다른 '인식적 세계들'과의 의사소통 가능성과 관련하여 어떤 의미를 갖는가 하는 질문에 직면하게 된다.

---

13) R. Mayntz, "Steuerung, Steuerungsakteure, Steuerungsinstrumente," *Hi-Mon, DB 70*, Gesamthochschule Siegen, 1986 ; (Hg.), *Implementation politischer Programme II*, Opladen 1983.

14) R. Münch, "Die sprachlose Systemtheorie," *Zeitschrift für Rechtstheorie*, 6, 1985 ; N. Luhmann, "einige Probleme mit 'reflexivem' Recht," *Zeitschrift für Rechtstheorie*, 6, 1985. 또한 G. Teubner(Hg.), *Autopoietic Law : A New Approach to Law and Society*, Berlin 1988 참조.

현대사회에서는 최소인식(*ein epistemisches Minimum*) 같은 것, 그러니까 모든 자율화에도 불구하고 사회적 담론의 공통분모로서 작용할 수 있는 최소인식 같은 것이 있는가? 자율적인 사회적 인식들 사이의 공변량이나 심지어 공진화 같은 것이 있는가? 아니면 하나의 인식이 다른 인식의 틀 속에서 재구성되는 방식으로만 서로간의 결합이 이루어지는 것인가?[15]

토이브너는 이 문제를 두 측면으로 나누어 다룬다. 한편으로 그는 법이 낯선 경제적, 기술적, 심리치료적, 일반적으로 과학적인 '사실에 관한 지식'을 가공처리하는 수용적 측면에서 이 문제를 다룬다. 그 지식들은 법코드 속으로 번역되고 그 속에서 재구성되어야 한다. 그러나 이때 법체계 자체가 그런 식으로 통합된 낯선 지식들의 신뢰성을 판정하는 '완전한 인식적 권위'를 가질 수는 없다. 다른 한편, 토이브너는 법이 다른 사회적 영역들에 대해 영향을 미치는 — 이 영향이 아무리 간접적이라고 하더라도 — 규제적 측면에서 그 문제를 다룬다. 토이브너는 이 두 방향의 의사소통 모두를 위해서는 '일반적인' 사회적 의사소통'의 매체가 필요하다고 본다. 다른 하위체계들, 담론들, 에피스테메 등에 대한 규제적 '영향'과 관련하여 그는 법과 사회의 '상호간섭'(그는 이것을 '공진화'와 '상호침투'와 구별한다)이라는 개념을 사용한다. 이 개념을 통해 자기산출적 법이 경제, 정치, 교육, 가족 등과 실재적으로 접촉할 수 있는 통로, 그러니까 단순한 '동인제공'(*Veranlassung*)을 넘어서서 접촉할 수 있는 통로가 열린다. 이와 같은 부분체계들은 동일한 의사소통적 사건을 통하여 서로 접촉하기 때문에, 상이한 체계준거를 갖는 행위들도 동일한 의사소통 속에서 서로 '교차될' 수 있어야 한다.

예를 들어 임대차계약에서 법률행위는 경제적 교환이나 계약 당사자들의 생활세계 속에서 일어나는 일들과 그런 식으로 '교차한다.' "체계

---

15) G. Teubner, "Die Episteme des Rechts," in : D. Grimm (Hg.), *Wachsende Staatsaufgaben — sinkende Steuerungsfähigkeit des Rechts*, Baden-Baden 1990, 126.

들의 상호간섭을 통하여 이제 법, 생활세계, 경제 등은 부분체계를 단순히 서로 관찰만 하거나 자기 자신만을 규제하는 일 이상을 할 수 있다."[16] 체계들은 서로 의사소통할 수 있는데, 왜냐하면 "언제나 모든 특수한 의사소통은… 동시에 — 문자 그대로 동시에 — 일반적인 사회적 의사소통이기도 하기 때문이다."[17] 체계이론에는 낯선 '생활세계'라는 표현이 이미 보여주다시피, 토이브너는 모든 사회적 의사소통에 공통된 의사소통 매체를 가정해야만 한다. 부분체계들의 특수한 코드들은 이 공통매체 위에 자리잡고 있을 뿐이다. "사회적 부분체계들은 사회의 일반적 의사소통 흐름을 사용하고, 이 흐름으로부터 특수한 의사소통을 새로운 요소로서 추출해낸다."[18] 더 나아가 개별 의사소통에서 출발하는 상호간섭은 다중적 멤버십 간의 역할간섭으로 구조적으로 고정될 수 있다. 나는 이러한 제안이 체계이론의 건축술과 일관된다고 생각하진 않는다.

한편으로 법적 담론은 자기산출 속에 갇혀 있으며, 외부세계에 대한 자신의 내적 이미지만 형성하는 것으로 간주된다. 다른 한편 법적 담론은 '일반적인 사회적 의사소통'을 사용하여 일반적인 사회적 현실을 구성하고 이런 방식으로 다른 담론세계에도 "영향을 미칠" 수 있다고 한다. 그러나 이 두 가지 진술을 서로 화해시키기는 대단히 어렵다. 첫 번째 진술이 맞다면, 하나의 동일한 의사소통이 두 개의 상이한 담론에 속할 수 있게 된다. 그러나 그럴 경우 두 담론 속에서 등장하는 두 발화의 동일성은 해당 담론의 시각에서는 인식될 수 없고, 오직 객관적으로만 인식될 수 있다. 그렇지 않으면, 양자 사이에 이를테면 하나의 번역관계가, 그러니까 서로 간에 삼투할 수 없는 독자적인 의사소통 원환의 회귀적 폐쇄성을 깨뜨릴 수 있는 번역관계가 설정될 수

16) Teubner (1989), 109.
17) *Ibid.*, 107.
18) *Ibid.*, 108.

있어야 한다. 다음의 주목할 만한 정식이 이러한 해석을 지지해주고 있다. "모든 법적 행위는 동시에 일반적인 사회적 의사소통의 사건이다. 하나의 동일한 의사소통적 사건이 두 개의 상이한 사회적 담론과, 즉 전문적으로 제도화된 법적 담론과 광범위한 일반적 의사소통과 접맥된다. 법과 다른 사회적 담론 사이의 간섭은 이들이 이제 다차원적 초담론(*Superdiskurs*) 속으로 융합된다는 것을 의미하지도 않고, 또 이들 사이에서 정보가 '교환된다'는 것을 의미하지도 않는다. 오히려 정보는 각 담론 속에서 새롭게 구성되며, 간섭은 전체 과정에 두 의사소통적 사건의 동시성만 첨가할 뿐이다."[19] 그러나 이 동시성만으로는 다양한 준거언어에 따라 상이한 의미를 갖는 발화의 동일성을 보장할 수 없다. 기호적 사건의 동일성은 그 상이한 의미에도 불구하고 다시 지각되어야만 할 것이고, 어느 한 관찰자의 시각 속에서 고정되어야만 할 것이다. 그러나 체계이론의 전제에 의하면 그와 같은 관찰자 위치도 없고 전체 사회적 주체도 있을 수 없기 때문에, 의사소통적 사건은 담론들 중에서 적어도 하나의 담론의 시각에서 동일한 것으로 파악될 수 있어야 한다. 이러한 문제 있는 작업은 사회 전체적으로 유통되는 일반적 의사소통의 매체에게 맡겨질 때 최선의 성과를 기대할 수 있을 것이다. 그러나 그렇게 되면 이 매체는 자연적 언어로서, 즉 특수코드들로 고정된 '낯선 언어들'로부터의 번역을 가능하게 만들고 또 직접적 방식으로는 이루어질 수 없는 낯선 언어들 사이의 정보교환을 매개하는 자연적 언어로서 기능해야만 할 것이다. 그 외에 다른 어떤 방식으로 자기준거적으로 폐쇄된 담론들이 '진행중의 사회적 의사소통' 속에서 '사회적 정합성의 검사'를 받을 수 있겠는가? 그러나 토이브너가 이런 방식으로 자신의 두 번째 명제를 설득력 있게 지시하려면, 그는 사회 전체에서 유통하는 의사소통을 가정해야만 할 것이다. 그리고 이 전체 사회적 의사소통은 비록 자기산출적 폐쇄성의 수준에 이르지는

19) Teubner(1990), 27(강조는 하버마스).

못하지만 하나의 특수한 의사소통들로부터 정보를 추출하여 다른 특수한 의사소통에게 넘겨주는 번역자의 역할을 담당하게 될 것이다.

토이브너는 경험적 증거들 때문에 자신이 원하는 이론적 건축구조를 파괴하는 가정을 설정하지 않을 수 없었다. 사실 사회가 완전히 탈중심화된다면, 포괄적인 사회적 의사소통을 위한 장소, 전체로서의 사회를 주제화하고 또 그것에 영향을 미치는 의사소통을 위한 장소는 존재하지 않는다. 왜냐하면 사회는 원심력에 이끌려 하위체계들로 산산조각나고, 각 하위체계는 자기만의 언어 속에서 오직 자기자신과 소통할 수 있을 뿐이기 때문이다. 이제 토이브너는 사회의 잃어버린 중심의 자리에 '생활세계'를 갖다 놓는다. 생활세계는 모든 사회적 영역들을 관통하여 유통되는 언어를 통하여 구성된다. 그리고 이 언어는 모든 코드들의 번역을 가능하게 하는 자기관련적 반성구조를 보여준다. 체계간의 상호간섭이 "단순히 관찰만이 아니라 체계와 '생활세계' 사이의 의사소통적 접맥까지 가능하게" 만들려면,[20] 기능적으로 특정화된 코드의 문턱 아래에 일반적 의사소통 매체가 있어야 한다. 이 일반적 의사소통 매체는 일상언어와 완전히 닮은꼴이다. 그것은 화폐나 권력 같은 운행매체의 분화를 허용하지만, 그것 자체가 체계적 메커니즘으로 개념화될 수는 없다. 그러나 이러한 이론적 제안은 법을 자기산출적 체계로 개념화하는 구상과는 잘 들어맞지 않는다. 오히려 그 제안은 일상언어라는 매체에 결부되어 있는 생활세계와 특수한 코드들에 의하여 조정되지만 적응을 통해 환경에 개방되어 있는 체계들을 구별하는 의사소통행위이론으로 나아가는 방향을 가리키고 있다.

이러한 의사소통행위이론적 구상은 특수화되지 않은 일상언어에 비해 모든 측면에서 뛰어난 문제해결 능력을 특수한 담론들에게 부여하는 오류를 범하지 않는다. 다른 인간학적 독점체인 손과 마찬가지로, 일상언어는 그 문법적 복잡성과 명제적 구조, 그리고 성찰성에 힘입어

20) Teubner(1989), 109.

다기능성이라는 장점을 갖는다. 실제적으로 무제한적인 해석능력과 유통범위 덕분에 일상언어는 분화된 부분체계들의 외부비용들을 기록하는 일종의 공명판을 형성하며, 따라서 사회 전체에 영향을 미치는 문제들에 대해 상당히 민감하다. 바로 이 점에서 일상언어가 특수언어보다 우월한 것이다. 일상언어를 통한 문제정의와 문제처리는 상당히 산재된 상태에 있고, 그 분화 정도가 떨어지며, 그렇기에 비용/효용, 명령/복종 등과 같이 특수한 코드별로 일면화된 측면들에 따라 조작화되는(*operationalisiert*) 것에 비해 덜 분명하게 조작화된다. 그러나 그 대신 일상언어는 하나의 유일한 코드에만 결박되지 않는다. 일상언어는 처음부터 다언어적이며, 전문화의 대가를 치를 필요가 없다. 다시 말해서 낯선 언어로 정식화되는 문제들에 귀를 닫아야 할 필요가 없는 것이다.

이러한 점을 고려한다면, 생활세계의 특수화는 간단하게 말해서 이렇게 이루어질 수 있다. 즉 생활세계의 구성요소인 문화, 사회, 인성구조가 다기능적 언어의 경계 안에서 분화되긴 하지만 여전히 이 매체를 통하여 서로 연결되어 있는 식으로 특수화가 이루어질 수 있는 것이다. 이 생활세계의 분화는 특수한 코드의 도입을 통하여 진행되는, 체계를 형성하는 기능적 분화와는 구별되어야 한다. 이 기능적 분화를 통하여 화폐를 통해 조정되는 경제와 권력을 통해 조정되는 행정체계 같은 하위체계들이 생활세계의 구성요소 중에서 '사회'라는 구성요소로부터, 오직 이 요소로부터만 발전되어 나오는 것이다.[21] 이런 전제 위에서라면, 법은 체계와 생활세계 사이의 경첩으로서 기능할 수 있을 것이다. 그리고 이러한 기능은 법을 자기만의 껍데기 속으로 철수하여 자기산출적으로 폐쇄되어 있는 체계로 보는 관점과는 양립될 수 없다. 토이브너가 '간섭능력'이라고 기술했던 것은 의사소통행위를 통하여 재생산되

21) J. Habermas, "Handlungen, Sprechakte, sprachlich vermittelte Interaktionen und Lebenswelt," in : Habermas(1988), 98 ff.

는 생활세계와 서로에 대하여 환경을 형성하는 사회적 기능체계들 사이에 있는 법의 고유한 이중적 위치와 매개기능으로부터 생겨난다. 생활세계적 의사소통의 흐름이 일상언어적 메시지에 대해 귀를 닫아버린 화폐와 행정권력 같은 조정매체와 만나는 곳에서는 그 흐름은 중단된다. 왜냐하면 이 특수한 코드들은 훨씬 풍부하게 구조화되어 있는 일상언어로부터 분화되어 나갔을 뿐 아니라, 그 언어와 분리되어 버렸기 때문이다. 일상언어는 이해의 보편적 지평을 형성한다. 다시 말해서 그것은 원칙적으로 모든 언어로부터 모든 것을 번역해낼 수는 있다. 그러나 일상언어가 역의 방향에서 모든 유형의 수신자들에게 효력을 미치도록 자신의 메시지를 조작화할 수는 없다. 일상언어가 특수한 코드들 속으로 번역되려면 화폐와 행정권력이라는 조정매체와 소통할 수 있는 법에 의존해야 한다. 그러니까 법은 사회적 통합력을 갖는 포괄적인 사회적 의사소통의 망이 찢겨나가지 않도록 보장해주는 일종의 변압기 같은 기능을 담당하는 것이다. 규범적 내용의 메시지들은 법의 언어 속에서야 비로소 사회 전체적으로 유통될 수 있다. 그 메시지들이 생활세계와 체계에 같은 정도로 열려 있는 복잡한 법코드 속으로 번역되지 않는다면, 그 메시지는 매체에 의하여 조정되는 행위영역에서는 쇠귀에 경읽기로 끝나고 말 것이다.[22]

---

22) 체계이론적 관점에서 보면 사회전체적 유통이라는 것은 기능체계들이 형성되기 전단계의 도덕이 갖는 고대적 구조의 표시일 뿐이다. 이에 대해서는 N. Luhmann, "Ethik als Reflexionstheorie der Moral," in : *Gesellschaftsstruktur und Semantik*, Bd. Ⅲ, Frankfurt/Main 1990, 358~448.

2. 이성법의 회귀와 당위의 무기력

이성법의 규범주의에 대한 사회과학적 침식은 1970년대 초부터 놀라운 반작용을 불러일으켰다. 실천철학의 문제제기를 일반적으로 복원하려는 물결을 따라 합리적 자연법 전통의 영예를 직접적 방식으로 되찾아 보려는 선회가 법철학에서 생겨났다. 늦어도 롤즈의 《정의론》(1971) 이후에는 학문적 추는 이 방향으로 기울었다. 마치 법의 사회과학적 탈마술화를 완전히 무시해도 괜찮은 듯이 17세기와 18세기의 이론들을 서슴지 않고 끌어들이는 담론이 철학자들과 법이론가들만이 아니라 경제학자들 사이에서도 번졌다. 정치경제학과 사회이론이 이룩한 전망 교체에 대한 메타비판적 참조도 없이 이성법적 논증이 직접적으로 재수용됨으로써 두 개의 담론세계를 잇는 교량이 무너졌다. 그러나 그동안에 규범적 담론 내부에서도 당위의 무기력에 관한 오래된 문제가 재차 들이닥쳤다. 과거 헤겔이 근대 시민사회의 구조가 인륜적 이념의 현실성의 한 계기임을 확인하기 위하여 아담 스미스와 데이비드 리카르도를 공부하기로 마음먹은 것도 바로 이 문제 때문이었다.[23] 이런 시각에서 보면 롤즈가 처음 공백상태 속에서 발전시켰던 자신의 정의이론이 정치적으로 수용될 수 있는 조건에 관심을 기울이게 된 것도 억눌렸던 문제의 회귀로 이해할 수 있을 것이다. 여기서 문제가 되는 것은 다음의 유서깊은 질문이다. 헤겔과 맑스가 펼친 이성과 혁명의 변증법에 대한 역사철학적 믿음이 소진되고 난 후에, 그리고 시행착오의 개혁주의적 노선만이 실천적으로 가능하고 도덕적으로 설득력 있는 노선으로 남아 있다고 할 때, 무감각한 실재와 추상적으로 대비

23) A. E. Buchanan, *Marx and Justice*, London 1982 ; P. Kolosowski, *Gesellschaft und Staat*, Stuttgart 1982, 6장, 242~292.

되는 정의사회의 이성적 기획이 어떻게 실현될 수 있는가?[24]

롤즈는 《정의론》에서 현대의 생활조건 위에서 가능한 '질서정연한' 사회의 이념을 발전시켰다. 그런 사회는 자유롭고 평등한 법인격체들 사이의 정의로운 협력을 가능하게 하는 체계이다. 이러한 사회의 기초제도들은 공정으로서의 정의에 비추어 근거지어질 수 있고 그리하여 모든 시민들의 합리적 동의를 얻을 수 있는 도식에 의하여 설립되어야 한다. 최상위의 두 개의 정의원리를 근거짓기 위하여 롤즈는 계약론적 모델에 따라 하나의 절차를 제안하는데, 이것은 정치적 정의라는 도덕적 내용의 문제를 불편부당하게 평가하는 관점에 대한 해명으로 이해할 수 있다. '원초적 입장'에서는, 정당화 과정에 참여한 당파들은(평등, 자립성, 미래 사회 속에서 자신의 위치에 관한 무지 등의) 제약을 받는데, 이 제약은 목적합리적 고찰에 의해 근거지어진 모든 협상이 모든 사람의 이익에 부합되고 따라서 규범적 의미에서 올바르거나 정의로운 것이 되도록 보장한다.[25]

질서정연한 사회에 대한 그의 모델은 미국식 용법을 따를 때 '자유주의적'이고 유럽 관점에서 보면 '사회민주주의적' 특징들을 보여주고 있는데, 이 모델에 대한 규범적 정당화의 첫 번째 단계에서 이미 롤즈는 자기안정화의 문제에 몰두한다. 《정의론》 86절에서 그는 '정의로운 것과 선한 것'의 일치를 증명하는 데 골몰한다. 원초적 입장에서 이성적 원리에 동의한 당파들은 인위적 구성물이다. 다시 말해서 그들은 정의원리 위에 세워진 실재적 조건 속에서 살아가는 피와 살을 가진 시민들과 동일시되어선 안 된다. 또한 그들은 이론 속에서 전제된 이성적 시민, 그러니까 도덕적으로 행위하며 따라서 자신의 개인적 이익보다

24) 이하의 내용은 다음 책을 참조. K. Baynes, *The Normative Grounds of Social Criticism : Kant, Rawls and Habermas*, Albany (New York) 1992.

25) J. Rawls, *Theorie der Gerechtigkeit*, Frankfurt/Main 1975. 여기서 우리가 상세한 내용에까지 관심을 둘 필요는 없다. 이에 대해서는 Habermas (1991a), 125 ff, 203 ff 참조.

는 충성스러운 시민의 의무를 앞세울 것이라고 기대하는 이성적 시민과 동일한 것도 아니다. 정의감이 정의롭게 행동하려는 소망을 근거지어줄 수는 있다. 그러나 이 소망이 이를테면 고통을 피하려는 소망처럼 자동적으로 효력을 발휘하는 동기인 것은 아니다. 이 때문에 롤즈는 '약한 선이론'에 기대어, 다른 인격체도 그들의 삶의 계획을 추구하는 것을 허용하는 동일한 조건 위에서 각 인격체가 자유롭게 선택한 자신의 삶의 계획을 추구하는 것이 곧 각 인격체의 충분히 이해된 이익에 부합하는 그런 상황이 정의로운 제도에 의하여 창출될 것임을 보여주려고 한다. 그러니까 질서정연한 사회에서는 정의의 요청을 충족하는 것이 나에게도 좋은 일이라는 것이다. 헤겔의 말을 빌려서 말하자면, 정의로운 사회의 제도들이 곧 개인의 도덕성의 인륜적 맥락이 된다는 말이다. 따라서 정의로운 사회의 자기안정화는 법적 강제에 의존하는 것이 아니라, 정의로운 제도 속의 삶이 보유하는 사회화의 힘에 의존한다. 왜냐하면 그러한 삶이 시민들의 정의감을 계발시키는 동시에 공고히 다져주기 때문이다. 물론 이 모든 것은 정의로운 제도가 이미 존재하고 있다는 전제 위에서만 타당하다. 또 다른 문제는 주어진 상황 속에서 이 정의로운 제도가 어떻게 확립될 수 있는가 하는 문제이다. 철학적 정의이론에서는 이 질문이 실용적 관점에서 제기되지 않는다. 일차적으로 그 질문은 가치관의 다원주의의 정치문화적 조건 — 오늘날 정의이론은 이 조건에서 시민공중의 우호적 반향을 얻어야 한다 — 을 성찰하는 방식으로 제기된다. 이것이 논증의 두 번째 단계인데, 여기서 다루어지는 것은 타당하다고 전제된 이론의 적용문제가 아니라, 어떻게 규범적-이론적으로 발전된 질서정연한 사회의 개념을 상호이해의 태세를 갖고 있는 시민의 실제적 동의를 얻을 수 있게끔 현존하는 정치문화와 공론장의 맥락 속에 위치시킬 것인가 하는 문제이다. 이 맥락에서 '반성적 평형'의 개념은 양가적 역할을 담당하는데, 롤즈 자신은 그것을 충분히 구별하지 않았다.

반성적 평형은 이미 이론구성의 단계에서부터 중요한 역할을 담당했던 방법이다. 여기서 반성적 평형은 재구성적 이론 일반을 특징짓는 절차, 즉 범례적인 발화들을 사례로 유능한 주체의 직감적 지식을 합리적 형식 속에서 해명하는 절차를 뜻한다. 이 합리적 재구성의 절차는 정의이론이 그것이 자리잡고 있는 맥락과 되연결되는 두 번째 단계에서는 다른 역할을 담당한다. 즉 여기서 그것은 어떻게 그리고 왜 정의이론의 진술이 우리의 일상적 실천의 가장 믿을 만한 제도들의 규범적 실체와 우리 정치문화의 가장 좋은 전통의 규범적 실체를 단지 개념화할 뿐인지를 설명하는 역할을 담당한다. 그러니까 정의이론은 명료하게 정식화된 자신의 원칙들이 시민들의 잠재적인 기본적 신념들을 반영할 뿐임을 증명함으로써 정치적 삶 속에서 자신의 '자리'를 발견하는 셈이다.

> 정치철학이 한 민주주의 사회의 공적 문화 속에서 제시될 때, 그 목표는 이미 상식 속에 잠재되어 있다고 간주되는 공유된 생각들과 원리들을 접합하고 명시화하는 데 있다. 그리고 흔히 그렇듯이 만약 상식이 주저주저하고 확실하지 않을 때에는, 상식의 가장 본질적인 신념들과 역사적 전통에 맞는 확실한 개념과 원리들을 상식에 제안하는 데 그 목표가 있다.[26]

물론 1970년대 동안에 롤즈가 자신의 정의이론이 보편주의적으로 정초되었다는 강한 주장을 약화시켰기 때문에, 우리의 가장 좋은 규범적 제도들에 호소한다는 것이 갖는 두 가지 상이한 의미가 어느 정도 희석되었다. 다시 말해서, 그것이 철학적 전문가들 앞에서 이론을 **정당화하는** 맥락에서 갖는 의미와 이미 방어된 이론을 시민들 앞에서 공적으로 계몽시키고 정치적으로 **옹호하는** 맥락에서 갖는 의미의 차이가 어느 정도 지워졌다. 롤즈가 정의이론이 '우리들 중에서' 누구도 이성적

---

26) J. Rawls, "Kantian Constructivism in Moral Theory," *Journal of Philosophy*, Vol. 77, 1980, 518.

으로는 거부할 수 없는 문화적으로 주조된 제도에 대한 공적 지지에 기초해야만 한다고 믿을수록, 정의원리를 철학적으로 정당화하는 과제와 구체적 법공동체가 공동의 삶의 규범적 토대에 관한 정치적 자기이해를 확보해야 하는 과제—이 과제는 주어진 민주주의 사회의 정치적 포럼 속에서 발생해야만 하며 철학자가 제안한 설명들은 이 과정에서 고작해야 촉매기능이나 해명기능만 담당할 뿐이다—사이의 경계선이 불분명해진다.

이 맥락과 관련된 두 번째 개념인 '중첩적 합의' 개념도 처음에는 이와 유사한 양가성을 안고 있었다. 그러나 나중에 롤즈는 철학적 정당화의 첫 번째 단계를 수락의 문제와 관련된 두 번째 단계와 좀더 분명하게 분리해야만 한다는 것을 인식한다.

> 여기서(두 번째 단계에서) 중첩적 합의 개념은 갈등하는 다수의 포괄적인 종교적, 철학적 도덕적 교리들이 항상 민주주의 사회에 존재한다는 조건 위에서 … 자유로운 제도들이 지속적으로 존립하는 데 필요한 지지를 어떻게 확보할 것인지를 설명하기 위하여 도입된다.27)

물론 이 구절에 대해서도 경합적인 독해가 가능하다. 무엇보다도, 《정의론》에서 이미 다루어진 정의사회의 자기안정화라는 문제를 여기서 세계관의 다원주의라는 사실에 비추어 더 깊은 차원에서 다루고 있을 뿐인지, 아니면 '중첩적 합의' 개념이 다음 질문, 즉 이론에 비추어 현행제도를 개혁주의적으로 개선하는 데 필요한, 충분한 숙고 끝에 나온 시민들의 수락을 이론이 민주주의 사회의 주어진 상황 속에서 어떻게 확보할 수 있는가 라는 질문에 대답하기 위하여 도입된 것인지가 상당히 불분명하다. 이하의 논의에서 나는 두 번째 독해방식에서 출발한다.

27) J. Rawls, The Domain of the Political and Overlapping Consensus, Manuscript, 1989, 1.

다원주의 사회에서는, 정의이론이 엄격한 의미에서 탈형이상학적 개념으로, 다시 말해서 경합하는 생활형식들과 세계관의 상쟁에서 어느 한 편을 거들지 않는 개념으로 자신을 제한할 때 비로소 그 이론에 대한 시민들의 수락을 기대할 수 있다. 이성의 공적 사용도 다수의 이론적 질문에서 합리적으로 동기지어진 동의라는 목표를 달성하기 어려우며, 실천적 질문의 경우에는 더더욱 그러하다. 그 이유는 이성의 이상적 요구 자체가 유한적 정신에게 지우는 과도한 증명부담에 있다. 이미 과학적 담론에서도 그렇다. 게다가 실천적 담론의 경우에는, 좋은 삶에 관한 물음은, 심지어 이상적 조건에서도, 이미 타당한 것으로 전제되어 있는 삶의 기획의 지평 내부에서만 이성적 대답을 발견할 수 있다는 요인이 추가된다. 이제 근대적 생활조건에 맞추어진 정의이론은 동등한 권한을 갖고서 서로 공존하고 있는 삶의 형식들과 삶의 기획의 다원성을 고려해야만 한다. 상이한 전통과 생활사의 전망들로부터 삶의 형식들과 삶의 기획에 관한 이성적 불일치가 생기기 때문이다.[28] 그 결과 정의이론은 '중첩적 합의'를 이성적으로 기대할 수 있는 대단히 좁은 범위의 정치철학적 원칙들에 관한 질문들에 국한되어야 한다. 예를 들어 세계관적으로 중립적이고 일반적으로 수락될 수 있는 가치들에 관한 질문이 바로 그것이다. 일반화될 수 있는 이익을 구현하는 원칙 혹은 규범들이 추구되어야 하는 것이다.

롤즈의 생각에 따르면, 약한 선 개념, 그러니까 형식적으로만 정의되는 선 개념을 포함하는 탈형이상학적 정의이론은 규범적 진술들의 일종의 교집합이며 이 집합 속에서 포괄적이지만 맥락에 의존하는— 윤리적 또는 심지어는 종교적, 형이상학적인—자기해석과 세계해석들이 "중첩한다." 내가 여기에 덧붙이고 싶은 것은, 이들 경합하는 세계상들은, 적어도 그것들이 유보 없이 공적이고 논증적으로 대결하는

28) 롤즈는 이것도 '증명부담'에 포함시켰다. 그 사이에 1978년에서 1989년까지의 롤즈의 논문들이 있다. Rawls, *Politischer Liberalismus*, Ffm. 1992. 증명부담에 대해서는, 336~399쪽 참조.

한, 탈형이상학적 사유의 조건을 인정해야만 한다는 점이다.

> 회피방법이라고 부를 수 있을 이러한 방법을 통하여, 경합하는 정치적 견해들 사이의 현존하는 차이들이 설령 완전히 제거되지는 않는다 하더라도 적어도 완화되어 상호존중에 기초한 사회적 협력이 유지될 수 있기를 나는 희망한다. 또는, 이것이 지나친 기대라고 한다면, 이 방법은 자유롭고 강제되지 않은 동의에 대한 갈망이 있다고 할 때 우리의 사회적 세계의 역사적 조건과 제약들과 일치하는 공적 이해가 어떻게 생길 수 있는지를 생각할 여지를 마련해줄 수 있을 것이다.[29]

롤즈가 이러한 고찰을 통하여 실제로 무엇을 얻었으며 무엇을 얻지 못했는지는 전혀 분명하지 않다. 그는 자신이 제안한 규범적 정의이론이 자유주의적 기본신념들이 전통과 정치적 사회화를 통하여 개별 시민들의 일상적 실천과 제도들 속에 이미 뿌리내리고 있는 문화와 접맥될 수 있다는 점은 분명히 보여주었다. 롤즈는 이러한 모습의 환경이 오늘날 미국의 다원주의 문화 속에서 발견될 수 있다고 믿었을 뿐 아니라, 나아가 자신이 설정한 정의원리들이 사회의 기본제도들 속에서 구체화되면 이 다원주의가 펼쳐지고 심지어는 더 강화될 수밖에 없을 것이라고 알고 있었다. 그러나 나의 견해로는 탈형이상학적 정의이론과 그 미국적 발생맥락 사이에 일치관계가 있다고 해서 롤즈가 "단순히 미국 자유주의의 전형적 원칙과 직감적 직관을 체계화하려고 했다"고 말할 수는 없다.[30] 리처드 로티(Richard Rorty)는 롤즈에게 "철저하게 역사주의적이고 반보편주의적 태도"가 있다는 감정결과를 제시한다.[31]

---

29) J. Rawls, "Justice as Fairness : Political not Metaphysical," *Philosophical and Public Affairs*, Vol. 14, 231.

30) R. Rorty, Der Vorrang der Demokratie vor der Philosophie, in : *Solidarität oder Objektivität*, Stuttgart 1988, 101. 이에 대해서는 번스타인(R. Bernstein)과 로티의 토론(*Political Theory*, Vol. 15, 1987, 538~580)을 참조할 것.

31) Rorty(1988), 91.

다시 말해서 롤즈가 결코 도덕적-정치적 질문들의 공평한 평가에 대한 절차합리적 설명을 제시한 것이 아니라 현대의 미국 정의제도에 대한 '역사적-사회학적 기술'을 제시했다는 것이다.

롤즈에 대한 로티의 맥락주의적 평가와 수용은 별 설득력이 없는데, 왜냐하면 그러한 겸손한 목표로는 롤즈가 자신의 정의이론에 쏟아부은 상당한 정도의 정당화의 노력을 설명할 수 없기 때문이다. 로티는 롤즈가 구별한 두 개의 논증단계를 합쳐 버렸다. 더욱이 그는 반성적 평형이 정당화의 맥락에서 갖는 재구성적 의미와 정의이론이 만약 자신의 발생맥락을 조명하는 데 적절한 것으로 판명될 때 가질 수 있는 실존적이고 윤리적인 자기이해로서의 의미를 혼동하였다. 그러나 만약 정의이론이 처음부터 형성과정의 자기반성으로서 제시되었고, 특정 정치적 전통을 개념화하고 그 전통 속에서 성장한 자유주의자들의 자기 이미지만 반영한다면, 이론적 근거제시를 넘어서는 두 번째 단계, 그러니까 정의이론이 시민들에게 수락될 수 있는 조건을 반성적으로 보장하려는 두 번째 단계는 무의미해진다. 또 그럴 경우, 롤즈는 규범적 이론과 개혁주의적 실천 사이의 이성법적 간극을 처음부터 피해야 했을 것이며, 그 결과 일반적인 이론적 타당성 주장을 철회해야만 했을 것이다. 그리고 롤즈는 예를 들어 독일의 문화와 역사 속에서는 미국의 헌법전통 같이 형성효과가 있는 것이 없기 때문에 두 개의 정의원리는 독일에는 전혀 타당성을 갖지 못한다고 인정해야만 했을 것이다.[32] 그러나 나로서는 그와 같은 인정의 흔적을 발견하지 못했다. 왜냐하면 정의원리를 받아들이는 정치문화(이제는 독일연방공화국에도 이것이 있다)가 없다고 해서 원초적 입장에서 당파들의 충분히 숙고된 판단에 따를 때 타당하다고 여겨진 정의원리가 반증되는 것으로 간주되어선 안 되기 때문이다. 이 공평무사한 판단은 제퍼슨의 행복한 유산을 상속받

32) 로티의 입장에 대한 아펠의 비판을 참조할 것. K.-O. Apel, "Zurück zur Normalität?," in : *Diskurs und Verantwortung*, Frankfurt/Main 1988, 412 ff.

지 못한 사람들을 포함하여 모든 사람들이 재차 반복할 수 있어야 한다. 당파들은 의사소통의 전제 하에서 동의에 이르게 되는데, 이 의사소통의 전제가 설명해주는 도덕적 관점은 특정한 문화의 특권에 속하는 것이 아니라 더 깊은 곳에 자리잡고 있으며, 궁극적으로는 의사소통적으로 행위하는 주체들의 상호인정의 대칭성 속에 자리잡고 있다.

실천적 질문의 불편부당한 판단을 가능하게 만드는 이 추상적 조건들은 도덕적 통찰에 따라 행위하게 만드는 조건들과 합치하지 않는다. 이 때문에 롤즈는 순응적 정치문화의 동기적 추진력을 찾았으며, 또 그 추진력을 비록 계급갈등과 인종갈등을 통해 끊임없이 도전받았지만 급진적 해석을 통하여 쇄신되고 활력을 유지했던, 200년에 걸쳐 꾸준히 이어진 헌법전통이라는 특권적 장소에서 찾았다. 그러나 우리가 이 전통에 대한 관계를 직설적으로 이해하면, 이론의 정치적 설득력은 반응성이 있는 몇몇 소수의 맥락 속에 한정되고 만다.

이러한 결과 때문에 로널드 드워킨(Ronald Dworkin)은 규범적 이론에 사회적 효력을 주는 좀더 덜 우연적인 방식을 찾으려고 했다. 그는 우리가 운좋게 상속받게 된 전통으로부터 일깨워낼 수 있는 잠재력에 의존하여 자유주의적 원리들의 실질적 효과를 끌어내려는 생각은 추호도 갖지 않았다. 이 때문에 그는 최근 논문들에서 흡사 공중에 떠있는 것 같은 추상적 정의원리들을 위해 근거를 제시하는 과제에 그치지 않고 그 원칙들을 윤리적으로 정초하는 과제까지 설정하였다. 그는 탈형이상학적 정의개념을 성공적 삶에 대한 포괄적이지만 구체적이며 따라서 동기화의 힘도 갖는 기획들로부터 분리시키려는 시도에 이의를 제기한다. 선에 비해 옳음을 우선시하는 의무론적 관점 대신 드워킨은 다원주의 사회를 위한 자유주의적 윤리를 원했다. 그리고 이 윤리는 사람들이 저마다 선호하는 삶의 정향들에 관한 예상가능한 이성적 의견차이들을 포용할 만큼 충분히 형식적이지만 이와 동시에 추상적인 자유주의적 원칙들을 위한 동기연관을 형성할 수 있을 만큼 충분히 실체적이어야 했다. 그러니까 이 이론은 단 하나의 틀 안에서 의무론적 정의개념을 화음이 잘 맞는 윤리 속에 자리잡게 만들려는 것이다.

> 자유주의가 권리의 이론이지 선에 대한 이론이 아니라는 제한된 견해를 갖고 있는… 자유주의 철학자들은 무슨 이유에서 사람들이 자유주의자가 되어야 하는지를 설명해야 하는 문제에 직면한다. … 그들은 사람들이 정치적으로 행위할 때 좋은 삶에 대한 그들의 신념을 일단 제쳐두는 동기를 자기이익이나 도덕성에서 찾으려고 한다. 나는 자유주의자들은 이렇게 제한된 이론관을 거부해야 한다고 주장한다. 오히려 그들은 자유주의적 정치도덕이 좋은 삶에 관한 철학적 견해에 호소하는 것과 불연속적인 것이 아니라 연속적인 것으로 보이도록 좋은 삶의 본성이나 성격에 관한 견해를 구성하여 윤리와 정치를 연결하는데 주력해야 한다.[33]

물론 드워킨 자신의 기획에서도 딜레마가 나타난다. 그것은 오늘날 탈형이상학적 사유의 조건에서 보편타당성을 주장하는 모든 윤리이론이 빠지게 마련인 그런 딜레마이다. 그 윤리이론이 이를테면 실체적 진술을 제시하는 한, 그 전제는 특정한 역사적 자기이해와 세계해석에

---

33) R. Dworkin, *Foundations of Liberal Equality : The Tanner Lectures on Human Values*, Vol. VIII, 1990. 2 f. 롤즈의 탈형이상학적 정의개념과 관련하여 그는 다음을 첨가하고 있다. "공동체 속에서 사람들이 갖는 상이한 윤리적 위치들에 대해 독립적이고 중립적인 개념으로 구성된 정치적 개념은 아마도 이런 식으로 중립적이지 않은 다른 어떤 개념보다도 그 공동체의 모든 사람들에 의해 수락될 가능성이 높을 것이다. 만약 우리가 정치인으로서 진정하고 광범위한 동의를 받는 통치의 기초로 삼기 위하여 어떤 정치이론에 대한 가능한 가장 광범위한 동의를 추구하려는 의향이 있다면, 바로 그런 이유에서 정치적 개념을 선택해도 무방할 것이다. … 그러나 우리가 정의이론에서 필요로 하는 것은 합의의 전망 이상이다. 우리는 정언적 힘을 필요로 한다. 정치적 결정이 자유주의 원리에 따라 내려질 것이라면, 지금 당장, 자유주의의 원리가 모든 사람에 의하여 받아들여지기 전에라도 그렇게 결정이 내려져야 한다. 자유주의자들은 이렇게 주장한다"(*Ibid.*, 17). 또한 다음 글도 참조할 것. R. Dworkin, "Liberal Community," *California Law Review*, 77(1989), 479~589, 이 중에서 특히 561쪽 이하를 참조할 것.

묶여있게 되고, 심지어는 개인적인 자기해석과 세계해석에 묶이기도 한다. 그 이론이 충분할 정도로 형식적인 순간, 그 이론의 실체는 윤리적 자기이해를 수행하는 담론의 절차에 대한 해명 속에서만 존재할 수 있을 뿐이다. 여기서는 이 문제를 상세하게 다루진 않겠다.[34] 이론의 이상적 요청과 사회적 사실성 사이의 간극을 메우려는 롤즈의 시도가 안고 있는 약점은 윤리이론을 통하여 보충될 수 있는 그런 차원의 약점이 아니다. 비판적 이성이 계속하여 접촉점을 잃지 않으려고 하는 그 저항적 현실을 구성하는 소재가 서로 상쟁하는 삶의 이상과 가치정향들의 다원주의뿐인 것도 아니고 또 이 다원주의가 그 현실의 일차적 구성요소인 것도 아니다. 오히려 그 저항적 현실은 제도와 행위체계라는 더 강한 소재로 구성되어 있다.

이론구성의 첫단계에서 롤즈는 일단 추상적으로 근거지어진 정의의 원칙들을 법치국가적으로 제도화하는 문제와도 씨름한다. 오직 타당성 기준에만 호소할 수 있는 도덕과는 달리 강제법은 국가의 제재라는 뒷받침을 받으면서 그 수신자들의 행위와 외적 방식으로 관계맺는다. 따라서 롤즈는 국가의 제재라는 이 측면도 결코 놓치진 않는다. 그러나 실정법과 정치적 정의의 관계는 미해명 상태로 남아 있다. 롤즈는 법의 형식 자체를 주제화하고 또 이를 통해 법의 제도적 차원을 주제화하지는 않은 채 오직 법의 정당성 문제에만 집중한다. 그리하여 법의 타당성이 갖는 특징, 즉 법 자체에 내재하는 사실성과 타당성의 긴장은 시야에 들어오지 않는다. 이 때문에 법의 정당성 주장과 사회적 사실성 사이의 외적 긴장 역시 축소된 형태로만 눈에 들어온다. 규범과 대비되는 현실은 정의이론의 수락을 위한 문화적 조건에 대한 반성적 고찰이라는 두 번째 단계에 오면 '다원주의라는 사실'로 환원되고 만다. 롤즈는 정의의 원칙들이 정치적 전통의 배경 위에서 그리고 현재의 다

34) 이 문제에 대해선 다음 글을 참조할 것. J. Habermas, "Zum pragmatischen, ethischen und moralischen Gebrauch der praktischen Vernunft," in : Habermas (1991a), 100~118..

원주의 사회의 공적 의사소통의 문화적 조건 속에서 어떻게 설득력을 가질 것인가 하는 문제만을 숙고한다. 하지만 그는 실제로 제도화되어 있는 결정과정도 다루지 않고, 법치국가의 원리와 반대방향으로 흘러갈 수도 있고 또 질서정연한 사회의 제도를 오히려 조롱하는 듯이 정 반대 이미지를 보여줄 수도 있는 사회적·정치적 발달경향도 거론하지 않는다.

롤즈의 '정치적' 정의개념은 헤겔이 도덕과 인륜성의 관계라는 제목으로 다루었던 문제에 대한 하나의 대답이다. 고전적 이성법에서 규범과 현실의 관계라는 문제는 처음에는 다른 차원에서 제기되었다. 이성법은 도덕과 법의 차이에서 출발했으며, 실정법 자체에 내장된 사실성과 타당성의 긴장을 고려하였다. 그런 점에서 원래 이성법은 도덕적 발상에서 출발한 정의이론보다 더 실재론적 태도를 보였다. 그것은 말하자면 전영역에 걸쳐서 현실적 정치과정과 대결하였다. 롤즈가 이러한 문제제기를 수용하고자 했다면, 그는 두 번째 논증단계에서 정의원리와 잘 어울리는 정치문화의 조건에 대한 성찰에 만족하지 말고, 법치국가와 그 사회적 기초의 역사적 발달을 규범적 관점에서 재구성해야만 했을 것이다.

이 복잡한 과제는 정치문화적 맥락에 대한 이념사적 확인을 넘어서는 경험적 연구를 필요로 한다. 그러나 지금까지 다루어진 사회이론적 접근방법은 이 과제를 수행하는 데 충분하지 못했다. 그것들은 관찰자의 전망에서 출발하여 흡사 폭로작업을 하듯이 법체계의 규범적 자기이해를 통과해 버렸기 때문이다. 이제 규범적 이론이 아무 매개없이 직접 시민들의 정치의식을 통하여 현실과 접맥점을 찾으려고 애쓸 필요는 없다. 그러나 그렇게 되려면 법에 대하여 외부로부터 접근하는 사회과학적 분석이 내부에서 출발하는 재구성 방법과 결합되어야 한다. 그렇게 되면 구체적 사회의 법치국가적 발달을 재구성하기 위하여 요구되는 규범적 이론이 현실적 정치과정 전체에 대한 비판적 기술의 맥락 속에서 자신의 자리를 유지할 수 있게 된다. 이와 같이 법체계의 재구성과 탈마술화를 모두 겨냥하는 이중적 분석전망을[35] 보여주는 흥미로운 발상들을 우리는 뒤르케임과 막스 베버를 거쳐 파슨즈에 이르는 고전적 사회학 이론 속에서 발견할 수 있다.

35) Peters(1991), 35 ff.

3. 파슨즈 대 베버 : 법의 사회적 통합기능

정의에 대한 철학적 담론에는 법에 대한 사회과학적 담론이 처음부터 관심을 두었던 제도적 차원이 결여되어 있다. 법을 경험적 행위체계로 이해하는 시각이 없는 철학적 개념은 공허하다. 그러나 법사회학이 외부로부터 접근하는 객관적 관점에 집착한 나머지 오직 내부로부터만 그 의미에 접근할 수 있는 상징적 차원에 대한 감수성이 없는 한, 역으로 사회학적 관점은 맹목성이라는 반대의 위험에 빠진다. 신칸트주의적 관점에서 출발하는 베버와 파슨즈의 접근방법은 이러한 위험을 막을 수 있는 개념적 장치를 갖고 있다. 이들은 사회적 질서 속에서는 (베버의 경우엔) 이념과 이익이, 또는 (파슨즈의 경우엔) 문화적 가치와 동기가 서로에게 삼투하고 있다는 관점에서 출발한다. 이 접근방법에서 제도화된 행위는 문화적으로 인정된 가치가 상황별로 특수한 제약 속에서 제도화된 것으로 이해된다. 사회적 질서는 가치를 구체적 적용조건이라는 관점에서 특정화하고 주어진 이해상황과 통합함으로써 규범적 행위기대에 실재성을 부여한다. 막스 베버를 이끌었던 관점은 이원론적 인간학이었다. 이에 따르면 행위주체는 외적 필요와 마찬가지로 내적 필요의 문제와도 대면하며, 물질적 재화와 함께 관념적 재화도 추구한다. 파슨즈도 서로 잘 조정되어야만 하는 가치정향과 욕구성향에서 출발한다. 이러한 인성이론적 가정과 무관하게 행위조정의 형식적 문제로부터도 이와 유사한 제도개념이 발전될 수 있다.

어떤 상황에서든 한 행위자에게는 행위 속에서 실현될 수 있는 것보다 많은 가능성이 열려 있다. 이제 모든 상호작용 참여자들이 저마다 성공에 대한 기대를 안고서 여러 선택지들 중에서 하나를 선택한다면, 독립적 선택들의 우연적 만남으로부터 지속적 갈등이 생겨날 수밖에 없다. 각 참여자들이 타인의 기대에 대한 기대를 갖고서 서로에 대하여 반성적 태도를 취하고 이를 통해 타인의 예상되는 결정에 맞추어 자신의 결정을 내린다고 해도 이 갈등은 해결될 수 없다. 사람들마다 상이하게 기대하는 이해상황들과 성공의 계산법들이 우연하게 충돌하는 상황으로부터는 어떤 사회질서도 발생할 수 없다. 이 때문에 뒤르케임은 행위기대의 안정성이 형성되는 메커니즘을 설명하기 위하여 가치합의가 미리 작동하고 있으며 참여자들은 상호주관적으로 인정된 가치를 지향한다는 가정을 도입하였다. 물론 그 다음에는 자유롭게 결정을 내리는 행위자들이 어떻게 규범에 묶이는지, 즉 규범이 요구하는 가치를 실현해야 하는 책무를 지게 되는지를 설명해야 할 것이다. 규범적 요구의 강제가 아무리 부드러운 강제이더라도 행위자가 그것을 외부로부터 부과된 폭력으로 경험하지 않으려면, 행위자가 그것을 도덕적 강제로 소화하여 자신의 동기 속으로 내면화해야 한다. 칸트의 자율성 개념은 개인적 통찰에 기초하여 초인격적 질서이 대한 결속을 수립하고 또 그런 점에서 단순한 선택의 자유와는 다른 그 무엇인데, 뒤르케임은 이 자율성 개념을 사회학적으로 번역하는 과제에 집중했다. 여기서 요구되는 것은 타당한 규범의 도덕적 권위와 인성구조 속에 자리잡은 자기통제 사이의 대칭관계이다. 파슨즈가 말하듯이, 제도화된 가치들은 내면화된 가치들에 상응해야만 하는 것이다. 규범의 수신자들이 규범으로 구현된 가치들을 내면화할 때 비로소 그들이 평균적으로 규범을 준수할 동기를 갖게 된다.

물론 행위자의 가치정향에 동기적 토대를 마련해주는 이 내면화가 일반적으로 억압 없는 과정이 아니라는 것은 분명하다. 그러나 그 내면화는 양심의 권위를 가져오며, 이 권위는 각 개인에게 자율성에 대한 의식을 가져다준다. '타당한' 사회질서는 의무를 부과하는 고유한 강제성을 갖는데, 이 강제성은 자유의지에 따라 자신을 '구속하는' 수신자를 오직 이 자율성에 대한 의식 속에서만 발견할 수 있다.

이것은 사회질서는 정당한 질서일 때에만 지속적일 수 있다는 베버의 견해와도 상응한다. "한 질서의 타당성은 단순히 관습이나 이해상황에 의해 조건지어지는, 사회적 행동경과에서의 규칙성보다 더 많은 것을 의미한다."[36] 여기서 '관습'(*Sitte*)은 고루하고 거의 기계적 습관에 의존하는 데 반해, '정당하게 질서지어진 행위'는 타당하다고 전제된 합의를 향한 의식적 정향을 필요로 한다.

> 우리는 합의를 다음과 같은 것으로 이해하고자 한다. 즉, 설령 어떤 명시적 동의가 이루어지지 않았다 하더라도, 타자의 행위에 대한 (우리의) 기대를 타자가 자신의 행위에 대해 유의미하게 '타당한' 기대로서 실제적으로 받아들일 객관적 개연성이 있기 때문에 그 기대를 충족되었다고 볼 수 있는 경험적으로 '타당한' 기회가 주어지는 상황이 곧 합의이다. … 이러한 '합의' 기회에 대한 지향 속에서 그리고 그 지향에 의하여 조건지어진 사회적 행위가 '합의적 행위'(*Einverständnis-handeln*)이다.[37]

여기서 베버는 타인의 행위를 기대할 수 있게 해주는 동기는 이 맥락에서는 무관하다고 주장한다. 그러나 '정당한 질서'에 대한 정당화된 전제가 최소한 이 동기들 중의 하나로는 포함되어야 한다. 나아가 이 질서 속에 구현된 이념 혹은 가치들이 상호주관적으로 인정되어야 하는 한, 이 질서는 가치합의에 의존한다.

> 우리는 (a) 행위가 결정가능한 '준칙'을 (평균적으로 그리고 점근적으로) 지향할 때에만 사회적 관계의 의미내용에 '질서'라는 이름을 붙이고자 한다. 그리고 우리는 (b) 준칙에 대한 이 실재적 정향이 또한 모종의 방식으로 행위에 타당한 것으로, 다시 말해서 구속력이 있고 전범이 될 수 있다고 간주되었기 때문에 (따라서 실천적으로 비중있

36) M. Weber, *Wirtschaft und Gesellschaft*, Köln 1956, 22.

37) M. Weber, Über einige Kategorien der verstehenden Soziologie, in: *Methodologische Schriften*, Frankfurt/Main 1968, 196 f. (괄호안은 역자).

> 는 정도로) 생겨나는 한에서만, 이 질서의 '타당성'을 말하고자 한다. … 목적합리적 동기만을 내장하는 질서는 관습이 단순히 습관화된 행위를 통하여 설립하는 사회질서보다 일반적으로 더 불안하다. 관습적 태도는 주관적 태도 중에서 가장 흔한 종류의 태도이다. 그러나 이런 유형의 질서도 전범이나 구속력이라는 위세를 갖고 등장하는, 혹은 — 우리는 이렇게 말하고자 하는데 — '정당성'이라는 위세를 갖고 등장하는 질서에 비하면 훨씬 불안하다.[38]

정당하게 질서지어진 행위에서 상호간에 전제된 동의는 "다른 동기들 외에 질서가 적어도 행위자들의 일부에게 전범적이거나 구속력 있는 것으로 나타나고 따라서 당위적 효력을 갖고 나타난다는 점"과 관련되어 있다. 다른 한편 정당한 질서는 상응하는 가치의 내면화를 통하여 심리 내부에 닻을 내린 규범적 합의에만 의존하는 것은 아니다. 질서의 타당성이 종교적 권위나 순수 도덕적으로 가치합리적 믿음을 통해서만 근거지어지지 않고 따라서 그것에 상응하는 내적 제재(종교적 은총을 잃어버리지 않을까 하는 두려움과 수치심과 죄의식)와 자율적 구속의 능력을 통해서 보호되지 않는 한, 그 타당성은 외적 보장을 필요로 한다. 이러한 경우 사회적 질서의 정당성에 대한 기대는 인습이나 법을 통하여 안정된다. 잘 알려져 있다시피, 베버는 상궤를 벗어난 일탈행위에 대해 사람들이 보여주는 '실질적으로 감지할 수 있는 일반적 거부반응'을 통하여 사회적 타당성이 외적으로 보장되는 경우에 '인습'(*Konvention*)이라는 말을 사용한다. 그리고 평균적으로 규범을 준수하는 행위가 '강제기구'(*Erzwingungsstabes*)가 행사하는 외적 제재의 위협을 통하여 보장될 때 '법'이라는 용어를 사용한다. 정당하게 질서지어진 행위에서 전제될 수 있는 합의는 정당성의 근거들에 추가되는 내적 보증과 외적 보증의 종류에 따라 수정된다. 그러한 합의는 근거들과 경험적 동기들의 혼합물에 의존하는데, 이때 근거들은 그것이 신화

---

38) Weber(1956), 22 f.

적 서사, 종교적 세계관, 혹은 형이상학적 교리로부터 도출된 것인지 아니면 세속적 기원을 가진 것으로서 실천이성의 실용적-목적합리적 사용, 윤리적 혹은 도덕적 사용에서 비롯된 것인지에 따라 구별된다.

하나의 질서에 사회적 타당성을 보장하고 이로써 평균적으로 기대할 수 있는 사실적 질서준수를 보장하는 합의의 이와 같이 혼합된 타당성 기초 속에는 제도 일반의 양가적 성격이 반영되어 있다. 일반화된 행위기대가 규범적 타당성 주장을 정당화하는 이념과 결합되어 있을 때에 이익이 일반화된 행위기대를 통하여 지속적으로 충족될 수 있다. 역으로, 이념은 그것에 추진력을 제공하는 이익과 결합될 때에 비로소 경험적으로 관철될 수 있다. 이러한 관계 때문에 정당한 질서는 '위로부터' 분석될 수 있는 동시에 '아래로부터' 분석될 수 있다는 방법론적 결과가 나온다. 다시 말해서 재구성적 절차를 따르는 사회학은 두 개의 전망 모두를 정당하게 고려해야만 하는 것이다. 법에 대한 사회학적 담론은 이러한 방식으로 정의에 대한 철학적 담론과 연결고리를 유지하면서 동시에 그 한계를 넘어설 수 있다.

법관이나 시민들 같은 참여자의 전망에서 출발하는 재구성적 분석은 규범적 기체(*Substrat*) 속에 구현된 의미내용들, 그러니까 법체계(내지 개별 규범)의 정당성 주장이나 이상적 타당성을 설명해주는 이념과 가치들을 목표로 한다. 관찰자의 전망에서 출발하는 경험적 분석은 정당성에 대한 믿음, 이해관계, 제재, 주어진 상황 등으로 이루어진 전체 복합체를 목표로 한다. 다시 말해서 법적으로 제도화된 행위기대의 경험적 타당성과 사실적 관철을 설명해주는 행위상황의 논리를 목표로 삼는다. 베버는 이러한 구별에 상응하여 법적 고찰방식과 사회학적 고찰방식을 구별하였다. 전자는 법규의 객관적 의미내용과 관련되고, 후자는 법적으로 규제된 실천과 관련되는데, 이 실천에서는 "여러 다른 요인과 더불어 특정 법규의 '의미'와 '타당성'에 대한 사람들의 표상이 중요한 역할을 담당한다."[39]

베버의 법사회학은 이 구별로 시작한다. 법적 고찰방식은 이렇게 질문한다.

> 법으로서 이상적으로 타당한 것은 무엇인가? 다시 말해서, 법규범으로서 등장하는 언어적 구성물에 논리적으로 올바로 귀속되어야 하는 규범적 의미는 어떤 것인가? (사회학적 고찰방식은) 이에 반해 이렇게 질문한다. 공동체적 행위(*Gemeinschaftshandeln*)에 참여한 사람들이 … 특정한 규범을 주관적으로 타당하다고 여기고 실제로 그 규범에 따라 행위하고 자신의 행위를 그 규범을 향해 정향시킨다는 개연성이 있다는 이유 때문에 하나의 공동체 속에서 실제로 무슨 일이 일어나는가?[40]

물론 베버는 재구성적이고 개념분석적인 연구를 드매금으로 법학에 이관시켰다. 다시 말해서 그는 이 과정에서 법 도그마틱(*Rechtsdogmatik*), 법이론, 법철학을 충분히 구별하지 않았다. 베버가 법철학을 무시한 이유 중의 하나는 그가 (오늘날 롤즈나 담론윤리가 대변하고 있는) 인지주의적 도덕이론에 대해 회의적 태도를 취했다는 사실에서 찾아볼 수 있을 것이다. 베버는 타당성의 의미와 조건을 재구성하는 과제를 법도그마틱이라는 좁은 분과학문에 제한시켰는데, 그 결과 앞서 말한 두 방법론적 전망 간의 대립관계가 베버 자신이 최소한 함축적으로 보여주었던 상호연관 관계보다 더 강하게 부각되었다. 그는 자신의 법사회학적 접근방법을 이를테면 융합적으로 이해했어야 했다. 정당성에 대한 믿음에 깔려 있는 이상적 타당성의 조건은 법질서의 사회적 타당성의 충분조건까지는 되지 않는다 하더라도 필요조건은 형성한다. 왜냐하면 법질서는 '정당한 질서'로서, 비록 이념과 이익을 빈틈없이 합치시키지는 못하더라도 이념을 통하여 이익을 해석하고, 이를 통해 근거와 타당성 주장에게 사실적 효력을 창출해주기 때문이다.

---

39) Weber(1968), 181.

40) M. Weber, *Rechtssoziologie*(J. Winckelmann 편), Neuwied 1960, 53.

재구성적 분석은 법의 역사와 유형들에 대한 베버의 실체적 연구에서 각별한 위치를 차지한다. 클라우스 에더(Klaus Eder)[41]와 라이너 되베르트(Rainer Döbert)와 나의 연구와 일치하는 방향에서 볼프강 슐르흐터(Wolfgang Schluchter)는 베버가 분석한 법발달의 내적 측면을 상세하게 밝혀보려고 했다. 베버는 객관적 법영역에서 늘어나는 분화과정 외에 법의 합리화 과정을 이중의 관점에서, 다시 말해서 한편으로는 법 프로그램과 법 절차의 일반화와 체계적 정교화라는 관점에서 다른 한편으로는 법적 타당성의 인지적 기초에 있어서의 변화라는 관점에서 추적하였다. 슐르흐터는 로렌스 콜버그와 장 피아제가 개체발생의 차원에서 증명했던 도덕의식의 발달단계를 모델로 삼아 판결의 근거제시 수준의 변이양상을 재구성하였다.[42] 그는 법내재적 관점에 따른 분석결과를 이렇게 요약한다.

> 베버는 한편으로는 계시법, 전통법, 자연법, 실정법을 구별하고 다른 한편으로는 법의 형식적 합리화와 실체적(*materiale*) 합리화를 구별했는데, 우리는 이 구별에서 출발했다. 우리의 명제는 다음과 같다. 베버는 법의 형식적 측면과 실체적 측면을 구별하였으며, 법의 합리화를 물론 그 비중은 다르지만 두 가지 관점 모두에서 논의하였다. 그러므로 법절차의 합리화와 법기초의 합리화가 모두 있다. 물론 양자는 역사적-경험적으로 연관되어 있지만 분석적으로 구별될 수 있다. 법절차가 점점 논리화되면서 법의 타당성 기초는 추상적이고 보편적이 된다. 이와 동시에 법의 기초는 법을 초월하는 원리로부터 법에 내재하는 원리로 바뀐다. 다시 말해서 법의 기초가 세속화되는 것이다.[43]

---

41) K. Eder, *Die Entstehung staatlich organisierter Gesellschaften*, Frankfurt/Main 1976 ; *Geschichte als Lernprozeß?*, Frankfurt/Main 1985.

42) L. Kohlberg, *Essays on Moral Development*, San Francisco 1981.

43) W. Schluchter, *Die Entwicklung des okzidentalen Rationalismus*, Tübingen 1979, 148 ; "Beitrage zur Werttheorie," in : *Religion und Lebensführung*, Frankfurt/Main 1988, Bd. 1, 165 ff. 담론윤리에 대한 슐르흐터의 비판에 대해서는 다음 책에 있는 나의 논평을 참조할 것. J. Habermas, *Die nachholende*

현재의 맥락에서 내가 관심을 두고 있는 것은 법사회학도 근대적 법체계에 전제된 '합법성에 대한 합의'의 타당성 조건에 대한 까다로운 재구성에 의존하고 있다는 방법론적 관점뿐이다. 이 관점에서 보면 예컨대 법의 실정화와 이와 함께 진행된 법과 도덕의 분화가 하나의 합리화 과정, 다시 말해서 비록 법질서의 메타 사회적 보장을 파괴했지만 법의 정당성 주장에 포함되어 있는 도구화불가능성이라는 계기를 결코 소멸시키지 않은 합리화 과정의 결과라는 사실이 드러난다. 종교적 세계상의 탈마술화는 한편으로는 신성법과 세속법이라는 '이중의 왕국'과 아울러 법적 위계질서를 무너뜨리는 파괴적 결과를 가져왔다. 그러나 그것은 다른 한편으로 도덕과 법이라는 두 개의 기본개념을 동시에 탈 인습적 정당화의 수준으로 옮겨 놓음으로써 법적 타당성의 재조직이라는 결과도 가져왔다. 행위규범과 행위원리의 구별과 함께, 원리에 입각한 규범의 산출이라는 개념과 규범적으로 구속력 있는 규칙에 자유의지에 따라 동의한다는 관점과 함께, 또 사적으로 자율적 법인격체들이 갖는 입법능력이라는 개념 등과 더불어 실증적으로 제정되며 따라서 변화될 수 있지만 비판가능한 동시에 정당화를 필요로 하는 규범이라는 표상이 생겨나온 것이다. 루만은 법의 실정성을 지나치게 축소된 형태로 정식화했다. 그 정식에 의하면 "법은 결정을 통해 제정될 (즉 선택될) 뿐 아니라, 결정 덕분에 (따라서 우연적이고 변화가능하게) **효력을 갖는다**(*gilt*)."[44] 그러나 사실은 탈형이상학적 법의 실정성은 법질서가 오직 합리적으로 정당화된 보편적 원칙의 빛에 비추어서만 구성될 수 있고 또 계속 발전될 수 있다는 것도 의미한다.

베버는 법적으로 규제된 행위를—그러니까 공동체적 행위(*Gemeinschaftshandeln*)와 구별되는 사회적 행위(*Gesellschaftshandeln*)를—합리적으로 동의된 법제정에 기초하는 자발적 결사체를 모델로 삼아서 분석

Revolution, Frankfurt/Main 1990, 131 ff.

44) N. Luhmann, *Rechtssoziologie*, Köln 1983, 210.

하였으며, 이로써 그는 제정원리와 근거제시 원리 간의 내적 연관을 행위이론의 수준에서 고려하였다. 이 모델은 두 개의 계기를 이념형적으로 자신 속에서 통합하는 합법성에 대한 합의를 가정하고 있다. 이에 따르면, 법제정이 타당한 이유는 한편으로는 그것이 결사에 관한 현행법에 따라 실증적으로 제정되었기 때문이며, 다른 한편으로는 그것이 합리적 동의를 얻었기 때문이다. 이와 같은 법제정의 특수한 합리성은 구성원들이 오직 정당화된 합의에 기초해서만 국가에 의하여 제재를 받는 규칙에 의하여 강제받는다는 점에 있다. 물론 베버의 생각에 의하면, 법적 질서는 단순히 그와 같이 동의가 합리적으로 이루어졌다는 가정에 기초해서만 정당한 효력을 가질 수는 없고, "정당하다고 간주된 인간에 대한 인간의 지배와 복종에 기초한"[45] 흠정(欽定, *Oktroyierung*)도 필요로 한다. 물론 이런 선택지는 설명을 필요로 한다. 왜냐하면 법적 지배 자체는 오직 그 법적 형식성에 기초해서만 정당하다고 간주될 수 있기 때문이다.

'법적 지배'의 타당성 기초가 역설적인 이유는 단순히 베버가 합리성 개념을 불분명하게 사용한 데에만 있는 것이 아니라,[46] 그가 근대법을 지배의 사회학의 경계 안에서 제한적으로 취급했다는 사실에도 있다. 그는 법의 합리화를 그 내적 측면에서 설명했고 또 근대법의 타당성 기초를 재구성할 수 있는 분석적 수단을 갖고 있었다. 그럼에도 불구하고 베버가 자신의 가치회의주의적 관점에 따라 법적 지배의 효과적 조직과 행사를 위하여 법이 충족하는 기능들을 강조하게 되면서, 원래의 접근방법의 장점은 이 기능의 그림자 속에 묻히고 말았다. 베버는 법의 유형을 주로 정당한 법의 유형을 연구하기 위한 단서로 사용하였다. 그 결과 근대법과 합리적 국가기구의 관료적 지배 사이의 기능적 연관이 과도하게 강조된 나머지 법이 고유하게 갖는 사회적 통합의 기

---

45) Weber(1964), 26.

46) J. Habermas(1981), Bd. 1, 355 ff.

능이 응분의 주목을 받지 못했다. 베버에 의하면, 법치국가는 그 정당성을 궁극적으로는 정치적 의지형성의 민주주의적 형식으로부터 얻는 것이 아니라, 오로지 정치적 지배를 법적 형식에 따라 행사하기 위한 전제들로부터, 그러니까 법규의 추상적 규칙구조, 사법부의 자율성, 그리고 행정의 법적 규제와 '합리적' 구조로부터 끌어온다(여기서 행정의 '합리적' 구조는 공무의 연속성과 문서화, 관청의 효율적 조직, 공무의 위계구조, 공직자의 전문적 교육, 공직과 인격체의 분리, 행정스태프와 행정수단의 분리 등을 말한다). 베버에서 우리는 정당 엘리트주의와 부합되는 독일 특유의 법치국가 이미지를 발견할 수 있다.

그러나 우리가 파슨즈처럼 근대 입헌국가를 정치권력의 법제화라는 전망에서 살펴보면 다른 이미지가 나타난다. 이 법제화 과정은 근대법의 합리적 타당성 기초에 의해 구조적으로 제약받으면서 진행되었으며, 시민사회, 정치적 공론장, 시민의 지위 속에 뿌리를 내린 민주적인 정당화 양식을 촉진하였다. 파슨즈는 각 분화된 사회체계들이 발전되어 나온 그 핵심영역을 '사회적 공동체'(*Societal community*)라고 불렀다. 이것은 통합활동을 담당하는 모든 행위영역을 포괄한다. 여기에는 예컨대 한편으로는 (의례, 종교예식, 국민적 경축행사 등과 같이) 연대성을 보장하는 상징적 관행들이 있고, 다른 한편으로는 전형적인 갈등을 규제하며 따라서 일차단계에서 제도화된 행위기대의 안정성을 위협하는 교란요인들이 등장할 때 개입하게 되는 (도덕과 법 같은) 이차단계의 제도들이 있다. 법과 도덕은 다른 모든 제도적 질서들의 통합활동을 뒷받침하는 일종의 안전망 역할을 담당한다. 이미 부족사회에서도 중재, 신탁, 봉토, 혈수[47] 등과 같은 고대적 법관행을 통하여 그와 같은 자기준거적 규범구조가 형성되었다.[48] 법은 제도화 과정 자체의 측

47) 혈수(血讐 : *Blutrache*)는 살인자 및 그 근친에 대하여 복수하는 것을 말한다 — 역주.

48) 이에 대해선 다음을 참조할 것. U. Wesel, *Frühformen des Rechts in vorstaatlichen Gesellschaften*, Frankfurt/Main 1985.

면에서 반성적이 된 정당한 질서이다. 사회적 공동체는 사회 일반의 핵심구조이고, 법은 이 사회적 공동체의 핵심을 형성하는 것이다.

베버와는 달리 파슨즈는 법의 사회적 진화를 지배의 형성과 관련된 기능의 측면이 아니라 사회적 연대성을 보장하는 그 본래적 기능이라는 측면에서 추적하였다. 부족사회까지만 하더라도 법은 다른 규범적 복합체들과 착종되어 있었으며 산재되어 있었다. 부족사회에서 '문명' 사회로 이행하면서 비로소 부분적으로 자율적인 법이 형성되었다. 이 진화론적 발전을 특징짓는 것은 국가적 조직형식이었는데, 이 속에서 법과 정치권력은 주목할 만한 종합을 이루었다. 한편으로 국가는 분쟁당사자들보다 상위에 있는 판결절차와 법집행 절차의 제도화를 가능하게 했다. 다른 한편 처음으로 국가가 법적 형식에 따른 공직 위계질서라는 형태 속에서 구성되었으며, 이와 동시에 지배를 행사하는 법적 형식을 통하여 정당화되었다. 그리하여 국가의 제재를 통해 뒷받침받는 법과 법적 형식에 따라 행사되는 정치적 권력이 서로를 요구하게 되었다. 이 단계에 와서야 비로소 법체계의 친숙한 요소들이 형성될 수 있었다. 즉, 미래의 가능한 사건들에 관련되고 사전에 법적 요구를 보장하는 법규범 혹은 법프로그램, 일차적 행위규범의 확정과 변동을 가능하게 하는 이차적 법규범, 법적 요구를 소송가능성으로 변형시키는 판결의 조직, 제재의 위협을 뒷받침하는 법집행 등이 이때 형성될 수 있었다.

법체계의 특수한 특징들이 국가의 제재를 받는 법 속에서 처음 등장하기 때문에, 법을 정치체계의 일부로 간주하는 베버의 이론적 전략은 일정한 설득력을 지니고 있다. 그러나 루만은 한 걸음 더 나아가 근대에 와서 분화된 법을 정치로부터 다시 분리시켜 행정체계, 경제, 가족 등의 하위체계들 곁에 나란히 존재하는 독자적인 하위체계로 자립화시키는데, 이런 이론적 전략은 설득력이 떨어진다. 파슨즈는 다른 전망을 취하는데, 그는 뒤르케임과 마찬가지로 법의 발전이 '사회적 공동체'의 진화와 연결되어 있다고 본다. 이 공동체는 근대사회에 와서 시민사회로 발전하며, 심지어는(헤겔의 '부르주아적 사회'개념 속에서만 하더라도 그것과 융합되어 있던) 자본주의 경제의 포괄적 틀로부터도 벗어난다. 이 '시민사회'(*Zivilgesellschaft*)는 그것의 선조격인 '사회적 공동체'로부터 사회 전체의 사회적 통합에 대한 책임을 상속받는다.

전통적 법에서 합리적 근거제시와 실정성으로의 이행의 내적 측면을 파슨즈는 오히려 '가치합리화'와 '융합'이라는 표제 하에서 다룬다. 근대법이 갖는 타당성 기초의 도덕적 보편주의에 상응하여 모든 사회구성원들이 자유롭고 평등한 법인격체의 결사체 속에 연속적으로 포용된다는 것이다. 파슨즈는 법의 발전을 무엇보다 외적 측면에서 논의하였다. 초기 근대의 사회구조를 지배했던 과정은 화폐매체를 통해 운행되는 경제체계가 정치적 지배질서로부터 분리되고, 또 정치적 지배질서는 행정권력을 통해 운행되는 체계라는 형태를 취하게 되는 과정이었다. 이 두 개의 하위체계가 형성된 것은 동시에 시민사회가 경제와 국가로부터 분리되었다는 것을 의미한다. 공동체의 전통적 형식들은 근대화되어 '시민사회'로 발전하고, 시민사회는 종교적 다원주의의 깃발 아래 문화적 체계에 대해서도 거리를 두게 되었다. 이러한 분화과정이 일어나면서 새로운 종류의 통합의 필요성이 등장하였으며, 실정화된 법은 이 요구에 3중의 방식으로 반응했다.[49] 화폐와 행정권력이라는 운행매체는 시장과 관료조직의 법적 제도화를 통하여 생활세계 속에 뿌리내리게 된다. 이와 동시에 지금까지는 갈등이 생길 경우 관습이나 충성심 혹은 신뢰에 기초하여 윤리적으로 갈등을 관리할 수 있었던 상호작용 맥락도 법제화된다. 즉 그것은 형식적으로 재조직화되어, 이제 갈등이 생겼을 경우 행위자들은 법적 권리를 요구할 수 있게 된다. 그리고 잠재적으로 거의 모든 사회적 관계가 법제화되는 것에 대한 필수적 보충으로서 공법적으로 제도화된 시민권의 보편화가 일어난다. 이 시민권의 핵심을 이루는 것이 정치적 참여권인데, 이 권리는 대중매체를 통해 산출된 정

49) T. Parsons, *The System of Modern Societies*, Englewood Cliffs 1971.

치적 공론장 내부에서의 의사소통 형식을 통해서만이 아니라 시민사회의 새로운 공적 형식, 그러니까 기본법에 의하여 보장받는 자유로운 결사체들의 네트워크라는 형태를 통해서도 행사되었다.

법의 실정화는 그 타당성 기초가 합리화되면서 필연적으로 생겨난다. 그러므로 근대법이 시민사회로 변형된 '사회적 공동체'의 대리자로서, 사회적 공동체로부터 상속받은 연대성에 대한 주장을 믿을 만한 정당성 주장이라는 추상적 형태로 유지할 수 있을 때 비로소 근대법은 구조적으로 분화된 생활세계와 기능적으로 자립화된 하위체계들을 포함하고 있는 복잡한 사회를 그 행위기대의 측면에서 안정시킬 수 있다. 근대법은 시민권의 일반화와 구체화를 통하여 이 약속을 이행한다.

> 기본적으로 평등한 사람들로 구성된 사회적 공동체는 종교, 민속집단, 지역이나 지방성, 그리고 사회계층에서의 상이한 위치 등과 같은, 멤버십의 낡고 특수주의적인 귀속적 기초가 갖는 정당성을 무너뜨려온 기나긴 과정이라는 '직선의 끝'으로 보인다. … 평등이라는 이 기본적 주제의 연원은 길고 오래되지만, '자연권' 개념 속에서 처음으로 구체화되었다. … 현재 미국에서 두드러지고 있는 빈곤과 인종문제는 열등한 인종은 말할 것도 없고 내생적으로 '하층' 계급이라는 개념이 근대사회에서 생겨났다는 사실에 대한 심층적인 도덕적 반감에 주로 기인한다. 비록 특정 집단들 사이의 근대적 평등주의에 대한 떠들썩한 반대가 있었지만 말이다.[50]

자유롭게 연합한 법인격체들의 공적이고 융합적인 의견형성 및 의지형성 과정의 기초인 시민사회의 형성과 관련하여 파슨즈는 마지막으로 교육기회의 평등화의 의미를, 좀더 일반적으로는 문화적 지식과 계급구조의 분리의 의미를 강조한다. "새로운 단계의 초점은 교육혁명인데, 이것은 어떤 의미에서는 산업혁명과 민주주의 혁명이라는 주제를

---

50) T. Parsons(1971), 118~119.

종합한다."[51] 이 '교육혁명' 개념을 통해 파슨즈는 나중에 롤즈가 관심을 보였던 — 사실 법치국가적으로 조직된 정당화 과정의 가치규준들이 조직되지 않은 공적 의사소통 과정에 더 의존할수록 근대 법체계의 정당화 주장들이 실현된 시민적 평등 속에서 실재로 구현될 수 있다는 점에서 롤즈가 보인 이 관심은 정당한 관심이다 — 반응성 있는 정치적 공론장의 정치문화적 조건을 건드리고 있다.

파슨즈는 근대법을 일종의 전송벨트로 이해한다. 다시 말해서 우리가 구체적 생활관계에서 익히 알고 있는 상호인정의 구조인 연대성은 근대법이라는 전송벨트를 통하여 추상적이지만 구속력 있는 형태 속에서 복잡한 사회의 체계적으로 매개된 익명의 관계에로 전송된다는 것이다. 이때 그는 마샬(T. H. Marshall)이 영국을 사례로 연구했던 시민권의 확장을 경험적 준거점으로 사용했다.[52] 마샬이 제안한 시민적 권리, 정치적 권리, 사회적 권리라는 분류방식은 잘 알려진 법적 분류방식을 따르고 있다. 이에 따르면 자유주의적 방어권은 국가가 사적 권리주체의 생명, 자유, 재산에 불법적으로 관여하는 것을 막아준다. 정치적 참여권은 능동적 시민들이 의견형성과 의지형성의 민주적 과정에 참여할 수 있게 해준다. 그리고 사회적 참여권은 복지국가의 수혜자들에게 최저임금과 사회적 안전을 보장해준다. 다샬은 지난 2, 3백

51) T. Parsons(1971), 97. 이미 뒤르케임에서도 이 맥락이 중요했다. 왜냐하면 그는 민주주의를 '반성적 지배형식'으로 개념화했으며, 민주주의의 특징을 "시민들과 국가 사이에 끊임없이 의사소통이 발생한다"는 데에서 찾았기 때문이다(E. Durkheim, *Physik der Sitten und des Rechts*, Frankfurt/Main 1991, 131). 민주주의의 성숙도는 이 공적 의사소통의 수준에 비추어 측정된다. "이런 전망에서 보면 민주주의는 사회가 자기자신에 대한 가장 순수한 의식에 도달하는 정치적 체제로 나타난다. 공적 문제를 규제하는 데서 토의, 반성, 비판적 정신이 더 큰 역할을 담당할수록, 그 국가는 더 민주적이다. 역으로, 무의식이나 이해할 수 없는 관습, 요컨대 아무런 검사도 받지 않은 편견의 비중이 클수록 그 민족은 덜 민주적이다"(128).

52) T. H. Marshall, "Citizenschip and Social Class," in *Class, Citizenship and Social Development*, Westport(Conn.) 1973.

년 동안 서구사회에서 시민권의 지위가 이러한 순서로 연속적으로 확장되고 공고화되었다는 명제를 제시한다.

이 시민권 개념이 최근의 논의에서 새롭게 주목받았다. 마샬은 점점 확장되는 시민들의 융합을 주로 자본주의적 근대화 과정과 관련하여 연구하였다. 그러나 시민들의 권리의 확장을 사회진화의 성과로 서술하는 도식은 너무 협소하다. 이에 비해 기든스(A. Giddens)는 투쟁과 사회운동의 역할을 강조하였다.[53] 경제적 동기에서 비롯된 계급투쟁만 강조하는 것은 물론 일면적이다. 다른 종류의 사회운동, 특히 이민과 전쟁도 여러 차원에서 시민권을 확장시켰다.[54] 새로운 융합관계의 법제화를 자극했던 요인들은 역으로 시민들의 정치적 동원에도 영향을 미쳤으며, 아울러 이미 존재하는 시민권을 활성화하는 데에도 도움을 주었다.[55] 마지막으로, 마샬의 권리분류는 더 확장되어 문화적 권리만이 아니라 오늘날 특히 여권운동과 환경운동이 쟁취한 새로운 종류의 시민권까지 포함하고 있다. 이 과정에서, 사회학적 고찰방식보다는 내적 접근을 취하는 사법적 고찰방식이 더 쉽게 포착할 수 있는 차이가 더 분명하게 등장했다.

마샬과 파슨즈가 시민권 확장과정에 사용했던 직선적 발달 모델은 기껏해야 사회학자들이 '융합'이라고 부르는 일반적 경향에 대해서만 적용될 수 있다. 사회가 기능적으로 점점 더 분화되어가면서 점점 더 많은 인격체들이 많은 권리를 누리게 되고, 점점 더 많은 부분체계에 참여하게 된다. 그 하위체계에는 시장, 기업, 작업장도 있고, 공직, 법정, 군대도 있으며, 학교, 병원, 극장, 박물관도 있고, 정치결사체와 공적 의사소통 수단, 정당, 자치단체나 의회도 있다. 이와 함께 한 개인이 가질 수 있는 조직원으로서의 멤버십도 늘어나고, 선택공간도

53) A. Giddens, *Profiles and Critiques in Social Theory*, London 1982, 171.

54) B. S. Turner, *Citizenship and Capitalism*, London 1986.

55) M. Barbalet, *Citizenship*, Stratford (England) 1988.

확장된다. 물론 이와 같은 직선적 진보의 이미지는 자율성의 증대와 상실에 대해 중립적 태도를 취하는 서술방식 때문에 생겨난다. 이런 서술방식은 개인들이 능동적 시민의 지위를 실제로 사용하여 자신의 지위를 민주적으로 변화시키는 현실적 양식에서 커다란 차이가 있다는 사실을 보지 못한다.[56] 정치적 참여권만이 시민들의 성찰적이고 자기 관련적인 법적 위상에 근거를 제공한다. 이에 반해 소극적 자유권과 사회적 참여권은 온정주의적으로 제공될 수 있다. 그 원칙상 법치국가와 사회복지국가는 민주주의 없이도 가능하다. 세 가지 권리범주가 모두 제도화된 곳에서도 이 소극적 권리와 사회적 권리는 여전히 야누스의 얼굴을 갖고 있다. 역사적으로 볼 때 사적 소유자의 사회적 지위를 중심으로 구체화된 자유권은 **기능적** 관점에서 보면 시장에 의해 운행되는 경제체계의 제도화로 개념화되지만 **규범적** 관점에서 보면 특정한 주관적 권리를 보장한다. 사회적 권리는 **기능적** 관점에서 보면 복지국가적 관료제의 정착을 의미하지만, **규범적** 관점에서 보면 사회적 부의 정의로운 몫에 대한 보상적 요구를 보장한다. 주관적 권리와 사회복지가 정치적 권리의 효과적 지각과 행사를 가능하게 만드는 사회적 자율성의 법적 기초가 될 수 있다는 것은 분명하다. 그러나 이것은 개념적으로 필연적 관계가 아니라 경험적 관계이다. 왜냐하면 자유권과 사회적 권리는 시민의 역할에서 사적 영역으로 후퇴하는 것을 의미할 수도 있기 때문이다. 이런 경우 시민의 역할은 안전, 서비스, 혜택을 온정주의적으로 베풀어주는 행정체계에 대한 수혜자의 관계로 환원되고 만다.

자유권과 사회적 권리를 통하여 제도화된 경제와 국가가 체계의 독자적 논리를 펼치면서 시민을 단순한 조직성원의 주변적 역할로 밀쳐버릴수록 이러한 시민적 사생활중심주의(*Privatismus*)의 징후와 시민의 역할을 복지 수혜자의 이해관계에 입각하여 행사할 개연성은 높아진

56) D. Held, "Citizenship and Autonomy," in : *Political Theory and the Modern State*, Oxford 1989, 214~242.

다. 경제체계와 행정체계는 사회적 환경에 대해 문을 닫아걸고 오직 화폐와 행정권력의 명령만을 묵수하는 경향을 갖고 있다. 이 체계들은 시민들의 공동의 실천을 통하여 자율적으로 결정하는 법 공동체의 모델을 파열시킨다. 사적 자율성과 시민적 자율성의 확장이라는 한 측면과 온정주의적으로 부여된 권리의 사적 향유를 촉진하는 푸코적 의미의 '정규화'라는[57] 다른 측면 사이에서 등장하는 긴장은 사회복지국가적 대중민주주의 하에서 시민들의 지위 자체에 내장되어 있다. 따라서 이러한 종류의 긴장에 대한 감수성을 잃지 않으려는 사회학자라면 법체계의 내적 전망에서 시민권을 합리적으로 재구성하는 작업을 포기해선 안될 것이다. 파슨즈도 베버가 법의 합리화로 재구성한 것을 체계이론의 기본개념 속에서 단일차원으로 평준화시켰다. 예를 들어 그는 '융합'과 '가치일반화'를 규범적으로 중립적인 체계통합의 차원들로 취급했다. 그 결과 근대 법체계 속에 구현된 사회통합적 법개념의 규범적 내용은 체계통합의 여러 차원에 대한 겉보기에만 규범적으로 중립적인 기본가정들 뒤로 사라지고 만다.[58]

이러한 평준화를 막기 위하여 나는 제 3장과 4장에서 권리체계와 법치국가의 원리를 담론이론적 관점에서 분석함으로써 우선 시민권 개념의 규범적 내용을 재구성할 것이다. 그러나 이때 나는 철학적 정의의 담론들에 널리 확산되어 있는 양의성, 다시 말해서 독일 전통에서 'Recht'(법)과 'Rechte'(권리)라는 용어가 보여주는 양의성을 피하고자 한다. 그런 양의성 대신에 나는 법과 도덕을 처음부터 구별하고자 한다. 롤즈는 정치적 정의와 도덕성을 구별하는데 양자 모두 순수한 규범적 타당성 주장의 동일한 차원에 자리잡고 있다. 나로서는 그런 구

57) F. Ewald, *L'Etat Providence*, Paris 1986.

58) 파슨즈를 계승하여 부분체계들의 삼투라는 규범적 개념을 사용하는 리하르트 뮌히의 이론도 동일한 비판을 받는다. R. Münch, *Theorie des Handelns*, Frankfurt/Main 1982 ; *Die Kultur der Moderne*, Bd. 1, 2, Frankfurt/Main 1986.

별은 만족스럽지 않다. 나는 '법'(*Recht*)을 체계적 근거제시와 아울러 구속력 있는 해석과 관철을 모두 요구하는 근대 성문법으로 이해한다. 법은 탈인습적 도덕처럼 문화적 지식의 한 형식일 뿐 아니라 그와 동시에 사회적 제도체계의 중요한 구성요소이다. 법은 지식체계인 동시에 행위체계인 것이다. 법은 법조문 및 그 해석들로 이루어진 텍스트이면서 동시에 행위규제의 복합체로 이해될 수 있다. 행위체계로서의 법 속에는 동기와 가치정향이 서로 엮여 있기 때문에 법적 규범은 도덕적 판단과는 달리 직접 행위에 영향을 미친다. 다른 한편 법제도에는 법도그마틱이라는 지식체계, 즉 체계화되어 학문적 차원으로 올라와서 원리의 인도를 받는 도덕과 착종된 지식체계가 구현되어 있다. 이 때문에 법제도는 상대적으로 높은 합리성을 갖고 있으며, 이 점에서 법제도는 자연발생적 질서와 구별된다.

이러한 법개념을 통해 철학적 분석은 '이중의 전망'을 지닌 경험적 분석으로 넘어갈 수 있다. 다른 한편 파슨즈식이나 루만식의 체계이론적 접근방법을 포기한다고 해서 전체론적 사회개념으로 후퇴하는 대가를 치러서는 안 된다. '국민'(*Staatsvolk*)이나 "자유롭고 평등한 시민들의 결사체"는 사회 전체의 모델로서는 부적합하지만 그러나 법체계를 구성하는 데 없어선 안 될 개념이다.

의사소통이론적 생활세계 개념도 부분들로 구성된 전체라는 사유틀과 단절한다. 생활세계는 사회적 공간과 역사적 시간을 통해 갈래를 뻗어가는 의사소통적 행위의 망으로 형성된다. 의사소통행위는 사회화된 개인의 정체성에 의존하며, 이에 못지않게 문화적 전통과 정당한 질서라는 원천으로부터 자양분을 얻는다. 그러므로, 생활세계는 구성원을 갖고 있는 거대조직이 아니며, 결사체도 아니며, 개인들이 결성한 단체도 아니며, 소속된 사람들로 합성된 집합체도 아니다. 만약 사회화된 개인들이 문화적 전승 속에서 접합되고 또 정당한 질서 속에서 안정화된 상호인정의 관계에 의해 뒷받침받지 못한다면, 그들은 전혀 자신을 주체로서 주장할 수 없을 것이다. 역으로 생각해도 마찬가지이다.

생활세계의 중심을 형성하는 일상의 의사소통적 실천은 문화적 재생산, 사회적 통합, 사회화 간의 상호작용으로부터 동근원적으로 생겨난다. 문화, 사회, 퍼스낼리티는 서로를 전제한다.[59] 오늘날까지도 철학적 담론이 고수하고 있는 사법적 법질서 개념에 의하면 법질서는 법적 동료들의 연합체로 이해되는데, 이 개념은 사회이론의 관점에서 보면 너무 구체주의적이다.

의사소통행위이론의 시각에서 보면, 행위체계인 '법'은 반성적이 된 정당한 질서로서, 생활세계의 구성요소인 사회에 포함된다고 말할 수 있다. 사회는 문화 및 퍼스낼리티 구조와 함께 의사소통적 행위의 흐름을 통해서만 재생산될 수 있다. 이와 마찬가지로, 법률행위라는 매체를 통해 법제도는 상호주관적으로 공유된 법적 전통과 법규를 해석하고 준수할 수 있는 주관적 능력과 나란히 그리고 동시에 재생산된다. 사회의 한 부분으로서 이 법적 규칙들은 한 차원 높은 정당한 질서를 형성한다. 그러나 이와 동시에 그것은 생활세계의 다른 두 구성요소 속에서는 법적 상징체계로 그리고 법적 사회화를 통해 획득한 능력으로서 나타난다. 이 세 가지 구성요소 모두가 법적 행위의 생산에 동근원적으로 동참한다. 법에는 법을 지향하는 모든 의사소통이 포함된다. 이로써 법적 규칙은 제도화 과정 속에서 직접 수행된 사회적 통합과 반성적 관계를 맺는다. 그러나 법률코드는 일상언어 — 이것을 통해 생활세계 속에서 상호이해 과정이 사회적 통합의 기능을 수행한다 — 하고만 접속하지 않는다. 그것은 생활세계에서 나온 메시지를 특정한 형식 속으로 옮긴다. 그리고 이 형식을 갖출 때 비로소 그 메시지는 권력을 통해 운행되는 행정과 화폐를 통해 조종되는 경제의 특수한 코드들에게 이해될 수 있는 것이 된다. 그런 점에서, 생활세계의 영역에 한정된 도덕적 의사소통과는 달리 법의 언어는 체계와 생활세계 사이를 순환하는 사회전체적 의사소통에서 일종의 변압기로서 기능할 수 있다.

---

59) Habermas (1988), 95~104.

3

법의 재구성(1): 권리의 체계

지금까지의 논의는 법의 재구성에 앞서 의사소통행위이론의 관점에서 법의 범주, 특히 근대적 법의 범주를 도입하는 예비적 목적을 위한 것이었다. 비판적 사회이론은 규범과 현실의 관계를 단순히 관찰자의 관점에서 기술하는 것에 머물러 있을 수 없다. 제 7장에서 나는 민주적 법치국가의 규범적 주장과 그 사회적 맥락의 사실성 사이에서 등장하는 외적 긴장을 다루게 될 것이다. 그러나 그 문제를 다루기 전에 이 장과 다음 장에서 이 근대적 법질서의 자기이해를 합리적으로 재구성하고자 한다. 여기서 나는 시민들이 공동의 삶을 실정법을 통하여 정당하게 규제하려고 원한다면 서로에게 인정해야만 하는 권리들을 논의의 출발점으로 삼는다. 이 정식화는 이미 권리체계 전체 속에 법적 타당성의 양가적 양식을 특징짓는 사실성과 타당성 사이의 내적 긴장이 스며들어 있다는 사실을 가리키고 있다.

제 1장에서 보았듯이 근대적 법개념에서 중심 역할을 담당하는 것은 개인적 권리개념이다. 이것은 자유 혹은 개인적 행위의 자유라는 개념에 상응하는 개념이다. 주관적 권리(영미권에서는 '권리')는 하나의 주체가 그/그녀의 의지에 따라 자유롭게 행위할 수 있는 권한의 한계를

확정한다. 특히 그것은 모든 개인들 혹은 권리의 담지자로 이해되고 있는 모든 법적 인격체들에게 동일한 자유를 정의해준다. 1789년 〈인권 및 시민권 선언〉 제4조는 이렇게 적고 있다.

> 정치적 자유는 타인에게 해를 끼치지 않는 한도 내에서 무엇이든 할 수 있는 권한이다. 타인이 동일한 자유를 자유롭게 행사하는 것을 보장하는 데 필요한 제한을 제외하고 각인이 자유권을 행사하는 데 어떠한 제한도 없다. 그리고 이 제한은 오직 법에 의해서만 규정될 수 있다.

칸트가 보편적 법원리를 정식화할 때 참조한 것도 이 조항이었다. 그 원리에 의하면, 하나의 행위준칙이 한 사람의 선택자유를 보편적 법에 따라 만인의 선택자유와 합치될 수 있도록 하는 한에서 그 행위는 권리가 된다. 롤즈도 동일한 원리를 따라 정의의 원리를 제시하였다. "각인은 타인의 유사한 자유와 양립할 수 있는 가장 포괄적인 기본적 자유에 대한 동등한 권리를 가져야 한다."[1] 법 혹은 법적 지위라는 개념은 권리개념 속에서 이미 발견되는 평등한 대우의 이념을 명시적으로 보여준다. 보편적이고 추상적인 법 형식 속에서는 모든 주체가 평등한 권리를 누리는 것이다.

이러한 기본개념적 규정들은 왜 근대법이 도덕적으로 중립화된 행위영역에서 자기이익을 추구하는 개인들의 탈중심화된 결정에 의존하는 경제사회의 사회통합과 특별히 잘 어울리는지 그 이유를 설명해준다.

---

1) Rawls(1975), 81. 롤즈는 H. L. A. Hart의 비판적 논문 "Rawls on Liberty and Its Priority"(in : N. Daniels, ed., *Reading Rawls*, Oxford 1975, 230~252)에 대한 대응으로 이 정식화를 새로운 것으로 바꾸었다. 그러나 새로운 정식화는 내가 보기엔 개선된 것으로 보이지 않는다. 그 정식화는 다음과 같다. "각인은 만인의 유사한 자유의 도식과 양립할 수 있는, 완전히 적합한 평등한 기본권의 도식에 대한 동등한 권리를 갖는다." J. Rawls, "The Basic Liberties and Their Priorities," in : S. McMurrin(ed.), *The Tanner Lectures on Human Values 1982*, Salt Lake City 1983, 5.

그러나 법은 단순히 복잡한 사회의 기능적 요건들을 충족하는 것을 넘어서는 과제를 충족해야 한다. 다시 말해서 법은 궁극적으로는 의사소통적으로 행위하는 주체들의 상호이해를 통하여, 즉 타당성 주장의 수락가능성을 통하여 발생하는 사회적 통합의 불확실한 조건들도 충족해야만 하는 것이다. 근대법은 규범적 기대의 기초를 도덕적 제약이 없는 개인들로부터 자유의 양립가능성을 보장하는 법으로 옮긴다.[2] 이 법은 자신의 정당성을 국민주권의 원리에 기초하는 입법절차로부터 끌어온다. 합법성으로부터 정당성이 발생하는 이 역설은 시민들에게 정치적 자율성의 행사를 보장해주는 권리들에 의해서 설명되어야 한다.

왜 그것이 역설적인가? 주관적 권리로서의 이 시민권은 한편으로는 개인들에게 자유로운 선택의 영역을 허용하는 모든 권리들과 동일한 구조를 갖고 있다. 이러한 권리들의 사용에서 등장하는 상이한 양태들을 일단 제외한다면, 정치적 권리들도 주관적 권리로 해석될 수 있어야 한다. 이 주관적 권리는 법적 행위를 의무로 규정하는 것에 그칠 뿐이며, 따라서 규범에 동조하려는 동기는 개인들에게 열어둔다. 다른 한편 민주적 입법절차 속에서 참여자들은 공동선의 지향이라는 규범적 기대와 만나게 된다. 왜냐하면 민주적 입법절차가 보유하는 정당화의 힘은 오로지 시민들의 공동삶을 규제하는 규칙들에 관하여 시민들 스스로 수행하는 상호이해의 과정으로부터만 도출될 수 있기 때문이다. 법이 의사소통적 행위가 갖는 사회적 통합력과의 내적 연관을 보존할 때 비로소 법이 근대사회에서도 기대의 안정화라는 기능을 충족할 수 있다.

주관적-사적인 자유와 시민적 자율성 사이의 이 문제적 연관을 나는 담론적 법 개념에 의존하여 설명하고자 한다. (1) 이 연관은 한 가지 까다로운 문제를 포함하고 있는데, 나는 우선 이 문제를 두 개의 상이

2) E. W. Böckenförde, "Das Bild vom Menschen in der Perspektive der heutigen Rechtsordnung," in : *Recht, Freiheit, Staat*, Frankfurt/Main 1991, 58~66.

한 맥락 속에서 다룰 것이다. 사적 자율성과 공적 자율성을 기본개념의 차원에서 만족스러운 방식으로 화해시켜야 하는 과제는 지금까지 성공하지 못했다. 이 사실은 법 도그마틱(*Rechtsdogmatik*) 내부에서는 주관적 법과 공법 사이의 관계가 해명되지 않은 채로 남아 있다는 데에서 확인할 수 있으며, 또 이성법의 전통 내부에서는 인권과 국민주권 사이의 해결되지 않은 갈등에서 확인할 수 있다. (2) 이 두 경우 모두에서 나타나는 난점들은 한편으로는 의식철학적 전제에서 비롯된 것이고 다른 한편으로는 자연법의 형이상학적 유산들, 예컨대 실정법을 자연법 혹은 도덕법 밑에 종속시키는 전통에 기인한다. 그러나 사실은 실정법과 탈인습적 도덕성은 실체적인 인륜적 삶의 붕괴라는 동일한 기원으로부터 동시에 출현하였다. 법의 형식에 대한 칸트의 분석은 법과 도덕의 관계에 대한 우리의 논의를 위한 단서를 준다. 이 논의를 통하여 나는 민주주의의 원리가 칸트의 법이론에서처럼 도덕적 원리에 종속되어선 안 된다는 점을 보여줄 것이다. (3) 이러한 준비작업이 완료되고 나서야 담론윤리를 통하여 권리의 체계를 근거지을 수 있다. 여기서 왜 사적 자율성과 공적 자율성이, 인권과 국민주권이 서로를 전제하는지가 분명해질 것이다.

1. 사적 자율성과 공적 자율성, 인권과 국민주권

(1) 우리에게서 법에 대한 이해 일반을 가늠하는 하나의 규준이 되었던 것은 독일 민법이론인데, 이 이론에서 주관적 권리의 학설은 관념론적 법철학의 영향 아래 등장하였다. 사비니(Friedrich Carl von Savigny)에 의하면, 법적 관계는 "개별 인격체에게 정당하게 속하는 권능을, 다시 말해서 우리의 동의 아래 그의 의지가 지배하는 영역"[3]을 보장한다. 여기서만 하더라도 주관적 행위의 자유와 법적 공동체의 구성원들에 의한 상호주관적 인정 사이의 연관이 여전히 강조되고 있었다. 그러나 그의 논의가 진행되면서 점차 사적 권리는 민주적 입법절차와는 무관한 독자적인 내적 가치를 획득하게 된다. 그리하여 '주관적 의미의 권리'는 그 자체로서 정당한 것으로 간주된다. 왜냐하면 그 권리는 인격체의 침해불가능성에서 출발하여 개인적 의지의 자유로운 행사를 위한 '독자적 지배의 영역'을 보장하기 때문이다.[4] 푸흐타(Georg Friedrich Puchta)에서도 법은 본질적으로 주관적 권리이다. "법은 의지의 권력을 가진 주체로서의 모든 인간들이 평등하게 소유하는 자유에 대한 인정이다."[5] 이러한 견해에 따르면, 권리는 개인의 자유와 생명과 재산이 타인에 의하여 부당하게 침해되는 일이 금지되어야 한다는 주장에 근거를 제공함으로써 개인적 행위의 공간을 보장하는 소극적 권리이다. 법이 보호하는 이 영역에서 사적 자율성은 무엇보다도 계약을 체결하고, 재산을 획득하고 양도하고 상속받는 권리에 의하여 보장받는다.

---

3) F. C. Savigny, *System des heutigen Römischen Rechts*, Bd. 1, Berlin 1840, §4.

4) *Ibid.*, §53.

5) G. F. Puchta, *Cursus der Institutionen*, Leipzig 1865, §4.

그러나 19세기 후반에 오면, 법 주체의 사적 자율성이 인격체의 도덕적 자율성 속에서 그 기초를 갖는 한에서만 사법(私法)이 정당성을 자기 자신으로부터 끌어낼 수 있었다는 상황에 대한 의식이 점점 강해졌다. 법 일반이 자신의 관념론적 정당화를 — 특히 칸트의 도덕이론에 의한 도덕적 뒷받침을 — 상실하게 되자, '개인적 지배의 권력'이라는 외피는 그 규범적 핵심, 즉 처음부터 정당하고 보호받을 가치가 있는 의지의 자유라는 규범적 핵심을 강탈당하고 만다. 정당화의 힘을 보유하고 있던 유일한 끈은 칸트가 그의 '법원리'를 통하여 선택의 자유와 인격체의 자율적 의지를 묶어두었던 끈이었다. 그러나 이 끈이 잘려나가자, 법은 실증주의적 견해에 따라 자신을 특수한 결정과 권력에게 사실적 구속력을 제공하는 특수한 형태라고 주장하는 도리밖에 없었다. 빈트샤이트(Bernhard Windscheid)에 의하면, 개인적 권리들은 객관적으로 법 속에 통합되어 있는 의지의 권력을 개인들에게 전달해주는 기존 법질서의 반영에 지나지 않는다. "법은 법질서가 부여한 권력 혹은 의지의 지배이다."[6)]

의지가 아니라 효용이 권리의 실체라는 이어링(Rudolf von Ihering)의 공리주의적 해석이 나중에 이러한 법개념 속에 포함되었다.[7)]

> 개념적 관점에서 보면, 개인적 권리들은 법질서에 의하여 개인에게 부여된 법의 권력들이다. 그 목적의 관점에서 보면, 개인적 권리들은 인간 이익을 충족하기 위한 수단이다.[8)]

---

6) B. Windscheid, *Lehrbuch des Pandektenrechts*, Frankfurt/Main 1906, Bd. 2, §37. 여기서 우리는 레겔스베르거(Ferdinando Regelsberger)의 정의에 대한 긍정적 참조도 확인할 수 있다. "법질서가 인정된 목적의 실현을, 즉 인정된 이익의 충족을 참여자에게 넘기고, 그에게 이런 목적을 위한 법적 권력을 허용할 때, 주관적 권리가 나타난다."

7) R. v. Ihering, *Geist des römischen Reschts*, Leipzig 1888, 3부, 338.

8) L. Enneccerus, *Allgemeiner Teil des Bürgerlichen Rechts*(15판), Tübingen 1959, §72.

만족과 이익이 준거점이 되면서 사적 권리들은 소극적 자유 너머로 확장되었다. 특정한 층위에서 개인적 권리는 인격체 A가 제3자의 간섭 없이 뭔가를 할 수 있는 권리를 산출할 뿐만 아니라 조직화된 서비스에서 지분을 누릴 수 있는 권리 — 이것이 절대적이든 상대적이든 간에 — 까지 산출한다. 마침내 켈젠(Hans Kelsen)은 일반적 수준에서 개인적 권리를 법에 의하여 객관적으로 보호받는 이익이자 법이 객관적으로 보장하는 선택의 자유(혹은 빈트샤이트의 의미에서 '의지할 수 있음')로 특징짓는다. 이와 동시에 그는 당시까지 영향력이 컸던, 법효력에 관한 톤(August Thon)의 명령이론의 함축을 법질서로부터 제거하였다. 켈젠에 의하면, 개인적 권한은 단순히 명령권을 가진 누군가의 의지에 의해 허가되는 것이 아니라 규범적 타당성을 보유한다. 법규범은 '당위'의 성격을 갖는 법령과 허가를 제정한다. 그러나 이 발화수반적 '당위'는 의무론적 의미에서 이해된 것이 아니라 경험적 의미로 이해되었다. 다시 말해서 그것은 정치적 입법자가 실정법과 형법적 규범을 결합하는 방식으로 그들의 결정에 부여하는 현실적 효력으로 이해되었다. 국가의 강제적 제재력에 의해 뒷받침받을 때 입법자의 의지가 '국가의 의지'가 되는 것이다.

켈젠의 분석에 이르면, 개인적 권리의 도덕적 내용은 명확하게 그 준거점을, 그러니까 도덕적 관점에서 응당 사적 자율성을 보호받을 만한 가치가 있는 인격체의 자유의지(혹은 '지배의 권력')라는 준거점을 상실한다. 이러한 점에서 그의 견해는 사비니로부터 시작한 사법(私法) 이론체계의 반대편 극점에 해당한다. 켈젠은 법적 인격체의 개념을 도덕적 인격체의 개념으로부터 분리했을 뿐 아니라, 자연적 인격체의 개념으로부터도 분리하였다. 왜냐하면 완전히 자율화된 법체계는 스스로 생산한 허구를 통해 존속해야만 하기 때문이다. 나중에 루만이 더 강한 자연주의적 선회를 통하여 표현하게 되듯이, 그러한 법체계는 자연적 인격체를 자신의 환경 속으로 추방한다. 법질서는 개인적 권리를 통하여 그 권리의 담지자인 법 주체를 위한 논리적 공간을 창조한다.

만약 법 주체가 … 준거점으로 남는다면, 이는 '법 주체나 인격체가 주관적 권리를 갖는다'는 판단이 '… 한 주관적 권리들이 있다'는 공허한 동어반복으로 전락하는 것을 방지하기 위해서이다. … 왜냐하면 인격체에게 권리나 의무를 부여하는 것은 권리에 권리를 부여하고 의무에 의무를 부과하는 것, 요컨대 규범에 '규범을 부과하는' 것이 되고 말 것이기 때문이다.[9]

도덕적 인격체와 자연적 인격체가 법체계와 분리되면서 법을 순수하게 기능주의적으로 해석하는 길이 활짝 열리게 된다. 주관적 권리의 이론은 방법론적 결단에 의하여 모든 규범적 고려를 배제하는 체계이론에게 그 자리를 넘겨주게 된다.[10]

나치 치하에서 사법의 변형은[11] 확실히 전후 독일사회에서 도덕적 반작용을 불러일으켰다. 전후 독일사회는 이른바 '객관적 법의 권위추락'(*objektiv-rechtliche Entthronung*)과 권리의 도덕적 실체의 공동화 현상을 개탄하였다. 그러나 자연법에 기초하여 사적 자율성과 도덕적 자율성의 연관을 복구하려는 노력은 얼마 지나지 않아 그 설득력을 잃어버리고 말았다. 오르도 자유주의(*Ordo-Liberalismus*)는 개인주의에 의하여 심하게 훼손된 권리관을 복권시켰을 뿐이다.[12] 사법을 자본주의적 경제관계의 틀로 간주하는 기능주의적 해석을 불러들인 것도 바로 이 권리관이었다.

'주관적 권리'라는 사상은 사법과 그것에 근거한 법적 보호가 궁극적으로는 사회 속에서 개인의 자유를 유지하는 데 이바지한다는 견해,

---

9) H. Kelsen, *Allgemeine Staatslehre*, Bad Homburg 1968, 64.

10) J. Schmidt, "Zur Funktion der subjektiven Rechte," *Archiv für Rechts-und Sozialphilosophie*, Bd. 57, 1971, 383~396.

11) B. Rüthers, *Die unbegrenzte Auslegung*, Frankfurt/Main 1973.

12) 오르도 자유주의는 독일판 자유주의 경제사상 및 법사상이다. 이른바 '오르도 서클'에서 그 이름을 따온 이 자유주의 사상은 제2차 세계대전 이전에 출발하여 전후 독일 정치에 상당한 영향을 미쳤다 — 역주.

〔다시 말해서〕 개인의 자유가 사법의 존재이유를 제공하는 근본적 사상들 중의 하나라는 견해를 담고 있다. 왜냐하면 '주관적 권리'라는 사상은 사법이 각기 독자적 결정에 따라서 행위하는 서로 자립적인 법공동체 성원들의 법이라는 사실을 표현하기 때문이다.[13]

이러한 발상을 기능주의적으로 재해석할 때 생길 위험을 방지하기 위하여 라이저(Ludwig Raiser)는 사회법을 끌어들여 개인주의적 접근방법을 교정하고 사법의 도덕적 내용을 복구하려고 했다. 그는 사비니의 개념틀로 돌아가지 않고 사법의 핵심 영역의 사회국가적 실체화를 단서로 '주관적 권리' 개념을 그대로 보존하면서 그 개념을 고전적 자유에 국한시키고자 했다. 종래의 견해와 마찬가지로 이 기본권은 "사회 속에서 각 인격체의 자기보존과 개인적 책임"을 보장하는 것으로 간주되었다. 그러나 그 권리는 사회적 권리에 의해 보충되어야 했다.

윤리적이고 정치적인 관점에서 볼 때, 이러한 (사적인) 법적 지위에 대한 인정 이상의 것이 필요하다. 법에 의하여 개인이 그를 에워싸고 있고 또 그를 타인과 묶어주는 관계들의 질서정연한 네트워크 속으로 통합되는 것도 중요한 것이다. 달리 말해서, 그 속에서 개인이 구성원이라는 지위를 갖는 법적 제도를 발전시키고 보호해야만 하는 것이다.[14]

개인들이 "더 큰 초개인적 질서 속에 통합되어 있는" 영역에서 그들의 권리를 보장하기에는 기본권이 너무 취약하다는 것이다.[15] 그러나 라이저의 구제노력은 충분할 정도로 높은 추상적 수준에서 출발하지

13) H. Coing, "Zur Geschichte des Begriffs 'subjektives Recht'," in : Coing et al., *Das subjektive Recht und der Rechtsschutz der Persönlichkeit*, 1959 39 ff. 인용은 22 f.

14) L. Raiser, "Der Stand der Lehre vom subjektiven Recht im Deutschen Zivilrecht"(1961), in : *Die Aufgabe des Privatrechts*, Frankfurt/Main 1977, 98 ff. 인용문은 115쪽.

15) *Ibid.*, 113.

않았다. 부르주아 형식법에서 사회복지 국가의 실체화된 법으로 패러다임 선회가 일어나면서 사법이 재해석된 것은 사실이다.[16] 그러나 이 재해석이 변화된 패러다임 속에서 아무런 변형도 없이 그대로 남아 있으면서 단지 상이하게 해석되었을 뿐인 기본개념과 원리의 수정과 혼동되어선 안 된다.

그럼에도 불구하고 라이저는 그동안 개인주의적 독해 속에서 인정될 수 없었던 권리의 특징, 그러니까 권리의 상호주관적 특징을 기억시켜 준다. 그러한 권리들은 서로 협력하는 법적 인격체들의 상호인정에 기초하고 있다. 그 자체로서 볼 때 권리가 라이저가 교정하고자 했던 원자론 — 법적 주체들 서로 간의 고립 — 을 필연적으로 함축하는 것은 아니다. 똑같은 개인들이 한편에서는 상호 간에 평등한 권리를 인정하는 시민들로서 역할하고 다른 한편으로는 권리를 전략적으로 사용하고 잠재적 반대자로서 서로 대면하는 사적 인격체들로서 활동한다. 그러나 이 두 역할이 동일한 것은 아니다.

> 권리는 총도 아니고 원맨쇼도 아니다. 그것은 하나의 관계이고 사회적 실천이다. 그리고 이 두 본질적 측면에서 권리는 연관성의 표현으로 보인다. 권리는 타인에 대한 의무와 타인에 대항하는 권한을 동시에 포함하는 공적 명제이다. 적어도 외관상으로 권리는 사회적 협력의 한 형식이다. 비록 그것이 자발적 협력이 아니라 고도로 조직화된 협력이긴 하지만, 궁극적으로 그것이 협력이라는 것은 의심의 여지가 없다.[17]

개념적 수준에서부터 이미 권리가 소유의 측면에서 서로 대립하고 있는 원자론적이고 소외된 개인들과 직접 연결되어 있는 것은 아니다.

---

16) 이 책의 제 9장 523쪽 이하 참조.

17) F. Michelman, "Justification and the Justifiability of Law in a Contradictory World," *Nomos* Vol. XVIII, 1986, 71 ff. 인용은 91쪽.

오히려 법적 공동체의 자유롭고 평등한 구성원으로서 법 주체들은 상호연관되어 있는 그들의 권리와 의무를 서로 인정하는데, 법질서의 요소로서의 권리는 이들 주체들의 협력을 전제한다. 이들의 상호인정은 법질서의 본질적 구성요소이며, 이 법질서로부터 (권리를 침해받았을 때) 소송을 제기할 수 있는 권리가 도출된다. 이러한 의미에서 주관적 권리와 객관적 법은 같은 근원을 갖는다. 물론 객관적 법을 국가주의적으로 이해하는 것은 잘못이다. 왜냐하면 객관적 법은 주체들이 서로 인정하는 권리들로부터 비로소 생겨나는 것이기 때문이다. 법질서 자체의 바탕을 형성하는 인정관계의 상호주관적 구조를 분명히 하기 위해서는, 사회적 권리를 단순히 덧붙이는 것으로는 불충분하다. 이 상호주관적 구조에 대한 오인이 바로 사비니에서 켈젠에 이르는 독일 민법이론의 관념론적 출발점과 실증주의적 종착점을 구정하고 있다.

지금까지 보았다시피, 주관적 권리의 이론은 도덕적 내용을 지닌 주관적 권리의 사상으로 출발하였다. 이때 주관적 권리는 정치적 입법과정보다 고차적인 정당성을 주장하는 규범적 자립성을 그 특징으로 갖고 있었다. 자유를 보장하는 성격 때문에 주관적 권리는 민주적 입법과정으로부터 자립화된 도덕적 권위를 부여받았으며, 이 도덕적 권위는 법이론 내부에서도 근거지어질 필요조차 없을 정도로 자명한 것이었다. 이것이 주관적 권리를 객관적 법에 추상적으로 종속시키는 것으로 끝나는 발달과정에 불을 당겼다. 그 결과 객관적 법의 정당성은 마침내 법실증주의적으로 이해된 정치적 지배의 합법성으르 환원되고 말았다. 그러나 이와 같이 전개된 논의의 경과는 사적 권리의 중심적 위치와 결부된 현실문제를 은폐하고 있다. 실정법이 어디로부터 자신의 정당성을 끌어올 수 있는가 하는 문제가 설명되지 않은 것이다. 모든 정당성의 원천이 민주적 입법과정에 있다는 것은 확실하다. 그리고 이 민주적 입법과정은 다시 국민주권의 원리에 바탕을 둔다. 그러나 법실증주의는 주관적 권리의 고유한 도덕적 내용 — 코잉 (Helmut Coing) 이 강조한 개인적 권리의 보호 — 이 보존될 수 있게끔 국민주권 원리를 도입하지 않았다. 법적으로 인정된 주관적 행위자유의 상호주관적 의미는 이런 저런 방식으로 간과되었으며, 이와 함께 사적 자율성과 시민적 자율성 사이의 적절한 관계, 즉 두 요소의 의미를 온전하게 살리는 관계도 사라지고 말았다.

(2) 관념론적 자유개념을 신뢰했던 사비니는 자유를 보장하는 소극적이고 절차적인 권리들의 체계로서 사법이 이성적 근거에 의하여, 다시 말해서 자체적으로 정당화될 수 있다는 믿음에서 출발할 수 있었다. 그러나 칸트는 질서정연한 이기주의 체계를 정당화할 수 있는 보편적 법의 정당화 문제에 대해 명확한 대답을 제공하지 않았다. 그의 법이론에서도 도덕원리와 법원리와 민주주의 원리(칸트가 공화주의적 통치양식을 규정했던 원리를 민주주의 원리로 칭할 수 있다고 할 때) 사이의 관계는 궁극적으로 해명되지 않았다. 이 세 원리는 각기 나름의 방식을 따르긴 했지만 모두 자기입법의 이념이라는 동일한 이념을 표현하고 있었다. 자율성 개념을 통하여 칸트는 시민적 권리체계의 수립을 도덕적 근거의 도움 없이 오직 관련 당사자들의 자기이익에만 의존하여 정당화하려고 했던 홉스의 실패한 시도에 대응하였다.

칸트의 관점에서 홉스를 되돌아보면, 홉스를 무제한적 절대주의의 옹호자라고 읽기보다는 오히려 민주주의 없는 부르주아 법치국가의 이론가로 읽는 독해방식을 피하기 어렵다. 예를 들어 홉스에 의하면 주권자는 오직 근대법의 언어 속에서만 명령을 내릴 수 있다. 국내문제와 관련하여 주권자는 사인(私人)들에게 일반적 법에 따라 평등한 자유를 보증하는 질서를 보장한다. "왜냐하면 지배자가 시민들을 외국과의 전쟁과 내전으로부터 보호하고 이를 통하여 그들이 근면한 노력의 대가로 획득한 부를 편안하게 누릴 수 있도록 해주는 것 이상으로 시민적 행복을 위하여 할 수 있는 일은 없기 때문이다."[18] 신민의 지위

18) Hobbes, *Lehre vom Bürger*, 6장. 이에 대해선, J. Habermas, "Die klassische

에 명확하게 사적 권리를 제공한 홉스의 관점에서 보면 정당화의 문제는 이를테면 이미 근거지어진 법질서 내부에서부터, 따라서 시민권과 민주적 입법절차를 통하여 규제될 수 없는 일이었다. 정당화의 문제는 국가권력의 수립에 의하여 이를테면 일거에 해결되어야 했다. 아니 더 정확하게 말하면 소멸되어야 했다. 사실 홉스는 참여자들이 자신들의 이익을 엄격하게 목적합리적으로 계산한다면 절대주의 사회는 참여자들의 관점에서 도구적 질서로서 정당화될 수 있다는 것을 보여주려고 했다. 그렇게 되면 법적 형식에 따른 정치적 지배의 행사를 규범적으로 정당화해야 하는 과제는 불필요할 것이라고 보았던 것이다. 법에 의하여 구성된 지배 자체가 모든 참여자들이 선호하는 질서정연한 이기주의 체계의 보존으로 묘사될 수 있다면, 법 자체에 내장되어 있는 사실성과 타당성의 긴장은 해소된다. 그렇게 되면, 도덕적 요청으로 보이는 것들은 이를테면 합리적 이기주의자들 혹은 칸트가 말하는 '악마의 종족'의 이기적 행위로부터 자발적으로 생겨난 것이 된다. 부르주아지의 사법적 질서를 정당화하는 공리주의적 논지 그러니까 그러한 질서가 "가능한 많은 사람들이 가능한 오랫동안 잘 살게 만들어줄 것이다"[19] 는 논지는 정의상 어떠한 불법도 자행할 수 없는 지배자의 주권성에 물질적 정당성을 제공한다.

그러나 홉스가 이 증명목표를 달성하기 위해서는 왜 그러한 질서가 사후적으로, 즉 이미 시민적 상태 속에 들어와 있는 독자들의 시각에서 모든 참여자들의 이익을 동등하게 충족시키는가를 보여주는 것만으로는 불충분하다. 한 걸음 나아가 그는 왜 자연상태 속에서 목적합리적으로 행위하는 고립된 주체들이 그러한 체계를 똑같은 방식으로 선호할 수 있는지도 설명해야만 한다. 그런데 홉스는 사법이 법 주체들에게 귀속시킨 것과 동일한 성공지향적 태도를 자연상태 속의 사람들

Lehre von der Politik in ihrem Verhältniss zur Sozialphilosophie," in: *Theorie und Praxis*, Frankfurt/Main 1971, 48~88 참조.

19) Hobbes, *Lehre vom Bürger*, 13장, 3.

에게 귀속시켰다. 따라서 사회구성의 원초적 행위를 계약이라는 사법적 도구의 도움을 빌려 해석하는 것이, 특히 그 행위를 모든 사람들이 주권자를 세우기로(그러나 그를 구속하지는 않기로) 동의하는 지배계약으로 해석하는 것이 합당한 것처럼 보였다. 그러나 여기서 홉스가 고려하지 못한 한 가지 상황이 있었다. 개인적 선호의 지평에 머물러 있는 한, 주체들은 일인칭 단수의 전망에서 결정을 내리게 된다. 그러나 이 전망은 자연상태에 있던 사람들이 반성을 통하여 그들의 무제한적이지만 서로 갈등할 수밖에 없는 자유를 포기하고 보편적 법에 의하여 제한받는 동시에 양립가능하게 되는 시민적 자유를 택하기로 할 때 취하는 전망이 아니다. 자연상태 속의 주체들이 합리적 동기에 의거하여 영원한 갈등상태로부터 각인의 자유의 부분적 포기를 요구하는 강제법 아래에서의 협력상태로 이행할 것이라고 기대할 수 있는 조건은 오직 두 가지뿐이다.

한편으로 자연상태의 주체들이 호혜성의 원리에 기초한 사회적 관계가 무엇을 의미하는지를 이해할 수 있어야만 할 것이다. 자연상태 속에서 가상적으로만 존재하는 사법적 주체들은 어떠한 사회구성도 경험하기 이전에는 타인의 전망을 취하고 자기자신을 2인칭의 전망에서 고찰하는 방법을 배우지 못한 상태이다. 그러한 전망교체를 학습한 다음에야 비로소 그들의 자유가 더 이상 사실적 저항에 부딪히는 자연적 자유가 아니라 상호인정을 통하여 구성되는 자유로 그들에게 나타날 수 있다. 계약이라는 수단을 사용할 수 있으려면 이미 이들이 상대방과의 전망교체라는 사회인지적 개념틀을 보유하고 있어야 한다. 그러나 그것은 계약이론에 의하여 설명되는 사회상태 속에서야 비로소 획득될 수 있다. 다른 한편, 계약을 체결하는 당사자들은 다른 방식에 의해서도 그들의 자연적 자유로부터 거리를 둘 수 있어야 한다. 즉 그들은 일인칭 복수의 사회적 전망을 취할 수 있어야 하는 것이다. 홉스나 그의 독자들도 암묵적으로는 이 전망을 항상 전제하고 있었다. 그러나 자연상태 속의 주체들이 그런 전망을 취할 수 있는 가능성은 없다. 홉스의 이론이 일관성을 가지려면 각인이 자신의 자의를 일반적인 법에 따라 제한하는 강제의 상호성이 만인의 평등한 이익을 위한 것이며, 따라서 모든 참여자들이 그것을 의지할 수 있는지를 평가할 수 있는 입장이 주체들에게 허용되어야 한다. 그러나 홉스의 전제하에서 주체들은 그러한 입장을 취할 수 없다. 홉스는 이 문제와 관련하여 작동하는 모종의 도덕적 근거들을 그가 자연법으로서의 황금률—네가 남들에게 바라는 것을 남들에게 하라—에 호소하는 장소에서 간혹 인정하기도 한다.[20] 그러나 자연상태에 그러한 도덕적 경향을 주입하는 것은 홉스 자신이 설정한 증명목표의 자연주의적 전제와 모순된다. 즉 그것은 오로지 모든 개인들의 계몽된 자기이익에서 출발하여 질서정연한 이기주의 체계를 설립해야 한다는 전제와 모순되는 것이다.[21]

합리적으로 행위하면서 서로 우연하게 관계를 맺을 뿐인 행위자들의 이해관계와 효용계산들을 연결하는 것만으로 어떻게 권리체계를 설명할 수 있는가? 이 경험주의적 질문은 명민한 철학자들과 사회과학자들의 주목을 계속 끌었다. 그러나 오늘날의 게임이론도 만족스러운 대답을 발견하지 못하였다. 바로 이런 이유만으로도 이러한 시도의 실패에 대한 칸트의 반응은 주목받을 만한 가치가 있다.

칸트는 주관적 권리 자체가 다시 사법으로부터 빌려온 모델에 의해 근거지어질 수 없다는 것을 간파하였다. 그는 홉스가 정당화의 모델로

---

20) Hobbes, *Leviathan*, Neuwied 1966, 100, 131, 208.

21) 몇 가지 필요한 변형을 가하여 회페(O. Höffe)도 이 홉스적 증명목표를 추구한다. 그에게서 정의는 분배적으로 일반적인, 즉 모두에게 동등하게 이익이 되는 자유의 제한이다. "자연적 정의는 모두에게 이익이 되기 때문에 그 관철을 위하여 어떤 도덕적인 신념이나 개인적 정의도 필요로 하지 않는다. 그것은 동기화의 원리로서 자기이익에 만족할 수 있다.…"〔Höffe(1987), 407〕. 이런 접근방법은 다음 책에서 더 분명하게 개진되고 있다. O. Höffe, *Kategorische Rechtsprinzipien*, Frankfurt/Main 1990 ; *Gerechtigkeit als Tausch?*, Baden-Baden 1991. 이에 대한 비판으로는 K. Günther, "Kann ein Volk von Teufeln Recht und Staat moralisch legitimieren?," *Rechtshistorisches Journal* 10호, Frankfurt/Main 1991, 233~267.

서 기능하는 사회계약과 교환관계를 규제하는 사적 계약 사이의 구조적 차이를 고려하지 못했다는 설득력 있는 반론을 제기하였다. 사실 우리는 자연상태 속에서 계약을 체결하는 당사자들에게 단순한 이기적 태도와는 다른 어떤 것을 기대해야만 한다. "시민적 헌법을 설립하는 계약은 독특한 종류의 것이어서 … 그 설립기초의 측면에서 그것은 다른 모든 계약들과 원칙적으로 구별된다."[22] 통상 사람들은 '특정한 목적을 위하여' 계약을 체결하는 데 비하여 사회계약은 '그 자체가 목적이다.' 사람들은 "공적 강제법을 통하여 자신의 권리를 규정하고 타인의 간섭으로부터 보호받을 수 있는데," 사회계약은 "사람들이 이 공적 강제법 하에서 (살아갈 수 있는) 권리를" 근거짓는다.[23] 칸트에 따르면, 계약 당사자들은 법을 제정할 수 있는 능력을 모두 양도받는 하나의 주권자를 지명하는 데 동의하지 않는다. 오히려 사회계약의 고유한 특징은 그것이 어떠한 특수한 내용도 갖지 않고 오직 법의 원리에 의해 지배받는 사회구성의 모델을 제공한다는 데에 있다. 사회계약은 권리들이 정당한 효력을 얻게 되는 조건을 수행적으로 확정한다. 왜냐하면 "권리는, 그것이 일반적 법에 의하여 가능해지는 한에서, 각인의 자유가 모두의 자유와 양립할 수 있도록 각인의 자유를 제한하는 것이기 때문이다."[24]

이러한 측면에서 사회계약은 유일한 '천부'인권을 동등한 주관적 행위의 자유로 제도화하는 데 기여한다. 칸트는 이 근원적 인권이 개인의 자율적 의지 속에서 근거지어진다고 보았다. 이때 개인은 도덕적 인격체로서 법을 검사하는 실천적 이성의 사회적 전망을 이미 보유하고 있다. 그리고 개인들은 자유가 보호되지 않는 자연상태로부터 시민적 상태로의 이행을 이 사회적 전망에서 출발하여 단순히 명민한 이해타산

---

22) Kant, "Über den Gemeinspruch," Bd. VI, 143 f.

23) Kant, Bd. VI, 144.

24) *Ibid.*

을 통해서가 아니라 도덕적으로 근거지을 수 있게 된다. 동시에 칸트는 인권이 권리들의 체계로 분화되어야 하며, 이 체계를 통하여 "사회의 각 구성원들이 인간으로서 갖는 자유"와 "신민으로서 만인의 자유의 평등성"이 실정적 형태를 획득한다고 보았다. 이것은 '공법'의 형식 속에서 이루어지는데, 이때 공법은 오로지 통합된 자율적 시민들의 공적 의지의 행위로서만 정당성을 주장할 수 있다.

> 그러나 이것은 전체 국민의 의지 (왜냐하면 모든 사람이 모두를 위하여, 따라서 각인이 자신을 위하여 결정하기 때문이다) 이외의 어떤 의지에 의해서도 가능하지 않다. 왜냐하면 오직 자기 자신에 대해서만은 어느 누구도 부당한 행위를 할 수 없기 때문이다.[25]

자유를 보장하는 법의 정당성에 대한 질문은 실정법 내부에서 대답을 발견해야만 하기 때문에, 사회계약은 법원리를 지배적 원리로 삼고, 이 법원리 속에서 입법자의 정치적 의지형성은 민주적 절차의 조건에 구속된다. 그리고 이 민주적 절차의 조건 아래에서는, 그 절차에 합당하게 생겨난 결과들은 그 자체로서 모든 참여자들의 합치된 의지를 혹은 이성적 합의를 표현한다. 이러한 방식으로 사회계약은 도덕적으로 근거지어진 동등한 주관적 자유의 권리로서의 인권과 국민주권의 원리를 결합한다.

개인의 도덕적 자율성 속에서 근거지어진 인권은 시민의 정치적 자율성에 매개될 때 비로소 실정적 형태를 획득한다. 따라서 법원리는 도덕원리와 민주주의 원리를 매개하는 것으로 보인다. 그러나 이 두 개의 원리가 어떠한 관계에 있는지는 전적으로 불명확하다. 칸트는 전체 구성을 떠받치고 있는 자율성 개념을 분명히 도덕적으로 판단하는 개인들의 사적인 시각으로부터 도입하였다. 그러나 그는 다시 이 개념을 루소로부터 빌려온 공적이고 민주적인 입법의 모델에 의존하여 정

---

25) Kant, Bd. VI, 150.

언명령의 법률적 정식 속에서 해명하였다. 개념적으로 도덕원리와 민주주의 원리는 서로를 해명하고 있는 것이다. 단지 이러한 상황이 그의 법이론의 건축구조에 의하여 은폐되고 있었을 뿐이다. 이것이 사실이라면, 법원리는 도덕원리와 민주주의 원리를 매개하는 중간항이 아니라 그저 민주주의 원리 자체의 이면일 뿐이다. 이 세 원리 사이의 관계가 불분명한 원인은, 내가 보기엔, 루소와 마찬가지로 칸트에서도 도덕적으로 근거지어진 **인권과 국민주권의 원리** 사이에 미처 깨닫지 못한 **경합관계**가 존재하고 있었다는 사실에 있다.

이 문제를 좀더 상세하게 다루기 전에 보론을 통하여 이러한 종류의 이론사적 논의가 사적 자율성과 공적 자율성에 대한 체계적 고찰과 관련하여 어떠한 의미를 갖는지를 설명하기로 하겠다.

(3) **보론** : 인권과 국민주권의 이념은 오늘날까지도 민주적 법치국가의 규범적 자기이해를 규정하고 있다. 우리는 헌법구조 속에 뿌리내리린 이상주의를 단순히 지나간 정치사상사의 한 장으로 이해해서는 안될 것이다. 오히려 이론사는 법에 내장된 사실성과 타당성의 긴장관계와 법의 실정성과 법이 주장하는 정당성 사이의 긴장관계를 구성하는 필수적 부분이자 그 긴장관계의 반영이다. 우리는 이 긴장을 사소한 것으로 치부할 수도 없으며 간단하게 무시할 수도 없다. 생활세계의 합리화로 인하여 정치적 입법자의 변화가능한 결정에 기초하는 실정법에 대한 정당화의 요구를 전통에 의존하거나 관습적인 인륜에 기대어 충족하기가 점점 어려워지기 때문이다. 나는 사회화의 측면과 문화적 측면에서 만개한 합리화의 잠재력을 잠시 기억하고자 한다. 법은 18세기 초반 최초의 법전화가 있은 이래 점점 더 이 합리화의 잠재력이 가하는 압력을 받고 있다.

19세기까지 영향을 미쳤던 아리스토텔레스의 고전적 자연법과 토마스 아퀴나스에 의하여 재구조화되었던 기독교 자연법 속에는, 모든 사회계층을 두루 관통하면서 상이한 사회적 질서들을 하나로 묶어주는 포괄적인 사회적 에토스가 반영되어 있었다. 생활세계를 구성하는 요소들의 수직적 차원에서, 이 에토스는 문화적 가치유형과 제도들이 퍼스낼리티 구조 속에 고정되어 있는 동기 및 행위정향과 충분히 중첩될 수 있도록 조절하는 역할을 담당하였다. 정당한 질서의 수평적 차원에서 그것은 윤리적 삶, 정치, 법의 규범적 요소들이 서로 융화될 수 있도록 조절하였다. 그러나 내가 합리화 과정으로 해석했던 발달과정 속에서 이 포괄적 에토스는 파열된다. 먼저 문화적 전통과 사회화 과정이 반성의 압력을 받았으며 그 결과 점차 그것들은 행위자들 사이에서 토론의 주제가 되었다. 이와 보조를 맞추어, 단순한 인습으로 전락한 인륜적 삶의 관습적 실천과 해석유형들은 반성과 독자적 판단의 필터를 거친 실천적 결정으로부터 분화되었다. 이 과정에서 실천적 이성의 사용은 현재의 맥락에서 내가 관심을 두고 있는 전문화의 지점에까지 이르렀다. 자기실현과 자기결정이라는 근대적 이상은 상이한 쟁점을 말해주는 신호였을 뿐 아니라, 윤리적 문제와 도덕적 문제의 고유한 논리와 맞물려 전개되는 두 가지 상이한 종류의 담론이 있음을 알리는 신호였다. 이 문제들 각각의 고유한 논리는 다시 18세기 후반에 첫걸음을 내디딘 철학적 발전 속에서 구체적 모습을 드러냈다.

아리스토텔레스 이래 '윤리학'이라고 불렸던 것은 이때부터 새로운 주관적 의미를 얻었다. 개인적 생활사나 상호주관적으로 공유하는 전통 및 생활형식에서도 사정은 마찬가지였다. 고백이나 자기탐색류의 전기문학이 늘어나는 경향과 관련하여, 그리고 그 경향에 반응하여, 루소에서 시작하여 키에르케고르를 거쳐 사르트르에 이르기까지, 자신의 삶에 대한 태도를 변화시킨 일종의 반성이 발전하였다. 간단하게 말해서, 구체적 사례를 통하여 유덕한 삶에 대한 교훈을 주거나 좋은 삶의 모델을 권장하는 대신에 의식적이고 자기비판적인 해석과 평가에 대한 추상적 요구가, 다시 말해서 각자가 자신의 개인적이고 대체될 수 없는 우연적 생활사를 책임지고 살아가야 한다는 추상적 요구가 점점 강해졌다. 철저해진 내면성은 자기인식과 실존적 결단이 착종되어 있는 자기이해라는 과제를 떠맡게 된다. 이렇게 자신의 내면성을 탐색하면서 사실적으로 주어진, 그러나 자신의 정체성을 규정하는 가능성들을 선택하는 가능성에 대한 기대를 표현하기 위하여 하이데거는 '내던져진 기획투사'(*geworfenen Entwurfs*)라는 용어를 사용했다.[26] 생활사적 과정에 반성이 개입하면서 우연성에 대한 의식, 자기반성, 자기 고유의 실존에 대한 책임 사이에 새로운 종류의 긴장이 생겨난다. 이러한 긴장어린 관계양상들이 지배적 사회화의 모델에 따라 점점 그 반경을 넓혀가면서, 윤리적-실존적 담론 혹은 치료적 담론이 가능해졌을 뿐 아니라, 일정한 의미에서는 불가피한 것이 되었다. 이 긴장양상에서 생겨난 갈등이 의지와 의식에 의하여 해결되지 않을 때 그 긴장은 강박적 증상으로 나타난다.

개인적 생활만이 아니라 문화적 전승과정도 점점 더 자기이해를 추구하는 담론에 의해 영향받게 된다. 역사적 정신과학의 등장과 관련하여 그리고 그것에 반응하여, 슐라이어마하에서 출발하여 드로이젠과 딜타이를 거쳐 가다머에 이르기까지, 우리의 상호주관적으로 공유된 전통에 대한 전유가 문제로 대두하였다. 종교적 혹은 형이상학적 자기해석을 대신하여 이제 역사가 문화와 민족의 자기확신의 매체가 되었다. 철학적 해석학은 역사학의 방법론적 문제에서 출발했다. 그러나 그것은 역사주의가 불러일으킨 불안정화에 대해서도, 다시 말해서 일인칭 복수의 형태로 수행된 공적 전통수용의 양식에 영향을 미친 반성적 굴절에 대해서도 응답했다.[27] 19세기에 역사주의와 민족주의가 밀접한 관계를 맺는 가운데 탈전통적 정체성의 첫 번째 형태가 형성되었다. 그러나 이 첫 번째 형태는 여전히 민족사적 독단론을 자양분으로 삼았다. 비록 이 독단론이 그동안 해체의 과정을 겪어왔지만 말이다.

---

26) 투겐트하트는 이 개념을 언어분석적 수단으로 분석하였다. E. Tugendhat, *Selbstbewußtsein und Selbstbestimmung*, Frankfurt/Main 1979.

27) J. Habermas, "Geschichtsbewußtsein und posttraditionale Identität." in : *Eine Art Schadensabwicklung*, Frankfurt/Main 1987, 271 ff.

원칙적으로 양가적인 전통을 독해하는 방식이 다원적이었기 때문에 자기이해에 관한 논쟁은 끊임없이 새롭게 촉발되었으며 그 논쟁은 논쟁 당파들이 어떤 연속성 속에서 살아갈 것이며 어떤 전통과 단절하고 어떤 전통을 계승하는지를 스스로 의식적으로 결정한다는 점을 분명하게 보여주었다. 그리고 집합적 정체성이 그와 같이 탈중심화된 공적 의식의 깨어지기 쉽고 역동적이고 까다로운 모습 속에서만 형성될 수 있는 한, 심층적 차원에까지 미치는 윤리적-정치적 담론은 가능할 뿐 아니라 불가피한 것이 되었다.

생활사와 문화적 전승과정 속으로 반성이 개입함으로써, 개인적 생활기획의 개인주의와 집합적 생활형식의 다원주의가 촉진되었다. 그러나 이와 동시에 공동의 삶에 관한 규범도 반성적이 되었으며, 이와 함께 보편주의적 가치정향이 관철되었다. 18세기 이러 철학적 이론에는 변화된 규범적 의식이 반영되었다. 이제 준칙과 행위전략과 행위규칙들은 단순히 전통적 맥락을 끌어들이는 방식으로는 정당화될 수 없었다. 자율적 행위와 타율적 행위의 구별은 규범적 의식에 그야말로 혁명을 가져왔다. 이와 동시에 정당화의 요구도 늘어났으며, 이 요구는 탈형이상학적 사유의 조건 아래에서는 오직 도덕적 담론을 통해서만 충족될 수 있다. 도덕적 담론은 행위갈등에 대한 공정한 규제를 목표로 한다. 나의 혹은 우리의 좋은 삶이나 실패하지 않은 삶이라는 텔로스를 지향하는 윤리적 고찰과는 달리, 도덕적 고찰은 자아중심주의나 민족중심주의로부터 자유로운 전망을 요구한다. 모든 사람에 대한 동등한 존중과 만인의 이익에 대한 동등한 고려라는 도덕적 관점에서 보면, 정당하게 규제된 상호관계에 대한 초점이 선명한 규범적 주장은 문제화의 소용돌이에 말려든다. 탈인습적 정당화의 차원에서 개인은 원리의 인도를 받는 도덕의식을 형성하고, 자기결정의 이념에 따라 행위방향을 정한다. 개인적 생활의 영역에서 자기입법 혹은 도덕적 자율성이라고 불리는 것은 곧 정치적 자유에 대한 이성법적 독해, 즉 정의로운 사회의 구성을 위한 민주적인 자기입법에 대한 이성법적 독해를 의미한다.

문화적 전승과정과 사회화 과정이 반성적이 되면서, 상호이해지향적 행위의 구조에 내장되어 있던 윤리적 질문과 도덕적 질문의 논리가 의식되었다. 비판을 면제받은 종교적 세계상이나 형이상학적 세계상의 뒷받침이 없는 가운데, 실천적 정향들은 궁극적으로는 논증으로부터만, 즉 의사소통적 행위의 반성적 형태로부터만 획득될 수 있다. 생활세계의 합리화를 재는 척도는, 의사소통적 행위에 내장되어 있으며 담론을 통하여 펼쳐지는 합리성의 잠재력이 어느 정도나 생활세계의 구조들 속으로 관통해 들어가 그 구조들을 유동적으로 만드는가에 있다. 개인적 형성과정이나 문화적 지식체계가 이 문제화의 소용돌이에 대응하여 제공할 수 있는 저항은 상대적으로 미미하다. 윤리적 문제제기와 도덕적 문제제기의 고유한 논리가 관철되는 순간, 근대를 지배하는 규범적 이념에 대한 대안들은 장기적으로는 더 이상 정당화될 수 없다. 개별 인격체의 의식적 삶은 자기실현의 표현주의적 이상, 의무론적 자유의 이념, 그리고 개인적 생활기회의 증대라는 공리주의적 준칙에 비추어 평가된다. 집합적 삶의 형식의 인륜성은 한편으로는 자기의식적으로 수용되고 비판적으로 계승된 전통의 지평 속에서 이루어지는, 소외되지 않은 연대적인 공동의 삶이라는 유토피아에 비추어 평가되고, 다른 한편으로는 정의사회의 모델에 의거하여 평가된다. 이때 정의로운 사회의 제도들은 행위기대와 갈등을 모든 행위자의 동등한 이익이라는 관점에서 규제한다. 사회적 부의 증대와 정의로운 분배라는 복지국가 이념은 이것의 한 변종이다.

이제 우리의 맥락에서 특히 관심을 끄는 것은 이런 고찰이 가져온 한 가지 결과이다. '문화'와 '인성구조' 속에 이런 방식으로 이상주의적 이념이 포함되어 있다면, 자신의 신성한 토대를 상실한 법도 압력을 받게 된다. 이미 보았다시피, 생활세계의 세 번째 구성요소인 정당한 질서의 총체로서의 '사회'가 전체 사회적 통합이라는 기능을 충족하는 과제를 떠맡게 될수록, '사회'는 더욱 강하게 법체계 속으로 집중된다.

근대적 법질서가 왜 개인적 생활과 문화에서 먼저 표준을 형성했던 탈전통적 삶의 이상과 정의의 이념들과 모순되지 않는 원천들에 의해서만 정당화될 수 있는지는 앞서 개괄했던 '인성'과 '문화'에서의 변동을 통해 설명된다. 법의 정당성을 제공하는 근거들은, 인지적 부조화의 고통 위에서, 보편적 정의와 연대성이라는 도덕적 원칙과, 의식적으로 기획되고 스스로 책임을 져야 하는 개인과 집합체의 생활이라는 윤리적 원칙과 조화를 이루어야 한다. 물론 자기결정의 이념과 자기실현의 이념이 아무런 긴장 없이 조화를 이루는 것은 아니다. 이성법이 근대적 정의의 이념과 삶의 이상에 대하여 각기 강조점을 달리 하면서 대답한 이유도 여기에 있다.

(4) 인권과 국민주권 원리가 근대법을 정당화할 수 있는 유일한 이념을 형성하는 것은 결코 우연이 아니다. 종교적이고 형이상학적인 전통 속에 뿌리내리고 있던 에토스의 규범적 실체가 탈인습적 정당화의 필터를 통하여 걸러지고 난 다음에 남은 침전물이 그 두 이념 속에 응결되어 있다. 도덕적 질문과 윤리적 질문이 서로 분화되는 한, 담론을 통하여 걸러진 규범의 실체는 자율적 결정과 자기실현이라는 두 개의 차원 속에서 표현된다. 물론 이 두 차원을 직접 인권과 국민주권에 연결시킬 수는 없다. 그럼에도 불구하고 이 두 쌍의 개념들 사이에는 어느 정도 강조할 만한 친화성이 있다. 오늘날 미국에서 전개되고 있는 논쟁에서 사용되는 용어를 빌려서 말한다면, '자유주의' 전통은 인권을 도덕적 자기결정의 표현으로 파악하고 있으며, '공화주의' 전통은 국민주권을 윤리적 자기실현의 표현으로 해석하는 경향을 보여준다. 이러한 이해방식에 따르면, 인권과 국민주권은 상호보완 관계라기보다는 경쟁관계에 있다.

예를 들어 마이클만(Frank Michelman)은 천부인권에 기초한 비인격적 법의 지배와 국민의 주권적 의지를 통하여 법을 제정하는 공동체의 자발적 자기조직 사이의 긴장을 미국의 헌법 전통 속에서 발견한다.[28]

그러나 이 긴장은 어느 한쪽 방향으로 해결될 수 있다. 자유주의자들은 '다수의 전제'라는 위험을 경고하면서 인권의 우선성을 가정한다. 인권이 개인의 비정치적 자유를 보장하고 정치적 입법자의 주권적 의지에 한계를 부여할 수 있다는 것이다. 반대로 공화주의적 인본주의를 대변하는 논자들은 시민적 자치조직이 갖는 제도화될 수 없는 고유한 가치를 강조한다. 애초에 정치공동체에서 인권은 오직 의식적으로 전유된 자신의 전통의 한 요소로서만 구속력을 획득할 수 있다는 것이다. 자유주의적 견해에 의하면 인권은 가상적 자연상태에 뿌리를 두고 있는 주어진 것으로서 뿌리칠 수 없는 힘을 갖고 우리의 도덕적 통찰 속으로 육박해 들어온다. 이에 반해, 공화주의자들에 따르면 자기실현적 공동체의 윤리적-정치적 의지는 자신의 진정한 삶의 기획에 일치하지 않는 그 어떤 것도 인정할 수 없다. 한 쪽은 도덕적-인지적 요소를 강조하고, 다른 쪽은 윤리적-의지적 요소에 비중을 둔다. 이에 반해 루소와 칸트는 인권의 원리와 국민주권의 원리가 서로를 해석해줄 수 있도록 실천이성과 주권적 의지를 자율성 개념 속에서 통합하여 사유하고자 했다. 그럼에도 불구하고 이 두 사상가는 두 개념 사이의 완전히 대칭적 상호관계에 이르지 못했다. 전체적으로 볼 때, 칸트는 정치적 자율성을 자유주의적으로 독해하는 경향이 강했으며, 루소는 공화주의적으로 독해하는 방향으로 기울었다.

칸트는 도덕원리를 '외적 관계'에 적용함으로써 '법의 보편적 원리'를

---

28) F. Michelman, "Law's Republic," *The Yale Law Journal*, Vol. 97, 1499~1450: "나는 학계의 헌법이론과 변호사와 법관들의 직업적 실천과 광범위한 미국인의 일상적인 정치적 자기이해 속에서 나타나고 있는 미국 입헌주의가 정치적 자유에 관한 두 가지 가정에 의존하고 있다고 본다. 첫째는 미국인은 스스로에 의하여 집합적으로 통치되는 한에서 정치적으로 자유롭다는 가정이고, 둘째는 미국인은 인간이 아니라 법에 의하여 통치되는 한에서 정치적으로 자유롭다는 가정이다. 나는 미국의 헌법 논쟁에 개입하고 있는 분열주의적이지 않고 정직한 참여자들 중 누구도 이 두 가지 믿음 중의 하나를 거부할 자유는 없다고 본다. 나는 이 두 가지 가정들 간의 문제 있는 관계가, 따라서 그 두 가정의 의미가 끝없는 논쟁의 대상이라고 … 여긴다."

획득하였다. 그의 법이론은 개개인이 인간이기 때문에 평등하게 부여받는 주관적 권리, 권위있는 당국의 강제력에 의해 뒷받침받는 주관적 자유에서 출발한다. 이 근원적 권리가 '내적 소유'를 규제한다. 이것을 '외적 소유'에 적용함으로써 주관적인 사적 권리가 발생한다(이것이 칸트 이후에 사비니와 독일 민법이론의 출발점이다). "개인이 포기하고 싶어도 포기할 수 없는"29) 이 자연권의 체계는 "상실될 수 없는" 권리로서 만인에게 귀속된다. 이 자연권 체계는 실정법의 형태로 분화되기에 앞서 이미 도덕적 원리에 기초하여 정당화되어 있으며, 따라서 사회계약을 통해 구성되는 시민의 정치적 자율성과 무관하게 정당화되어 있다. 이러한 점에서 사법의 원칙은 이미 자연상태에서 도덕적 권리로서 효력을 갖는다. 그러므로 인간의 사적 자율성을 보호하는 '자연권'은 주권적 입법자의 의지에 선행한다. 이러한 측면에서 보면 시민들이 "동의하는 통합된 의지"의 주권성은 도덕적으로 근거지어진 인권에 의해 제한받는다. 물론 칸트는 국민주권을 인권에 구속시킨 것을 제한으로 해석하지 않았다. 왜냐하면 어느 누구도 시민적 자율성을 행사할 때 자연법이 보장하는 사적 자율성에 위배되는 법률에 동의할 수 없다는 전제가 그의 출발점이었기 때문이다. 그러나 그것은 정치적 자율성이 국민주권과 인권의 내적 연관에 기초하여 설명되어야 한다는 것을 의미한다. 사회계약은 바로 이 문제를 해결하기 위한 것이다. 그러나 도덕으로부터 법으로 진행하는 정당화의 경로 때문에 칸트의 법이론에서 사회계약은 루소에서 그것이 차지하고 있던 중심적 위치를 상실하고 만다.

루소는 시민적 자율성의 구성에서 출발하여 국민주권과 인권 사이의 내적 연관을 사후에 설립했다. 국민의 주권적 의지는 일반적이고 추상적인 법의 언어 속에서만 표현될 수 있기 때문에 그 의지는 인간이 누리는 평등한 자유의 권리 — 칸트는 이것을 도덕적으로 근거지어진 인

29) Kant, "Über den Gemeinspruch," Bd. VI, 161.

권으로 간주하였으며 따라서 정치적 의지형성에 앞세웠다 — 를 자신 속에 직접 새겨넣었다. 그러므로 루소에게서 정치적 자율성의 행사는 더 이상 천부인권의 제한을 받지 않는다. 오히려 인권의 규범적 내용은 국민주권을 수행하는 양식 속으로 흘러 들어간다. 시민들의 통합된 의지는 일반적이고 추상적인 법이라는 매체를 통하여 민주적 입법절차에 결박된다. 이 입법절차는 일반화될 수 없는 이익들은 모두 배제하며, 모든 사람에게 평등한 주관적 자유를 보장하는 규제만을 허용한다. 이 이념에 따르면 절차에 합당하게 행사된 국민주권은 칸트의 근원적 인권의 실체도 동시에 보장한다.

그러나 루소는 이 설득력 있는 사상을 일관성 있게 밀고 나가지 못했는데, 왜냐하면 그는 칸트보다 훨씬 강하게 공화주의적 전통에 묶여 있었기 때문이다. 그는 자기입법의 이념을 도덕적으로 해석하기보다는 윤리적으로 해석하였으며, 자율성을 구체적 국민이 의식적으로 꾸려가는 삶의 형식의 실현으로 해석하였다. 잘 알려져 있다시피 그는 사회계약을 통해 국민주권을 구성하는 것을 마치 고립된 이기적 개인들이 스스로 자신을 윤리적 공동체의 공동선을 지향하는 시민으로 변형시키는 사회화 행위인 것처럼 상상하였다. 하나의 집합적 신체의 구성원으로서 이들은 서로 융합하여 단순히 법에 종속되어 있는 사인들의 특수한 이익과 단절하는 입법적 실천의 거대주체가 된다. 루소는 모든 공화주의적 공동체 개념에 내장되어 있는 시민에 대한 과도한 윤리적 요구를 극단으로 밀고 나갔다. 그가 고려한 것은 공통의 문화적 전통에 의하여 통합되어 있으며 어느 정도 동질성을 갖추고 있는 소규모 공동체의 에토스에 뿌리내리고 있는 정치적 덕성들이었다. 이에 대한 유일한 대안은 아마도 국가의 강제력일 것이다.

> 개별의지가 공동의지와 덜 관계할수록, 다시 말해서 관습이 법으로 통용될수록, 그만큼 억압적 힘은 늘어난다. 그러므로 좋은 정부가 되기 위해서는 인구증가에 비례하여 정부도 강해져야 한다.[30]

그러나 이런 식으로 자기입법의 실천이 자신의 가치정향을 이미 이해하고 동의하고 있는 윤리적 실체에 바탕을 두어야 한다면, 루소로서는 다음과 같은 중요한 문제를 설명할 수가 없다. 그가 가정하고 있는 공공선을 지향하는 시민들의 태도가 어떻게 사회적으로 완전히 분화된 사인들의 이해관계와 억압 없이 매개될 수 있으며, 어떻게 규범적으로 추론된 공동의지가 개별의지의 자유로운 선택과 억압 없이 매개될 수 있는가? 이 문제를 해결하기 위해서는 개인들로 하여금 우리에게 좋은 것을 넘어서서 모두에게 동등하게 이익이 되는 것이 무엇인지를 검사할 수 있도록 만드는 진정한 도덕적 관점이 필요하다. 국민주권에 대한 윤리적 해석 속에서는 법원리의 보편주의적 의미가 궁극에는 사라질 수밖에 없는 것이다.

근원적 인권의 규범적 내용이 루소가 가정하듯이 일반적이고 추상적인 법의 문법 속에서만 완전하게 포착될 수는 없다는 것은 분명하다. 루소가 근대법의 정당성 주장에서 핵심적 의미를 지닌다고 간주했던 실체적인 법적 평등은, 일반적 법의 논리적-의미론적 속성에 의해서는 만족스럽게 설명할 수 없다. 보편적 의무의 문법적 형식은 그 의무의 타당성에 대해서는 아무 것도 말해주지 않는다. 하나의 규범이 모든 사람의 동등한 이익을 위한 것이라는 주장은 오히려 합리적 수락가능성의 의미를 갖는다. 즉 모든 관련 당사자들이 훌륭한 근거에 입각하여 그 규범에 동의해야 하는 것이다. 이러한 사실은 합리적 담론—여기서 중요한 것은 오직 관련 정보에 기초한 보다 나은 논지의 강제력뿐이다—의 화용론적 조건에서만 분명하게 드러난다. 루소는 의지된 것의 논리적-의미론적 속성 속에 이미 법원리의 규범적 내용이 들어있다고 생각했다. 그러나 그 규범적 내용은 어떻게 정치적 의지가 형성될 수 있는지를 확정하는 화용론적 조건에서만 독해될 수 있다. 그러므로 루소가 추구했던 국민주권과 인권 간의 내적 연관은 정치적 자율

30) J-J. Rousseau, *Staat und Gesellschaft*, München 1959, 53.

성을 행사하는 양식의 규범적 내용 속에 들어있는 것이다. 그리고 그 양식은 단순히 일반적 법의 문법적 형식에 의해서 보장되는 것이 아니라 담론적 의견형성 및 의사형성 과정의 의사소통적 형식을 통해서만 보장될 수 있다.

칸트와 루소는 똑같이 이러한 연결관계를 보지 못했다. 의식철학의 전제 위에서도 예를 들어 이성과 의지가 자율성 개념 속으로 결합될 수 있다. 그러나 이 경우 자기결정의 능력은 그것이 《순수이성비판》의 예지적 나이건 《사회계약》의 국민이건 간에 단 하나의 주체에게만 귀속될 수 있을 뿐이다. 이성적 의지가 오직 개별적 주체 속에서만 형성될 수 있다면, 모든 개인들의 사적 자율성을 자연법적으로 미리 보장하기 위해서는 개인의 도덕적 자율성이 만인의 통합된 의지의 정치적 자율성을 속속들이 관통하고 있어야 한다. 반대로, 이성적 의지가 오직 하나의 국민 혹은 민족이라는 거대주체 속에서만 형성될 수 있다면, 정치적 자율성은 구체적 공동체의 인륜적 본질을 자기의식적으로 실현한 것으로 이해될 수밖에 없다. 따라서 사적 자율성은 차별 없는 일반적 법의 형식을 통해서만 정치적 자율성의 압도적 힘으로부터 보호될 수 있다. 이 두 개의 구상은 상호이해를 지향하는 언어사용의 발화수반적 결속력을 사용하여 이성과 의지를 합치시키고 모든 사람들이 강제 없이 동의할 수 있는 확신에 도달하는 담론적 의견형성 및 의지형성이 갖는 정당화의 힘을 놓치고 있다.

그러나 담론이 이성적 의지가 형성될 수 있는 장소라면(앞으로 보겠지만 그 절차가 담론적으로 근거지어져 있는 협상도 마찬가지 역할을 한다), 법의 정당성은 궁극에는 의사소통적 제도에 달려 있다. 법적 공동체의 성원들은 합리적 담론의 참여자로서 문제의 규범이 가능한 모든 관련 당사자들로부터 동의를 얻고 있거나 얻을 수 있는지를 검사할 수 있어야만 한다. 그러므로 우리가 추구하려는 국민주권과 인권 사이의 내적 연관은, 정치적으로 자율적인 입법을 위해 필요한 의사소통 형식 자체가 법적으로 제도화될 수 있는 조건이 권리체계에 의해 제공된다는 사실 속에 들어있다. 그 권리체계는 인권에 대한 도덕적 독해나 국민주권에 대한 윤리적 독해로 환원될 수 없다. 왜냐하면 시민들의 사적 자율성이 정치적 자율성보다 상위에 있어서도 안 되고 그것에 종속되어서도 안 되기 때문이다. 주관적 자유를 평등하게 누릴 수 있는 보편적 권리는 단순히 주권적 입법자를 외적으로 제한하는 도덕적 권리로서 부과되어서도 안 되고 또 그 입법자의 목적을 달성하기 위한 기능적 요건으로 도구화되어서도 안 된다. 이러한 전제에서 출발할 때 비로소 인권과 국민주권이 담고 있는 규범적 통찰이 권리체계 속에서 온전한 효력을 가질 수 있다. 법의 적용을 받는 사람들이 동시에 그 법의 저자라는 자기입법의 모티프를 담론이론에 의거하여 독해할 때 비로소 사적 자율성과 공적 자율성이 똑같이 근원적이라는 사실이 분명하게 드러난다. 그렇다면 이제 인권의 실체는 그 속에서 국민주권이 법적 형상을 취하는 담론적 의견형성 및 의지형성의 법적 제도화를 위한 형식적 조건 속에 자리잡는다.

2. 도덕적 규범과 법적 규범:
이성법과 실정법의 보완관계에 대하여

우리는 민법이론과 이성법이라는 두 가지 이론적 발달경로를 분석하면서 유사한 결함에 기인하는 난점들을 발견하였다. 민법이론의 전통은 주관적 권리와 객관적 법 사이의 내적 연관을 해명하지 못했으며, 이성법의 전통은 사적 자율성과 공적 자율성 사이의 내적 연관을 해명하지 않았다. 우리가 권리의 상호주관적 구조와 자기입법의 의사소통적 구조를 진지하게 받아들여 적절하게 설명할 때 비로소 그 두 내적 연관을 해명할 수 있다. 그러나 그 문제를 다루기 전에 먼저 법과 도덕의 관계를 설명해야 할 것이다. 왜냐하면 위에서 분석했던 난점의 원인이 전적으로 의식철학의 잘못된 행로에만 있는 것이 아니라, 근대 이성법이 자연법과 실정법의 구별을 유지함으로써 전통적 자연법의 부채를 넘겨받았다는 사실에도 있기 때문이다. 이성법은 사회학적으로 볼 때 설득력이 없을 뿐 아니라 규범적으로도 기이한 결과를 초래하는 법개념의 이중화를 버리지 않고 고수하였다. 나는 실정법을 자연법이나 도덕성에 종속시키지 않고 다음의 가정에서 출발한다. 탈형이상학적 정당화의 차원에서 볼 때 법적 규칙과 도덕적 규칙은 전통적인 인륜적 삶으로부터 동시에 분화되어 나왔으며, 비록 서로 다르지만 서로를 보완하는 두 종류의 행위규범으로서 나란히 병존한다. 이러한 가정에 상응하여 우리는 실천이성 개념도 어떤 종류의 규범이 쟁점이 되는가에 따라 상이한 의미를 가질 수 있도록 추상적으로 이해해야 한다. 예를 들어 실천이성은 도덕적 규칙이 쟁점이 될 때에는 도덕적 원리라는 의미를 갖고, 법적 규칙이 쟁점이 될 때에는 민주주의 원리라는 의미를 갖는다. 이런 방식으로 우리가 자율성 개념을 도덕이론의 좁은 틀 속에 가두어 버리는 잘못을 피한다면, 이제 칸트의 법 원리는 그것이 담당했던 매개기능을 상실한다. 그 대신 그것은 법적 규범이 어떤 형식적 측면에서 도덕적 규범과 달라지는지를 해명하는 데 기여한다. 또한 시민들이 수행하는 민주적 자기결정 속에 새겨져 있는 인권도—그 도덕적 내용에도 불구하고—처음부터 법적 의미에서 권리로 간주되어야 한다.

《도덕형이상학 서문》에서 칸트는 이와는 다른 방식으로 접근하였다. 그는 도덕적 자유법의 기초 개념에서 출발하여 그것을 **제한하는** 방식으로 사법적 법률개념을 도출하였다. 도덕이론이 상위의 포괄적 개념을 제공한다. 의지와 자유선택, 행위와 유인, 의무와 성향, 법과 입법은 일차적으로는 도덕적 판단과 행위를 특징짓는 역할을 담당한다. 그 다음 이 도덕적 기본개념들은 법이론 속에서 3차원에서 제한된다. 칸트에 의하면 법은 법적 인격체의 의지가 아니라 **자유선택**(*Willkür*)에 관계한다. 또한 그것은 하나의 인격체와 다른 인격체 사이의 **외적 관계**와 관계한다. 마지막으로 법은 강제력을 갖고 있어서, 한 인격체가 다른 인격체에 의해 자신의 권리가 침해받았을 때 그 강제력을 행사할 수 있는 권한을 갖는다. 이렇게 세 측면에서 법원리는 도덕원리를 제한한다. 이렇게 제한된 상태로 도덕적 입법은 사법적 입법 속에, 도덕성은 합법성 속에, 도덕적 의무는 법적 의무 속에 **반영된다**.

이와 같은 이론구성의 배후에는 법질서가 '목적의 왕국'의 본체적 질서를 모사하여 현상적 세계 속에서 구체화한다는 플라톤적 사유가 전제되어 있다. 또한 플라톤적 유산은 칸트의 형이상학적 배후가정과는 무관하게 법을 자연법과 실정법으로 이중화하는 견해 속에서도 살아남아 있다. 도덕적 책임을 지고 있는 주체들의 이상적 공동체가—조시아 로이스(Josiah Royce)로부터 아펠(Karl-Otto Apel)까지 이르는 무제약적 의사소통 공동체가[31]—법에 의해 매개되어 역사적 시간과 사회적 공간의 경계 안으로 발을 디디고, 법적 공동체로서 시공간적으로

31) J. Royce, *The Spirit of Modern Philosophy*, Boston 1892.

지역화된 구체적 형태를 획득한다는 견해가 그것이다. 이러한 생각이 전적으로 틀린 것은 아니다. 법질서가 기본적인 도덕적 원리에 모순되지 않을 때 비로소 그 법질서가 정당할 수 있으니까 말이다. 법적 타당성이라는 구성요소 때문에 실정법 속에는 도덕성과의 관계가 아로새겨져 있다. 그러나 이러한 관계가 있다고 해서 마치 규범의 위계질서라도 있는 것처럼 도덕을 법의 상위에 두는 그릇된 길로 빠져들어선 안 된다. 상위의 법(예컨대 법질서의 위계제)이라는 발상은 전근대적 세계의 발상이다. 자율적 도덕과 정당화에 의존하는 실정법은 오히려 상호보완 관계에 있다.

사회학적 관점에서 보면, 도덕과 법은 전통적 법과 관습적 윤리가 함께 뒤섞여 있던 포괄적인 사회적 에토스로부터 동시에 분화되어 나왔다. 법, 도덕, 인륜적 삶의 이 포괄적 망을 떠받치던 신성한 토대가 무너지고 난 후 분화과정들이 시작되었다. 문화적 지식의 차원에서는, 법적 질문이 앞서 보았듯이 도덕적 질문과 윤리적 질문으로부터 분리되었다. 제도적 차원에서는, 관습과 습관은 단순한 인습에 불과한 것으로 그 가치가 떨어지고, 실정법은 이들로부터 분리되었다. 분명히 도덕적 질문과 법적 질문은 동일한 문제와 관련되어 있다. 어떻게 상호주관적 관계가 정당하게 질서지어질 수 있으며, 행위들이 정당한 규범을 통하여 서로 조정될 수 있는가? 어떻게 사회적 갈등이 상호주관적으로 인정된 규범적 원리와 규칙이라는 배경 위에서 합의에 의해 해결될 수 있는가? 그러나 도덕과 법은 이 동일한 문제에 대하여 상이한 방식으로 관계한다. 공통의 준거점에도 불구하고 이들이 구별되는 것은 무엇보다 탈인습적 도덕이 문화적 지식의 한 형식에 그치는 데 반해, 법은 그러한 성격 이외에 제도적 수준에서 구속력까지 갖고 있기 때문이다. 법은 상징체계일 뿐만 아니라 행위체계이기도 한 것이다.

법질서가 자율화된 도덕을 동근원적으로 보완한다는 경험에 기초한 견해는 법과 도덕 사이에 일종의 모사관계가 있으며, 따라서 똑같은 기하학적 형상이 단순히 상이한 서술차원으로 투사될 뿐이라는 플라톤주의적 사고와는 양립할 수 없다. 그러므로 우리는 헌법적 규범의 실정적 형태로 등장하는 기본권을 도덕적 권리의 단순한 모사로 이해해서는 안 되며, 정치적 자율성을 도덕적 자율성의 단순한 모사로 이해해서도 안 된다. 오히려 일반적 행위규범이 도덕적 규칙과 법적 규칙으로 이원화된 것이다. 규범적 관점에서 볼 때 이것에 상응하는 것이 도덕적 자율성과 시민적 자율성은 똑같이 근원적이라는 가정이다. 이 두 자율성은 오직 정당화의 탈인습적 필요조건의 의미만 표현하는 경제적인(*sparsamen*) 담론원리의 도움을 받아 설명할 수 있다. 정당화의 탈인습적 수준—이 수준에서 실체적인 인륜적 삶은 그 구성요소들로 분해되었다—자체도 그렇지만 담론원리도 분명 하나의 규범적 내용을 갖는다. 왜냐하면 그것은 실천적 판단의 불편부당성을 해명하기 때문이다. 그러나 그것은 이러한 규범적 내용에도 불구하고 도덕과 법에 대해 중립적인 추상 수준에 위치해 있다. 다시 말해서 그것은 다음과 같은 행위규범 일반과 관계한다.

D : 가능한 모든 관련 당사자들이 합리적 담론의 참여자로서 동의할 수 있는 행위규범만 타당하다.

이 정식에는 설명을 필요로 하는 기본개념들이 포함되어 있다. '타당하다'는 술어는 행위규범과 관계하며 그것에 상응하는 보편적인 규범적 진술 일반과 관계한다. 그것은 도덕성과 정당성의 구별에 대해서는 무관심한, 규범적 타당성의 불특정적 의미를 표현한다. 나는 '행위규범'을 시간적 측면과 사회적 측면과 객관적 측면에서 일반화된 행위기대로 이해한다. 그리고 규범에 의해 규제된 보편적 실천이 초래할 예측할 수 있는 결과들로 인해 자신의 이익에 영향을 받는 모든 사람들을 '관련 당사자'라고 부른다. 문제시된 타당성 주장에 관하여 상호이해에 도달하려는 모든 시도를 '합리적 담론'이라고 부른다. 단 그 시도가 발화수반적 의무를 통하여 구성된 공적 공간 내부에서 주제와 기고, 정보와 근거의 자유로운 처리를 허용하는 의사소통 조건 아래에서 이루어지는 경우에 한에서 말이다. '합리적 담론'이라는 표현은, 협상이 담론적으로 근거지어진 절차를 통해 규제되는 한에서, 협상에도 간접적으로 적용된다.

물론, 원리 D를 충분히 추상적으로 파악하기 위해서는, 쟁점과 기고의 종류나 각 경우에 동원되는 근거들의 종류를 미리 제한해서는 안 된다는 점이 중요하다. 가능한 관련 당사자 모두의 이익을 동등하게 고려할 때에만 정당화될 수 있는 행위규범을 위하여 이 보편적 담론원리를 특정화할 때 비로소 도덕원리가 생겨난다. 또 법적 형식 속에서 등장하는 행위규범들을 위하여 보편적 담론원리를 특정화할 때 민주주의 원리가 생겨난다. 이 경우 행위규범들은 실용적 근거와 윤리-정치적 근거와 도덕적 근거들 모두의 도움을 통하여 정당화될 수 있다. 그러니까 여기서 정당화는 도덕적 근거에만 국한되지 않는 것이다. 이것은 다음 장에서 상세하게 분석할 내용이지만 설명을 위하여 간단히 언급하자면, 어떤 종류의 근거들이 정당화에 요구되는가는 각각의 경우에 제기되는 질문의 논리에 달려 있다. 도덕적 문제가 쟁점일 경우에는, 인류애라든가 세계시민의 공화국과 같은 것이 모든 관련 당사자들의 동등한 이익을 도모하는 규제를 정당화하기 위한 준거체계가 된다. 핵심을 이루는 결정적 근거들은 원칙적으로 모든 사람들로부터 인정받을 수 있어야 한다. 윤리적-정치적 질문이 제기되는 경우에는, 제각기 '우리' 정치적 공동체의 삶의 형식이 규제의 정당화를 위한 준거체계를 형성한다. 여기서 규제는 공동체의 진정한 집합적 자기이해를 표현하는 것으로 간주된다. 이 경우, 결정적 근거들은 원칙적으로 '우리의' 전통과 강한 가치평가들을 공유하는 모든 구성원들에 의해 인정받을 수 있어야 한다. 이익의 대립을 해결하기 위해서는 경쟁하는 가치정향들과 이익상황들 사이에 합리적 균형점을 세울 필요가 있다. 여기서는, 직접 관련된 사회적 집단들 내지 하위문화적 집단들의 총체가 타협안을 얻어내기 위한 준거체계로 기능한다. 이 타협안이 공정한 협상

조건 아래에서 얻어지는 한, 원칙적으로 그 타협안은 설령 동상이몽이라고 할지라도 모든 당파들 사이에서 인정받을 수 있어야 한다.

나는 이미 발간된 담론윤리에 관한 글들에서는 담론원리와 도덕원리를 충분하게 구별하지 않았다. 담론원리는 오직 행위규범을 불편부당하게 정당화할 수 있는 관점을 설명하기 위한 것이다. 여기서 나는 이 원리 자체가 의사소통적으로 구조화된 삶의 형식 일반에 내장되어 있는 대칭적 인정관계를 반영한다는 가정에서 출발한다. 이러한 담론원리를 도입할 때에는 실천적 질문이 불편부당하게 판단되고 합리적으로 결정될 수 있다는 점을 이미 전제한다. 이 전제는 결코 사소한 것이 아니다. 이 전제를 정당화하는 것이 다음 장에서 잠정적으로 그 윤곽을 그려보고자 하는 논증이론적 연구의 과제이다. 이 연구에서는, 쟁점이 되는 질문의 논리에 따라 그리고 그것에 상응하는 논거들의 종류에 따라 상이한 담론유형들을(그리고 절차에 의해 규제되는 상이한 협상들을) 구별한다. 특히 각 유형에서, 어떤 규칙에 따라 실용적 질문과 윤리적 질문과 도덕적 질문이 대답을 얻을 수 있는지를 보여주어야 한다.[32] 이 다양한 규칙들이 곧 담론원리를 구체화하는 다양한 방식들이라고 말할 수도 있을 것이다. 도덕적 규범을 정당화하는 경우 담론원리는 보편화원리라는 형식을 취한다. 그런 한, 도덕원리는 하나의 논증원리로서 기능한다. 우리는 이 원리를 형식적 화용론의 방식에 따라 의사소통행위의 반성적 형식인 논증의 일반적 전제에서 출발하여 해명할 수 있다.[33] 그러나 여기서 이 문제로 깊이 들어갈 수는 없다. 도덕적 규범을 특수한 사례에 적용하는 경우, 보편화원리는 적합성원리에

---

32) J. Habermas, "Zum pragmatischen, ethischen und moralischen Gebrauch der praktischen Vernunft," in : J. Habermas(1991a), 100~118.

33) 이에 대해선, W. Rehg, "Discourse and the Moral Point of View : Deriving a Dialogical Principle of Universalization," *Inquiry* 34, 1991, 27~48 ; "Insight and Solidarity : The Idea of a Discourse Ethics"(Northwestern University, 철학박사 논문), 1991.

의해 대체된다. 우리는 나중에 이것을 사법적 적용담론과 관련하여 다루게 될 것이다.[34] 현재의 맥락에서 중요한 것은 어떤 측면에서 민주주의 원리와 도덕원리를 구별할 수 있는가 하는 문제이다.

여기서 조심해야 한다. 왜냐하면 이 갈림길에서 한 가지 뿌리깊은 편견에 빠지지 말아야 하기 때문이다. 그 편견은 다름아니라 도덕은 개인적으로 책임질 수 있는 사회적 관계에만 효력을 갖고, 법과 정치적 정의는 제도적으로 매개된 상호작용의 영역에서 효력을 갖는다는 생각이다.[35] 담론이론이 개념화하는 도덕은 사회구조에 따라 달라지며 역사적으로 우연하게 등장하는 경계, 즉 사적 삶의 영역과 공적 삶의 영역 사이의 경계를 넘어선다. 칸트에 의하면 도덕적 규범의 보편주의적 타당성을 주장하는 이상적 역할을 각 개인들이 사적으로 담당한다. 그러나 담론이론적 도덕은 그 역할을 모든 사람들이 공동으로 수행하는 공적 실천으로 넘길 것을 요구하며, 이러한 점에서 이미 도덕적 규범의 보편주의적 주장을 진지하게 다룬다. 그 밖에도 도덕과 법의 관할범위를 사적 행위영역과 공적 행위영역에 따라 할당하는 것은 반직관적 처사인데, 이것은 정치적 입법자의 의지형성이 규제를 필요로 하는 소재의 도덕적 측면도 포함해야 한다는 사실만 보더라도 알 수 있다. 사실 복잡한 사회에서 도덕은 법의 코드로 번역될 때 비로소 국지적 영역을 넘어서는 효력을 가질 수 있다.

민주주의 원리와 도덕원리를 구별하는 분명한 기준을 얻기 위하여 나는 민주주의 원리가 정당한 입법절차를 확정해야 한다는 사실에서 출발한다. 민주주의 원리가 뜻하는 것은 법적으로 구성된 담론적 입법

---

34) K. Günther, *Der Sinn für Angemessenheit*, Frankfurt/Main 1988 ; Habermas (1991a), 137~142. 그리고 이 책의 5장 269쪽 이하도 참조할 것.

35) 이런 의미에서 벨머(A. Wellmer)는 그의 저서 *Ethik und Dialog*(Frankfurt/Main, 1986)에서 사적으로 적용되는 도덕원리를 공동의 정치적 의지형성을 규제하는 정의원리에 대립시킨다. O. Höffe(1987, 41)도 이와 유사한 방식으로 도덕적 관점을 정치적 정의의 관점과 구별하려고 한다.

과정 속에서 모든 시민들이 동의할 수 있는 법규들만이 정당성을 주장할 수 있다는 것이다. 다시 말해서, 민주주의 원리는 서로를 자유의지에 따라 결성된 법공동체의 자유롭고 평등한 구성원으로 인정하는 법인격체들이 공동으로 내리는 자율적 결정의 수행적 의미를 설명해준다. 그러므로 민주주의 원리는 도덕원리와는 다른 차원에 자리잡고 있다.

도덕원리가 도덕적 질문을 합리적으로 결정하기 위한 논증의 규칙으로서 기능하는 데 비해, 민주주의 원리는 실천적 질문을 합리적으로 결정할 수 있는 가능성을 이미 전제한다. 특히 그것은 법률에 정당성을 제공하는(담론 속에서 그리고 절차에 따른 협상 속에서 수행되는) 모든 유형의 근거제시의 가능성을 전제한다. 그러므로 민주주의 원리는 도대체 정치적 문제들을 담론을 통해 다룰 수 있는가, 그리고 어떻게 다룰 수 있는가라는 질문에 대해서는 대답을 주지 않는다. 그것은 논증이론의 몫이다. 이성적인 정치적 의견형성과 의지형성이 가능하다는 전제 위에서, 민주주의 원리는 단지 어떻게 그것이 — 이를테면 그 의사소통적 전제들이 이미 보장되어 있는 입법과정에 각인이 평등하게 참여할 수 있도록 보장하는 권리체계를 통하여 — 제도화될 수 있는가 하는 문제만 다룬다. 도덕원리는 특정한 논증게임이 내적으로 구성되는 차원에서 작동한다. 이에 비해 민주주의 원리는 그 자체 법적으로 보장된 의사소통 형식들 속에서 수행되는 담론적 의견형성과 의지형성 과정에 평등하게 참여할 수 있는 권리를 외적으로 — 그러니까 실질적 효력이 있도록 — 제도화하는 차원과 관련되어 있다.

이 준거차원에서의 차이가 민주주의 원리와 도덕원리를 구별시켜주는 하나의 측면이다. 또 하나의 측면은 법규범과 여타의 행위규범 사이의 차이이다. 도덕원리는 오직 도덕적 근거에 의해서만 근거지어질 수 있는 모든 행위규범으로 확대되는 데 비해, 민주주의 원리는 법규범에 한정된다. 법규범은 우리가 일상생활에서 발견하는 일련의 자연발생적인 상호작용들로부터 생겨난 것이 아니다. 이 규범들이 걸치고 있는 법적 형식은 사회진화 과정을 거쳐 비교적 최근에 생겨났다. 오직 도덕적 관점에서만 그 타당성을 판단할 수 있는 자연발생적인 상호작용의 규칙과는 대조적으로 법규범은 인위적 성격을 갖는다. 그것은 행위규범의 지층 중에서 하나의 층이다. 그러나 이 층은 의도적으로 산출된 것이며, 또 행위규범 자체에게 다시 적용될 수 있다는 점에서 반성적이다. 그러므로 민주주의 원리는 정당한 입법의 절차를 확정해야 할 뿐 아니라, 법매체 자체의 생산도 조절해야 한다. 권리들이 법적 공동체의 구성을 위하여 그리고 법적 공동체의 자기조직의 매체로서 적합성을 갖추려면 어떤 조건을 충족해야 하는가는 담론원리의 관점에서 근거지어져야 한다. 그러므로 우리가 권리체계를 창출할 때 그것과 동시에 하나의 언어도 함께 창출한다. 그리고 바로 그 언어 속에서 공동체는 자신을 자유롭고 평등한 법적 인격체들의 자발적 연합체로 이해한다.

민주주의 원리와 도덕원리를 구별시켜주는 이 두 측면에 상응하여 권리체계가 해결해야 할 두 개의 과제가 있다. 권리체계는 이성적인 정치적 의지형성을 위한 의사소통적 틀을 제도화해야 하며, 또한 이 의지형성이 자유롭게 연합된 법적 인격체들의 공동의지로서 표현될 수 있도록 만드는 매체를 확보해야 한다. 이 두 개의 과제를 특정화하기 위해서는 법적 행위규칙의 형식적 특징을 좀더 정확하게 규정해야 한다.

(2) 여기서 나는 법과 도덕의 보완관계에서 출발하여 법의 형식적 특징을 해명하고자 한다. 그러나 이 해명은 법에 대한 기능적 설명의 일부이지 법에 대한 규범적 정당화가 아니다. 법적 형식은 인식론적으로든 규범적으로든 '정당화'할 수 있는 원리가 결코 아니다. 이미 언급했다시피, 칸트는 행위방식의 합법성 또는 법적 형식을 법의 저자가 아니라 법의 수신자로서의 행위자들과 관련된 세 가지 추상을 통해 특징지었다. 첫째, 법은 행위자가 자유롭게 자신의 의지를 결속할 수 있는 능력을 추상하고 오직 자의만을 고려한다. 둘째, 법은 행위계획이 생활세계적 맥락 때문에 갖게 되는 복잡성을 추상하고 전형적인 사회

적 행위자들이 서로에 대하여 영향력을 행사하는 외적 관계에만 관심을 둔다. 마지막으로, 이미 보았다시피 법은 동기가 무엇인가라는 문제를 추상하고, 그 동기가 무엇이든 간에 외적으로 규칙에 동조하는 행위에 만족한다.

이렇게 법에 의해 제약된 행위양식에 상응하여 법적 인격체의 특수하게 제한된 지위가 생긴다. 도덕적 규범은 서로를 구체적 공동체의 구성원으로 인정하고 대체될 수 없는 개인으로 인정하는 자연인들 사이의 상호관계와 갈등을 규제한다.[36] 이러한 규범들은 생활사를 통하여 개인화되어 있는 사람들에게 적용된다. 이와는 대조적으로, 법규범은 법규범 자체에 의하여 생산된 추상적 공동체 속에서 서로를 법적 인격체로서 인정하는 행위자들 사이의 상호관계와 갈등을 규제한다. 법적 규범도 개별 주체를 대상으로 삼는다. 그러나 이들은 더 이상 생활사 속에서 형성된 정체성을 통해 개인화되는 것이 아니라 법적으로 구성된 공동체의 전형적 구성원의 위치를 차지할 수 있는 능력에 의해 개인화된다. 그러므로, 법의 객체라는 관점에서 보면, 인격체가 자신의 의지를 규범적 통찰을 통하여 스스로 결속할 수 있는 능력은 법적 관계 속에서는 추상된다. 그/그녀에게 기대되는 것은 오직 목적합리적 결정을 내릴 수 있는 능력, 즉 선택의 자유라는 능력뿐이다.[37] 이렇게 도덕적으로 (그리고 윤리적으로) 책임질 수 있는 인격체의 자유로운 의

---

36) L. Wingert, *Gemeinsinn und Moral* (Frankfurt/Mair, 1993).

37) 이 추상은 자유를 보장하는 의미를 갖는다. 다시 말해서 법인격체의 지위는 도덕적 책임을 가지면서 동시에 윤리적으로 자신의 삶을 꾸려나가는 구체적인 인격체가 자유롭게 자신을 발전시킬 수 있는 영역을 보장한다. 물론 법인격체를 선택의 자유를 통해 개인화된 주관적 권리의 담지자로 환원시키는 것은 도덕적 의미와 윤리적 의미도 갖는다. 주관적 자유의 법적 보장은 의식적이고 자율적으로 삶을 꾸려갈 수 있는 영역을 보호하기 대문이다. 그러니까 법은 양심에 따라 행위하고 진정한 삶을 살아가려는, 생활세계 속에서 개인화된 인격체의 얼굴을 이면에 갖고 있는 일종의 '보호 마스크'(H. Arendt)인 셈이다. 이에 대해서는 R. Forst, *Kontexte der Gerechtigkeit*, Frankfurt/Main, 1994.

지가 오직 선호상의 우선순위에 따라 행위하는 법적 주체의 자의에로 환원된다는 사실에서 합법성의 또 다른 측면이 생겨난다. 즉 외적 관계에 속하는 소재들만 법적으로 규제될 수 있다. 규칙을 따르는 행위는 필요한 경우 강제되어야 하기 때문이다. 이것이 법적 형식이 갖는 개인화 효과를 설명해준다. 물론 이 효과가 법 자체의 상호주관적 기초를 파괴하지는 못한다.

이러한 점에서 칸트의 합법성 개념은 법의 형식규정을 분석하는 데 유용한 단서가 된다. 그러나 그렇다고 해서 칸트처럼 합법성의 측면을 도덕의 제한으로 이해해서는 안 된다. 나는 오히려 사회학적 접근방법이 시사하는 법과 도덕의 보충관계에서 출발하여 합법성을 설명하고자 한다. 법적 형식을 구성할 필요가 생기는 것은 전통적 인륜성이 무너지면서 생기는 결손을 메우기 위해서이다. 이 순간부터는 이성의 뒷받침을 받는 자율적 도덕만이 올바른 판단의 문제에 대하여 책임을 지게 된다. 탈인습적 정당화의 차원으로 이행하면서 도덕의식은 전통적인 인습적 관행으로부터 분리되고, 전체 사회를 포괄하던 에토스는 단순한 인습이나 습관 그리고 관습법으로 축소된다.

이성의 도덕은, 제도의 뒷받침을 받는 가운데, 사회화의 유형을 통하여 행위자의 동기 속에 뿌리내리고 있는 유사 자연적이고 자명한 모든 행위정향에 대하여 원칙적으로 비판적 관계를 맺는다. 하나의 행위대안이 그 규범적 배경과 함께 도덕적 검사의 시선 속에 들어오는 순간, 그 행위대안은 문제화의 급류 속으로 말려든다. 전문적으로 정의의 문제를 다루는 이성의 도덕은 모든 것을 보편화가능성이라는 강력하지만 좁은 렌즈를 통하여 바라본다. 그것의 텔로스는 도덕과 관련된 행위갈등에 대하여 공평무사한 판단을 내리는 데 있다. 따라서 이성의 도덕은 사람들의 행위에 방향을 제공하는 지식을 가능하게 만들지만, 그 지식이 올바르게 행위하려는 동기까지 제공하지는 못한다. 지식으로 승화된 이성의 도덕도 다른 모든 지식과 마찬가지로 문화적 수준에서 재현된다. 일차적으로 그것은 이해되고 해석되며, 전승되고 비판받을 수 있는 문화적 상징의 의미내용이라는 양태로만 존재한다. 물론 문화적으로 자유부동하는 도덕도 가능한 행위와 관계한다. 그러나 도덕 자체는 도덕적 판단에 실천적 추진력을 제공하는 동기라든가 정당화된 도덕적 기대가 실제로 충족될 수 있도록 보장하는 제도들과는 더 이상 관계맺지 않는다. 이렇게 문화적 체계 속으로 후퇴한 도덕은, 행위자들 스스로 그것을 현실화시키지 않는 한, 행위에 대해서는 가상적 관계에 머문다. 도덕이 행위에 대하여 현실적 힘을 가지려면 행위자들이 양심에 따라 행위하려는 성향을 가져야 하는 것이다. 그러므로 이성의 도덕은 그 도덕에 상응하는 양심의 층위 그러니까 그 도덕에 상응하는 초자아를 형성하는 사회화 과정에 의존한다. 도덕원리가 퍼스낼리티 체계 속에 내면화될 때 비로소 도덕은 좋은 근거를 갖고 있음에도 불구하고 동기화의 힘은 취약한 상태에서 벗어나 행위에 영향력을 미치게 된다.

지식에서 행위로의 이행은 불확실하다. 왜냐하면 도덕적 행위주체들의 자기조절은 추상성이 매우 높고 위험한 것이어서 쉽게 무너질 수 있기 때문이며, 일반적으로는 그와 같이 요구수준이 높은 능력을 촉진할 수 있는 사회화 과정 자체가 가망성이 별로 높지 않기 때문이다. 만약 도덕이 내면화의 방식과는 다른 방식으로, 정확하게 말해서 행위에 대한 탈인습적 도덕의 영향력을 보충하는 제도화된 법체계라는 경로를 통해서도 행위자의 동기에 영향을 미치지 못하고, 오직 도덕을 받아들이는 합당한 퍼스낼리티 구조에만 의존한다면, 도덕은 제한된 영향력밖에 갖지 못할 것이다. 법은 두 가지 성격을 동시에 갖고 있다. 법은 지식체계인 동시에 행위체계이다. 우리는 법을 규범적 명제와 해석들로 이루어진 하나의 텍스트로 이해할 수 있는 동시에 하나의 제도로, 즉 규범적으로 규제된 행위복합체로 여길 수 있다. 동기와 가치정향이 행위체계로서의 법 속에서 서로 엉켜있기 때문에, 법적 규범은 도덕적 판단에는 없는 직접적인 행위효과를 갖는다. 이와 동시에 법제도는 상대적으로 높은 합리성 수준을 갖추고 있기 때문에 자연발생적인 제도적 질서와 구별된다. 원리적 도덕과 결합되어 있으며 법도그마틱 속에서 정교화된 지식체계는 법질서 속에서 확고한 모습을 얻게 된다. 이렇게 법이 문화의 차원과 사회의 차원에서 동시에 자리잡고 있기 때문에, 일차적으로는 지식으로서 존재하는 이성의 도덕이 갖는 허약성을 법이 보충할 수 있는 것이다.

도덕적으로 판단하고 행위하는 인격체는 이 도덕적 지식을 독자적으로 소화하고 배양하여 실천으로 옮겨야 한다. 그는 엄청난 (a) 인지적, (b) 동기적, (c) 조직적 요청에 직면한다. 그러나 법적 인격체로서의 그에게는 이러한 부담이 가벼워진다.

(a) 이성의 도덕은 논쟁의 대상이 된 문제에 대하여 공평무사한 판단을 내릴 수 있는 절차만을 제공할 뿐이다. 그것은 의무의 목록을 들고 있지 않으며, 위계서열이 정해진 규범들의 리스트도 갖고 있지 않다. 다만 행위주체들이 독자적으로 판단을 내리기를 기대할 뿐이다. 주체들이 도덕적 담론 속에서 누리는 의사소통적 자유는 해석의 경합 속에서 오류가능성이 있는 통찰만을 가져올 뿐이다. 해결하기 어려운 문제는 규범의 정당화 문제가 아니다. 보통의 경우에는 만인에 대한 동등한 존중, 분배정의, 도움을 필요로 하는 사람에 대한 자비나 성실함과 진지성 등을 의무로 만드는 기본원칙 자체는 논쟁의 대상이 되지 않기 때문이다. 정말 어려운 것은 적용문제이다. 갈등이 친숙한 상호작용 맥락 속에서 해결될 수 없을 정도로 심각해지는 순간, 고도로 일반화된 도덕적 규범의 추상성 때문에 적용문제가 생긴다. 그와 같이 구체적이고 조망하기 어려운 사례에 대해 결정을 내리려면 복잡한 작동이 필요하다. 한편으로 특정 상황에 적용할 만한 서로 경합하는 추상적 규범들에 비추어 그 상황의 특징을 발굴하고 서술해야 하며, 다른 한편으로는 가능한 가장 완전한 상황서술에 의거하여 그때그때 적합한 규범을 선택하고 해석하여 적용해야 한다. 복잡한 문제의 경우 개인의 분석능력으로는 정당화의 문제와 적용의 문제를 감당할 수 없는 때가

많다. 바로 이러한 **인지적 무규정성**이 법제정의 사실성을 통해 흡수된다. 정치적 입법자는 어떤 규범이 법으로 통용될지를 결정한다. 그리고 법정은 관련 당사자 모두에게 타당하지만 여전히 상세한 해석을 필요로 하는 규범의 적용과 관련된 해석상의 분쟁에 대하여 통찰력 있으면서 동시에 명료하게 판정해야 한다. 법체계는 법의 수신자인 법적 인격체들이 스스로 합법과 불법의 판단기준을 정의할 수 있는 힘을 박탈한다. 법과 도덕의 보완관계라는 관점에서 볼 때 의회의 입법절차, 제도화된 법정에서의 판결, 그리고 규칙을 정교하게 만들고 판결을 체계화하는 법도그마틱의 전문적 연구 등은 개인이 독자적으로 도덕적 판단을 내릴 때 생기는 인지적 부담을 없애준다는 의미를 갖는다.

(b) 이성의 도덕이 개인에게 부과하는 부담에는 행위갈등에 대한 결정이라는 부담만이 아니라 개인의 강한 의지에 대한 기대라는 부담도 있다. 한편 개인은 갈등상황에서 합의에 입각한 해결책을 추구할 태세가 되어 있어야 한다. 다시 말해서 그는 토론을 개시하거나 그 토론을 논증적 방식으로 수행할 태세가 되어 있어야 한다. 다른 한편 그는 도덕적 통찰에 따라 필요한 경우 자신의 이익에 반하여 행위할 수 있는 힘, 그러니까 의무와 자신의 성향을 조화시킬 수 있는 힘을 갖고 있어야 한다. 행위자는 규칙의 설립자로서의 자신과 규칙의 수신자로서의 자신을 하나로 합치시켜야 하는 것이다. 그리하여 원리에 따른 판단의 인지적 무규정성이라는 문제에 덧붙여, 인식된 원리에 따라 행위를 추진할 **동기의 불확실성**이라는 문제가 추가로 제기되는 것이다. 이 문제가 법집행의 사실성을 통해 흡수된다. 이성의 도덕이 그 수신자들의 동기와 태도 속에 충분하게 자리잡지 못하는 만큼, 이성의 도덕은 법에 의존해야 한다. 그리고 법은 동기와 태도를 일단 제쳐두고 규범을 준수하는 행위를 강제한다. 강제법은 규범적 기대에 제재의 위협을 부과함으로써, 그 수신자들이 행위결과에 대해서만 신중하게 고려해도 되게끔 만든다.

의지의 허약성은 무엇을 합리적으로 기대할 수 있는가(*Zumutbarkeit*)라는 또 다른 문제를 야기한다. 이성의 도덕의 규준에 따를 때 개인들은 모든 사람이 실제로 규범을 따를 것이라는 전제 위에서 규범의 타당성을 검사한다. 그러나 모든 사람들이 보편적으로 규범을 준수한다는 조건 위에서 모든 관련자들로부터 합리적으로 동기지어진 동의를 얻을 수 있는 규범만이 타당하다면, 이 조건이 충족되지 않는 한 어느 누구에 대해서도 타당한 규범을 준수하리라고 합리적으로 기대하기 어렵다. 모든 사람들이 타당한 규범을 준수할 것이라는 것을 누구나 기대할 수 있어야만 한다. 타당한 규범이 일탈적 행위에 대항하여 현실적으로 강제될 수 있을 때 비로소 모든 사람들이 타당한 규범을 준수할 것이라는 합리적 기대가 가능해진다.

(c) 세 번째 문제는 의무의 귀책능력(*Zurechenbarkeit von Verpflichtungen*)의 문제인데, 이것은 이성의 도덕이 갖는 보편주의적 성격 때문에 생긴다. 특히 이 문제는 적극적 의무와 관련하여 생겨난다. 왜냐하면 적극적 의무는 사회가 점점 더 복잡해질수록 협력과 조직을 필요로 하는 경우가 많아지기 때문이다. 예를 들어 익명의 이웃들을 기아로부터 보호해야 한다는 명명백백한 의무와, 제1세계에 거주하는 수백만의 사람들이 제3세계의 빈곤지역에 살고 있는 수십만의 사람들이 죽어가도록 방치하고 있다는 사실은 날카로운 대조를 보이고 있다. 박애정신에서 나온 자발적 도움도 조직된 경로를 통해서만 전달될 수 있다. 식량, 의약품, 의복, 하부구조들을 원조하는 일은 결코 개인이 주도할 수 없는 일로서 개인의 행동범위를 훨씬 뛰어넘는다. 많은 연구들이 보여주고 있듯이, 구조적 개선을 위해서는 새로운 경제질서까지 요구될 것이다. 이렇게 제도를 통해서만 해결될 수 있는 이와 유사한 문제들은 물론 우리 자신의 지역이나 나아가 우리의 가까운 이웃에서도 생겨난다. 도덕의식이 보편주의적 가치정향을 따를수록, 의심의 여지가 없는 도덕적 요청과 조직상의 제약 및 변화에 대한 저항 사이에 불일

치가 커진다. 따라서 익명의 행위망과 조직적 활동을 통해서만 채워질 수 있는 도덕적 요청들은 자기자신에게 적용될 수 있는 법체계 안에서 비로소 분명한 수신자를 발견할 수 있다. 오직 법만이 본래적으로 반성적이다. 법은 행위를 조정하는 일차규칙을 산출하는 데 필요한 이차적 규칙을 포함하고 있다. 법은 권한을 정의하고 조직을 세운다. 요컨대 그것은 책임의 체계를 산출하는 것이다. 이 체계는 자연적인 법적 인격체에만 관련되는 것이 아니라 법인단체와 공공기구 같은 허구적인 법적 주체에도 관련된다.

이 도덕적 분업의 문제는[38] 합리적 기대가능성, 의지의 허약성, 결정가능성의 문제 등과 유사한 방식으로 탈 인습적 도덕의 한계를 드러내주며, 법을 통한 보충이 기능적으로 필요해지는 지점이 어디인지를 보여준다. 또한 이성의 도덕이 제공하는 탈 인습적 정당화의 차원은 여타의 전통적 제도로부터 그 정당성의 기초를 앗아버리는데, 이 사실로부터 또 하나의 문제가 생긴다. 요구수준이 높은 도덕적 규준이 더 이상 소박하게 확립될 수 없다면 곧장 문제화의 물결이 시작되고, 가치를 잃어버린 전통적 제도들은 자신을 정당화해야 하는 압력을 받게 된다. 그러나 이성의 도덕은 기존 제도를 냉철하게 평가할 수 있는 시각은 제공하지만, 그 제도를 재구성하는 데 필요한 처방전까지 제공하지는 않는다. 실정법은 다른 제도를 대신할 수 있는 행위체계로서 이 재구성의 목적에 사용된다.

물론 정당성의 상실로 무너져버린 자연발생적 제도들을 재구성하는 데에만 법이 사용되는 것은 아니다. 사회적 현대화가 진행되면서, 재구성이 아니라 새로운 건설을 통해서만 충족될 수 있는 새로운 종류의 조직에 대한 필요가 생겨난다. 가족이나 학교 같은 전통적인 상호작용 영역의 경우 그 제도적 기초가 법적으로 새롭게 일신되어야 하고, 시장, 기업, 행정부 같이 형식적으로 조직된 행위체계는 법적 규제를 통

38) H. Schue, "Mediating Duties," *Ethics 98*, 1988, 687~704.

하여 새롭게 창출되어야 한다. 화폐를 통해 조절되는 자본주의 경제나 권한에 따라 조직되는 국가관료제는 그것을 제도화하는 법적 매체 속에서 비로소 출현한다.

그러나 앞서 살펴본 문제들이 시사하는 것과는 달리, 도덕을 (법으로) 보충해야 할 필요성만으로 법코드가 거둔 특수한 성과, 즉 사회가 점점 복잡해지면서 함께 늘어나는 규제상의 필요와 조직상의 필요에 응답하면서 법코드가 거둔 특수한 성과를 모두 설명할 수 있는 것은 물론 아니다. 반대방향에서 출발하여 법체계의 시각에서 도덕을 살펴볼 때 비로소 현실적 균형관계를 알 수 있다. 이성의 도덕이 오직 사회화 과정과 개인의 의식을 통해서만 효력을 갖는 한, 그것은 좁은 행동반경 안에 국한된다. 그러나 도덕은 자신과 내적으로 연결되어 있는 법체계를 통하여 모든 행위영역으로 뻗어나갈 수 있으며, 심지어는 법에 대한 일반적 복종을 제외한 어떠한 도덕적 부담도 면제시켜주는 행위영역, 즉 매체를 통해 조정되는 체계적으로 자립화된 행위영역에까지 영향력을 확대할 수 있다. 덜 복잡한 사회에서는 생활형식의 에토스가 사회적 통합력을 갖는다. 왜냐하면 이 통합적 인륜성이 생활세계의 모든 구성요소들을 하나로 묶으면서 구체적 의무를 제도와 조율시키고 동기구조 속에 정착시키기 때문이다. 복잡성이 높아진 경우에는 도덕적 내용은 법적 규제라는 회로를 통하여 사회전체로 확산될 수 있다. 물론 어떻게 어느 정도나 그럴 수 있는지를 평가할 수 있으려면 법체계 전체가 우리의 시야에 들어와야 한다.

3. 기본권의 담론이론적 정당화: 담론원리, 법형식, 민주주의 원리

이제 우리는 다양한 논증라인들을 함께 묶어서 시민의 사적 자율성과 공적 자율성에 동일한 비중을 부여하는 권리체계를 근거지을 수 있게 되었다. 그러한 권리체계는 시민들이 공동의 삶을 실정법을 통해 정당하게 규제하기를 원한다면 서로 인정해야만 하는 기본권을 포함해야 한다. 고전적 이성법에서와 마찬가지로 우리는 이 기본권을 우선은 비참여자의 관점에서 도입해야 한다. 그리고 이를 위하여 우리는 일련의 준비단계를 거쳤다. 먼저 우리는 정당성이 합법성으로부터 나온다는 역설을 분명히 하기 위하여 주관적 권리에 대한 이론사에서 출발하였다. 이어서 인권과 국민주권의 내적 연관을 보여주는, 자율성 개념에 대한 담론이론적 독해를 발전시켰다. 마지막으로 우리는 법규범을 일반적 행위규범과 구별시켜주는 형식적 특성을 해명하기 위하여 법과 도덕의 보완관계를 탐구했다. 흥미롭게도, 근대적 법질서 속에서 주관적 권리가 차지하는 특권적 지위는 이미 법적 형식 자체에서 생겨난다.

우리가 법을 일반적 수준에서 기대를 안정화시키는, 도덕에 대한 보충으로 이해한다면 법의 제정과 실행의 사실성은 — 법의 건설적 자기적용도 마찬가지이다 — 도덕적 부담이 사라진 특수한 종류의 상호작용에서는 불가결한 구성적 요소가 된다. 법이라는 매체 자체는 권리의 담지자로서의 법인격체의 지위를 정의하는 권리를 전제한다. 이 권리는 전형적이고 개인화된 행위자가 갖는 선택의 자유, 다시 말해서 조건부로 허용되는 주관적 행위상의 자유를 위한 것이다. 이 권리는 성공지향적 행위자의 이기적 자의를 상호이해지향적 행위의 의무적 맥락으로부터 분리한다는 측면을 갖고 있는데, 이 측면은 다른 측면, 그러니까 선택의 공간을 외부로부터 제한하는 강제법을 통한 행위조정이라는 다른 측면의 이면에 지나지 않는다. 이것이 개인의 주관적 자유를 보장하면서 동시에 그 자유들을 서로 양립할 수 있도록 만드는 법의 근본적 위상을 설명해준다.

그와 같은 주관적 권리는 사적 자율성을 보장하는데, 이 사적 자율성은 의사소통적 자유와 결부된 책무로부터의 해방이라고 말할 수도 있다. 클라우스 귄터(Klaus Günther)와 함께 나는 '의사소통적 자유'를 상호이해지향적 행위 속에서 상호 간에 전제되어 있는 가능성, 즉 상대방의 발화와 그 발화 속에서 함께 제기되고 상호주관적 인정에 의존하는 타당성 주장에 대하여 입장을 취할 수 있는 가능성으로 이해한다.[39] 이 자유는 책무와 결합되어 있는데, 법적으로 보장된 주관적 자유는 바로 이 책무로부터 **분리된다**. 의사소통적 자유는 수행적 태도 속에서 그 무엇에 관하여 상호이해에 이르고자 하고 또 상호적으로 제기된 타당성 주장에 대해 서로 입장표명을 기대하는 두 명의 행위자 사이에 존립한다. 상호주관적 자유가 발화수반적 의무와 결합되어 있는 까닭은 의사소통적 자유가 이렇게 상호주관적 관계에 의존하기 때문이다. 화자가 언어행위에서 제기된 타당성 주장에 대하여 필요한 경우 근거를 제시하려고 할 때, 청자는 그 비판가능한 타당성 주장에 대하여 '예/아니오'라는 입장표명을 통해 반응하는 가능성만 갖는다. 의사소통적으로 행위하는 주체들은 행위계획을 동의에 기초하여 조정하려고 하고, 또 그 동의 자체는 타당성 주장에 대한 상호 입장표명과 상호주관적 인정에 기초한다. 그러므로 여기서는 참여자들이 **공동으로** 인정할 수 있는 근거만이 중시된다. 이 공동의 **동일한** 근거가 바로 의사소통행위에서 합리적 동기화의 힘을 갖는다. 이와는 대조적으로, 주관적 자유에 따라 결정을 내리는 행위자는 자기에게 결정적 의미를 갖는 근거가 과연 타인에 의해서도 인정받을 수 있을까 하는 문제에는

---

39) K. Günther, "Die Freiheit der Stellungnahme als politisches Grundrecht," in: P. Koller u. a. (Hg), *Theoretische Grundlagen der Rechtspolitik. Archive für Rechts-und Sozialphilosophie(ARSP), Beiheft 51*, 1991, 58 ff.

관심을 두지 않는다. 이 때문에 법 주체의 사적 자율성은 본질적으로 소극적 자유로, 다시 말해서 발화수반적인 상호의무의 공적 공간으로부터 철수하여 서로에 대하여 관찰하고 서로에 대하여 영향력을 행사하는 입장으로 후퇴하는 자유로 이해할 수 있다. 법 주체가 말하고 대답해야만 할 필요가 없고 또 자신의 행위계획에 대해 공적으로 인정받을 만한 근거를 제시해야만 할 필요도 없는 범위에 비례하여 사적 자율성은 확대된다. (법적으로 허용된) 주관적 행위의 자유는 의사소통행위로부터 철수하여 발화수반적 의무를 거부할 수 있는 권한을 준다. 또 그것이 서로가 인정하고 서로가 기대하는 의사소통적 자유의 부담으로부터 자유로운 프라이버시를 근거짓는다.

그러므로 각인은 주관적으로 자유롭게 행위할 수 있는 권리를 갖는다고 말하는 칸트의 법원리는 이렇게 이해될 수 있다. 즉 법코드는 법 주체에게 의사소통적 자유에 대한 기대를 면제시켜주는 주관적 권리라는 형태 속에서 구성되어야 한다는 뜻으로 이해될 수 있다. 그러나 법원리는 단순히 주관적 자유의 권리가 아니라 동등한 주관적 자유의 권리를 요구한다. 각인의 자유가 일반적 법률에 따라 만인의 동등한 자유와 공존할 수 있어야 한다. 여기서 비로소 실정법에 대한 정당화의 요구가, 법의 형식적 규정만을 고려할 때에는 일단 무시할 수 있었던 정당화의 요구가 등장한다. 법원리에 대한 칸트의 정식에서 정당화의 부담을 지고 있는 것은 '일반적 법'이다. 이때 일반적 법 배후에는 항상 정언명령이 자리잡고 있다. 일반적 법이 주관적 행위의 자유에 대한 분배를 정당화할 수 있는 이유는, 법을 검증하는 이성의 일반화 검사를 성공적으로 통과했다는 점이 일반적 법 속에 표현되어 있기 때문이다. 바로 이러한 이유 때문에 칸트에서 법은 도덕에 종속된다. 그러나 이 종속상태는 법이라는 매체 자체 속에서 실현되는 자율성이라는 표상과는 양립할 수 없다.

시민들에 의한 자율적 입법이라는 이념은 법의 수신자로서 법에 종속되는 사람들이 동시에 법의 저자로 이해되어야 한다고 요구한다. 그러나 동등한 주관적 행위의 자유를 단순히 도덕적으로 정당화된 이후에 정치적 입법자에 의해 실정법으로 전환되기만 하면 되는 권리로 개념화한다면, 이 자율적 입법의 이념을 충족할 수 없다. 우리가 이미 합법성의 개념을 갖고 있는 한, 도덕적으로 판단하는 인격체로서 우리는 분명 근원적 인권의 타당성을 확신할 수 있다. 그러나 도덕적 입법자로서의 우리는 권리를 수신자로서 부여받는 법 주체와 동일하지 않다. 물론 개개의 법 주체가, 도덕적 인격체의 역할 속에서, 자기 스스로 특정한 기본권을 자기에게 부여할 수도 있었다는 것을 깨달을 수도 있다. 그러나 이렇게 사후에 사적으로 법을 도덕적으로 비준한다고 하더라도 그것으로는 정치적 타율성을 특징짓는 '법치'의 온정주의가 제거되는 것은 아니다. 오직 정치적으로 자율적인 입법이 있을 때에만 법의 수신자들도 법질서 전체를 올바로 이해할 수 있다. 왜냐하면 정당한 법은 법을 준수하려는 합리적 동기를 파괴하지 않은 법적 강제하고만 양립할 수 있기 때문이다. 법은 비록 강제성을 갖고 있지만 그 수신자들에게 의사소통적 자유의 행사를 포기하고 법의 정당성 주장에 대한 입장표명을 포기하라고 강요해선 안 되며, 효용을 계산하면서 자의적으로 결정하는 행위자의 객관적 태도를 위하여 법에 대한 수행적 태도를 포기하라고 강요해선 안 된다. 오히려 경우 경우마다 법의 수신자들이 어떤 태도를 취할지는 수신자들에게 맡겨야 한다. 법규범은 이론적 통찰에 입각하여 준수될 수 있어야 한다.

그러므로 시민들의 자율적 입법의 이념은 개별 인격체의 도덕적인 자율적 입법으로 환원될 수가 없다. 자율성은 더 일반적이고 더 중립적으로 개념화되어야 한다. 내가 우선 도덕과 법에 대해 무관심한 담론원리를 도입한 이유는 여기에 있다. 담론원리는 법적 제도화의 경로를 통해서 비로소 민주주의 원리라는 형식을 취하게 되고, 이 민주주의 원리는 다시 입법과정에 정당성을 산출할 수 있는 힘을 부여한다. 핵심사상은 민주주의 원리가 담론원리와 법형식의 상호침투로부터 생겨난다는 사상이다. 이 상호침투를 나는 권리의 논리적 발생으로 이해한다. 그리고 이 발생은 단계별로 재구성될 수 있다. 이 발생은 담론원리를 (법형식 자체를 구성하고 있는) 주관적 행위자유의 권리에 적용하는 것으로 시작하여, 정치적 자율성을 담론적으로 행사할 수 있는 조건들의 법적 제도화로 끝난다. 그리고 처음에는 추상적으로 정립되었던 사적 자율성이 이 정치적 자율성에 의해 사후적으로 법적으로 다듬어진 형태를 취하게 된다. 이러한 까닭에 민주주의 원리는 오직 권리체계의 핵심으로서만 출현할 수 있다. 이 권리의 논리적 발생은 하나의 순환과정을 이룬다. 그리고 이 순환과정 속에서 법코드와 정당한 법을 산출하는 메커니즘인 민주주의 원리가 동근원적으로 구성된다.

서술과정은 추상에서 구체로 진행된다. 이때 처음에는 이론가가 취한 외적 서술의 관점이 서술된 권리체계에 의해 내견화되면서 구체화가 이루어진다. 그리고 이제 이 권리체계는 시민들이 실정법을 도구로 삼아 공동의 삶을 정당하게 규제하려고 원한다면 서로 간에 반드시 인정해야만 하는 권리들을 포함해야 한다. '실정법'이라든지 '정당한 규제'라는 표현의 의미는 지금까지의 논의에서 이미 해명되었다. 그리고 우리는 — 이미 논의했듯이 — 사회적 행위기대를 안정화시키는 법형식 개념을 도입하고 또 법규범의 정당성을 검증할 수 있는 담론원리를 도입하였다. 이제 이것들을 도구로 삼아 우리는 세 개의 권리범주를 추상적 차원에서 도입하고자 한다. 여기서 세 권리범주는 법인격체의 지위를 정의함으로써 법적 코드 자체를 산출한다.

(1) 가능한 최대의 평등한 주관적 행위자유의 권리에 대한 정치적으로 자율적인 조형으로부터 생겨나는 기본권.
이 권리에 대한 필수적 상관물로서 다음 권리가 요청된다.
(2) 법적 동료들의 자유의지적 연합체 속에서 그 구성원의 지위에 대한 정치적으로 자율적인 조형으로부터 생겨나는 기본권.
(3) 권리의 소송가능성으로부터 그리고 개인적 권리보호에 대한 정치적으로 자율적인 조형으로부터 직접 생겨나는 기본권.

이 세 범주의 권리는 담론원리를 법이라는 매체 자체에 적용하는 순간에, 다시 말해서 수평적 사회구성의 법적 형식을 위한 조건에 적용하는 순간에 이미 생겨난다. 그러나 이 권리들은 아직 자유주의적 의미의 방어권으로 이해될 수 없다. 왜냐하면 그것들은 법적으로 조직된 국가권력 — 시민들은 이 권력으로부터 보호되어야 한다 — 에 앞서 오직 자유롭게 연합된 시민들의 상호관계만 규제하기 때문이다. 이 세 범주의 권리가 법적 주체의 **사적** 자율성을 보장한다면, 그것은 다름아니라 법적 주체들이 일단 서로를 법의 **수신자**로 인정하고 이로써 서로에게 법적 지위를, 다시 말해서 그들이 권리를 주장하고 서로에 대하여 권리를 관철할 수 있는 기초가 되는 법적 지위를 허용한다는 의미에서만 그러하다. 다음 단계에 가서야 비로소 법적 주체들은 그들의 법질서의 **저자**라는 역할까지 갖게 된다. 그것은 다음의 권리를 통해서이다.

(4) 시민들의 **정치적 자율성**이 행사되고 정당한 법이 산출되는 의견형성과 의지형성 과정에 시민들이 동등하게 참여할 수 있는 기본권.

이 범주의 권리는 헌법을 해석하는 과정에, 그리고 (1)에서 (4)까지의 기본권을 정치적으로 발전시키고 다듬어가는 과정에 성찰적으로 적용된다. 왜냐하면 정치적 권리는 자유롭고 평등한 시민의 지위를 근거짓기 때문이다. 그리고 이 지위 덕분에 시민들은 사적 자율성과 공적 자율성을 해석하고 발전시키는 목표를 위하여 '물질적인 법적 지위'를 변화시킬 수 있는데, 이러한 점에서 그 지위는 자기관련적이다. 또한 사적 자율성과 공적 자율성을 해석하고 발전시킨다는 목표와 관련할 때 지금까지 언급한 기본권들은 다음을 함축한다.

(5) 생활조건의 보장에 대한 기본권 : 이것은 현재의 상황에서 (1)에

서 (4)까지 언급한 시민적 권리를 균등한 기회를 갖고서 사용하는 데 반드시 요구되는 한에서 사회적, 기술적, 생태적으로 보장된다.

이하의 글에서 나는 절대적으로 근거지어진 네 가지 자유권 내지 참여권에 대해서만 몇 가지 논평을 하고, 마지막에 언급한 사회적 권리와 생태적 권리 같이 상대적으로 근거지어진 권리에 대해서는 마지막 장에서 다룰 것이다. 여기서 제안하는 기본권에 대한 담론이론적 이해는 인권과 국민주권의 내적 연관을 해명해야 할 것이고, 또 정당성이 합법성에서 생겨나는 역설을 해소해야 할 것이다.

(1)에 대하여: 법이라는 형식으로 등장하는 행위규범들은 행위자에게 주관적으로 행위할 수 있는 자유를 지각하고 행사할 수 있게 해준다. 그러나 이들 법 중에서 어느 것이 정당한가라는 질문은 주관적 권리의 **형식**만 참조해서는 대답할 수 없다. 담론원리의 도움을 받을 때 비로소 **누구나** 가능한 최대의 **평등한** 주관적 행위자유의 권리를 갖는다는 것을 보여줄 수 있다. 이렇게 각인의 권리가 만인의 동등한 권리와 양립할 수 있어야 한다는 조건을 충족하는 규제만이 정당하다. 칸트의 법원리는 평등한 자유에 대한 이 일반적 권리와 합치된다. 그러나 그것은 법코드가 법적 주체의 사적 자율성을 보장하는, **정당하게 분배된** 주관적 권리라는 형식 속에서 확립되어야 한다는 정도만을 말하고 있다. 물론 이러한 권리만으로는 법코드가 완전히 제도화되지 않는다. 법코드가 이를테면 특정 법적 공동체 내부에서 적용되어야 하고, 서로가 서로에 대하여 소송을 제기할 수 있는 권리를 확정해야 한다.

(2)에 대하여: 도덕적 규칙과는 달리 법적 규칙은 언어능력이 있고 행위능력이 있는 주체들 사이의 가능한 모든 상호작용 일반을 규제하는 것이 아니라, 구체적 사회의 상호작용 맥락을 규제한다. 이 점은

이미 법의 실정성 개념으로부터, 즉 입법과 법실행의 사실성 개념으로부터 도출된다. 법규범은 역사적 입법자의 결정에서 비롯되며, 지리적으로 분명히 구별된 법적 영역에 관련되며, 법적 동료들의 사회적으로 구획가능한 집합체에 관계하며, 따라서 특수한 효력범위와 관계한다. 즉 법규범은 역사적 시간과 사회적 공간의 측면에서 제한되어 있는데, 이 제한이 생기는 이유는 법적 주체들이 폭력을 사용할 수 있는 그들의 권한을 정당한 강제수단으로 독점하고 있을 뿐 아니라 필요한 경우 그 강제수단을 사용할 수 있는 층위에게 양도했다는 상황만 보더라도 이해할 수 있다. 왜냐하면 지상의 모든 폭력독점은 설령 그것이 세계통치를 위한 것이라고 할지라도 유한적일 수밖에 없기 때문이다. 그것은 우주와 미래에 비추어보면 국지적인 것이다. 그러므로 법코드를 확립하려면 법적 동료들의 특정한 결사체에 대한 소속여부를 규제하고 구성원과 비구성원을 구별하고 시민과 외국인을 구별할 수 있는 권리가 필요해진다. 국가라는 형태로 조직된 공동체 속에서 그것은 국적법이라는 형태를 띤다. 각 국가에 대한 국제법적 인정에 의존하는 국적의 대외적 측면은 여기서 우리의 관심사가 아니다. 대내적 측면에서 보면 구성원의 지위는 실체적인 법적 지위들을 부여하는 토대이며, 그 법적 지위들이 모여서 시민권이라는 의미에서 시민의 지위를 형성한다. 여기서 담론원리를 적용해보면, 각인은 자신의 국적이 일방적으로 박탈될 위험으로부터는 보호받아야 하지만, 국적을 스스로 포기할 수 있는 권리는 가져야 한다는 결론이 나온다. 외국으로 이민갈 수 있는 권리는 한 나라의 구성원 자격이 소속원의 (적어도 가정되어 있는) 동의행위에 기초해야 한다는 뜻을 함축하고 있다. 동시에 국내로 들어오는 이민, 그러니까 국적을 얻고자 원하는 외국인들에게 법적 공동체의 문호를 열어주는 경우 구성원과 대기자의 이익에 똑같이 부합하는 규제가 요구된다.

(3) 에 대하여: 마지막으로 법코드의 법적 제도화를 위해서는 자신의

권리가 침해당했다고 느끼는 모든 인격체가 자신의 이의제기를 관철할 수 있는 법적 구제(*Rechtswege*)가 보장되어야 한다. 법의 강제적 성격 때문에 갈등이 생겼을 경우 법을 구속력 있게 해석하고 적용하기 위한 특수한 절차가 필요해진다. 법정에서 소송이 법에 따라 공평무사하고 유권적으로 판결되고, 또 법적 인격체들이 독립적이고 효과적으로 작동하는 법정에 자유롭게 접근할 수 있을 때 비로소, 법적 인격체들은 자신의 권리와 결합되어 있는 제재력을 소송제기라는 형태로 동원할 수 있다. 그렇다면 이제 우리는 모든 인격체들에게 평등한 법적 보호, 법적 심리(*rechtliches Gehör*)의 평등한 청구, 법적용에서의 평등을 보장하고 따라서 법 앞에서의 평등한 대우를 보장하는 소송절차상의 기본권을 담론원리에 비추어 근거지을 수 있다.

종합하자면, 구성원 권리와 법적 구제의 보장에 대한 권리를 동반한 평등한 주관적 행위자유의 권리가 법코드 자체를 확립한다. 한마디로 말해서, 이러한 권리들이 없다면 정당한 법은 없다. 물론 우리가 친숙히 알고 있는 자유주의적 기본권은 법매체의 이 법적 제도화에서는 아직 다루어지지 않았다. 그러한 방어권이 겨냥하고 있는 조직화된 국가권력이 이 단계에서는 아직 논의되지 않고 있다는 점은 둘째 치더라도, 법코드 자체에 새겨져 있는 기본권들은 이를테면 불포화 상태에 있다. 그 기본권들은 정치적 입법자에 의해 상황에 따라 해석되고 조형되어야 한다. 법코드는 추상적 상태로 확립될 수는 없고, 실정법을 통해 공동의 삶을 정당하게 규제하고자 하는 시민들이 서로에게 특정한 권리들을 인정하는 방식으로만 확립될 수 있다. 다른 한편 이 개별 권리들은, 그들이 앞서 언급한 권리범주들의 해명으로 이해될 수 있을 때 비로소, 법코드를 확립하는 기능을 충족한다. 이러한 의미에서 인간의 존엄성, 인격체의 자유, 생명, 신체적 불가침성, 이주의 자유, 직업선택의 자유, 재산, 프라이버시의 침해불가능성 등에 대한 고전적인 자유주의적 기본권은 평등한 주관적 자유라는 의미의 일반적 자유권에 대한 해석들이며 조형방식들이다. 이와 유사하게 망명자 송환금

지나 정치적 망명의 권리 또는(예컨대 시민의 실체적인 법적 지위 같이) 시민의 권리와 의무에 속하는 모든 것은 자유롭고 평등한 법적 인격체들이 자발적으로 결성한 연합체의 구성원이라는 일반적 지위에 대한 구체화이다. 마지막으로, 평등한 법적 보호와 법적 구제의 보장은 소송절차상의 보장과 기본적인 법적 규준들을 통하여 해석된다〔여기에는 소급처벌의 금지, 일사부재리(一事不再理) 원칙, 특별법정 금지(*das Verbot von Ausnahmegerichten*), 법관의 독립성 보장 등이 포함된다〕.

여기서 놓치지 말아야 할 두 가지 측면이 있다. 한편으로 최초의 세 권리범주들은 개별 기본권을 특정화하기 위한, 아직 채워지지 않은 자리지킴이(*Platzhalter*)이며, 따라서 그것들은 오히려 헌법 제정자가 지향해야 하는 법원리들이다. 다른 한편 헌법 제정자가 법매체를 사용할 수밖에 없는 한, 그는 자신의 주권을 손상시키지 않는 가운데 앞서 언급한 원리들을 지향해야 한다. 왜냐하면 홉스와 루소가 그렇게 강조했던, 합리성을 제공하는 법형식의 성격이 바로 이 원리들 속에서 효력을 발휘하기 때문이다.

(4)에 대하여: 권리의 발생에 대한 지금까지의 재구성에서 우리는 오직 이론가의 시각에서 담론원리를 마치 외부로부터 가져오듯이 법형식 속으로 끌어들였다. 이론가는 시민들이 실정법을 사용하여 공동의 삶을 규제하기를 원한다고 할 때 서로 인정**해야만** 할 권리가 무엇인가를 그 시민들에게 **말해준다**. 지금까지 논의했던 권리범주들의 추상적 성격은 여기서 비롯된다. 이제 우리는 전망을 바꾸어야 한다. 시민들이 담론원리를 **스스로** 적용할 수 있으려면 이러한 전망교체가 필수적으로 요구된다. 왜냐하면 시민들이 다름아니라 자신을 법의 수신자로서 복종하고자 했던 그 권리의 저자로 이해하고 또 그렇게 행위할 때 비로소, 시민들이 법적 주체**로서** 자율성을 획득할 수 있기 때문이다. 물론 **법적** 주체로서의 시민들은 그들의 자율성을 실현할 수 있는 매체를 자유롭게 선택하지 못한다. 그들은 어떤 언어를 사용할 것인가를 더 이

상 자유롭게 결정하지 못한다. 오히려 법코드는 법적 주체들에게 그들의 자율성을 표현해줄 수 있는 유일한 언어로 주어져 있다. 자율적 입법의 이념은 법이라는 매체 자체 속에서 효력을 발휘할 수 있다. 그러므로 시민들이 자신이 제정한 법이 과연 정당한 법인지를 담론원리에 비추어 평가하기 위한 조건들 자체가 다시 법적으로 보장되어야 한다. 이것을 위한 권리가 바로 입법자의 의견형성과 의지형성 과정에 참여할 수 있는 정치적 기본권이다.

이렇게 전망을 바꾼 이후에는 평등한 의사소통 권리와 참여권을 더 이상 우리의 시각에서 근거지을 수 없다. 이제는 시민들 스스로가 민주주의 원리에게 그 법적 형식을 제공하는 권리는 어떤 성격의 것이어야 하는가에 대해 깊이 생각하고 또 — 헌법 제정자의 역할 속에서 — 결정해야 한다. 민주주의 원리에 따르면, 모든 잠재적 당사자들이 합리적 토론에 참여한다고 할 때 그들 모두의 동의를 얻을 수 있는 규범만 타당성을 주장할 수 있다. 따라서 바람직한 정치적 권리는 입법과 관련된 모든 토론과정과 결정과정에 대한 참여를 보장해야 하며, 또 그 모든 과정에서 모든 사람이 비판가능한 타당성 주장에 대하여 입장을 표명할 수 있는 의사소통적 자유를 평등하게 누릴 수 있도록 보장해야 한다. 의사소통적 자유를 정치적으로 사용할 수 있는 평등한 기회의 법제화에 상응하는 것이 그 속에서 담론원리가 적용되는 정치적 의견형성과 의지형성의 제도이다. 의사소통적 자유가 모든 제도화에 앞서 상호이해지향적인 언어사용의 조건과 관련되어 있는 것과 마찬가지로, 의사소통적 자유의 **공적 사용**에 대한 정치적 권리는 법적으로 보장된, 담론적 심의과정과 결정과정의 의사소통 형식과 절차들에 의존한다. 이러한 의사소통 형식과 절차들은 그 형식과 절차에 합당하게 얻어낸 모든 결과들이 정당할 것이라는 추정을 보장해야 한다. 그러므로 각인의 평등한 정치적 기본권은 자유롭고 평등한 모든 법적 인격체가 갖는 의사소통적 자유의 대칭적 법제화로부터 나온다. 그리고 이 의사소통적 자유는 다시 시민권에 따라 정치적 자율성을 행사할 수 있도록 만드는 담론적 의견형성과 의지형성의 형식들을 필요로 한다.

권리체계를 이런 방식으로 도입할 때 우리는 국민주권과 인권의 상호공속성을 이해할 수 있으며 따라서 정치적 자율성과 사적 자율성의 동근원성을 이해할 수 있다. 시민의 정치적 자율성의 공간이 실행만 기다리고 있는 자연적 권리나 도덕적 권리에 의해 제한되지도 않으며, 또 개인의 사적 자율성이 주권적 입법을 위해 단순히 도구화되지도 않는다. 법매체 자체와 의사소통적 사회구성 일반의 조건에 내장되어 있는 담론원리를 제외하면 시민의 자기결정에 앞서 미리 주어져 있는 것은 없다. 담론원리가 평등한 의사소통 권리 및 참여권의 도움으로 민주주의 원리로서 입법절차 속에서 제도화되어야 한다면, 이때 법매체가 반드시 요구된다. 물론 법코드의 확립 자체가 법적 인격체의 지위를 산출하고 불가침성을 보장하는 자유권을 이미 함축하고 있다. 그러나 이 자유권은 정치적 자율성의 행사를 가능하게 만드는 필수조건이다. 비록 입법자가 이 권리를 임의로 처리할 수는 없지만, 가능화의 조건으로서 이 권리가 입법자의 주권을 제한하지는 않는다. 가능화의 조건은 그것에 의해 구성된 것에 어떤 제한도 부과하지 않는다.

담론원리나 상호작용의 법적 형식성은 그 자체로 놓고 보면 권리를 근거짓는 충분한 요소가 아니다. 담론원리와 법매체가 서로 결합하여 하나의 권리체계를 발전시키고, 이 권리체계 속에서 사적 자율성과 공적 자율성이 서로의 전제가 될 때 비로소 담론원리가 법매체를 매개로 민주주의 원리라는 형태를 취할 수 있다. 역으로 정치적 자율성의 행사는 원칙적으로 불포화 상태에 있는 권리를 역사적 입법자를 통하여 해석하고 조형한다는 의미를 갖는다. 그 해석과 조형에 필요한 정치적 기본권의 경우에도 사정은 마찬가지이다. 모든 국가권력은 국민으로부터 나온다는 원칙도 상황의 변화에 따라 의사표명 및 정보의 자유, 집회와 결사의 자유, 신앙과 양심의 자유, 정치적 선거와 투표에 참여할 수 있는 권한, 정당활동이나 사회운동의 자유 등의 형태로 특정화되어야 하는 것이다. 권리체계를 법적으로 구속력 있게 해석하는 것은 헌법을 만들어 가는 행위인데, 이 과정에서 시민들은 정치적 자율성을 독창적으로 사용하며, 또 이를 통해 정치적 자율성은 실행의 측면에서 자기준거적 방식으로 구성된다. 이러한 까닭에 역사상의 여러 헌법들의 기본권 부분은 동일한 권리체계를 맥락에 따라 독해한 것들이라고 이해할 수 있다.

그러나 이 권리체계가 헌법의 틀을 짜는 입법자들에게 자연법으로서 미리 주어져 있는 것은 아니다. 이 권리들은 헌법에 대한 특정한 해석 속에서 비로소 의식되었다. 시민들이 권리체계를 그들의 상황에 비추어 새롭게 해석할 때, 사실상 그들은 자신의 공동의 삶을 법을 통해 정당하게 규제하기로 결정하는 순간 떠맡게 된 바로 그 사업의 수행적 의미를 명료하게 밝히는 일을 하고 있을 뿐이다. 그러한 사업에 전제되는 것은 오직 담론원리에 대한 직감적 이해와 법적 형식이라는 개념뿐이다. 그러므로 권리체계('*dem*' *System der Rechte*)라는 말은 고작해야 하나의 수렴점, 다시 말해서 그러한 실천의 자기이해에 관한 다양한 설명들이 하나로 수렴되는 지점을 의미할 뿐이다. '우리가' 이론적으로 도입한 추상적 시민권도 나중에는 하나의 인위적인 것으로 드러날 것이다. 누구도 역사적으로 이미 얻을 수 있는 해석과 무관하게 단독으로 권리체계에 접근할 수 있다고 자처할 수 없다. 권리체계는 초월적 순수성 속에서 존재하지 않는다. 200년이 넘는 유럽의 헌법 발달사는 우리에게 충분한 수의 모델을 제공하고 있다. 그리고 이 모델들의 교훈에서 출발할 때, 우리는 실정법을 통한 자기입법의 상호주관적 실천을 인도하는 통찰들을 일반화의 수준에서 재구성할 수 있다. 헌법제정은 정치적 혁명의 성공을 최종적으로 인가한 경우가 많았는데 이러한 성격 때문에 헌법제정은 역사적 변화에 끄떡도 하지 않는 초시간적이고 정태적인 규범을 성문화하는 것이라는 기만적 이미지가 생겼다. 법률 기술상의 이유로 단순한 법률에 비해 헌법에 부여했던 선차성은 법치국가 원리의 체계적 구조에 속한다. 그러나 그것은 헌법의 규범적 내용에 대한 상대적 고정화를 의미할 뿐이다. 앞으로 다시 보겠지만,

모든 헌법은 하나의 프로젝트이며, 이 프로젝트는 입법의 모든 차원에서 끊임없이 계속 추진되고 있는 헌법해석이라는 양태 속에서만 존립할 수 있다.

권리체계는 사적 자율성과 공적 자율성을 균형있게 보장하는데, 이로써 권리체계는 법의 실정성과 정당성의 긴장 속에서 처음 대면했던 그 사실성과 타당성의 긴장을 구체화시킨다. 이 두 계기의 결합은 법적 형식과 담론원리의 상호침투라는 형태로 나타나며, 또한 법의 수신자와 저자에게 보여지는 법의 두 얼굴이라는 형태로도 나타난다. 한편으로 권리체계는 동등한 주관적 행위자유들을 양립시켜주는 강제법을 통하여 성공지향적 개별 주체의 이기적 자의를 해방시킨다. 그리고 다른 한편으로는 그것은 공동선을 지향한다고 추정할 수 있는 시민들의 의사소통적 자유를 입법행위 속에서 동원하고 통합한다. 여기서 사실성과 타당성의 긴장이 다시 출현한다. 사실 첫눈에는, 정치적 기본권이 의사소통적 자유의 공적 사용을 주관적 권리라는 형식 속에서 제도화해야만 한다는 역설적 상황 속에 그 긴장이 집중된 것처럼 보인다. 법 코드는 다른 선택을 열어두지 않는다. 의사소통 권리와 참여의 권리는 특정한 언어 속에서 정식화되어야 한다. 다시 말해서, 그 권리를 사용할 것인지, 사용한다면 어떻게 사용하려고 하는가 하는 문제를 자율적인 법적 주체의 판단에 맡기는 언어 속에서 정식화되어야 한다. 법의 수신자가 법의 저자로서 자신의 자유로운 의지를 발휘하여, 자기이익의 성공적 추구라는 전망으로부터 일반적으로 동의받을 수 있는 규범에 관한 상호이해의 전망으로 선회해서 자신의 의사소통적 자유를 공적으로 사용하기를 원하는지 어떤지는 법의 수신자의 자유선택에 맡겨진다.

우리가 권리를 의미론적으로만 분석하는 경우 이러한 차이는 시야에서 사라진다. 어느 한 인격체에게 어느 한 권리가 인정된다면, 그는 그 권리에 상응하는 x를 요구하고 그 요구를 타인에게 관철시킬 수 있다. 이런 분석적 차원에서 우리는 소극적 권리와 적극적 권리를 구별할 수 있다. 그러나 이것으로는 법적 형식의 특수한 성격에 도달하지 못한다.[40] 화용론적 차원으로 넘어갈 때 비로소 칸트의 핵심 개념인 선택의 자유, 외적 관계, 강제권한 등의 개념들과 관련하여 분석했던 합법성의 측면이 우리의 눈에 들어온다. 이 측면에서 보면 주관적 권리의 수신자가 의사소통적 자유의 공적 사용에 대해 갖는 양가적 관계를 알 수 있다. 즉 이 주관적 권리의 부여는 또한 액면 그대로, 다시 말해서 주관적으로 행위할 수 있는 자유의 허용으로도 이해될 수 있어야 한다. 도덕과는 달리 법은 주관적 권리를 상호이해를 지향하는 방식으로 사용하라는 의무를 부과할 수 없다. 설령 정치적 권리가 바로 이런 종류의 공적 사용을 요청한다고 하더라도 말이다. 물론 이러한 양가성이라는 사실도 좋은 규범적 의미를 갖는다.[41]

사실 합법성으로부터 정당성이 나온다는 것은 법체계가 반복적으로 자기에게로 피드백하면서 자기 자신을 정당화하는 순환과정으로 간주되어야 한다는 전제 위에서만 역설로 비쳐진다. 그러나 이미 이 전제는 자유의 민주적 제도는 자유에 친숙한 시민들의 자발적 발의가 없다면 무너지고 만다는 명확한 증거에 의해 반박당한다. 민주적 제도의 자발성을 단순히 법을 통해 강요할 수는 없다. 오히려 그것은 자유의 전통에 의해 쇄신되며, 자유로운 정치문화를 지닌 연합체들 속에서 보존된다. 그러나 법적 규제는 여기서 요청되는 시민적 덕성의 비용이 낮은 수준에서 유지될 수 있도록, 그리고 그 비용이 높아지더라도 약간만 높아지도록 예방조치를 취할 수 있다. 권리체계에 대한 담론이론적 이해는 다음 두 측면 모두를 주목한다. 한편으로 입법의 정당화는 시민들의 자질로부터 담론적 의견형성과 의지형성의 법적으로 제도화

40) 법개념의 의미론적 분석에 대해선, H. J. Koch, *Die juristische Methode im Staatsrecht*, Frankfurt/Main, 1977, 29 ff. 참조.

41) 이것이 벨머(A. Wellmer)가 "Models of Freedom in the Modern World," *The Philosophical Forum XXI*, 1989/90, 227~252에서 제시한 논증의 합리적 핵심이다. 비록 그것이 문제 있는 결과를 안고 있지만 말이다.

된 절차로 넘어간다. 다른 한편, 의사소통적 자유의 법제화는 법이 스스로 통제할 수 없는 정당화의 원천에 의존해야만 한다는 것을 의미하기도 한다.

4

법의 재구성(2): 법치국가의 원리

법의 재구성은 의미해명이라는 위상을 갖는다. 권리체계를 통해서 우리는 근대적 법공동체의 구성원들이 종교적 근거나 형이상학적 근거에 기대지 않으면서 그들의 법질서를 정당한 것으로 간주할 수 있어야만 한다고 할 때 출발해야만 하는 전제들을 확인하였다. 그러나 법의 정당성과 입법과정의 정당화라는 문제는 지배질서의 정당성과 정치적 지배의 행사에 대한 정당화와는 다른 문제이다. 사유실험 속에서 재구성되는 기본권은 자유롭고 평등한 법인격체들의 모든 연합체에게 없어서는 안될 구성적 요건이다. 이 권리들 속에는 시민들의 수평적 사회구성이 마치 맹아상태처럼 반영되어 있다. 그러나 시민적 자율성의 법적 제도화라는 자기관련적 행위는 본질적 측면에서 불완전하다. 왜냐하면 그것은 자신을 안정시킬 수 없기 때문이다. 권리를 서로 인정하는 순간은 하나의 은유적 사건으로 머물러 있다. 아마도 사람들은 그 순간을 기억하고 의례화할 수 있을 것이다. 그러나 국가권력이 확립되어 기능하지 않는다면 그것은 영속적이 될 수는 없을 것이다. 만약 권리체계 속에서 이루어진 사적 자율성과 공적 자율성의 결합이 영구화되어야 한다면, 법제화 과정이 사적 인격체의 주관적인 행위자유와 시민의 의사소통적 자유에 국한되어선 안될 것이다. 법제화 과정은 법매체가 이미 전제하고 있는 정치권력에까지, 다시 말해서 법의 실행만이 아니라 법의 제정에도 구속력을 제공하는 권력에까지 직접 확대되어야 한다. 법과 정치권력의 동근원적 구성과 개념적 상호침투로부터 더 넓은 정당화의 필요성, 즉 국가의 제재력, 조직권력, 행정권력 자체를 법적으로 규제해야 하는 필요성이 생겨난다. (1) 이것이 법치국가의 이념이다. (2) 나는 이 이념을 의사소통적 권력을 산출하기 위해 충족해야 할 조건과 (3) 의사소통적 권력에 연결된 행정권력의 사용을 위해 충족해야 할 조건들에 비추어 설명하려고 한다.

1. 법과 정치의 내적 관계

(1) 우리가 법을 기대의 안정화라는 법 특유의 기능이라는 관점에서 고찰하는 한에서 법은 권리들의 체계로서 나타난다. 물론 이 주관적 권리들은 집합적으로 구속력 있는 결정을 내리는 조직을 통해서만 효력을 얻고 또 관철될 수 있다. 역으로 집합적 결정은 그것의 외피인 법적 형식 덕분에 집합적 구속력을 갖는다. 이와 같은 법과 정치권력의 내적 관계가 우리가 이미 다루었던, 주관적 권리가 객관적 법에 대해 갖는 함축 속에 반영되어 있다.

동등한 주관적 행위자유에 대한 권리는 기본권으로 구체화되고, 이 기본권은 실정법으로서 제재의 위협에 의해 뒷받침받으면서 규범의 위반이나 반대하는 이익들에 대항하여 관철될 수 있다. 그런 한 그것은 법규범의 준수를 보장하기 위하여 정당한 권력수단을 보유한 조직의 제재력을 전제한다. 이것이 국가의 한 측면, 다시 말해서 국가가 명령권을 뒷받침하기 위한 일종의 '담보'로서 군사력을 유지한다는 사실과 관련된다.

시민들의 자발적 결사체 속에서 구성원으로서의 권리들을 동등하게 누릴 수 있는 권리는 시간적으로나 공간적으로 경계가 분명한 집합체를 전제한다. 이때 소속원들은 이 집합체와 자신을 동일시할 수 있고, 또 자신의 행위를 집합체의 동일한 상호작용 맥락의 일부로 여길 수 있다. 이러한 집합체는 전체를 위하여 행동할 수 있는 중앙의 층위를 갖고 있을 때 비로소 법 공동체로 구성된다. 이것이 국가의 두 번째 측면인 자기주장의 측면과 관련된다. 이 측면에서 국가는 법적으로 조직된 공동생활의 정체성을 대내외적 측면에서 유지하기 위하여 자신의 조직능력 및 자기조직능력을 사용한다.

개인적인 법적 보호의 권리는 독립적이고 공평무사한 사법부에 대한 요구를 근거짓는 기본권 속에서 구체화된다. 그런 한에서 이 기본권은 국가적 차원에서 조직된 사법체계의 설립을 전제한다. 그리고 법정은 분쟁에 대한 유권적 판결을 위하여 제재력을 필요로 하고 법을 유지하고 계속 발전시키기 위하여 국가의 조직능력을 필요로 한다.

마지막으로, 정치적으로 자율적인 입법의 권리는 민주적 입법과정에 대한 동등한 참여의 요구를 근거짓는 기본권들 속에서 구체화된다. 이 기본권들은 다시 국가권력의 도움을 받아 확립되어야 한다. 나아가 입법부로 제도화된 정치적 의지형성은 결정된 계획을 수행하고 이행할 수 있는 행정권력에 의존한다. 이것은 국가를 정치권력의 관료적 행사를 위한 공적 제도로서 분화시킨 핵심측면과 관련된다. 국가권력은 공공행정의 관료조직 속에서 확고한 제도적 형태를 얻는다. 국가기구의 범위와 비중은 사회가 의지와 의식을 갖고 자신의 재생산 과정에 영향을 미치기 위하여 어느 정도나 법을 사용하는가에 달려 있다. 이렇게 사회가 자기에게 영향을 미치는 활동의 역동성은 사적인 자유권과 정치적 참여권을 사용할 수 있는 평등한 기회를 위해 사회적, 문화적, 생태적 전제를 충족시켜야 한다는 요구를 근거짓는 사회적 권리에 의해 가속화된다. 간단히 말해서, 국가가 제재권력으로서, 조직권력으로서, 행정권력으로서 필요한 이유는 법이 관철되어야 하기 때문이고, 법공동체가 정체성을 안정화시키는 힘과 조직된 판결을 필요로 하기 때문이며, 또 이행되어야만 할 계획이 정치적 의지형성 과정으로부터 산출되기 때문이다. 물론 이것은 권리체계에 대한 기능적으로 필수적인 보충으로 끝나는 것이 아니라, 이미 주관적 권리 속에 미묘하게 포함되어 있던 객관적인 법적 함축이다. 왜냐하면 국가권력은 흡사 외부로부터 온 것처럼 법 옆에 나란히 서 있는 것이 아니라, 법에 전제되어 있으며, 거꾸로 국가권력 자체는 법의 형식 속에서 세워지기 때문이다. 정치권력은 기본권의 형태로 제도화되어 있는 법 코드를 통해서만 발전할 수 있다. 독일 입헌주의가 처음에 법치국가 이념으로 자유권과 조직된 국가권력 사이에 지나치게 직접적 연관을 설정할 수 있었던 것도 이 때문이다.[1)]

법치국가는 시민의 사적 자율성과 법적 평등을 보장해야 하는 것으로만 간주되었다. 이에 비해 권리체계에 대한 담론이론적 근거제시는 사적 자율성과 공적 자율성의 내적 연관을 분명하게 보여준다. 법은 자신의 규범적 의미를 그 형식 자체를 통해서도, 미리 주어진 도덕적 내용을 통해서도 얻을 수 없고, 정당성을 산출하는 입법절차를 통해서 얻는다. 이러한 점에서 몰(Mohl), 로테크(Rotteck), 웰커(Welcker) 등과 같은 초기 자유주의 국가이론의 물질적 법률개념이 법치국가의 민주주의적 이념을 이해하는 데는 더 나은 출발점을 제공한다. 이들은 '법률'을 토론과 공공성으로 특징되는 절차 속에서 국민의 대표기구의 동의를 받아 산출한 일반적이고 추상적인 규칙으로 이해한다. 법치국가의 이념은 자신의 기능을 충족하기 위해서는 법을 사용해야만 하는

1) E. W. Böckenförde, "Entstehung und Wandel des Rechtsstaatsbegriffs," in: *Recht, Staat, Freiheit*, Frankfurt/Main 1991, 143~169; I. Maus, "Entwicklung und Funktionswandel der Theorie des bürgerlichen Rechtsstaats," in: *Rechtstheorie und Politische Theorie im Industriekapitalismus*, München 1986, 11~82.

국가권력이 내린 집합적으로 구속력 있는 결정은 단순히 법적 형식이라는 옷만 걸치는 것으로 끝나는 것이 아니라 그 자체 정당하게 제정된 법에 의해 정당화되어야 한다는 것을 요구한다. 정치적 지배의 행사를 정당화하는 것은 법적 형식이 아니라 정당하게 제정된 법과의 연계이다. 그리고 탈전통적 정당화의 차원에서는, 담론적 의견형성과 의지형성 과정 속에서 자유롭고 평등한 모든 법적 인격체들에 의해 합리적으로 받아들여질 수 있는 법만이 정당하다.

그러나 거꾸로 이것은 시민들의 정치적 자율성의 행사가 국가 속으로 통합되어 버린다는 결과를 가져온다. 다시 말해서 입법이 국가 안에 있는 하나의 권력으로 구성되는 것이다. 서로에게 권리를 인정하는 시민들의 수평적 사회구성이 수직적 사회구성을 가져오는 국가의 조직 형식으로 이행하면서 시민의 자율적 결정이 제도화된다. 즉 정치적 공론장에서는 비공식적 의견형성으로서 제도화되고, 정당 안팎의 정치적 참여로서, 보통선거의 참여로서, 의회의 심의와 결정 등으로서 제도화된다. 주관적 권리와 내적으로 결합된 국민주권은 국가권력과 다시 한 번 결합된다. 이때 그 결합은 "모든 국가권력은 국민으로부터 나온다"는 원칙이 제도적으로 분화된 의견형성과 의지형성의 의사소통적 전제와 절차를 통해 실현되는 방식으로 이루어진다. 이제 담론이론적 법치국가 개념에서 국민주권은 눈으로 확인할 수 있는 자율적 시민들의 모임으로 구현되지 않는다. 국민주권은 수많은 포럼과 입법기구를 관통하면서 주체도 없는 듯이 순환하고 있는 의사소통 흐름들 속으로 철수한다. 의사소통적으로 유동화된 국민주권은 이러한 익명의 형식 속에서만 국가기구의 행정권력을 시민들의 의지에 묶어 둔다. 앞으로 보겠지만 민주적 법치국가에서 정치권력은 의사소통적 권력과 행정권력으로 분화된다. 국민주권은 더 이상 집합체 속에서, 통합된 시민들의 물리적 실존 속에서, 또는 시민 대표자들의 집회 손에서 집결되지 않고, 이성적으로 구조화된 심의와 결정의 순환 속에서 그 효력을 보여준다. 그러므로 법치국가 속에는 어떤 주권자도 있을 수 없다는 명제에 무해한 의미를 부여할 수 있다.[2] 그러나 이러한 해석은 국민주권으로부터 그 급진 민주주의적 내용을 박탈하지 않게끔 더 정교하게 다듬어져야 한다.

법과 정치권력의 내적 관계를 재구성하려고 할 때 먼저 한 가지 오해를 피해야만 한다. 이 연구에서 우리가 관심을 두는 것은 규범과 현실의 간극이 아니며, 이상을 조롱하는 사회적 사실성으로서의 권력개념도 아니다. 우리의 관심사는 여전히 법에 내재하는 사실성과 타당성의 긴장이다. 이 긴장은 먼저 법적 타당성의 차원에서는 법의 실정성과 정당성 사이의 긴장으로서 서술되었고, 권리체계 내부에서 사적 자율성과 공적 자율성의 긴장으로 서술되었다. 법치국가의 이념이 도입되면서 이 전망도 확장된다. 이제 우리는 권리로부터 법적 형태로 조직되고 정당한 법에 따라 행사되어야만 하는 지배로 이행한다. 물론 법을 그 법이 암묵적으로 전제하는 정치권력에 반성적으로 적용하는 순간 사실성과 타당성의 긴장은 다른 차원으로 옮겨간다. 그리하여 이제 그 긴장은 법치국가의 원리에 따라 조직된 정치권력 자체 속에서 다시 등장한다. 정치적 지배는 상비된 폭력수단에 의한 제재위협에 기초한다. 그러나 동시에 그것은 정당한 법을 통해 권위를 얻는다. 법적 효력의 경우와 마찬가지로, 정치적 결정의 집합적 구속력 속에도 강제력이라는 계기와 규범적 타당성 주장이라는 계기가 조합되어 있다. 다만 위치만 뒤바뀌어 나타날 뿐이다. 법은 자신의 실정성과 무관하게 본래적으로 규범적 타당성을 주장한다. 이에 반해 권력은, 그것에 권위를 부여하는 규범적 제약과는 무관하게, 집합적 목표를 달성하는 수단으로서 정치적 의지에 의해 좌우된다. 이러한 까닭에 우리가 법을 경험적으로 고찰할 때 법은 정치권력이 이용하는 형식으로서만 기능하는 경우가 종종 있다. 이렇게 법에 외재하는 권력, 다시 말해서 법을 도구화하며 또 그런 점에서 정당하지 못한 권력의 사실성은 규범적 관

2) M. Kriel, *Einführung in die Staatslehre*, Opladen 1980, 224 ff.

점에서 본다면 전도된 사실성이다. 그러나 이 전도된 사실성은 현재로서는 우리의 주제가 아니다. 개념적 분석은 오직 정치권력 자체 속에 담겨 있는 사실성과 타당성의 긴장만 드러낸다. 이때 정치권력 자체 속에 그 긴장이 담겨 있는 이유는 정치권력은 법에 기대어 자신을 정당화해야만 하고 따라서 법과 내적 연관을 갖기 때문이다. 이러한 개념적 관계는 경험적으로 분석해야만 하는 규범과 현실의 대립과 혼동되어선 안 된다. 이 경험적 대립에 대해서는 제 8장이서 다룰 것이다.

(2) 법과 정치권력의 복합체는 친족구조를 중심으로 조직된 사회에서 국가적으로 조직된 초기 사회 — 고대 제국들과 그 문명들은 이 국가적으로 조직된 사회로부터 생겨났다 — 로의 이행을 특징짓는 요소이다. 물론 법과 정치권력의 결합 **그 자체가** 최초로 문제가 되었던 것은 근대 초의 과도기 사회에서였다. 국가권력이 신성한 전승의 맥락에서 벗어나 자연주의적으로 개념화되고, 또 권력자들에 전략적 관점에서 계산할 수 있고 목적합리적으로 사용할 수 있는 잠재력으로 개념화되었던 것은 마키아벨리부터였다. 폭력을 독점한 국가에 집중된 이 새로운 행정권력이라는 엄연한 사실을 직면하게 된 근대 이성법 이론가들은 국가의 제재력에 의해 뒷받침받는 법과 법적 형식에 따라 조직된 권력간의 상호작용을 설명할 개념을 모색하지 않을 수 없었다. 홉스는 한편으로는 계약관계와 법률의 **규칙구조**를 통해 다른 한편으로는 지상의 다른 모든 의지를 무산시킬 수 있는 주권자의 사실적인 **명령권**을 통해 이 문제를 풀어가려고 했다. 이 경우 국가권력은 지배계약이라는 기반 위에서, 주권적 의지가 입법기능을 넘겨받고 그의 명령이 법적 형식이라는 외피를 쓰는 방식으로 구성된다. 이로써 지배자의 의지로서의 권력(*Willensmacht*)은 법률이라는 회로를 통해 행사되었지만, 그러나 본질적인 면에서 그것은 여전히 적나라한 결정에 기초한 의지의 실체적 폭력이었다. 의지는 추상적 법형식으로 등장한 이성을 따랐지만, 이는 오로지 그 이성을 주권적 의지의 도구로 이용하기 위해서였

다. 이러한 이론구성 속에서는, 자연발생적 명령권의 사실성이 신민에게 주관적 행위자유를 허용하는 법의 규칙구조와 직접적으로 만나게 된다. 이러한 적대의 흔적은 칸트와 루소에서도 완전히 지워지지 않았다. 비록 칸트와 루소에서는 자율성으로 격상된 (법과 민주적 절차의) 규칙구조 속에 구현된 이성이 통합된 국민의 주권적 결정을 인도한다고 간주되었지만 말이다. 칸트의 자유주의적 개혁관은 법과 도덕을 분리시키는 정치권력의 자연적 본성, 정치의 불투명한 결단주의적 핵심에 대한 홉스의 존중을 여전히 드러내고 있다.[3)]

이성법의 주체철학적 개념들도 전국가적 사회의 자연발생적 기층이 갖는 사회적 통합력에 대한 적절한 사회학적 지각을 봉쇄시켰다. 사실 법과 정치권력의 복합체는 이미 오래전부터 이 전정치적 기층과 제휴할 수 있었다. 근대에 와서 비로소 일관성 있게 등장한 현상들 ― 즉 행정권력의 거대화, 법의 실정화, 법적 지배의 출현 등 ― 은 전통적 지배라는 형태로 국가권력이 최초로 출현했던 당시의 출발조건을 숨기고 있다. 부족사회에서 추장이나 승려 또는 특권적 가문의 구성원들이 위세를 바탕으로 보유했던 사회적 권력은 신비적 힘과 신성한 배후합의 덕분에 의무를 부과할 수 있는 힘을 갖게 된 인정된 행위규범과 결합하여 하나의 신드롬을 형성하고 있었으며, 이러한 결합은 국가적으로 조직된 정치권력이 진화하기 이전에 이미 분쟁을 판결하고 집합적 의지를 형성하는 제도를 가능하게 만들었다. 따라서 정치와 법의 국가적 복합체는 사회적 통합의 고대적 기반 위에서 생겨났다. 그러나 근대 이성법이 구성한 자연상태 개념은 이 사회적 통합의 고대적 기초를 고려하지 않았다. 물론 법과 정치의 발생을 설명할 때 나 역시 추상적 모델의 서술형식을 택할 것이며, 따라서 수많은 인류학적 자료들 중에서 개념적 재구성의 목적과 관련하여 적합성을 갖는 개별적 측면들만

---

3) C. Langer, *Reform nach Prinzipien : Zur politischen Theorie Immanuel Kants*, Stuttgart 1986.

부각시킬 것이다.

(a) 먼저 나는 갈등해결과 집합적 의지형성의 두 유형을 제시하고자 한다. 그 두 유형은 국가의 제재력에 의해 뒷받침받는 법도 요구하지 않고 법적 형식에 따라 행사되는 정치권력을 요구하지도 않는다. 오히려 그것들은 법과 정치권력이 상호적으로 구성될 수 있기 위한 토대를 형성한다.

파슨즈와 마찬가지로 나는 시공간 속에서 엮이는 사회적 상호작용이 이중의 우연성이라는 조건 위에 서 있다는 가정에서 출발한다.[4] 행위자들은 원칙적으로 그들이 이렇게 행위할 수도 있지만 저렇게 행위할 수도 있다고 서로에 대해 예상한다. 이 때문에 어느 정도 안정된 행위모델을 갖고 있는 모든 사회질서는 행위조정의 메커니즘에 의존해야만 한다. 그리고 대체로 그 메커니즘은 영향력과 상호이해이다. 행위조정이 일어나지 않으면 아노미 상태가 생기며, 이 상태를 행위자 스스로가 문제로 경험한다. 이러한 종류의 조정문제에는 두 개의 전형적 형태가 있다. 하나는 합치될 수 없는 개인적 행위정향들 때문에 발생하는 갈등의 규제이고 다른 하나는 집합적 목표의 선택과 협력적 실현이다(대인 갈등의 규제와 집합적 목표와 계획의 추구).[5] 가장 단순한 경우는 다수의 행위자들이 동일한 재화를 놓고 갈등이 생겨서 이 갈등을 비폭력적으로 해결하기를 원하는 경우나 또는 한 집단이 공동의 도전에 직면하여 그것을 협력을 통해 해결하고자 하는 경우이다. 하나의 경우에는 행위자들에게 다음의 질문이 제기된다. "우리가 어떤 규칙에 따라 함께 살아야 하는가?" 다른 경우에는 다음 질문이 제기된다. "우

---

4) T. Parsons, R. F. Bales, E. Schils, *Working Papers in the Theory of Action*, New York 1953, 63 ff.

5) Th. Raiser, *Rechtssoziologie*, Frankfurt/Main 1987 275 ff., 292 ff. 아울러 다음도 참조. H. Popitz, *Die normative Konstruktion von Gesellschaft*, Tübingen 1980.

리가 어떤 목표를 어떤 방식으로 달성하고자 하는가?" 갈등해결은 분쟁이 생겼을 때 행위기대를 안정화하는 문제와 관련되고, 집합적 의지형성은 합의될 수 있는 목표를 선택하고 효과적으로 실현하는 문제와 관련된다. 파슨즈는 이것을 유형유지와 목적달성이라고 불렀다.[6)]

개개의 단순 상호작용은 순수한 유형의 가치지향적 행위와 순수한 유형의 이익지향적 행위를 양극으로 하는 하나의 연속선 위의 어느 지점에 위치한다. 인격체들 간의 행위조정은 한 경우에는 가치합의를 통해 이루어지고, 다른 경우에는 이익균형을 통해 이루어진다. 대부분의 경우에는 이 두 가지 동기가 뒤섞여 있다. 그러나 행위자들은 어떤 측면이 적합성을 가지며 또 어떤 측면이 주제화되는가에 따라 상이한 태도를 취해야 한다. 다시 말해서 상호이해를 지향하는 행위자의 수행적 태도를 취하거나 자신이 설정한 우선순위에 비추어 행위결과를 지향하는 행위자의 객관적 태도를 취해야 한다.

행위자가 어떤 전망을 취하는가에 따라 행위조정의 문제는 상이한 방식으로 지각된다. 가치지향적 행위의 경우에는 행위자는 합의를 추구하거나 합의에 의존한다. 이익지향적 행위의 경우에는 이익균형이나 타협을 추구한다. 상호이해와 협상은 그 목표 때문에 구별된다. 당사자들이 추구하는 동의는 상호이해에서는 합의로 이해되고, 협상의 경우에는 협약(*Vereinbarung*)으로 이해된다. 전자는 규범과 가치를 고려하고 후자는 이익상황을 평가한다.

'합의'와 '중재'는 갈등해결의 두 유형을 대표하는 표어이다. 규범의 인도를 받는 행위의 조건에서는 갈등 당사자들이 문제상황에서 무엇을 해야만 하는가를 현존하는 가치합의에 기초하여 확인함으로써 문제를 해결할 수 있다는 전망이 지배한다. 이러한 문제해결의 구조에 상응하여 도덕적 권위(예를 들어 위세)가 동원되고 또 이에 상응하는 결정절

6) T. Parsons, E. Schils, *Toward a General Theory of Action*, New York 1951.

〈표 4-1〉 가치갈등과 집합적 의지형성의 기본유형

<table>
<tr><td rowspan="2">문제
행위조정
메커니즘</td><td rowspan="2">대인적 갈등의 규제</td><td colspan="2">집합적 목표의 추구</td></tr>
<tr><td>목표정립</td><td>목표실현</td></tr>
<tr><td>가치정향</td><td>합의</td><td>권위를 통한 결정</td><td rowspan="2">조직적 분업을 갖춘 명령권</td></tr>
<tr><td>이익상황</td><td>중재</td><td>타협</td></tr>
</table>

차(예를 들어 신탁)가 사용된다. 이익지향적 행위의 조건에서는 갈등 당사자들이 자신의 현실적인 권력위치와 이에 상응하는 위협 잠재력에 기초하여 이익의 균형점을 발견함으로써(타협결과로서 생기는 불이익을 보상하는 형태가 통례이다) 해결책에 도달한다는 전망이 지배한다. 이러한 문제해결의 구조에 상응하여 중재자가 동원된다. 이때 중재자는 협상을 진행시키고 촉구하지만, 당사자들 위에 있지 않기 때문에 구속력 있는 결정을 내릴 수는 없다.[7] 다른 한편 '권위'와 '타협'은 목표정립과 관련된 의견불일치를 해소할 때 기준이 되는 의지형성의 두 가지 원리를 상징하는 표어이다. 개별 인격체나 가문이 공동의 가치신념을 권위 있게 해석하는 데 충분한 위세를 누리거나 또는 갈등 당사자들이 그들의 현실적 힘에 기초하여 서로 납득할 만한 타협안에 도달한다. '조직적인 명령권'이라는 용어는 목표를 협력적으로 실현하기 위해서는 명령상의 조직적 분업이 필요하다는 사실을 기억시켜준다.

위에서 도출한 네 가지 문제해결전략을 부족사회의 갈등해결 제도와 집합적 의지형성의 제도를 사례로 설명할 수 있다는 것은 결코 우연이 아니다. 여기서 우리가 법인류학적 자료들에 관심을 쏟을 필요는 없다.[8] 앞으로의 우리의 고찰과 관련하여 중요한 것은 '중재'와 '타협'의

7) Raiser(1987), 301 ff.

8) Wesel(1985); L. Posposil, *Anthropologie des Rechts*, München 1982.

기술이 계층화된 친족집단들의 위세상의 차이나(전쟁을 위한 것이든 평화를 위한 것이든 간에) 연장자, 승려, 추장의 역할분화로부터 출현한 사회적 권력에 의존한다는 사실이다. 이 사회적 권력은 지위체계에 따라 분배되며, 이 지위체계는 다시 종교적 세계관이나 신비적 관행에 뿌리를 두는 제도들과 연결되어 있다. 이에 비해 다른 두 가지 기술, 즉 합의를 통한 갈등해결과 권위를 통한 집합적 의지형성은 관습, 도덕, 법이 여전히 공생관계 속에서 서로 침투하고 있는 규범적 복합체에 직접 의존한다.

이러한 가정에서 출발하여, 국가의 법과 정치권력의 동근원적 구성을 2단계 모델에 따라 재구성할 수 있다. 첫 번째 단계를 특징짓는 것은 갈등해결의 기능을 독점하는 재판관으로서 왕의 역할이고 두 번째 단계를 특징짓는 것은 국가의 조직형태 속에서 집합적 의지형성을 가능하게 만드는 행정참모의 제도화이다.[9)]

(b) 처음에는 존경과 사회적 권력에 대한 사실적 인정만 누리던 지도자가 신성한 재화의 행정을 담당하고 또 공동체가 신성하고 도덕적 강제력을 갖는 것으로 인정하는 규범에 대한 독점적 해석자가 됨으로써 지금까지 흩어져 있던 갈등해결의 기능을 자신의 수중에 집중시킬 수 있다. 신성법은 권력을 정당화할 수 있는 정의의 원천이기 때문에, 이 재판관으로서의 왕의 지위에 규범적 권위가 부여된다. 다시 말해서 아직까지 관습이나 도덕과 혼합되었던 전국가적인 신성법의 권위가 그 법에 대한 전담 해석자의 지위에 권위를 부여하게 된다. 이와 함께 위세있는 인물에게 그러한 위치를 부여했던 사실적 권력이 정당한 권력으로 전환된다. 그러나 사회적 권력에서 정치권력으로의 전환은 그것과 동시에 일어난 신성법의 형식변동이 없이는 이루어질 수 없다. 그

9) 이하의 내용에 대해서는 다음을 참조. K. Eder, *Die Entstehung staatlich organisierter Gesellschaften*, Frankfurt/Main 1976 ; J. Habermas, *Zur Rekonstruktion des Historischen Materialismus*, Frankfurt/Main 1976.

〈그림 4-1〉 법과 정치의 구성

신성법을 통해 권위를 부여받는 사회적 권력	사회적 권력을 통해 제재력을 부여받는 신성법
↓	↓
정당한 권력	사실적인 현행법
↘	↙

국가의 법과
정치권력

런 식으로 권위를 부여받은 권력자의 수중에 집중된 갈등해결은 이제 규범에 기초하게 되는데, 이때 그 규범은 단순한 도덕적 구속력을 넘어서서 사실적으로 관철된 법의 실정적 효력을 갖는다. 재판관으로서의 왕이 갖는 자연발생적인 사회적 권력은 물리적 권력원천을 담보로 삼고 있었는데, 이제 판결행위는 그 권력원천으로부터 제재의 잠재력을 빌려올 수 있다. 그러니까 전국가적 권력은 신성한 권위에만 의존하던 전래의 법에 새로운 종류의 담보를 제공하고, 이로써 그 법을 지배자에 의해 제재받는 구속력 있는 법으로 변형시킨다. 동시에 진행된 이 두 과정은 서로에게 피드백된다. 신성법을 통해 권력에 권위를 부여하는 과정과 사회적 권력을 통해 법에 제재력을 제공하는 과정은 동시에 (*uno acto*) 이루어진다. 이렇게 해서 정치권력과 국가에 의해 제재력을 제공받는 법이 법적 형식에 따라 조직되는 국가권력을 형성하는 두 가지 구성요소로서 등장한다.

우리의 모델의 두 번째 단계에서 국가법과 정치권력이라는 동근원적, 객관적 측면에서 일반화된 행위기대를 안정시키는 요소들이 관료제의 제도화 속에서 결합된다. 그리고 그 관료제의 제도화는 정치적 지배를 행사하는 조직된 형식을, 요컨대 국가조직을 통한 지배를 가능하게 한다. 이제 법이 정치권력을 정당화할 뿐 아니라, 권력도 법을 조직수단으로 이용할 수 있다. 국가권력의 규범적 권위는 법의 이러한

〈표 4-2〉 법코드와 권력코드의 기능적 관계

기능 / 코드	고유한 기능	상대적 기능
권력	집합적 목표의 실현	법의 국가적 제도화
법	행위기대의 안정화	정치적 지배의 조직수단

도구적 기능에 힘입어 법적으로 구속력 있는 결정을 내릴 수 있는 권능을 얻는다. 엄격한 의미에서 국가조직을 통한 지배라는 말은 이 단계에 와서야 할 수 있다. 이 지배의 특징은 법적 구속력이 있는 결정을 통해 집합적 목표를 실현하는 기능에 있다. 다른 한편 국가적으로 조직된 형벌체계는 판결의 강제성을 보장한다. 정치권력의 이러한 도구적 기능 덕분에 비로소 법정이 국가기구로 변형된다. 따라서, 시간적, 사회적, 객관적 측면에서 일반화한 행동기대를 안정화시키는 법의 기능은 국가 덕분에 작동하는 것이다. 따라서 우리는 코드로서의 법과 권력이 사회 전체를 위하여 담당하는 고유한 기능과 법과 도덕이 서로를 위하여 담당하는 기능을 구별한다.[10]

법이 정치적 지배에 법적 형식을 제공하는 순간 법은 이원적 권력코드를 구성하는 데 기여한다(〈표 4-2〉 참조). 권력을 가진 자는 타인들에게 명령을 내릴 수 있다. 그런 한에서 법은 국가권력의 조직수단으로 기능한다. 역으로, 권력이 법정의 결정에 대한 준수를 보장하는 한, 권력은 이원적 법코드를 구성하는 데 기여한다. 법정은 무엇이 합법적이고 불법적인지를 결정한다. 이런 한에서 권력은 법을 국가의 일부로 제도화하는 데 기여한다.

정치적 지배는 근대에 와서야 실정법의 형식 속에서 법적 지배로 발전하였다. 이제 실정법이 법의 고유한 기능인 행위기대의 안정화를 위

10) 파슨즈의 의사소통 매체이론에 대해서는 J. Habermas(1981) Bd. 2, 384쪽 이하 참조.

해 수행하는 일은 법적 안정성을 확립하는 일이다. 법적 안정성이 확립될 때 법의 수신자는 자신의 행위와 타인의 행위의 결과를 계산할 수 있다. 이러한 관점에서 볼 때 법규범은 통상적으로 문서로 정식화되어 있는 이해가능하고, 모순 없고, 정확한 규정이라는 형태를 취해야 한다. 모든 수신자들이 법규범을 알고 있어야 하며 따라서 법규범은 공개적이어야 한다. 법규범은 소급하여 적용되어서는 안 된다. 또 법규범은 그때그때의 행위상태를 일반적으로 규제하고 그 법적 결과에 연결시켜야 하며, 그리하여 법규범이 모든 사람들에게 그리고 비교가능한 모든 사례에 똑같은 방식으로 적용될 수 있어야 한다.[11] 이러한 요구에 상응하는 것이 코드화이다. 코드화는 법적 규칙들에게 고도의 일관성과 개념적 명료성을 제공한다. 이것이 법을 학문적으로 엄격하게 정비하고 교리상으로 정교화하고 체계화하는 법학의 과제이다.

다른 한편 법이 국가권력의 고유한 기능을 위하여 수행하는 역할은 하트(H. L. A. Hart)가 말하는 이차규칙을 발전시키는 데에서 특히 잘 나타난다. 여기서 다루어지는 것은 국가제도에 권한을 부여하거나 권한을 구성하는 권한규범이나 또는 법프로그램을 산출하고 그것을 행정부나 사법부에서 가공할 때 따라야 할 절차를 확정하는 조직규범이다. 법은 행위의 규범적 조정으로 끝나는 것이 아니라, 국가권력의 조직과 조정에도 기여한다. 그것은 시민들의 사적 자율성과 공적 자율성을 보장할 뿐 아니라 국가의 제도, 절차, 권능을 산출하는 구성적 규칙으로서도 기능한다.

(3) 그러나 법코드와 권력코드의 관계에 대한 이상의 분석은 법과 정치권력 사이의 교환을 동등한 비중을 갖는 자기충족적 교환으로 오도하는 그릇된 이미지를 불러일으킬 수도 있다. 일방적인 기능주의적

11) 론 풀러(Lon Fuller)는 실정법에 내재하는 도덕성의 근거를 여기서 찾는다. L. Fuller, *The Morality of Law*, Chicago 1969 ; 론 풀러의 논지에 대해서는 R. G. Summers, *Lon Fuller*, Stanford 1984.

분석의 시각에서 보면 사실 법은 권력코드를 구성하는 역할과 자기 고유의 기능을 충족하는 역할로 환원된다. 그리고 스스로 자신을 안정시키는 하나의 순환과정이 실정법과 정치권력 사이에서 작동할 수 있는 것처럼 보인다. 그러나 사실은 근대 초에 권력의 세속화가 일어나자 그 즉시 사람들은 법적 형식만으로는 지배의 행사를 정당화하는 데 충분하지 않다는 상황을 의식하게 되었다. 확실히 정치권력의 규범적 권위는 앞서 2단계 모델을 통해 서술했던 권력과 법의 융합만으로도 생겨난다. 하지만 그 재구성은 법이 정의의 원천으로 기능할 수 있는 한에서만 정당화의 힘을 갖는다는 사실도 보여주고 있다. 정치권력이 강제수단을 폭력의 자원으로 상비하고 있듯이, 법은 항상 정의의 자원으로서 남아 있어야 한다. 그러나 만약 국가이성이 임의로 법을 좌지우지한다면, 이 자원은 고갈되고 만다.

법의 실정화가 이미 완전히 진행되었던 17, 18세기의 유럽에서 이성법 이론가들은 나중에 베버가 법적 지배라고 묘사했던 지배유형과 대면했다. 이 상황에서 이성법은 기존의 법질서에 내장되어 있는 모순을 폭로하는 권력비판적 의미를 지니고 있었다. 사실 가장 강력한 이익을 특권화하는 규범적으로 정당화될 수 없는 처사가 법적 지배라는 형태 이면에 숨겨져 있을 수 있었다. 이 측면에서 이성법은 사실적으로 자기를 주장할 수 있는 모든 국가적 지배의 조직형식으로서의 법과 정당한 법의 권위에 바탕을 둔 특정한 지배질서의 정당성 조건으로서의 법 사이에 존재하는 모순을 폭로하였다. 전통사회에서는, 아래의 시나리오를 위한 조건들이 일반적으로 충족되는 한, 사실적으로 확립된 법과 정당하게 요구된 법 사이에 설득력 있는 연관이 형성되었다.

이미 인정된 세계관을 배경으로 법은 우선 신성한 토대를 소유하고 있었다. 일반적으로 종교법률가들이 관리하고 해석했던 이 법은 신성한 구원의 질서의 물신화된 일부나 자연적 세계질서의 일부로서 광범위하게 받아들여졌으며, 또 그것은 인간이 어찌할 수 없는 것이었다. 정치적 지배자도 최고 재판관으로서 이 자연법에 종속되어 있었다. 이

지배자가 관료적으로 제정한 전근대적 의미의 '실정'법도(재판관으로서의 권능에 의해 매개된) 지배자의 정당성이나 주어진 법질서에 대한 지배자의 해석이나 관습에서 자신의 권위의 토대를 발견했다. 이때 관습법은 다시 전승의 권위에 의하여 보장되었다. 그러나 근대로 이행하면서 결속력 있던 종교적 세계관이 주관적 믿음으로 분해되고 법이 그 형이상학적 위엄과 신성불가침의 지위를 상실하자마자 이러한 상황은 뿌리에서부터 바뀌었다.

인습화된 법은 탈인습적인 이성의 도덕과 분리되어 정치적 입법자의 결정에 맡겨졌다. 이때 정치적 입법자는 '자연적 이성' 이외에 어떤 규범의 구속도 받지 않는 가운데 사법과 행정 모두를 기획할 수 있었다. 이로써 도구적으로 이해된 권력과 도구화된 법 사이의 순환 속에서 정당성의 공백이 생겼으며, 이성법은 실천이성에 호소하여 이 공백을 메워야 했다. 그 공백이 생긴 이유는, 이제 더 이상 정치권력이 내재적으로 정당한 법에 의거하여 정당화될 수 없게 되면서, 국가적으로 조직된 사회로의 이행을 가능하게 만들었으며 또 진화론적 영향력도 매우 컸던 법/정치복합체의 구성조건이 파손되었기 때문이다. 이제 고갈되어 버린 정의의 신성한 자원을 이성이 대체해야 했다. 물론 이성법도 지배권력을 초실정적인 법에 의해 권위를 부여받은 것으로 구성했던 전통적 교리의 질곡에서 벗어나지 못한 면이 많았다. 이성법도 법과 권력이 근원적으로 적대관계에 있다는 관념을 극복하지는 못했던 것이다. 신성법의 전당이 무너진 폐허 위에 정치적으로 제정된 법과 도구적으로 사용할 수 있는 권력이라는 두 기둥만이 남은 이후, 이제 스스로 권위를 부여하던 신성법의 대체물을 제공할 수 있는 것은 오직 이성뿐이었다. 그리고 이성이 제공하는 새로운 법은 권력의 소유자로 묘사되었던 정치적 입법자에게 참된 권위를 되돌려줄 수 있을 것으로 간주되었다.

정치적 자율성에 대한 담론이론적 개념이 도입되면서 전혀 다른 전망이 열린다. 그 개념은 왜 정당한 법을 산출하기 위해서는 시민들의 의사소통적 자유가 동원되어야만 하는지를 설명한다. 이 설명에 따르면 입법은 새로운 유형의 권력의 산출에, 다시 말해서 **의사소통적 권력**의 산출에 의존한다. 한나 아렌트(Hannah Arendt)가 말했듯이 의사소통적 권력은 어느 누구도 '소유할' 수 없다.

> 권력은 사람들이 함께 행위할 때 사람들 사이에서 발생하며, 사람들이 다시 흩어지면 그 즉시 사라진다.[12]

이 모델에 따르면 법과 의사소통적 권력은 "여러 사람들이 공적으로 동의하는 의견"[13]으로부터 동근원적으로 생긴다. 정치적 자율성에 대한 담론윤리적 독해는 정치권력 개념의 분화를 요구한다. 법 자체의 정당성의 원천인 정의의 자원을 고갈시키지 않으려면, 법적 형식에 따라 구성된 행정권력의 바탕에 법을 제정하는 의사소통적 권력이 깔려 있어야 한다. 물론 한나 아렌트가 도입한 이 개념은 좀더 상세한 해명을 필요로 한다.

지금까지 우리는 방해받지 않는 의사소통적 권력의 공적 사용을 합리적 의견형성과 의지형성을 가능하게 한다는 **인지적** 측면에서만 고찰하였다. 관련 주제와 제안, 정보와 근거들에 대한 자유로운 처리가 필요한 것은 절차에 합당하게 얻어낸 결과들은 **합리적**일 것이라는 추측을 근거짓기 위해서이다. 그러나 담론적으로 산출되고 상호주관적으로 공유된 확신은 이와 동시에 **동기부여의** 힘도 갖는다. 비록 이 힘이 좋은 근거가 갖는 약한 동기부여의 힘을 넘어서지 못한다고 하더라도, 이 측면에서 보면 의사소통적 자유의 공적 사용은 권력잠재력의 생산자로 나타난다. 이것을 단순 언어행위에 대한 '예/아니오' 입장표명의

---

12) H. Arendt, *Vita Activa*, Stuttgart 1960, 194. 이하의 논의에 대해서는 다음을 참조. J. Habermas, "H. Arendts Begriff der Macht," in : *Philosophisch-politische Profile*, 1981, 228~248.

13) H. Arendt, *Über die Revolution*, München 1965, 96.

모델에 의거하여 예시해 볼 수 있다. 언어행위에서 함께 제기되는 타당성 주장에 대한 상호주관적 인정을 통해 화자와 청자 사이에서 **공동의 확신**이 생산되기도 하고 단순히 강화되기도 하는데, 이 공동의 확신은 화자와 청자가 행위와 관련된 의무들을 암묵적으로 받아들인다는 것을 뜻한다. 또 그러한 한에서 그것은 새로운 사회적 사실을 창출한다. 이제 시민의 의사소통적 자유가 정당한 법을 산출하는 데 동원되면, 그와 같은 발화수반적 의무들은 농축되어 행정권력을 보유한 사람들이 고려해야만 하는 잠재력을 형성하게 된다.

베버는 권력이라는 근본적 현상을 사회적 관계 속에서 자신의 의지를 타인의 저항에도 불구하고 관철시킬 수 있는 개연성으로 이해했다. 이와는 대조적으로 아렌트는 권력을 강제 없는 의사소통 속에서 형성된 **공동의지**의 잠재력으로 이해한다. 그녀는 '권력'과 '폭력'을 대비시킨다. 다시 말해서 상호이해를 지향하는 의사소통이 갖는 합의를 이루어내는 힘과 타인의 의지를 자신의 목적을 위한 도구로 만들 수 있는 능력을 대비시킨다.

> 권력은 단순히 행동하거나 그 무엇을 하는 것이 아니라 타인과 단합하고 타인과 조화를 이루어 행위하는 인간의 능력으로부터 나온다.14)

이와 같은 의사소통적 권력은 오직 왜곡되지 않은 공론장 속에서 형성될 수 있으며, 오직 왜곡되지 않은 의사소통의 훼손되지 않은 상호주관성 구조로부터 나온다. 의견형성과 의지형성의 장소에서 "자신의 이성을 모든 점에서 공적으로 사용하는" 모든 시민들의 거침없는 의사소통적 자유를 통해 '확장된 정신'의 생산력이 관철될 때 의사소통적 권력이 생겨난다. 이 확장된 정신의 특징은 이를테면 "사람들이 자신의 판단을 타인의 현실적 판단보다는 가능한 판단과 비교하고 스스로 다른

14) H. Arendt, *Macht und Gewalt*, München 1970, 45.

모든 타인의 위치를 취해본다"는 데 있다.[15)]

아렌트는 정치적 권력을 자신의 이익의 관철이나 집합적 목표의 실현을 위한 잠재력으로 파악하지도 않고 집합적 구속력이 있는 결정을 내리는 행정권력으로 이해하지도 않는다. 그녀는 정치적 권력을 정당한 법의 창출이나 제도의 설립 속에서 표현되는 권위를 부여하는 힘으로 파악한다. 정치적 자유를 보호하는 질서 속에서, 안으로부터나 밖으로부터 정치적 자유를 위협하는 억압에 대한 저항 속에서, 무엇보다도 "새로운 제도와 법률에 생명을 불어넣는" 자유를 산출하는 행위 속에서 정치적 권력이 그 모습을 드러낸다.[16)] 혁명가들이 거리에 흩어져 있는 권력을 장악하는 순간, 방어적 저항을 결심한 시민들이 타국의 전차에 맨주먹으로 저항하는 순간, 확신에 찬 소수파들이 기존 법의 정당성을 반박하고 시민 불복종을 감행할 때, 저항운동에서 순수한 '행위의 즐거움'이 분출할 때, 이때 정치적 권력이 가장 순수한 모습으로 출현한다. 아렌트가 여러 가지 역사적 사건들 속에서 그 흔적을 추적했던 것은 항상 의사소통적 행위와 정당한 법의 생산 사이의 형제동맹이라는 동일한 현상이었으며, 또 그녀가 미국혁명의 헌법제정의 힘 속에서 발견한 것도 바로 이것의 모델이었다.

이성법의 구성방식과는 대조적으로, '권력'과 '폭력'이라는 기본개념을 구별할 경우 권력은 법의 편에 선다. 이성법의 전통에서 자연상태로부터 사회상태로의 이행을 특징짓는 것은 계약 당사자들이 각자의 물리적 힘에 뿌리내리고 있는 자유를 포기한다는 점이다. 그들은 자신의 무제한적 행위의 자유를 국가권력에 양도하며, 국가권력은 흩어져 있던 무정부적 권력잠재력을 집중시켜 법률에 의해 제한된 주관적 자유를 감시와 훈육을 통해 관철하기 위하여 사용한다. 여기서 폭력의

---

15) 칸트의 《판단력 비판》(40절, B 158)을 준거점으로 삼아 아렌트는 권력, 의사소통적 자유, 담론, 공평무사성의 내적 관계를 설명한다. H. Arendt, *Das Urteilen : Texte zu Kants Politischer Philosophie*, München 1982, 17~103.

16) Arendt (1970), 42.

포기로부터 생겨난 법은 권력과 동일시된 폭력에게 작동회로를 제공하는 데 사용된다. 아렌트가 폭력과 권력을 개념적으로 분화시키면서 이러한 대립은 지양된다. 이제 처음부터 법은 정당한 법을 산출하는 의사소통적 권력과 결합되어 있다. 이와 함께 스스로를 정당화하는 자연법이 제공하던 정의의 자원을 대체할 새로운 정의의 자원을 발견해야 하는 고전적 과제는 사라진다. 다시 말해서, 단순한 사실적 폭력에게 정당한 권력을 갖춘 (지배적) 폭력의 권위를 제공할 수 있을 대체자원을 발견해야 하는 과제가 사라지는 것이다. 이제 한나 아렌트는 이러한 과제 대신에 연합한 시민들이 의사소통적 권력을 형성함으로써 어떻게 정당한 법을 제정하는지를 설명해야 하며, 그 시민들이 이 실천을 나아가 그들의 정치적 자율성의 행사를 어떻게 스스로 법적으로 보장할 수 있는지를 설명해야만 한다. 돌이켜보면, 법제정과 권력형성 간의 개념적 자매관계는 위의 질문에 대답을 제공하는 권리체계가 왜 직접적으로 실정법으로서 등장해야 하는지, 왜 권리체계가 시민들의 의지형성에 선행하는 도덕적 타당성이나 자연법적 타당성을 주장할 수 없는지 그 이유를 다시 한 번 분명하게 보여준다.

물론 의사소통적 권력개념을 통해 우리는 정치권력의 발생만 파악할 수 있을 뿐이며, 이미 구성된 권력의 행정적 사용, 즉 권력을 행사하는 과정은 설명할 수 없다. 또 이 개념으로는 행정권력의 행사를 정당화시켜주는 지위를 얻기 위한 투쟁도 설명하지 못한다. 그러나 아렌트는 권력의 사용이나 권력의 획득 및 유지를 위한 투쟁은 모두 다 이 권력의 의사소통적 형성과 쇄신에 의존하고 있다는 점을 강조한다. 권력할당과 권력경쟁이라는 현상만을 다루는 사회학적 이론에 대해 그녀는 어떤 정치적 지배도 권력의 자원을 임의로 확대시킬 수 없다고 정당한 반론을 제기한다. 의사소통적으로 산출된 권력은 희소한 재화이다. 조직들은 이 재화를 획득하기 위해 경쟁하고 공직자들은 이 재화를 불리려고 하지만, 그 재화는 조직이나 공직자 그 어느 것에 의해서도 생산될 수 없다.

> 하나의 정치체를 묶어주는 것은 그것이 그때그때 갖고 있는 권력잠재력이다. 그리고 정치공동체의 몰락을 가져오는 것은 권력의 상실이고 최종적으로는 무기력이다. 그러나 이 과정 자체는 파악될 수 없다. 폭력수단은 비축해 두었다가도 필요한 경우 아무 손상 없이 사용할 수 있는 데 비해, 일반적으로 권력잠재력은 실현되는 정도만큼만 존재하기 때문이다. … 말과 행위가 분리될 수 없을 정도로 긴밀하게 밀착되어 나타나고, 말이 공허하지 않고 행위가 잔혹하지 않은 곳에서 비로소 권력이 실현된다.17)

그렇다면 이제 말과 행위의 일치가 지배의 정당성을 재는 규준이 될 수 있을 것이다. 그러나, 의사소통적 권력이 행정권력이라는 형태로 제재하고 조직하고 집행하는 기능들을—앞서 보았듯이 권리체계는 이 기능들에 의존하고 또 이 기능들을 전제한다—담당하기 전에 겪어야 하는 집합적 조건의 변화가 있는데, 이 변화는 말과 행위의 일치라는 규준으로는 여전히 설명되지 않는다.

의사소통적 권력개념이 도입되면서 정치권력의 개념에서 분화가 일어난다. 정치가 정치적으로 자율적으로 행위하기 위하여 서로 대화하는 사람들의 실천과 완전히 일치하는 것은 아니다. 정치적 자율성의 행사는 공동의지의 담론적 형성을 의미하지, 거기서 생긴 법률의 시행까지 의미하는 것은 아니다. 정치개념은 정치체계 안에서 이루어지는 행정권력의 사용과 정치체계로의 접근을 둘러싼 경쟁까지 포괄한다. 권력코드가 구성된다는 것은 행정체계가 집합적 구속력이 있는 결정권한을 갖고서 조정된다는 것을 뜻한다. 이러한 까닭에 나는 법을 의사소통적 권력이 행정권력으로 번역되는 매체로 간주할 것을 제안한다. 왜냐하면 의사소통적 권력에서 행정권력으로의 변형은 법률이 허용하는 테두리 안에서 권한부여라는 뜻을 갖기 때문이다. 그렇다면 일반적으로 말해서 법치국가의 이념은 권력코드를 통해 운영되는 행정체계를

---

17) Arendt(1960), 193 f.

법을 제정하는 의사소통적 권력에 결속시키는 동시에 행정체계를 사회적 권력의 영향으로부터는, 즉 특권적 이익의 사실적 관철로부터는 분리시켜야 한다는 요청으로 해석할 수 있다. 행정체계가 스스로 자신을 재생산해서는 안 되며, 오직 의사소통적 권력의 변형으로부터 재산출되어야 한다. 궁극적으로 법치국가가 권력코드 자체를 훼손시키지 않고 따라서 행정체계의 고유한 작동논리를 간섭하지 않는 가운데 규제해야만 하는 것은 바로 이 전환과정이다. 사회학적으로 보면, 법치국가의 이념은 사회전체를 통합하는 세 가지 힘인 화폐, 행정권력, 연대성 사이의 균형을 설립한다는 정치적 측면만 해명해 준다.

법치국가의 이념을 다루기에 앞서 의사소통적 권력이 형성될 수 있는 조건을 제시해야 할 것이다. 여기서 나는 민주적 입법자의 의견형성과 의지형성의 구조를 규정하는 문제제기의 논리에서 출발할 것이다.

2. 의사소통적 권력과 정당한 법률제정

(1) 참정권은 정치와 법률에 대한 의결로 귀결되는 공적 의견형성과 의지형성의 법적 제도화를 가리킨다. 이 참정권은 담론원리가—이제 보게 되듯이—이중의 측면에서 관철되는 의사소통 형식 속에서 이루어지는 것으로 간주된다. 우선 담론원리는 인지적 의미를 갖는다. 즉 담론 속에서 얻은 결과가 합리적으로 수락할 만한 것으로 추정될 수 있도록 쟁점과 이에 대한 의견 그리고 그 근거 및 정보를 걸러낸다. 민주적 절차는 법의 정당성을 근거지어야 한다. 그러나 정치적 공론장과 의회에서의 의견형성과 의지형성의 담론적 성격은 실천적 의미도 갖는다. 다시 말해서 한나 아렌트의 의미에서 '폭력 없고', 의사소통적 자유의 생산력을 해방시키는 상호이해 관계를 설립한다는 의미도 갖는다. 공동의 확신의 의사소통적 권력은 오직 훼손되지 않은 상호주관성의 구조로부터만 나온다. 이러한 담론적 법률제정과 의사소통적 권력형성 사이의 착종은 궁극적으로는 의사소통행위에서는 근거가 곧 동기이기도 하다는 사실에 기인한다. 그러나 이러한 착종이 요구되는 주된 이유는 무엇보다 공동의 삶을 법을 통해 규제하려는 구체적 공동체는 행위기대의 규범적 규제라는 문제를 집합적 목표설정이라는 문제와 분리할 수 없기 때문이다. 이상화된 공동체 속에서 도덕적 책임을 안고 있는 인격체에게는 두 문제가 분리될 수 있지만, 구체적 공동체가 이와 동일한 정도로 두 문제를 분리할 수는 없다. 정치적 질문은 도덕적 질문과 다른 것이다.

도덕과는 달리 법은 상호작용 맥락 일반을 규제하는 것이 아니라, 특정한 역사적 조건과 사회적 환경 속에서 자신을 유지해 가는 법적 공동체의 자기조직을 위한 매체로서 봉사한다. 이러한 까닭에 법 속에는 구체적 내용과 목적론적 관점이 들어온다. 도덕적 규칙은 모든 사람들에게 동등하게 이익이 되는 것을 겨냥하기 때문에 단적인 일반적 의지를 표현한다. 이에 반해 법적 규칙은 특정한 법적 공동체에 소속된 사람들의 특수한 의지도 표현한다. 또, 도덕적 자유의지는 모든 사람들이 합리적 방식으로 받아들일 수 있는 것만 말하기 때문에 일정정도 가상적인 데 반해, 법적 공동체의 정치적 의지는 물론 도덕적 통찰과 일치해야 하지만 그것에 그치지 않고 상호주관적으로 공유된 생활형식, 주어진 이해관계, 실용적으로 선택한 목적도 표현한다. 법이라는 매체 속에서는 행위방식에 대한 규범적 규제가 집합적 목표설정에도 개방되어 있는데, 이것은 정치적 쟁점의 본성에서 비롯한다. 이로써 정치적 의지형성에서 고려되어야 할 근거들의 스펙트럼도 확대된다. 즉 도덕적 근거 외에 윤리적 근거와 실용적 근거도 고려되어야 하는 것이다. 이와 함께 무게중심은 의견형성에서 의지형성으로 넘어간다.

규제를 필요로 하는 소재가 구체적이고 법률의 성격이 구체적일수록, 근거지어진 규범의 수락가능성은 역사적 생활형식의 자기이해, 경쟁적 집단이익 간의 균형, 경험적 정보에 입각하여 대안적 목표들 중에서 하나를 설정하는 것 같은 요소를 더 많이 포함하게 된다. 이러한 의지적 구성요소들과 함께 목적론적 관점들이 법의 내용 속으로 들어오는데, 한 사회에서 집합적 목표의 추구가 국가 속에 집중될수록 이 목적론적 관점은 더욱 강화된다. 그 집중도에 비례하여 국가의 확장된 기능영역과 늘어난 조직활동은 법률제정을 통해 설계되고 계획되어야 하기 때문이다. 자유주의 모델에서는 집합적 목표를 추구하는 층위는 일반적으로 (주관적 권리의 관철을 위하여 행사되는 것으로 한정된) 국가권력으로부터 시장 메커니즘과 자유의지적 결사체들로 넘어가는데,[18] 이 모델에서조차도 법은 조세에 관련된 법률제정이나 군사적 안보라는 목적론적 관점으로부터 해방될 수 없다. 다른 한편 집합적 목표에 대한 고려 때문에 법형식을—그리고 법의 고유한 기능을—

18) E. A. von Hayek, *Die Verfassung der Freiheit*, Tübingen 1971.

파괴해선 안 된다. 즉 그것 때문에 법을 정치로 환원시켜선 안 된다는 것이다. 그렇지 않을 경우 근대법에서 순수한 형태로 나타나는 사실성과 타당성의 긴장은 사라지고야 말 것이다. 만약 법이 — 제도주의적 모델에서처럼 — 미리 주어진 '구체적 질서들'을 접합해야 한다면,[19] 법의 정당성은 법이 모방한 실체적인 인륜적 삶의 실정성으로 동화될 것이다. 그럼에도 불구하고 도덕적 규칙에 비해 구체적인 법의 성격은 (a) 법적 규범의 내용과 (b) 타당성의 의미 그리고 (c) 법률제정의 양식과 관련되어 있다.

(a) 도덕이론의 의무론적 접근방법은 도덕적 명령에 대한 목적론적 독해를 처음부터 배제한다. 그 접근방법에 의하면, 우리가 도덕적 당위의 의미 속에서 특정한 선이 갖는 추구할 만한 성격만을 보려고 한다면 도덕적 당위의 의미는 오해될 것이라고 주장하는데, 이것은 정당한 주장이다. 우리가 도덕적 명령을 '마땅히' 따라야만 하는 것은 우리가 그것을 옳다고 인식하기 때문이지, 그것을 따름으로써 특정한 목적이 실현되리라고 기대해서가 아니다. 설령 그 목적이 최고의 개인적 행복이나 집합적 복지라고 할지라도 말이다. 정의의 문제는 대인적 갈등에서 분쟁이 되고 있는 요구와 관련된 문제이다. 우리는 이 요구를 타당한 규범에 비추어 공평무사하게 평가할 수 있다. 그리고 그러한 규범 자체는 다시 모든 사람에게 동등하게 좋은 것이 무엇인지를 검사하는 일반화 검사를 통과해야 한다. '참이다'는 말이 단언문의 타당성에 대한 술어이듯이, '옳다'는 말은 도덕적 명령을 표현하는 일반적인 규범적 문장의 타당성에 대한 술어이다. 이러한 까닭에 정의는 여러

---

19) 법사회학의 인류학적 접근방법에 대해서는, H. Schelsky, *Die Soziologen und das Recht*, Opladen 1980을 참조할 것. 그리고 법학에서의 구체적 질서관에 대해서는 C. Schmitt, *Über deri Arten des rechtswissenschaftlichen Denkens*, Hamburg 1934를 참조할 것. 슈미트의 견해에 대해서는, I. Maus, *Bürgerliche Rechtstheorie und Faschismus*, München 1980.

가치 중의 하나가 아니다. 가치는 항상 다른 가치와 경쟁한다. 가치는 특정한 인격체나 집합체가 특정 상황에서 어떠한 선을 추구하거나 선호하는지에 대해 말해준다. 가치들 사이의 질서는 오직 특정한 개인이나 집단의 전망에서 일시적으로 형성된다. 그러기에 가치는 상대적 타당성을 주장하는 데 비해 정의는 절대적 타당성 주장을 제기한다. 도덕적 명령은 모두에게 그리고 누구에게나 타당하다고 주장한다. 물론 도덕적 규범도 가치나 이익을 구현한다. 그러나 오직 쟁점이 되고 있는 특수한 소재와 관련하여 보편화될 수 있는 가치나 이익만 구현한다. 이러한 보편성 주장 때문에, 도덕적 명령을 목적론적으로 해석하는 것이, 즉 특정한 가치나 이익의 상대적 선호라는 관점에서 해석하는 것이 배제된다.

그러나 이제 법규범의 근거를 제시하고 적용하는 과정에서는 집합적 목표와 선에 대한 참조가 일익을 담당하게 된다. 법규범은 도덕적 규범과 동일한 추상수준에 서있지 않은 것이다.[20] 일반적으로 그것은 모든 인간에게 동등하게 좋은 것이 무엇인가를 말하지 않는다. 그것은 하나의 구체적 법공동체의 시민들이 살아가는 삶의 맥락을 규제한다. 여기서는 전형적으로 반복되는 행위갈등을 정의의 관점에서 규제하는 문제만 다루어지는 것은 아니다. 실천이성의 도덕적 사용을 요구하는 문제상황만이 규제를 필요로 하는 것은 아니다. 법이라는 매체는 집합적 목표의 협동적 추구와 집합적 선의 보호를 요청하는 문제상황을 위해서도 요구된다. 근거제시의 담론과 적용의 담론이 실천이성의 실용적 사용에 대해서도, 특히 실천이성의 윤리적 정치적 사용에 대해서도 열려 있어야 하는 까닭이 여기에 있다. 이성적인 집합적 의지형성이 구체적 법 프로그램을 목표로 삼는 순간, 그것은 정의의 담론의 경계선을 넘어서야만 하며, 자기이해와 이익균형의 문제를 포함해야만 한다.

---

20) R. Dworkin, "Principle, Policy, Procedure," in : *A Matter of Principle*, Cambridge 1985, 72~103.

물론 근거제시 스펙트럼이 이렇게 확장된다고 해서 권리체계가 일반적으로 도덕과 법 사이에 설립하는 구조적 유사성이 부정되는 것은 아니다. 단순한 입법도 헌법으로 발전된 권리체계를 구체화하는 것으로 이해되어야 한다. 도덕적 규칙과 법률은 적어도 이중의 관점에서 모두 다 "일반적이다". 먼저 그들이 불특정 다수를 수신자로 갖고 있으며, 따라서 어떤 예외도 허용되지 않으며, 그 적용에 있어서 특권이나 차별이 배제된다는 점에서 일반적이다. 이것은 법률 적용상의 평등과 관련된다. 도덕적 규범에서는 모든 사람이 수신자인 데 반해, 법규범에서는 오직 법공동체의 구성원들만 수신자이다. 그러나 이것이 그 자체로서 법률의 내용상의 '일반성'에 다른 의미를 부여하는 것은 아니다. 이상적인 경우 법률도 하나의 소재를 모든 관련자들의 동등한 이익이라는 관점에서 규제하며, 그런 한에서 일반화될 수 있는 이익을 표현한다. 그럼에도 불구하고 법에서 모든 이익을 동등하게 고려하는 것은 도덕의 경우와는 다른 의미를 갖고 있다.

법의 실질적 평등(*Rechtsinhaltsgleichheit*)은 정의로 환원되지 않는다. 법률에 의해 규제되는 소재들에서는 다른 모든 것을 사상하고 오직 정의라는 도덕적 문제만 남기는 추상수준이 허용되지 않는 경우가 종종 있기 때문이다. 법적 소재들은 집합적 목표 및 선의 문제를 건드리는데, 그 결과 비록 공동의 정체성까지는 아니지만 구체적 생활형식의 질문이 제기된다. 그러나 이런 경우 무엇이 모든 사람들에게 좋은가라는 문제만이 아니라, 참여자들이 그때그때 누구이며 그들이 어떻게 살아가기를 원하는가 라는 문제도 해명되어야 한다. 그뿐만 아니라, 참여자들이 강한 가치평가에 비추어 선택하는 목표와 관련하여, 어떻게 그들이 이 목표를 가장 잘 달성할 수 있는가 라는 질문도 제기된다. 따라서 정의의 문제의 영역이 확대되어 자기이해의 문제와 합리적 수단 선택의 문제까지 포함하게 된다. 일반화를 허용하지 않고 타협을 필요로 하는 이익균형의 문제도 여기에 포함되는 것은 물론이다. 하나의 법률이 이러한 여러 가지 종류의 문제들을 모두 고려한 합의를 표현할 때 비로소 그 법률이 법 앞의 실질적 평등이라는 의미에서 실체적으로 일반적이다.

좋은 법이라는 것이 단순히 법적 안정성의 관점에서 '사회적 행위경로를 조절하는 가장 믿을 만하고 정확한 수단'으로서 사용되는 것에 그치지 않고, 상호주관적으로 공유된 생활형식의 이성적 조형이라는 관점에서 '민주적인 정치적 의사결정을 실현하기 위한 법적 행위형식'이자 '개인적 자유와 통제의 영역을 보호하는 — 먼저 언급한 두 가지 기능에 의존하는 — 수단으로서' 의결되는 한, 법의 실질적 평등은 좋은 법의 규준이 된다.[21] 그러나 법의 실질적 평등이 그렇게 복잡한 일군의 기준에 비추어 평가된다면, 법률이 갖는 당위적 타당성의 의미도 오직 정의라는 기준에 의해서만 평가되는 도덕적 규칙의 옳음이라는 의미와 일치하지 않는다.

(b) 법률의 효력의 차원에서는, 타당성 혹은 합리적 수락가능성이라는 계기가 사회적 효력 혹은 수락이라는 계기와 결합된다. 법규범이라는 것은 강제되는 것이기 때문이다. 법의 효력은 선포의 발화수반적 의미를 갖는다. 국가는 발효된 규범이 충분히 정당화되어 있으며 실제로 수락된다고 선포한다. 그러나 우리의 맥락에서 관심을 끄는 것은 오직 법의 타당성이나 정당성의 의미의 분화이다.

담론윤리적 독해에 의하면, 도덕적 규범은 순수 인지적 타당성을 주장하면서 등장할 수 있다. 왜냐하면 보편화 원칙은 도덕적-실천적 문제에 대해 합리적으로 결정할 수 있게 해주는 논증규칙을 제공하기 때문이다. 일단 그 제한된 타당성 영역을 고려하지 않는다고 하면, 법규범도 도덕적 규범과 일치하며 따라서 그것과 충돌하지 않는다는 주장을 제기한다. 그러나 여기서는 도덕적 근거들이 충분한 선택성을 갖지

---

21) E. Denninger, "Verfassung und Gesetz," in : *Kritische Vierteljahresschrift für Gesetzgebung und Rechtswissenschaft*, 1986, 300 f.

못한다. 법규범은 도덕적 근거에 의해서만 정당화될 수 있는 것이 아니라 실용적 근거와 윤리-정치적 근거에 의해서도 정당화될 수 있고, 필요한 경우에는 공정한 타협의 결과일 수도 있다. 그러나 그런 경우에도 법규범은 타당하다. 법규범을 근거지을 때에는 실천이성의 전체 범위를 모두 사용해야 한다. 그러나 법규범의 경우에 추가적으로 고려되어야 하는 이 근거들은 맥락에 따라 달라지는 상대적 타당성을 갖는다. 집합적인 자기이해는 이미 존재하는 생활형식의 지평 안에서만 진정성을 지닐 수 있고, 전략의 선택은 미리 설정된 목표의 관점에서만 합리적일 수 있다. 그리고 타협은 주어져 있는 이해상황을 참조할 때에만 공정할 수 있다. 이 3개의 맥락에 상응하는 근거들은 역사적이고 문화적으로 형성된 법공동체의 정체성에 따라 상대적이고, 가치정향에 따라 상대적이며, 그 구성원의 목표와 이해상황에 따라 상대적이다. 설령 태도와 동기는 이성적인 집합적 의지형성이 진행되는 과정에서 논증에 의해 달라질 수 있다는 가정에서 출발한다고 하더라도, 현존하는 맥락의 사실성은 제거될 수 없다. 그렇지 않다면, 윤리적 담론과 실용적 담론과 타협은 대상을 상실하게 될 것이다. 이렇게 법공동체의 사실적 의지라는 기체를 참조해야 한다는 이유 때문에 — 단순히 법규범의 사회적 구속성만이 아니라 — 법규범의 타당성도 의지적 계기를 포함하게 된다. 법의 효력을 구성하는 요소 중에서 타당성이라는 요소를 가리키는 '정당성'이라는 표현은 '도덕성'과 구별되는 특수한 당위적 타당성을 지칭한다. 타당한 도덕적 규범은 담론이론적으로 해명된 정의라는 의미에서 "옳다". 사실 타당한 법규범은 도덕적 규범과 조화를 이룬다. 그러나 법규범이 '정당하다'고 할 때 이 말은 법규범이 도덕적 규범과의 조화를 넘어서 법공동체의 진정한 자기이해, 법공동체가 공유하고 있는 가치와 이익의 공정한 고려, 전략과 수단의 목적합리적 선택도 표현한다는 의미를 갖는다.

(c) 목적론적 요소는 법적 효력의 내용 및 의미만이 아니라 입법과

정의 우연성 속에도 침전되어 있다. 언어능력과 행위능력이 있는 주체들의 이성적 공동생활 일반을 규제하는 도덕적 규범은 '발견될' 뿐 아니라 '구성되기'도 한다.[22] 그러나 우리가 구체적 생활형식을 이성적으로 조형할 때 사용하는 법규범 속에서는 구성의 계기가 더 강하게 부각된다. 규범이 특정한 생활형식과 생활상황을 대상으로 삼을수록, 통찰이라는 수동적 계기보다는 기획과 조형이라는 능동적 계기의 비중이 높아진다. 도덕적 규칙을 정당화하는 근거는 합리적 동기에서 우러나온 **동의**(*Einverständnis*)를 가져온다. 이에 비해 법규범의 근거제시는 합리적으로 동기지어진 **협약**(*Vereinbarung*)을 가져오는 데 이바지한다. 전자의 경우에 우리는 우리가 어떤 의무를 **갖는지**에 관해 확신을 갖게 되고, 후자의 경우에는 우리가 어떤 책무를 짊어지거나 **떠맡아야만 하는가**에 관해 확신하게 된다. 이 맥락에서 롤즈는 자연적 의무와 우리가 자발적으로 짊어지는 책무(*Obligations*)를 구별한다. 책무는 "자유의지적 행위를 통해 발생한다. … 뿐만 아니라 (책무의) 내용은 항상 제도나 실천을 통해 확정된다. 이때 그 실천의 규칙은 우리가 무엇을 해야만 하는지를 특정화한다". 이와는 대조적으로, 자연적 의무의 "특징은 그것이 사람들 사이에서 그 제도적 관계와 무관하게 유효하다는 데 있다. 그것은 평등한 도덕적 주체인 모든 사람들 사이에서 유효하다".[23]

자기입법의 이념은 개별의지의 차원에서는 도덕적 자율성을 의미하고, 집합적 의지형성의 차원에서는 정치적 자율성을 의미한다. 그러나 이때 정치적 자율성이 단순히 담론원리를 상이한 종류의 행위규범에 적용하고 권리체계를 통해 담론원리에 법적 형태를 부여한 결과로서 출현하는 것은 아니다. 정치적 자기입법이 도덕적 자기입법과 구별되는 이유는 단순히 그것의 법적 형식에만 있는 것이 아니라, 자율적으로 결정하는 의지의 정체성을 미리 확정하는 생활형식, 목표, 이해관

22) J. Rawls, "Kantian Constructivism in Moral Theory," *Journal of Philosophy*, 1980, 515~572 ; 이에 대해서는 J. Habermas (1991a), 127 ff.

23) J. Rawls (1975), 136.

계 등의 우연성에도 있다. 도덕적으로 선한 의지는 실천이성으로 이를테면 완전히 흡수된다. 이에 비해 정치적 의지의 경우에는, 설령 그것이 합리적으로 근거지어졌다고 할지라도, 그 근거가 우연적 맥락 속에서 상대적 타당성만 갖는 이상, 그 의지는 여전히 우연성을 지닌다. 정치적 입법자에 의하여 담론을 통해 이끌어낸 확신의 공동성이 의사소통적 권력이라는 형태로 표현되는 이유도 여기에 있다.

(2) 입법과정에서 의지적 계기가 상대적으로 강한 비중을 갖는 이유는 정치적 입법자의 의견형성과 의지형성 속으로 들어가는 비도덕적 문제제기의 논리와 비도덕적 근거의 맥락의존성을 통해 설명할 수 있다. 이제 우리가 자기결정적 실천의 담론적 성격을 보장하는 의사소통형식을 발굴하려고 한다면, 우리는 인지적 측면에 관심을 집중하여 입법과정 속에서 처리되는 적합한 쟁점을 확인해야 한다. 마틴 크릴레(Martin Kriele)는 담론이론의 유용성을 다음에서 찾는다.

> 그것은 모든 담론에 이미 전제되어 있는 것, 즉 담론규칙의 준수에 달려 있는 이성의 가능성을 의식시켜준다. 이 의식화는 정치적 기능도 갖는다. 다시 말해서 그것은 공적 토론에 의해 인도받는 국가의 형식을 — 그러니까 민주적 입헌국가를 — 그 철학적 기초를 의문시하는 정치이론에 대항하여 옹호한다.[24]

그의 의견에 의하면, "이러한 사상을 전제할 때 비로소 정치적 논증과 법적 논증이 의미를" 갖는다. 설령 논증 일반의 이상적 전제가 "정치적 실천 속에서는 설립될 수 없다"고 할지라도 말이다.[25] 이러한 제한을 통해 그는 담론의 논리를 법치국가적으로 제도화된 절차와 너무 성급하게 동일시해선 안 된다는 점을 기억시켜 준다. 담론윤리나 해명

24) M. Kriele, *Recht und praktische Vernunft*, Göttingen 1979, 31.
25) Kriele(1979), 30.

되지 않은 담론개념을 민주주의 과정에 직접 적용할 경우 분석상의 혼란을 가져온다. 그리고 이러한 혼란은 회의주의자들에게 법과 정치에 대한 담론이론적 기획을 출발점에서부터 불신하는 구실을 제공할 것이다.[26] 이러한 까닭에 분화가 요구된다.

담론원리에 의하면 일반적으로 모든 종류의 행위규범의 타당성은 관련 당사자로서 '합리적 담론에' 참여하는 사람들의 등의에 의존한다. 담론원리가 무제한적 범위의 수신자를 대상으로 단순 상호작용을 규제하는 행위규범에 적용될 때에는, 도덕적 논증형식 같은 특정한 담론유형과 조응하는 질문이 제기된다. 이에 비해 담론윤리가 법적 형식을 갖는 행위규범에 적용되는 경우에는, 다양한 종류의 정치적 쟁점들이 등장하고, 이 쟁점들에는 상이한 유형의 담론들과 협상형식들이 상응한다.

하나의 집합체에게 협력적으로 해결해야 할 문제가 대두하거나 합의를 통해 해결되어야 하는 행위갈등이 발생할 때, 그 집합체는 '우리가 무엇을 해야 하는가?'라는 질문과 대면하게 된다. 이러한 질문에 합리적으로 대처하기 위해서는 집합적 목표의 추구와 공동생활의 규범적 규제에 관한 정당화된 결정을 산출하는 의견형성과 의지형성이 요구된다. 한 경우에는 집합체가 자신을 목표를 추구할 수 있는 유사주체로 이해한다. 또 하나의 경우에 집합체는 서로 정당하게 기대할 수 있는 행위가 어떤 행위인지에 관해 상호이해에 도달하는 개인들의 공동체로 이해된다. 법코드와 권력코드가 확립되는 순간, 논의와 결정은 정치적 의견형성과 의지형성이라는 분화된 형태를 취한다. 한편으로 토의하고 의결하는 집합체는 그 집합체를 위하여 행위할 수 있는 부분이나 층위로부터, 다시 말해서 의결된 프로그램을 적용하고 시행할 수 있는 층위로부터 분리된다. 다른 한편 사회의 구성원들로 구성되어 있는 집합체는 참정권을 가진 시민으로서 해석과 조형을 요구하는 권리체계 안

---

26) H. Scheit, *Wahrheit — Demokratie — Diskurs*, Freiburg 1987, 370 ff.

에서 자율성을 행사하는 법적 동료들(*Reschtsgenossen*)로 구성된 집합체로 변형된다. 법은 갈등을 규제하는 규범에게 특정한 형식을 부여하는 것으로 그치지 않는다. 법은 집합적 목표의 실현에 특정한 제한을 부과하기도 한다. 법의 언어로 번역된 프로그램은 스스로 법률형식을, [필요한 경우에는 특별조치(*Maßnahmesgesetz*), 사법률(*Einzelfallsgesetz*), 다양한 지시법규(*Lenkungsgesetz*)까지] 갖거나 아니면 현행법에 연결된다. 정치와 법률에 관한 심의에서 '우리가 무엇을 해야 하는가?'라는 질문은 규제를 필요로 하는 소재의 종류에 따라 분화된다. 해당 문제와 그 문제가 해결될 수 있는 측면이 결정되어 있지 않는 한, '해야 한다'(*sollen*)라는 표현은 불특정적 의미를 갖는다. 이 측면들을 나는 실용적, 윤리적, 도덕적 문제제기를 실마리로 삼아 특정화하고자 한다. 참여자들은 합목적성의 측면, 선의 측면, 정의의 측면에 따라 실천이성을 각기 다르게 사용한다. 이에 상응하여 상이한 담론들이 있는데, 여기서는 이들에 대해 대강의 특징만을 개괄할 수 있을 뿐이다.[27)]

실용적 질문은 목표와 선호가 주어져 있을 때 그 목표를 실현하는데 적절한 수단을 찾는 행위자들의 전망에서 제기된다. 목표 자체도 문제가 될 수 있다. 이 경우에는 목적합리적 수단 선택만 다루어지는 것이 아니라, 인정되어 있는 가치에 비추어 목표들을 합리적으로 평가하는 문제도 다루어진다. 그러나 아직도 행위자의 의지는 이익이나 가치정향에 의해 결정되어 있으며, 더 특정화할 수 있는 여지는 오직 목표수단과 목표설정의 대안들과 관련해서만 열려 있을 뿐이다. 합리적으로 정당화된 행위기법이나 전략의 선택은 비교와 평가를 필요로 하는데, 행위자는 이것을 효율성이나 여타의 결정규칙의 관점에서 출발하여 관찰과 진단의 뒷받침을 받는 가운데 수행할 수 있다. 목표들에 대한 가치지향적 평가와 수단에 대한 목적합리적 평가를 통해서는 원

---

27) 이하의 논의에 대해서는 J. Habermas, "Vom pragmatischen, ethischen und moralischen Gebrauch der praktischen Vernunft," in : J. Habermas (1991a), 100~118.

인과 결과의 관계를 가치선호와 목적정립에 따라 설정하는 가설적인 권장시안을 얻는다. 이러한 행위지침은 조건부 명령이라는 의미론적 형식을 갖는다. 그것의 타당성은 궁극적으로는 그것이 받아들인 경험적 지식에서 나온다. 그리고 그것은 **실용적 담론** 속에서 정당화된다. 이 담론의 결과는 경험적 지식을 주어진 선호와 설정된 목적에 관계시키고 대안적 결정들의 결과를 근저의 준칙에 비추어 평가하는 경험적 지식에 달려 있다.

물론 방향을 제시하는 가치 자체가 문제시되는 순간, '우리가 무엇을 해야 하는가?'라는 질문은 목적합리성의 지평을 넘어서게 된다. 때로는 상쟁하는 선호들이 담론의 차원에서 완화될 수 없는 이익대립을 표현하기도 한다. 그러나 때로는 논쟁이 되고 있는 이해관계와 가치정향이 한 공동체의 상호주관적으로 공유된 생활형식과 아주 밀접하게 엮여 있는 나머지, 가치에 대한 진지한 결정이 해명되지 않은 집합적 자기이해를 건드리기도 한다. 공동체의 구성원들은 생활상의 중요한 문제에 직면할 때 그들이 어떤 생활형식을 공유해야 하고 또 공동의 삶을 어떤 이상을 향해 기획해야 할 것인지에 대해 명료한 견해를 갖기를 원하는데, **윤리적-정치적 질문**은 이 구성원의 관점에서 제기된다. 내가 누구이며 또 누구이기를 원하는가, 어떤 생활방식이 나에게 좋은가라는 윤리적-실존적 질문은 일인칭 단수의 관점에서 제기되는데, 이 질문이 일인칭 복수의 형태 속에서 반복되고, 이와 함께 그 의미도 달라진다.[28] 한 집단의 정체성은 구성원들이 '우리'를 힘주어 말할 수 있는 상황과 관계한다. 그 정체성은 대문자 자아 정체성이 아니라, 자아 정체성에 대한 보충이다. 우리가 태어나 자란 전통과 생활형식을 선택적으로 계승발전시킴으로써 우리 자신의 것으로 소화하는 방식은 이 문화적 전통 속에서 우리가 우리를 누구로 재인식하는지, 시

28) R. Beiner, *Political Judgement*, London 1983 ; E. Vollrath, *Die Rekonstruktion der politischen Urteilskraft*, Stuttgart 1977.

민으로서 우리가 누구이며 누구이고자 하는지를 결정한다. 진지한 가치결정은 한 역사적 공동체의 정치적-문화적 자기이해로부터 생기며 그것과 함께 변화한다. 이러한 자기이해에 관한 계몽은 자신의 전통을 비판적으로 소화하고 이로써 진정한 삶의 정향과 가치신념을 상호주관적으로 확신하는 데 이바지하는 해석학을 통해 성취된다.[29]

윤리적 질문에 대한 대답은 치료적 충고에 있는데, 이것은 의식화되고 비판적으로 전유된, 즉 선별적으로 전유된 삶의 형식에 의존한다. 이 충고는 정체성을 규정하는 전통의 서술이라는 기술적 구성요소를 모범적 생활방식 — 이것은 그 형성과정에 대한 성찰과 평가에 의해 정당화된다 — 의 투사라는 규범적 구성요소와 결합시킨다. 이 충고의 명령적 의미는 하나의 당위로 이해될 수 있는데, 이때 그 당위는 주관적 목적이나 선호에 의존하는 것이 아니라 어떤 행위방식이 장기적 시각에서 그리고 전체적으로 볼 때 '우리에게 좋은가'에 대해 진술한다. 이와 같은 충고는 **윤리적 담론** 속에서 정당화된다. 여기서 결정적 역할을 하는 논증은 우리의 역사적으로 전승된 생활형식의 자기이해에 대한 해명에 기초하고 또 이 맥락에서 가치에 대한 결정을 **우리에게 있어서** 절대적 목표인 진정한 삶이라는 목표에 비추어 평가하는 논증이다.

지금까지 우리는 이성적인 정치적 의지형성의 과정을 두 가지 측면에서 살펴보았다. 한편으로 심의는 집합적 목표를 정교화하고 검토하는 데에 기여하며 이 목표의 달성에 적합한 행위전략을 구성하고 선택하는 데에 기여한다. 다른 한편으로 이러한 목표설정과 목표실현의 과제는 가치정향의 맥락 속에서 제기되는데, 이 맥락 자체는 전통을 전유하는 자기이해라는 경로를 통하여 이성적 의지형성과정 속으로 들어온다. 실용적 담론 속에서 우리는 우리가 원하는 것이 무엇인지를 알고

---

29) 가다머의 철학적 해석학은 이러한 자기이해 과정의 논리를 해명해 준다. Gadamer, *Wahrheit und Methode*, Tübingen 1960 ; 매킨타이어의 분석은 이보다 훨씬 강하게 윤리적-정치적 질문에 맞추어져 있다. A. MacIntyre, *Whose Justice? Which Rationality?*, Notre Dame 1988.

있다는 전제 아래 행위전략의 합목적성을 검사한다. 그리고 윤리적-정치적 담론에서 우리는 우리가 정말로 원하는 것이 무엇인지를 아직 알지 못한다는 전제 아래 일군의 가치들을 재확인한다. 이러한 종류의 담론에서 하나의 프로그램은 그것이 합목적적인 한에서 그리고 전체적으로 볼 때 우리에게 좋은 한에서 정당화된다. 그러나 충분한 정당화를 위해서는 하나의 측면을 더 고려해야 하는데, 그것이 바로 정의의 측면이다. 우리가 하나의 프로그램을 원하고 받아들여야만 하는지는 그것에 상응하는 실천이 모든 사람에게 동등하게 좋은지 여부에 달려 있기도 하다. 이와 함께 '우리가 무엇을 해야 하는가?'라는 질문의 의미는 또 한 번 바뀐다.

목표지향적 협력을 통해 문제를 해결할 때 우리는 목적론적 관점에서 그렇게 한다. 그런데 도덕적 질문에서는 이 목적론적 관점이 규범적 관점 뒤로 완전히 물러선다. 그리고 규범적 관점에서 우리는 우리의 공동의 삶이 모든 사람의 동등한 이익에 따라 어떻게 규제될 수 있는지를 검사한다. 하나의 규범이 비교가능한 상황에서 누구에 의해서나 준수되기를 모든 사람들이 원할 때 비로소 그 규범이 정의롭다. 도덕적 명령은 정언명령이나 무조건적 명령이라는 의미론적 형식을 취한다. 이 명령의 정언적 의미는 하나의 당위로 이해될 수 있는데, 이때 이 당위는 주관적 목적이나 선호에 의존하지도 않거니와 좋은 생활방식 혹은 실패하지 않은 생활방식이라는 우리에게 절대적 목표에 의존하지도 않는다. 여기서 우리가 '마땅히' 행해야만 하는 것 속에는 그것에 상응하는 실천이 정의롭다는 의미가 담겨 있다. 이와 같은 의무는 도덕적 담론 속에서 정당화된다. 이 담론의 결과는 논쟁이 되고 있는 규범이 구현하고 있는 이익이 단적으로 일반화될 수 있다는 것을 입증하는 논증에 달려 있다. 도덕적 담론 속에서는 한 특정 공동체의 자기중심적 전망이 무제한적 의사소통공동체의 포괄적 전망으로 확대된다. 후자의 공동체에서는 모든 구성원들이 각 개인의 상황과 세계관과 자기이해 속에 서 보며, (미드가 말하는) 이상적 역할취득을 공동으로 수행한다.

보편화원칙의 요구에 의하면, 담론 참여자들은 예측가능한 전형적인 개별사례를 통해 문제의 규범이 모든 관련 당사자들의 숙고된 동의를 얻을 수 있는지를 검사해야 한다. 도덕적 규칙은 특정 맥락을 탈피한 일반적 형식 속에서 진술될 때 비로소 이 검사를 통과할 수 있다. 그러므로 도덕적 규칙들은 그 조건문 속에서 이미 고려된 표준적 상황에만 직접적으로 적용될 수 있다. 그러나 정당화의 담론 속에서는 미래에 가능한 모든 사례들을 미리 고려할 수 없다. 그러므로 규범의 적용은 독자적 권리를 갖는 논증적 설명을 필요로 한다. 귄터(Klaus Günther)의 이 제안은 법관들의 판결을 분석하는 맥락에서 다시 다루기로 한다.

(3) 정치적 입법자의 담론적으로 구조화된 의견형성과 의지형성 속에는 법률제정과 의사소통적 권력의 형성이 결합되어 있다. 우리는 이 결합을 논증논리에 따라 설계된 과정모델의 도움으로 해명할 수 있다. 이 모델은 실용적 문제제기에서 출발하여 타협형성과 윤리적 담론이라는 양갈래 길을 거쳐 사법적 규범통제(*Normenkontrolle*)로 끝난다. 이성과 의지의 관계양상은 이 순서를 따라가면서 변화된다. '당위'의 발화수반적 의미가 기술적 혹은 전략적 추천에서 시작하여 치료적 충고를 거쳐 도덕적 명령으로 바뀌어 가면서, 이 명령들이 그때그때 지향하는 의지의 개념도 달라진다.

실용적 추천의 경우, 주어진 목적과 가치에 대해 상대적 당위는 가설적으로 전제된 이익과 가치정향이라는 토대 위에서 현명한 결정을 내리는 행위자의 자유로운 선택을 향하고 있다. 이익과 가치정향 자체는 가능한 행위대안들 중에서의 합리적 선택을 정당화하는 실용적 담론에 외면적인 것이다. 이러한 까닭에 실용적 추천의 타당성은 행위방식이 실제로 채택되고 준수되는지 여부와 무관하다. 이성과 의지 사이에, 실천적 숙고와 그 결과의 수락 사이에 담론내적 관계는 없다.

치료적 충고의 경우, 우리의 좋은 삶에 대해 상대적 '당위'는 진정한 삶의 방식을 확인하려는 집합체의 결단력을 향한다. 이와 같은 자기이해 과정에서는 담론참여자의 역할과 역사적 공동체의 구성원의 역할이 중첩된다. 여기서는 발생과 타당성이 목적합리적 행위전략의 경우와는 달리 더 이상 분리될 수 없다. 윤리적-정치적 담론이 촉진하는 통찰은 해석학적으로 해명된 한 집단의 자기이해와 함께 그 집단의 정체성을 변화시킨다. 진지하고 중요한 가치결정의 정당화 속에서 결단은 통찰에 의해 유도된다. 왜냐하면 여기서 논증은 진정한 생활방식에 대한 추구와 만나기 때문이다. 다른 한편 그렇게 해석학적으로 계몽된 결단은 비판적으로 전유된 전통에 비추어 본 생활형식의 긍정도 표현한다. 윤리적 담론 속에서 이성과 의지는 서로를 규정한다. 왜냐하면 윤리적 담론은 그 속에서 주제화되는 맥락 속에 배태되어 있기 때문이다. 해석학적 자기이해를 다루는 논증에서 참여자들은 그들이 실제로 살아가고 있는 생활형식으로부터 벗어나지 못한다.

이와는 대조적으로 도덕적 담론에 들어가기 위해서는 우연하게 현존하는 모든 규범적 맥락들이 뒤로 물러서야 한다. 도덕적 담론은 생활세계적 자명성과의 단절을 요구하고 특히 그때그때 주제화된 행위규범과 그 타당성 주장에 대한 가설적 태도를 요구하는 의사소통적 전제 아래 이루어진다. 도덕적 명령의 정언적 당위는 모든 사람이 원할 수 있는 것에 대한 통찰을 통해 합리적으로 결정을 내리는 행위자의 자율적 의지를 겨냥한다. 자유로운 선택이나 결단력과는 달리 이 의지에는 우연적 이익과 가치정향의 타율적 특징이 없으며, 특히 문화적 생활형식의, 그리고 정체성을 틀짓는 전통의 타율적 특징이 없다. 칸트의 용법에 따르면 자율적 의지는 완전히 실천이성에 의해 관통되어 있다. 또한 이성의 자율적 의지가 내면화된다고 말할 수도 있다. 물론 자율적 의지는 자신의 합리성의 대가를 치러야 한다. 다시 말해서 자율적 의지는 사회적 행위의 세계 속에서는 오직 합리적 동기 — 자율적 의지는 이것에 의해 규정된다 — 의 약한 힘에 의해서만 관철될 수 있는 것이다. 그러나 이 동기부여상의 결손은 법적 제도화를 통해 정치적 입법자의 토의 속에서 메워질 수 있다.

따라서 규제를 필요로 하는 소재의 실용적 측면, 윤리적 측면, 도덕적 측면에 따라 이성과 의지의 관계양상은 달라진다. 정치적 공동의지의 담론적 형성에서 출발점을 형성하는 문제는 이 관계양상을 통해 설명할 수 있다. 단순화를 위하여 정치적 질문이 처음에는 집합적 목표의 가치지향적 선택과 정치적 입법자들이 의결하려는 전략의 목적합리적 검토라는 실용적 형식 속에서 제기된다고 가정하자. 우리의 과정모델은 행정부에 의해 적용되고 시행되어야 하는 일반적 프로그램에 대한 실용적 정당화에서 시작한다. 이 정당화는 일차적으로는 올바른 상황해석, 현안으로 떠오른 문제에 대한 적절한 기술, 이 문제와 관련된 적절한 정보의 공급, 필요한 경우 이론의 안내를 받으면서 이루어지는 이 정보에 대한 올바른 처리 등에 달려 있다. 의견형성과 의지형성의 이 첫 번째 단계에서는 확실한 전문적 지식이 필요하다. 물론 이 지식은 오류의 여지가 있고 가치중립적인 경우가 드물며, 따라서 논쟁의 여지가 있다. 하나의 전문적 견해와 반대되는 전문적 견해에 대한 정치적 평가에서 이미 선호에 의존하는 특정한 관점이 작동한다. 이 선호 속에서는 이익과 가치정향이 표현되고 있는데, 이들은 두 번째 단계에서 공개적으로 서로 경쟁을 벌이게 된다. 그 다음에는 합의된 기술, 진단, 행위대안에 기초하여, 현안의 해결을 위한 여러 제안들 중에서 하나를 결정하게 된다. 이 단계에 오면 문제 있는 가치정향 자체가 토론의 대상이 되는데, 이와 함께 담론차원의 변화가 요구된다. 실용적 담론은 가능한 프로그램의 형성과 그 결과에 대해 예측하는 정도로 한정되고, 의지의 이성적 형성에까지 확대되진 않는다. 이성적 의지는 하나의 제안에 가설적으로 전제되어 있는 목표와 가치를 자신의 것으로 만들 때 비로소 그 제안을 채택할 수 있다.

우리의 모델이 출발점으로 가정하는 이상적 경우에는, 근거에 입각하여 논쟁을 계속하게 될 차원에 관한 결정이 먼저 내려진다. 그 결정이 어떻게 내려질지는 규제를 필요로 하는 소재가 어떤 측면에서 더 많은 해명을 요구하는가에 달려 있다. 이와 관련하여 세 가지 대안이 있다. 먼저 도덕적 문제제기가 직접적으로 쟁점이 될 수 있다. 예를 들어 낙태나 공소시효(*Verjährungstatbestände*) 같은 형법상의 문제나 특정 증거조사 방법의 금지 같은 형사소송법상의 문제라든지, 또는 사회적 부와 생활기회 및 생존기회의 분배 일반과 관련되는 사회정책, 세법, 교육 및 보건체계의 조직 같은 문제를 생각해 볼 수 있다. 이런 경우에는 서로 경합하는 이익과 가치정향을 헌법을 통해 해석되고 조형된 권리체계의 틀 안에서 보편화 검사에 부치는 담론이 요구된다. 이와는 달리 윤리적 문제가 쟁점이 되는 경우가 있다. 예컨대 환경보호, 동물보호, 교통계획과 도시계획 같은 생태적 문제라든가, 이민정책의 문제나 문화적 인종적 소수집단의 문제, 일반적으로 정치문화와 관련된 문제 등이 그것이다. 이러한 문제들과 관련하여 요구되는 담론은 경쟁하는 이익과 가치정향을 넘어서서 자기이해 과정이라는 경로를 통해 공동의 생활형식 속에서의 심층적 일치를 반성적으로 의식시키는 담론이다.

그러나 복잡한 사회에서는 이상적 조건이 구비된 경우라고 할지라도 위의 두 대안 중 어느 것도 열려 있지 않은 경우가 종종 있다. 예컨대 모든 규제안들이 다양한 이익에 상이한 방식으로 영향을 미치지만 일반화가능한 하나의 이익이나 어느 한 특정 가치의 분명한 우선성이 정당화될 수 없는 경우에는 항상 그러하다. 이러한 경우에는 협상이라는 대안이 남아 있다. 물론 이 협상은 성공지향적으로 행위하는 당파들의 협력자세를 요구한다.[30] 자연발생적이거나 규제되지 않은 협상은 타협을 목표로 삼는데, 이 타협은 세 가지 조건이 충족될 때 참여자들에게 수락될 수 있다. 즉 그러한 타협은 (a) 다른 어떤 장치와 비교하더

---

30) 엘스터는(J. Elster, *The Cement of Society*, Cambridge 1989, 50) 협상의 동인을 이렇게 정의한다. "다양한 협력장치들이 있으며 그것들에 대한 정파들의 선호가 서로 갈등을 빚을 때 협상이 생긴다."

라도 모든 당사자들에게 공히 더 유리하고, (b) 협력을 기피하는 무임승차자를 배제하며, (c) 협력을 위한 노력에 비해 협력으로부터 얻는 것이 적은 피착취자를 배제하는 장치를 제공한다. 협상과정은 특정한 상황, 즉 합리적 담론에서 전제되는 것과는 달리 사회적 권력관계가 중립화될 수 없는 상황에 맞추어 설계된다. 이와 같은 협상을 통해 이끌어낸 타협은 대립하는 이익 사이에 균형을 맞추는 협약을 포함한다. 합리적 동기에서 우러나온 동의가 모든 당사자들을 동일한 방식으로 설득하는 근거에 의존하는 데 반해, 타협은 각기 상이한 이유에서 다양한 당사자들에 의해 수락될 수 있다. 그러나, 만약 담론원리가 최소한 간접적 방식으로나마 협상과정에서 효력을 발휘하지 못한다면, 합리적 의지형성의 담론적 연쇄망은 그러한 타협의 지점에서 깨어지고 말 것이다.

따라서 협상 내부에서는 담론원리가 직접 효력을 가질 수 없다. 왜냐하면 협상 당사자들은 위협과 약속을 동원하여 상호작용에 협상력을 끌어들이기 때문이다. 이 협상력은 공동으로 사용하는 언어의 발화수반적 결속에너지를 박탈할 수 있으며, 언어의 사용을 발화외적(*perlokutionärer*) 효과의 전략적 달성에 국한시킬 수 있다.

> 협상하는 것은 상대방이 나의 주장을 수락하도록 강제하거나 유도하는 목적을 위한 의사소통에 참여하는 것이다. 이 목적을 달성하기 위하여 협상가는 회의 외부에서 행사되어야 할 위협과 약속을 동원한다. 협상력은 '더 나은 논증의 힘'에서 나오는 것이 아니라 물질적 자원과 협상가의 능력 등에서 나온다. 협상과정에서 어떤 진술을 역설할 때에는 그 진술이 신뢰할 만한 것이라는 주장도 함께 제기된다. 여기서 신뢰할 만하다는 것은 위협과 약속이 실제로 실행될 것임을 협상 상대로 하여금 믿게끔 만든다는 의미이다.[31)]

---

31) J. Elster, "Arguing and Bargaining"(미간행 원고), 1991, 3.

따라서 강제 없는 합의를 보장한다는 담론원리는 오직 간접적으로만, 다시 말해서 협상을 공정의 관점에서 규제하는 절차를 통해서만 효력을 발휘할 수 있다. 중립화될 수 없는 협상력은 항상 이런 식으로 정파들 사이의 평등한 분배에 의해서 훈육되어야 한다. 관심있는 모든 당사자들에게 협상에 참여할 수 있는 평등한 기회를 보장하고, 협상과정 동안에 서로에게 영향을 미칠 수 있는 평등한 기회를 허용하며, 그리하여 모든 관련 이익들에게 평등한 관철기회를 제공하는 절차에 따라 타협안의 협상이 이루어지는 한, 거기서 얻은 협약이 공정하다는 추정은 근거를 갖고 있다고 할 수 있다.

그러한 절차는 모든 참여자들의 이익을 동등하게 고려하는 것을 권력소유자들 사이에서 이루어지는 절차상으로 올바른 협약의 문제로 정의하지, 비판가능한 타당성 주장에 대해 '예' 혹은 '아니오'라는 입장을 취할 수 있는 의사소통적 자유를 사용하여 자신의 논증의 옳음을 서로에게 설득하는 담론 참여자들 간의 상호이해의 문제로 정의하지 않는다. 그러나 규범적으로 볼 때, 공정한 타협형성은 자기 발로 서지 못한다. 실제로 달성된 타협이 공정성이라는 추정까지 얻기 위해 충족되어야 할 절차적 조건들은 말하자면 도덕적 담론 속에서 정당화된다. 게다가 일반화될 수 없는 특수한 이익이 작동하는 경우에만 협상이 허용되고 또 필요해진다. 그리고 그 이익은 다시 도덕적 담론 속에서만 검사될 수 있다.32) 따라서 공정한 협상은 담론원리를 파괴하는 것이 아니라 오히려 그것을 전제한다.

타협형성이 도덕적 담론을 대체할 수는 없기 때문에, 정치적 의지형성은 타협형성으로 환원될 수 없다. 다른 조건이 동일하다면, 윤리적-정치적 담론에서도 사정은 마찬가지이다. 이 담론의 결과가 도덕적 원칙과 최소한 양립할 수 있어야 하기 때문이다. 예를 들어 근본주의적

32) J. Habermas, *Legitimationsprobleme im Spätkapitalismus*, Frankfurt/Main 1973, 153 ff; "Die Utopie des guten Herrschers," in: *Kleine politische Schriften* I ~ IV, Frankfurt/Main 1981, 44 ff.

〈그림 4-2〉 이성적인 정치적 의지형성의 과정모델

정치적 담론

↙ ↘

절차적으로 규제된 협상 윤리적-정치적 담론

↘ ↙

도덕적 담론

↓

법적 담론

자기이해는 비평등주의적 규제를 우선시하는 가치선택을 특권화한다. 오직 탈형이상학적 사유의 조건 아래서만 윤리적-정치적 담론이 그 자체로서 모든 구성원의 평등한 이익을 도모하는 규제를 가져온다. 그러므로 담론적으로 도달되거나 협상을 통해 도출된 모든 프로그램이 도덕적으로 정당화될 수 있는 것과 양립할 수 있을 때 비로소 담론원리의 완전한 고려가 보장된다. 과정모델 속에서 이성적인 정치적 의지형성은 여러 개의 경로를 거쳐 서로 피드백될 수 있는 담론과 협상의 네트워크로서 서술된다. 그러나 그 전송은 적어도 다음의 경로를 통해 일어난다.

정치적 담론형성은 법의 언어 속에서 정식화되어야 하는 정치와 법률에 대한 의결로 끝난다. 이것은 궁극적으로는 법률심사를 요구하는데, 여기서는 새로운 프로그램이 현행법과 부합하는지를 검사한다. 그러니까 정치적 입법자는 자신의 법률제정 권한을 특정한 법률프로그램, 다시 말해서 — 그것이 권리체계를 직접적으로 해석하고 조형하지 않는 한에서 — 권리체계와 양립할 수 있으며 현행 법체계와 접맥될 수 있는 법률 프로그램에 대한 정당화를 위해서만 사용할 수 있다. 모든 의결은 이러한 사법적 측면에서 정합성 검사를 받아야 한다. 법의 통일성은 법적 안정성이라는 이유만으로도 유지되어야 하기 때문이다. 앞으로 보겠지만, 더 나아가 법치국가에서 입법자의 규범심사는 의결된 법률의 위헌심사를 담당하는 법정에 의해 수정될 수 있다.[33]

3. 법치국가의 원리와 권력분립의 논리

(1) 이상의 예비적 고찰을 마치고 이제 우리는 논증의 다양한 흐름을 하나로 묶어 공적 권력의 법치국가적 조직을 위한 원리를 담론이론적 관점에서 정당화할 수 있다. 법과 정치권력의 상호구성 때문에 양자 사이에 하나의 연관이 형성되는데, 이것은 권력을 전략적으로 사용하기 위하여 법을 도구화할 수 있는 잠재적 가능성을 열고 또 영구화한다. 이러한 도구화를 막기 위하여 법치국가의 이념은 법적 형식에 따라 구조화된 정치적 지배 자체가 반드시 정당하게 제정된 법에 의해 정당화되도록 공적 권력을 조직화할 것을 요구한다. 물론 법코드와 권

33) 이러한 상황은 정치적 의지형성의 공식적 구성요소인 도덕적 담론과 윤리적 담론이 단순히 그 법적 제도화라는 양식 때문에 일상적인 도덕적 담론과 윤리적 담론으로부터 구별되는 것은 아니라는 점을 기억시켜준다. 입법의 경로를 통해 법규범의 정당화 속으로 유입된 도덕적 관점과 윤리적 관점은 법의 정당성 요구에서 효력을 발휘하지만, 그러나 그것이 법의 형식을 파열시키진 않는다. 입법자의 도덕적, 윤리적 심의의 결과는 법적 형식의 수로를 따라 움직이는데, 그 결과는 일상적인 도덕적, 윤리적 담론의 유사한 결과들과 비교해보면 달라진 의미를, 특정하게 제한된 의미를 갖는다. 이 점은 윤리적 담론의 경우에 명백하게 나타난다. 이 담론은, 이것이 일인칭 단수의 관점에서 이루어진다고 할 경우, 나의 진정한 삶을 살아가는 것과 관련된 실존적 질문에 맞추어져 있다. 이 치료적 충고는 자연적 인격체를 향하지 법적 인격체를 향하지 않는다. 특정한 역사적 의사소통공동체의 우리이든 두제한적 의사소통공동체의 우리이든 간에 우리의 관점에서 이루어지는 일상적 담론도 자신의 생활사 속에서 개인화된 자연적 인격체를 향한 권고나 명령을 가져온다. 이와는 대조적으로, 행동을 규제하는 법률은 오직 선택의 자유를 통해서만 개인화되는 사회적으로 전형화된 법적 인격체를 향한다. 법형식에 대한 분석에 분명히 밝혔듯이, 법률관계는 규제를 필요로 하는 소재의 '외적 측면'에 한정된다. 이것이 예를 들어 십계명의 다섯 번째 계율과 살인행위에 대한 형법적 규정의 — 비록 그 도덕적 내용의 측면에서는 대부분 일치할 수 있음에도 불구하고 나타나는 — 차이를 설명해준다.

력코드가 각기 자신의 고유한 기능을 충족할 수 있으려면 항상 서로를 위해 봉사해야 한다. 그러나 이 교환관계는 이미 보았다시피 의사소통적 권력의 형성과 자매관계에 있는 정당한 법률제정에 의존한다. 이와 함께 정치권력 개념이 분화된다. 권력은 공적 행정체계 속에 집중되고, 이 권력은 항상 의사소통적 권력으로부터 새롭게 쇄신되어야 한다. 이 때문에 법은 행정과정을 조절하는 권력코드에 대해서만 구성적이지 않다. 이와 동시에 법은 의사소통적 권력으로부터 행정권력으로의 변형을 위한 매체이기도 하다. 정당한 법은 의사소통적 권력으로부터 나오고 의사소통적 권력은 다시 정당하게 제정된 법을 통해 행정권력으로 번역된다는 원리의 도움으로 법치국가의 이념을 전개할 수 있는 까닭도 여기에 있다.

정치적 입법자의 담론적으로 구조화된 의견형성과 의지형성은 '우리가 무엇을 해야 하는가?'라는 질문에 대해 다양한 측면에서 대답할 수 있는 의사소통 형식 속에서 이루어져야 한다. 이 때문에 나는 방금 전에 과정모델을 통해 단순화시켜 서술했던 담론과 협상의 네트워크의 법적 제도화라는 전망에서 출발하여 법치국가의 원리를 발전시킬 것이다.

모든 국가권력은 국민으로부터 나온다는 국민주권의 원리 속에서, 민주적 의지형성에 평등하게 참여할 수 있는 기회에 대한 주관적 권리가 시민적 자기결정의 제도화된 실천을 객관적-법적으로 가능하게 하는 것과 조우한다. 이 원리는 권리체계와 민주적 법치국가의 건설 사이를 연결하는 경첩과 같은 역할을 한다. (a) 국민주권 원리를 담론이론적으로 해석할 때 (b) 독립적 사법부가 보장하는 개인적 권리의 포괄적 보호가 도출되며, (c) 행정부가 법에 종속되어야 하고 사법부와 의회에 의한 규범통제를 받아야 한다는 원리가 나오고 (d) 국가와 사회의 분리라는 원리가 도출된다. 이 원리는 사회적 권력이 걸러지지 않은 채, 즉 의사소통적 권력형성의 수문을 통과하지 않은 채 행정권력으로 번역되는 것을 방지하기 위한 것이다.

ⓐ 담론이론에 따라 독해해 보면, 국민주권 원리는 모든 정치권력은 시민의 의사소통적 권력으로부터 나온다고 말한다. 정치적 지배의 행사는 시민들이 담론적으로 구조화된 의견형성과 의지형성 속에서 스스로 부여한 법률에 의해 그 방향이 정해지며 또 그 법률에 의해 정당화된다. 시민들의 이 실천을 문제해결과정으로 간주한다면, 그 실천이 갖는 정당화의 힘은 정치적 문제에 대한 이성적 처리를 보장한다고 간주되는 민주적 절차 덕분에 생긴다. 절차에 합당하게 얻어낸 결과가 합리적 수락가능성을 갖는 이유는 모든 관련 질문, 주제, 제안이 언어화되어 가능한 최선의 정보와 근거를 바탕으로 담론과 협상 속에서 처리되도록 이상적으로 보장하는 네트워크화된 의사소통 형식들의 제도화를 통해 설명할 수 있다. 평등한 의사소통적 자유의 실질적 사용을 가능하게 만드는 동시에 실천이성의 실용적, 윤리적, 도덕적 사용과 이익의 공정한 균형을 독촉하는 것은 다름아니라 특정한 절차와 의사소통 조건의 이러한 법적 제도화인 것이다.

국민주권 원리를 직접적으로 권력의 측면에서 고찰할 수도 있다. 이때 그 원리는 오직 의사소통적 권력이라는 수단을 통해서만 공동의 확신을 산출할 수 있는 시민들의 총체에로 입법의 권한을 이양해야 한다고 요구한다. 이제 정치와 법률에 관한 근거 있고 구속력 있는 결정은 한편으로는 심의와 의결이 대면적 관계 속에서 이루어져야 한다고 요구한다. 다른 한편 모든 시민들이 직접적이고 단순한 상호작용의 차원에서 그와 같은 공동의 실천으로 '통합될' 수는 없다. 여기서 하나의 탈출구를 제공하는 것이 심의와 결정을 담당하는 대표기구를 세우는 대의원리이다. 그리고 이 의회적 기구의 구성과 작업방식은 그것에 부여된 과제의 논리에서 생기는 관점에 비추어 규제되어야 한다. 그러므로 대표자의 선출양식과 지위(면책권, 임의위임 대 강제위임, 원내 교섭단체 결성), 의회 안에서의 결정양식(다수결원리와 법안의 반복심의), 그리고 심지어는 일의 조직(위원회의 구성)과 관련하여 중요한 의미를 갖는 질문들이 제기된다. 이러한 절차상의 문제는 담론원리에 의해 규제되어야 하며, 그리하여 한편으로는 실용적, 윤리적, 도덕적 담론을 위해 필요한 의사소통 전제가, 다른 한편으로는 공정한 협상을 위한 조건들이 충분히 충족될 수 있어야 한다.

나아가 담론의 논리로부터 정치적 다원주의의 논리가 나오며, 또 의회에서 정당들의 공동협력을 통해 이루어지는 의견형성과 의지형성을 정치적 공론장에서 모든 시민들에게 개방되면서 이루어지는 비공식적 의견형성으로 보충해야 할 필연성이 나온다. 칸트 이후에 특히 존 스튜어트 밀과 존 듀이는 좋은 정보에 입각한 공적 의견이 의회의 통제와 관련하여 담당하는 역할과 공개성(*Publizität*)의 원리를 분석했다.[34] 자율적 공론장의 보장이라는 원리와 복수정당의 원칙이 첨가되어 대의 원리와 결합할 때 비로소 국민주권 원리의 내용이 완전해진다. 그러니까 이 원리는 익명적인 의사소통 순환이 단순 상호작용의 구체적 차원과 분리되어 있는 공적 무대의 담론적 구조화를 요구하는 것이다. 참석자들 사이에서 의결을 위해 설계되어 있는 심의는 제도화의 강제를 갖는 데 비해, 정치적 의지형성을 준비하고 또 그것에 영향을 미치는 비공식적 의견형성에는 그런 강제가 없다. 이 장이 의견, 타당성 주장, 입장표명을 자유롭게 처리할 수 있는 공간을 제공한다는 점을 감안할 때 이 장이 기본법을 통해 보장되어야 하는 것은 분명하다. 그러나 그것이 전체적으로 하나의 기구처럼 조직될 수는 없다.

(b) 시민의 정치적 의사소통은 공적인 관심을 끄는 모든 문제로 확대될 수 있다. 그러나 그것은 최종적으로 입법기구의 결정 속으로 합류된다. 정치적 의지형성이 입법을 목표로 삼는 이유는 한편으로는 시민들이 서로 간에 인정한 권리체계가 우선은 법률을 통해서만 해석되고 특정화되기 때문이며, 다른 한편으로는 하나의 부분이면서도 전체

34) 존 스튜어트 밀에 대해서는, J. Habermas, "Toleranz und Dissens," *Zeitschrift für Philosophie* 40(1992), 245~255 ; 존 듀이에 대해서는, R. B. Westbrook, *J. Dewey and American Democracy*, Ithaca 1991.

를 위하여 행위해야 하는 국가권력이 오직 법률을 통해서만 프로그램화되고 통제될 수 있기 때문이다. 원칙적으로 전체로서의 시민이 보유하는 입법권은 실제로는 법률을 민주적 절차에 따라 근거짓는 의회에 의해 행사된다. 법률은 개인의 법적 권리청구를 위한 토대를 형성한다. 그리고 이 권리청구는 자체적으로 집행되는 법률이든 행정적 경로를 따라 시행되는 법률이든 간에 법률을 개별 사례에 적용하는 데서 나온다. 이러한 법적 권리의 소송가능성으로부터 법적 구제의 보장과 개인의 포괄적인 법적 보호의 보장이라는 원리가 나온다.

물론 법률제정권과 법률적용권을 제도적 측면에서나 인적 측면에서 서로 독립적인 두 개의 상이한 국가권력으로 분할하는 것이 자명한 것은 아니다. 시민집회나 의회가 사법적 기능까지 보유하는 사례가 여럿 있으며 고대 아테네도 그 중의 하나일 뿐이다. 물론 법이 법 도그마틱적으로 정교화되고 법학의 학문적 제도화가 진행되면서 재판의 전문화가 일어나는 순간, 실용적 이유에서 볼 때 사법부와 입법부의 분리를 합당한 것으로 여길 수 있다. 그러나 규범적 관점이나 법체계의 관점에서 보면 결정적 이유는 다른 곳에 있다. 한편으로 규범의 정당화와 적용 사이의 논증논리적 차이는 상이한 방식으로 제도화되어야 하는 정당화의 담론과 적용담론의 의사소통 형식 속에 반영된다. 법적 적용담론은 타당하다고 간주된 규범들 중에서 어떤 규범이 가능한 완전하게 기술된 상황의 모든 관련 특징들에게 비추어 볼 때 적합한 것인가를 결정해야 한다. 이러한 담론유형은 당사자들이 (그리고 필요한 경우 국가의 공소기관이) 법적 공동체의 대표자로서 공정하게 판단하는 판사 앞에서 사건과 관련하여 분쟁이 되는 모든 측면들을 진술하는 역할배치구도를 필요로 한다. 나아가 그것은 권한의 분배도 요구하는데, 이에 따르면 법정은 자신의 판결을 무제한적인 법적 공론장의 원리 속에서 정당화해야 한다. 이와는 대조적으로 정당화의 담론에서는 원칙적으로 참여자들만 있다. 다른 한편 사법부는 자신의 결정을 강제하고 법을 집행하기 위하여 국가기구의 강제수단을 필요로 하며, 그런 한에서 스스로 행정적 권력을 보유한다. 이러한 이유에서 사법부는 입법부와 분리되어야 하며, 자신의 프로그램을 스스로 설정하는 것을 막아야 한다. 사법부가 현행법에 구속되어야 한다는 원리가 필요한 이유가 여기에 있다.

이 외에도 법적 보호와 정당한 법절차와 관련된 기본권이 결합하여 독립적 사법부의 특정한 과제, 운영방식, 지위보장과 관련한 여타의 모든 원리를 낳는다. 이때 독립적 사법부는 법적 안정성과 판결의 합리적 수락가능성이 동시에 보장될 수 있도록 법률을 적용해야 한다.[35)]

(c) 그러나 권력분립의 중심적 의미는 **행정의 합법성 원리**에서 비로소 분명하게 드러난다. 규범의 정당화와 규범적용의 논증논리적 분업을 통해 설명할 수 있는 기능적 분화의 저편에는 분리된 국가권력의 구성으로 나타나는 제도적 분화가 있는데, 이 분화는 민주적으로 제정된 법률로 행정권력을 구속함으로써 그 권력이 오직 시민들에 의해 공동으로 산출된 의사소통적 권력으로부터만 재산출될 수 있도록 만든다는 목적을 갖고 있다. 이 권력의 측면에서 이미 우리는 행정부의 서비스를 사용해야만 하는 사법부에 대한 법적 구속을 살펴본 바 있다. 그러나 특히 이 측면에서 서술되는 것은 **법률에 의해 구속되는** 행정부와 입법부의 관계이다. 이 법률적 구속은 법률에 위배되는 행정명령, 행정규칙, 행정조치를 무효화하는 결과를 가져온다. 민주적 절차 속에서 정당화된 **법률의 우선성**은 인지적 측면에서 보면 행정부가 자신의 결정의 기초를 이루는 전제들에 스스로 접근할 수 없다는 것을 의미한다. 실천적 측면에서 그것은 행정권력이 법률제정의 (그리고 재판의) 과정에 개입하지 말아야 한다는 것을 뜻한다.

행정적 권력이 입법과 사법에 상응하는 담론의 제도화를 가능하게

---

35) Denninger (1973), Bd. 1, 101 ff ; K. Hesse, *Grundzüge des Verfassungsrechts der Bundesrepublik Deutschland*, Heidelberg 1990, 76 ff, 213 ff ; Kriele (1975), 104 ff.

하는 한에서만, 입법부와 행정부가 행정적 권력을 사용하는 것이 문제가 되지 않는다. 행정적 권력이 법률제정과 법률적용의 제도화와 조직을 위하여 사용되는 한, 그것은 **가능화의 조건**으로서 작동한다. 역으로 만약 행정부가 행정기능 이외의 기능을 담당하게 된다면, 입법과정과 재판과정은 **제약조건**에 종속된다. 이와 같은 개입이나 대체는 입법적 담론과 사법적 담론의 의사소통적 전제를 침해하며, 법과 판결의 합리적 수락가능성을 근거짓는 유일한 원천으로서 논증에 의해 인도되는 상호이해 과정을 교란시킨다. 그러므로 행정부에게 구속력 있는 규제조치를 선포할 수 있는 권한을 부여하기 위해서는 행정을 규제하는 특수한 법적 규범이 함께 요구된다. 그리하여 특히 행정법은 **내정상의 자의금지의 원리**(*Prinzip des innerstaatlichen Willkürvervots*)를 관철시킨다.[36]

그 외에도 행정적 권력이 구성되면 평등한 주관적 행위자유의 권리로부터 나오는 자유권이 사적으로 자율적인 법적 주체를 국가기구로부터 보호해주는 자유주의적 **방어권**이라는 추가적 의미를 갖게 된다. 시민들이 먼저 시민들 간의 상호작용이라는 수평적 차원에서 서로에게 인정한 권리는, 일단 행정적 권력이 구성된 다음에는, 시민과 국가의 관계라는 수직적 차원으로까지 확대되어야 한다. 역사적으로 보면 좁은 의미에서 '자유주의적인' 이 기본권이 인권선언의 핵심을 형성하기도 했다. 이 기본권으로부터 — 먼저 이성법에 의해 정당화된 — 권리체계가 생겨났다.[37] 행정부에 대한 의회의 통제능력의 개선과 무엇보다 **행정재판소** 체계도 같은 방향을 가리키고 있다. 이 두 장치는 사실적인 사후통제로 입법자의 **사전** 통제를 보충한다. 원칙적으로 행정상의 모든 행위나 방임은 행정행위 취소를 요구하거나 직무태만을 가리는 소송의 대상이 된다. 더욱이 헌법재판 제도는 자신의 기본권이 행정부

36) Ph. Kunig, *Das Rechtsstaatsprinzip*, Tübingen 1986, 312 ff.

37) 이에 대해서는 R. Schnur(Hg.), *Zur Geschichte der Erklärung der Menschenrechte*, Darmstadt 1964에 실린 고전적 논문들을 참조할 것.

의 (또는 제3자의) 개입으로 침해되었다고 느끼는 개별 법적 주체들에게 헌법소청의 길을 열어주고 있다.

(d) 독일 국법전통에서 **국가와 사회의 분리 원리**는 자유주의적 법치국가의 의미에서 너무 구체적으로 이해되어 왔다. 그러나 일반적인 수준에서 이 원리는 모든 사람들에게 시민으로서 자신의 정치적 참정권과 의사소통 권리를 사용할 수 있는 동등한 기회를 허용하는 사회적 자율성에 대한 법적 보장을 말한다. 자유주의적 법치국가 모델은 결코 이 원칙에 상응하는 유일한 모델이 아니다. 이 모델에 의하면 국가는 외적 안보와 내적 안전을 보장하는 기능에 국한되고, 여타의 모든 기능은 국가의 규제로부터 자유로운 가운데 스스로 운행해 가는 경제사회에 맡겨진다. 여기에는 정의로운 삶의 조건이 사법(私法)을 통해 보장된 개인의 자율성을 통해 주관적 목표와 선호를 자유롭게 결정하는 것으로부터 자생적으로 형성된다는 기대가 깔려 있다.[38]

그러나 추상적으로 이해할 때 국가와 사회의 분리라는 원리는 시민사회를 요구한다. 즉 결사체의 네트워크와 계급구조로부터 충분히 분리된 정치문화를 요구한다. 이와 관련하여 사회적 권력과 민주주의의 관계가 문제가 되는데, 이에 대해서는 나중에 다시 논의하기로 하겠다. 시민사회는 사회적 권력위치의 불평등한 분배와 여기서 비롯되는 권력잠재력의 불평등한 분배를 제거하고 중립화해야 한다. 이때 비로소 사회적 권력이 시민적 자율성의 행사를 제한하는 것이 아니라 **가능하게 만드는** 한에서만 작동하게 된다. 나는 '사회적 권력'이라는 표현을 한 행위자가 사회적 관계 속에서 타인의 저항에도 불구하고 자신의 이익을 관철할 수 있는 가능성의 척도로 사용한다. 비록 행정적 권력

38) D. Grimm, *Recht und Staat in der bürgerichen Gesellschaft*, Frankfurt/Main 1974 ; E. W. Böckenförde (Hg.), *Staat und Gesellschaft*, Darmstadt 1976 ; D. Suhr, "Staat-Gesellschaft-Verfassung," *Der Staat* 17 (1978), 369 ff ; E. W. Böckenförde, *Recht, Staat und Freiheit*, Frankfurt/Main 1991.

과는 다른 방식으로 그렇게 하지만, 사회적 권력도 의사소통적 권력의 형성을 가능하게 하는 동시에 제한한다. 한편으로 사회적 권력을 보유한다는 것은 형식적으로 평등한 행위자유 혹은 의사소통적 자유를 자율적으로 행사하는 데 필요한 물질적 조건이 충족된다는 것을 의미한다. 예를 들어 정치적 협상에 참여한 정파들은 사회적 권력을 통해 자신의 위협이나 약속에 대한 신뢰성을 창출할 수 있다. 다른 한편 사회적 권력의 보유는 시민의 평등한 권리의 공간을 넘어서서 자기이익을 우선시하는 정치적 과정에 영향력을 행사할 수 있는 가능성을 열어준다. 이러한 개입방식을 통해 예를 들어 기업, 조직, 단체 등은 직접적으로 행정부에 영향력을 행사하는 방식으로든 간접적으로 정치적 공론장에 개입하여 그것을 조종하는 방식으로든 간에 자신의 사회적 권력을 정치적 권력으로 변형시킬 수 있다.[39)]

사회적 권력이 직접 행정적 권력을 장악하는 사태를 막아야 한다는 원리는 조직의 측면에서는 정치적 공직을 점유하한 사람이 유권자와 의회에 대하여 민주주의적 책임을 져야 한다는 원칙 속에서 표현된다. 대표자들은 정기적으로 새롭게 선출되어야 한다. 정부와 개별 장관이 자신의 결정과 자신의 지시를 따르는 국가기구에 대해 지는 책임에 상응하는 것이 의회가 갖는 통제권과 탄핵권이다.

국가권력이 중립적 권력으로서 사회적 세력관계 상위에 자리잡고 있다는 이념은 항상 이데올로기였다.[40)] 그러나 시민사회로부터 출현하는 정치과정도 사회구조에 뿌리박은 권력잠재력(단체의 권력, 정당자금의 모금양식)에 대해 자율성을 획득해야 한다. 즉 집행권력으로서든 제

---

39) 이에 대해서는, J. Habermas, *Strukturwandel der Öffentlichkeit*, Frankfurt/Main 1990, 11~50의 서문을 참조할 것.

40) 그것은 특히 칼 슈미트 학파가 대변하는 이데올로기였다. 이에 대해서는 예를 들어, W. Weber, *Spannungen und Kräfte im westdeutschen Verfassungssystem*, Stuttgart 1951; E. Forsthoff, *Der Staat der Industriegesellschaft*, München 1971.

재권력으로서든 간에 행정체계가 여러 당파 중의 하나의 당파로 전락하는 것을 방지하는 데 필요한 자율성을 획득해야 한다. 한 예로 조합주의적 제도의 참여자로서 국가가 정당하게 제정된 법을 시행하여 정치적 정의를 실현해야 한다는 요구를 포기하는 위험을 들 수 있다. (형사소송 절차상의 협상과 같은) 형법상의 새로운 경향을[41] 보더라도 국가와 사회의 분리라는 원리가 갖는 현실성은 결코 줄지 않고 있다.

(a)에서 (d)까지 전개한 법치국가의 원리들은 하나의 기본구조 속으로 합류되는데 이 기본구조의 바탕에는 단 하나의 이념이 자리잡고 있다. 궁극적으로 법치국가의 조직은 권리체계의 도움으로 자유롭고 평등한 법적 동료들의 연합체로 구성된 한 공동체의 정치적으로 자율적인 자기조직에 봉사한다는 이념이 그것이다. 법치국가의 제도는 사회적으로 자율적인 시민들이 정치적 자율성을 실질적으로 행사할 수 있도록 보장해야 하며, 그것도 한편으로는 이성적으로 형성된 의지의 의사소통적 권력이 등장하여 법률프로그램 속에서 구속력 있는 표현을 얻을 수 있도록 보장해야 하고, 다른 한편으로는 이 의사소통적 권력이 법률프로그램의 이성적인 적용과 행정적인 시행을 경유하여 사회전체적 규모에서 유통하고 — 기대의 안정화와 집합적 목표의 실현을 통하여 — 사회적 통합력을 펼칠 수 있도록 보장해야 한다. 법치국가의 조직과 함께 권리체계는 헌법질서로 분화된다. 그리고 이 질서 속에서 법이라는 매체는 의사소통적으로 구조화된 생활세계에서 약한 사회적 통합력을 갖는 의사소통적 흐름을 강화시키는 변압기로 작용할 수 있다. 여기서 나는 두 가지 측면을 강조하고자 한다. 한편으로 법치국가는 의사소통적 자유의 공적 사용을 제도화한다(2). 다른 한편 그것은 의사소통적 권력을 행정적 권력으로 전환시킨다(3).

41) 국가에 의한 형사소추가 사적 협정으로 대체되는 경향에 대해서는, W. Naucke, "Versuch über den aktuellen Stil des Rechts," *Schriften der Hermann Ehlers-Akademie* 19, 1985.

⑵ 어떤 문제가 쟁점인가에 따라 담론유형과 협상은 이성적인 정치적 의지형성을 위하여 상이한 논증논리적 역할을 수행한다. 그것들은 상응하는 의사소통 형식들 속에서 실현된다. 그리고 자신의 정치적 참정권을 행사하려는 시민들의 요구가 보장되려면, 이 의사소통 형식들이 다시 법적으로 제도화되어야 한다. 제도화의 개념은 규범적으로 기대되는 행위와 직접 관계한다. 그 결과 한 사회적 집합체의 구성원은 그가 어떤 행위를 언제 그리고 어떤 상황에서 서로에게 요구해야 하는지를 안다. 그러나, 특정 과제를 해결하기 위해 협력이 어떤 규칙에 따라 이루어져야 하는지를 확정하는 절차도 제도화될 수 있다. 예를 들어 절차적 규범들은 계약체결이나 단체의 설립 또는 자주관리체에서의 의사결정 등을 규제한다. 의회의 심의나 임금협상의 틀도 절차법적 규범의 도움으로 확립될 수 있다.

협상은 특수한 의사소통 형식을 통해 특징지어진다. 그러나 여기서는 의사소통의 외적 형식에 상응하는 논증의 내적 형식이 없다. 가능한 타협의 공정성을 보장하기 위한 절차는 무엇보다 참여의 권리, 대표자들의 선출, 그리고 대표의 구성을 규제한다. 필요한 경우 그것은 협상의 중재와 기간 같은 소재를 규제하기도 하며, 주제와 제안의 종류, 제재의 허용가능성 등을 규제하기도 한다. 이러한 문제나 이와 유사한 문제들은 모든 관련 이익들이 평등하게 고려될 수 있고 모든 정파들이 평등한 권력을 부여받는다는 관점에 입각하여 규제된다. 이때 논증의 교환은 자신의 선호를 가장 합리적으로 추구한다는 목표에 맞추어져 있다. 타협절차는 비대칭적인 권력구조와 불평등하게 분배된 제재잠재력 때문에 협상의 결과가 선판단되는 위험을 막기 위한 것이다. 또 다른 위험은 타협절차가 도덕적 질문이나 윤리적 질문에 적용됨으로써 이 문제들이 부지불식간에 혹은 암묵적으로 전략적 질문으로 재정의될 수 있다는 위험이다. 이러한 종류의 협상체계를 제도화하는 것이 아무리 어렵다 하더라도, 타협절차는 항상 전략적 상호작용의 규제와 관계한다. 예를 들어 법적 절차같이 담론을 규제하는 절차유형은 이런 타협절차와 구별된다.

여기서 법적 절차는 전혀 다른 종류의 '절차'와, 즉 독자적 논리를 따르는 논증과정과 만난다. 소송절차의 모델을 검토할 때 우리는 어떻게 절차법이 논증 자체를 규제할 수 없으면서 사법적 적용담론을 가능하게 하고 제도화하는지를 개별적으로 설명해야 할 것이다. 법적 절차는 논증이 발생할 것으로 간주되는 공간을 정의하고, 보호하고 구조화한다. 사법적 결정은 그 합리성이 상대적으로 높기 때문에 법적 절차와 논증절차라는 두 유형의 절차가 서로 삼투하는 사례 중에서도 가장 완전하게 분석된 사례를 제공한다. 여기서 우리는 다름아니라 제도화하는 법적 절차와 그 내부구조에 있어서는 법적으로 제도화될 수 없는 논증과정 간의 삼투를 발견한다. 이 절차상의 착종에서 법의 세계가 흡사 내부로부터 논증에 열려 있을 수 있다는 점이 드러난다. 이 논증들을 통해 실용적, 윤리적, 도덕적 근거가 논증게임을 정지시키거나 법의 코드를 파열시키지 않으면서 법의 언어 속으로 진입한다. 담론이 법적 절차 안에 자리잡는다고 해서 담론의 내적 논리가 훼손되는 것은 아니지만, 그러나 절차적 제도화로 인해 담론은 특정한 시간적, 사회적, 객관적 제약을 받게 된다. 예를 들어 절차적 규범들은 논증에 의해 조종되는 의견형성과 의지형성 과정에 대한 참여와 거기서의 역할분배를 규제하고 나아가 거기서 다루어지는 주제의 범위와 그 과정의 경과까지 규제한다. 이러한 방식으로 법률수단이 반성적으로 사용됨으로써, 법을 제정하고 적용하는 담론을 특정한 시간에 특정한 장소에서 사회적으로 기대할 수 있게 된다.

논증의 일반적인 의사소통적 전제들은 그 이상적 내용 때문에 근접적으로만 충족될 수 있다. 게다가 논증절차로부터 독립된 기준이 없기 때문에 요구수준이 높은 의사소통 전제들이 그때그때 충분한 정도로 충족되었는지는 오직 참여자 자신의 전망에서만 평가될 수 있다. 이미 이러한 이유만으로도, 과거에 정당화된 견해가 새롭게 등장한 정보와 근거에 비추어 수정될 가능성이 열린다. 법적 절차는 정해진 시한 안에 분명하고 구속력 있는 결정을 보장함으로써 이와 같은 오류가능성을 보충한다. 법적 절차에서는, 절차적 규범이 준수되는지를 관찰자의 전망에서 통제할 수 있다. 그리하여 절차에 합당하게 얻어낸 결과가 갖는, 법코드로부터 빌려온 사회적 구속력이 내재적인 절차적 합리성을, 즉 논증형식을 통하여 내재적으로 보장된 절차적 합리성을 대신하게 된다. 또한 법적 제도화는 담론과 그것의 불완전한 절차적 합리성에게 롤즈식으로 말해서 의사-순수 절차적 정의를 접붙이기한다는 의미를 갖는다. 그러나 이렇게 한다고 해서 담론의 논리가 중지되는 것은 아니며, 오히려 법적 힘을 갖는 결정을 생산하는 데 이바지하게 된다.

합의제 재판소나 의회 혹은 자치단체 등에서 실체적 문제에 대해 결정을 내릴 때 따르는 다수결원칙은 제도화된 토의과정에 대한 절차법적 규제의 중요한 한 측면을 예증하는 좋은 사례이다. 이 원칙에 따르면 다수의 지지로 내려진 결정은 계속 이어지는 토론의 일시적 중단일 뿐이며 담론적 의사형성의 중간결과에 지나지 않는다. 그런 한에서 이 원칙은 진리추구와 내적 관계를 갖는다. 그렇다면 논쟁의 쟁점이 질적으로 제한된 방식으로, 다시 말해서 그 쟁점에 상응하는 담론의 의사소통적 전제 아래 토론되어야 한다는 가정에서 다수자의 결정이 출발해야 한다는 것은 분명하다. 이때 비로소 그 결정의 내용이 이를테면 제도화된 결정의 압력 때문에 중단되었지만 원칙적으로 다시 재개될 수 있는 논증의 결과로, 즉 합리적 동기에서 나왔지만 오류가능성이 있는 결과로 간주될 수 있다. 번복불가능한 결과를 가져오는 다수결의 정당성에 대한 회의는 다음과 같은 해석에 기초한다. 즉 소수파가 훗날 더 나은 논지를 사용하여 다수자가 되고 이미 내려진 결정을 수정할 수 있는 기회를 갖는다는 조건 아래에서만 다수자의 결정에 승복한다는 해석에 기초한다. 예를 들어 최고재판소의 판결 이유서에 소수의견을 첨부하는 것은 유사한 사건에 대한 미래의 합의심에서 다수표를 얻을 수도 있을 논거를 기록해 둔다는 의미를 갖는다.[42] 물론 (비록 인적 문제에 있어서는 당연히 그런 것이 아니지만) 토론을 통해 다루어지는 객관적 문제에 관한 다수자의 결정이 그 정당화의 힘을 다수자와 소수자의 관계가 바뀔 수 있다는 가능성 자체로부터 직접 가져오는 것은 아니다.[43] 그러나 그 가능성은 다수결원칙 때문에 — 다수자의 결정이 오류가능성에도 불구하고 옳다고 추정할 수 있는 근거를 제공하는 — 논증과정이 그 정당화의 힘을 박탈당하지 않기 위한 필수조건이다. 또한 다루어지는 쟁점에 따라서는 다수파에 유보조건을 다는 것이 합당할 것이다. 일반적으로 다수자의 결정은 소수자를 보호하는 기본권에 의해 제한된다. 시민들이 정치적 자율성을 행사할 때 그 자율성을 처음으로 구성시켰던 권리체계와 충돌해서는 안 되기 때문이다.[44] 타협의 경우에는 다수결원칙이 다른 역할을 수행한다. 협상에서 협약의 결과는 주어진 권력분배에 대한 지표이다.[45]

이성적인 정치적 의지형성을 위해 필수적인 의사소통 형식들을 제도화하는 민주적 절차는 상이한 의사소통 조건들을 동시에 고려해야 한다. 입법은 상호이해 과정과 협상을 모두 포함하는 복잡한 네트워크 속에서 이루어진다. 여기서 실용적 담론과 사법적 담론은 — 양자는 각기 우리의 과정적 모델의 출발점과 종점이다[46] — 여전히 전문가의 의견을 필요로 하는 사항으로 이해하는 편이 가장 좋다. 그러한 정보의 투입과 처리가 어떻게 조직되는지를 일단 무시한다면, 의회에서 이루

---

42) B. Guggenberger, C. Offe(Hg.), *An den Grenzen der Mehrheitsdemokratie*, Opladen 1984.

43) Ch. Glusy, "Das Mehrheitsprinzip im demokratischen Staat," in : Guggenberger · Offe(1984), 61~82.

44) G. Frankenberg, U. Rödel, *Von der Volkssouveränität zum Minderheitenschutz*, Frankfurt/Main 1981.

45) H. J. Varain, "Die Bedeutung des Mehrheitsprinzips," in : Guggenberger · Offe(1984), 56 ; "이러한 다수파는 많은 경우 시한부 동맹이다. … 그러나 일시적 다수파는 모두 다 다시 분해되고 재조합되어 새로운 다수파를 형성할 가능성을 열어두고 있다. 따라서 우리는 다수파의 결정에서 '부드러운' 의지표현을 발견한다."

46) 이 책 4장 213~214쪽을 참고할 것.

어지는 심의의 이성적 성격은 무엇보다도 이익의 공정한 균형, 윤리적 자기이해, 규제에 대한 도덕적 근거제시에서 찾아야 할 것이다. 정치적 의견형성과 의지형성은, 구체적 과제의 관점에서 다룰 수 있는 실용적 질문을 넘어서서, 우선 다음 세 가지 질문을 해결해야 한다. 첫째는 타협형성의 바탕에 깔린 질문으로서, 어떻게 경쟁하는 선호들을 조화시킬 수 있는가 라는 질문이다. 둘째는 우리가 누구이며 진정 누구이기를 원하는가 라는 윤리적-정치적 질문이다. 셋째는 어떻게 우리가 정의롭게 행위해야만 하는가 라는 도덕적-실천적 질문이다. 이익을 재는 협상에서는 집결된 전체의지가 형성되고, 해석학적 자기이해의 담론 속에서는 진정한 전체의지가 형성되며, 도덕적 정당화의 담론과 적용담론에서는 자율적 전체의지가 형성된다. 이 협상과 담론들에서는 각기 상이한 종류의 논지가 결정적 역할을 한다. 이에 상응하여 논증이 이루어지는 상이한 의사소통 형식들이 구별된다. 언뜻 보면 이 의사소통 형식들이 모두 다 비슷한 표층구조를, 즉 평등주의적 표층구조를 보여주는 듯하다. 그러나 세분화시켜 검토해 보면 각기 상이한 조건의 충족을 요구하는 심층구조들이 드러난다. 이러한 사실은 개별 의사소통 형식이 대의체계의 이해에 대하여, 나아가 일반적으로는 의회와 공적 의견의 관계에 대하여 어떤 결과를 가져오는지를 살펴보면 잘 드러난다.

대표자는 통상 자유, 평등, 비밀선거를 통해 결정된다. 이 절차는 타협안을 협상하라는 위임명령을 받은 대표자들의 위임권과 관련하여 명백한 의미를 갖는다. 왜냐하면 공정하게 규제된 협상에 참여하는 데에는 모든 관련자들에 대한 동등한 정도의 대변이 요청되기 때문이다. 이것은 모든 관련 이익과 가치정향들이 협상과정에서 동등한 비중으로 고려될 수 있도록 보장하기 위한 것이다. 예를 들어 임금협상을 위해서는 위임권이 엄격하게 규정된다. 이에 비해 국민의 대표자의 위임권은, 우리가 의회의 협상을 오로지 이익의 균형이라는 측면에서만 고찰할 때조차도, 상당히 무규정적인 상태로 남는다. 국민의 대표를 선출하는 총선은 넓은 범위의 이익들을 엮거나 또는 가치를 일반화하는 효과를 갖기 때문이다. 우리가 정치를 선출된 대표자들이 대변하는 현실적 이익들 사이에 균형을 맞추는 것으로 환원시키는 한, 강제위임(*gebundenes Mandat*)과 임의위임(*ungebundenes Mandat*)에 관한 고전적 논의라든지 또는 대의체계가 가설적인 국민의지를 반영하는지 경험적인 국민의지를 반영하는지에 관한 고전적 논의는 그 준거점을 상실하게 된다.

경험적 국민의지와 가설적 국민의지의 차이는, 정치과정 속으로 들어오는 선호들이 단순히 주어진 것으로서 간주되지 않고 그것에 관한 논지를 교환할 수 있고 또 담론을 통해 변화될 수 있는 투입물로 간주될 때, 비로소 등장한다.[47] 정치적 의견형성과 의지형성에 내재하는 논리와 함께 비로소 대표의 의미를 변화시키는 이성적 계기가 작동하게 된다. 대표자들이 국민의 의지를 대변하거나 대리하여 수행하는 담론의 참여자로서 선출된다면, 선거의 일차적 의미는 의지의 힘을 위임하는 데에 있지 않다. 그렇다면 대의기구에 대한 사회적 제한은 대의적 담론이 그 의사소통적 전제 때문에 본래적으로 요청하지 않을 수 없을 자유로운 접근과 특수한 긴장관계를 맺게 된다.

윤리적-정치적 담론은 집합체의 해석학적 자기이해를 위한 의사소통 조건을 충족시켜야 한다. 그것은 진정한 자기이해를 가능하게 해야 하며, 특정 정체성을 비판하거나 강화하는 결과를 가져온다. 성공적인 집합적 자기확신으로 생기는 합의는 협상타결에서처럼 단순한 협약도 아니고, 사실문제나 정의문제에 관해 담론적으로 도달한 동의의 경우처럼 오직 합리적 동기에서 나온 확신도 아니다. 그 속에는 자기인식과 특정한 삶의 형식을 택하는 결단이 동시에 표현된다. 이를 위해서는 체계적으로 왜곡되지 않은 의사소통의 조건이 충족되어야 한다. 이

---

47) E. Fraenkel, "Die repräsentaitve und plebiszitäre Komponente im demokratischen Verfassungsstaat," in : *Deutschland und die westlichen Demokratien*, Frankfurt/Main 1990, 153~203.

때 참여자들이 자신의 진정한 경험맥락과 이해관계로부터 분리되지 않으면서 억압으로부터 보호될 수 있다. 자기이해의 담론은 참여자들이 자신의 정체성을 형성하는 문화적 전통과 아무런 불안도 없이 성찰적이고 학습하는 태도로 만날 것을 요청한다. 우리의 맥락에서 특히 중요한 것은 자기확신의 과정에는 불참자가 있을 수 없다는 점이다. '예/아니오' 입장표명은 원칙적으로 다른 누구에게도 위임될 수 없다. 모든 소속원들이, 비록 반드시 동일한 방식으로 그렇게 하는 것은 아니지만, 담론에 참여할 수 있어야 한다. 관련된 모든 발언에 대해 '예' 혹은 '아니오'라고 입장을 표명할 수 있는 가능성은 원칙적으로 누구나 동등하게 갖고 있어야 한다. 기술적 이유 때문에 대의적 방식으로 수행될 수밖에 없는 이 담론을 대리자 모델에 따라 해석해선 안 되는 이유도 여기에 있다. 그 담론은 전체적으로 모두 다 조직될 수는 없는 공론장 속에서 이루어지는 의사소통의 사회전체적 순환에서 하나의 조직화된 중심점 내지는 초점을 형성할 뿐이다. 대의적 방식으로 수행되는 담론이 기층의 다원주의적 공론장 — 이것 자체도 담론적으로 구조화되어 있으며 따라서 권력에 의해 왜곡된 정도는 상대적으로 덜하다 — 으로부터 공급되는 자극, 주제, 기고, 정보, 근거에 대해 열려 있고 민감하고 수용적일 때 비로소 그 담론이 모든 소속원의 동등한 참여라는 조건을 충족할 수 있다.

도덕적 담론의 의사소통적 전제로부터도 비슷한 결과가 나타난다. 여기선 모든 참여자들이 다른 모든 사람의 전망을 취할 수 있다. 도덕적 논증에 참여하는 사람은 일반적으로 접근할 수 있고, 안팎의 폭력으로부터 자유로운 공적인 상호이해의 화용론적 전제 — 이것만이 더 나은 논지가 합리적인 동기화의 힘을 발휘할 수 있도록 해준다 — 가 충분히 충족되어 있다는 가정에서 출발할 수 있어야 한다. 이러한 의사소통 형식의 비개연성 때문에 도덕적 정당화의 담론은 일반적으로 변호적 방식으로 수행된다. 하지만 그렇다고 해서 대의적 방식으로 이루어지는 정당화의 담론을 담당하는 기구의 구성 및 성격과 관련하여 부담이 줄어든다는 말은 아니다. 여기서 대의(*Repräsentanz*)라는 것은 대표자를 선택함으로써 주변적 집단의 자기이해와 세계이해까지 포용하면서 기대할 수 있는 해석전망들의 스펙트럼 중에서 가능한 가장 넓은 스펙트럼을 제공한다는 것을 뜻할 뿐이다. 윤리적-정치적 질문이 제기되는 경우와는 달리, 도덕적 질문에 관한 담론에서는 가능한 관련자들의 범위가 결코 해당 집합체의 구성원들에만 국한되지 않는다. 정치와 법률은 도덕적 관점 아래에서 민감한 일반화 검사를 받는데, 이 도덕적 관점은 제도화된 심의가 조직화되지 않은 공적 의견이 제공하는 정보, 문제압력, 자극잠재력에 대해 아무런 유보도 없이 개방되어야 있어야 한다고 요구한다. 이와 동시에 그 관점은 특정한 법적 공동체의 경계를 초월하고 직접적인 주위 사람들의 자민족중심주의에 대해 거리를 취한다.

이익들 간의 정치적 균형을 이루기 위해서는 타협형성이라는 과제를 부여받은 대리자를 선출해야 한다. 그리고 선출양식은 주어진 이해관계와 선호의 공정한 대변과 집산을 제공할 수 있어야 한다. 이에 비해 집합적 자기이해와 도덕적 정당화를 위해서는 대의적 방식으로 수행되는 담론의 참여자를 선출해야 한다. 여기서 선출양식은 대표자의 결정을 매개로, 그때그때 관련된 모든 해석전망들의 융합을 보장할 수 있어야 한다. 게다가, 비록 제도화되긴 했지만 공개성의 요청에 따라 여전히 투과성을 갖고 있는 정치적 의견형성과 의지형성이 일반적인 정치적 의사소통의 비공식적 순환에 대해 열려 있어야 하는 필연적인 규범적 이유가 있는데, 이 이유는 자기이해의 담론과 정의의 담론의 논리로부터 나온다. 법치국가에 대한 토론의 틀 안에서 보면, 여기서 다루어지는 것은 다름아니라 공론의 규범적 개념에 대한 헌법적 해석이다.[48] 만약 입법적 국가권력의 형태로 조직되어 있는 정치적 의지형성

48) J. Habermas, "Volkssouveränität als Verfahren : Ein normativer Begriff der Öffentlichkeit,"를 볼 것(이 논문은 원서 600~631쪽에 부록으로 실려 있으나 이 번역서에서는 번역하지 않았다—역주).

이 자율적 공론의 자생적 원천을 봉쇄한다거나 평등주의적으로 구조화된 전국가적 영역에서 자유부동하는 주제, 기고, 정보, 근거의 유입을 차단한다면, 그것은 자신의 이성적 기능작용을 떠받쳐 주는 시민사회적 기초를 파괴하고 말 것이다. 의회기구는 어떤 의미에서 '주체없는' 공적 의견의 파라미터 아래에서 작업해야 한다. 물론 공적 의견은 진공상태 속에서가 아니라 자유주의적 정치문화의 배경 위에서 형성될 수 있다. 시민들이 자유롭고 평등한 법적 동료들의 연합체로 통합될 수 있는 조건을 권리체계가 해명한다면, 한 나라의 정치문화는 그 국민이 그들의 삶의 역사적 맥락 속에서 권리체계를 직관적으로 어떻게 이해하고 있는지를 표현한다. 법치국가의 원리가 시민적 민족의 역사적 맥락 속에 자리잡아 시민들의 동기 및 신념과 결합될 때 비로소, 그 원리가 자유롭고 평등한 인격체들의 연합체를 실현하는 역동적 프로젝트를 추진하는 힘이 될 수 있다.[49]

이 의사소통 모델에서 의회와 공론장의 관계는 민주주의에 대한 대의제적 이해나 민중주의적(*plebisziatären*) 이해의 고전적 시각에서 서술되는 것과는 다르게 나타난다. 민중주의적 이론은 '의지가 이성을 대신한다'(*Stat pro ratione voluntas*)라는 원칙에 따라 자원주의적 가정에서 출발한다. 즉 그때그때 일반이익을 표현하는 가설적 국민의지가 있지만 이 의지는 민주적 자기결정의 조건 아래에서는 경험적 국민의지와 대체로 수렴한다는 가정에서 출발한다. 이와는 대조적으로 대의이론은 "진리가 아니라 권위가 법을 만든다"는 홉스의 명제를 뒤집어 합리주의적 가정에서 출발한다. 다시 말해서 가설적 공동선은 오직 경험적 국민의지와는 분리된 대의기구의 차원에서 토의를 통해서 확인될 수 있

---

49) Ch. Taylor, "The Liberal-Communitarian Debate," in : N. Rosenblum (ed.), *Liberalism and the Moral Life*, Cambridge 1989, 176 ff. "시민적 민족"에 대해서는 J. Habermas, "Staatsbürgerschaft und nationale Identität"를 볼 것(이 논문은 원서 632~660쪽에 부록으로 실려 있으나 이 번역서에서는 번역하지 않았다—역주).

다는 가정에서 출발한다. 칼 슈미트는 독특한 방법으로 이 두 개의 견해를 부르주아 의회주의에 대한 그의 이념형적 재구성 속에서 통합했다. 그는 동질적이라고 가정된 경험적 국민의지의 민중주의적 힘을 의회의 담론적 의견형성과 의지형성이 자라나는 뿌리로 파악한다.

> 부르주아 법치국가의 의회는 … 정치적 의견에 대한 공적 토론이 일어나는 장소이다. 다수파와 소수파, 여당과 야당은 논증과 반대논증에 대한 토론과 논의를 통하여 올바른 결정을 추구한다. 의회가 한 나라의 문화교양과 이성을 대변하고 국민의 전체 지성을 자신 속에 통합하는 한에서, 진정한 토론이 생길 수 있다. 다시 말해서 공적인 토론 속에서 국민의 진정한 전체의지가 '일반의지'로서 등장할 수 있다. 국민 자체는 토론하지 않는다 … 국민은 단지 박수치고, 선출하고, 그들에게 던져진 질문에 대해 예 혹은 아니오라고 말할 뿐이다.

의회주의의 기본사상은 여기서 생겨난다는 것이다. "의회는 전체 민족 자체를 대표하고, 이러한 속성을 지니면서 공적 토론과 공적 의결 속에서 법률을 제정한다. 즉 전체 국가의 삶을 규정하고 규제하는 이성적이고 정의롭고 일반적인 규범을 제정한다."[50]

주목할 만한 것은 슈미트가 이 대목에서 맑스의 유명한 말에 의존하고 있다는 점이다. 그러나 그 말은 슈미트의 명제와 모순된다. 당연한 일이겠지만 맑스는 초기 자유주의가 공적 토론을 의회기구에만 전담시킬 의사는 추호도 없었다는 것을 알고 있었기 때문이다.

> 의회체제는 토론으로 살아간다. 어떻게 그것이 토론을 금지할 수 있겠는가? … 무대 위에서 펼쳐지는 연사들의 싸움은 신문의 3류 문인의 싸움을 불러일으킨다. 의회의 토론클럽은 반드시 살롱과 주막의 토론클럽에 의해 보충된다. … 의회체제는 모든 것을 다수파의 결정에 맡긴다. 그러니 어떻게 의회 너머의 다수자들이 결정을 내리려 하지 않

50) C. Schmitt, *Verfassungslehre*, Berlin 1928, 315 f.

겠는가? 당신이 국가의 꼭대기에서 바이올린을 연주한다면, 그들이 그 밑에서 춤출 것이라는 것 말고 무엇을 기대할 수 있겠는가?[51]

프랜켈이 슈미트를 단순히 경험적 논거만이 아니라 이론적 근거에서 비판할 수 있었던 이유도 여기에 있다. 그는 법치국가적으로 편성된 정치과정에 대한 자유주의적 이론의 틀 안에 머물러 있으면서도 담론적 의견형성과 의지형성이 결코 의회에 국한된 것이 아니라는 사실을 강조할 수 있었다. 오히려 정치적 공론장, 정당, 단체, 의회, 정부 등의 다양한 차원에서 이루어지는 의사소통의 흐름들이 서로 섞이고 서로에게 영향을 준다.[52]

물론 이 사상은 하나의 실체로서의 국민의 대표라는 과도하게 구체적인 관념을 떨쳐버린 의사소통 모델 속에서야 비로소 전개될 수 있다. 이 모델은 제도화된 의견형성 및 의지형성이 문화적으로 동원되는 공론장의 비공식적 의견형성과 연결되는 것을 구조주의적으로 이해한다. 이 연결관계는 국민의 동질성과 국민의지의 동일성을 통해서도 가능해지지 않고, 심층에 놓인 동질적인 일반이익을 단순히 발견해내는 능력만 부여받은 이성의 동일성을 통해서도 가능해지지 않는다.[53] 담론이론적 견해는 고전적 견해와 상반된다. 만약 의사소통적으로 유동화된 시민의 주권이, 자율적 공론장으로부터 생겨나지만 민주적 절차를 따르고 정치적 책임을 지는 입법기구의 의결 속에서 그 형태를 얻는

51) K. Marx, *Der 18. Brumaire des Louis Napoleon*, Berlin 1953, 61.

52) E. Fraenkel, "Parlament und öffentliche Meinung," in : Fraenkel (1991), 209. "'가상적 대표'의 이론과 '일반의지'의 유토피아는 두 개의 독자적이지만 서로 분리될 수 없는 구성요소로서의 의회와 공적 의견의 상호의존성이라는 근대적 이념으로부터 똑같은 정도로 거리를 두고 있다. …"

53) C. Schmitt, *Die geistgeschichtliche Lage des heutigen Parlamentarismus*, Berlin 1926에 대한 나의 비판을 참고할 것. J. Habermas, "Die Schrecken der Autonomie," in : *Eine Art Schadensabwicklung*, Frankfurt/Main 1987, 101~114.

공적 담론의 권력 속에서 효력을 갖는다면, 신념과 이익의 다원주의는 억압되지 않고 오히려 구속에서 풀려나며, 수정가능한 다수자의 결정과 타협 속에서 인정된다. 그렇게 되면 완전히 절차화된 이성의 통일성은 이를테면 공적 의사소통의 담론적 구조 속으로 후퇴한다. 이 이성은 어떤 합의에서도 강제성이 있음을 인정하며, 따라서 어떤 합의도 오류가능성을 인정하는 단서조항 없이 그리고 무정부적으로 풀려나온 의사소통적 자유에 기초하지 않고선 정당화의 힘을 갖지 못한다는 것을 인정한다. 이 자유의 도취경 속에서는 민주적 절차 이외에, 즉 이미 권리체계 속에 그 의미가 함축되어 있는 절차 이외에 어떤 고정점도 없다.

(3) 고전적 권력분립은 국가기능의 분화를 통해 설명된다. 입법부는 일반적인 프로그램을 정당화하고 의결하며, 사법부는 이러한 법률적 토대 위에서 행위갈등을 해결하고, 행정부는 자체적으로 집행되지 않고 행정부를 통해 시행되어야 할 필요가 있는 법률의 집행을 담당한다. 사법부는 개별적 사건에서 무엇이 합법적이고 무엇이 불법적인지를 유권적으로 결정하며, 이로써 현행법을 법의 관점에서, 다시 말해서 행위기대의 안정화라는 규범적 관점에서 가공한다. 행정적 과정은 현행법의 목적론적 내용을 가공한다. 물론 현행법이 정치를 법적 형식에 종속시키고 집합적 목표의 행정적 실현을 조절하는 한에서 말이다. 논증논리적 분업의 관점에서 볼 때 사법적 담론은 규범의 적용에 봉사하는 데 비해, 행정활동의 합리성은 실용적 담론을 통해 보장된다.

실용적 담론은 주어진 상황에서 (제한된 자원, 정해진 기간, 수용자의 저항 및 여타의 제약을 고려하여) 입법부에 의해 주어진 가치와 목표를 실현하기에 적합한 기술과 전략을 선택하는 데 초점을 맞춘다.

> 행정은 명문화된 가치를 우연적 사실의 세계 속에서 실현하는 과정이다. 행정에 정당성을 제공하는 이념은 정확성과 효율성이다. 행정가

> 들은 특정한 목적의 달성에 도구적 행위를 발견하여 시도해야 한다. 물론 이 과정에서 어떤 특수한 목표와 목적도 좋은 삶을 위한 집합적 요구를 모두 충족하지 못한다는 점을 망각하지 말아야 한다. 행정가들은 할당된 일을 적은 비용으로 많은 효과를 내면서 추진해야 한다. 가치들은 특정화되기 때문에, 행정은 사실을 지향한다. 어떤 경우엔 '세계는 어떤 모습인가?' 라는 구체적이고 역사적인 질문이 생기고, 또 어떤 경우에는 '저 세계 속의 어떤 행위가 저 세계를 명문화된 목표에 동조할 수 있도록 만들까?' 라는 개연적 질문이 제기된다. 이러한 종류의 질문에 대답한다는 것은 연구하는 마음을 갖는다는 것을 함축한다. 그렇게 효율적으로 일을 하기 위해서는 분업과 위계적 통제가 필요하다. 요컨대 관료제가 필요하다. … 공직자들이 명문화된 일반적 정책에 의해 구속받고, 위계적 권위에 의해 구조화되고, 절차적 규제 방식으로 행사되고, 도구적 합리성의 특정 패러다임을 따르고 있는지를 심사받는 재량권을 갖고 있다는 것은 분명히 자유주의적 자율성과 민주적 참여와 관련하여 중요한 일이다.[54]

논증논리에 근거한 기능적 권력분립에 입각하여 행정부의 과제를 특정화할 수 있다. 그러나 이 특정화의 성격을 보여주는 전형은 법률안의 초안을 작성하는 행정부 장관이나 관료들도 아니고 독일 지방자치법상의 자치단체도 아니라, 오로지 실행과 관련된 '실질적이고 도구적인 문제에만 관심을 두는' 중간차원의 행정유형이다. 이제 이 기능을 전문적으로 충족하는 것이 민주적 법치국가에서 행정부의 정당성을 구성하는 중요한 요소이다. 그러나 행정부의 정당화가 이것으로 끝나는 것은 아니다.

왜냐하면 권력이론의 관점에서 보면 권력분립의 논리는 다르게 설명되기 때문이다. 이 설명에 따르면, 권력의 기능적 분리는 민주적 입법의 우선성과 아울러 행정권력을 의사소통적 권력에 피드백시키는 것을

54) J. L. Mashaw, *Due Process in the Administrative State*, New Haven 1985, 230.

동시에 보장하는 방식이다. 정치적으로 자율적인 시민들은 사적 주체로서는 법에 종속되지만 이와 동시에 자신을 그 법의 저자로 이해할 수 있어야 한다. 그러나 이것은 시민들이 정당하게 제정한 법이 정치적 권력순환의 방향을 결정할 때 비로소 가능해진다. 예를 들어 정부 차원에서는, 유권자들이 총선을 통해 선출된 정치 엘리트에게 권한을 부여하는 것이 이 방향결정에 기여한다. 그러나 이 문제와 관련하여 무엇보다 중요한 것은 행정의 합법성 원리이다. 이에 따르면 행정부는 의회와 법원의 통제를 받아야 한다. 이 통제는 행정부의 활동의 두 측면과 관련되는데, 하나는 법시행의 전문적 성격이라는 측면이고, 다른 하나는 행정과정의 합법성과 아울러 행정적 개입의 법률적 제약을 보장하는 규범적 책임의 준수라는 측면이다. 전문가들의 전문적 능력에 의한 과제해결의 합리성으로는 행정기관이 온정주의적 시각에서 스스로에게 권한을 부여하고 스스로 프로그램을 만드는 사태를 막지 못한다.[55] 이에 비해 권력분립의 논리는 행정부가 스스로 좌우하지 못하는 규범적 전제 아래에서만 자신의 과제를 가능한 최대의 전문적 방식으로 해결할 권한을 부여받아야 한다고 요구한다. 행정부의 활동은 법률의 테두리 안에서 행정적 권력을 사용하는 것에 국한되어야 한다는 것이다.

이렇게 법률로 행정을 구속하는 것을 권력을 제한하는 다른 종류의 메커니즘과 혼동해서는 안 된다. 연방제적 행정구조 속에서 행정적 권력을 지역으로 그리고 기능적으로 분배하는 것이나 행정부를 특별행정과 일반행정으로 구분하는 것은 '견제와 균형'의 모델을 따른다. 그것

55) 이러한 전문가 행정모델에 대해서는 Mashaw(1985), 19쪽 참조. "행정기관은 전문적 훈련을 거친 관료를 선발할 뿐 아니라 끊임없이 단일유형의 문제에 직면한다. 이러한 까닭에 행정기관은 일반론적인 법원과 입법기구로서는 따라잡을 가능성이 희박한 전문지식을 집중적으로 동원할 수 있다. 비록 행정기관이 일을 시작할 때에는 최종해결책의 산출에 필요한 과학적 지식이나 기술적 전문지식을 갖지 못할 수도 있지만, 전문가 행정모델은 시간이 지나면서 경험과 연구가 쌓일수록 점점 더 합당한 행정적 판단이 생산될 것이라고 상상한다."

은 이미 완수된 기능적 권력분립 내부에서 이루어지는 권력분배인 것이다. 행정적 권력의 이 분배는 권력분립의 논리와 간접적으로만 연결된다. 다시 말해서 행정기구의 내적 탈중심화가 행정 전반을 외부의 통제에 개방시키는 지연효과, 차단효과, 완화효과를 갖는 한에서만 연결된다.

법이 지배를 조직화하는 단순한 사실적 수단에 그치는 것이 아니라 정당화의 규범적 원천이어야 한다면, 행정적 권력은 의사소통적으로 산출된 권력과 다시 연결되어 있어야 한다. 목표를 실현하는 행정적 권력과 법을 산출하는 의사소통적 권력 간의 이러한 피드백 관계는 기능적 권력분립을 통해 이루어질 수 있다. 왜냐하면 민주적 법치국가는 정치적 권력을 단순히 같은 비중으로 분배하는 것에 그치지 않고 합리화를 통해 권력에서 폭력성을 벗겨내는 과제도 안고 있기 때문이다. 자연발생적인 정치적 권력을 법적으로 순치시키는 것을 통제될 수 없는 실체를 지닌 우연적인 의지의 힘을 훈육시키는 것으로 개념화해선 안 된다. 법적 순치는 오히려 이 실체를 용해시켜 '법의 지배'로 전환시킨다. 그리고 법의 지배는 오직 법공동체의 정치적으로 자율적인 자기조직만 표현한다. 루소와 칸트의 자기결정의 이념에 따라 작동하는 이성법의 요점은 실천이성과 주권적 의지의 통합에 있다. 이 통합은 정치적 지배의 규범적 근거를 시민의 정치적 자율성의 행사에서 찾음으로써, 정치적 지배에 담겨 있는 모든 자연발생적 성격을 벗겨낸다.

부르주아 법치국가의 이성법적 구성에서 법률개념이 초석으로 기능했던 이유도 여기에 있다. 법률이 토론과 공개성으로 특징지어지는 절차 속에서 국민대표들의 동의를 통해 효력을 획득하는 일반적 규범으로 이해된다면, 그 법률 속에는 두 가지 계기가 통합되어 있는 셈이다. 즉 상호주관적으로 형성된 의지의 권력이 정당한 절차의 이성과 통합되어 있는 것이다. 그렇다면, 민주주의적 법률의 특징은 "법률결정의 내용적 임의성과 그 절차적 전제의 비임의성의 조합"56)에서 찾을 수 있다. 법률이 범해선 안 되는 선천적인 법원리가 아니라 민주적 발생이 법률의 정의로움을 보장하는 것이다. "법률의 정의로움은 그 발생의 특수한 절차에 의해 보장된다."[57] 이것은 입법에 대한 헌법의 우위와 전적으로 양립가능하다. 왜냐하면 권리체계를 해석하고 조형하는 헌법은 "지양불가능한 입법과정의 원리와 조건 이외에 다른 어떤 것도" 포함하지 "않기" 때문이다.[58]

그러나 자유주의의 권력분립론은 이 법률개념에 대한 협소한 해석에 기초하고 있다. 그 이론은 법률을 의미론적 관점에서 추상적이고 일반적인 규범적 명제로 특징짓는다. 또 행정과정이 일반적인 규범적 내용을 상황에 맞게 구체화하는 활동에 엄격히 국한될 때에만 행정의 합법성 원리가 충족될 수 있다고 본다. 이러한 독해방식에 따르면, 법률은 민주적 절차 덕분이 아니라 그 문법적 형식 덕분에 정당성을 갖게 된다. 이러한 의미론적 축소는 권력분립에 대한 포섭논리적 해석을 시사한다. 이 해석에 의하면, 입법부에 대한 헌법적 구속과 행정부에 대한 법률적 구속은 좀더 특수한 규범적 내용을 좀더 일반적인 규범적 내용에 종속시키는 외연적 논리에 비추어 평가된다. 일반 법률이 헌법에 포섭되듯이 행정조치와 행정명령은 법률에 포섭될 수 있어야 한다는 것이다. 그리하여 권력분립의 논리는 포섭관계를 통해 조작화된다(*operationalisieren*). 경제적이면서 매끈한 이 설명은 오늘날까지도 매력을 잃지 않고 있다. 그러나 그 설명은 권력분립의 논리보다는 그 자유주의적 독해방식을 비판하는 반론을 불러일으켰다.

왜냐하면 법률이 조건적 프로그램의 형식을 상실하고 목적 프로그램이라는 형태를 띠게 될수록, 고전적 권력분립 도식은 점점 유지하기

---

56) I. Maus, "Zur Theorie der Institutionalisierung bei Kant," in : G. Göhler u. a. (Hg.), *Politische Institutionen im gesellschaftlichen Umbruch*, Opladen 1990, 358 ff, 인용부분은 372.

57) Maus (1978), 15.

58) Maus (1990), 374 f. 칸트에서 실체적 자연법에서 절차적 자연법으로의 이행에 대해서는 다음도 참조할 것. I. Maus, *Zur Aufklärung der Demokratietheorie*, Frankfurt/Main 1992, 148 ff.

어려워지기 때문이다. 실체화된 법률도 고유명사 없이 정식화되고 불특정 다수를 대상으로 하는 일반적 규범으로서 등장하는 것이 상례이다. 그러나 그것이 포함한 일반적 조건절과 불특정적 법개념 또는 (특별입법과 유사한) 구체적 목표설정 등은 행정부에게 상당한 재량권을 허용하고 있다. 국가 개입주의가 발달하면서 점점 많은 영역의 법률이 실체화되었으며, 그 결과 계획을 세우고 서비스를 제공하고 정책을 입안하는 행정을 충분하게 규정된 일반적 규범을, 규범적 질문을 배제하면서 기술적으로 시행하는 일에 국한시킬 수 있는 가능성도 점점 줄어들었다. 이러한 발달경향은 독일연방공화국에서 쉽게 확인할 수 있고 또 자주 논의되었다.[59] 그러나 미국이나 그 밖의 비교될 만한 나라에서도 사정은 마찬가지이다.

> 의회가 수질관리법, 대기오염 관리법, 소비자제품 안정법, 직업 안정법, 보건법, 교통안전법, 또는 유독성 물질 안전관리법과 같은 법규에 의거하여 새로운 행정기관에게 공중보건이나 공공안전의 필요와 고용, 다양한 생산물, 경제 활성화의 필요를 조정할 것을 요구하는 경우, 행정가가 기술적 능력이나 전문적 능력에 대한 어떠한 정의도 무용하게 만드는 가치선택을 해야 한다는 점은 분명해 보인다. 따라서 경쟁하는 사회적 가치들 중에서 선택할 수 있는 행정적 재량권은 행정적 정당성에 관한 … 전송벨트 … 모델을 무너뜨린다.[60]

물론 이런 종류의 반론을 통해 분명하게 밝혀진 것은, 행정의 합법성 원리가 두 가지 측면에서 일반적 법률의 실행에 관한 전송벨트 모델에 의해서는 충분하게 추상적으로 파악되지 않는다는 사실뿐이다. 한편으로 법치국가의 원리는 역사적 법질서나 구체적인 제도화 형식과

59) I. Maus, "Verrechtlichung, Entrechtlichung und der Funktionswnadel von Institutionen," in : Maus (1986), 277~331.

60) Mashaw (1985), 22.

무관하게 도입되어야 한다. 지금까지 나는 이러한 분석 차원에서 움직이고 있었는데, 이 차원에서는 필수적 제도화 일반에 대해서만 언급하지, 원리를 주어진 정치적 제도 속에 실현하는 것에 대해서는 언급하지 않는다. 비록 상이한 국가권력이 구성되고 그 기능이 추상적으로 분리되었지만 아직까지는 이것이 같은 수의 상이한 조직의 분화를 의미하지 않는다. 따라서 새로운 참여형식과 담론구조를 행정부의 결정과정 자체 안에 설치하여 금지된 독자적 프로그램 형성의 위험을 막으려는 시도는, 사회국가적 관료제의 늘어난 재량권에 대한 하나의 반응이었다고 할 수 있다. 사회복지 행정의 관련 수혜자들은 행정기관에 대해 새로운 절차적 권리를 얻었다.

> 법원은 행정가에게 새로운 결정기준이나 우선순위를 부과하지 않고 그 대신에, 전통적으로 행정과정 속에 존재하지 않았던 이익들에 의해 제출된 견해나 증거를 청취한 다음에야 결정을 내려야 한다고 요구했다. 이러한 기술들은 모두 다 관련 당사자들이 행정과정에 참여하는 것을 확대하고 강화하거나 그 참여를 재정의하는 경향을 보였다.[61]

사법적 심리절차와 유사한 공청회 절차라든가 여타의 참여형식을 행정과정에 도입함으로써 매쇼(J. L. Mashaw)가 '과잉침범'과 '과소보호'라는 용어로 다루었던 새로운 위험이 야기되었던 것은 분명하다. 그러나 이 비판도 권력분립의 논리로부터 빌려온 규범적 규준에 의존하고 있다.

원리는 변화하는 제도화 형식과 무관하게 정식화되어야할 뿐 아니라 나아가 충분한 정도의 추상성을 갖고 정식화되어야 한다. 권력분립 논리의 초석이었던 일반적 규범에 대한 의미론적 개념도 너무 많은 편견을 담고 있다. 의미론적 관점에서만 보아서는 권력분립적 법치국가의 구성에서 법률이 담당했던 경첩의 기능을 충분하게 설명할 수 없다.

---

61) *Ibid.*, 261 f.

오히려 입법자의 의지가 형성되는 담론과 협상을 주목하고, 법률을 정당화하는 근거들의 잠재력을 주시해야 한다. 담론이론의 시각에서 보면, 입법, 사법, 행정의 기능은 의사소통의 형식과 이에 상응하는 근거들의 잠재력에 따라 분화된다. 법률은 민주적 절차에 따라 생성되고, 공평무사하게 판결하는 법원에 의해 보장되는 포괄적인 법적 보호를 정당화하고, 입법적 결정과 사법적 결정을 뒷받침하는 규범적 근거들을 행정부로부터 분리시키며, 이로써 의사소통적 권력으로부터 행정적 권력으로의 변형을 규제한다. 이 규범적 근거들은 행정활동과는 분리된 세계에 속하며, 이 세계 안에서 입법부와 사법부는 규범을 정당화하는 일과 적용하는 일을 나누어 갖는다. 실용적 담론에 국한된 행정부가 이 세계 안에서 독자적인 기여를 통해 뭔가 변화를 가져와선 안 된다. 오히려 행정부는 그 세계로부터 규범적 전제를 가져와야 한다. 그리고 이 규범적 전제는 행정부가 경험적 정보에 입각하여 내리는 목적합리적 결정의 바탕을 이루어야 한다.

논증논리적으로 볼 때, 입법기구와 법률을 적용하는 기구 그리고 법률을 시행하는 기구 간의 권한의 분리는 상이한 종류의 근거들에 접근할 수 있는 가능성의 분배로부터, 그리고 이 근거들의 처리양식을 확정하는 의사소통 형식들로부터 나온다. 공정한 협상결과를 통해 구성되는 근거를 포함하여, 규범적인 근거와 실용적인 근거들에 무제한적으로 접근할 수 있는 가능성은 오직 정치적 입법자만이 갖는다. 그러나 정치적 입법자는 오직 규범의 정당화를 위해 설계된 민주적 절차의 틀 안에서만 그 가능성을 갖는다. 사법부는 법규범에 포함된 근거들을 임의로 사용할 수 없다. 그와 동일한 근거들도 만약 일관된 결정을 목표로 하는 적용담론 속에서 법체계 전체의 정합성에 유의하면서 사용될 때에는 다른 역할을 수행한다. 마지막으로, 입법부나 사법부와는 달리 행정부는 규범적 근거들에 대해 구성적인 방식이나 재구성적 방식으로 접근할 수 없다. 행정부에 공급된 규범은 집합적 목표의 추구를 미리 주어진 규범적 전제에 묶어두며, 행정부의 활동을 목적합리성의 지평으로 제한시킨다. 그것은 공직자들에게 기술과 행위전략을 선택할 권한을 부여한다. 그러나 그들이 — 사적 주체처럼 — 독자적 이해관계나 선호를 추구하지 말아야 한다는 단서를 달고 그 권한을 부여한다.

'입법부', '사법부', '행정부'라는 말은 특정한 제도화 형식들이 낳는 편견에 사로잡힌 너무 구체적인 이해방식을 시사한다. 이러한 이해방식에는 우리가 법률제정과 적용과 시행의 기능에 대한 담론이론적 규정을 개괄할 때 서 있던 그 추상수준이 결여되어 있다. 사용가능한 상이한 종류의 근거들과 이에 상응하는 의사소통 형식들이라는 추상적 관점에서 그 기능들에 접근할 때 비로소, 권력분립의 논리에서 나오는 원칙들의 구체적인 제도화 형식들을 평가할 수 있다. 예를 들어 프로그램화된 목적을 실행하기 위하여 행정부가 적어도 암묵적으로는 법률을 가일층 발전시키고 적용하는 성격을 지닌 과제를 조직적으로 수행해야 하는 한, 전통적 행정구조의 정당성 기초로는 더 이상 충분하지 않다. 권력분립의 논리는 변화된 구조 속에서 실현되어야 한다. 이를테면 권력분립에 상응하는 참여 형식들과 의사소통 형식들을 확립하는 방식이나 의사사법적 절차나 의회적 절차 또는 타협형성 등의 절차를 도입하는 방식으로 말이다.[62] 이에 대해서는 마지막 장에서 상세하게

---

62) 법치국가의 원리들과 그것에 상응하는 조직적 실현형식들 사이에 직선적인 상관관계를 설정하는 일은 피해야 한다. 이것은 지방자치행정의 구조를 한번 보기만 해도 알 수 있다. 잘 알려져 있다시피, 이 구조는 고전적 권력분립의 도식에 억지로 끼워맞춰질 수 없다. 지방자치행정을 일반 국가행정 속에 편입시킬 수 있는 유일한 근거는, 사법적 관점에서 볼 때, "지방자치법이 그 핵심에 있어서는 조직법이며 따라서 주의 조직법과 밀접한 상호작용을 갖고 있다"는 근거뿐이다(D. Czybulka, *Die Legitimation der öffentlichen Verwaltung*, Heidelberg 1989, 195). 그러나 기능적 관점에서 보면, 포괄적 권한을 기초단체의 결정차원으로 탈중심화할 경우 권력분립의 논리와 완전히 양립할 수 있는, 국가기능의 조직상의 상호결합이 가능해진다. 물론 지방자치단체는 입법권한을 갖고 있지 않지만, 조례를 제정할 자율성은 갖는다. 좀더 인물중심적이긴 하지만 선거를 통한 정당화, 의지형성의 의회적 형식, 일반인의 명예직 공직 참여 등은 지역 시민들이 보편적 행정의 프로그램 및 그 경과에 대해 상대적으로 강한 영향력을 미칠 수 있도록 해준다. 그 영향력은 여타의 참여

다루기로 하겠다.

모델(혹은 '이해당사자의 조직적 참여')의 수준을 넘어선다. 따라서 국가와 사회의 분리라는 원리를 관철하기가 그만큼 더 어려워진다. 이러한 조직은 사회적 권력을 가진 인물이나 집단이 비공식적으로 행사하는 압력에 취약하다. 지방 자치단체를 예로 든 것은 다만 법치국가의 원리가 정치적 제도의 조직적 차원이나 심지어는 정치과정의 차원에서도 직접 모사될 수 없다는 점을 한 번 더 주지시키기 위해서이다. 고전적 권력분립의 도식과 상치되는 모든 현상들이 권력분립의 논리 자체에 대한 반론을 지지하는 것은 결코 아니다.

5

법의 비결정성과 판결의 합리성

우리는 이성법의 문제제기와 관련하여 권리체계와 법치국가의 원리들을 도입하였다. 이 과정에서 우리는 계약론적 접근방법으로부터 담론이론으로 전망교체를 수행했지만, 이 교체가 추상수준의 변화까지 의미하진 않았다. 그러나 때때로 독일과 미국의 법체계를 예시적으로 언급했는데, 그것은 법치국가의 원리와 기본권이 추상적으로 정의되어 있긴 하지만 오직 역사적 헌법과 정치체계 속에서만 발견될 수 있다는 사실을 기억시켜준다. 그것들은 구체적 법질서 속에서 해석되고 구현된다. 다시 말해서 문화적 상징체계의 수준에서는 헌법에 명시된 권리 속에서, 행위체계의 수준에서는 정치적 제도와 과정의 입헌적 현실 속에서 해석되고 구현된다. 이것은 비교법학과 비교정치학의 연구대상들로서 우리의 주제는 아니지만, 간접적으로는 우리의 주제와 관련된다. 구체적 법질서들은 동일한 권리와 원리의 상이한 실현방식들을 보여주는 것에 그치지 않는다. 그 속에는 상이한 법 패러다임도 반영되어 있다. 여기서 나는 법 패러다임을 권리체계와 법치국가의 원리가 그때그때 주어진 사회의 지각된 맥락 속에서 어떻게 실현될 수 있는가 라는 문제와 관련하여 법공동체를 파악하는 전형적 방식으로 이해한다.

법 패러다임은 법치국가의 원리와 기본권이 그것에 귀속된 규범적 기능을 주어진 맥락 속에서 충족할 수 있기 위해서 어떤 방식으로 개념화되어야 하고 실행되어야 하는지를 당대의 사회모델에 의거하여 설명한다. '법의 사회적 모델'(Wieacker)은 법체계의 암묵적 사회이론과 같은 것을 제시하며, 따라서 법체계가 자신의 사회적 환경에 대하여 그리는 이미지를 제시한다. 그리고 법 패러다임은 그러한 사회모델의 테두리 안에서 기본권과 법치국가의 원리들이 어떻게 이해되어야 하며 또 그것들이 어떻게 실현될 수 있는지를 규정한다. 법의 근대사에서 가장 큰 영향을 미쳤으며 또 오늘날까지도 서로 경쟁하는 두 개의 법 패러다임은 부르주아 형식법과 사회복지국가적으로 실체화된 법이다. 법과 정치에 대한 담론이론적 해석에 의거하여 나는 이 두 패러다임을 모두 지양하는 제3의 법 패러다임의 윤곽을 좀더 분명하게 제시하고자 한다. 여기서 나는 20세기 말에 사회복지국가적 대중민주주의 속에서 등장한 법체계는 절차주의적으로 이해할 때 적절하게 이해된다는 가정에서 출발한다. 그러나 패러다임에 대한 논의로 들어가기 전에 제5장과 6장에서 지금까지 내가 제시했던 접근방법을 좀더 확장하고자 한다. 지금까지 나는 법철학적 관점에서 권리체계와 법치국가의 원리를 담론이론을 통해 도입하였다. 이제 나는 법이론의 관점에서, 다시 말해서 좁은 의미의 법체계라는 관점에서 이 접근방법을 좀더 설득력 있게 다듬고자 한다.

근대 법체계를 이해하기 위해서는 이중의 구별이 필요할 듯하다. 행위체계로 이해된 법은 법규범에 의하여 규제되는 상호작용들의 총체를 포함한다. 예를 들어 니클라스 루만(N. Luhmann)은 이렇게 넓은 의미에서 법을 행위기대의 안정화를 담당하는 사회적 하위체계라고 정의한다. 이 하위체계는 법과 관련하여 정식화된 모든 사회적 의사소통을 포함한다.[1] 이것과 구별하여 좁은 의미의 법체계를 설정할 수 있다.

---

1) N. Luhmann, *Ausdifferenzierung* (1981), 35 ff.

여기에는 법을 지향할 뿐 아니라 새로운 법을 생산하고 또 법으로서 재생산하기 위한 모든 상호작용이 포함된다. 이러한 의미의 법체계를 제도화하기 위해서는 법을 제정하고 적용하고 집행하는 권능을 구성하고 위임하는 이차적 규칙의 형태 속에서 이루어지는 법의 자기적용이 필요하다. 국가권력은 이 기능들에 따라 입법, 행정, 사법의 '권력'으로 나뉜다.

물론 경험적으로 볼 때, 우리와 같은 유형의 사회에서는, 여러 기능들을 동시에 충족하는 다양한 제도들이 법의 이러한 생산과 재생산에 참여한다. 민주적 법치국가에서는 정치적 입법이 중심 기능으로 간주된다. 오늘날에는 정당, 유권자, 의회와 정부만 여기에 참여할 뿐 아니라 법을 해석하고 발전시키는 법원과 자신의 활동을 프로그램화하는 행정부도 참여한다. 법률을 적용하는 기능은 법 도그마틱(*Rechtsdogmatik*)과 법적 공론장의 지평 속에서 여러 심급의 법정에 의해서만 수행되는 것이 아니라 암묵적으로는 행정부에 의해서도 수행된다. 그리고 법률을 집행하는 기능은 행정부에 의해서만 수행되는 것이 아니라 간접적으로는 법원에 의해서도 행사된다. 그리고 이러한 법적 기능들 중의 일부는 국가기관에 의해 준공공단체나 민간단체로 위임되기도 한다.

나는 넓은 의미의 법체계를 법률에 의해 규제되는 행위체계로 간주한다. 이 행위체계 내부에도 분화가 있어서, 반성적 법은 사적 인격체에 의한 법률소송의 생산을 위한 핵심영역을 구성하고 실질적 법규범은 다양한 방식으로 행위를 직접 규제한다. 그밖에도 공식적으로 조직되고, 법적 형식에 의거하여 구성된 상호작용 영역과 주로 법 바깥의 제도를 통하여 규제되면서 단순히 법적 형식이 가미된 상호작용 영역이 나뉜다. 경제나 국가기구처럼 공식적으로 조직된 영역에서는 모든 상호작용이 법률에 따라 이루어지며, 행위자의 관점에서 보더라도 그 상호작용은 법률과 관련되어 있다. 이에 반해 가족이나 학교 같은 상호작용 영역에서 법은 배후에 머물러 있다가 갈등이 생길 경우에만 전면으로 나서 행위자에게 의식된다.[2)]

이러한 정도의 언급으로도 좁은 의미의 법체계의 위상을 개괄하는데 부족함이 없을 듯하다. 담론적 법이론은 우선은 이 분석차원에서 자신의 가치를 입증해야 한다. 철학적 정의이론과는 달리 법이론은 구체적 법질서의 경계 안에서 움직인다. 법이론은 자신의 자료를 현행법, 법률과 판례, 법도그마틱, 입법의 정치적 맥락, 법의 역사적 원천 등으로부터 가져온다. 철학과는 달리 법이론은 무엇보다 법과 정치권력의 내적 관계로부터 생겨나는 측면을 무시할 수 없는데, 이 측면에서 일차적으로 문제가 되는 것은 정부가 정당한 폭력을 사용하는 것을 법적으로 인가하는 문제이다.[3] 다른 한편 법이론은 법도그마틱과 마찬가지로 법관의 전망에 특권을 부여한다. 이것은 좁은 의미의 법체계 안에서 판결이 갖는 기능적 위상 때문이다. 모든 법적 의사소통은 소송을 제기할 수 있는 요구를 가리키기 때문에, 소송절차가 법체계의 분석에 있어서 소실점을 형성한다. 그러나 이러한 연구관점을 선택한다는 것은 방법론적 입장을 의미할 뿐이지, 분석을 재판의 영역에 국한한다는 뜻은 아니다. 내용의 측면에서 볼 때 법이론은 입법과 행정의 영역으로까지 확장되며, 따라서 넓은 의미의 법체계를 포함하여 법의 산출과 재생산에 반성적으로 관련된 모든 부분체계에까지 확장된다. 법이론이 법 도그마틱과 구별되는 것은 법질서 전체에 대한 이론을 다룬다는 법이론의 주장 때문이다. 여기서 법이론은 다른 참여자의 전망도 고려하며 그리하여 정치적 입법자, 행정부, 사적인 법적 인격체와 시민들의 역할까지 자신의 확고한 설명전망인 법 전문가의 전망

2) 갈등이 터지기 전에는 행위자들 사이에서는 자신의 이익의 보호라는 관점에서 분명하게 지각된 '법의식'이 없다.

3) 드워킨(R. Dworkin)은 이런 관점에서 '법'과 '정의'를 구별한다. "정의는 도덕적, 정치적 권리에 대한 올바른 이론 혹은 최선의 이론의 문제이다. … 법은 국가의 집합적 폭력을 사용하거나 보류하는 것이 어떤 권리에 의해 정당화되는가 하는 문제이다. 왜냐하면 권리들은 과거의 현실적인 정치적 결정 속에 포함되어 있거나 그 결정에 의해 함축되기 때문이다"(R. Dworkin, *Law's Empire*, Cambridge, Mass. 1986, 97).

안으로 끌어들인다.[4] 법을 사회 전체의 통합성을 보장하는 매체로 이해하는 로널드 드워킨의 법개념이 보여주듯이, 이렇게 함으로써 법공동체의 집합적 자기이해도 시야에 들어오게 된다. 그럼에도 불구하고 법이론은 일차적으로는 판결이론과 사법적 담론의 이론으로 머무른다.

법에 내재하는 사실성과 타당성의 긴장은 판결 내부에서는 법이론의 원리와 올바른 판결에 대한 요구 사이의 긴장으로 나타난다. 나는 (1) 먼저 판결의 합리성 문제에 대한 상이한 해결책을 제시하는 네 개의 대표적인 법 이해방식을 논의하겠다. (2) 여기서 특히 흥미로운 것은 판결의 합리성에 대한 요구를 현행법의 합리적 재구성을 통하여 충족시키려는 로널드 드워킨의 제안이다. 그는 자신이 가정한 이론에 이상적 요구를 부과했는데 이 때문에 활발한 토론이 일어났다. (3) 드워킨의 유아론적 접근방법에 대한 미첼만(F. Michelman)의 반론은 사법적 담론에 대한 상호주관주의적 이론으로 나아가는 길을 열었다. 이 맥락에서 사법적 담론은 도덕적 (적용)담론의 특수한 사례로 파악되어야 한다는 명제가 등장하였지만, 이 명제는 사법과 입법 간의 복잡한 관계를 적절하게 고려하지 못하고 있다.

---

4) 다음을 참조할 것. R. Dreier, *Was ist und wozu Allgemeine Rechtstheorie*? Tübingen 1975 ; N. MacCormick, *Legal Reasoning and Legal Theory*, Oxford 1978.

1. 해석학, 현실주의, 실증주의

(1) 직접적으로 규범적인 접근방법을 취하고 현존 제도와 전통의 저편에 서서 질서정연한 사회의 원리를 정당화하려는 정의이론은 어떻게 이념이 현실과 접목될 수 있는가 라는 질문과 대면하지 않을 수 없다. 완결된 이 정의이론에게는 부차적 문제로서 제기되는 것이 현행법의 영역 안에서 움직이는 법이론에게는 출발문제가 된다. 앞서 우리는 사실성과 타당성의 긴장이 어떤 방식으로 법의 범주 자체에 내재하며 또 법의 효력의 두 차원 모두에서 어떻게 나타나는지를 보았다. 현행법은 한편으로는 국가의 제재라는 뒷받침을 받아 행위기대의 관철을 보장하며 이로써 법의 안정성을 보장한다. 다른 한편 법률제정과 법률적용의 합리적 절차는 이런 방식으로 안정화된 행위기대의 정당성을 약속한다. 왜냐하면 그 행위규범은 법적으로 복종할 만해야 하며, 항상 법에 대한 존경심에서 준수될 수 있어야 하기 때문이다. 재판의 차원에서는 이 두 가지 보증이 동시에 이행되어야 한다. 서로 갈등하는 요구를 법적 청구로 변형시켜 소송과정을 거쳐 구속력 있게 결정을 내리는 것만으로는 충분하지 않다. 판결이 법질서의 사회통합적 기능과 법의 정당성 주장을 모두 충족하려면 일관성 있는 판결과 합리적 수락가능성의 조건을 동시에 충족해야 한다. 그러나 두 조건이 직접 일치하지는 않기 때문에, 판사의 판결 속에서 두 기준이 조화를 이루어야만 한다.

한편으로 법의 안정성 원리는 판결이 현존하는 법질서의 테두리 안에서 일관성 있게 내려져야 한다고 요구한다. 여기서 현행법은 입법자와 사법부 또는 관습법적 전통에 의해 내려진 무수히 많은 과거의 결정들이 조망불가능할 정도로 복잡하게 엮이면서 생겨난 산물이다. 법의 이러한 제도적 역사가 현재 이루어지는 판결의 배후를 형성한다. 법의 실정성 속에는 이러한 발생맥락의 우연성도 반영되어 있다. 다른 한편 법질서의 정당성 원리는, 판결이 과거에 있었던 유사한 판례나 현행 법체계와 일관성을 유지해야 할 뿐 아니라, 나아가 판결이 법적 인격체들에게 합리적 판결로 수락될 수 있기 위해서는 문제의 쟁점과 관련하여 이성적으로 근거지어져야 한다고 요구한다. 현재의 사건에 대하여 현재적 미래의 지평 속에서 결정을 내리는 판사는 자신의 판결이 정당한 규칙과 원칙에 비추어 볼 때 타당하다고 주장한다. 그런 한에서, 근거제시는 결정맥락의 우연성으로부터 해방되어야 한다. 이렇게 역사로부터 체계로 넘어가는 전망교체는 주어진 전제에 의존하는 판결의 내적 정당화로부터 그 전제 자체에 대한 외적 정당화로 넘어가는 이행과정에서 명시적으로 이루어진다.[5] 법률과 다찬가지로 판결도 "역사의 피조물이자 도덕의 피조물이다. 한 개인이 시민사회에서 정당하게 가질 수 있는 것이 무엇인가는 정치제도의 실천뿐만 아니라 그 정의에도 달려 있다."[6]

그러므로 판결의 합리성 문제의 요체는 법의 안정성과 옳음을 동시에 보증하기 위하여 우연하게 등장한 법을 어떻게 내적으로는 일관성 있게 적용하고 외적으로는 합리적으로 근거지을 수 있는가에 있다. 현행법을 초실정적 규준에 단적으로 종속시키려는 자연법의 선택지가 더 이상 우리에게 열려 있지 않다는 가정에서 출발한다면, 법이론의 이 중심 질문을 다루는 접근방법으로는 무엇보다 다음 세 가지 대안, 즉 (a) 법해석학, (b) 법현실주의, (c) 법실증주의를 들 수 있다.

(a) 법해석학은 사례를 그것이 속하는 규칙에 포섭시키는 것을 판결로 이해하는 인습적 모델에 대항하여 아리스토텔레스의 통찰, 그러니까 어떤 규칙도 자신의 적용을 규제할 수 없다는 통찰을 다시 부활시키는 공적을 세웠다.[7] 하나의 사태가 그것에 적용되는 규범의 개념을

5) J. Wroblewski, "Legal Syllogism and Rationality of Judicial Decision," *Rechtstheorie* 5, 1974.

6) R. Dworkin, *Bürgerrechte ernstgenommen*, Frankfurt/Main 1984, 153.

통해 기술될 때 비로소 규칙을 따르는 사태라는 것이 구성된다. 이와 동시에 하나의 규범이 그 규칙의 특수한 사례라고 할 수 있는 사태에 적용될 때 비로소 그 규범의 의미가 구체화된다. 하나의 규범은 그것에 미리 주어져 있는 적합성의 전망에서 출발하여 복잡한 생활세계적 상황을 항상 선택적으로만 "파악한다". 반대로 이 규범을 통하여 구성된 사태도 일반적 규범이 갖는 모호한 의미내용들을 결코 모두 구현해내지 못하며 오직 선택적으로만 구현할 뿐이다. 이 순환적 기술은 다름아니라 모든 법이론이 해명해야만 하는 방법론적 문제를 가리키고 있다.

해석학은 이 문제의 해결책으로서 과정적 해석 모델을 제시한다. 해석은 우선 특정한 평가를 담고 있는 선이해로 시작한다. 이 선이해는 규범과 사태 사이에 미리 특정한 관계를 설정하고 이를 통해 차후의 상관적 관계를 위한 지평을 연다. 초점이 흐리던 최초의 선이해는, 그것의 인도를 받아 규범과 사태가 서로를 구체화하고 구성하는 정도만큼, 좀더 정확해진다.[8] 해석학은 맥락주의적 관점에서 이성을 역사적 전승맥락 속으로 배태시키는 방법으로 판결의 합리성 문제를 해결하였으며, 이를 통해 법이론 내부에서 독자적 위치를 확보하였다. 이러한 해결책에 따르면, 판사의 선이해는 인륜적 전통의 공유된 토포스를 통해 그 모습이 결정된다. 그 선이해는 규범과 사태 간의 상관관계를 역사의 시험을 거친 원리에 비추어 조절한다. 그러니까 판결의 합리성은 궁극에는 "아직 규범으로 농축되지 않은 인습이 제공하는 규준"에 비추어, 다시 말해서 "법에 선행하는 법적 지혜"에 비추어 측정된다.[9] 법

---

7) H. G. Gadamer, *Wahrheit und Methode*, Tübingen 1960.

8) W. Hassemer, "Juristische Hermeneutik," *ARSP* 72, 1986, 195 ff. 그 외에 다음 글도 참조할 것. U. Neuman, *Juristische Argumentationslehre*, Darmstadt 1986, 54 ff.

9) J. Esser, *Grundsatz und Norm in der richterlichen Fortbildung des Privatrechts*, Tübingen 1964, 182 ; *Vorverständnis und Methodenwahl in der Rechtsfindung*, Kronberg 1972.

이론으로 발전한 해석학은 판결의 정당성 요구를 고수한다. 순환적 이해과정의 비결정성은 원리를 준거로 하여 단계적으로 줄어든다. 그러나 이 원리는 판사 자신이 우연하게 그 속에 자리잡고 있는 법형식과 삶의 형식의 영향사에 입각해서 정당화될 수 있을 뿐이다.

(b) 물론, 해석을 통하여 계속 발전되고 형성되는 지배적 에토스에 의존하는 방법으로는 다양한 신앙과 이해상황들이 서로 경쟁하고 있는 다원주의적 사회에서 판결의 타당성을 위한 설득력 있는 기초를 제공할 수 없다. 한 사람에게는 역사의 검사를 거친 토포스로 간주되는 것이 다른 사람에게는 이데올로기나 순수한 편견으로 간주된다. 현실주의적 법이론은 바로 이런 상황에 대응한다. 그것은 해석학적 방법론이 갖는 기술적(*deskriptiven*) 가치를 논박하지는 않지만, 해석과정을 조절하는 선이해를 다른 식으로 평가한다. 판결이 보여주는 선택성 속에는 법 외부의 결정요인들이 작동하는데, 그것들은 경험적 분석을 통해서만 해명될 수 있다는 것이다. 이 외적 요인들은 판사가 어떻게 판결의 운신공간을 채워 나가는지를 설명한다. 또 외적 요인들은 역사적, 심리적, 사회학적 이유에 의거하여 판결을 미리 예측할 수 있게 해준다. 이러한 접근방법이 법회의주의적 결과를 가져오리라는 것은 명백하다. 법정에서 이루어지는 재판절차의 결과가 판사의 이해상황, 사회화 과정, 계급적 소속, 정치적 태도, 인성구조라든가 또는 법체계 안팎의 이데올로기적 전통, 권력상황, 경제적 요소나 그 밖의 요소 등에 의해 설명될 수 있는 만큼, 판결은 더 이상 절차, 판례, 법적 기초의 선택성을 통해 내적으로 규정되지 않는다. 그렇지 않아도 이미 법해석학이 법을 전통의 맥락 속에 위치시킴으로써 약화되고 상대화되었던 법의 고유한 내적 논리는 이제 법률적용 과정에 대한 '현실주의적' 기술 속에서 완전히 사라지고 만다.

법현실주의와 자유법학과 이익법학의 관점에서 보면,[10] 법과 정치는 그 구조적 특징의 측면에서는 더 이상 구별할 수 없다. 그러나 만약 판결과정이 정치적 권력과정과 유사하게 기술될 수 있다면, 충분하게 규정된 규범들의 체계에 기초하여 내려진 일관성 있는 판결이 법의 안정성을 보장한다는 공준은 더 이상 아무런 의미도 갖지 못한다. 과거에 생산된 법은 현재의 판결에 대한 지배력을 잃어버린다. 왜냐하면 현재의 판결은 상당부분 판사의 재량에 달려 있기 때문이다. 법의 정당성 요구도 고작해야 판사가 정치가처럼 미래지향적 관점에서 자신이 이성적이라고 여기는 가치정향에 기초하여 판결을 내릴 때에만 그 의미를 유지할 수 있을 뿐이다. 그렇게 되면 법은 합리적 목표, 다시 말해서 공리주의적 이유나 복지경제적 이유에 근거한 정치적 목표를 위하여 동원될 수 있는 행위통제의 도구로 간주된다.[11] 현실주의적 학파는 법적 절차에 참여하는 사람들이 갖는 이상주의적 표상, 즉 모든 (또는 대부분의) 사건들에 대하여 현행법의 토대 위에서 일관성 있는 동시에 올바른 판결이 내려져야 한다는 표상을 관찰자의 관점에서 냉정하게 비판한다. 그러나 다른 한편으로 판결은 이상적 가정이 없다면 작동할 수 없다. 법현실주의에서는 법의 안정성에 대한 보증이 노골적으로 철회되고 있는데, 이것은 곧 행위기대를 안정화시키는 법의 기능을 충족하는 과제를 판결이 궁극적으로 포기해야 한다는 것을 뜻한다. 하지만 현실주의자들은 기능적으로 필수적인 법체계의 활동이 어떻게 법률 전문가의 철저한 법회의주의적 의식과 양립할 수 있는지를 설명하지 못한다.

(c) 이와는 반대로 법실증주의는 기대를 안정화시키는 기능을 고려하려 하지만, 다른 한편으로 판결의 정당성을 논박될 수 있는 인륜적 전통의 권위 위에 세우려 하지 않는다. 법현실주의자들과는 반대로 켈젠(H. Kelsen)과 하트(H. L. A. Hart) 같은 이론가들은 법적 규칙의

---

10) G. Ellscheid, W. Hassemer(Hg.), *Interessenjurisprudenz*, Darmstadt 1974.

11) 미국의 법현실주의에 대해서는 다음을 참조. R. S. Summers, *Instrumentalism and American Legal Theory*, Ithaca 1982.

고유한 규범적 성격을 밝히고, 또 규칙에 의거한 결정의 일관성을 가능하게 하고, 법을 정치로부터 상당정도 독립시켜준다는 규칙체계를 체계적으로 설립하였다. 해석학자들과는 대조적으로 이들은 법 외부의 원리들이 스며들 수 없는 법체계의 폐쇄적 성격과 자율성을 강조한다. 이와 함께 합리성 문제는 모든 초실정적 타당성 기초를 제거한, 협소하게 파악된 제도적 역사에 선차성을 부여하는 방향으로 해결된다. 그때그때 어떤 규범이 현행법에 속하는지를 결정할 수 있는 기준인 근본규범 혹은 승인규칙은 명료한 조응관계를 설정할 수 있게 해준다.

이와 같은 종류의 자율적 법체계는 행위를 규정하는 일차적 규칙과 자기준거적으로 규범을 생산하는 이차적 규칙으로 분화되어 있는데, 만약 우리가 이러한 법체계를 전제한다면, 법적 규제의 타당성은 오직 법적으로 미리 정해진 입법절차를 준수하는지 여부에 의거해서만 판정된다. 이와 같은 입법절차의 합법성을 통한 정당화는 법의 기원을 특권화한다. 다시 말해서 그것은 규범의 내용에 대한 합리적 근거제시에 비해 실정화 혹은 결정의 올바른 과정에 특권적 지위를 부여한다. 규칙이 타당한 것은 권한있는 제도에 의해 규칙에 합당하게 선포되었기 때문이라는 것이다. 법질서 전체의 정당화는 그 기원으로, 즉 스스로 합리적 정당화를 제공하지 못하면서 모든 것을 정당화하는 근본규범 혹은 승인규칙의 수중으로 넘어간다. 그것은 역사적 생활형식의 일부로서 확고한 관습으로 받아들여져야 한다. 하트는 비트겐슈타인의 언어게임 개념을 끌어들여 이 점을 설득력 있게 만든다. 언어게임의 문법이 그렇듯이, 승인규칙도 실천 속에 뿌리내리고 있어야 하는데, 이때 그 실천은 외부에서 보면 하나의 사실로 기술되지만, 참여자 자신에게는 문화적 자명성으로 "전제되고, 따라서 타당한 것으로 가정된다"는 것이다.[12]

---

12) H. L. A. Hart, *Der Begriff des Rechts*, Frankfurt/Main 1973, 155. "승인규칙이 특정한 기준의 도움으로 무엇이 법인지를 확인한다면, 그것은 법정, 공무원, 사적 인격체의 복잡한 그러나 통상적으로는 조정된 실천으로서 (존재한

그러나 이렇게 법의 타당성을 그 기원에 묶어둘 경우 합리성 문제에 대해서는 비대칭적 해결책만 허용된다. 이성이나 도덕은 역사에 대해 종속적 지위에 머문다. 판결에 대한 실증주의적 해석이 올바른 판결의 보증을 희생시키면서 법의 안정성의 보증에 특권적 지위를 부여하는 결과를 초래하는 것도 바로 이 때문이다. 법의 안정성이 선차성을 갖는다는 것은 실증주의가 이른바 '판결하기 어려운 사안'(*hard cases*)을 어떻게 처리하는지에서 잘 드러난다. 그러한 사건들에서는 특히 해석학적 기본문제, 즉 어떻게 불가피한 선택적 결정의 적절성을 정당화할 것인가라는 문제가 특히 분명하게 등장한다. 실증주의는 이 문제를 가볍게 처리하여, 이 문제의 결과들을 일상언어적 정식이 불가피하게 안고 있는 모호성의 징후로 분석한다. 하트는 법규범에 대한 해석의 필요성을 자연적 언어의 원칙적으로 개방적 구조로 환원시키고선 결단론적 결론에 도달한다. 현행법이 사태를 충분하게 정확히 규정하지 못한다면, 판사는 자신의 재량에 따라 결정을 내려야 한다는 것이다. 이렇게 되면 판사는 그에게 허용된 재량권을 법률적 근거가 없는 선호에 따라 행사하고, 필요한 경우엔 법의 권위에 의해서는 더 이상 보증받을 수 없는 도덕적 규준에 의거하여 결정을 내리게 된다.

(2) 로널드 드워킨의 법이론은 현실주의적, 실증주의적, 해석학적 해결책이 안고 있는 결함을 모두 피하려는 시도로 이해할 수 있다. 특히 그는 판결이 법적 안정성이라는 요청과 합리적 수락가능성이라는 요청을 어떻게 충족할 수 있는지를 의무론적 권리개념을 끌어들여 설명하려고 한다. 현실주의에 반대하여 드워킨은 법의 안정성을 충분하게 보증하는, 규칙에 입각한 일관된 결정의 필요성과 가능성을 모두 옹호한다. 또 실증주의에 반대하여 그는 인정된 원리에 비추어 (절차를 통해 형식적으로만이 아니라) 내용적으로도 정당화된 '유일하게 올바른' 결

다) 승인규칙의 존재는 이런 종류의 사실성 속에 들어 있다."

정의 필요성과 가능성을 주장한다. 그러나 원리를 통해 규정된 선이해를 해석학적으로 참조한다고 해서 판사가 규범적 내용을 갖는 권위 있는 전승의 영향사에 의해 좌우되어선 안 된다. 오히려 선이해의 참조는 판사에게 특정한 책무를, 그러니까 실천이성의 흔적을 담고 있는 법의 제도적 역사를 비판적으로 전유해야 한다는 책무를 부과한다. 법정은 누구에게 어떤 '정치적' 권리가 허용되어야 하는지를 결정한다. 드워킨은 정치적 권리를 실증적 효력을 누리는 동시에 정의의 관점에서 인정받을 수 있는 권리로 이해한다.

이와 같은 권리가 존재한다는 명제는 역사적으로 구현된 실천이성, 이를테면 역사를 관통하여 지금에 이른 실천이성을 고려하고 있다. 이 실천이성은 도덕적 관점 속에서 효력을 발휘하며, 모든 사람에 대한 평등한 배려와 평등한 존중을 요청하는 기본규범 속에서 표현된다. 드워킨의 기본규범은 모든 사람에게 평등한 주관적 행위자유가 인정되어야 한다고 말하는 칸트의 법원리와 롤즈의 정의의 원칙과 일치한다. 물론 드워킨은 롤즈에 대하여 다음의 반론을 제기한다. 즉, 원초적 입장의 당사자들이 정의의 원칙에 동의할 수 있는 유일한 이유는 평등한 배려와 존중에 대한 기본권이 이미 그 당사자들이 원초적 입장 속으로 들어가는 것을 규제하고 있으며, 따라서 합리적 동의 일반의 조건에 속하기 때문이라는 것이다. 드워킨에게서 기본규범은 더 이상 다른 원리 위에 세워진 것이 아니며, 따라서 그것은 "모든 남성과 여성들이 계획을 세우고 정의를 행사할 수 있는 능력을 가진 인간존재라는 단순한 이유만으로 … 보유하는 자연권"이라는 지위를 갖는다.[13] 자연법적 함축을 피한다는 취지에서 보면, 이것을 기본권 일반의 의무론적 의미에 대한 해명으로 이해할 수도 있다. 이와 같은 (도덕적) 타당성의 의미가 제도적으로 구속력 있는 권리 혹은 '정치적' 권리로 전송되어, 개인적 권리주장에 무조건성의 계기를 부여한다. 드워킨은 주관적 권리를 집

13) Dworkin (1984), 300.

합적 목표설정에서 비롯하는 불이익에 대항하여 자신의 정당한 요구를 방어하는 게임에서 개인이 마지막 수단으로 제시하는 '으뜸패'와 같은 것으로 이해한다.

> 어떤 사회적 목표도 권리보다 우선할 수 없다는 결론이 권리에 대한 정의로부터 나온다. 간단하게 말해서, 어떤 정치적 목표도 그것이 집합적 목표 일반의 전횡을 막는 임계역(*threshhold weight*)을 갖고 있지 않다면 권리라고 부를 수 없다.[14]

물론 모든 주관적 권리가 절대적 타당성을 갖는 것은 결코 아니다. 그러나 모든 권리는 집합적 목표의 실현과 관련한 손익계산에 한계를 부과한다. 그리고 그 한계는 궁극에는 모든 사람들을 동등하게 존중해야 한다는 원리에 의해 정당화된다.

실정법은 불가피하게 도덕적 내용을 포함하기 때문에 도덕적 관점이 판결에서 하나의 역할을 담당한다는 것이 드워킨의 권리이론의 전제이다. 도덕적 근거도 입법의 민주적 절차와 타협형성의 공정한 조건을 경유하여 법 속으로 진입한다는 가정에서 출발하는 담론적 권리이론의 관점에서 보면 드워킨의 전제는 결코 놀라운 것이 아니다.[15] 그럼에도 불구하고 이 전제는 설명을 필요로 한다. 왜냐하면 도덕적 내용이 법 코드 속으로 번역되면서 그 의미가 법적 형식에 특유한 양식으로 변화되기 때문이다.

---

14) *Ibid.*, 162.

15) R. Alexy, "Zur Kritik des Rechtspositivismus," in : R. Dreier(Hg.), *Rechtspositivismus und Wertbezug des Rechts*, Stuttgart 1990, 9~26 ; 이에 반대하는 논지에 대해서는, N. Hoerster, *Verteidigung des Rechtspositivismus*, Frankfurt/Main 1989.

도덕적 내용의 법적 의미와 그 특수한 비중의 변이폭은 행위를 규제하는 일차규칙의 영역에서 가장 분명하게 나타난다. 페테르스가 제안하는 분류방식을 따른다면, 그리고 이 비절차적 규칙을 금압적이거나 복원적인 계율과 금지라는 부분과 '가격'과 이전이라는 부분으로 분할한다면,16) 우리는 도덕적 내용의 변이폭이 상당히 넓다는 것을 알 수 있다. 이 도덕적 내용은 법규범 일반을 그 규범적 내용과 무관하게 따라야 한다는 최소치로 축소될 수도 있다. 도덕적 내용의 상대적 비중을 읽어낼 수 있는 기호는 범법행위에 대해 법공동체가 보여주는 반응의 강도이다. 여기에는 법정이 부과하는 제재와 아울러 비공식적 무시나 비난이 포함된다. (범죄에서 단순한 위반에 이르기까지) 처벌을 범주화하는 방식은 형법상의 사건과 (손해배상청구의 근거가 되는) 민법상의 사건의 분할로 이해될 수 있을 뿐 아니라, 법 도그마틱에 따라 도덕적 내용에 가중치를 부여하는 방식으로 이해될 수도 있다. 살인, 신체상의 위해, 불법감금, 절도 등의 기본적인 형법상 범죄행위들은 도덕적으로 비난받아야 할 것으로 간주되는 데 비해, 원상복구를 명하는 판결은 보통의 경우 그 행위를 사회적으로 인정할 수 없다는 뜻은 함축하지만, 행위자에 대한 멸시를 함축하지 않는다.

그러나 보조금, 요금, 다양한 세금 등과 같이 행위에 따라 상이하게 할당되는 보상이나 비용에 대한 반응이라든가 행위와 무관하게 사회복지의 기준에 따라 이루어지는 소득이전과 급부에 대한 반응의 경우에는 사정이 다르다. 재분배를 위한 조세정책이나 자원할당 정책과 관련된 법이라든가 집합적 재화를 재분배하거나 제공하는 정책과 관련된 법은 도덕적으로 중립적인 방식으로 그 수신자에게 적용되며, 이때 수신자들은 일차적으로는 손익계산이나 단순한 '필요'를 지향하는 것으로

16) Peters(1991), 278 f.

가정된다. 입법자가 의도한 행위통제가 실패하더라도 그것은 '비난할 수 있는' 성질의 것이 아니다. 이것은 곧 '가격'과 소득이전을 포함하는 법규범의 타당성은 일정한 방식으로 탈도덕화되었다는 것을 뜻한다. 그러나, 그렇다고 해서 그와 같은 법적 규범들이 필연적으로 도덕적 내용을 결여하고 있다는 말은 아니며 또한 통상적으로 도덕적 내용을 결여하고 있다는 말도 아니다. 그것들은 이를테면 도덕적으로 정당화된 법프로그램의 일부이기 때문이다. 그와 같은 사회정책은 법이라는 형식 안에서 시행되는데, 입법자들이 그 정책을 평가할 때 사용하는 도덕적 규준은 그 법의 내용이 어떤 모습인가를 규정한다. 이로써 드워킨이 원리의 논증과 구별했던 목표설정의 논증이 완연하게 도덕적 유관성을 얻을 수 있게 된다.

대학이나 직능단체 등과 같은 유사 공적 기구에 특수한 권한을 부여하는 중간매개적 절차규범들은 도덕적 함축을 담고 있는 규칙과 탈도덕화된 규칙 사이의 중간적 위치를 차지한다. 이와 같은 (예를 들어 노동투쟁을 벌이거나, 타협안을 협상하거나, 조직의 규칙을 확정하는 등과 같은) 권한의 행사가 따라야 할 규칙과 형식적 요건이 있는데, 여기에는 경우에 따라서는 예고와 신중성의 의무라든가 부당한 투쟁수단의 배제와 같은 도덕적 유관성을 갖는 행위들까지 포함된다. 심지어 사법에서도 '신의'나 의도치 않은 위법적 행위결과에 대한 책임이 나름대로 역할을 담당한다. 그런데 흥미롭게도 이와 같은 형식상의 요건 내지 절차상의 요건들로는 뒤르케임이 계약의 비계약적 기초라고 불렀던 것의 도덕적 실체를 완전하게 설명할 수 없으며, 또 그것을 법적 형식 속에서 완전하게 포착할 수 없다. 무엇보다도 법규범을 산출하고 적용하는 능력에 (비록 그것을 인도하지는 않는다 하더라도 적어도) 수반되는 도덕적 판단능력의 경우가 특히 그렇다. 이러한 해석이 사법의 핵심영역을 형성하는, 법적 권한을 부여하는 규범의 경우에는 문제가 될 수도 있다. 그러나 법률제정과 조직의 공적 권능이 명목상으로만 '사적인' 담지자들에게 (예를 들어 임금계약의 당사자들이나 산업관계 법률에 따라 선출된 이사회 멤버들에게) 위임되는 영역을 감안할 때에는 이 해석이 일정한 설득력을 갖는다.

도덕이 올바른 법의 규준으로서 역할을 담당하는 주된 장소가 입법자의 정치적 의지형성과 공론장의 정치적 의사소통에 있다는 것은 물론이다. 법 속의 도덕과 관련하여 앞서 언급한 사례들도 도덕적 내용이 법코드 속으로 번역되며 이와 함께 새로운 양식의 타당성을 갖게 된다는 사실 이상을 말해주지 않는다. 내용상의 중첩이 있다고 해서, 탈인습적 정당화의 수준과 현대의 다원주의적 세계관이라는 조건 위에서 불가항력적으로 등장하는 도덕과 법의 분화에 변화가 생기는 것은 결코 아니다. 언어의 차이가 유지되는 한, 도덕적 내용이 법 속으로 이주했다고 해서 그것이 법의 직접적인 도덕화를 의미하는 것은 아니다. 드워킨이 판결의 외적 정당화를 위하여 끌어들인 원리의 논증에 대해 언급할 때, 대부분의 경우 그가 염두에 둔 것은 담론원리를 법코드에 적용한 결과로 생기는 법원칙이었다. 권리체계와 법치국가의 원리들은 분명 실천이성에 빚지고 있지만, 일차적으로는 민주주의 원리 속에서 실천이성이 취하는 특수한 형태에 빚지고 있다. 기본권과 법치국가의 원리가 포함하고 있는 도덕적 내용은, 똑같이 민주주의 원리에 기초하고 있는 법과 도덕의 기본규범이 내용상으로 서로 교차한다는 사실에 의해서도 설명된다.

(3) 드워킨 자신이 법과 도덕의 관계를 어떻게 파악했든 간에, 그의 권리이론은 법적 타당성 주장에 대한 의무론적 이해를 필요로 한다. 이것을 통해 그는 해석학적 법이론이 전승된 에트스의 역사적으로 검증된 토포스로 되돌아감으로써 빠지게 된 순환구조를 돌파한다.

드워킨은 해석학적 접근방법에 구성주의적 선회를 제공했다. 법실증주의에 대한 비판, 특히 (a) 법실증주의의 중립성 명제에 대한 비판과 (b) 폐쇄된 자율적 법체계의 가정에 대한 비판을 통해 그는 (c) 구성주의적 해석이라는 방법론적 관점을 발전시켰다.

(a) 먼저 드워킨은 법률이 법률제정 절차의 단순한 합법성을 통해 정당화된다는 가정을 반박한다. 사법적 담론이 도덕과 정치로부터 독립적이라고 할 때 그것은 오직 도덕적 원칙과 정치적 목표설정이 법의 중립적 언어 속으로 번역되고 법코드와 접맥되어야 한다는 의미에서만 그러하다. 하지만 법코드의 통일성 뒤에는 정당한 법에 포함된 복잡한 의미의 타당성이 숨겨져 있다. 원칙에 대해 결정할 때 법 외부로부터 오는 근거들, 그러니까 실용적, 윤리적, 도덕적 유형의 고찰들이 법적 담론에서 고려되고 또 법적 논증에 유입되는 이유도 바로 여기에 있다.

주로 미국의 법에서 끌어낸 잘 알려진 판례들을 단서로 드워킨은 어떻게 판사들이 정치적 목표설정과 도덕적 원칙이라는 배후근거를 체계적으로 참조함으로써 불특정적 법률상황에 대처해 나가는지를 분석한다. 그들은 정치적 목표의 논증과 도덕적 원칙의 논증을 법적 언어로 가공하여 좋은 근거를 갖춘 판결에 도달한다. 이와 같은 외적 정당화가 가능한 이유는 현행법 자체 속에 이미 목적론적 내용과 도덕적 원칙이 포함되어 있고, 무엇보다 정치적 입법자의 결정근거들이 이미 그 속에 통합되어 있기 때문이다. 이 결정근거들은 이를테면 최고재판소가 원칙에 대해 결정을 내릴 때 다시 등장한다. 그러나 판사의 판결에선 원리의 논증이 목표설정의 논증에 우선한다. 후자의 진정한 장소는 입법과정 속에 있으며, 그 논증은 이 입법과정을 통해 법적 담론 속으로 들어온다. 판결은 기대를 안정화시키는 법규범의 적용이다. 판결은 입법과정을 통해 이루어지는 목표설정을 원리에 비추어 고려한다. 왜냐하면 "원리의 논증은 정치적 결정이 개인 혹은 집단의 특정한 권리를 존중하거나 보장한다는 것을 보여줌으로써 정치적 결정을 정당화"하기 때문이다.[17] 물론 정치적 목표설정도 일반적으로는 원리와 권리를 통해 이미 근거지어져 있다. 그러나 개별적 결정과 전체 법질서의 규범적 실체 사이의 내적 연관을 보존하는 것은 오직 권리체계를 지향하는

17) Dworkin (1984), 146.

원리의 논증뿐이다.

(b) 이어서 드워킨은 '규칙'과 '원리'의 구별을 사용하여 하트의 자율성 명제의 바탕에 깔려 있는 법개념의 부적절성을 설명한다. 규칙은 예컨대 유언장을 작성할 때 지켜야 할 형식적 요건과 같이 전형적 사례에 적용할 수 있도록 충분하게 특정화된 구체적 규범인 데 반해, 원리는 (예를 들어 인간의 존엄성, 평등한 대우 등과 같이) 항상 해석을 필요로 하는 일반적 법원칙이다. 규칙(규범)이나 원칙(원리)은 모두 다 의무론적 타당성을 갖는 규범(금지와 허용)이다. 다시 말해서 그것들은 의무적 성격을 갖는다. 그러나 이 두 유형의 규칙에 대한 구별을 규범과 목표설정의 구별과 혼동해선 안 된다. 원리나 규칙은 모두 다 목적론적 구조를 갖지 않는다. 통상적 방법론에서 언급되는 '가치측정'이 시사하는 것과는 달리, 이것들은 최적치를 구하라는 요구로 이해되어선 안 된다. 그렇게 이해될 경우 그것들은 의무론적 성격을 잃어버리기 때문이다.[18] 규칙과 원리는 똑같이 결정의 근거를 제시하는 논거로 사용된다. 그러나 논증논리의 관점에서 보면 양자는 상이한 위상을 갖는다. 왜냐하면 규칙은 상황에 따라 특수한 적용조건을 특정화하는 '만약'이라는 조건절을 구성요소로 포함하고 있는 데 반해, 원리는 특정화되지 않은 타당성을 주장하면서 등장하거나 그 적용영역이 항시 해석을 필요로 하는 대단히 일반적인 조건에 의해서만 제한되기 때문이다. 드워킨이 강조하는 차이, 즉 충돌이 생길 경우 규칙과 원리가 보여주는 행위방식에서 나타나는 특징적 차이도 여기서 비롯된다. 규칙들 사이의 충돌은 예외조항을 도입하는 방식이나 아니면 갈등하는 규칙들을 무효화시키는 방식으로만 해결될 수 있다. 그러나 원리들이 갈등을 빚을 때에는 이와 같은 '전부 아니면 무'라는 결정이 필연적이지 않다.

---

18) R. Alexy, *Theorie der Grundrechte*, Frankfurt/Main 1986, 75 ff. 비판으로는 K. Günther, *Der Sinn für Angemessenheit*, Frankfurt/Main 1988, 268 ff.

물론 주어진 쟁점과 관련하여 더 적합한 것으로 판명된 특정 원리가 우선권을 갖지만, 그렇다고 해서 후퇴한 다른 원리가 그 타당성을 잃는 것은 아니다. 결정을 필요로 하는 사건의 종류에 따라 하나의 원리가 다른 원리에 우선한다. 그러므로 원리들 사이에서는 그 타당성에 영향을 주지 않으면서 사건별로 상이한 질서가 설립된다.

법실증주의가 그릇된 자율성 명제에 도달한 이유는 그것이 법을 특수한 적용영역을 가진 규칙들의 폐쇄적 체계로 파악하기 때문이다. 이 경우 규칙들 사이에 충돌이 생기면 판사의 재량권에 맡겨진 전부 아니면 무의 결정이 필요해진다. 규칙들의 충돌로 인해 법률상황의 비결정성이 발생하며 이에 대해서는 오직 결단론적 방법을 통해서만 대처할 수 있다는 견해는 다름아니라 법을 원칙 없는 규칙체계로 파악하는 일차원적 관점이 낳은 필연적 결과에 지나지 않는다. 원리가 — 그리고 원리에 비추어 규범의 적용을 한 단계 높은 차원에서 정당화하는 것이 — 받아들여져서 법적 담론의 규범적 구성요소로 인정되면, 규칙체계의 폐쇄성과 규칙들 사이의 갈등의 해결불가능성은 모두 다 사라진다.

(c) 원리의 논증과 목표설정의 논증이 판사의 판결행위에서 담당하는 역할에 대한 분석을 통해 그리고 법체계 자체 속에 존재하는 한 단계 높은 규범의 발굴을 통해 드워킨은 실정화된 법이 의존하는 탈전통적 근거제시의 차원에서 움직이게 되었다. 근대법이 신성한 토대로부터 해방되고 종교적 형이상학적 맥락으로부터 분리된 이후, 근대법이 법실증주의가 가정하는 것처럼 단적으로 우연적인 것으로 변한 것은 아니다. 또 법현실주의가 가정하는 것처럼 법이 독자적인 내적 구조도 없는 단순한 매체로서 정치적 목표설정을 위해 임의로 사용되는 것도 아니다. 오히려 권리의 의무론적 타당성 속에서는 침해불가능성이라는 계기가 주장되고 있는데, 이것은 원리에 입각하여 내려진 '유일하게 옳은' 결정이라는 이성적 차원을 가리키고 있다. 마지막으로 이 원리들은 해석학적 법이론이 가정하듯이 단순히 윤리적 공동체의 전승맥락으로

부터 역사적으로 검증된 토포스로서 끄집어낼 수 있는 것이 아니다. 그러므로 법에 대한 해석은 기존의 법전통을 넘어서는 준거점을 필요로 한다. 드워킨은 실천이성이라는 이 준거점을 방법론적으로는 구성적 해석의 절차를 통해 설명하고, 내용상으로는 그때그때의 현행법을 합리적으로 재구성하여 개념화하는 법이론을 가정함으로써 설명한다.

과학사에서와 마찬가지로, 법체계의 제도사에서도 내적으로 접근할 수 있는 측면과 외적인 측면을 구별할 수 있다. 내적 관점에서 출발할 때, 재구성가능한 문제제기를 통해 역사적으로 주어진 논증들을 비판적으로 조명할 수 있다. 이 과정에서 우리는 별 효과없는 시도와 생산적 시도를 구별할 수 있으며, 또 현재의 증거들에 비추어 장애물과 오류를 학습과정과 일시적 해결책으로부터 구별할 수 있다. 물론 어떤 패러다임에 의존하는지에 따라 이 회고적 시선으로부터 상이한 재구성이 나올 수 있다. 하지만 패러다임의 선택은 임의로 이루어지는 것이 아니라, 우리가 마음대로 좌우할 수 없는 해석학적 출발상황에 달려 있다. 물론 이 패러다임적 선이해가 교정될 수 없는 것이 아니라, 해석과정 속에서 검사받고 또 수정된다. 그러나 과학에 대한 개념이든 법에 대한 개념이든 간에, 이 재구성의 바탕을 이루는 개념은 최종지점에 가서도 선판단의 힘을 일정하게 유지한다. 그것은 결코 중립적이지 않은 것이다. 패러다임이 과학이나 법의 주제를 가장 잘 포착하는 최선의 모델로서 이론적으로 정당화되어야 하는 이유가 여기에 있다.

규칙과 원리로 구성된 실정법에 대한 드워킨의 모델은 바로 이러한 의미를 갖고 있다. 그 모델은 모든 법적 인격체들에게 평등한 배려와 존경을 보증하는 상호 인정관계의 침해불가능성을 담론적 정당화를 통해 보장한다. 가다머에 대한 나의 비판을[19] 참조하면서 드워킨은 자신의 비판적 해석학의 절차를 '구성적 해석'이라고 특징짓는다. 이 절

19) Habermas(1981), Bd. 1, 188~196; 또한, J. Habermas, *Zur Logik der Sozialwissenschaften*, Frankfurt/Main 1982, 271 ff.

차는 이해과정의 합리성을 하나의 패러다임 혹은 '목적'을 참조하여 명시화시킨다.

> 구성적 해석은 하나의 객체나 실천을 그것이 속한다고 간주되는 형식이나 장르의 가능한 최선의 사례로 만들기 위하여 그것에 목적을 부과하는 것이다. … 그렇다면 모든 해석은 어떤 객체를 모종의 가정된 사업의 사례로서 가능한 최선의 것으로 만들려고 노력한다고 말할 수 있을 것이며, 또 해석이 상이한 맥락에서 상이한 형식을 취하는 것은 오직 상이한 사업에 상이한 가치기준이나 성공기준이 관여하기 때문이라고 말할 수 있을 것이다.[20]

모든 판사들은, 이와 같은 구성적 해석절차의 도움을 받아,[21] 자신의 정당화를 '이론'으로 뒷받침함으로써 이른바 '법의 비결정성'을 보충하고, 이를 통해 원칙적으로 어떤 경우에나 이상적으로 타당한 결정에 도달할 수 있어야 한다. 이때 그 '이론'은, 현행법이 일군의 질서정연한 원리들에 입각하여 정당화되고 그리하여 정도의 차이는 있겠지만 그것이 법 일반의 모범적 구체화로 입증될 수 있도록, 그때그때 주어진 법질서를 합리적으로 재구성하는 것으로 간주된다.[22]

---

20) R. Dworkin, *Law's Empire*(1986), 52 f. 또한 같은 책 419쪽의 주 2도 참조.

21) 드워킨의 해석개념을 유럽적 논의, 특히 가다머와 데리다와 나의 견해와 관련짓는 몇 안 되는 연구로는 D. C. Hoy, "Interpreting the Law : Hermeneutical and Poststructuralist Perspectives," *Southern California Law Review* 58, 1985, 135~176 ; "Dworkin's Constructive Optimism vs. Deconstructive Legal Nihilism," *Law and Philosophy* 6, 1987, 321~356.

22) Dworkin(1984), 122 ; 또한 Dworkin, *A Matter of Principle*, Cambridge, Mass. 1985, 2부도 참조할 것.

2. 드워킨의 법이론

(1) 어떻게 판사의 판결이 법의 안정성이라는 원리와 법의 정당성 요구를 동시에 충족시킬 수 있는가 라는 문제를 해결하기 위해 드워킨은, 특히 난해사례의 경우 개별 결정을 합리적으로 재구성된 현행법의 정합적 연관에 입각하여 정당화시켜줄 수 있는, 요구수준이 높은 이론에 기대를 건다. 정합성은 하나의 진술의 타당성을 재는 척도로서, 논리적 연역을 통해 보장된 분석적 진리보다는 약하지만 모순율이라는 기준보다는 강한 척도이다. 진술들 간의 정합성은 (툴민이 말하는) 실체적 논증을 통해 형성되며, 따라서 논증에 참여한 사람들 사이에서 합리적 동기에서 우러나온 동의를 산출할 수 있는 실용적 속성을 보여주는 근거들을 통하여 형성된다.[23]

법적 담론에서는 규칙들 사이에 충돌이 생길 때 원리에 비추어 그때그때 적절한 규범의 선택을 정당화해주는 규범적 논증이 전형적으로 일정한 역할을 수행한다. 드워킨이 이 원리들에 관심을 두었던 또 하나의 이유는 그 원리들을 임의로 관철하거나 훼손하는 우연성을 막아주는 인식할 수 있는 의무론적 내용이 그 원리들에 포함되어 있기 때문이다. 예를 들어 기본권과 법치국가적 원리들이 해석되고 가공되는 곳이나, 다른 도덕적 내용이 실정법 속으로 들어가 '법적 제도화의 공식적 행위로부터 지원을 받는' 곳에서, 그러한 법적 규제의 변화가 그 규범적 내용에 영향을 미쳐서는 안 된다. "이러한 종류의 원리가 '폐기된다'거나 '지양된다'는 말은 거의 의미가 없다."[24] 원리가 도덕적 사실

---

23) St. Toulmin, *Der Gebrauch von Argumenten* Kronberg 1975 ; St. Toulmin, R. Riecke, A. Janik, *An Introduction to Reasoning*, New York 1979.

24) Dworkin (1984), 82.

과 같은 것으로 존재론화되어선 안 된다. 원리는 그 의무론적 정당화의 힘 덕분에 논증의 논리에서 특수한 위상을 갖는다. 다시 말해서 그것은 왜 법적 담론에서 사용할 수 있는 정당화의 자원들이 내적 정당화를 넘어서서 전제 자체의 근거를 충분히 제시할 수 있는지를 설명해준다.[25]

드워킨에 의하면 이제 법원리와 그 원리와 조화를 이루는 입법자의 정치적 목표설정은 현행법이 규범적으로 정당화된 것으로 간주될 수 있을 때까지 현행법을 재구성하기 위한 논증수단을 제공한다. 드워킨은 정의이론이 아니라 법이론을 구성할 것을 요구한다. 이 과제는 정의원리에 의해 근거지어진 사회질서를 철학적으로 구성하는 데 있는 것이 아니라, 그것에 비추어 구체적 법질서를 그 본질적 요소들에 있어서 정당화시켜줄 수 있으며 그리하여 모든 개별적 판결이 법질서의 일관된 구성부분으로 통합될 수 있게 해주는 타당한 원리와 목표설정을 발견해내는 데 있다. 드워킨도 알고 있다시피, 헤라클레스의 육체적 힘에 비견할 만한 지적 능력을 갖춘 판사만이 이러한 이상적 과제를 감당해낼 수 있을 것이다. '판사 헤라클레스'는 이상적 지식의 두 가지 구성요소를 보유한다. 먼저 그는 정당화에 필요한 타당한 원리와 목표설정을 모두 알고 있다. 이와 동시에 그는 그의 눈앞에 있는 현행법을 구성하는, 논증의 실을 통해 엮어진 요소들의 두터운 연결망을 완전히 조망하고 있다. 이 두 구성요소가 이론구성에 한계선을 긋는다. 헤라클레스의 초인적 논증능력으로 채워지는 그 공간은 한편으로는 원리와 목표설정의 서열이 달라질 수 있는 가능성에 의해 정의되

25) "나는 단지 이렇게 가정한다. 노예제 같은 특수한 사회제도가 정의롭지 못한 이유는 사람들이 그것을 정의롭지 않다고 생각한다거나 그것이 정의롭지 않다는 인습을 갖고 있기 때문이 아니라, … 바로 노예제가 정의롭지 못하기 때문이다. 만약 그러한 도덕적 사실이 있다면, 설령 모든 객관적 사실들이 알려지거나 명시된 이후에도 법률가들이 법의 명제에 관하여 계속하여 의견 불일치를 보인다 할지라도, 그 명제를 참이라고 가정하는 것이 합리적일 것이다"(R. Dworkin, 1985, 138).

며, 다른 한편으로는 실정법을 비판적으로 조망하여 '오류'를 교정해야 하는 필연성에 의해 정의된다. 헤라클레스는 주어진 법체계의 제도사를 '공정성이 요구하는 그대로 정당화하는' 일군의 정합적 원리들을 발견해야만 하는 것이다.

그러나 연속적 학습과정의 산물로서 생겨날 수 있을 정의로운 법체계만이 이런 회고적 방식으로 완전하게 정당화될 수 있을 것이다.

> 따라서 하여튼 헤라클레스는 제도사의 정당화를 통해 이 역사의 특정한 일부가 오류에 기인한 것임이 입증될 수 있게끔… 자신의 이론을 확장해야만 한다.[26]

다른 한편 헤라클레스는 현행법을 재구성하는 이론가의 역할을 (법을) 구성하는 정치적 입법자의 역할과 동일시해서는 안 된다. 그러나 법질서의 모든 요소들이 동일한 정도의 구속력을 갖고 있는 것은 아니다. 또 평가를 통해 검사하고 교정할 수 있는 정도는 요소들마다 다르다. 헌법의 기본틀에서 출발하여 헌법상의 개별적 구범들과 단순한 법률이나 관습법을 거쳐 판례와 주석 그리고 다른 법원천으로 넘어갈수록 발생맥락의 우연성은 늘어나며, 따라서 나중에 평가가 달라지는 정도나 범위도 늘어난다. 특정 관점에서 보면 예를 들어 판례들은 현재의 결정과 관련하여 상이한 비중을 갖게 되며 그 결과 헤라클레스는 "제도사의 특정 부분을 고려에서 뺄 수 있게"[27] 되는데, 드워킨은 이런 관점에 대해 명석하게 논의한다. 이런 식의 재구성적 절차를 밟는 법이론은 그때그때 정확하게 하나의 올바른 결정을 내릴 수 있을 만큼 충분한 선택성을 가져야 한다. 그리고 이런 방식으로 내려진 올바른 결정은 기존 법질서의 테두리 안에서 한 당사자가 어떤 요구를 주장할 수 있는지를, 다시 말해서 그 당사자에게 어떤 권리가 객관적으로 인

26) Dworkin (1984), 206.

27) *Ibid.*, 203.

정되는지를 진술한다. 판사 헤라클레스 이론은 합리적으로 재구성된 과거의 결정을 현재 속에서 제기되는 합리적 수락가능성의 요구와 화해시키며, 역사를 정의와 화해시킨다. 그 이론은 "법적인 독창성과 제도적 역사 사이의 긴장을 해소한다. … 판사는 자기 앞에 있는 당사자들의 권리에 대하여 새로운 판단을 내려야 한다. 그러나 이 정치적 권리들은 과거의 정치적 결정과 대립하는 것이 아니라 오히려 그것을 반영한다."[28]

(2) 법질서의 실정성과 소송가능한 요구의 정당성을 화해시키고 이로써 법의 타당성 자체 속에서 분출하는 사실성과 타당성의 긴장을 처리하려는 이와 같은 법이론의 가정 위에는 강한 이상화의 그림자가 길게 드리워져 있다. 이 이론은 헤라클레스 같은 저자를 요구한다. 이러한 아이러니컬한 요구는 이 이론이 충족해야 할 이상적 요청을 결코 숨기지 않는다. 그리하여 드워킨의 제안은 광범위한 논쟁을 불러일으켰다. 이 논쟁의 중심에는 다음 질문이 자리잡고 있다. 그 이상적 요청은 판사가 모든 근대적 판결에 담겨 있는 텔로스를 정당하게 고려하기 위해서 지향해야만 하는 규제적 이념을 표현한 것으로 이해될 수 있는가, 아니면 그것은 허구적 이상을 판사의 판결과정을 재는 잣대로 주장하고 있는 것인가?

(a) 이른바 비판법학운동(CLS)은 법현실주의의 문제제기를 수용한다. 그러나 그것은 비판적 법연구를 사회과학적 관찰자들에게 떠넘기지 않고, 드워킨과 마찬가지로 판사 자신의 참여자 관점에서 수행한다.[29] 현실주의자들은 법이론의 세 가지 도그마를 무너뜨렸다. 첫째

---

28) *Ibid.*, 153.

29) R. M. Unger, *The Critical Legal Studies Movement*, Cambridge, Mass. 1986 ; D. M. Trubek, J. P. Esser, "Critical Empiricism and American Critical Legal Studies," in : Chr. Joerges, D. M. Trubek (eds.), *Critical*

는 권리가 실존한다는 가정이고, 둘째는 현실적 사건들에 대하여 현행 법에 맞추어 일관성 있는 판결을 내릴 수 있다는 가정이며, 셋째는 중심적 가정으로서 법정의 판단은 일반적으로 합리적이며 따라서 법률상의 지침이나 판례나 지배적 학설 등에 의해 충분하게 결정된다는 가정이다. 드워킨의 법이론은 이 세 가지 가정에 대해 공격받을 가능성이 좀더 적은 구성주의적 독해방식을 제공했다. 도구화될 수 없는 권리의 의무론적 의미는 그 권리가 정치적 목표설정과 집합재에 대항하는 '임계역'을 형성한다는 사실에서 드러난다. 그러한 권리는 오직 법이론의 인도를 받은 담론 속에서만 정교화될 수 있다. 이 과정에서, 최고재판소가 내린 종래의 판결을 포함하여 현행법의 몇몇 요소들이 회고적 시선 속에서 오류로 입증될 수 있다. 원리에 기초하여 정당화된 실정법만이 '유일하게 옳은' 결정을 허락한다. 물론 비판적 법연구의 관점에서 보면, 이렇게 이론적 배경에 호소하는 것은 새로운 형태의 합리주의를 과거보다 더 현실주의적 반론에 노출시키는 결과를 가져온다.

피와 살을 가진 현실 속의 판사는 헤라클레스라는 이상적 인물상과는 대단히 거리가 멀다. 그러므로 일상적 업무에서 이 이상을 지향해야 한다는 권고는 사실은 이해관계, 정치적 입장, 이데올로기적 편견 또는 다른 외적 요인들에 의해 규정되는 판결을 확증하려는 소망에 부응하는 것에 지나지 않는다. 판사들은 원리와 목표설정을 선택하고, 이로부터 자신의 법이론을 구성하여 이 이론의 도움으로 판결을 '합리화'하려 하며, 이른바 법의 객관적 비결정성에 대처하면서 동원했던 자신의 편견을 숨기려고 한다.[30]

Legal Thought : An American-German Debate, Baden-Baden 1989 ; G. Minda, "The Jurisprudential Movements of the 1980s," *Ohio State Law Journal* 50, 1989, 599~662 ; J. Boyle, "The Politics of Reason : Critical Legal Theory and Local Social Thought," *Pennsylvania Law Review* 133, 1985, 685~780.

30) A. Altman, "Legal Realism, Critical Legal Studies and Dworkin," *Philosophy and Public Affairs* 15, 1986, 202~235.

드워킨이 다소간 배후에 머물러 있던 가정들을 해명함으로써 이 문제에 응답할 수 있었을 것이다. 비판가들이 법정의 판결은 법률상황에 의해 설명되기보다는 오히려 법 외부의 요인들에 의해 설명될 수 있다는 점을 설득력 있는 사례연구들을 통해 실제로 밝혀낼 수 있는 한, 객관적 사실은 현재 이루어지고 있는 법적 실천을 반박하고 있다. 그러나 법의 내적 비결정성은 비판가들이 생각하는 것처럼 법 자체의 구조로부터 생겨나는 것이 아니라, 한편으로는 판사들이 가능한 최선의 이론을 발전시키지 못한 데에서 생기며 다른 한편으로는 상당한 정도는 합리적으로 재구성되지 않는 법질서의 제도사에 기인한다. 구체적 법질서가 생겨난 장소인 제도적 역사 속에 아무리 파편화된 형태일지라도 '실존하는 이성'의 흔적이 침전되어 있을 때 비로소 구성적 해석이 성공을 거둘 수 있다. 미국인인 드워킨의 등뒤에는 200여 년에 걸쳐 지속적으로 발전한 헌법이 있다. 그리고 자유주의자로서 그는 상당히 낙관적 평가를 선호하며, 또 미국법의 발달이 주로 학습과정을 통해 추진되었다고 본다. 그러나 이러한 신뢰를 공유하지 않거나 이와는 다른 정치적 맥락과 법제사적 맥락 속에 서 있는 사람일지라도, 현행법 속에서 합리적 재구성을 위한 역사적 기초를 발견할 수 있는 한, 판사 헤라클레스 속에 구현된 규제적 이념을 버릴 필요는 없다.

'통합성'(*Integrität*)이라는 개념으로 드워킨은 모든 근대적 법질서는 법치국가의 이념을 가리키고 있다는 것을, 또 모든 근대적 법질서는 실천이성이 법제사 속에서 약한 흔적만을 남기고 있는 곳에서도 비판적 해석학을 위한 흔들림 없는 준거점을 제공하고 있다는 것을 설명하려고 한다. '통합성'의 원칙으로 그는 연합된 법적 인격체들이 서로를 자유롭고 평등한 인간으로 인정하는 공동체의 정치적 이상을 특징짓는다. 그것은 입법기구나 판결기관만이 아니라 시민들에게도 모든 사람에 대한 평등한 배려와 평등한 존중이라는 기본규범을 사회의 관행과 제도 속에서 실현할 것을 의무로서 부과하는 원리이다.

> 그것은 이렇게 주장한다. 사람들이 자신의 운명이 다음과 같이 강하게 연결되어 있다는 것을 인정할 때, 즉 그들이 정치적 타협을 통해 두들겨 맞춘 규칙이 아니라 공동의 원리에 의해 통치된다는 것을 인정할 때, 이때 비로소 그들이 진정한 정치적 공동체의 구성원이다.[31]

하나의 정치공동체가 이와 같은 것으로 구성된다면, 헌법을 제정하는 설립적 행위는 곧 시민들이 사적 자율성과 공적 자율성을 보장하는 권리체계를 스스로에게 인정한다는 것을 뜻한다. 이와 동시에 시민들은 서로 간에 정치과정에 공동으로 참여할 것이라고 기대한다. 이 공동의 정치적 참여를 드워킨은 이렇게 기술한다. "그것은 공동체가 어떤 원리들을 하나의 체계로서 인정해야 하는가를 둘러싼 논쟁의 극장이다." 이론의 인도를 받아 판결을 내려야 한다는 이상적 요청 속에는 판사들이 자국의 헌법 (혹은 이것의 등가물) 속에서 발견하는 규제적 이상이 반영되어 있다.

> 원리에 입각한 연합체가 자동적으로 정의로운 공동체인 것은 아니다. 평등한 배려라는 개념은 결함을 가질 수도 있으며 자국 시민이나 다른 나라의 시민의 권리를 침해할 수도 있다. … 그러나 원리의 모델은 정의와 공정성의 채택을 놓고 의견불일치를 보이는 나라에서 있을 수 있는 다른 공동체 모델에 비하면 진정한 공동체의 조건을 더 잘 충족한다.[32]

비판의 일회전에 대한 이러한 대답을 통해 드워킨은 헤라클레스 이론에 담겨 있는 이상화를 규제적 이념으로부터 도출하는데, 이때 이 규제적 이념은 재판과정에서 직면하는 합리성 문제와 직결된 것이 아니라 헌법질서 속에 새겨진, 법치국가적 질서의 규범적 자기이해로부

31) Dworkin (1986), 211.
32) *Ibid.*, 213 f.

터 나온다. 현행법 전체를 원리에 입각하여 정당화하는 이론에 비추어 개별 사건에 대해 판결을 내려야 한다는 판사의 책무는 그것에 선행하는 시민의 책무를 반영하고 있다. 헌법을 설립하는 행위가 증언하고 있는 이 책무는 곧 시민들이 정의의 원리를 지향하고 서로를 자유롭고 평등한 인간들의 연합체의 구성원으로서 존경함으로써 공동의 삶의 통합성을 보존해야 하는 책무를 말한다. 그러나 이 정치적 이상 자체가 그릇된 이상화를 표현하는 것일 수도 있다. 그런 이상 속에서 이루어지는 입헌적 실천은 커다란 부작용을 수반하면서 자신을 속일 수 있으며, 도저히 해결할 수 없는 과제를 제도에 부담시킬 수 있는 것이다.

(b) 비판이 2회전으로 접어들면서 비판가들은 드워킨이 그의 헤라클레스에게 실현불가능한 프로그램의 수행을 기대하고 있다는 점을 입증하려고 한다. 한 예로 던컨 케네디(Duncan Kennedy)는 그의 유명한 사례연구를 통해 미국에서 사법과 이와 관련한 재판이 양립할 수 없는 두 가지 원리를 중심으로 발전했다는 것을 보여주고자 했다. 한편에서는 계약자유의 원칙과 아울러 목적합리적으로 행위하는 사적 개인들 사이의 규제된 경쟁이라는 자유주의적 사회관이 지배하며, 다른 한편에서는 교호적 의무를 갖는 계약관계 속에서 보호받는 신의의 원칙과 아울러 상호배려와 연대성에 의존하는 연합체라는 상반된 사회관이 등장한다.[33] 비판법학운동의 주창자들은 이러한 연구 및 이와 유사한 연구의 성과를 일반화하여 대립적인 원리와 목표설정이 현행법 일반을 가로지르고 있다는 명제를 제시한다. 이와 함께 합리적 재구성의 시도는 모두 다 실패로 끝날 수밖에 없다고 선고받는다.

> 급진적 비결정성 명제는 궁극적으로 이렇게 주장한다. 규칙의 체계로서의 법은 평등한 대우를, 다시 말해서 정의를 보장할 수 있는 어떠

---

33) D. Kennedy, "Form and Substance in Private Law Adjucation," *Harvard Law Review* 89, 1976, 168 ff.

한 판결도 — 아무리 그것이 이상화되었다 할지라도 — 낳지 못하는 구조를 갖고 있다.[34]

이러한 반론에 대해 드워킨은 비판가들이 개별적 사례 속에서 충돌하는 원리와 서로 모순되는 원리의 결정적 차이를 무시하고 있다는 피상적 논평으로 대응하고 있을 뿐이다. 그렇지 않았더라면, 비판가들이 자신의 성급하게 일반화된 역사적 연구를 법회의주의적 결론으로 종결짓는 바로 그 지점에서 헤라클레스의 이론적 노력이 시작된다는 사실을 비판가들이 놓칠 리가 없었으리라는 것이다.[35] 클라우스 귄터(Klaus Günther)는 정당화의 담론과 적용담론의 논증논리적 구별에 의거하여 드워킨이 시사한 내용을 정치하게 가다듬었다.

만약 우리가 오늘날의 판결의 전형을 보여주는 사례들이 적용상의 특수한 규칙만이 아니라 원리도 포함하고 있다고 가정한다면, 우리는 규칙들 간의 충돌이 생길 가능성이 대단히 높은 이유가 무엇인지를, 그러나 그럼에도 불구하고 왜 그 충돌이 결코 법체계 자체에 깊숙이 자리잡고 있는 비일관성을 드러내는 것은 아닌지 그 이유를 쉽게 보여줄 수 있다. '만약'이라는 말로 시작하는 조건절을 통해 그 적용조건을 상세하게 특정화함으로써 고도로 유형화되고 경계가 분명하게 그어진 몇 안 되는 표준적 상황에만 적용될 수 있는 규범을 제외한 모든 규범들은 이를테면 그 본성상 불특정적이다. 그런데 드워킨이 '규칙'이라고 부른 규범, 다시 말해서 충돌이 생길 경우 전부 아니면 무의 양자택일적 결정을 요구하는 바로 그 규범은 예외에 속한다. 이런 유형의 규칙들이 동일한 적용사례를 놓고 모순적이지만 동등한 정도의 타당성을 주장하는 처방을 내놓는다면, 사실 법체계의 정합성은 위협받는다. 그 밖의 모든 규범들은 상황과의 관계설정에서 불특정적이며, 개별적인

34) G. Frankenberg, "Der Ernst im Recht," *Kritische Justiz* 20, 1987, 304 ; 그 밖에 이 잡지에 실린 다른 문헌들도 참조할 것.

35) Dworkin (1986), 271~275.

사례마다 별도의 관계설정을 추가로 필요로 한다. 이것은 법체계 전체를 정당화할 때 규준이 되는 기본권과 법치국가의 원리에만 해당되는 것이 아니다. 규범은 잠정적으로만(*prima facie*) 적용가능하며, 따라서 그것이 근거제시 과정에서 미리 예측되지 않았던 구체적 상황에 적용될 수 있는지 아니면 그것이 그 타당성은 손상받지 않으면서 좀더 '적합한' 다른 규범의 뒷전으로 후퇴해야 하는지는 적용담론 속에서, 오로지 적용담론 속에서만 검사되어야 한다. 어느 한 규범이 결정을 요하는 한 사례에서 유일하게 적절한 규범이라는 것이 판명될 때 비로소 그 규범은 옳다고 주장할 만한 판결에 근거를 제공한다. 그러니까 하나의 규범이 잠정적으로 타당하다는 말은 그것이 공평무사하게 근거지어질 수 있다는 것을 의미할 뿐이다. 하지만 규범을 공평무사하게 적용할 때 비로소 개별 사건에 대한 타당한 판결이 나올 수 있다. 규범의 타당성만으로는 개별 사례에서의 정의를 보증하지 못한다.

규범을 공평무사하게 정당화하는 맥락에서는 통상 미래의 상황을 예측할 수 없기 때문에 빈틈이 생기게 마련인데, 규범의 공평무사한 적용은 이 빈틈을 메워준다.[36] 적용담론에서 다루어지는 문제는 규범의 타당성이 아니라 상황에 대한 적절한 관계이다. 각각의 규범은 생활세

36) K. Günther, "Ein normativer Begriff der Kohärenz : Für eine Theorie der juristischen Argumentation," *Rechtstheorie* 20, 1989, 158. "우리가 하나의 규범을 '타당하다'고 인정할 때, 모든 개별적 적용상황을 일일이 고려하진 못한다. 이 점은 '타당하다'는 술어의 일상언어적 용법에서 이미 분명하게 확인할 수 있다. 우리는 하나의 규범이 적어도 몇몇 상황에서는 보편화가능한 다른 이익과 충돌을 빚을 수 있다는 것을 알고 있지만 그럼에도 불구하고 그러한 규범에 대해 이 술어를 사용하기도 한다. 예를 들어 우리 모두는 '약속은 지켜야 한다'는 규범이 '이웃이 위험에 빠졌을 때엔 도와주어야 한다'는 규범과 적어도 몇몇 상황에서는 갈등을 빚으리라는 것을 안다(혹은 타당성에 대한 담론 속에서 그것을 예측할 수 있다). … 이러한 충돌가능성을 예측할 수 있음에도 불구하고 우리는 두 개의 규범을 타당치 않은 것으로 치부하지는 않을 것이며, 두 규범 중의 하나의 타당성을 따지는 담론이 이 충돌가능성 때문에 정반대의 결과를 가져온다고 하더라도 놀라지 않을 것이다." 또한 J. Habermas (1991a), 137 ff. 도 참조할 것.

계 속에 자리잡은 개별적 사례의 특정한 측면만 선택한다. 그러므로 쟁점이 된 사례의 상황해석과 관련하여 어떤 사실기술이 중요한지를 검사해야만 하며, 또 상황이해에 중요한 객관적 특징들이 가능한 한 완전하게 파악되었다고 할 때 잠정적으로 타당한 규범들 중에서 어느 것이 적합한지를 검사해야 한다.

> 여기서 담론의 참여자들이 상황에 대한 완전한 이해를 갖고 있는지를 묻고 잠정적으로 적용가능한 모든 규범의 집합을 갖고 있는지를 묻는다거나 또는 적용가능한 규범에 대한 선이해에 비추어 볼 때에만 상황기술을 얻을 수 있는지 어떤지를 질문한다면 그것은 요점을 잃은 질문이다. … 참여자들이 상황기술과 관련된 모든 특징들을 적용가능한 규범들에게 관련시킬 때 비로소 참여자들은 잠정적으로 적용가능한 규범이 적용상황에서 어떤 규범과 충돌을 빚을 수 있는지를 알 수 있다.[37]

우리는 규범적용의 해석학적 과정을 상황기술과 일반적 규범의 구체화를 함께 엮어 나가는 작업으로 이해할 수 있다. 최종적으로 결정을 내리는 것은 상황해석의 일부를 구성하는 사실기술과 규범의 기술적 구성요소, 그러니까 적용조건을 결정하는 사실기술 사이의 의미상의 등가이다. 귄터는 이 복잡한 연관을 다음과 같이 명료하게 요약한다. 하나의 판결에 대한 정당화는 그것과 유관성을 갖는 모든 규범적 근거들의 집합에 기초해야 하며, 이 규범적 근거들은 완전한 상황해석에 기초해서 그때그때 적합성을 갖는다.[38]

그러므로 해석과정에서 검토된 규범들의 '충돌'을 보고서 규범체계 자체 안에 '모순'이 있다는 결론을 내린다면, 그것은 근거제시의 측면

---

37) Günther (1989), 175.

38) K. Günther, "Universalistische Normbegründung und Normanwendung," in : M. Herbeger u. a. (Hg.), *Generalisierung und Individualisierung im Rechtsdenken*, *ARSP*, Beiheft 45, 1991.

에서 정당화된 규범의 '타당성'과 적용의 측면에서 검사되는 규범의 '적합성'을 혼동하는 셈이 될 것이다. 그 대신에 타당한 규범의 비결정성을 논증이론을 통해 설명하면, 주어진 사례에 잠정적으로 적용될 수 있는 규범들간의 경합은 훌륭한 방법론적 의미를 갖는다.

> 규범들의 충돌은 타당성 주장의 갈등으로 재구성될 수 없다. 왜냐하면 서로 충돌하는 규범들 혹은 서로 경합하는 의미상의 변이들은 구체적 상황에서만 서로 특정한 관계에 들어가기 때문이다. 정당화의 담론은 충돌문제가 갖는 이러한 상황의존성이라는 속성을 추상해야 한다. … 다른 어떤 규범 혹은 의미변종이 적용될 수 있을 것인지는 그때그때의 상황 속에서만 알 수 있다.[39]

(c) 그러나 귄터의 훌륭한 제안을 따르면 이상적으로 정당화된 법체계의 정합성의 의미가 달라진다. 가정된 법이론은 새로운 상황마다 단 하나의 올바른 결정을 내릴 수 있도록 현행법을 합리적으로 재구성하는 과제를 여전히 유지한다. 그러나 이제 법이론은 특수한 사례와 관련하여 그때그때의 적용담론 속에서만 비로소 조합되고 조직되는, 원리와 목표설정의 유연한 집합을 위한 지침만을 제공할 뿐이다. 타당한 규범들의 관계는 결정을 요구하는 사례가 어떤 상황적 특징들을 보여주는가에 따라 그때그때 달라진다. 타당하긴 하지만 잠정적으로만 적용가능한 규범들이 정당화와 적용의 분업 때문에 갖게 되는 비결정성은 이런 방식으로 원리들의 유연한 집합의 자유도 속에 반영된다. 그리고 이 원리들은 적합한 규범과 상황의 준거관계가 분명하게 밝혀질 때 비로소 서로 특정한 관계를 맺을 수 있다.

> 모든 타당한 규범이 하나의 특정한 상황에 적용될 수 있는 다른 모든 규범들에 의해 정합적으로 보충되어야 한다면, 그 규범의 의미는 상

---

39) K. Günther, *Der Sinn für Angemessenheit*, Frankfurt/Main 1988, 300.

황에 따라 달라진다. 이러한 방식으로 우리는 역사에 의존하게 된다. 왜냐하면 예측불가능한 상황 때문에 우리는 모든 타당한 규범들의 집합을 상황에 따라 다르게 해석해야만 하는데, 이 예측불가능한 상황을 우리에게 산출해주는 것은 역사이기 때문이다.[40]

분명 이러한 법정합성 이론은 현행법의 모순적 구조로부터 생겨난다고 간주되는 비결정성을 이론 자체를 무규정적인 것으로 만드는 대가 위에서만 피할 수 있다. 그러나 그러한 이론이 법적 안정성을 보증하는 결정행위를 인도할 수 있는가? 이미 드워킨의 정합성 이론에 대해서도 과거의 결정을 합리적으로 재구성하려면 사례마다 과거의 결정을 수정할 필요가 있는데 이것은 현행법의 소급해석을 초래한다는 반론이 제기되었다. 이러한 '파급효과 논지'는[41] 특히 드워킨의 정합성 이론에 대한 귄터의 해석에, 그러니까 사례마다 연속적으로 또 다른 정합적 해석이 이루어지면서 규칙체계가 빨려들어가는 연쇄적 '파급효과'에 그대로 적용된다. 새롭게 등장하는 사례마다 놀라움의 요소가 있는데, 이제 그것이 이론 자체를 역사의 소용돌이 속으로 끌어넣는 것처럼 보인다. 문제가 무엇인지는 분명하다. 법은 역사적 변이의 압력에 대항하여 안정된 행위기대의 댐을 세우기 위하여 존재하지만, 정치적 입법자는 역사과정에 적응력을 발휘하면서 반응해야만 하는 것이다.

이러한 반론에 대한 첫 번째 대답으로서 법의 안정성 개념을 문제시할 수 있다. 실증주의적 견해와는 달리 법체계가 '규칙들', 그러니까 사후에 장치된 적용절차를 갖는 규범들로만 구성되지 않는다면, 그 법체계는 판결이 조건적 프로그램에 의해 가능해지는 것과 같은 정도의 예측가능성을 갖도록 보증할 수가 없다. 고전적인 법적 안정성 개념

---

40) Günther(1989), 182.

41) K. J. Kress, "Legal Reasoning and Coherence Theories : Dworkins Rights Thesis, Retroactivity and the Linear Order of Decisions," *University of California Law Review* 72, 1984, 360~402.

— 이 개념의 합리적 함의는 예컨대 론 풀러(Lon Fuller)에 의해 분석된 적이 있다[42] — 은 규칙, 원리, 목표설정으로 구성된, 복잡하고 자기준거적인 법체계가 더 이상 충족할 수 없는 규칙구조를 요구한다. 이 때문에 분명하게 조건화된 행위기대에 대한 인식에 의존하는 법의 안정성 자체가 구체적 사례에서 다른 원리들과 비교하여 검토되어야 하는 하나의 원리가 된다. 이것을 보충하여 법이론은 법의 안정성을 다른 차원에서 보증하는 '유일하게 올바른' 결정을 가능하게 한다. 절차법은 모든 법적 인격체들에게 공정한 절차를 요구할 수 있는 권리를 보장한다. 그리고 이 공정한 절차는 결과의 안정성을 보장하는 것이 아니라 적합한 사실문제와 법률문제의 담론적 해명을 보증한다. 이로써 관련 당사자들은 재판절차 속에서는 임의의 근거가 아니라 오직 유관적합성을 갖는 근거만 결정적 역할을 한다는 점을 확신할 수 있게 된다. 우리가 현행법을 이상적으로 정합적인 규범체계로 간주한다면, 이렇게 절차에 의존하는 법의 안정성은 원리를 지향하면서 자신의 통합성을 유지하려는 법공동체의 기대를 충족할 수 있으며, 그 결과로서 각인은 자신에게 허용된 권리를 보장받게 된다.

소급성의 문제에 대한 더 진전된 대답으로는 다음의 제안을 들 수 있다.[43] 우선하는 규범에 비추어 하나의 사건에 대해 판결을 내린다는 것이 문제의 사건과 관련된 모든 상황을 고려하는 과정을 통해 타당한 규범들의 전체 체계를 완전하게 검토해야 한다는 것을 뜻한다면, 또 규범들 간의 우선순위 관계가 새로운 상황이 등장할 때마다 달라질 수 있기 때문에 이 타당한 규범들의 체계가 항상적인 운동상태에 있다고

---

42) R. S. Summners, *Lon Fuller*, Stanford 1984, 27 ff., 37 ff.

43) 이 맥락에서 나는 예를 들어 형법상의 소급적용 금지를 불이익을 가져오는 판결의 변화에까지 확대하자는 제도적 제안은 고려하지 않기로 하겠다. 이에 대해서는 U. Neumann, "Rückwirkungsvervot bei belastenden Rechtsprechungsänderungen der Strafgerichte?," *Zeitschrift für die gesamte Staatswissenschaft* 103(1991), 331~356.

한다면, 그렇게 요구수준이 높은 이상을 지향한다는 것은 전문화된 판결에서도 감당하기 힘든 부담으로 작용할 것이다. 이 때문에 실재로 이러한 과제의 복잡성은 그때그때 지배적인 패러다임적 법이해를 통해 축소된다. 이상 대신에 패러다임이 등장하며, "우리가 지금 여기서 타당하다고 여기는 규범들은 이 패러다임 속에서 그 서열이 매겨진다. 그러나 이와 같은 질서가 가능한 적용상황과 무관하게 구성될 수는 없기 때문에, 이 패러다임에는 특정한 종류의 상황에 대한 일반화된 기술이 포함되어 있다. 전형적이고 예측할 수 있는 충돌사례를 해결할 때 통상적으로 우리는 이렇게 다소간 강하게 체계화된 질서에 의존한다. 이 질서가 하나의 배후맥락을 형성하고, 우리의 그때그때의 상황평가와 이에 상응하는 도덕적인 일차적 판단은 이 배후맥락 속에 배태되어 있다. 우리의 문화적 정향을 인도하는 다른 지식과 더불어 이 패러다임은 우리가 살아가는 특수한 삶의 형식에 포함된다."[44]

이와 같은 법이데올로기의 역사적 사례로는 부르주아 형식법 패러다임과 사회복지국가적 실질법 패러다임을 들 수 있는데, 전자의 경우에는 시장에서 활동하는 사적 개인의 주관적 권리가 핵심을 이루며, 후자의 경우에는 사회복지 수혜자들이 요구하는 사회적 권리가 핵심이다. 이러한 패러다임은 판사 헤라클레스가 짊어지고 있는 과도하게 복잡한 과제, 그러니까 오직 잠정적으로만 적용가능한 원리들의 무질서한 집합을 가능한 완전하게 이해된 상황의 특징들에게 육안으로 그리고 직접적으로 연결시켜야 한다는 과제의 부담을 덜어준다. 이렇게 법률 전문가들이 다른 모든 법적 인격체들과 공유하는 배후이해가 적합한 법 패러다임에 의해 규정되는 한, 재판결과가 어떻게 될지를 당사자들도 예측할 수 있게 된다.

그러나 한편으로는 법이론에 대한 이상적 요구를 경감시켜주지만 다

44) Günther(1989), 182. 이에 대해서는, J. Habermas, "Der Philosoph als wahrer Rechtslehrer : Rudolf Wiethölter," *Kritische Justiz* 22, 1989, 138~156.

른 한편으로는 이데올로기적으로 가장 왜곡되기 쉬운 요소가 아이러니컬하게도 법의 안정성을 높여준다. 법 패러다임이 새로운 상황해석을 차단하고 또 새로운 역사적 경험이 요구하는 권리와 법에 대한 새로운 해석을 차단할 때, 그 패러다임은 이데올로기로 굳어진다. 이와 관련한 몇 가지 사례는 나중에 다시 다루기로 하고 여기서는 '폐쇄적' 패러다임이 불러일으킨 또 하나의 방법론적 반론을 다루기로 하겠다. '폐쇄적' 패러다임은 직업적이고 법적으로 제도화된 해석상의 독점을 통해 자신을 안정화하며 오직 자신의 고유한 규준에 의해 내적으로만 수정될 수 있다. 바로 여기서 현실주의적 법회의주의가 새로운 목표를 발견한다. 현행법의 이상적 정합성이라는 요구와는 반대로 정합적인 사례 해석은 고정된 법 패러다임 내부에서는 원칙적으로 과소규정 상태에 머물러 있다는 것이다. 왜냐하면 그 해석은 다른 법 패러다임 속에서 이루어진 동일 사례에 대한 마찬가지로 정합적인 해석과 경쟁하기 때문이다. 이미 이것만으로도 절차주의적 법이해에 따라 하나의 차원, 그러니까 반성화된 법 패러다임들이 서로에게 자신을 개방하여 구체적 사례에 동원할 수 있는 다양한 경쟁적 해석들에 비추어 자신의 가치를 증명할 수 있는 차원을 구별할 충분한 이유가 생긴다. 이에 대해서는 마지막 장에서 다시 다루기로 하겠다.

3. 사법적 담론의 이론

(1) 지금까지 우리는 권리와 의무, 제도적 역사 그리고 법치국가적 원리에 따라 구성된 공동체의 정치적 구조에 대해 판사가 가능한 최선의 해석을 얻을 수 있도록 해주는 이상적 법이론의 의미와 그 실현가능성에 대한 반론들을 논의했다. 이 반론들은 이상적 법이론의 저자는 헤라클레스를 모델로 삼은 판사이다라는 가정에서 출발했다. 드워킨이 그의 비판가들에게 주었거나 줄 수 있었을 대답들에서 이미 이러한 독백적 접근방법이 과연 유지될 수 있을까 하는 의심이 일어난다. 왜냐하면 판사가 현행법을 합리적으로 재구성할 때 취하는 통합성의 관점은 법치국가적 이념의 표현으로서, 정치적 입법자와 더불어 판사가 헌법설립 행위와 입헌과정에 참여하는 시민들의 실천으로부터 빌려온 것에 지나지 않기 때문이다. 드워킨은 두 개의 전망 사이를 시계추처럼 오고 갔는데, 하나는 판사의 의무를 정당화하는 시민들의 전망이고 다른 하나는 인식상의 특권을 주장하는 판사의 전망이다. 자신의 해석이 다른 모든 해석과 다르다고 할 때, 판사가 의지할 수 있는 사람은 궁극에는 자기자신뿐이다.

> 우리는 공직자들이 우리를 원리의 결사체 속에서 결속되어 있는 것으로 대해주기를 원하며, 또 우리가 이것을 원하는 근거는 공직자들 사이의 어떠한 신념상의 동일성에도 의존하지 않는다. … 판사들이 적어도 세세한 부분에서 의견일치를 보이지 않을 때에도 우리의 근거는 여전히 지속된다. 왜냐하면 판사들 개개인은 의견 불일치에도 불구하고 **자신의 독자적인** 의견에 **도달하고자** 노력함으로써 결국 우리의 결사체의 원리적 성격을 확증하고 한층 더 강화시키기 때문이다.45)

---

45) Dworkin(1986), 264(강조는 하버마스).

이 진술에서는 판사가 자신의 전문적 지식 및 능력과 아울러 그의 개인적 덕성 덕분에 시민을 대표하여 법공동체의 통합성을 보장하는 일을 수행할 수 있는 특별한 자격을 갖추고 있다는 점이 전제되어 있다. 더욱이, 판사 개개인은 자신의 이론에 기초하여 '유일하게 올바른' 결정에 도달한다는 것을 주관적으로 확신하고 있다는 사실 때문에 판결은 원리를 지향하는 시민들의 자율적 사회구성을 보장하는 것으로 간주된다. "판사는 공동체의 통합성을 대표하는 것이 아니라 공동체에 대하여 통합성 — 자치 — 을 대표한다."[46]

그러나 바로 이 통합성의 관점 때문에 헤라클레스는 독백적 이론구성의 고독으로부터 해방되어야만 했다. 예를 들어 파슨즈와 마찬가지로 드워킨도 법을 사회적 통합의 수단으로 파악하며, 비록 대단히 추상적인 형식을 통해서이지만 연대적 공동체의 자기이해를 유지시켜주는 매체로 파악한다. 구체적 삶의 형식 속에서 의사소통적 행위를 통해 설립되는 상호인정의 관계는 복잡한 사회에서는 오직 법을 통해 추상적으로 일반화될 수 있을 뿐이다.

> 통합성을 정치의 중심으로 여기는 원리의 공동체는 … 정치적 의무를 연합체적 의무의 일반적 부류에 통합시킨다. … 통합성에 대한 일반적 헌신은 모두를 위한 각자의 관심을 표현한다.[47]

그러나 구체적 인정관계를 법적 형식으로 추상화된 상호인정의 관계로 확대시키는 메커니즘으로서 기능하는 것은 의사소통행위의 반성적 형식인 논증이다. 이 논증은 모든 참여자들에게 다른 모든 사람의 전망을 취해볼 것을 요구하기 때문이다. 드워킨은 주관적 행위자유의 평등한 권리가 평등한 의사소통적 자유의 권리 위에 세워져 있다고 보았는

---

46) F. Michelman, "The Supreme Court 1985 Term, Foreword : Traces of Selfgovernment," *Harvard Law Review* 100, 1986, 72 f.

47) Dworkin (1986), 216.

데, 이때 드워킨 자신도 법적으로 보장된 통합성의 원리의 이러한 절차주의적 핵심을 인식하고 있었다.[48] 이러한 사실은 법이론에 대한 이상적 요구의 바탕을 뛰어난 덕성이 있고 진리에 특권적으로 접근할 수 있는 판사의 이상적 인성에서 찾을 것이 아니라 '헌법 해석자들의 개방사회'[49] 라는 정치적 이상 속에서 찾아야 한다는 점을 시사한다.

귄터처럼 복잡성을 줄이는 법적 패러다임에 의존하는 것이 필수적이라고 생각한다면, 독백적 접근방법은 더더욱 유지되기 어렵다. 법 일반에 대한 패러다임적 선이해가 모든 법적 인격체들에 의해 상호주관적으로 공유되고 또 법공동체의 정체성을 구성하는 자기이해를 표현할 때 비로소 그 선이해가 이론의 안내를 받는 결정과정의 비결정성을 제한하고 또 법의 안정성을 충분하게 보증한다. 다른 조건이 동일하다면, 이것은 상이한 패러다임들 간의 담론적으로 규제된 경쟁을 처음부터 고려하는 절차주의적 법이해에도 마찬가지로 적용된다. 이러한 배경적 이해 위에 드리워지는 이데올로기의 혐의를 제거하기 위해 협력적 노력이 요구되는 것도 이러한 이유에서이다. 판사 개개인은 근본적으로 자신의 구성적 해석을 시민들의 공적 의사소통을 통해 운반되는 공동의 시도로 간주해야만 한다. 이러한 의미에서 프랑크 미첼만은 판사의 결정과정에 대한 드워킨의 독백적 개념화를 이렇게 비판한다.

> 결여되어 있는 것은 대화이다. 헤라클레스는… 혼자이다. 그는 너무 영웅적이다. 그의 서사구조는 독백이다. 그는 책을 통하는 것을 제외하고는 누구하고도 대화하지 않는다. 그는 만나는 사람도 없다. 그는 타자와 만나지 않는다. 그 무엇도 그를 흔들어 놓지 못한다. 어떤 대화 상대자도 그의 경험과 전망의 불가피한 협소성을 깨지 못한다. 헤라클레스는 결국에는 혼자이다. 어떤 남자나 여자도 그렇게 될 수 없

48) Dworkin (1984), 440 ; 또한 Günther (1988), 351 ff. 도 참조할 것.
49) 다음 책에 실린 같은 제명의 논문을 참조, P. Häberle, *Die Verfassung des Pluralismus*, Frankfurt/Main 1980, 79~105.

을 것이다. 드워킨은 항소심의 가장 보편적이고 뚜렷한 제도적 특징인 복수성에는 주의를 기울이지 않으면서 항소심의 신격화를 낳았다.[50]

이미 이 논평은 딜레마, 즉 한편으로는 요구수준이 높은 이론구성의 오류가능성을 고려해야만 하면서 다른 한편으로는 판사의 결정과정이 갖는 전문적 성격을 무시해서는 안 된다는 딜레마에서 벗어나는 가장 빠른 길을 암시하고 있다. 헤라클레스는 법률 전문가들의 해석공동체의 일원으로 개념화될 수 있을 것이며, 그의 해석은 이 전문직종에서 인정된 표준을 따라야만 할 것이다. "그는 기본개념을 정의하고 또 해석의 절차적 환경을 확립하는 규칙들은 물론이고 소재들(예컨대 말, 역사, 의도, 결과)에게 부여되는 적합성과 비중을 특정화하는 규칙들에 의해서도 잘 훈련되어 있다."[51]

이러한 길을 제안하면서 오웬 피스(Owen Fiss)는 공평무사한 재판의 역할과 실천을 구성하는 절차적 원리와 해석준칙들을 주로 염두에 둔다. 특히 그것들은 사법부의 독립성을 보장하고, 판사 개개인의 재량권을 제한하고, 소송 당사자들의 통합성에 대한 존중, 판결에 대한 문서상의 정당화와 공식적 서명, 그 중립성 등을 보장해야 한다. 전문분야 안에서 검증된 규준은 판단의 객관성과 상호주관적 재검토에 대한 개방성을 보장해야 한다는 것이다.

물론 이 규칙의 지위에 아무런 문제가 없는 것은 아니다. 한편으로 그것들은 재판을 절차적으로 정당화하는 데 사용되며, 그런 한에서 판결의 타당성을 근거지으며, 다른 한편으로 절차원리와 해석준칙의 타당성 자체는 합리성과 법치국가적 원리를 의무적으로 지향해야 하는

50) Michelman(1986), 76 ; 아울러 다음도 참조. K. Günther, "Hero-Politics in Modern Legal Times," Institute for Legal Studies, Minnesota Law School, Series 4, Maidson, Wi. 1990.

51) O. Fiss, "Objectivity and Interpretation," *Stanford Law Review* 34, 1982, 739~763.

전문가 문화의 검증된 관행과 전승에 의존한다. "법률해석은 규칙들에 의해 제약받으며, 이 규칙들은 법치에 대한 헌신을 통해 하나로 묶여 있는 해석공동체로부터 자신의 권위를 도출한다."[52]

그러나 관찰자의 관점에서 보면 이러한 규준들은 스스로를 정당화하는 직업윤리적 규칙체계라는 지위에 지나지 않는다. 동일한 법문화 안에서도 다양한 하위문화들이 올바른 기준의 선택을 놓고 투쟁을 벌인다. 내적 참여자의 관점에서 보면, 결코 동질적이지 않은 직업상의 지위의 사실적인 정당화만으로는 타당성을 근거짓는 절차적 원칙들 자체를 타당한 것으로 받아들이기엔 충분하지 않다. 절차상 공정하게 내려진 결정결과의 타당성을 보장하는 절차원리는 내적인 근거제시를 필요로 하기 때문이다. 또 절차법적으로 실정화된 규제에 호소하는 것도 마찬가지로 충분하지 않다. 절차법적 지침 속에 합리성이 내재하는 것은 의심의 여지가 없지만, 그 합리성은 다름아니라 그 객관적 해석 여부가 문제되고 있는, 해석을 필요로 하는 현행법의 일부이기 때문이다. 법률해석의 재구성이 법 도그마틱이 아니라 법이론을 통해 이루어질 때 비로소 이 순환에서 벗어날 수 있다. 드워킨의 유아론적 법이론에 대한 비판은 동일한 차원에서 시작해야 하며, 법적 논증이론이라는 형태로 절차원리들을 근거지어야 한다. 그리고 지금까지 헤라클레스가 짊어졌던 이상적 요청의 부담은 이제 이 절차원리들에게로 넘겨진다.

(2) 이 과제를 떠맡은 논증이론이 법적 담론에 대한 논리적-의미론적 접근방법에 국한될 수는 없다.[53] 논리적-의미론적 접근방법으로 논리적 추론의 규칙, 의미론적 규칙 그리고 논증규칙을 해명할 수는 있다. 그러나 논증규칙에서 다루어지는 것이 툴민이 연구했던 논증상 사소하지 않은 이행의 규칙인 한, 이 논증규칙은 이미 화용론적 개념

52) Fiss(1982), 762.

53) A. J. Arnaud, R. Hilpinen, J. Wróblewski(Hg.), *Juristische Logik und Irrationalität im Recht*, Beiheft 8, *Rechtstheorie*, 1985.

을 권하고 있다.[54] 논지는 단언적 혹은 규제적 언어행위와 함께 제기되는 타당성 주장을 담론의 조건 속에서 이행하고, 이를 통해 논증의 참여자들이 문제의 기술적 진술이나 규범적 진술을 타당한 것으로 받아들이게끔 합리적 동기를 부여하는 근거들이다. 논지의 역할과 구성을 설명하는 논증이론은 논증게임을 오직 생산물의 관점에서만 고찰하고 법적 판단의 내적 정당화를 넘어서는 논증단계들에 대한 근거제시를 위해서는 기껏해야 출발점만 제공할 뿐이다. 드워킨은 결정의 전제를 외적으로 정당화하기 위하여 포괄적 이론을 요구했는데, 이미 보았다시피 이 요구는 개별 판사의 유아론적 노력으로는 감당하기 힘든 요구이다. 바로 이러한 이유 때문에 이제 다음의 질문이 제기된다. 공준된 이론에 대한 이상적 요청이 **이론형성의 협력적 절차**에 대한 이상적 요청으로, 다시 말해서 유일하게 올바른 결정이라는 규제적 이상과 사실적 결정의 오류가능성을 똑같이 고려하는 법적 담론에 대한 이상적 요청으로 번역될 수 있는 것은 아닌가? 판결에 대한 합리적 수락가능성을 논지의 질만이 아니라 논증과정의 구조에 의존하게 만드는 담론적 법이론은 비록 이 문제를 해결하진 못하지만 항상 진지하게 고려한다. 이 이론은 강한 절차적 합리성 개념에 의존하는데, 이 합리성 개념에 따르면 판단의 타당성을 구성하는 속성은 논지의 구조와 진술의 연결관계의 논리적-의미론적 차원에서만 찾을 수 있는 것이 아니라 근거제시 과정 자체의 화용론적 차원 속에서도 찾을 수 있다.

하여튼 규범적 판단의 옳고 그름은 진리 상응이론의 의미에서 설명될 수 없다. 권리는 실태로 실체화될 수 없는 하나의 사회적 구성물이기 때문이다. '옳음'은 좋은 근거들에 의해 뒷받침받는 합리적 수락가능성을 뜻한다. 확실히 하나의 판단은 그 타당성 조건이 충족되어 있다는 사실에 의해 정의된다. 그러나, 이 조건이 충족되었는지 여부는

54) St. Toulmin(1958); St. Toulmin, R. Riecke, A. Janik, *An Introduction to Reasoning*, New York 1976.

경험적 증거나 이상적 직관 속에서 주어진 사실에 직접 호소해서 해명될 수 있는 것이 아니라, 오직 담론적으로, 다름아니라 논지에 의해 수행되는 정당화를 통해 해명될 수 있다. 이제 실체적 근거들은 결코 논리적 연역관계나 정확한 증거라는 의미에서 '필연적'인 것이 아니다. 논리적 연역관계는 그것이 가정의 내용을 단순히 밝힐 뿐이기 때문에 충분하지 못하며, 또 정확한 증거는 개개의 지각적 판단의 차원 너머에서는 얻을 수 없을 뿐 아니라, 지각적 판단의 차원에서도 결코 의문의 여지가 없는 것이 아니다. 가능한 실체적 근거들의 망에 결코 '자연적' 종결점이 없는 것도 이 때문이다. 새로운 정보와 더 좋은 근거들이 생길 가능성을 미리 배제할 수 없는 것이다. 조건이 좋아서, 근거들이 지금까지는 문제시되지 않은 배후가정의 지평 안에서 하나의 일관된 전체로 조직됨으로써, 논쟁이 되고 있는 타당성 주장의 수락가능성에 대한 강제없는 동의가 생겨날 때 비로소 우리는 사실적으로 논증을 끝낸다. '합리적으로 동기지어진' 동의라는 표현은 사실성의 이러한 잔재들을 고려한다. 우리는 논증에 참여한 사람들의 마음을 비심리적 의미에서 '움직여'(*bewegen*) 긍정적 태도를 갖게 만드는 힘이 근거들에게 있다고 간주한다. 마지막으로 남은 사실성의 계기까지 지우려면, 근거들의 망이 단순히 사실적인 종결로 끝나선 안 된다. 하지만 내적인 종결은 오직 이상화를 통해서만 도달될 수 있다. 이 이상화가 근거들이 체계적으로 서로 연결되고 서로를 지지하여 논지들의 망이 하나의 폐쇄적 순환을 형성하는 총체적 이론—한 때 사람들은 형이상학적 체계개념이 이것을 달성할 수 있다고 여겼다—을 통해서 이루어지든 아니면 논지의 망이 직선처럼 하나의 이상적 극한치—이 소실점을 퍼스는 '최종의견'이라고 불렀다—에 근접함으로써 이루어지든 간에 말이다.[55)]

완결된 이론이라는 절대적 이상은 탈형이상학적 사유의 조건 위에서

---

55) K. O. Apel, *Der Denkweg von Ch. S Peirce*, Frankfurt/Main, 1975, 118 ff. ; "Sprache und Bedeutung, Wahrheit und normative Gültigkeit," *Archivo di Filosofia* 55, 1987, 51~88.

는 더 이상 설득력을 갖지 못하기 때문에, '유일하게 옳은' 결정은 그렇게 강한 이론의 도움으로는 규명될 수 없다. 헤라클레스에게 기대하는 법이론도 **일시적으로** 정합적인 근거들로 구성되어 있어서 계속하여 비판에 노출되어 있는 **잠정적인** 질서로 머무를 수밖에 없다. 다른 한편 극한을 추구하는 무한적 논증과정이라는 이념은 그 논증과정이 적어도 장기적으로는 방향을 갖고서 진행되면서 학습과정의 누적적 진보를 가능하게 하는 조건의 특정화를 필요로 한다. 이 실용적 절차조건들은 주어진 주제와 관련하여 주어진 시점에서 사용할 수 있는 모든 적합한 근거들과 정보들이 아무런 배제없이 완전하게 동원되도록, 다시 말해서 그 근거들에 내재하는 합리적 동기화의 힘이 펼쳐질 수 있도록 이상적으로 보장한다. 논지라는 개념은 본래 실용적 성격을 갖는다. '좋은 근거'가 무엇인지는 그 근거가 논증게임 안에서 수행하는 역할에 달려 있다. 다시 말해서, 그것은 논쟁이 되고 있는 타당성 주장을 받아들여야 할 것인지 말아야 할 것인지를 논증게임의 규칙에 따라서 결정하는 과정에서 그 근거가 어떤 기여를 하는가에 달려 있는 것이다. 이렇게 절차적 합리성 개념이 논지들의 질서있는 상쟁이라는 화용론적 차원으로 확장되면, 근거들의 의미론적 속성을 간접적으로 타당성을 구성하는 논지의 속성 — 좋은 근거에 내재하는 합리적 동기화의 잠재력은 바로 여기서 실현된다 — 을 통해 보충할 수 있다. 개별적인 실체적 근거와 원칙적으로 불완전한 논지들의 연역적 관계가 갖는 단순한 그럴듯함만 제공하는 힘과 '유일하게 옳은' 결정에 대한 요구의 무제약성 사이에 있는 합리성의 공백은 협력적 진리추구의 **논증적 절차**를 통해 이상적으로 메워진다.[56]

그 무엇인가에 대하여 서로를 설득하려고 원할 때 우리는 언제나 이미 직감적으로 하나의 실천에 의존하며, 이 실천 속에서 우리는 우리가 억압과 불평등으로부터 특수한 방식으로 면역되어 있는 언어게임의

56) 논증이론에 대한 나의 보론을 참조할 것. Habermas (1981), Bd. 1, 44~71.

이상적 조건에 충분하게 근접하고 있다고 상정한다. 바로 그러한 대화 상황 속에서 옹호자와 반대자는 문제가 된 타당성 주장에 대해 토론하고, 행위의 압력과 경험의 압력을 유보하고, 옹호자가 방어하는 주장이 정당한 주장인지를 가설적 태도로 근거에, 오직 근거에만 의거하여 검사한다.

이 논증적 실천에 결부되어 있는 기본적 통찰을 특징짓는 것은 문제가 된 명제와 관련하여 최선의 정보와 근거에 기초한 더 나은 논지를 위한 강제없는 그러나 규제된 경쟁 속에서 보편적 청중의 동의를 획득하려는 의도이다. 규범과 가치결정을 정당화하기 위한 담론원리가 왜 이런 종류의 실천을 요구하는지 그 이유를 이해하는 것은 어려운 일이 아니다. 규범과 가치가 모든 관련 당사자들의 합리적으로 동기화된 동의를 발견할 수 있는지 여부는 말하자면 상호주관적으로 확장된 일인칭 복수의 전망, 모든 참여자들의 세계이해와 자기이해의 전망들을 강제없이 그리고 왜곡없이 모두 수용하는 일인칭 복수의 전망에서 출발할 때에만 판정될 수 있다. 이와 같이 공동으로 실행되고 일반화되는 이상적 역할취득을 정당하게 고려하는 것이 논증이라는 실천인 것이다. 의사소통행위의 반성적 형식인 논증의 특징은 사회존재론적 관점에서 볼 때 이를테면 참여자의 전망의 완전한 가역성에서 찾아볼 수 있을 것이다. 이 가역성에 의해 토의하는 집합체의 한 차원 높은 상호주관성이 자유롭게 펼쳐진다. 그리고 이러한 방식으로 헤겔의 구체적 일반성이 모든 실체적인 것을 정화시킨 의사소통 구조로 승화된다.

규범적용의 문제는 정당화의 담론과는 다른 방식으로 참여자의 세계이해와 자기이해에 영향을 미친다. 적용담론에서도 이미 타당한 것으로 상정되어 있는 규범들은 여전히 가능한 모든 관련 당사자들의 이익과 관련된다. 그러나 주어진 특수한 사례에 어떤 규범이 적합한가라는 질문이 제기되는 경우, 이 보편적 지시관계는 직접 참여한 당사자들의 이익의 뒷전으로 후퇴하고, 그 대신 행위자와 관련자들의 상이한 자기이해와 세계이해에 의해 좌우되는 상황해석이 전면으로 나선다. 규범적으로 이미 틀지어진 상황기술과 현존하는 지각상의 차이를 간단히 추상하지 않는 상황기술이 이러한 상이한 상황해석으로부터 산출되어야 한다. 여기서도 상이한 해석전망들을 어떻게 강제없이 감수성 있게 조절할 것인가 하는 문제가 다시 한 번 제기된다. 물론 적용의 담론에서 특수한 참여자의 전망은 정당화의 담론에서 타당하다고 가정된 규범의 뒤에 자리잡고 있던 보편적 전망구조와의 연계를 유지해야만 한다. 정합적인 규범체계에 비추어 이루어진 개별적 해석이 사회존재론적으로 볼 때 참여자의 전망과 공평무사한 판사가 대변하는 객관적인 법률 전문가의 전망이 서로에게로 변형되는 구조를 갖고 있는 담론의 의사소통 형식에 의존하는 이유가 여기에 있다. 또한 이러한 상황은 구성적 해석을 위해 요구되는 정합성 개념이 왜 순수한 의미론적 규정을 거부하고 논증의 화용론적 전제를 가리키고 있는지 그 이유도 설명해준다.

(3) 법적 논증에 관한 문헌에서 우리는 두 개의 보완적인 길을 발견할 수 있다. 하나는 법적 결정의 정당화에 대한 구체적 질문에서 출발하여 법적 담론으로 상향하는 길이다. 그러나 이 길에 대해서는 여기서 더 상세하게 다루지 않겠다.[57] 다른 길은 위에서 밑으로 하강하는 길

57) 아울리스 아르니오(Aulis Aarnio)는 법적 타당성의 두 차원 중의 하나인 정당성을 우선 합리적 수락가능성으로 개념화한다(*The Rational as Reasonable*, Dortrecht 1987, 43 ff.). 이어서 그는 상이한 종류의 법적 규범들에 대해 논의하고 현행법의 이 범주들(61 ff., 78 ff.)에게 서열을 매기는데, 이 범주들이 '정보의 원천들'이다. 그 다음에 그는 해석을 규제하는 담론규칙을 다루는데, 이 담론규칙이 '합리성의 원천'이다. 드워킨과 마찬가지로 아르니오도 원리들과 집합적 목표(옳음의 근거 vs. 목표의 근거)라는 결정의 전제에 대한, 실체적 근거들을 필요로 하는 외적 정당화에 중점을 둔다. 그러나 드워킨과는 달리 아르니오는 이 원리들을 정당화하기 위하여 포괄적 이론의 구성을 요구하지 않고 합리적 담론의 조건 속에서의 정합성만 요구한다. "정당화 절차는 본질적으로 하나의 대화이다. 그것은 상이한 찬성논지와 반대논지들이 개진되는 질문과 대답의 연속이다. 정당화의 결과 진술들의 정합적 망이 산출되고, 이

이다. 로베르트 알렉시(Robert Alexy)는 합리적 담론 일반의 절차적 조건들에 대한 분석으로 시작한다. '이성의 규칙들'은 사람들이 시간적, 사회적, 객관적 차원에서 취해야만 하는 이상화, 즉 무시간적 시간, 무제약적 참여권, 완전한 무강제성에 효력을 부여한다. 합리적 담론 속에서 우리는 특수한 의사소통 조건을 가정하는데, 이 조건은 첫째, 합리적 동기화 없이 논증을 종결짓는 것을 방지하고, 들째, 논증에의 평등하고 대칭적인 참여와 아울러 보편적이고 평등한 접근을 통하여 주제의 선택과 최선의 정보와 근거의 포용이라는 두 차원 모두에서 자유를 보장하고, 셋째, 더 좋은 근거 이외에 어떤 종류의 강제도 — 그것이 상호이해 과정 외부에서 발생하든 내부에서 발생하든 간에 — 배제하고 이로써 협력적 진리추구 이외의 그 어떤 동기도 중립화시킨다.[58] 알렉시는 칸트의 일반화원리에 대한 하나의 번안을 도덕적-실천적 담론에 대한 정당화의 규칙으로 제시한다. 우리는 이 보편화원칙이 논증 일반의 이상적 조건에 기초하고 있다는 것을 보여줄 수 있다.[59] 논증

망이 (특정한) 기준을 (특히 현행법과의 연관의 모든 기준들을) 충족할 때 비로소 청자가 해석을 합리적으로 받아들일 수 있다. 그 이유는 법적 추론의 규준들만으로는 정당화의 소재들의 정합성을 보증하지 못하기 때문이다. 모든 근거들은 또한 합리적으로 사용되기도 해야 하는 것이다"(Aarnio, 1987, 187). 관련된 모든 목소리를 경청하는 포럼 속에서만 좋은 근거들이 그 합리적 동기화의 힘을 발휘한다. 아르니오는 페를만(Chaim Perelman)의 '이상적 청중' 개념에 기대어 이 포럼을 기술한다. 물론 법적 담론에서는 법적 공동체의 한계에 국한된 특수한 이상적 청중으로 충분하다. 이 이상적 청중은 더 좋은 논지의 강제 없는 강제에 의거하여 자신의 '예/아니오' 입장표명을 결정하는 합리적 인격체들로 구성되어 있다. 그러나 입장표명에 대한 이 합리적 결정은 미리 공유된 구체적 삶의 형식의 맥락 안에서 이루어진다.

58) R. Alexy, *Theorie der juristischen Argumentation*, Frankfurt/Main 1978(3판), 1990을 나의 다음 글과 관련하여 참조할 것. J. Habermas, "Wahrheitstheorien"(1972), in : *Vorstudien und Ergänzungen zur Theorie des kommunikativen Handelns*, Frankfurt/Main 1984, 127~183.

59) J. Habermas, "Diskursethik — Notizen zu einem Begründungsprogramm," in : J. Habermas(1983), 53~126.

에 진지하게 참여하려는 사람은 그로 하여금 이상적 역할을 취하도록 요구하며 따라서 모든 발언을 다른 모든 잠재적 참여자의 전망에서도 해석하고 평가하도록 요구하는 화용론적 전제를 받아들여야 한다. 이와 함께 평등한 배려와 존중이라는 드워킨의 기본규범이 말하자면 담론윤리적으로 포착된다.

우리가 법에 대한 드워킨의 의무론적 이해방식을 공유하고 또 아르니오, 알렉시, 귄터 등이 제시한 논증이론적 고찰을 따른다면, 우리는 두 가지 명제에 동의하게 된다. 한편으로 법적 담론은 현행법의 해석학적으로 폐쇄된 우주 안에서 자기충족적으로 움직일 수 없고 오히려 다른 기원의 논지들에 열려 있어야 한다. 특히 입법과정에서 작동하며, 법적 규범의 정당성 주장 속에서 함께 묶여 등장하는 실용적, 윤리적, 도덕적 근거들에 열려 있어야 한다. 다른 한편 궁극적으로 판결의 옳고 그름은 공평무사한 판단을 형성할 수 있게 하는 논증의 의사소통적 조건들의 충족에 비추어 측정된다. 그렇다면 좀더 잘 연구된 담론윤리를 모델로 하여 담론적 법이론을 제시하는 구상도 해 봄직하다. 그러나 색출적 의미에서 도덕적-실천적 담론이 선차성을 갖는다고 하더라도, 나아가 법적 규칙이 도덕적 규범과 모순되어선 안 된다는 요구가 있더라도, 이로부터 법적 담론을 도덕적 논증의 한 하위집합으로 간주해야 한다는 결론이 즉각 도출되는 것은 아니다. 알렉시가 (우선 정당화의 담론과 적용담론의 구별과 관련하여[60] 특정화되지 않은 형태로) 대변했던 이 '특수경우 명제'에 대해 일련의 반론들이 제기되었다.

(a) 법정에서 당사자들의 논쟁행위를 규제하는 특정한 제약들 때문에 소송과정 일반을 합리적 담론의 규준에 비추어 평가하기란 어려울

60) 알렉시는 자신의 논지를 보충하는 후기에서 현행법의 이성성의 측면을 정당화된 것으로 간주된 규범의 올바른 적용의 측면과 구별하지만, 이 구별에 이어서 이렇게 주장한다. "법정의 결정과 함께 제기되는 옳음의 주장 속에는 이 두 개의 측면이 모두 포함되어 있다." Alexy(1990), 433.

것 같다는 것이다. 소송 당사자들은 협동적 진리추구에 헌신하지 않으며, 또 '합의를 얻을 만한 논지를 제출하는 능숙한 전략을 구사하여' 유리한 결과를 '추구할' 수 있다.[61] 이 반론에 대해서 그럴듯한 대답으로, 소송에 참여하는 모든 사람들은 그 동기가 어떠했든 간에 판사의 관점에서 볼 때 판단형성에 기여하는 하나의 담론에 논지들을 제출한다는 점을 지적할 수 있을 것이다. 결정의 정당화에 구성적 역할을 하는 것은 오직 이 전망뿐이다.[62]

(b) 그러나 이보다 더 문제가 되는 것은 담론적 절차의 무규정성이다. 논증 일반의 절차적 조건들은 유일하게 옳은 결정을 강제하기에 충분할 만큼 선택적이지 못하다.[63] 이 반론 중에서 담론이론 일반에 관련한 부분은 여기서 다루지 않고,[64] 법적 담론의 무규정성에 대한 비판에 한정하여 논의하겠다. 알렉시는 법적 담론을 도덕적-실천적 담론 중에서 현행법과 연결된 부분집합이라고 규정한다. 이 규정에 상응하여 그는 담론의 일반적 규칙을 본질적으로는 기존의 법률해석의 규칙을 수용하는 특수한 규칙과 논증형식으로 보충한다. 비결정성 명제를 반박할 수 있으려면 알렉시는 현실적 실천 속에서 수집되어 방법론

61) Neumann(1986), 85.

62) Alexy, "Antwort auf einige Kritiker," in : Alexy(1990).

63) A. Kaufmann, *Thoerie der Gerechtigkeit*, Frankfurt/Main 1984, 35 ff. ; "Recht und Rationalität," *Festschrift W. Maihofer*, Frankfurt/Main, 1986 ; *Rechtphilosophie in der Nach-Neuzeit*, Heidelberg 1990, 28 ff., 35 ff. ; 또한 R. Alexy, "Eine diskurstheoretische Konzeption der praktischen Vernunft" 와 O. Weinberger, "Die Streit um die praktische Vernunft"도 참조할 것(이 두 논문은 W. Maihofer · G. Sprenger(Hg.), *Praktische Vernunft und Theorien der Gerechtigkeit, Vorträge des 15.* JVR-Weltkongresses in Göttingen, Bd. 1, Stuttgart 1993에 실려 있다.

64) 이에 대해선 다음을 참조할 것. R. Alexy, "Probleme und Diskurstheorie," *Zeitschrift für philosophische Forschung* 43, 1989, 81~93 ; J. Habermas (1991a), 159~166.

속으로 체계화된 이 절차적 원리들과 해석준칙들이 도덕적-실천적 담론의 일반적인 절차적 조건들을 현행법과의 연계라는 측면에서 특정화한 것에 지나지 않는다는 것을 보여주어야만 했을 것이다. 두 개의 담론형식 속에서 각기 사용되는 논증의 형식들과 규칙들 사이의 구조적 유사성을 짤막하게 언급하는 것만으로는 이 요구를 충족하지 못하기 때문이다.[65]

(c) 담론적으로 정당화된 사법적 결정이 타당한 도덕적 판단의 경우와 동일한 의미에서 '옳을' 수 없다는 점은 알렉시도 분명하게 알고 있다. "사법적 논증의 이성성은, 그것이 법에 의해 규정되는 범위 안에서는, 항상 입법의 이성성에 상대적이다. 법적 결정의 무제약적 이성성은 입법의 이성성을 전제할 것이다."[66]

이 전제가 충족되지 않는 한, 알렉시가 가정한 법과 도덕의 조화도 사법적 결정의 옳음을 상대화시킬 뿐 아니라 그것 자체를 의문에 부치게 만드는 유쾌하지 않은 결과를 초래한다. 타당성 주장은 이원적 코드를 갖고 있으며, 타당성의 많고 적은 정도를 허용하지 않는다. "비이성적 법률에 비할 때 논증의 이성성은 합리적인 실천적 담론의 규칙에 따라 발견된 결정의 실체적 이성성을 더 적게 갖고 있는 것이 아니라 그것과는 다른 종류의 질을 갖고 있기 때문이다."[67] 이 반론을 피하기 위해서는 드워킨과 마찬가지로 현행법의 합리적 재구성이라는 과제와 대면해야 할 것이다. 개별적인 사법적 결정은 정합적인 법체계와 부합할 때 비로소 옳은 결정일 수 있다.

(d) 귄터는 이러한 규범적인 정합성 개념을 취한다. 이미 보았다시

65) Alexy(1990), 352 f.
66) *Ibid.*, 351.
67) Neumann(1986), 90.

피 그는 도덕적-실천적 담론 내부에서 정당화의 측면과 적용의 측면을 구별하고, 법적 논증을 도덕적 적용담론의 특수한 사례로 개념화한다. 이로써 사법적 담론은 정당화 문제라는 부담을 덜게 된다. '유일하게 적합한' 판단은 정치적 입법자에 의해 의결된 규범이 갖는 이미 전제되어 있는 타당성으로부터 자신의 옳음을 빌려온다. 그러나 판사는 타당한 것으로 주어져 있는 규범에 대한 재구성적 판단을 피할 수 없다. 왜냐하면 "모든 타당한 규범들은 궁극적으로는 이상적으로 정합적인 체계를 형성하며, 이 정합적 체계가 개개의 적용상황에서 정확하게 하나의 올바른 대답을 허용한다"[68]고 가정할 때 비로소 판사가 규범들 간의 충돌이라는 문제를 해결할 수 있기 때문이다. 이 반사실적 가정은, 그것이 현행법의 우주 안에서 일정 정도의 '실존하는 이성'에 의해 충족되는 한에서만, 색출적 가치를 지닌다. 이 전제에 따른다면, 이성은 민주적 법치국가의 정치적 입법과정 속에서 아무리 파편적인 방식일지라도 항상 작동하고 있는 셈이다. 만약 이 이성이 칸트의 도덕적으로 입법적인 이성과 동일하다면, 우리는 우연적으로 관철되는 현행 법질서의 재구성가능성을 결코 믿을 수 없을 것이다. 그러나 정치적 입법은 첫 번째 차원에서도 결코 도덕적 근거에만 의존하지 않고 다른 종류의 근거들에도 의존한다.

절차적 이론을 따른다면 우리는 민주적인 정치적 입법절차의 이성성을 잣대로 법규범의 정당성을 잴 수 있다. 이미 보았다시피 이 절차는 도덕적 논증의 절차보다 복잡하다. 왜냐하면 법률의 정당성은 도덕적 판단의 옳음에 의해서만 규정되는 것이 아니라, 정보의 사용가능성과 적확성과 적합성과 선택에 의해서도, 정보처리의 생산성과 상황해석과 문제제기의 적합성에 의해서도, 투표를 통한 결정의 합리성과 강한 가치평가의 진정성에 의해서도 규정되며 무엇보다 타협의 공정성에 의해서도 규정되기 때문이다. 사법적 담론과 도덕적 적용담론에서는 모두

68) Günther(1989), 182.

다 규범적용의 논리가 다루어지기 때문에, 도덕적 적용담론을 모델로 사법적 담론을 연구할 수는 있다. 그러나 법규범은 복잡한 타당성 차원을 갖기 때문에, 사법적 결정의 옳음을 도덕적 담론의 타당성에 병합시킬 수 없으며, 또 그런 한에서 사법적 담론을 도덕적 (적용) 담론의 특수한 사례로 개념화할 수도 없다. 실천 속에서 검증되고 방법론적 교리 속에서 규칙으로 설정된 법적 절차원리들과 해석준칙들은, 입법과정이 이루어지는 논증, 협상, 정치적 의사소통의 네트워크가 지금까지보다 더 잘 분석될 때 비로소 만족스러울 정도로 담론이론 속에서 포착될 수 있을 것이다.[69]

(4) 이런저런 형태로 대변되고 있는 특수경우 명제는 색출적 관점에서는 그럴듯하지만, 법을 도덕에 종속시키는 그릇된 견해를 시사하고 있다. 그 견해가 그릇된 이유는 그것이 아직 자연법적 함축에서 완전히 자유롭지 못하기 때문이다. 그러나 탈인습적 정당화의 수준에서 등장한 법과 도덕의 병렬적 분화를 진지하게 고려한다면, 이 명제의 문제점은 해결될 수 있다. 이 경우 이미 보았듯이 담론원리는 충분하게 추상적으로 파악되고, 이 담론원리를 상이한 종류의 행위규범과 관련하여 특정화하는 방식으로 도덕원리와 민주주의가 등장하게 된다. 도덕원리는 비공식적이고 단순한 대면적 상호작용을 규제하고, 민주주의 원리는 자신을 권리의 담지자로 이해하는 법적 인격체들 사이의 관계를 규제한다. 이에 상응하여 담론원리에 전제되어 있는 합리적 담론은 한편으로는 도덕적 논증으로, 다른 한편으로는 법적 형식에 따라 제도화되고 또 도덕적 질문을 오직 법적 규범의 관점에서만 끌어들이는 정치적 담론과 법적 담론으로 분화된다. 법적 인격체들의 사적 자율성과

---

69) 그런 한에서 알렉시 (1990) 의 다음 주장은 동의할 만하다. "이 (입법의 이성성의) 조건이 포함하는 법적 담론의 이론에 이르기 위해서는, 일반적인 합리적 실천적 담론의 이론이 입법이론으로 확대되어야 하고, 또 이 입법이론이 규범적 사회이론으로까지 확대되어야 할 것이다."

공적 자율성을 동시에 보장하는 권리체계는 민주적 입법절차 속에서 그리고 공평무사한 법적용의 절차 속에서 해석되고 또 조형된다. 이런 개념전략상의 방향선회와 함께 두 가지 결과가 생겨난다.

첫째, 법의 정당화와 적용을 전문적으로 다루는 담론을 단순히 도덕의 정당화와 적용에 관한 담론의 특수한 사례로 간주하는 결과를 피하게 된다. 이제는 사법적 담론이 도덕적 내용을 제한하는 외연적 논리의 방식으로 도덕적 담론과 구별될 필요가 없다. 이제 사법적 담론은 현행법과의 연계에 기초하여 도덕적 명령이나 허락의 부분집합에 국한된, 도덕적 논증의 특수한 사례가 아니다. 오히려 사법적 담론은 처음부터 민주적으로 제정된 법과 관련되며, 그것이 법드그마틱적 반성의 문제가 아닌 한, 그 자체 법적으로 제도화되어 있다. 이와 함께 두 번째 결과가 분명해진다. 이제 사법적 담론은 법규범과 단순히 관계맺는 것이 아니라 그 의사소통 형식 자체와 함께 법체계 자체 안에 자리잡게 된다. 왜냐하면 입법영역에서의 민주적 절차와 마찬가지로, 법률적용 영역에서 법정절차를 규제하는 규칙 역시 합리적 토론의 요구수준 높은 전제들이 오직 근접적으로만 충족될 수 있다는 사실 때문에 발생하는 오류가능성과 결정상의 불확실성을 보충하기 위한 것이다.

판결에서 법의 정당성과 실정성 사이의 긴장은 내용의 차원에서는 올바른 동시에 일관된 결정의 문제로서 다루어진다. 그러나 이 긴장은 사법적 결정 자체의 실용적 차원에서도 다시 등장한다. 왜냐하면 논증절차에 대한 이상적 요청은 규제에 대한 사실적 필요에 의해 부과되는 제약과 조화를 이루어야만 하기 때문이다. 법은 조직규범의 형태로 다시 한 번 자기자신에게 적용되어야 한다. 그러나 이것은 단순히 판결의 공식적 권능을 창출하기 위해서가 아니라 사법적 담론을 법정 소송과정의 구성부분으로 설립하기 위해서이다. 법정절차를 규제하는 규칙들은 판결과 그 판결에 대한 정당화가 특수한 방식으로 프로그램화되어 있는 논증게임의 결과로 이해될 수 있도록 사법적 결정의 실천을 제도화한다. 다시 한 번 법정 절차와 논증절차가 긴밀하게 결합된다.

그러나 이때 사법적 담론의 절차법적 제도화가 그 담론의 논증논리 내부까지 개입해서는 안 된다. 절차법은 규범적-법적 논증 자체를 규제하는 것이 아니라, 적용담론의 논리를 따르는 의사소통 과정이 **자유롭게 펼쳐질** 수 있도록 만드는 제도적 틀을 시간적, 사회적, 객관적 차원에서 보장한다. 이 점을 독일의 민사소송법과 형사소송법을 전거로 간단하게 설명하겠다.[70)]

먼저, 재판과정의 시간적 사회적 제약을 보자. 재판기간과 관련하여 법률로 정해진 상한선이 있는 것은 아니지만, 여러 가지 법정시한이 〔특히 항소심(*Berufungsgerichte*)과 상고심(*Revisionsgerichte*)에서〕 설정되어 있어서 쟁송을 처리하고 최종적으로 해결하는 데 시간이 너무 걸리지 않도록 하고 있다. 또 재판절차에서 사회적 역할의 분배를 통해 (형사소송의 경우) 공소기관과 피고 간의 대칭성과 (민사소송의 경우) 원고와 피고 간의 대칭성을 기하고 있다. 이런 대칭성 덕분에 법원은 심리과정에서 능동적으로 심문을 하거나 중립적으로 관찰하는 등 여러 가지 방식으로 공정한 제3자의 역할을 수행한다. 증거조사를 할 때 소송당사자들의 증명부담은 어느 정도 분명하게 규제된다. 형사소송보다는 민사소송의 경우에 더 그렇지만, 재판절차 자체는 운동시합과 비슷하게 각자 자신의 이익을 추구하는 당파들 간의 경쟁처럼 설정된다. 형사소송에서는, "진실을 찾기 위하여 법정은 자신의 주도하에 판결과 관련하여 중요한 의미를 갖는 모든 사실과 모든 증거방법에까지 증거조사를 확대해야" 한다(독일 형사소송법 244조 2항). 그리고 증거채택이 협력적 진리추구를 특징짓는 완전한 담론적 구조를 갖지 않도록 재판 참여자들의 역할이 정의되어 있다. 하지만 영미계통의 배심재판과 유사하게, 관련 사실들이 가능한 한 모두 언급되도록 전략적 행위의 기회도 조직되어 있다. 법원은 이것을 기초로 하여 자신에게 위임된 증거평가와 법적 판단에 도달한다.

---

70) 이하의 논의는 클라우스 귄터에 빚지고 있다.

전체 소송절차의 요점은 소송과정에 부과된 실체적 제약을 검토해 보면 분명하게 드러난다. 이 제약들은 말하자면 적용담론에서 근거들을 자유롭게 처리할 수 있는 내적 공간을 제도적으로 구획하는 데 기여한다. 주심리(*Hauptverfahrens*)를 위한 법정을 개정하기 전에 진행되어야 하는 절차들은 재판 자체가 분명하게 경계가 구획된 쟁점에 집중될 수 있도록 쟁점이 되는 대상을 정의한다. 사실문제와 법률문제의 분리라는 방법론적 전제 위에서 대면적 상호작용이라는 형태로 이루어지는 증거조사는 사실을 확인하고 증거방법을 보장하는 데 기여한다. 법적 규범과 객관적 사태 간의, 해석가능성과 사실관계 사이의 순환적 구조에도 불구하고, 아직까지는 법률심사는 다루어지지 않고 주로 배후에 머물러 있다. 흥미롭게도 민사소송과 형사소송 모두에서 법정은 증거조사에 이어서 증거평가와 법적 판단을 '내적으로' 내리며, 따라서 별도의 절차를 거치지 않는다. '증명된' 혹은 '참이라고 간주되는' 사실들이 규범적으로 평가되는 법적 담론은, 법정이 자신의 판단을 재판 관련자들과 공론장 앞에서 '제시하고' '정당화'해야만 하는 한에서만, 소송법의 저촉을 받는다. 정당화는 범죄사실과 결정근거로 이루어져 있다. "실제적 결정근거들 속에서 법정은 사실적 측면과 법적 측면에서 결정의 기초가 된 고찰을 간략히 요약한다(독일 민사소송법, 313조 3항). 여기에는 법적 논지 외에 증거평가도 포함되어 있다."[71] 따라서 소송절차들은 신뢰할 만한 근거들도 규제하지 않고 논증의 진행도 규제하지 않는다. 그러나 그것은 그 결과만이 소송절차의 대상이 되는 법적 담론의 운신공간을 보장한다. 그리고 그 결과는 상급법원에서 재심될 수 있다.

법의 제도화된 자기반성은 개별적 사건에서 정의의 성취와 법률적용과 법률발전에서의 일관성이라는 두 가지 관점에서 개별적인 법적 보호에 기여한다.

---

71) P. Arens, *Zivilprozeßrecht*(4판), München 1988, 219 난외번호 338.

상소의 목적은 일차적으로는 당사자들의 이익을 위하여 판결의 재심을 통해 올바른 따라서 정의로운 결정을 얻는 데 있다. 그 외에 재심이 가능하다는 단순한 사실만으로도 법정은 조심스러운 정당화를 제공하지 않을 수 없다. 그러나 상소의 목적은 이것으로 끝나지 않는다. 오히려 그 목적은 효과적 상소체계에 대한 일반적 관심에도 있다. 자구책의 금지는 관련 당사자들이 옳은 결정을 제공받을 수 있다는 특정한 보증이 있을 때에만 효과적으로 실현될 수 있다. 더욱이 상소제도는, 재판권이 상급법원에, 궁극적으로는 최고법원에 집중되어 있기 때문에, 시급하게 요구되는 법의 조화와 심화발전을 가져온다. 이런 공적 관심은 상이한 재심 양식들에서 똑같은 역할을 하지 않는다. 그 관심은 항소심보다는 상고심에서 더 강하게 새겨져 있다.[72]

법의 조화에 대한 공적 관심은 판결의 논리의 정확한 특징을 부각하고 있다. 즉 법정은 모든 개별적 사건에서 법질서 전체의 정합성을 유지하는 방식으로 결정을 내려야 한다.

종합하면 이렇게 말할 수 있을 것이다. 소송법은 사건발생의 과정에 집중되어 있는 증거조사를 상대적으로 엄격하게 규제하며, 이 과정에서 당사자들이 법을 전략적으로 다룰 수 있는 범위를 정해 준다. 이에 반해 법정의 법적 담론은 절차법적 공백 속에서 이루어지며, 그리하여 판결을 내리는 일은 판사의 전문적 능력에 일임된다. "증거조사의 결과를 존중하면서 법정은 전체 재판과정으로부터 얻은 자신의 자유로운 확신에 따라 결정한다."(독일 형사소송법, 261조). 법적 담론은 실재의 재판절차 밖으로 자리를 옮김으로써 외적 영향에서 벗어나야 한다.

72) Arens(1988), 346쪽, 난외번호. 381.

6

사법부와 입법부:
헌법재판의 역할과 정당성

앞장에서 우리는 드워킨의 법이론을 단서로 사용하여 법적 안정성과 합리적 수락가능성이라는 기준을 동시에 충족해야만 하는 판결에서 제기되는 합리성 문제를 다루었다. 이론의 인도를 받아 현행법을 구성적으로 해석하자는 드워킨의 제안은 이론형성과 관련한 이상적 요구를 법적 담론의 필수적인 화용론적 전제의 이상적 내용으로 전환시키는 절차주의적 독해를 통해 방어할 수 있다. 그러나 여전히 다음의 질문이 남는다. 그러한 구성적 해석이 어떻게 법치국가의 권력분립이라는 테두리 안에서 사법부가 입법부의 권력을 침해하지 않는 가운데 (또한 행정부의 엄격한 법적 구속도 훼손하지 않는 가운데) 이루어질 수 있는가?

사법적 결정은 법과 법률의 구속을 받기 때문에, 판결의 합리성은 현행법의 정당성에 달려 있다. 그리고 이 정당성은 다시 입법과정의 정당성에 의존하는데, 이 입법과정은 헌법이 보장하는 권력분립의 조건 위에서는 재판을 책임지는 기관에 의해 좌우되지 않는다. 정치와 입법부의 실천의 헌법적 측면은 법학에서 중요한 주제이지만, 법적 담론에 초점이 맞추어진 법이론에게 그 두 영역은 판결의 관점에서만 열린다. 따라서, 우리가 법이론의 전망을 계속 유지하면서 사법부와 입법부 간의 문제있는 관계를 연구하려고 한다면, 헌법재판소의 재판권이 제도적으로 확인할 수 있는 방법론적 준거점을 제공할 것이다. 헌법재판소가 존재해야만 하는지는 자명하지 않다. 그러한 종류의 제도가 결여되어 있는 법치국가적 질서도 다수이다. 그리고 내가 여기서 주로 다루는 독일과 미국처럼 그러한 제도가 있는 곳에서도, 헌법적 권능체계 안에서 그것의 위상이나 그것의 결정의 정당성에 대해서 여전히 논쟁이 일고 있다. 열띤 논쟁이 있다는 사실 자체가 설명이 필요함을 보여주는 증거이다. 최소한 헌법이론상으로 분명하게 구별된 기능들이 단일제도 속에 조합되어 있다는 사실은 설명을 필요로 한다.

이 논의에는 여러 가지 측면이 포함되어 있는데, 그 중에서 나는 특히 세 가지를 강조하고 싶다. 헌법재판에 대한 비판은 항상 민주적 입법자와 사법부의 권력분할이라는 관점에서 제기되며, 그런 한에서 그것은 항상 권력분립 원리를 둘러싼 논쟁이다. 그러나 이 문제는 여러 측면에서 각기 다른 방식으로 제기된다. 여기서 나는 세 가지 담론을 다룰 텐데, 그 중의 첫 번째 담론은 마지막 장에서 다시 논의하게 될 패러다임 논쟁을 도입하고 있다. 그리고 두 번째 담론은 앞장의 방법론적 논의를 계속하는 것이며, 세 번째 담론은 다음 장에서 민주주의 이론적 관점에서 계속 논의하게 될, 정치과정에 대한 담론이론적 이해에 관한 논쟁을 예비하고 있다.

(1) 첫 번째 측면과 관련하여, 헌법재판소에 대한—특히 독일에서 제기된—비판은 고전적 권력분립 주제에 대한 특수한 독해, 즉 자유주의적 독해에 바탕을 두고 있다. 이 비판은 사실상 불가피하지만 규범적으로 문제가 있는 사법부의 기능확장, 그러니까 헌법재판소에 입법부와 경쟁하는 입법기능을 부여하는 확장을 자유주의적 법치국가에서 개입국가 내지 사회복지국가로의 발달이라는 관점에서 설명한다.
(2) 두 번째 측면에서는, 법의 비결정성에 대한 논쟁이 연방헌법재판소의 가치재판(*Wertejudikatur*)과 관련하여 계속 이어지고 있다. 여기서는

원리에의 정향을 재화에 대한 평가와 동일시하는, 헌법재판소에서 형성된 방법론적 자기이해에 대한 비판이 이루어지고 있다. (3) 세 번째 측면에서는, 특히 미국에서 그러한데, 헌법재판소의 역할이 입법의 민주적 절차를 보호하는 데 있다고 간주된다. 여기서 다루어지는 것은 정치과정 전체에 대한 공화주의적이고 비도구적인 이해의 쇄신이다.

1. 자유주의적 법 패러다임의 해체

(1) 헌법재판소는 보통 여러 가지 기능을 동시에 충족한다. 비록 헌법을 해석하는 문제와 관련하여 유권적 결정을 내리고 그런 한에서 법질서의 정합성도 유지하는 과제 속에 여러 가지 권한이 수렴되지만, 이러한 권한들을 하나의 제도 속에 통합하는 것이 헌법이론의 관점에서 볼 때 직접적 필연성을 갖는 것은 아니다. 예를 들어 연방헌법재판소에서 우리는 세 가지 권한영역을 구별할 수 있다. (연방정부와 주정부 사이의 분쟁을 포함하는) 정부기관들 간의 분쟁(*Organstreitigkeiten*), 법적 규범들의 위헌심사 (이와 관련하여 앞으로 우리는 법적 규범 중에서도 주로 법률에만 초점을 맞출 것이다) 그리고 헌법소원이 그것이다. 헌법재판소가 헌법소원과 구체적 규범의 통제(즉 하급법원이 특수한 사건에 적용되는 법률의 위헌성 여부를 결정하기 위하여 판결을 헌법재판소에 넘기는 경우)에 대해 책임을 지는 것은 권력분립의 관점에서 볼 때 별 문제가 없다. 여기서 헌법재판소의 기능은 법의 일관성을 유지한다는 의미를 갖는다. 이러한 종류의 절차 속에서도 법을 중요하다고 선언할 수 있는 권위는 손상되지 않으면서, 헌법재판소는 연방최고재판소와 함께 재판의 위계질서 내에서 반성적 정점을 형성하며, 사법부의 자기통제라는 과제를 담당한다. 정부도 이와 유사하게 행정수단에게 행정부의 자기

통제라는 과제를 부여한다. 그러나 넓은 의미에서 정부기관 간의 분쟁에 대해 헌법재판소가 결정을 내리는 것은 좀더 문제의 소지가 있을 수 있다. 이 권한은 국가기능의 분리에 저촉되지만, 협력에 의존하는 정부기관들 사이의 갈등을 해결하는 데 필요한 헌법상의 기술을 통해 설득력 있게 정당화될 수 있다. 법원은 의회와 정부의 거부에도 불구하고 자신의 결정을 강제할 수 있는 강제수단이 없기 때문에, 여기서도 궁극적으로는 권력분립의 논리가 법정의 결정에 의해 침해될 수 없다. 헌법재판소와 민주적으로 정당화된 입법부 사이의 경쟁은 추상적 규범통제의 영역에서 비로소 첨예화된다. 여기서는 의회가 의결한 법률이 헌법에 위배되지 않는지, 또는 적어도 그것이 권리체계에 대한 일관성 있는 정교화에 모순되는 것은 아닌지 하는 문제가 법원의 심사를 받는다. 이 문제는 법안 채택 이전에는 의회가 결정해야 할 문제이다. 여기서, 의회의 결정에 대한 재검토도 법원의 방식으로 조직된 입법부의 자기통제라는 형식 속에서 이루어질 수 없는지는 여전히 고려해 볼 가치가 있는 일이다. 예를 들어 그것이 법 전문가들도 참여하는 의회의 위원회에서 제도화될 수도 있다. 이런 식으로 자신의 결정에 대한 자기반성을 내면화하면, 심의기간 동안 입법자들이 처음부터 헌법원리의 규범적 내용을 명심하게 되는 장점이 있을 것이다. 그러나 혼잡스러운 의회운영에 밀려 도덕적 문제와 윤리적 문제가 협상가능한 문제, 즉 타협이 가능한 문제로 재정의된다면 이러한 장점은 사라지고 말 것이다. 이런 점에서 의회의 책임 하에 자기준거적 규범통제 절차를 제도적으로 분화시키면, 아마도 입법과정의 합리성을 증대시키는 데 도움이 될 것이다. 우리의 분석과 같은 궤도에서 권력분립은 일차적으로 행정부가 의사소통적으로 산출된 권력으로부터 자립화되는 것을 방지하는 데 목적이 있다는 가정에서 출발하는 경우에도 이런 방안은 권장할 만할 것이다.

담론이론적 관점에서 보면 권력분립의 논리는 국가권력의 상호연관에 있어서의 비대칭성을 요구한다. 즉, 입법과 사법의 규범적 근거들을 통제할 수 없는 행정부의 활동은 의회와 사법부의 통제를 받지만, 역의 관계, 즉 행정부가 다른 두 권력을 감시하는 것은 배제된다. 그러므로, 칼 슈미트가 자신의 시대에 제국 대통령에게 그랬듯이, 헌법재판소 대신 행정부의 수반을 '헌법 수호자'로 지명하려는 사람은 민주적 법치국가에서 권력분립의 의미를 정반대로 뒤바꾸는 결과를 가져온다.[1] 우리가 권력분립의 논리를 논증이론을 통해 정당화한다면, 사법과 마찬가지로 입법도 자기반성적으로 구조화하여 자신의 활동에 대한 자기통제의 권한을 부여하는 것이 합리적일 것이다. 법정에서 법을 적용할 때 법률에 대한 이성적이라고 추정되는 정당화 속에서 등장했던 바로 그 규범적 근거들을 사용하는지를 심사할 수 있는 권한을 입법부는 아직 갖고 있지 않다. 다른 한편 추상적 규범통제라고 불리는 것은 논쟁의 여지없이 입법부의 기능에 속한다. 그러므로 이 기능을 의사사법적 절차로 구조화될 수 있는 입법부의 자기통제라는 제2심에 할당하는 것이 결코 상궤에서 완전히 벗어난 제안은 아니다. 이 권한을 헌법재판소로 이관하려면 최소한 복잡한 정당화가 필요하다. 왜냐하면 "기본권의 담론이 입법절차 속에서 내려진 결정에 구속되는 것이 아니라 그것보다 우선하고 있기 때문이다. 이것은 일반적인 법적 논증에서 가장 중요한 제약요인인 상대적으로 구체적인 단순 법률이 그 담론에서는 결여되어 있다는 것을 뜻한다. 그 대신에 대단히 추상적이고 개방적이며, 이데올로기적 성격을 포함하는 기본권 규정이 등장한다."[2] 알렉시는 '기본권 담론'을 헌법재판의 모든 영역에 관련시킨다. 법적 구속력이 있는 법률의 타당성으로부터 비록 선택적이긴 하지만 명시적으로 자유로워지는 현상은 추상적 규범통제의 경우에 가장 분명하게 나

1) C. Schmitt, *Der Hüter der Verfassung*, Tübingen 1931. 그의 예리한 비판에서 켈젠(H. Kelsen)은 이 제안이 칼 슈미트의 '총체적 국가로의 선회'로부터 일관되게 설명된다는 것을 보여주었다. H. Kelsen, "Wer soll der Hüter der Verfassung sein?," *Die Justiz* VI, 1931, 576~628.

2) R. Alexy, *Theorie der Grundrechte*, Baden-Baden 1985, 501.

타난다.

슈미트와의 논쟁에서 켈젠은 헌법재판소의 제도화를 지지한다는 뜻을 결연하게 밝혔다. 이 요구를 뒷받침하기 위해 그는 당시의 상황에서 대단히 설득력 있었던 정치적 고찰을 제시했을 뿐 아니라 흥미로운 법이론적 근거도 제시하였다. 슈미트는 "일반적 규칙들은 서로 비교할 수만 있지 서로에게 포섭되거나 적용되지 않는다"는 이유를 들어 추상적 규범통제가 규범적용의 문제이며 따라서 법적 결정행위의 진정한 부분이라는 점을 의심했다. 규범과 사실상황 사이의 관계가 빠져 있다는 것이다.[3] 이에 대해 켈젠은 통제의 대상은 문제가 된 법률의 내용이 아니라 그 법률의 채택의 합헌성이라는 대답밖에 할 수 없었다. "법률의 합헌성에 관해 결정할 때 헌법의 규범에 포섭되는 사실상황은 규범이 아니라 … 규범의 산출이다."[4] 물론 이 논증은 규범의 통제를 절차주의적으로 독해할 수 있을 때 — 앞으로 이것을 보여줄 것이다 — 비로소 힘을 갖는다. 그러나 켈젠의 결정적 논지는 법정책의 차원에도 있다.

> 다름아니라 가장 심각한 헌법위반의 경우 분쟁 당사자는 의회와 정부이다. 그러므로 이 분쟁을 해결하기 위해서는 이 대립의 외부에 서 있으며 헌법을 본질적으로 행정부와 의회로 분할하는 권력의 행사에 전혀 관여하지 않는 제3의 층위에 호소하는 것이 의미가 있다. 이 층위가 이를 통해 일정한 권력을 갖게 된다는 것은 불가피한 사실이다. 그러나 어느 한 기관에게 헌법통제의 기능 속에 들어있는 권력만 부여하는 것과 이 기능을 두 개의 주요 권부 중의 하나에 이양시켜 그 권부를 한층 더 강화시키는 것 사이엔 엄청난 차이가 있다.[5]

---

3) Schmitt (1931), 42.
4) Kelsen (1931), 590.
5) *Ibid.*, 609.

입법부의 활동과 직결되는 이 헌법해석의 적절한 제도화라는 문제에 대해 어떤 입장을 취하든 간에, 최종결정을 내리는 헌법재판을 통해 헌법을 구체화하는 것은 법의 명료성을 높이고 법질서의 정합성을 보장하는 데 이바지한다.

헌법재판소는 의회에서 결정된 법률이 아니라 현행법의 적용이 문제가 될 때에도 기본권 담론 속에 — 다른 법원과 함께 — 등장한다. 하나의 사건 속에서 다수의 기본권이 충돌하든 하나의 기본권에 비추어 본 단순 법률이 다른 기본권과 충돌하든 간에, 드워킨이 제안하는 개별 사례에 대한 구성적 해석을 요구하는 원리들이 대단히 많은 사례 속에서 그리고 재판의 모든 차원에서 작동한다. 그러나 헌법재판소는 오직 충돌 사례만 다룬다. 그것의 결정은 거의 언제나 원칙의 결정이라는 성격을 갖는다. 이 때문에 헌법재판에서는 — 다른 상급심에서도 그러한 경향이 있듯이 — 우리가 이미 다루었던 '법의 비결정성' 문제가 누적되고 또 첨예화된다. 연방헌법재판소는 이 문제를 (1973년 2월 14일자 결정에서) 기본법 20조 3항을 참조하여 공세적으로 다루었다.

> 법은 성문법의 총체와 동일하지 않다. 국가권력에 의해 실정화된 법 이외에도, 의미상의 총체로서의 합헌적 법질서 속에 그 근원을 가지며 성문법에 대한 교정적 역할을 담당할 수 있는 또 다른 법이 특정 상황에서는 추가될 수 있다. 그것을 발견하여 결정 속에서 실현하는 것이 판결의 과제이다.[6]

어떤 경우이든 올바른 해석이 '발견'되어야 하거나, 이를테면 '합리적 논증' 속에서 얻어내야 한다는 것이다. 그러나, 헌법재판소에 '법의 창조적 발견'을 통해 법을 가일층 발전시키는 기능을 부여하는 또 다른 정식은 헌법재판소의 문제있는 자기이해를 보여주고 있다. 콘라트 헤세(Konrad Hesse)는 이러한 자기이해에 대해 앞장에서의 우리의 고찰

6) 《연방 헌법재판소 판례》 34, 269(1973), 304쪽.

과 일치하는 논지에서 냉철하고도 정당하게 이렇게 논평한다.

> 헌법재판소의 결정이 창조적 조형의 계기를 포함하고 있다는 것은 분명하다. 그러나 모든 해석이 창조적 성격을 갖고 있다. 해석이 헌법문제에 대해 대답하고, 헌법 특유의 폭과 개방성을 가진 규범을 대상으로 할 때에도 여전히 해석은 해석으로 남는다. 그러한 규범을 구체화하는 일은 상세하게 규정된 규칙들을 구체화하는 것에 비하면 어려움이 더 클 것이다. 그러나 그렇다고 해서 두 경우에서 구조적으로 유사한 과정이 문제되고 있다는 사실이 달라지는 것은 아니다.[7]

이런 시각에서 보면, 연방헌법재판소의 광범위한 권력이 반드시 권력분립의 논리를 위협하는 것은 아니다.

(2) 비판가들은 일차적 논의차원에서도 방법론적 고찰에 기대지 않고 역사적 전망을 취하여, 법치국가적 관점에서 볼 때 문제가 있는 의회와 헌법재판소 간의 비중변화를 법체계 전체의 발달로부터 확인한다. 에른스트-볼프강 뵈켄푀르데(Ernst-Wolfgang Böckenförde), 에르하르트 데닝어(Erhard Denninger) 그리고 디터 그림(Dieter Grimm) 같은 논자들은 두 가지 이념형을 대비시킨다.[8] 하나는 이념형적으로 기술된 국가와 사회의 분리라는 자유주의적 출발상태이다. 다른 하나는 단순히 포괄적인 개별적 법적 보호를 보장하는 것에 그치지 않고 시민의 사회적 복지와 안전을 제공하고, 따라서 사회적으로 조건지어진 지위상실과 위험에 대처하는 안전판을 제공하는, 정치적인 전체 법질서의 헌법상황이다. 자유주의적 사회 모델에 따라 과거에 헌법은 개인들이 사적 자율성을 갖고서 자신의 행복과 이익을 추구하는 경제사회라

---

7) Hesse(1990), 219.

8) E. W. Böckenförde(1991) ; E. Denninger, *Der gebändigte Leviathan*, Baden-Baden 1990 ; D. Grimm, *Die Zukunft der Verfassung*, Frankfurt/Main 1991.

는 (국가로부터) 자유로운 영역을 공동복지의 추구라는 국가적 영역으로부터 분리시켜주는 것으로 간주되었다. "여하튼 개인복지 영역과 공동복지 영역을 하나의 포괄적인 실체적 이념의 지휘아래 협주하는 것은 헌법의 기능에 속하지 않았다."[9)]

국가의 과제와 목표는 정치에 일임되었다. 자유주의적 이해에 따르면, 정치는 헌법적 규제의 대상이 아니었다. 이에 상응하여 기본권도 국가로부터의 방어권으로만 이해되었다. 기본권은 국가의 간섭을 금지해야 한다는 소극적 요구만을 근거짓기 때문에 기본권은 '직접적으로' 타당했다. 이것은 판결의 조건이 상대적으로 분명하다는 것을 뜻한다. 입법자도 조망가능한 법적 상황을 창조했다. 이를테면 입법자는 공적 질서를 보장하고, 경제적 자유의 남용을 예방하고, 행정부의 개입가능성과 조형공간의 한계를 일반적이고 추상적인 법률을 통해 정확하게 규정하는 일에 한정될 수 있었다.

자유주의 모델 속에서 사법부와 행정부에 대한 엄격한 법적 제한의 결과로서 절대주의적 국가권력의 자의성을 법치국가적으로 훈육하는 고전적 권력분립 도식이 나왔다. 권력은 집합적 결정의 시간적 축을 모델로 국가기관들 사이에 분배될 수 있었다. 법원의 판결은 현행법 속에 응고된 정치적 입법자의 결정에 고착되어 있는 과거지향적 행위로 개념화될 수 있다. 이에 비해 입법자는 미래의 행위에 제한을 가하는 미래지향적 결정을 내리며, 행정부는 현재 속에서 등장하는 문제를 처리하는 현실적 결정을 내린다. 이러한 모델은 민주적 법치국가의 헌법이 국가/시민의 차원에서, 다시 말해서 폭력을 독점하고 있는 행정부와 무장해제된 사적 개인들 사이의 관계에서 등장할 수 있는 일차적 위험을 방지해야 한다는 전제에서 출발한다. 이에 반해 사적 시민들 사이의 수평적 관계, 특히 시민들의 공동의 실천을 구성하는 상호주관

9) E. Denninger, "Verfassungsrechtliche Schlüsselbegriffe," in : Denninger (1990), 159.

적 관계는 자유주의적 권력분립을 구조화하는 힘을 전혀 갖지 못한다. 한마디 덧붙이자면, 이러한 모델에 잘 어울리는 것이 법을 회귀적으로 폐쇄된 규칙체계로 여기는 실증주의적 관점이다.

이러한 자유주의 모델에서 출발하면, 사회복지국가의 실체화된 법질서는 헌법구조를 뒤흔드는 것으로 보일 수 있으며, 심지어는 그것의 부패로 보일 수도 있다. 이 법질서는 분명하게 정의된 조건적 프로그램으로만 구성되어 있지 않으며, 또 이 요소가 일차적 요소였던 적은 한 번도 없다. 그것은 정치적 목표설정을 포함하고 있으며 또 법을 적용할 때 원리에 의한 정당화에 의존한다. 실증주의적 분리명제를 기준으로 판단해보면 이와 같은 법의 실체화는 '재도덕화'를 초래하는 것으로 보인다. 그리고 이 재도덕화는 사법적 논증을 도덕적 원리의 논증과 목표설정의 논증에 개방함으로써 정치적 입법부가 세운 지침에 사법부를 묶어두는 직선적 결속관계를 느슨하게 만든다. 이제 법질서를 관통하는 기본규범과 원칙들은 개별 사례들이 법체계 전체와 관련하여 건설적으로 그리고 맥락에 민감하게 해석되어야 한다고 요구한다. 헌법 전체를 염두에 두고 이루어지는 규범적용의 '상황성'은 형식적으로 조직되지 않은 행위영역에서 의사소통적으로 행위하는 주체들의 자유와 책임을 강화시킬 수도 있을 것이다. 그러나 법체계 내부에서 그것은 사법부의 권력증대를 의미하며, 또 시민의 자율성을 희생시키면서 고전적 법치국가의 규범구조상의 균형을 무너뜨릴 위험이 있는 판사의 재량권 확대를 의미한다.10) 기본규범과 원리를 지향하게 되면서 예컨대 판결은 법질서의 제도적 역사를 향하던 시선을 돌려 주로 현재와 미래의 문제들에 주목하게 된다. 한편으로, 인게보르크 마우스도 우려하고 있듯이, 사법부는 입법적 권력에 관여할 어떠한 민주적 정당성도 갖고 있지 않으면서 입법적 권력에 관여하게 된다. 다른 한편 사법부

10) I. Maus, "Die Trennung von Recht und Moral als Begrenzung des Rechts," *Rechtstheorie* 20, 1989, 191~210.

는 국가기구의 자율성에 부응하는 탄력적인 법구조를 촉진하고 확증하며, 그 결과 이 측면에서도 법의 민주적 정당성은 침식당한다.

뵈켄푀르데, 데닝어, 마우스 같은 주의깊은 비판가들은 연방헌법재판소의 결정에서 암묵적인 기본권 교리를 읽어낸다. 이들의 해석에 따르면 그 교리는 다음 사실을 고려한다. 즉, 권리체계가 종래의 가정과는 달리 더 이상 사적으로 자율적인 개별적 결정을 통해 자생적으로 스스로를 재생산하는 자유로운 경제사회에 기초하여 보장될 수 없고, 오히려 하부구조를 제공하고 위험을 방지하며 반성적으로 조정하는 국가의 활동을 통해, 즉 규제하고 가능성을 제공하고 보완작용을 하는 국가의 활동을 통해 실현되어야 한다는 사실을 고려하고 있다. 무엇보다 중요한 것은, 부분체계들이 수평적으로 분화되어 네트워크를 형성하고 있는 복잡한 사회에서 기본권이 갖는 보호작용은 더 이상 행정권력과의 관계에만 국한되어선 안 되고, 일반적으로 거대 조직의 사회적 권력에까지 확대되어야 한다는 점이다. 더욱이 이 보호작용은 더 이상 소극적 의미에서 간섭의 방지로만 이해될 수 없다. 그것은 적극적 보장의 요구까지 정당화한다. 이러한 이유에서 연방헌법재판소는 자신의 판결을 통해 기본권을 **전체 법질서의 원리**로 규정한다. 이제 이 원리의 규범적 내용이 법체계 전체를 구조화하는 것이다. 이와 궤를 같이하여 독일의 기본법 교리는 특히 다음의 쟁점들에 초점을 맞추고 있다. 그 '본질적 내용'은 여전히 간직하고 있는 기본권과 단순한 법률 간의 '상호작용'의 문제, 절대적 효력을 갖는 주관적-공적 권리와 관련해서도 등장하는 '기본권의 내재적 제한'의 문제, 모든 법 영역에 대한 기본권의 '파급효과'(*Ausstrahlung*)와 사적 개인들 상호 간의 수평적 의무와 권리에 대한 기본권의 '대사인적(對私人的) 효력'(*Drittwirkung*), 기본권 보호와 관련한 국가의 위임권과 책무, ― 이것은 법원이 기본적 조직원리로서의 기본권의 '객관적인' 법적 성격으로부터 도출한 과제이다 ― 마지막으로 '역동적 기본권 보호'라는 과제와 기본권의 주관적인 법적 내용과 객관적인 법적 내용을 절차법 속에서 결합하는 문제 등이 그것이다.

다양한 측면으로 전개된 논의를 여기서 자세히 다룰 수는 없다.[11] 그러나 헌법재판소의 판결에 반영된 사실, 즉 기본권을 개념화하는 방식에 변화가 생겼다는 사실에는 이의의 여지가 없다. 원래 기본권은 행정부의 개입활동을 법의 테두리 안에 묶어두고 사적 개인들의 자유를 보장하는 방어권으로 개념화되었다. 그러나 이제 그 기본권은 법질서 전체를 관통하면서 그 구조를 형성하는 기본규범의 객관적인 법적 내용 속으로 주관적 자유권의 내용을 — 비록 기본개념적 측면에서 불명료한 방식을 통해서이긴 하지만 — 수용하는 법질서의 구성원리로 개념화된다. 방법론적 관점에서 이 변화에 상응하는 것이 균형원리, 가능성의 유보(*Vorbehalt des Möglichen*), '직접적으로 효력있는' 기본권을 제3자의 기본권을 통해 제한하기, 조직과 절차를 통한 기본권 보호 같은 '헌법적 핵심개념들'(데닝어)이다. 이 개념들은 법규범들이 충돌할 때 '헌법의 통일성'이라는 관점에서 다양한 규범들의 관계를 조정하는 데 기여한다. "사건 및 문제와 관련하여 상관적 핵심개념들이 발전하면서 연방헌법재판소는 — 특정화되어야 할 한계 안에서 — 기본법의 '개방적' 구조를 인정하고 강조했다."[12] 우리는 판결 자체로부터 성장한 이 핵심개념들을 부분적으로는 절차적 원칙들로 이해할 수 있다. 이 절차원칙 속에는 드워킨이 요구했던 구성적 해석의 작동, 즉 합리적으로 재구성된 법질서 전체의 관점에서 개별 사례를 구성적으로 해

---

11) Hans Huber, "Die Bedeutung der Grundrechte für die sozialen Beziehungen unter den Rechtsgenossen"(1955), in : *Rechtstheorie, Verfassungsrecht, Völkerrecht*, 1971, 157 ff. ; P. Häberle, Grundrechte im Leistungsstaat, in: *Veröffentlichungen der Vereinigung der Deutschen Staatsrechtslehrer* (VVDStRL) 30, 1972, 43~143 ; P. Häberle(Hg.), *Verfassungsgerichtsbarkeit*, Darmstadt 1976 ; E. W. Böckenförde, "Grundrechtstheorie und Grundrechtsinterpretation," in : *Neue Juristische Wochenschrift* 1974, 1529 ff. ; H. Rider, *Die soziale Ordnung des Grundgesetzes*, Opladen 1975 ; U. K. Preuß, *Die Internalisierung des Subjekts*, Frankfurt/Main 1979.

12) Denninger(1990), 176.

석하는 작동이 반영되어 있다. 그리하여 데닝어는 세세한 부분에 대해서는 강하게 비판하면서도 완전히 긍정적 평가에 도달한다.

> '핵심개념'을 발전시키면서 연방헌법재판소는 성문 헌법의 '고전적인' 법적 형상 곁에 고도로 민감한 도구를 창출했다. 이 도구의 개념적 구조와 복잡성의 정도는 현안문제의 구조에, 특히 (개인 행위의) 미시적 차원과 (체계의) 거시적 차원의 매개를 요구하는 문제의 구조에 적합한 것으로 보인다. … 바로 이 상관적 구조 때문에 이 핵심개념들이 국가에 대한 소극적 권리나 복지국가적 계획 중 어느 하나에 일방적으로 고착되는 것을 피할 수 있는 차원에서 헌법의 문제를 정식화하는 데 적합하다. 이 차원에서 우리는 '서비스'와 '재분배'를 제공할 때 행정법에 의존하는 복지국가를 소유권(그리고 자유)을 보장하는 법치에 연결시키는 목적을 위해 포괄적인 헌법적 범주를 성공적으로 사용할 수 있다.13)

(3) 뵈켄푀르데는 연방헌법재판소의 판결에 대하여 데닝어와 유사하게 기술하고 진단하면서도 전혀 다른 판단에 도달한다. 데닝어는 헌법재판소의 개별적 결정들을 단서로 하나의 경향을 확인했는데, 그것은 자유주의 스타일의 법적 권위에서 '사법적으로 제재된 정당성에 기초한 정치적 권위'로 나아가는 예사롭지 않은 이행을 예고할 수 있는 경향이었다. 이에 반해 뵈켄푀르데는 그 판결 속에서 하나의 불가피한 딜레마를 본다. 그는 법에 대한 자유주의적 이해방식을 복구하지 못한다면 의회를 중심으로 하는 입법국가에서 헌법재판소를 중심으로 하는 사법국가(*Jurisdiktionsstaat*)로 이행하는 사태를 막을 수 없을 것이라고 생각한다. 여기서 '사법관할권'(*Jurisdictio*)은 초실정적 법의 뒷받침을 받는 권력이라는 전근대적 의미를 갖고 있다. 이 권력은 최고 재판관이라는 성격을 갖는 정치적 지배자에게 부여되며, 따라서 그 권력은

---

13) *Ibid.*, 174 f.

법제정과 법적용의 법치국가적 분리에 선행한다.

> 기본권 너머에 있는 원리에 법적 힘을 제공한다는 명목으로 그것은 — 유형론적으로 볼 때 — 의회의 법형성과 헌법재판소의 법형성이 조정되고 수렴되는 지점에 도달하게 된다. 의회의 법형성은 본원적인 법제정의 지위에서 구체적 특정화라는 지위로 격하되고, 헌법재판소의 법형성은 해석적 법적용에서 법의 창조적 특정화라는 지위로 격상된다. … 그런 한에서, 입법과 판결의 종래의 질적 구별은 사라지고 만다. 둘 다 …법을 더 구체화함으로써 법을 발전시키는 역할을 담당하게 되고, 이 과정에서 서로 경쟁하게 된다. 이 경쟁관계 속에서 입법자는 (일시적으로) 주도권을 갖지만, (유권적) 우선성을 갖는 것은 헌법재판소이다. … 이와 관련하여 제기되는 문제가 헌법재판소의 민주적 정당성 문제이다.[14]

뵈켄푀르데는 기본권을 사적 개인들이 국가와의 관계 속에서 누리는 직접적으로 타당한 자유로 이해하는 자유주의적 이해방식만 법치국가의 원리와 양립할 수 있다고 믿는다. 다른 경우에는 사법과 입법의 기능적 분리가 보존될 수 없고, 법치국가의 민주적 실체도 보장될 수 없다는 이유에서이다.

> 국민이 선출한 의회가 법의 형성과 관련하여 갖는 표준적 기능을 지키고, 헌법구조가 헌법재판소를 중심으로 하는 사법국가의 방향으로 재구조화되는 것을 막으려는 사람은 (법정에서 소송가능한) 기본권이 '오직' 국가권력에 대한 주관적 자유권에 그쳐야지 그와 동시에 법의 모든 영역을 위한 (구속력 있는) 객관적 기본규범이기도 해서는 안 된다는 사실을 고수해야 한다.[15]

---

14) E. W. Böckenförde, "Grundrechte als Grundsatznormen," in : Böckenförde (1991), 189 ff.

15) *Ibid.*, 194. 연방헌법재판소에 대한 '좌파' 비판가들도 이와 유사한 신형식주의적 결론을 내린다. 이에 대해서는, D. Grimm, "Reformalisierung des Re-

물론 이 대안이 불가피한 딜레마를 야기하는 것은 국가와 사회의 분리에 대한 자유주의적 모델을 규범적인 것으로 간주할 때뿐이다. 하지만 자유주의 모델을 규범적으로 간주할 경우 헌법토론 속에서 그 모델이 갖는 위상은 오인된다. 자유주의적 법 패러다임이 우리가 액면 그대로 받아들여야 할, 한 역사적 출발상황에 대한 간단한 기술인 것은 아니다. 오히려 그것은 어떻게 법치국가의 원리가 가설적으로 설정된 자유주의적 경제사회라는 조건 위에서 실현될 수 있는지를 말해준다. 이 모델은 고전 정치경제학의 사회이론적 가정과 운명을 같이 한다. 그러나 그 사회이론적 가정은 맑스의 비판에 의해 이미 무너졌으며, 서구의 선진 탈산업사회에는 맞지 않다. 다시 말해서, 법치국가의 원리들을 특정한 맥락에 종속된 하나의 역사적 독해방식과 혼동해선 안 되는 것이다. 뵈켄푀르데 자신도 기본권을 국가와 관련된 방어권으로 여기는 해석과 칸트의 법개념을 비교할 때 이 차이를 지적했다. 칸트에서 각인의 자유와 만인의 평등한 주관적 자유의 양립가능성을 보장해주는 것이 자유주의적 법 패러다임에서는 국가에 대한 사적 자율성의 보장으로 축소되었다. "이들(소극적 권리로 이해된 기본권)에 따를 때 자유의 일반적 법칙에 따라 서로 양립하는 것으로 간주되는 것은 일자의 자유와 타자의 자유 일반이 아니라 개별 시민의 자유와 국가의 자유뿐이다."16) 칸트의 법원리에 비추어보면, 사회복지국가적 패러다임으로의 선회와 함께 비로소 권리체계 속에 언제나 이미 담겨 있던 주관적 자유권의 객관적 법적 내용이 효력을 얻는다. 예컨대 이 선회와 함께 '법정이 제공하는 기본권 보장'은 점차 "사적 개인들 사이에서 충돌하는 자유의 영역들과 요구들을 서로 구획하고 조정하는 과제로 변형된다."17)

담론이론적 법개념에 비추어 보면 국가와 관련된 방어권이 파생적

chtsstaats?," *Juristische Schulung*, H. 10, 1980, 704~709.

16) *Ibid.*, 189.

17) Denninger (1990), 148.

성격을 가짐을 알 수 있다. 시민들이 수평적 사회구성의 차원에서 이미 누리고 있던 평등한 주관적 자유의 권리가 국가권력이 구성되면서 비로소 시민과 국가 행정기구의 관계에까지 전이된다. 자유의지에 따라 연합한 시민들이 모여서 정치적으로 자율적인 법적 공동체를 형성하면서 출현하는 권리는 일차적으로는 상호인정의 대칭적 관계를 수립하는 상호주관적 의미만을 갖는다. 개인들이 이 권리를 서로 인정함으로써 개인은 자유로운 동시에 평등한 법 주체의 지위를 획득한다. 원래의 이 상호주관적 의미는 정치권력의 법제화 (물론 이것은 법코드의 구성을 위해 암묵적으로는 전제되어 있다) 문제와 관련해서 비로소 주관적인 법적 내용과 객관적인 법적 내용으로 분화되었다. 그런데 법 일반에 대한 특정한 패러다임적 이해 때문에 비로소 객관적인 법적 내용이 기본권의 일부로부터 배제되었다. 그리고 이 특정한 패러다임적 이해는 다시 특정한 역사적 상황에 대한 사회이론적으로 매개된 지각에서 비롯했는데, 이 역사적 상황 속에서 자유주의적 시민계급은 법치국가의 원리가 어떻게 실현될 수 있는지를 자신의 이해관계에서 출발하여 분명하게 인지해야 했다. 영향사의 관점에서 볼 때 그 당시 자유주의적 법 패러다임은 이 문제에 대한 전적으로 성공적인 해결책이었다. 그러나 동일한 문제가 오늘날 뵈켄푀르데도 기술하고 있는 변화된 역사적 상황 속에서는 다른 대답을 요구한다.

물론 그동안 확고하게 자리잡은 사회복지국가적 법 패러다임도 더 이상은 전적으로 설득력을 가질 수는 없다. 뵈켄푀르데가 예리하게 분석했듯이 이 새로운 패러다임도 난점을 안고 있다.[18] 그러나 그 난점이 낡은 패러다임을 복구해야 하는 충분한 근거는 되지 않는다. 미국에서는 뉴딜 시대의 사회복지국가적 프로그램과 '위대한 사회'라는 비전에 의해 규정되었던 1960~1970년대의 사회복지국가적 요구의 비약

18) E. W. Böckenförde, "Die sozialen Grundrechte im Verfassungsgefüge," in: Böckenförde(1991), 146~158.

적 확대가 사법부에 야기했던 문제들이 편견 없이 지적되었다. 이 '권리혁명'은 법치국가의 원리를 새로운 역사적 경험에 비추어 새롭게 해석해야 한다는 도전으로 개념화되었다. 그리하여 예를 들어 선스타인(C. R. Sunstein)이 사회복지국가적 프로그램이 가져온 부분적으로 반생산적인 결과들로부터 끌어낸 교훈은 미국의 헌법원리가 '규제적' 국가의 조건 위에서 어떻게 실현될 수 있는지에 대한 새로운 합의가 이루어져야 한다는 교훈뿐이었다.

그는 최고재판소의 판결을 분석한 후 그 결과로서 법치국가적 원리에 대한 패러다임적 독해를 변화시킬 일련의 '배후규범들'을 제안하였다.

> 모호성이 있는 곳에서는 법정은 규제적 법규를 다음과 같이 해석해야 한다. ① 정치적 책임이 없는 행위자들이 중요한 쟁점에 대한 결정을 내리는 것을 금지한다. ② 집합적 행위 문제가 법률 프로그램을 뒤엎지 않는다. ③ 다양한 규제적 법규들을 가능한 한 조정하여 정합적 전체를 이루게 한다. ④ 불합리한 법규들은 법발전, 정책, 사실의 변화에 일치시키도록 한다. ⑤ 실체적 권리에 대한 절차적 제한은 적게 한다. ⑥ 규제의 복잡한 체계적 효과들을 고려한다. 그리고 가장 일반적인 것으로서 ⑦ 법규 자체의 목적에 비추어 불합리성과 불의를 피한다 … .[19]

헌법적 핵심개념들에 대한 데닝어의 설명과 유사한 선스타인의 제안이 이 대목에서 관심을 끄는 데에는 두 가지 이유가 있다. 한편 그 제안은 권리체계의 원래의 의미, 즉 급진 민주주의적 의미를 시야에서 놓치지 않으면서 제시된 패러다임 논의의 모범적 사례이다. "그 수와 다양성에도 불구하고 원리들은 특정한 일반적 목표에 의하여 통합된다. 이 목표에는 무엇보다 정부 안에서의 토의를 촉진하고, 토의가 없을 때에는 그 대용물을 제공하고, 분파주의와 이기적 대변을 제한하

---

19) C. R. Sunstein, *After the Rights Revolution*, Cambridge, Mass. 1990, 170 f.

고, 정치적 평등을 가져오는 데 도움을 주는 것이 포함된다."[20] 다른 한편 그의 제안은 법치국가의 원리와 그것에 대한 특정한 패러다임적 독해 간의 차이를 의식시켜준다. 기본권에 대한 자유주의적 이해방식으로 돌아가려는 시도는 이 차이를 무시한 데에서 비롯한다.[21]

1930년대까지 자유주의적 법 패러다임은 법률 전문가들 사이에서 널리 퍼져 있던 배후합의를 표현했으며, 따라서 법적용과 관련하여 당연시된 해석준칙의 맥락을 제공했다. 법은 해석을 필요로 하는 원리와 논쟁의 여지가 있는 '핵심개념'들에 의거하지 않고 적용될 수 있다는 제안이 나온 것도 이런 상황 때문이었다. 사실 원리에 의해 정당화되는 모든 법질서는 구성적 해석에 의존하며 따라서 선스타인이 '배후의 기본규범'이라고 불렀던 것에 의존한다. 원칙에 대한 모든 결정은 법전에 대한 해석을 넘어서며, 그런 한에서 외적인 정당화를 필요로 한다.

> 법전은 출발점이다. 그러나 그것에 내용을 주는 맥락과 배후규범이 있기 때문에 그것이 이해될 수 있다. 보통의 경우에는 그 맥락이 의문시되지 않고 규범들이 광범위하게 공유되어 논쟁의 대상이 되지 않기 때문에 텍스트만으로도 해석의 충분한 기초가 되는 듯이 보인다. 그러나 그러한 규범과 결합된 텍스트가 모호성을 보이고 그 포괄성도 과도하거나 모자라는 경우가 많이 있을 것이다. 이런 경우 법정은 다른 곳으로 눈을 돌려야 한다. 이런 상황에서 입법의 역사, 법률의 목적, 이런저런 견해의 실천적인 합당함 등을 포함하는 다양한 종류의 맥락들을 고려하는 것이 상당한 도움이 될 수 있다. 그러나 입법사 자체도 모호할 수 있거나 대표성이 없는 이기적 집단의 작품일 수 있으며, 다중적 정치체의 목적을 규정하는 문제는 많은 경우 앞서와 유사한 모호성, 편차, 과잉포괄성과 과소포괄성을 초래할 것이다. 이런 경우 법정이 의심스럽거나 논쟁의 여지가 있는 배후규범에 호소해야

20) *Ibid.*, 171.

21) 이에 대해선, D. Grimm, "Rückkehr zum liberalen Grundrechtsverständnis?," in: Grimm(1991), 221~240.

만 하는 사례도 종종 있다.[22]

물론 이러한 고찰은 질문을 야기한다. 그러한 배후의 기본규범에 호소하는 것이 불가피할 경우 권력분립의 논리에 따를 때 민주적 입법자에게 일임되어야 할 과제, 즉 정치적 동기에서 비롯된 '법창조'의 문을 헌법재판소에 열어두는 결과를 초래하는 것이 아닌가?

22) Sunstein(1990), 157.

2. 규범 대 가치 :
헌법재판소의 자기이해에서 나타나는 방법론적 오류

(1) 연방헌법재판소가 내린 결정의 정당성에 대한 회의는 패러다임 교체에 대한 고찰에 기초할 뿐 아니라 방법론적 가정과도 관련되어 있다. 미국과는 달리 독일에서는 그 비판이 법정 자체가 발전시킨 '가치질서설'과 관련될 수 있으며, 따라서 중요한 선례의 결정과 관련하여 문제있는 결과를 가져오는 판사의 방법론적 자기이해와 관련될 수 있다. '가치재판'(*Wertejudikatur*)에 대한 비판은 정당하다. 그러나 그 비판이 법치국가 원리를 해칠 우려할 만한 결과들을 **직접적인 방식으로** 겨냥한 나머지, 여기서 문제가 되는 것이 무엇보다 잘못된 자기해석의 결과라는 사실이 흐려지는 경우가 종종 있다. 이럴 경우 그 비판은 권리가 가치에 동화되어선 안 된다고 보는 구성적 해석을 올바로 이해하는 대안을 시야에서 놓치게 된다.

연방헌법재판소는 독일연방공화국의 기본법을 원리에 의해 구조화된 규칙체계로 이해한다기보다는 오히려 (막스 셸러나 니콜라이 하르트만 등이 발전시킨) 실체적 가치윤리의 맥락에서 '구체적 가치질서'로 이해하고 있다. 연방헌법재판소의 몇몇 중요한 견해 및 문구와 취지를 같이하면서 뵈켄푀르데도 원리를 가치로 여긴다. '객관적 기본규범들은' '가치결정'에 의존한다는 것이다. 알렉시(R. Alexy)는 이렇게 가치로 변형된 원칙들을 상이한 강도를 지닌 적정화의 요청으로 이해하자고 제안하는데, 마우스[23]와 마찬가지로 뵈켄페르데도 이 제안을 따르고 있다. 이 해석은 법률가들에게 상식으로 통하지만 느슨하게 언급되는 '이익균형'(*Güterabwägung*)의 취지를 수용하고 있다. 원칙이 적정하게

23) Maus(1989), 199.

실현되어야 할 가치를 정립한다면, 그리고 이 적정화 요청의 충족에 대한 규준을 규범 자체가 제공할 수 없다면, 사실적 가능성의 테두리 안에서 이 원리를 적용하기 위해서는 목표지향적 평가가 필요해진다. 그러나 다른 가치에 대해 무조건적 우선성을 주장할 수 있는 가치는 없기 때문에, 이런 평가과정에 의해 현행법에 대한 해석의 문제는 사례와 관련한 구체적 가치실현의 문제로 그 성격이 변하게 된다.

> 구체화라는 것은 오직 방향 혹은 원리에 따라 확정된 그 무엇, 통상 개방되어 있고 실행가능한 규범으로 특정화되는 과정을 통해 먼저 조형될 필요가 있는 그 무엇을 창조적으로 채우는 것이다. 이미 오래 전에 한스 후버(Hans Huber)는 원칙적 규범으로 이해된 기본권을 구체화해야 하는 필요성 — 이것은 기본권의 포괄적 타당성과 범위 그리고 비결정성에서 비롯한다 — 이 해석의 필요성과 혼동되어선 안 된다는 점을 지적한 바 있다. … 명료성을 기하기 위해서 덧붙이자면 이렇게 말할 수 있을 것이다. 즉 이렇게 사례별로 특정한 입법은, 그것이 헌법의 해석으로 나타나기 때문에, 헌법과 같은 반열에 서며 그런 한에서 일종의 헌법제정이다.[24]

따라서 뵈켄푀르데는 연방헌법재판소의 방법론적 자기이해를 문자 그대로 받아들여 '가치의 전제'라는 칼 슈미트의 경제를 갖고 그 자기이해를 비판한다. 그러나 정말 문제되는 것은 법원리를 가치에 동화시키는 전제인데, 그는 이 점을 보지 못하고 있다.

다른 규범들을 정당화하는 원리 혹은 한 차원 높은 규범은 의무론적 의미를 갖고 있는 데 반해 가치는 목적론적 의미를 갖는다. 타당한 규범은 그 수신자들에게 일반화된 행위기대를 충족하는 행위를 해야 할 책무를 예외없이 그리고 동등하게 부여한다. 이에 반해 가치는 상호주관적으로 공유된 선호로 이해될 수 있다. 가치는 특정 집합체 안에서

24) Böckenförde(1991), 186 f.

추구할 만한 가치가 있는 것으로 간주되고 목표지향적 행위를 통해 획득하거나 실현할 수 있는 특정한 선이 우선성을 가질 만하다는 점을 표현한다. 규범은 이원적 타당성 주장과 더불어 등장하며, 타당하거나 타당하지 않거나 둘 중의 하나이다. 단언문에서와 유사하게 우리는 규범적 문장에 대해서도 '예/아니오'라는 입장을 표명하거나 아니면 판단을 유보할 수 있을 뿐이다. 이에 비해 가치는 특정한 선이 다른 것보다 더 매력적이라고 말하는 우선순위를 설정한다. 이 때문에 우리는 평가적 문장에 대해서는 정도의 차이를 두면서 동의할 수 있는 것이다. 규범의 당위적 타당성은 무조건적이고 보편적 책무라는 절대적 의미를 갖는다. 마땅히 해야만 하는 것은 모두에게 동등하게 좋은 것이다. 특정 가치의 매력은 특정 문화와 삶의 형식 속에서 확립되었거나 채택된, 특정한 선에 대한 평가라는 상대적 의미를 갖는다. 무게있는 진지한 가치결정이나 한 차원 높은 선호는 전체적으로 볼 때 우리에게 좋은 것이 무엇인가를 말한다. 상이한 규범들이 동일한 수신권 안에서 타당성을 주장할 경우에 서로 모순되어선 안 된다. 그것들은 정합적 관계에 있어야 하며, 하나의 체계를 형성해야 한다. 이에 비해 상이한 가치들은 사례별로 우선성을 다툰다. 그리고 그 가치들이 하나의 문화나 삶의 형식 안에서 상호주관적 인정을 발견하는 한, 그것들은 탄력적이고 긴장어린 관계를 형성한다.

그러므로 규범과 가치는 첫째, 의무적 행위에 관련되는가 목적론적 행위에 관련되는가에 따라 구별되고, 둘째, 그 타당성 주장이 이원적으로 코드화되어 있는가 점진적으로 코드화되어 있는가에 따라 구별되고, 셋째, 그 구속성이 절대적인가 상대적인가에 따라 구별되며, 넷째, 규범체계들의 연관과 가치체계들의 연관이 충족해야 하는 기준에 따라 구별된다. 규범과 가치들이 이러한 논리적 속성의 측면에서 차이를 보이기 때문에, 그 적용에서도 중요한 차이가 생긴다.

내가 구체적 사례에서 나의 행위를 규범에 의해 규정할 것인지 가치에 의해 규정할 것인지에 따라 각기 상이한 종류의 행위정향을 갖게 된다. 주어진 상황에서 내가 무엇을 해야 하는가 라는 질문은 이 두 경우에서 다르게 제기되고 또 대답도 다르다. 무엇을 해야만 하는가는 규범에 비추어 결정될 수 있고, 무엇을 하는 것이 좋은지는 가치의 지평에서 결정될 수 있다. 물론 적용의 문제는 두 경우 모두에서 올바른 행위의 선택을 요구한다. 그러나 타당한 규범들의 체계에서 출발할 경우, 모든 사람에게 동등하게 좋은 행위가 '올바른' 행위이다. 이에 비해 우리의 문화나 삶의 형식에 전형적으로 나타나는 일군의 가치들을 준거점으로 삼을 경우, 전체적으로 그리고 장기적으로 우리에게 좋은 행위가 올바른 행위이다. 법의 원리나 법적으로 보장된 이익에서는 이러한 차이가 간과되는 경우가 많은데, 그 이유는 실정법은 특정한 법영역과 이에 상응하는 수신권에 대해서만 유효하기 때문이다. 그러나 타당성 영역의 이러한 사실적 제약에도 불구하고, 기본권이 드워킨의 의미에서 의무론적 법원리로 개념화되는가 아니면 알렉시의 의미에서 적정화가능한 법적으로 보장된 이익으로 개념화되는가에 따라 기본권은 상이한 의미를 얻는다. 규범으로서의 기본권은 법적 소재를 만인의 동등한 이익에 부합하여 규제한다. 이에 비해 가치로서의 기본권은 다른 가치들과 어울려 하나의 상징적 질서를, 즉 특수한 법적 공동체의 정체성과 삶의 형식을 표현하는 상징적 질서를 형성한다. 목적론적 내용도 법 속에 들어간다는 점은 의심의 여지가 없다. 그러나 권리체계를 통해 정의된 법은 규범적 관점의 엄격한 우선성을 통해 이를테면 입법자의 목표설정과 가치정향을 순치시킨다. 헌법을 구체적 가치질서와 동일시하려는 사람은 헌법의 특수한 법적 성격을 오인한다. 법적 규범으로서 기본권은 도덕적 규칙과 마찬가지로 선호되는 선을 모델로 하는 것이 아니라 의무론적 행위규범을 모델로 한다.

개념분석의 관점에서 고찰해 볼 때, 규범과 가치의 용어상의 구별은 선의 윤리의 고전적 판본에서처럼 최고의 가치나 선이 보편적 타당성을 갖는다고 주장하는 사회이론에서만 그 의미를 상실한다. 그런 존재론적 접근방법은 선과 가치를 즉자적으로 존재하는 실체로 대상화한다. 탈형이상학적 사유라는 조건 위에서는 그러한 접근방법은 결코 방어될 수 없다. 이러한 종류의 시대진단적 이론에서는 이른바 보편적 가치나 선이 상당히 추상적 형식을 취하고 있어서, 그 형식 속에서 인권, 연대성, 자기실현, 자율성 같은 의무론적 원리들을 쉽사리 재확인할 수 있다.[25] 기본권을 개념적으로 기본적 가치로 변형하는 것은 권리에 목적론적 가면을 씌우는 행위로서, 이것은 규범과 가치가 정당화의 맥락에서 상이한 논증논리적 역할을 수행한다는 상황을 은폐한다. 이러한 이유 때문에 탈형이상학적 가치이론은 가치의 특수성, 가치들 간의 서열의 융통성, 가치망의 단순한 지역적 타당성을 충분히 고려한다. 이 이론은 가치들의 기원을 전통이나 친숙한 문화적 가치정향에서 찾는다. 또는 가치선택의 주관적이고 의식적인 성격을 강조하려고 할 때에는 메타선호와 '한 차원 높은 의지'에 대한 실존적 결정에서 그 기원을 찾는다.[26]

독일에서의 논쟁과 나란히 미국의 헌법학자들 사이에서 진행된 논의에서는 기본권을 법의 원리로 개념화하는 접근방법과 가치정향으로 개념화하는 접근방법이 독일의 경우보다 더 분명하게 구별되고 있다. 예를 들어 브레스트(P. Brest)는 이 논의 전체를 조망하는 한 논문에서 '권리이론'과 '도덕적 인습론'의 관점 사이의 대립을 분명하게 지적하고 있다.[27] 일리(J. H. Ely)도 도덕과 법을 혼합하는 헌법재판을 논박하는 글에서 초실정법과 이성과 중립적 절차원칙을 바탕으로 하는 의무론적인 기본권 이해와 전통과 이미 확립된 합의를 준거로 하는 가치이론적 이해를 구별하고 있다.[28]

---

25) Ch. Taylor, *Sources of the Self*, Cambridge, Mass. 1989 ; 아울러 이에 대한 나의 비판(Habermas, 1991a, 176~185)을 참조할 것.

26) H. Frankfurt, "Freedom of the Will and the Concept of the Person," in : *The Importance of what we know about*, Cambridge, Mass. 1988, 11~25.

27) P. Brest, "The Fundamental Rights Controversy," *Yale Law Journal* 90, 1981, 1063~1109.

28) J. H. Ely, *Democracy and Distrust : A Theory of Judicial Review*, Cam-

미국에서 신 아리스토텔레스적 가치질서론을 대변하는 논자로는 예를 들어 페리(Michael J. Perry)를 들 수 있다. 그는 헌법을 역사적 공동체의 윤리적 자기이해를 표현하는 설립헌장으로 여기며, 이로써 헌법의 기본가치가 국민 다수의 지배적 가치합의에 뿌리를 두고 있다고 보는 도덕적 인습주의로부터 경험주의적 성격을 제거했다. 헌법은 일종의 신성한 텍스트처럼 공동체가 자신의 깊은 열망과 진정한 관심을 지각할 수 있게 해주는 새로운 사상을 설립한다는 것이다.

> 이런 견해에서 보면 우리의 정치적 삶은 우리의 현실적 선호와는 대립하여 우리의 진정한 이익이 무엇인가라는 질문에, 우리가 어떤 종류의 기획, 목표, 이념을 가진 어떤 종류의 사람이어야 하는가라는 질문에 대한 더욱더 통찰력 넘치는 대답을 얻기 위한 노력의 일환으로서 현재 진행되는 도덕적 담론을 포함한다. … 토의정치는 자기를 알기 위한 본질적 수단이다.29)

가치지향적인 헌법재판은 변화하는 역사적 도전에 대응하여 헌법을 창조적으로 현실화함으로써 헌법의 본연의 의미를 해석학적으로 소화해내며, 윤리적-정치적 자기이해를 얻기 위한 시민들의 담론은 이 헌법재판 속에서 집약되어 나타난다는 것이다. 페리는 가다머를 따르는 독일의 법해석학보다 훨씬 선명하게 헌법재판관에게서 설립시조의 신적인 말씀에 대한 해석을 통해 공동체의 삶에 본질적인 전승의 연속성을 보장하는 예언자적 교사의 역할을 발견한다. 이 과정에서 재판관은 엄격한 문구에 고정되어서도 안 되고, 다수의 신념에 종속되어서도 안 된다. "헌법의 조항을 '해석하는' 일의 주된 의의는 열망된 의미를 확인하고 그 의미를 명시하는 데 있다. 다시 말해서 그 의의는 현안이 된 갈등에서 그 열망이 무엇을 의미하며, 그 열망을 받아들일 때 그것이

---

bridge, Mass. 1980.

29) M. J. Perry, *Morality, Politics and Law*, Oxford 1988, 152 ff.

법정에게 무엇을 할 것을 요구하는가 라는… 질문에 대답을 하는 데 있다."[30]

사실 이와 같은 가치재판은 마우스와 뵈켄푀르데가 연방헌법재판소의 결정과 관련하여 분석했던 정당성의 문제를 제기한다. 이 가치재판의 논지에 따르면, 법정은 암묵적으로는 법제정에 해당하는 방식으로 규범을 구체화할 필요가 있으며, 이것은 헌법재판소의 결정에 또 하나의 (입법부와) 경쟁하는 입법이라는 지위를 부여하게 된다. 페리는 기본권의 의미를 의무론적인 법적 원칙으로부터 목적론적 법익으로 재해석하고, 이 재해석으로부터 과감하게 그러한 결론을 이끌어낸다. 이제 법익이 객관적 가치질서를 형성하고 또 입법자와 마찬가지로 법관까지 특정한 삶의 형식의 실체적 인륜성에 결박시킨다. "위헌심사는 숙고와 토의를 통한 반다수결 제도이다."[31]

헌법재판소가 헌법 속에 미리 주어져 있는 실체적 가치의 실현이라는 이념에 의해 인도될 때 헌법재판소는 하나의 권위 있는 층위로 변화된다. 규범들 사이에 충돌이 일어날 경우 모든 근거들이 목표설정의 논지라는 성격을 가질 수 있다면, 법규범과 원칙을 의무론적으로 이해할 때 법적 담론 속에 세워지는 일종의 방화벽이 무너지고 만다.

개별 권리들이 재화나 가치로 변형되는 순간 그것들은 구체적 사례마다 동등한 차원에서 우선성을 다투게 된다. 규범의 타당성은 그 일반화의 검사에서 나오는 데 비해, 하나의 가치는 본래부터 다른 모든 가치와 마찬가지로 특수하다. 데닝어의 말을 빌려서 말하자면, "가치는 가치에 의해 다시 상대화될 수 있을 뿐이다. 그러나 가치를 선호하거나 추구하는 이 과정은 논리적으로 개념화하기 어렵다."[32] 드워킨이 권리를 법적 담론에서 목표설정의 논지에 대항하여 내놓을 수 있는 '으뜸패'

30) *Ibid.*, 135 f.

31) *Ibid.*, 149.

32) Denninger (1990), 147.

로 여기는 이유 중의 하나도 여기에 있다. 물론 모든 권리가 개별적 판결을 구체적으로 정당화하는 맥락에서 모든 집합적 선에 대항하여 관철될 수 있는 것은 아니다. 그러나 권리가 집합적 선에 대항하여 관철될 수 없다면 그것은 오직 집합적 목표의 우선성 자체가 원리에 비추어 정당화될 수 있는 한에서이다. 규범과 원칙은 그 의무론적 타당성에 기초하므로 단순히 특수하게 선호될 만한 것에 그치는 것이 아니라 일반적 구속력까지 주장할 수 있기 때문에, 그것들은 가치보다 더 큰 정당화의 힘을 갖는다. 가치들은 다른 가치들과 사례별로 특정한 서열관계를 맺어야 한다. 그러나 이를 위한 합리적 규준은 존재하지 않기 때문에, 가치의 경중을 재는 일은 관습적 기준과 서열에 따라 자의적으로나 또는 무반성적으로 이루어진다.[33)]

헌법재판소가 가치질서론을 자신의 결정의 기초로 삼는 한, 비합리적 판단의 위험도 늘어난다. 왜냐하면 그럴 경우 기능주의적 논증이 규범적 논증을 희생시키면서 우선권을 갖기 때문이다. 규범들 사이에 충돌이 있어서 법적 담론 속에 논증을 도입할 때 그 전망을 제공하는 여러 '원리들'이 존재하는 것은 분명하다. 예를 들어 연방군이나 사법체계의 '기능적 능력', 특정 영역에서의 (예를 들어 산업관계에서의) '평화', '법과 질서의 보증자로서 국가의 안보', 연방주의 원리에 대한 충성이나 연방계약에 대한 신실성(*Bundestreue*) 같은 것이 그것이다. 그러나 이러한 '원리'들에 기초한 논증은 그러한 목표와 집합적 선 자체를 정당화하는 법적 원리들의 중요성에 상응하는 정도만큼의 '중요성'만 갖는다. 논증의 게임에서 으뜸패가 될 수 있는 것은 궁극적으로는 권리뿐이다. 만약 반직관적으로 법원리를 선, 목표, 가치와 등치시킨다면 이 차이는 사라지고 만다.

---

33) 이른바 법익에 분명하게 적용할 수 있는 측정단위가 없기 때문에, 알렉시(1985, 143~153)가 제안했던 경중재기의 경제주의적 정당화 모델도 별 도움이 되지 않는다. 이에 대해선 Günther(1988), 268 ff. 참조.

> 이런 경우 헌법을 통한 자유의 보장은 그 내용만이 아니라 전체 구조의 측면에서도 정반대되는 '원리'들과 경쟁하게 된다. 예를 들어 형법 체계의 기능적 효율성이나 연방군의 기능적 능력이나 기업과 전체 경제의 기능능력이라는 원리와 경쟁하게 된다. … 연방헌법재판소는 이러한 (또는 다른) 집합적 선을 입법자가 자유권을 희생시키면서 ― 이 희생의 정도는 그때그때 상황에 따라 규정된다 ― 수행해야 할 헌법상의 명령으로 변형시켜버린다.[34]

이와는 달리 기본권의 의무론적 의미가 진지하게 고려되는 순간 기본권은 이와 같은 손익계산의 대상이 되지 않는다. '개방적' 규범의 경우도 마찬가지이다. 이런 규범은 조건적 프로그램과는 달리 가볍게 확인할 수 있는 표준적 사례와 관련되는 것이 아니라, 그 적용맥락이 특정화되지 않으며, 따라서 방법론적으로 반대가 있을 수 없는 의미에서 '구체화'를 필요로 한다. 이런 규범은 적용담론에서 비로소 그 명료한 규정을 발견한다. 다른 법적 규제와 충돌이 빚어질 때, 경쟁하는 가치들이 어느 정도나 적정화되는지를 결정할 필요는 없다. 오히려 과제는, 이미 보여주었듯이, 적용가능한 것으로 보이는 규범들을 검사하여 문제가 된 사례의 상황적 특징들이 모든 관련된 전망에 비추어 가능한 완전하게 기술되었다고 할 때 그 상황에 가장 적합한 규범을 찾아내는 데 있다. 이 과정에서, 전체 규칙체계의 정합성이 깨어지지 않도록, 적합한 규범과 ― 그 타당성에도 불구하고 이 상황에서는 ― 뒤로 물러난 규범들 사이에 유의미한 연관이 설정되어야 한다. 이 규범들 간의 관계는 적정화의 요구에 따라 사례별로 상이한 정도로 '충족되는' 경쟁하는 가치들 사이의 관계와 같은 것이 아니라, '적절한' 규범과 '적절하지 않은' 규범의 관계이다. 여기서 적절성은 타당한 규범으로부터 도출되어 그 규범의 내용을 '채워주는' 개별 판단의 타당성과 동일한 의미를 갖는다.

---

34) Maus(1989), 197 f.

원리의 인도를 받는 판결은 주어진 갈등에서 어떤 요구와 어떤 행위가 옳은 것인지를 결정해야 하지만, 이익균형과 가치들의 상관관계에 대해 결정할 필요는 없다. 물론 타당한 규범들은 사례마다 상관관계가 달라질 수 있는 탄력적 체계를 형성한다. 그러나 그 변화는 정합성의 유지라는 단서 위에서 이루어진다. 이 단서조항을 통해 모든 규범들이 하나의 통합된 체계를 형성하게 되고, 또 이 통합적 체계는 그 이념상 각각의 사례에 대해 정확히 단 하나의 올바른 해결책만 허용한다. 판결의 법적 타당성은 도덕적 명령의 의무론적 의미를 갖지, 우리의 소망의 지평과 주어진 상황 속에서 도달할 수 있는 것의 목적론적 의미를 갖지 않는다. 그때그때 우리에게 가장 좋은 것이 그 자체로서 모두에게 동등하게 좋은 것과 일치하진 않는다.

(2) 이러한 방법론적 고찰로부터 헌법재판의 정당성 문제와 관련하여 잘못된 자기이해와 그 실천적 결과에 대한 비판적 결론을 도출할 수 있지만, 그렇다고 헌법문제에 대한 합리적 결정가능성 일반에 대한 비판까지 끌어낼 수 있는 것은 아니다. 왜냐하면 법의 원리에 대한 해석이 단순한 규범의 해석과 (단순한 규범의 적용이 신중하게 정의된 상황에 비조건부로 미리 프로그램화된 한에서) 원칙적으로 다른 것은 아니기 때문이다. 어느 경우에서나 적용상황에서 합리성의 공백이 생겨날 필요는 없다. 구성적 해석의 복잡한 단계들이 절차법에 의해 규제될 수 없다는 것은 분명하다. 그러나 그것들은 법적으로 제도화된 적용담론의 절차적 합리성에 의해 통제된다. 어떤 경우이든 구체적 사례에서 출발하는 헌법재판은 타당하다고 전제된 (헌법적) 규범의 적용에 국한된다. 규범을 적용하는 담론과 규범을 정당화하는 담론 사이의 구별이 적어도 사법부와 입법부가 각기 정당하게 수행할 수 있는 과제들을 구별할 때 필요한 논증이론적 기준을 제공하는 것은 이러한 이유에서이다.

판결이 원리의 인도를 받는다고 해서 그때그때의 재판과정에서 판결에 사용될 정당한 이유들이 상위 심급의 결정을 통해 미리 주어져 있도록 보장하는 위계적인 다심제 재판구조가 반드시 침해되는 것은 아니다. 인게보르크 마우스는 그렇지 않았더라면 자기준거적으로 폐쇄되어 있었을 정당화의 순환이 조심스럽게 중단되는 것 속에 권력분립의 논리가 작동하고 있다고 본다.

> 재판과정의 어느 단계에서도 정치권력은 단순히 자기가 제정한 법률에 의거하여 정당화될 수 없다. 입법자는 헌법에 명시된 절차적 지침의 준수와 입법행위에 선행하는 현실적인 국민의 의지에 의해 정당화되지, 자신이 스스로 제정한 단순 법률에 의해 정당화되지 않는다. 법을 적용하는 기관만이 이 단순 법률에 의해 정당화되며, 이러한 까닭에 그 기관은 그 법을 제정하지 않을 수도 있다. 또한 이러한 구조 때문에 결정의 구체적 수신자에 대한 무지의 정도가 법치국가적 심급 순서에 따라 달라진다 ….[35]

헌법재판소가 정치적 입법자와 마찬가지로 '헌법에 명시된 절차적 지침'에 의해 구속받는다고 해서 법관과 입법자가 서로 경쟁하는 동등한 위상을 갖는다는 뜻은 아니다. 헌법에서 도출한 정당성의 근거들이 헌법재판소에게 주어져 있지만, 그것은 어디까지나 법적용의 전망에서 주어져 있는 것이지, 자신의 정책을 추구하면서 권리체계를 해석하고 조형하는 입법자의 전망에서 주어져 있는 것은 아니다. 법원은 입법자들이 자신의 결정을 정당화할 때 사용한 근거들의 꾸러미를 다시 풀어서 현행 법원리와 합치되는 정합적인 판결을 위해 그것들을 사용한다. 그러나 법원이 직접 권리체계를 해석하고 조형함으로써 암묵적으로는 입법자의 역할을 수행하는 방식으로 그 근거들을 사용해서는 안 된다.

그러나 하나의 규범을 이렇게 헌법에 맞추어 정합적으로 적용할 수 없을 때에는 추상적 규범통제의 문제가 제기되는데, 원칙적으로는 이것은 입법자의 전망에서 시도해야만 하는 규범통제이다. 이 규범통제

---

35) Maus(1989), 208.

가 독립적 사법부에 의해 행사되고 규범의 폐기라는 결과만을 가져올 뿐 입법자에게 부여되어 있는 권한까지 사법부에 부여하는 결과를 초래하지 않는 한, 현재 독일과 미국에 행해지고 있는 권위의 제도적 분배는 실용적 이유와 법정치적 이유에서 지지받을 수 있을 것으로 보인다. 여기서 또 다른 질문이 제기된다. 사법부가 이러한 기능을 담당하는 것은 헌법의 기본구조와 권력분립의 논리에 따를 때 입법자의 자기통제를 헌법재판소에 위임하는 것으로 개념화될 수밖에 없는데, 과연 의회가 헌법재판관을 지명하고 동의하는 것으로써 이 것에 대한 충분한 민주적 정당화가 제공되는 것인가?

그러나 권력분립의 올바른 제도화에 관한 질문에 어떻게 대답하든 간에, 자유주의적인 국가이해로 돌아가는 것은 필요하지도 않고 가능하지도 않다. 자유주의적 입장에 의하면, "기본권은 국가권력에 대한 주관적 자유권일 뿐, 권리의 모든 영역에 대해 구속력을 갖는 객관적 기본규범이 아니다."[36] 주관적 권리와 객관적 권리의 대립은 미국의 헌법논의에서는 낯선 것이다. 그 동안에 확립된 사회복지국가적 타협의 조건 위에서 법치국가만이 아니라 민주적 법치국가를 고수하고 따라서 법공동체의 자기조직이라는 이념을 지키려는 사람에게 헌법은 더 이상 국가와 시민의 관계를 규제하는 데 주안점을 두는 '기본틀'로 이해될 수 없다. 행정권력에 못지않게 경제적 권력과 사회적 권력도 법치를 통해 순치될 필요가 있다. 다른 한편 문화적 다원주의와 사회적 다원주의라는 조건 위에서 헌법은 사회 전체에 특정한 삶의 형식을 미리 부과하는 구체적인 총체적 법질서로 개념화되어서도 안 된다. 오히려 헌법은 시민들이 자기결정권을 행사하는 가운데 정의로운 (다시 말해서 그때그때마다 더 정의로운) 삶의 조건을 확립하는 협력적 기획을 성공적으로 추구할 수 있기 위한 정치적 절차를 확정한다. 법의 민주적 발생의 절차적 조건만이 실정법의 정당성을 보장한다. 이러한 민주주

36) Böckenförde (1991), 194.

의적 배경이해에서 출발할 때 헌법재판소의 권위에도 권력분립의 법치국가적 의도에 상응하는 의미를 부여할 수 있다. 다시 말해서 헌법재판소는 다름아니라 시민의 사적 자율성과 공적 자율성을 가능하게 하는 권리체계를 보장해야 하는 것이다. 국가권력의 분리와 상호의존의 고전적 도식은 더 이상 이러한 의도에 부합하지 않는다. 왜냐하면 기본권의 기능은 자유주의적 법 패러다임에 내장된 사회이론적 가정에 더 이상 의존하지 않으며, 따라서 본래부터 사적으로 자율적인 시민들을 국가기구의 침해로부터 보호하는 기능으로 끝나지 않기 때문이다. 사적 자율성은 경제적이고 사회적인 권력위치에 의해서도 위협받으며, 또 그것 자체는 시민들이 민주적 시민의 의사소통 권리와 참정권을 어떤 방식으로 어느 정도나 행사할 수 있는가에 달려 있다. 이러한 까닭에 헌법재판소는 분쟁대상이 된 규범의 내용을 무엇보다 민주적 입법과정의 의사소통 전제와 절차적 조건과 관련하여 심사해야 한다. 이러한 절차주의적 헌법이해는 헌법재판의 정당성 문제의 물꼬를 민주주의 이론의 방향으로 선회시킨다. 이와 관련하여 미국의 논의는 독일의 논의보다 더 많은 정보를 제공한다.

일리(J. H. Ely)가 발전시킨 적절한 구상은, 물론 사법부 행동주의에 대한 회의적 태도에서 비롯된 것으로서, 도덕이나 윤리에서 출발하는 법적 원리를 향한 정향을 판결로부터 제거하려는 의도를 담고 있다. 그는 미국 헌법이 일차적으로는 조직문제와 절차문제를 규제하기 위한 것이지 기본가치를 추출하여 실행하기 위해 설계된 것은 아니라는 데에서 출발한다. 그의 견해에 의하면, 헌법의 실체를 형성하는 것은 물질적 규제가 아니라 (평등한 보호와 정당한 소송절차) 같은 형식적 규제이다.

> 우리의 헌법은 항상 자유의 보존에 실체적 관심을 기울여 왔다. … 이 문제에 대한 원리적 대답은 대단히 넓은 범위에 걸친 절차적 보호조치들과 이보다 훨씬 더 정교한 도식에 있다. 이 도식은 실체적 선택

을 할 때 결정과정이 평등한 기초에 근접하는 바탕 위에 모두에게 개방되고, 결정을 내리는 사람들은 그 결정에 영향을 받는 모든 사람들의 이익을 의무적으로 고려하도록 설계되어야 한다.[37]

따라서, 최고재판소가 헌법의 준수를 감시해야 한다면, 무엇보다 먼저 그것은 민주적 과정의 정당화 효과를 좌우하는 절차와 조직규범에 주의를 기울여야 한다. 최고재판소는 민주적 법공동체의 자기조직을 위한 매체인 포괄적인 의견형성과 의지형성 과정이 이루어지는 '수로'가 손상되지 않도록 보존해야만 한다. "위헌심사가 주로 관심을 기울여야 할 것은 민주적 과정의 막힌 곳을 푸는 일이다."[38]

이러한 전망에서 보면 민주적 의지형성에 중추적 역할을 담당하는 의사소통 권리와 참정권이 특권적 지위를 얻는다. 예를 들어 종족적 혹은 종교적 소수자, 사회적 주변집단, 장애자, 동성애자, 노인, 젊은이 등을 차별한다는 의혹을 사고 있는 법률은 단순히 내용의 측면에서만 평등한 대우의 원칙을 위반하는 것이 아니다. 평등하게 다루어져야 할 집단들에 대한 암묵적으로 불평등한 분류를 일리는 절차적 측면에서 파악하여 오히려 민주적 절차조건이 교란된 정치과정의 결과라고 개념화한다. 추상적 규범통제가 일차적으로는 법률의 민주적 발생조건과 관련하여 이루어져야 하는 것도 이러한 이유에서이다. 좀더 구체적으로 말해서, 대중매체의 권력에 휘둘린 공론의 의사소통 구조에서 시작하여, 다른 목소리가 청취될 수 있고 형식적으로 평등한 참정권을 실질적으로 요구할 수 있는 실질적 기회를 거쳐, 모든 관련 집단들, 이익상황, 가치정향의 동등한 의회적 대변과 나아가 의회의 심의에 반영되고 또 결정된 규범을 정당화하는 데 고려되어야 할 주제, 근거, 문제, 가치, 이익의 범위에 이르기까지 광범위한 분야가 추상적 규범통제의 대상이 된다. 일리는 전횡적 다수에 대한 자유주의적 불신을

---

37) Ely (1980), 100.

38) *Ibid.*, 117.

놀랍게도 절차적 방향으로 선회시켰다. 그는 형식적으로 인정된 다원주의의 사실적 제약에 관심을 기울였으며, 기술적으로는 대변되고 있지만 실질적으로는 배제되거나 방해받는 소수파들의 평등한 참여기회를 옹호하기 위하여 가상적 대변이라는 고전적 관념을 사용한다. 규범의 발생에 대한 검사는 행정부와 입법부의 권력분립에까지 확대되어야 하며, 행정부에 의한 법안의 실행만이 아니라 자신의 권한을 최대한으로 사용하지 못하고 자신의 과제를 쉽사리 행정부에 위임해버리는 입법자의 허용할 수 없는 수동성에까지 확대되어야 한다. "그러므로 법정은 행정가들이 이미 존재하는 입법부의 정책방향을 따르도록 보장해야 할 뿐 아니라 그런 방향이 주어지도록 보장하기도 해야 한다."[39)]

일리는 이 절차주의적인 헌법이해를 근거로 '사법적 자기제한'을 정당화한다. 그의 견해에 의하면 헌법재판소가 자신의 해석공간을 도덕적 가치판단으로 채우려는 시도에 저항할 때 비로소 공평성을 지켜낼 수 있다. 일리는 가치재판과 드워킨의 구성적 해석이라는 의미의 원리지향적 해석을 똑같은 정도로 의심한다. 그러나 일리가 자신의 이론을 위하여 원리의 타당성을 전제해야만 하고 법원에 전적으로 규범적 내용을 갖는 절차원리를 지향할 것을 권고해야만 하는 한, 이것은 일관성있는 태도가 아니다. 민주적 절차의 개념 자체가 모든 사람에 대한 동등한 존중이라는 의미의 정의원리에 기초하고 있다. "그 논지에 따르면 의사결정 제도의 기본적 정의는 그 결정에 영향을 받는 모든 사람들이, 철학자들이 도덕적 보편화가능성 혹은 상호성이라고 부르는 것에 의해 만족스럽게 대우받고 있는지에 의해 측정되어야 한다."[40)] 그러나 그렇다고 해서 민주적 의지형성의 절차와 조직이 갖는 정당화의 힘을 근거짓는 원리가 그 절차적 성격 때문에 정보 측면에서 충분

39) *Ibid.*, 133.

40) D. A. J. Richards, "Moral Philosophy and the Search for Fundamental Values in Constitutional Law," *Ohio State Law Journal* 42, 1981, 336 ; 또한 P. Brest(1981), 1092쪽 이하도 참조할 것.

하지 않으며 실체적 권리이론에 의해 보충되어야 한다는 결론이 도출되는 것은 결코 아니다.[41] 또한 그것으로 인해 법정에 대한 회의주의적 태도를 뒷받침할 또 다른 근거가 나오는 것도 아니다.

일리가 헌법재판에 대한 온정주의적 이해방식에 회의의 눈길을 보내는 것은 정당하다. 그런 이해방식은 권력투쟁과 감정에 사로잡힌 다수의견에 의존하는 입법자의 비합리성에 대해 판사들 사이에 널리 유포된 불신이라는 자양분을 먹으면서 자라났다. 이러한 견해에 따르면, 헌법재판소가 갖는 법을 창조하는 재판권은 정치에 대한 거리와 아울러 그 전문적 담론의 우월한 합리성에 의해 정당화된다. "정부의 다른 분야의 추론 방법은 기저의 원리를 정교화하는 측면에 있어서 분명한 일관성의 요청에 의해 구조화되지도 않거니와, 그 원리의 공평한 행사라는 측면에서도 제도적 독립성에 의해 보장되어 있지 않다."[42] 실제로 법적 담론은 상대적으로 높은 수준의 합리성을 주장할 수 있는데, 왜냐하면 적용담론은 규범적용의 문제에 전문화되어 있으며, 따라서 당사자들과 공평한 제3자 사이의 고전적 역할분배라는 조망가능한 틀 속에서 제도화되기 때문이다. 그러나 바로 이와 똑같은 이유에서 그것은 규범과 목표설정의 정당화를 위해 설계되고 모든 관련자들의 융합을 요구하는 정치적 담론을 대체할 수 없다. 그렇기에 정치적 과정에 내재하는 합리성을 설명해야 할 필요성이 더욱더 늘어난다. 정치적 의견형성과 의지형성의 절차적 정의라는 핵심개념은 민주주의 이론을 요구한다. 그러나 이 민주주의 이론은 일리에서는 배후에 머물러 있으며, 그의 분석에서 인식될 수 있는 민주주의 이론은 고작 인습적 특징만을 띠고 있을 뿐이다.

---

41) L. H. Triebe, "The Puzzling Persistence of Process-Based Constitutional Theories," *Yale Law Journal* 89, 1980, 1063~1080.

42) Richards(1981), 336 ; 또한 Brest(1981), 1105쪽 이하도 참조.

3. 자유주의, 공화주의, 절차주의 정치모델에서 헌법재판의 역할

미국에서 헌법재판의 정당성에 대해 헌법학자들이 논쟁을 벌였을 때 그 관점은 법 방법론의 성격보다는 정치학적 성격이 강했다. 헌법재판소와 민주적 입법자 사이의 분업에 관한 논의에서 의견차이는 무엇보다 입법과정에 대한 평가와 헌법이 입법과정에 어느 정도의 합리성을 요구하는가 라는 질문에, 더 나아가 이 합리성이 도대체 어디에 있을 수 있으며 어디에 있어야 하는가에 집중되었다. 법이론 내부에서 이 질문은 비록 경험적 가정이라는 배경 위에서 다루어지긴 했지만, 주로 입법부와 사법부 사이의 경쟁적 관계가 미국의 헌법 전통 속에서 어떤 방식으로 사유되었는가를 검사하는 규범적 측면에서 다루어졌다.

추상적 규범통제라는 과제와 관련하여 미첼만(Frank I. Michelman)은 일리와 마찬가지로 접근했다. 다시 말해서 그는 헌법재판소가 정치적 입법에 관여하고 의회에서 통과된 규범을 폐기할 때 헌법재판소는 국민의 자기결정권에서 도출되는 파생적 권위에만 의존할 수 있다는 가정에서 출발했다. 이때 헌법재판소는 절차적 헌법이해라는 준거틀 안에서 모든 입법적 권위의 원천인 국민주권에 대한 호소를 정당화하는 논지에만 의존해야 한다.

> 만약 공화주의적 헌법의 가능성이 법의 기원은 계속되는 국민의 규범적 논쟁에 있다는 사실에 달려 있다면, 헌법재판관은 법을 산출하는 국민적 참여의 유지에 조력함으로써 그 가능성에 이바지한다는 결론이 나온다. 그러한 한, 공화주의적 헌법학은 로렌스 트라이브(Lawrence Tribe)가, 일리가 … 위헌심사를 '대표의 보강'이라고 정당화한 것을 회상하면서, '과정에 기초한' 것이라고 불렀던 (그리고 비판했던) 유형이 될 것이다.[43]

그러나 '공화주의적'이라는 형용사를 힘주어 사용하고 있다는 사실은 민주주의에 대한 미첼만의 견해와 일리의 견해 사이의 대비점을 보여준다. 미첼만은 아리스토텔레스 정치학의 전통에 기초하고 있다. 이 전통은 로마철학과 이탈리아 르네상스의 국가사상[44]을 거쳐 루소에 이르러 근대 자연법의 틀 속에서 재해석되었을 뿐 아니라, 그 반대편에 있는 홉스와 제임스 해링턴을 통해 로크적 자유주의에 대한 하나의 대안으로서 미국 헌법논의에까지 진입하였으며, 건국세대의 민주주의 이해에 영감을 불어넣기도 했다.[45] 포콕(J. G. A. Pocock)은 공화주의적 사유의 이러한 흐름을 근대 자연법과는 달리 법률적 어휘를 사용하지 않고 고전적 윤리와 정치의 언어를 사용하는 시민적 인문주의라고 양식화했다.[46]

로마법의 개념이 현대에 와서 사적 개인들의 재산과 경제적 교환을 사적 개인들이 배제되어 있는 행정적으로 행사된 정치적 지배의 간섭으로부터 보호하기 위한 시민의 **소극적 자유**를 정의하는 데 사용되었는데 반해, 윤리와 수사학의 언어들은 평등한 참여권을 갖는 시민들의 **적극적 자유**를 실현하는 정치적 실천의 이미지를 보존했다.[47] 공화주의적 '정치' 개념은 국가에 의해 보장되는 생명, 자유, 재산에 대한 시민들의 권리와 관련되는 것이 아니라, 일차적으로는 공동복지를 지향하고 자기 자신을 자주관리되는 협력적 공동체의 자유롭고 평등한 소속원으로 이해하는 시민들의 자기결정과 관련된다. 권리와 법률은 공적

---

43) Michelman, "Law's Republic"(1985), 1525.

44) J. G. A. Pocock, *The Machiavellian Moment : Florentine Political Thought and the Atlantic Republican Tradition*, Princeton 1975.

45) P. W. Kahn, "Reason and Will in the Origin of American Constitutionalism," *Yale Law Journal* 98, 1989, 449~517.

46) J. G. A. Pocock, "Virtues, Rights and the Manners," *Political Theory* 9, 1981, 353~368.

47) '적극적' 자유와 '소극적' 자유의 개념에 대해서는 Ch. Taylor, "Was ist menschliches Handeln?," in : *Negative Freiheit?*, Frankfurt/Main 1988, 9 ff.

관심사에 대한 능동적 참여의 덕성이 발전되고 안정화될 수 있는 폴리스의 인륜적 생활관계에 비해 이차적인 것이다. 그리고 이러한 시민적 실천 속에서만 인류가 자신의 텔로스를 실현할 수 있다고 간주되었다.[48] 이제 미첼만은 미국 헌법 비조들의 논쟁 속에서, 헌법 텍스트 자체 속에서,[49] 그리고 실제의 헌법재판 속에서[50] 이 공화주의의 흔적들을 읽어내어 그것으로부터 정치과정과 그 절차적 조건에 대한 규범적 내용이 있는 개념을 발전시키려고 한다. 그는 '공화주의적' 패러다임과 이른바 '자유주의적' 패러다임의 대립을 양식화하고 이를 통해 헌법해석의 두 가지 전통뿐만 아니라 헌법의 현실 속에서 서로 경쟁하는 두 가지 경향까지 특징지었다.

두 입장의 결정적 차이는 민주적 과정의 역할에 대한 이해에 있다. '자유주의적'—여기서 나는 단순하긴 하지만 미국의 논의에서 확립된 이 용어를 따를 것이다—견해에 따르면, 민주주의 과정은 사회의 이익에 맞게 국가를 프로그램화하는 과제를 충족한다. 여기서 국가는 공적 행정기구로 간주되고, 사회는 시장경제에 의해 구조화된 사적 개인들과 그들이 행하는 사회적 노동의 교환체계로 간주된다. 그리고 (시민의 정치적 의지형성이라는 의미의) 정치는 집합적 목표를 위하여 정치권력을 행정적으로 사용하는 국가기구에 대하여 사회의 사적 이익을 조직하여 관철하는 기능을 갖는다. 그러나 공화주의적 관점에 따르면 정치는 그런 매개기능에 국한되지 않는다. 오히려 정치는 사회구성 과정 전체에서 중추적 역할을 담당한다. '정치'는 인륜적 삶의 연관의 반성적 형식으로 파악된다. 다시 말해서, 정치는 정도의 차이는 있지만 자연발생적인 연대 공동체의 구성원들이 상호간의 의존성을 인식하고

48) J. Ritter, *Metaphysik und Politik*, Frankfurt/Main 1969.

49) F. I. Michelman, "The Supreme Court 1985 Term, Forward," *Harvard Law Review* 100, 1986, 4~77.

50) F. I. Michelman, "Conceptions of Democracy in American Constitutional Argument : Voting Rights," *Florida Law Review* 41, 1989, 443~490.

또 시민으로서 미리 주어져 있는 상호인정의 관계를 의지와 의식을 갖고서 자유롭고 평등한 법적 동료들의 연합체로 발전시키고 조형하는 매체로서 파악된다. 이와 함께 국가와 사회의 관계에 대한 자유주의적 설계도에 중요한 변화가 생긴다. 국가권력이라는 위계화된 규제층위와 시장이라는 탈중심화된 규제층위 곁에, 다시 말해서 행정권력과 개인적인 자기이익 곁에 연대성과 공동복지 정향이 사회통합의 제3의 원천으로서 등장한다. 상호이해나 의사소통을 통해 얻어지는 합의를 겨냥하는 이 수평적인 정치적 의지형성은 발생적 의미나 규범적 의미에서 다른 것보다 우선하는 것으로 간주되기도 한다. 시민사회 속의 자율적 토대, 즉 국가행정과 시장에 의해 매개된 사적 교류로부터 독립된 독자적인 토대는 시민들이 자율적으로 결정을 내릴 수 있기 위한 전제로서 가정된다. 이 토대가 갖추어질 때 정치적 의사소통이 국가기구에 포섭되거나 시장의 구조에 흡수되는 사태를 방지할 수 있기 때문이다. 그러므로 공화주의적 관점에서 정치적 공론장과 그것의 토대인 시민사회는 전략적 의미를 갖는다. 다시 말해서 그것은 시민들의 상호이해에 그 통합력과 자율성을 보장해야 하는 것이다.[51] 우리의 용어로 말하면, 정치적 의사소통과 경제사회의 분리는 행정권력이 정치적 의견형성과 의지형성으로부터 생겨난 의사소통적 권력과 재결합하는 것에 상응한다. 이렇게 서로 경쟁하는 접근방법으로부터 정치과정의 평가와 관련하여 다음과 같은 결과들이 발생한다.

(a) 먼저 시민 개념에 차이가 생긴다. 자유주의적 견해에 따르면, 시민의 지위는 무엇보다도 그들이 국가와 다른 시민에 대하여 갖는 소극적 권리라는 규준에 의해 규정된다. 이 권리의 담지자인 시민은 법률에 의해 규정된 범위 안에서 사적 이익을 추구하는 한, 국가로부터 보호받

51) H. Arendt, *Über die Revolution*, München 1965 ; *Macht und Gewalt*, München 1970.

으며 간섭에 대한 법률적 유보조건을 넘어서는 국가간섭으로부터도 보호받는다. 주관적인 사적 권리는 법적 인격체들이 외적 강제로부터 해방되어 자유롭게 선택할 수 있는 공간을 보장하는데, 정치적 권리들은 이 주관적 권리와 동일한 구조를 가질 뿐 아니라 동일한 의미도 갖는다. 이러한 권리를 보유함으로써 시민들은 궁극적으로는 투표, 결사체의 구성, 의회구성, 정부형성을 통하여 사적 이익들을 하나의 정치적 의지로 집약하여 행정부에 영향력을 행사하는 방식으로 자신의 사적 이익을 관철할 수 있는 가능성을 갖는다. 또한 이러한 방식으로 시민들은 정치적 시민으로서의 자신의 역할을 통해, 국가권력이 사적 개인으로서의 시민의 이익에 부합하여 행사되는지를 통제할 수 있다.[52)]

공화주의적 견해에 따르면, 시민의 지위는 시민이 사적 개인으로서 주장할 수 있는 소극적 자유의 모델에 따라 규정되지 않는다. 오히려 시민권은 — 이것은 무엇보다 정치적 참여와 의사소통의 권리인데 — 적극적 자유이다. 그것은 외적 강제로부터의 자유를 보장하는 것이 아니라 공동의 실천에 참여할 수 있는 가능성을 보장한다. 그리고 시민들은 이 공동의 실천을 통하여 비로소 그들이 원하는 것, 그러니까 자유롭고 평등한 인격체들로 구성된 공동체의 정치적으로 자율적인 저자

---

52) F. I. Michelman, "Political Truth and the Rule of Law," *Tel Aviv University Studies in Law* 8, 1988, 283 : "범퍼 스티커 공화주의자들이 구상하는 정치사회는 사적 권리의 담지자들의 사회로서, 그 개별 구성원의 생명, 자유, 재산의 보호를 첫 번째 원리로 삼는 결사체이다. 이러한 사회에서 국가는 정치 이전에 주어져 있는 그러한 이익들을 보호함으로써 정당화된다. 헌법의 목적은 국가기구와 정부가 통치자나 그 후원자의 특수한 이익에 봉사하는 것이 아니라 전체 국민에게 이러한 보호를 제공하게끔 보장하는 데 있다. 시민권의 기능은 헌법을 운영하고 이로써 통치자들이 이러한 보호의 목적에 따라 행위하도록 동기화하는 데에 있다. 그리고 당신의 정치적 참정권 — 투표하고 말하고, 또 당신의 견해가 청취되고 중시되도록 만들 수 있는 권리 — 이 당신에 대해 갖는 가치는 그 권리를 통해 당신이 체계에 영향을 미칠 때 사용할 운전대를 얻는다는 데 있다. 이 운전대를 갖고서 당신은 체계가 당신의 특수한 전정치적 권리와 여타의 이익들에 실제로 주의를 기울이고 보호하도록 영향을 미칠 수 있다."

가 될 수 있다. 이러한 한, 정치과정은 이미 사회적 자율성을 획득한 시민들이 사적인 권리와 정치 이전의 자유를 행사하면서 국가의 활동을 감시하는 과정으로 그치는 것이 아니다. 또한 그것이 국가와 사회를 매개하는 기능에 그치는 것도 아니다. 왜냐하면 행정권력은 결코 자율적인 권력이 아니며, 주어져 있는 것이 아니기 때문이다. 오히려 행정권력은 시민들의 자기입법의 실천 속에서 의사소통적으로 생산되는 권력으로부터 나온다. 또 그것의 정당성도 공적 자유의 제도화를 통해 자기입법의 실천을 보장하는 데 있다.[53] 그러므로 국가의 존재이유는 동등한 사적 권리를 보장하는 데 있는 것이 아니다. 오히려 그것은 모든 사람들의 공동이익에 부합하는 목표와 규범이 무엇인지에 관하여 자유롭고 평등한 시민들 사이에서 상호이해가 이루어지는 포괄적인 의견형성과 의지형성을 보장하는 데 있다. 그러므로 공화주의적 시민들에게는 단순한 개인적 이익추구 이상의 것이 요구된다.

(b) 법적 인격체를 사적 권리의 담지자로 파악하는 고전적 개념에 대한 반론에서 법 개념 자체를 둘러싼 논쟁이 드러난다. 자유주의적 견해에 의하면, 법질서의 요체는 개별적 사례에서 어떤 개인이 어떤 권리를 갖는지 확정할 수 있게 하는 데 있다. 이에 반해 공화주의적 견해에 의하면 이 주관적 권리는 객관적 법질서 덕분에 존재하며, 이 법질서는 상호존중에 바탕을 둔, 동등한 참여권이 인정된 자율적인 공동체적 삶의 통합성을 가능하게 하고 또 보장한다. 한 쪽에서는 법질서가 주관적 권리에서 출발하여 구성되는데, 다른 쪽에서는 법질서의

53) *Ibid.*, 284 : "시민적 헌법의 시각에서 보면, 정치사회는 일차적으로는 권리 담지자들의 사회가 아니라 시민들의 사회이다. 이 결사체의 첫 번째 원리는 공적 영역의 창조와 제공에 있다. 이 공적 영역 안에서 국민은 사회적 공존을 위한 올바른 조건들에 관해 함께 논쟁하고 추론한다. 그들은 그 조건을 함께 설정하려 하며 또 그것을 그들의 공동선으로 이해한다…. 그러므로 국가는 인격체들이 공적 대화 속에서 이성을 행사함으로써 자기통치라는 의미의 자유를 성취할 수 있는 공론장을 확립하고 질서를 부여하는 목적에 의해서 정당화된다."

객관적인 법적 내용에 우선적 중요성을 부여한다. 이러한 이분법적 개념틀은 시민들이 상호인정하는 권리체계의 상호주관적 내용을 포착하지 못한다. 담론이론적 관점에서 보면, 권리와 의무에 대한 상호존중은 대칭적 인정관계에 근거하고 있다. 이러한 법 개념은 개인 및 그의 주관적 권리의 불가침성과 개인들이 그 속에서 서로를 개인으로서 그리고 구성원으로서 상호인정할 수 있는 공동체의 통합성에 동등한 비중을 둔다. 확실히 공화주의는 이러한 법 개념의 취지를 받아들이고는 있다. 그것은 법률의 정당성을 그 발생의 민주적 절차와 결합하며, 그리하여 국민의 자기결정과 법의 비인격적 지배 사이의 내적 연관을 유지한다.

> 공화주의자들에게 권리는 궁극적으로는 지배적인 정치적 의지의 결정에 지나지 않는다. 이에 반해 자유주의자들에게 어떤 권리들은 항상 초정치적 이성 혹은 계시와 같은 '상위의 법'에 근거하고 있다. … 공화주의적 견해에서는, 공동체의 목적인 공동선은 공동체의 조건과 모레스(*mores*)에 가장 알맞은 일군의 권리들을 (경향성이 덜한 경우에는 법을) 정의하고, 확립하고, 발효하고 유지하는 정치적 노력의 성공 속에 실체적으로 존재한다. 이에 대비되는 자유주의적 견해에 따르면, 상위법에서 나오는 권리가 다양하고 갈등적인 이익들의 다원주의적 추구가 가능한 한 만족스럽게 이루어질 수도 있도록 하는 데 필요한 초월적 구조와 권력억제를 제공한다.[54)]

적극적 자유로 해석된 선거권이 권리 일반의 패러다임이 되는데, 이는 선거권이 정치적 자기결정에서 중추적 역할을 담당하기 때문만이 아니라 동등한 권리를 가진 사람들을 공동체에 융합하는 것이 자율적 행위와 자기 나름의 입장표명을 할 수 있는 개인적 권리와 어떤 관계에 있는지를 선거권의 구조 속에서 읽어낼 수 있기 때문이다.

---

54) Michelman, "Conceptions of Democracy"(1989), 446.

그 주장은 이렇다. 우리가 다른 사람들의 참정권에 관심을 두어야 하는 것은, (i) 우리의 선택이 협력과 고립 사이에 놓여 있기 때문이고, (ii) 협력은 모든 사람의 중요한 이익이 타인에 의해 주의깊게 배려되도록 상호적으로 보장하는 것에 달려 있기 때문이며, (iii) 오늘날의 미국사회의 심층적으로 다원화된 조건 속에서 그러한 상호보장은 최소한 모든 사람에게 하나의 목소리를 인정하는 정치의 외양이나마 유지하는 것에 의해서만 … 얻어질 수 있기 때문이다.[55]

이러한 구조는 정치적 권리에 의해 구성되는 입법과정을 통하여 모든 권리에게 전달된다. 사법(私法)에 의해 각인이 자유롭게 선택한 사적 목표를 추구할 수 있는 권한을 부여받을 때에도, 이와 동시에 모든 사람의 동등한 이익에 따라 합의된 전략적 행위의 경계선을 넘어서지 말아야 한다는 책무가 주어진다.

(c) 시민의 역할과 법을 개념화하는 방식에서 나타나는 이러한 차이는 정치적 과정의 본성에 관한 더 심층적인 불일치의 표현이다. 자유주의적 관점에 따르면 정치는 본질적으로 행정권력을 통제할 수 있는 위치를 둘러싼 투쟁이다. 공론장과 의회에서 이루어지는 정치적 의견형성과 의지형성은 권력위치의 유지 혹은 획득을 둘러싸고 전략적으로 행위하는 집합적 행위자들 사이에서 벌어지는 경쟁을 통해 규정된다. 이 경쟁에서 승패는 시민들이 양적으로 계산할 수 있는 투표를 통해 어느 쪽의 정치인과 정치강령에 지지를 보냈는가에 따라 판정된다. 유권자는 투표를 통해 자신의 선호를 표현한다. 표를 통한 유권자들의 결정은 시장에서 성공지향적인 행위자들이 내리는 선택행위와 동일한 구조를 갖는다. 정당은 똑같이 성공지향적 태도로 권력의 자리를 놓고 다투며, 어느 쪽이 이 자리를 차지하는지는 유권자의 결정에 의해 재가된다. 투표라는 투입과 권력이라는 산출은 동일한 전략적 행위 모델

---

55) *Ibid.*, 484.

을 따른다.

> 토의와는 대조적으로 전략적 행위는 협력보다는 조정을 목표로 한다. 궁극적으로 그것은 국민들에게 자신의 이익 이외에 어떤 이익도 고려하지 말라고 요구한다. 그것의 매체는 논증이 아니라 협상이다. 그것의 설득수단은 주장과 근거가 아니라 서비스와 관용의 조건부 제공이다. 공식적으로 투표나 계약으로 구체화되든 비공식적으로 사회적 행위 속에서 수행되든 간에, 전략적 결과는 이성적인 집합적 판단을 표현하는 것이 아니라 힘의 장 속에서 작동하는 벡터의 총합을 표현한다.56)

공화주의적 견해에 의하면, 공론장과 의회에서 이루어지는 정치적 의견형성과 의지형성은 시장과정의 구조를 따르는 것이 아니라 상호이해를 지향하는 공적 의사소통의 고유한 구조를 따른다. 시민적 자기결정의 실천으로 이해되는 정치에서 패러다임은 시장이 아니라 대화이다. "대화적 관점은 정치를 규범적 활동으로 간주한다. 아니 어쩌면 정치를 그런 것으로 이상화한다고 말해야만 할지도 모른다. 그 관점은 정치를 단순히 선호의 문제가 아니라 가치의 문제에 대한 논쟁이라고 상상한다. 그것은 정치를 단순히 의지의 과정이 아니라 이성의 과정으로, 단순한 권력의 과정이 아니라 설득의 과정으로 바라보며, 국민의 사회적 관계와 사회적 성격을 포함하여 삶의 여러 측면들을 질서짓는 선한 방식이나 정의로운 방식 또는 어쨌든 받아들일 수 있는 방식에 관한 동의를 지향하는 과정으로 바라본다."57) 이러한 시각에서 보면, 정치적 의사소통으로부터 생겨나고 담론을 통해 형성된 다수의견이라

56) F. I. Michelman, "Conception of Democracy in American Constitutional Argument : The Case of Pornography Regulation," *Tennessee Law Review* 56, 1989, 293(이하 "Pornography").

57) F. I. Michelman, "Bringing the Law to Life," *Cornell Law Review* 74, 1989, 257.

는 형태로 존재하는 의사소통적 권력과 국가기구가 통제하는 행정권력 사이에는 구조적 차이가 있다. 국가권력을 차지하기 위하여 투쟁하는 정당들도 정치적 담론의 토의적 양식과 고유한 논리 속으로 들어가야만 한다.

> 토의는 … 사회적 협력을 향한 특정한 태도를, 예컨대 자신의 주장은 물론이고 타인의 주장에 관한 근거의 설득력에 대한 개방성 같은 태도를 가리킨다. 토의의 매체는 선의에 따른 의견 — 여기에는 참여자들의 중요한 이익에 대한 참여자 자신의 이해에 대한 보고도 포함된다 — 의 교환이다. 여기서는 투표가 있다고 하더라도 그 투표는 판단들의 집산을 의미한다.[58]

이러한 까닭에 정치적 장에서 일어나는 의견갈등이 갖는 정당화의 힘은 단순히 정치권력의 획득을 재가한다는 의미로 그치는 것이 아니다. 오히려 연속적으로 이루어지는 정치적 담론이 정치적 지배를 행사하는 양식에 대해서도 구속력을 갖는다. 행정권력은 정치에 기초해서만 행사될 수 있으며, 민주적 과정을 통해 산출되는 법률의 경계 안에서만 행사될 수 있다.

(d) 마지막으로, 정치에 대한 공화주의적 이해방식으로부터 제도화된 의견형성과 의지형성에 정당화의 힘을 부여하는 **절차적 조건**에 대한 정교화가 나온다. 이 절차적 조건이 충족될 때 비로소 정치과정이 이성적 결과를 산출할 것이라고 추정할 수 있다. 시장에서의 경쟁을 모델로 삼는 권력경쟁은 최적 전략을 합리적으로 선택하는가에 의해 결정된다. 전정치적 가치와 이익들의 다원주의는 해소될 수 없고, 정치과정 속에서 그것들은 고작해야 동등한 비중을 가지면서 **집산**될 뿐이다. 이 때문에 정치는 이성의 윤리적 사용과 도덕적 사용에 대한 관

58) Michelman, "Pornography" (1989), 293.

계를 상실한다. 자유주의자들이 이렇게 이성에 대해 회의적인 것과는 대조적으로 공화주의자들은 정치적 담론의 힘을 신뢰한다. 정치적 담론은 욕구해석과 가치정향을, 따라서 전정치적 자기이해와 세계이해 자체까지 주제로 삼아서 그것을 통찰력있게 변형시킬 수 있다고 간주된다. 다른 구성원들의 전망이나 나아가 다른 모든 인격체들의 전망까지 취해볼 것을 권장하는 담론적 조건 위에서 비로소 최초의 견해를 합리적 동기에서 바꾸는 것이 가능해진다. 이와 같은 담론적 의견형성과 의지형성과정의 참여자로서 시민은 정치적 자기결정의 권리를 지각하고 행사한다.

> 다원성이라는 조건 위에서는 오직 다음의 조건이 충족될 때에만 정치과정이 사회적 규범을 자율적으로 부여된 법으로 평가할 수 있다. (i) 정치과정에 참여한 결과로서 일부 (혹은) 전체 참여자들이 자신의 이해를 변화시키거나 수정한다. (ii) 일군의 규범적인 사회적 절차적 조건들이 존재하여, 그러한 조건에서는 자신의 이해방식의 대화적 수정이 강요된 것이나 침범받은 것 또는 자신의 정체성과 자유의 침해로 간주되거나 경험되지 않는다. (iii) 그러한 조건들이 법을 산출한다고 간주되는 과정을 현실적으로 지배하고 있어야 한다.[59]

(2) 입법과정의 토의적 구성요소가 갖는 의미는 '공화주의적' 관점에서 볼 때 더 분명해지는데, 이제 더 분명해진 이 의미를 염두에 두면서 헌법재판의 정당성 문제로 되돌아가 보면, 일리의 절차주의적 제안을 좀더 특정화시켜 파악할 수 있을 것이다. 정치에 대한 공화주의적 이해방식은 권리체계와 시민의 정치적 자율성 간의 내적 연관을 상기시켜 준다. 이 전망에서 보면, 헌법재판소는 입법과정이 정당성을 산출하는 토의정치의 조건 위에서 이루어지도록 자신의 권위의 테두리 안에서 영향력을 발휘해야 한다. 그리고 토의정치는 다시 정치적 장의

59) Michelman, "Law's Republic"(1988), 1526 f.

요구수준이 높은 의사소통 전제와 결부되어 있다. 여기서 정치적 장의 범위는 의회 속에서 제도화된 의지형성으로 끝나는 것이 아니라, 정치적 공론장과 그 문화적 맥락 및 사회적 기초에까지 확장된다. 토의적 자기결정은 절차법상으로 제도화되어 있고, 결정을 위해 프로그램화된 의회에서의 의지형성 과정과 정치적 의사소통의 비공식적적 망 속에서 이루어지는 정치적 의견형성 사이의 협력관계 속에서만 펼쳐질 수 있다. 관련 자극들, 주제와 논고, 문제와 제안들은 의견 스펙트럼의 제도화된 중심에서 나오기보다는 오히려 그 주변부로부터 나온다. "그것은 다음을 시사한다. 법을 통한 정치적 자유의 추구는 타자, 지금까지 배제된 것들을 포용하기 위한 '우리'의 (최고재판소의) 항상적인 능력범위에 달려 있다. 실제로 이것은 새롭게 출현하는 자기의식적인 사회적 집단들의, 지금까지 법적으로 부재하던 목소리들을 법도그마틱 속으로 끌어들인다는 것을 의미한다."[60]

입법의 토의적 양식이나 행정을 법적 지침에 따라 규제하는 것은 사

---

60) *Ibid.*, 1529. 미첼만은 이어서 이렇게 말한다. "한 나라의 가장 분명하고 공식적인 입법기구 — 의회, 국가입법기구, 주요 도시의 위원회 — 만을 법산출적 정치와 정치적 자유의 배타적인 혹은 일차적인 장으로 보고 너무 협소하게 그것에만 초점을 맞추는 사람은 누구든지 시민권의 충분한 교훈을 파악하지 못할 것이다. 내 말은 그러한 장들이 없어도 괜찮다거나 중요하지 않다는 뜻이 아니다. 오히려 한 나라에서 규범적 영향력이 큰 대화의 다수는 선거정치와 입법정치의 주요 공식적 채널 밖에서 발생하며, 현대사회에서 그런 공식 채널들은 대부분의 시민들에게 자기수정적이고 대화적인 참여에 대한 상당히 직접적인 경험을 제공할 수 없다는 뜻이다. 그러한 경험의 다수는, 아니 어쩌면 대다수는 우리가 넓은 의미에서 공적 삶이라고 알고 있는 것의 다양한 영역들 — 일부는 명목상 정치적이고 일부는 아니다 — 속에서 발생한다. 즉 마을회의와 지방정부 기관에서 생기는 만남과 갈등, 상호작용과 논쟁들 속에서, 시민적이고 자발적인 결사체 속에서, 사교클럽이나 오락클럽 속에서, 공사립 학교에서, 모든 종류의 조직의 경영진, 이사회, 리더집단 속에서, 작업장과 매장에서, 공적 사건과 거리의 생활 등에서 일어난다 … . 물론 시민사회의 일상적 만남과 교제 속에서 경쟁하고 조형되는 사회적 세계에 대한 이해방식들은 대체로 우리의 대의적 장 속으로 전송된다. … 그렇다면 (그것들은) 공화주의적 자치와 법산출적 정치의 원천과 채널로 고려되어야 한다." (*Ibid.*, 1531)

적인 사회적 권력의 특권화된 영향력에 못지않게 자립화된 관료제에 의해서도 위협받는다. 그러나 미국에서는, 연방주의자와 반연방주의자 간의 유명한 논쟁 이래, 일반이익을 희생시키면서 자신의 사적 이익을 국가기구를 통해 관철하려는 이익집단들의 영향력이 진정한 문제로 간주되어 왔다. 국가와 사회의 분리원리를 침해하는 사회적 권력의 전횡에 대항하는 고전적인 전선 속에서, 쇄신된 공화주의자들도 헌법재판소의 역할을 토의 민주주의의 수호자라는 역할로 파악한다.

> 미국의 헌법체제는 단순히 특권 집단의 정치권력 때문에 부담을 부과하거나 특혜를 허용하는 조치들에 대한 적대감 위에 형성되었다. 따라서 정부의 행동을 위해 뭔가 공적 가치가 요구된다. 이 규범은… 예를 들어 그저 이익집단의 거래만을 구현하는 법규는 좁은 의미로 해석되어야 한다고 제안한다. 또한 그것은 법정이 정부 안에서의 토론을 촉진하는 해석전략을 발전시켜야 한다고 제안한다. 예를 들어 헌법과 관련하여 민감한 이익이나 집단들을 포함하는 쟁점들은 만약 토의가 없었던 것으로 보일 경우 반송시켜 입법부나 규제기관이 재고하도록 하는 방식을 들 수 있다.[61]

선스타인은 이러한 파수꾼 역할이 토의정치에 가져오는 결과들 중의 몇 가지를 논의한다. 입법자가 규제를 필요로 하는 소재에 대한 '이성적 분석'을 생략했으므로 '차별적 분류'라는 이유로 최고재판소가 법률을 기각하는 규범통제 절차가 있는데 그는 여기서 출발한다. 그는 이러한 사례들을 일반화하여 입법과정의 담론적 양식에 부합하는 '이성적 분석의 요건'을 제시한다. "(여기서) 대표자들이 충분한 토의를 시도했는지를 결정하기 위해 입법과정을 심사하는 법제가 출현한다."[62] 이때 평가의 규준은 의견형성과 의지형성의 담론적 성격이며, 특히 입

61) Sunstein(1990), 164.

62) C. R. Sunstein, "Interest Groups in American Public Laws," *Stanford Law Review* 38, 1985, 59.

법적 결정에서 결정적으로 작용한 것이 공적으로 옹호할 수 있는 근거들인지 아니면 의회협상의 틀 속에서 공개적으로 천명될 수 없는 사적 이익인지 하는 것이 중요한 규준이다. "이러한 접근방법의 독특한 특징 중의 하나는 입법과정의 산물이 부차적이라는 데 있다. 중요한 점은 그 산물이—사적 권력에 의해 왜곡되지 않은—토의에서 나온 것인가이다."[63] 이런 접근방법은 정당화의 정치적 근거를 통제하지 못하는 법정이 가설적으로 귀속된 근거들을 참조할 필요가 없고 실제로 동원된 근거들에 의존할 수 있다는 장점을 갖는다. 입법자의 결정이 실제로 부당한 압력에 의해 내려졌다면 객관적 근거만으로도 법률을 정당화하는 데 충분하다는 반론에 대하여 선스타인은 통찰력 있는 고찰로 응수한다. 시민들에게 필요한 경우 불이익의 감수까지 요구하는 정당한 목표가 다른 동기에서 비롯된 법안의 부수결과로서 생겨난 것인지 아니면 그것이 정당성을 근거짓는 토의과정의 산물로서 입법과정을 규정하는 것인지 하는 점은 시민의 입장에서 보면 규범적으로 중요한 문제이다.

헌법재판소가 입법부의 권력에 어느 정도나 공격적으로 개입할 수 있는가 라는 문제와 관련하여 공화주의적 정치관이 보여주는 대답은 명료성이 좀 떨어진다. 선스타인의 관찰에 의하면, 최고재판소는 '이성적 분석의 요건'을 입법부의 결정보다는 행정부의 조치에 더 엄격하게 적용한다. 만약 합리성 통제의 대상이 근거제시 과정의 양식이 아니라 수사적 구실로 폭로된 실체적 근거라면, 이러한 자제는 정당화된다. 법정이 정치적 입법자에 대하여 이데올로기 비판가의 역할까지 담당하는 월권을 감행해선 안 된다. 법정도 똑같은 이데올로기 혐의에서 자유롭지 못하며, 정치적 과정 바깥의 중립적 장소를 주장할 수 없기 때문이다. 그러나 흥미롭게도 공화주의는, 그 급진 민주주의적 열망을 미루어 보아 예상할 수 있는 것과는 달리, 사법적 자기제한을 옹호하

63) Sunstein (1985), 58.

지 않는다. 오히려 공화주의는 헌법재판소의 적극적 행동을 옹호한다. 헌법재판소가 공화주의적 이상과 헌법의 현실 사이의 간극을 보충해준다는 이유에서이다. 토의정치가 아리스토텔레스 정치학의 정신에서 출발하여 쇄신되는 한, 토의정치의 구상은 공동복지를 지향하는 시민들의 덕성에 의존하게 된다. 그리고 이 덕성에 대한 기대에서 출발하면, 사회복지국가적 대중 민주주의 속에서 실제로 행해지고 있는 민주주의 과정은 도구주의적으로 왜곡된 '타락한' 정치의 음울한 잿빛 속에 잠겨 있는 것으로 보인다.

이와는 다르지만 유사한 맥락에서 브루스 애커만(Bruce Ackerman)은 최고재판소를 이상과 현실의 매개자로 설정함으로써 사실성과 타당성의 이 외적 긴장에 대응했다. 그는 정치적 혁신의 흥망성쇠를 쿤의 과학발전 모델에 따라 개념화하자는 흥미로운 제안을 한다. '정상' 과학이 새로운 패러다임의 돌발적 대두를 가져오는 보기 드문 '혁명'의 순간에 단절을 경험하듯이, 개인적 이익이 가리키는 방향을 따라 전략적으로 진행되는 권력투쟁에 대한 자유주의적 서술에 상응하는, 관료적으로 자립화된 정치의 과정도 그런 식으로 단절을 경험한다는 것이다. 그러니까 역사가 과열되어 '헌법정치적 흥분의 순간'에 돌입할 때 비로소 '국민'이 그 시민적 사생활중심주의(*Privatismus*)라는 정상성에서 벗어나, 관료주의적으로 소외된 정치를 다시 전유하여, — 뉴딜 시대에서처럼 — 미래지향적 혁신에 대한 예상치 못한 정당성 기초를 잠정적으로 제공한다는 것이다.[64] 민주적 자기결정에 대한 이와 같은 생기론적 독해는 기나긴 잠재기 동안 잠자고 있는 국민의 의지를 국민에 의해 선출된 대표자들의 제도화된 입법행위와 대립시킨다. 애커만에 의하면, 이 중간 휴지기 동안에는 헌법재판소의 재판관들이 지금은 정지되어 의회의 관행 속으로 고착된 시민적 자기결정의 수호자로서 국

64) B. Ackerman, "The Storrs Lectures : Discovering the Constitution," *Yale Law Review* 93, 1984, 1013~1072. 또한 다음 책도 참조할 것. B. Ackerman, *We the People*, Cambridge(Mass.) 1991.

민의 자기결정권을 대리로 행사해야 한다. "드디어 최고재판소는 국민의 선포된 의지의 대변자가 아니라 국민의 부재하는 자치의 대변이자 흔적으로서 나타난다."[65] 이와 함께, 적극적 자유의 경목적 담지자인 시민이 스스로 행사할 수 없는 적극적 자유의 공화주의적 대리자로서 헌법재판소는 이제 온정주의적 역할 속으로 후퇴하는데, 이 역할은 일리가 절차주의적 헌법관을 들고 투쟁을 벌였던 바로 그 대상이다. 그러나 헌법재판소의 온정주의를 우려하는 미첼만도 유사한 방식으로 이념과 현실의 간극을 메운다.

> 최고재판소는 공화주의적 국가가 — 다시 말해서 정치적으로 참여하는 시민들이 — 자기부정의 정치로 전락하는 것을 방지하는 데 도움을 준다. 그것은 현재의 상태를 그대로 자신의 도덕적 완성으로 가정하고 그리하여 자신의 변혁적 자기쇄신의 능력을 좌우하는 다원성을 스스로 부정하는 국민의 자기폐쇄 경향에 도전한다.[66]

교육을 위한 대리인의 필요성을 시사하는 것은 바로 본연의 마땅한 정치적 실천에 대한 이 예외주의적 기술이다. 물론 주권자가 자신이 상속받은 장소인 정치적 공론장을 차지하고 그 의무를 적절하게 충족하기보다는 사적 영역에 머물러 있기를 원하는 경우에 한에서만 대리인이 후견권을 사용한다. 공화주의적 전통은 시민의 정치적 실천을 본래부터 통합되어 있는 공동체의 에토스와 결부시키기 때문에 이 전통은 정치에 대한 이와 같은 예외주의적 이미지를 암시한다. 올바른 정치는 유덕한 시민들에 의해서만 행해질 수 있다는 것이다. 루소가 공동복지 지향적 시민과 그러한 윤리적 요구를 감당하지 못할 사적 개인들을 구별한 것도 이러한 덕성에 대한 기대 때문이었다. 정치적 입법자의 통일성은 가슴의 인륜적 합의를 통해 미리 보장되는 것으로 간주되었다.

---

65) Michelman, "Foreword"(1986), 65.

66) Michelman, "Law's Republic"(1988), 1532.

"루소에서 정당성의 기초는 이유를 따져서 스스로 결정을 내릴 수 있는 자유로운 개인에게 있는 것이 아니라 이미 완전히 결정되어 있고 이미 선택을 내린 개인에게 있다."[67]

이와는 대조적으로 담론이론적 해석은 민주적 의지형성이 그 정당화의 힘을 친숙한 인륜적 확신들의 미리 주어진 수렴으로부터 끌어오는 것이 아니라 토의과정에서 더 나은 논증이 역할을 담당하도록 하는 의사소통 전제와 절차들로부터 가져온다는 입장을 견지한다. 담론이론은 시민적 자율성에 대한 윤리적 개념화와 단절하며, 따라서 토의정치의 양식을 예외적 상태에만 한정시킬 필요가 없다. 그리고 절차주의적 헌법이해에 의해 인도받는 헌법재판소는 정당화를 약속하는 어음을 과도하게 발행할 필요가 없으며, 자신이 보호하려는 민주주의 과정이 예외상태로 기술되지 않을 때에는 논증논리에 따라 명확하게 규정된 법적용의 권한 안에서 움직일 수 있다.

규범적으로 특별한 지위를 부여받은 민주주의 과정의 예외적 특징들은 미첼만이 다른 '공동체주의자들'과 마찬가지로 시민권을 **법적으로** 이해하지 않고 **윤리적으로** 이해한다는 사실에서 비롯한다. 이러한 고전적 관점에 따르면,[68] 정치적 공론장에서 시민들은 집합체로서 그들에게 그때그때 최선으로 간주되는 것에 따라 통합된다. 미첼만은 낭만주의적 방향을 따라가면서 집합적 선의 추구를 '구성적 전통'의 해석학적 전유로 번역한다. 상호주관적으로 공유된 생활형식에 대한 귀속적 소속감과 선행하는 전통맥락의 의식화에서 출발할 때 비로소 왜 시민들이 현안문제의 해결책에 관해 — 그리고 그때그때 '최선의' 해결책으로 간주될 수 있는 것에 대한 규준에 관하여 — 합의에 도달할 수 있는

67) B. Manin, "On Legitimacy and Political Deliberation," *Political Theory* 15, 1987, 347. 이와 함께 루소에 대한 나의 비판을 참조할 것. J. Habermas, *Strukturwandel der Öffentlichkeit* (1962), 12장(그리고 서문의 38쪽).

68) J. Habermas, "Staatsbürgerschaft und national Identität"(원서 632쪽 이하. 이 번역서에서는 번역하지 않았다 — 역주).

지를 설명할 수 있다는 것이다. "관련자들이 이 하나의 논쟁만이 아니라 더 포괄적인 공동의 삶에 동참하고 있는 사람들이며, 공통의 과거에 대한 기억을 공유하고 있고, 이 공통의 과거 안에서 그리고 그것으로부터 논증과 주장이 생겨나고 또 그 의미가 나온다는 것을 서로가 알고 있다는 사실을 관련자 자신들이 의식적으로 참조하지 않는다면, 설득력 있는 논증과 토론은 생각하기 힘들 것으로 보인다."[69] 물론 당연한 것으로 가정된 배후합의의 실체적 인륜성은 현대사회를 특징짓는 문화적 다원주의와 사회적 다원주의라는 조건과 잘 어울리지 못한다.

(3) 헌법재판소가 적극적이어야 하는가 자기제한적이어야 하는가에 관한 논의는 추상적으로 전개될 수 없다. 우리가 헌법을 사적 자율성과 공적 자율성의 내적 연관을 구현하는 권리체계의 해석과 조형으로 이해한다면, 민주적 절차의 관철과 정치적 의견형성과 의지형성의 토의적 형식의 관철이 다루어지는 사례들에서 공격적인 헌법재판은 해로운 것이 아닐 수 있으며, 나아가 그것이 규범적으로 요청되기도 한다. 그러나 우리는 헌법재판소에게 영구적인 행위압력의 굴레를 씌우고야 말 과도한 긴장을 요구하는 함축으로부터 토의정치의 개념을 해방시켜야 한다. 헌법재판소가 미성숙한 왕위 계승자의 자리를 대신하는 후견인의 역할을 떠맡아선 안 된다. 정치화된 법적 공론장의 — 즉 '헌법 해석자의 공동체'로 성장한 시민의[70] — 비판적 눈으로 보면, 헌법재판소는 고작해야 가정교사의 역할을 담당할 수 있을 뿐이다. 자기확신에 찬 헌법학자들은 그 역할을 이상화한다. 그러나 이상주의적으로 묘사된 정치과정을 대리 관리할 수탁자를 찾는 것이 아닌 다음에야 그럴

69) Michelman, "Law's Republic"(1988), 1513.

70) 독일에서는 공동체주의자들의 공화주의적 법사상과 유사한 것으로는 헤벌레(P. Häberle, *Verfassung als öffentlicher Prozeß*, Frankfurt/Main 1978)의 헌법이해에서 찾을 수 있다. 또한 다음도 참조할 것. A. Blankenagel, *Tradition und Verfassung*, Baden-Baden 1987.

필요는 없다. 그러한 이상화는 다시 정치적 담론의 윤리적 협소화에 기인하는데, 토의정치 개념은 이 윤리적 협소화와 하등의 필연적 관계도 없다. 그것은 논증논리적 관점에서 볼 때 신뢰할 만한 것도 아니거니와 상호주관적 접근방법을 방어하기 위해 요구되는 것도 아니다.

공동체주의자들은 담론적 민주주의 개념과 인륜적으로 통합된 구체적 공동체의 참조 사이에는 필연적 관계가 있다고 본다. 그렇지 않고서는 시민들의 공동정향이 어떻게 가능한지를 설명할 길이 없다는 이유에서이다.[71] 이러한 논지에 따르면, 개인은 다른 사람과 공동으로 행사하는 실천 속에서만 집합적 생활형식에의 소속감을 의식할 수 있고, 그리하여 임의로 처분할 수 없이 미리 주어진 사회적 결속을 의식할 수 있다. "정치행위, 토의, 갈등에 현실적으로 참여할 때 우리는 우

---

71) 나아가 공동체주의자들은 정치적 의무의 의미를 설명하기 위해서도 이러한 공동체 연관이 필요하다고 생각한다. 현실적 이익을 넘어서는 의무의 준수는 계약을 통한 재화의 교환—자연적 자유와 보호 및 안정의 교환—이라는 모델에 따라 근거지어질 수 없기 때문에, 그들은 계약모델을 상호간의 약속이라는 근원적 행위로 대체한다. 이러한 관점에 의하면 민주적 선거는 설립적 약속의 현실적 맞짝으로 개념화되어야 한다. 그리고 이 행위에 의해 후세 사람들은 정치적 공동체에 본질적인, 설립세대의 자기책무를 기억하고 강화한다. "시민들은 민주주의 국가에서 투표에 참여함으로써 그들의 정치적 책무와 정치적 권위를 집합적으로 창조해야 한다." 그러나 약속은 특정한 개인들 사이의 대인적 관계를 설립하기 때문에, 이 설명은 구체적 공동체에서 설립되는 그러한 관계들의 망을 참조할 필요가 있다(C. Pateman, *The Problem of Political Obligation*, Oxford 1979, 174). 이런 방식으로는 다른 정치 공동체에 대한 책무는 정당화될 수 없다는 점을 둘째 치더라도, 이 모델은 자신이 설명한다고 주장하고 있는 바로 그것을 암묵적으로는 이미 전제하고 있는데, 그것이 바로 의무를 부여하는 타당한 규범의 의미이다. 우리는 이것을 약속이라는 언어행위에서 분명하게 확인할 수 있다. 약속은 그 결정적인 규범적 내용을 화자의 자율성의 발화수반적 의미로부터 얻어온다. 이때 화자는 자신의 의지를 구속한다는 것이 무엇을 뜻하는지를 이미 알고 있어야 한다. 그러나 이러한 종류의 자율성은 주체가 규범적 기대에 따라 자신의 행위를 정향지으며 따라서 의무로부터 행위할 수 있다는 것을 전제한다. 일방적 약속이든 상호적 약속이든, 그러한 행위는 특정한 내용의 의무를 산출하지만, 그러나 의무 그 자체의 타당성 의미를 산출하진 않는다.

리와 타자 간의 좀더 원격적이고 간접적인 관계를 의식하게 될 것이며, 또 우리가 원하고 있고 행하고 있는 것의 장기적이고 폭넓은 의의를 의식하게 될 것이다."[72] 이러한 견해에 의하면, 동일한 전통과 유사한 형성과정을 통해 정체성을 획득한 타자와의 공적 교환 속에서만 개인은 공동성과 차이를 명료하게 의식하며, 따라서 자신이 누구이며 또 누구이고자 하는지를 분명히 의식할 수 있다. 이러한 집합적인 자기이해의 모색 속에서 자아중심주의와 자기이익을 극복하는 동기도 작용한다. 예컨대 몇몇 사람의 배제와 억압이 모두의 소외를 가져온다는 경험, 즉 분리될 수 없는 공동의 의사소통 맥락으로부터 고립되는 상황이 모든 사람에게 고통으로 느껴지는 '운명의 인과율'에 대한 경험이 그 속에서 이루어진다는 것이다. 그러므로 공동체주의적 시각에서는 집합적 자기이해라는 목표에 따라 진행되는 진정한 의미의 담론만이 정치적 담론으로 간주된다.

이러한, 그리고 이와 유사한 논지들이 정치적 담론에 대한 헌법윤리적 해석 속에 모여있다. 페리와 마찬가지로 미첼만도 진정한 정치를 헌법제정이라는 예외적 행위에 대한 성찰로, 이 설립행위를 긍정하는 반복으로 개념화한다. 이러한 구원적 회상은 자신의 역사적 공동체의 인륜적 토대에 대한 참조를 요구한다.

> 토의적 창조의 공적 행위라는 그 기원에 대한 기억이 미국의 헌법적 실천에서 갖는 중심성과 항상성을 이해하는 것, 이것이 … 첫 번째 요청이다. 왜냐하면 그 기억은 하나의 국민이 스스로 통치하면서 동시에 법의 지배를 받는다는 것이 무엇을 뜻하는지에 대한 미국인의 이해에 관해 깊은 성찰과 아울러 깊은 정보를 제공하기 때문이다.[73]

---

72) H. Pitkin, "Justice : On Relating Private and Public," *Political Theory* 9, 1981, 344.

73) Michelman, "Law's Republic"(1988), 1508.

이로써 미첼만은 독립선언 200주년 기념축제에서 표현된 것과 같은 상징정치의 형식을 정치 일반의 모델로 고양하고, 한 시민국가의 정치적 통합을 위해 본질적 중요성을 갖는 이 기념 행위와 일상적인 정치적 용무 사이의 격차를 받아들인다. 법매체 자체 속에서 안정된 것으로 간주되었던 사실성과 타당성의 긴장이 인륜적 공화국의 이상과 일상적 정치의 거친 현실 사이에서 다시 등장한다. 오직 윤리적-정치적 논증의 형식만이 본래의 정치와 타락한 정치를 잇는 외나무다리로서 남아있을 뿐이다. 정치적 의지형성이 윤리적 담론으로 나타나는 곳에서는, 정치적 담론은 언제나 구체적 공동체의 구성원인 시민들에게 그들의 생활형식과 전통맥락이라는 지평에 비추어볼 때 무엇이 최선인지를 찾아내는 목표를 따라 진행될 수밖에 없다. 베이너(R. Beiner)는 이렇게 정치적 판단을 윤리적 자기이해에 동화시키는 입장의 요점을 다음과 같이 밝힌다.

> 모든 정치적 판단들은 — 적어도 암묵적으로는 — 주어진 가능성의 맥락 안에서 우리가 추구할 만한 집합적 삶의 형식에 관한 판단이다. 판단하는 주체들의 공동성은 판단에 내적인 것이거나 판단을 구성하는 본질적인 것이지, 단순히 우연적인 것이거나 판단에 외적인 것이 아니다. … 이러한 결론은 다름아니라 우리들이 서로 함께 관계맺는 형식들을 다루고 있는 토의의 대상으로부터 나온다. … 여기서 쟁점이 되는 것은 '내가 무엇을 해야 하는가' 라는 문제나 '내가 어떻게 행위해야 하는가' 라는 문제가 아니라, '어떻게 우리가 함께 있을 것이고 또 함께 있기 위한 제도적 조건은 무엇이어야 하는가' 하는 문제이다. 나로서는 이렇게 말하는 것 말고 이 생각을 더 잘 표현할 길은 없다.[74]

그러나 이렇게 정치적 의견형성과 의지형성을 윤리적-정치적 자기이해에 동화시키는 것은 그 자기이해가 흘러 들어가는 입법과정의 기

74) R. Beiner, *Political Judgment*, Chicago 1983, 138.

능과 잘 어울리지 않는다. 법률 속에는 분명 목적론적 내용이 포함된다. 그러나 법률의 내용에 집합적 목표설정만 포함되는 것은 아니다. 그 구조상 법률은 시민들이 그들의 공동의 삶을 어떤 규범으로 규제하고자 하는가 라는 질문에 의해 규정된다. 자기이해의 담론 속에서 참여자들은 한 특정한 민족의 성원으로서, 코뮨 혹은 국가의 구성원으로서, 한 지역의 거주자로서 자신을 어떻게 이해해야 하는지를, 그들이 어떤 전통을 계승하는지를, 그들이 서로간에, 소수자들에 대하여, 주변집단들에 대하여 어떻게 행위해야 하는지를, 요컨대 그들이 어떤 종류의 사회에서 살고 싶어하는지를 분명하게 의식할 수 있을 것이다. 이런 점에서 자기이해의 담론 역시 정치의 중요한 구성 부분임에 분명하다. 그러나 이미 보았듯이 이 질문들은 도덕적 질문에 종속되는 질문이며, 실용적 질문과 관계를 맺고 있다. 선차성을 갖는 것은 어떻게 하나의 소재가 만인의 동등한 이익에 부합하여 규제될 수 있는가 라는 질문이다. 규범은 일차적으로는 정의의 관점에서 정립되며, 모두에게 동등하게 좋은 것이 무엇인지를 말해주는 원리에 비추어 평가된다. 윤리적 문제와는 달리 정의의 문제는 처음부터 특정한 집합체와 그 생활형식과 관련된 것이 아니다. 한 구체적 법공동체에서 정치적으로 제정된 법이 정당성을 가지려면 그 법공동체를 넘어서서 보편적 타당성까지 주장하는 도덕적 원칙과 최소한 양립가능해야 한다.

정치적 의사결정에서 대종을 이루는 것은 타협이다. 문화적 다원주의와 사회적 다원주의라는 조건 위에서는, 공동체 전체의 정체성에 본질적이지도 않고 따라서 상호주관적으로 공유된 생활형식에 본질적이지도 않은 이익과 가치정향이 정치적 목표 뒤에 자리잡고 있는 경우가 종종 있다. 합의의 전망도 없는 가운데 서로 갈등을 빚는 이 이익과 가치정향들은 균형을 필요로 하지만, 윤리적 담론을 통해서는 이 균형에 도달하기 어렵다. 설령 그 담론의 결과가 하나의 문화에서 합의된 기본가치를 침해해서는 안 된다는 전제조건이 붙는다고 하더라도 말이다. 이미 보았듯이 이러한 이익균형은 권력잠재력과 제재잠재력에 의존하는 정파들 간의 타협이라는 형태로 이루어진다. 물론 이러한 종류의 협상은 협력의 자세를 전제한다. 즉 게임규칙을 준수하는 가운데 모든 당파들이 설령 각기 상이한 이유 때문일지라도 모두 동의할 수 있는 결과에 도달하겠다는 의지를 전제한다. 그러나 그러한 타협형성이 오로지 권력을 중립화하고 전략적 행위를 배제하는 합리적 담론의 형식 속에서만 이루어지는 것은 아니다.

입법적 실천의 토의양식이 제공해야 하는 것이 오직 법의 윤리적 타당성에 그치는 것은 아니다. 오히려 법규범의 복잡한 타당성 주장은 한편으로는 전략적으로 주장된 부분적 이익을 공동복지와 양립가능한 방식으로 고려해야 하고, 다른 한편으로는 한 무리의 특수한 가치들에 의해 규정되는 특정한 삶의 형식의 지평 속에서 보편적인 타당성 원칙을 이행해야 한다는 주장으로 이해될 수 있다. 모든 구체적 생활형식들을 포괄하는 장소없는 도덕의 원칙들이 특정한 법공동체에 대해 구속력을 획득할 때 비로소 그 원칙들이 단순히 상호이해 지향적 행위의 비공식적 맥락을 통해서만은 더 이상 충분하게 통합될 수 없는 추상적 행위영역들 속에서 나름의 장소를 얻는다. 윤리적으로 협소해진 정치적 담론과는 대조적으로, 토의정치의 개념은 우리가 의사소통 형식, 논증, 절차법적 제도화의 다면성을 고려할 때 비로소 경험적 준거를 갖게 된다.

이미 우리는 입법과정에서 동원되었고 현행법의 정당성 주장에 합리적 토대를 제공했던 다양한 종류의 논지들의 꾸러미가 어떻게 판결 속에서 법적용의 측면에서 다시 개봉되는지를 보았다. 법적 담론에서는 법에 내재하는 근거들 외에 도덕적 윤리적 근거들과 경험적 실용적인 근거들도 작용한다. 법의 민주적 발생을 법적용의 다른 측면과 관련하여 고찰해보면, 토의정치의 신드롬이 해소되고 해명되고 분화되는 다양한 측면들이 다시 드러난다. 입법적 정치에서는 정보의 공급과 목적합리적 수단선택이 이익균형과 타협형성, 윤리적 자기이해와 우선순위의 형성, 도덕적 정당화와 법적인 정합성 검사 등과 착종되어 있다.

이 과정에서, 미첼만이 양극화하여 대비했던 두 개의 정치유형이 합리적 방식으로 서로에게 삼투해 들어간다. 이러한 이유에서 선스타인은 미국의 헌법전통의 출발점으로부터 공화주의적 정치관과 자유주의적 정치관의 대립을 보여주는 두 개의 상이한 흐름을 재구성하지 않고, 통합적 정치개념을 재구성하여 그것을 '메디슨 공화주의'(*Madisonian Republicanism*) 라고 명명한다.

이 정치개념은 한편으로는 입법과정의 토의적 양식을 정당한 법제정의 필수적 조건으로 정당화하는데 충분할 정도로 강한 개념이지만, 다른 한편으로는 경험적 이론과의 접맥을 잃지 않을 만큼 약한 개념이다.

> 입법적 의사결정에 관한 수많은 이론이 있다. 어떤 이론에 의하면, 의원들이 일편단심 재선이라는 목표만 추구한다고 가정할 때 상당수의 입법행위가 설명될 수 있다고 한다. 또 어떤 이론은 단일 요소만 고려하는 접근방법보다는 세 가지 주요 요소 — 입법부 안에서 영향력의 획득, 공공정책의 촉진, 재선이라는 목표의 달성 — 를 함께 고려하는 것이 더 많은 설명력을 갖는다고 지적한다. 경제학적 문헌에서는, 입법행위를 오직 유권자의 압력만 참조하여 설명하려는 노력들이 있었다. 이러한 해석들은 지나치게 환원론적이라고 공격받았다.
>
> 하나의 연속선이 나타난다. 한쪽 극에 자리잡은 사례들에서는 이익집단의 압력이 광범위한 결정력을 지니고 있으며 법률제정은 경합하는 이익들 간의 '거래'로 간주된다. 다른 극에 자리잡은 사례들에서는 입법자들이 통상적 의미의 이익집단들이 별 영향을 미치지 못하거나 전혀 영향을 미치지 못하는 토론에 참여한다. 이 연속선상의 여러 지점들에 대다수의 입법적 결정이 위치하고 있는데, 거기서 입법적 결정의 결과들은 압력, 토론 그리고 여타 요인들의 합성에 의존하고 있다. 단순한 검사로는 이 연속선상의 상이한 지점에 위치하는 사례들을 구별할 수 없다.[75]

75) Sunstein (1985), 48 f.

선스타인은 입법정치에 대해 현실주의적이긴 하지만 평면적인 그림을 그리고 있다. 사실 '단순한 검사'는 없다. 그러나 담론이론적 관점에서 그 경험적 연속선을 분절하고 구조화하여 관찰가능한 의사소통의 흐름을 상이한 쟁점에 따라 분석하는 동시에 그 흐름을 상응하는 의사소통 형식의 측면에서 재구성할 수는 있다. 표층의 차원에서는 이성의 실용적 사용과 윤리적 사용과 도덕적 사용 간의 심층문법적 차이를 직접 인식할 수 없다. 하지만 그렇다고 해서 미첼만이 이념적으로 대립시킨 정치의 형식들이 완전히 서로 삼투하여 구별불가능해진다는 말은 아니다. 게다가, 주어진 의사소통의 단면들을 담론이론적 수단으로 재구성하면, 공개적으로 밝힐 수 없는 사회적 권력과 행정권력의 영향에 기인하는 일탈들을 확인할 수도 있다.

공화주의자들이 충분할 정도로 명료하게 고려하지 못한 정치와 윤리의 필연적 분화가 법과 정치에 대한 상호주관적 이해를 위험에 빠뜨리는 것은 결코 아니다. 토의정치가 대규모의 윤리적 담론으로서 진행되는 한에서만 그것이 특정한 역사적 공동체의 전통과 내적 연계를 유지한다는 것은 분명한 사실이다. 정치가 윤리적 자기이해를 성취하는 과정으로 이해될 때 비로소 정치는 담론적 논쟁에 참여한 시민들을 사후에 하나로 묶어주는 실체적 인륜성의 연결끈에 대한 의식을 제공할 수 있다. 그러나 정치적 담론이 한편으로는 협상과 다른 한편으로는 이익의 도덕적 일반화까지 포함하는 한, 민주적 절차가 지니는 정당화의 힘은 더 이상 미리 전제되어 있는 인륜적 공동체의 미리 존재하는 동의로부터 나오는 것이 아니라, 오직 민주적 절차 자체로부터 나온다. 여기서 생기는 결과들을 고려할 때 공화주의적 전통에 대한 공동체주의적 독해는 의문스러워진다. 물론 그렇다고 해서 그 상호주관주의적 핵심까지 의문시되는 것은 아니지만 말이다. 미첼만은 일단 입법정치가 공동체와의 연관을 상실하면서 공동의 전통을 참조할 가능성까지 잃어버리고 나면, 입법정치의 규범적 의미는 오직 초월적 이성의 권위를 참조할 때에만 구제될 수 있다는 상황에 대해 두려움을 표명한다.[76]

그러나 실제로 수미일관된 절차주의적 헌법이해는 민주적 과정이 이성적 결과를 가져올 것이라는 추정을 정당화해주는 절차적 조건의 본래적인 이성적 성격에 의존한다. 그렇다면 이성은 오직 토의정치를 가능하게 해주는 형식화용론적 조건들 속에서만 구체화되며, 따라서 우리가 이성을 정치적 의사소통 너머의 어디엔가에 거주하고 있는 낯선 권위로 대면할 필요는 없는 것이다.

비록 이 담론적 모델이 공화주의적 관점에 비해 더 추상적이지만 그럼에도 불구하고 이 모델에서 개인은 여전히 선행하는 가능한 상호이해의 구조가 보여주는 상호주관성 속에 배태되어 있다. 이와 동시에 참여자들은 모든 특수한 공동체의 전통을 넘어서며 이런 점에서 이상적으로 포용적인 가상적 의사소통 공동체를 참조하기 때문에 그들의 '예/아니오' 입장표명은 단순히 인습적으로 사회화된 언어게임과 생활형식이 갖는 편견의 폭력으로부터 벗어난다. 그러나 이와 함께 토의정치에 대한 담론이론적 이해방식 속에 경험적 의심을 불러일으키는 초월적 요소가 도입된다. 그리하여 선스타인은 이렇게 자기비판을 한다. "대표자들이 메디슨 모델을 강요받을 수 있다고 믿는 것은 유토피아적이라는 것이 첫 번째 비판일 것이다."[77] 그가 법이론의 규범적 시각에서 출발하여 이 반론을 무력화시킬 수 있을 것이다. 그러나 민주주의 이론이 제공하는 다른 시각에서 출발할 때 비로소 담론이론적으로 도입된 토의정치의 개념에 대한 경험적 의심이 그 전체적 힘을 펼칠 수 있을 것이다.

---

76) Michelman, "Pornography"(1989), 291 f.

77) Sunstein(1985), 76.

7

토의정치 : 절차적 민주주의 개념

법의 정당한 발생조건에 대한 질문이 제기되면서, 정치과정의 넓은 스펙트럼 중의 한 부분인 입법정치가 논의의 초점으로 떠오른다. 법이론의 시각에서 나는 입법정치를, 논증형식들에 따라 분화되어 있으며 협상도 포함하는 과정으로 묘사했다. 정당한 입법이 의존하는 요구수준이 높은 절차적 조건과 의사소통적 전제 속에서, 규범을 정립하고 검사하는 이성은 절차적 형태를 취한다. 이 이상화된 절차개념이, 정치를 무엇보다 권력과정으로 파악하며 이익을 추구하는 전략적 대립이나 체계적 조정활동의 관점에서 분석하는 경험적 연구와 어떻게 연결될 수 있을지는 현재로서는 분명하지 않다. 나는 이 문제를 이념과 현실의 대립이라는 의미에서 이해하지 않을 것이다. 왜냐하면 내가 우선 재구성적 목적에서 조명하였던 규범적 내용이 부분적으로는 우리가 관찰할 수 있는 정치과정의 사회적 사실 자체 속에 새겨져 있기 때문이다. 정치적 실천 속에는 아무리 왜곡되어 있다 하더라도 '실존하는 이성'의 편린이 담겨 있다. 그러므로 재구성적 절차를 취하는 민주주의의 사회학은 이미 정치적 실천 속에 구체화된 그 편린을 확인할 수 있도록 자신의 기본개념을 선택해야만 한다. 이러한 접근방법은 역사철학의 지원을 받을 필요가 없다. 그것은 단지 다음의 전제에서 출발할 뿐이다. 법치국가의 원리를 따르는 정치체제의 작동방식은 법의 타당성 차원을 참조하지 않고서는, 그리고 법의 민주적 발생이 갖는 정당화의 힘에 의존하지 않고서는 경험적 측면에서도 적절하게 서술될 수 없다.

지금까지 우리는 법이론의 관점에서 법 자체에 내재하는 사실성과 타당성의 긴장을 추적하였다. 이제 우리는 사실성과 타당성의 외적 관계를, 그러니까 담론이론으로 설명한 법치국가의 규범적 자기이해와 —어느 정도 법치국가적 형식 속에서 움직이는—현실적 정치과정의 사실성 사이에서 나타나는 긴장을 논의의 주제로 삼을 것이다. 이와 함께 우리는 제1장과 2장의 사회이론적 고찰로 되돌아간다. 법이론의 내적 관점에서 보더라도, 권리체계가 역사적 헌법의 형태 속에서 해석되어야 하고 제도적 질서 속에서 구체화되어야 한다는 점은 쉽사리 알 수 있다. 나는 비교헌법 이론과 정치학적 제도분석이 다루는 이 두 차원을 건너뛰어, 규범적 민주주의 모델에서 직접 사회과학적 민주주의 이론으로 넘어가도록 할 것이다. 지금까지 우리는 정치권력을 산출하고 할당하고 사용하는 과정을 법치국가적 조직이라는 관점에서 분석하였다. 이 맥락에서는 규범적 측면에서 의사소통적 권력이 어떻게 행정권력 및 사회적 권력과 관계하는가 하는 것이 중심문제였다. 그러나 정치사회학은 동일한 현상을 다른 전망에서 고찰한다.

'실재론적' 민주주의 이론에 대해서는 다음 장에서 다룰 것이다. 그 전에 여기서는 그것을 다루는 데 필요한 전망의 교체를 단계적으로 밟아나가도록 하겠다. (1) 먼저 권력과 법으로부터 그 민주적 정당성을 제거하는 경험주의의 환원론적 민주주의 개념을 비판할 것이다. (2) 이어서 그 개념을 규범적 민주주의 모델과 비교하는 가운데 절차적 민주주의과정 개념을 발전시킬 것이다. 이 개념은 국가를 그 중심으로 삼는 전체론적 사회모델과 결별하며, 경쟁하는 세계관들과 삶의 형식들에 대해 중립성을 표방한다. (3) 마지막으로 로버트 달(R. Dahl)의 시도를 따라 민주주의의 절차적 이해방식을 사회학적으로 번역하고 경험적으로 검증할 것이다. 여기서 나의 목표는 자유롭게 연합한 시민들의 자기 조직이라는 이념을 고도로 복잡한 사회의 현실에 '대질시킨다'는 것이 무엇을 뜻하는지를 밝히는 데 있다.

1. 규범적 민주주의 모델 대 경험적 민주주의 모델

권력과 법의 구성적 연관은 정당한 입법의 개념적으로 불가피한 화용론적 전제와 그 전제에 상응하는 시민들의 자율적 결정의 제도화와 매개될 때 경험적인 유관적합성을 얻는다. 이 출발가정은 하나의 경향적 전환장치라고 할 수 있을 터인데, 왜냐하면 그것은 경험주의적 개념 전략을 처음부터 배제하기 때문이다. 권력은 정당한 법과 내적 관계를 갖기 때문에 규범적 권위를 획득한다. 그런데 경험주의적 전략은 바로 이 규범적 권위를 권력개념에서 제거한다. 경험주의적 권력이론은, 그것이 체계이론의 전망을 따르건 행위이론의 전망을 따르건 간에, 정치권력 행사의 법적 형식 속에 스며들어 있는 규범적 특징을 무시하지는 않는다 하더라도 사회적 권력으로 환원시킨다. 하나의 독해방식에 따르면, '사회적 권력'은 어느 정도 합리적으로 추구될 수 있는 좀더 우세한 이익이 자신을 관철할 수 있는 능력 속에서 표현된다고 한다. 그럴 경우 '정치권력'은 '행정권력'에, 즉 다양한 정부관료들에 접근할 수 있게 해주는 사회적 권력의 지속적이고 추상적인 형식으로 간주될 수 있다. 경험주의적 관찰자의 전망에서 보면, 특정한 타당성 기준에 의존해서만 충족될 수 있는 정당화의 요구는 물론이고, 정치권력의 법적 형식을 통해 매개되는 법의 정당성 주장도 참여자의 관점에서 볼 때와는 다르게 서술된다. 그러니까, 법과 정치적 지배에 대한 수락가능성의 조건이 사실적 수락의 조건으로 변형되고, 정당성의 조건은 평균적으로 유포되어 있는 정부의 정당성에 대한 믿음이 안정성을 가질 수 있기 위한 조건으로 변모되고 만다. 나중에 보겠지만, 이러한 (또는 이와 유사한) 개념적 도구들에 의존하여 이루어진 분석은 민주적 법치국가의 규범적 자기이해를 상당히 통찰력 있게 비판할 수 있다.[1)]

그러나 이와는 전혀 다른 시도가 있는데, 그것은 규범적 의도를 유지하면서 사회과학으로부터 객관적 시각과 경험적 기본개념들을 단순히 차용하는 민주주의 이론이다. 이 이론은 민주적 실천이 참여자들 자신의 시각에서 서술적인 경험주의적 범주를 통하여 정당화될 수 있다는 사실을 증명하려고 한다. 이와 같은 이론은 무엇 때문에 엘리트와 시민들이, 정치와 법의 규범적 타당성 주장에 어떠한 인지적 의미도 없다는 전제에서 출발하면서도, 자유주의적 대중 민주주의에서 규범적으로 요구되는 정당화 게임에 기여할 수 있는 훌륭한 근거를 각기 자신의 이익으로부터 얻어낼 수 있는지 그 이유를 설명하려고 한다. 이러한 민주주의 모델이 정당화될 수 있다면, 사실성과 타당성의 외적 관계라는 문제는 깨끗하게 그 요점을 잃어버리고 말 것이다. 그리고 사람들은 법치국가의 규범적 내용을 더 이상 액면 그대로 받아들일 필요가 없게 될 것이다.

나는 (1) 우선 민주주의의 게임규칙을 경험주의적 방식으로 정당화하려는 베르너 베커(Werner Becker)의 시도가 과연 일관성을 유지하고 있는지 검사할 것이다. (2) 이 검사에서 불만족스러운 결과가 나온다면, 우리가 이미 숙지하고 있는 규범적 민주주의 모델로 되돌아갈 필요가 생길 것이다.

(1) 베커는 경험주의적 개념들을 기초재료로 사용하여 규범적 민주주의 이론, 그러니까 정당화를 목적으로 기획된 민주주의 이론을 설립한다. 경험주의적 관점에 따르면, 일반적으로 권력이 더 강력한 이익

1) 8장 1절 참조.

이나 의지의 경험적 우세 속에서 표현되듯이 국가권력은 그것에 의해 유지되는 질서의 안정성 속에서 표현된다. 이때 정당성은 안정성의 척도로 간주된다. 객관적으로 국가의 정당성은 피치자의 사실적 인정에 비추어 측정되기 때문이다. 그와 같은 정당성은 단순한 관용에서 자유로운 동의까지 그 범위가 넓을 수 있다. 이때 정당성을 산출하는 동의는 주관적 근거들에 의존하는데, 이 근거들은 그때그때 수락되어 있는 '세계관의 틀' 내부에서 그 효력을 주장한다. 그러나 그 근거들은 객관적 평가를 거부한다. 정당화가 지배를 안정화시키는 데 충분하기만 하다면, 상이한 정당화들 사이에 아무런 차이도 없다. 이러한 발상에 따르면, 사회적으로 인정된 정당화의 틀이 국가의 안정성을 가능하게 하는 한, 독재체제도 정당한 것으로 간주되어야만 한다. 권력이론의 관점에서 보면, 근거의 질은 경험적 의미가 없다. "독재체제가 '총검의 보호' 없이는 존속할 수 없다는 믿음은 자유주의자와 민주주의자들의 착각이다."2)

그 다음에 베커는 보통선거와 평등선거, 정당 간의 경쟁, 다수결 원칙 등의 게임규칙을 통하여 민주주의 개념을 도입한다. 이 배후에는 규범의 '타당성'은 오직 안정성을 가져오는 제재를 의미할 뿐이라는, 사회적 규범에 대한 경험주의적 이해방식이 깔려 있다. 그 결과 베커는 자신의 이론의 과제를 위에서 언급한 게임규칙들을 규범적으로 정당화하는 것에 두지 않을 수 있었다. 오히려 그 이론의 증명목표는 참여자들이 경험주의적 범주로 자신을 표현하더라도 대중 민주주의의 게임규칙을 지켜야할 충분한 이유를 가질 수 있다는 점을 입증하는 데 있다. "권력을 차지한 정당은 시민들이나 다른 정당들이 정권을 폭력으로 뒤엎으려 하지 않는 한, 결코 그들의 정치적 활동을 제약하려 하지 않는다." 이에 상응하여 권력을 잡지 못한 쪽은 조용히 기다린다. "선거에서 진 정당은 승리한 정당의 정권이양을 결코 폭력이나 그 밖의

2) W. Becker, *Die Freiheit, die wir meinen*, München, 1982, 61.

불법적 수단을 사용하여 방해하지 않는다."[3] 이런 조건 위에서 평화로운 권력교체의 조건이 보장된다.

베커의 정당화 논증은 3단계로 재구성해 볼 수 있다. 여기서 각 논증단계는 두 부분으로 이루어져 있는데, 첫번째 부분은 관찰자의 전망에서 본 객관적 설명이고, 두번째 부분은 그 설명을 합리적 선택이론에 의거하는, 참여자의 관점에서 본 설명으로 번역하는 부분이다.

(a) 자유, 평등, 비밀선거에서 다수의 지지를 얻을 때 정당성을 획득하는 경쟁 민주주의의 게임규칙들은 근대의 특수한 세계관 내지 자기이해 덕분에 그 설득력을 얻는다. 그 세계관은 '윤리적 주관주의'에 기초하는데, 이 윤리적 주관주의는 한편으로는 신 앞에서 모든 사람이 평등하다는 유대-기독교의 평등개념을 세속화하여 모든 개인의 원칙적 평등성에서 출발하며, 다른 한편 의무의 초월적 원천을 내재적 타당성 의미로 대체하여 규범의 타당성을 오로지 주체 자신의 의지 속에서만 찾는다. 경험주의적 독해방식에 따르면, 근대의 자유 개념은 무엇보다도 "개개인이 수락하는 규범의 … 타당성이 자유로운 동의를 통하여 개인 자신에 의해 산출"된다는 것을 의미한다.[4] 규범적 타당성을 자신의 의지에 따라 자유로운 동의를 통하여 산출하는 것은 개인 자신인 것이다. 타당성에 대한 이러한 자원론적 이해방식은 법에 대한 실증주의적 이해방식과 상응한다. 이 이해방식에 따르면, 규칙에 합당하게 선출된 정치적 입법자가 법으로 제정한 모든 것이, 그리고 오직 그것만이 법으로 간주된다. 비판적 합리주의의 의미에서 이러한 확신은 합리적으로 정당화될 수 있는 것이 아니라 하나의 결단의 표현이거나 이미 사실적으로 관철되어 있는 문화적 유형의 표현이다.[5]

3) *Ibid*, 68.
4) *Ibid.*, 38.
5) *Ibid.*, 58.

이제 시민들이 이 설명을 참여자의 관점에서 이해하려고 할 때 우선 윤리적 주관주의의 근거를 찾고 싶은 유혹에 빠질 것이다. 이때 그들은 초실증주의적 인권이론에 의존하거나 모든 사람들이 원하는 것만이 규범적으로 타당하다고 여기는 의무론적으로 해명된 도덕적 관점의 도움을 받을 수도 있을 것이다. 그러나 경험주의가 우리에게 가르쳐주고 있듯이, 그와 같은 합리주의적 도피처에 의존할 경우 그들은 그들이 규범적으로 타당하다고 간주하는 것 자체가 갖는 환원불가능한 우연성에 대한 특수한 통찰을 놓치게 된다. 하지만 바로 이 우연성에 대한 의식 때문에, 앞서 제안된 객관적 설명이 민주적 과정에 참여한 사람들에게는 불만족스럽게 보인다. 이들에게는 다수파가 인정한 규범을 왜 소수파들도 타당한 것으로 인정해야만 하는가 라는 질문과 관련하여 최소한 목적합리적 설명이라도 필요한 것이다.

(b) 규범적 타당성에 대한 자원론적 개념을 전제할 경우, 다수결원칙의 타당성은 공동복지나 집합적 효용의 기대라든가 실천적 이성에 호소해서는 근거지어지지 않는다. 왜냐하면 그것을 위한 객관적 규준이 요구되기 때문이다. 베커는 다수결 원칙을 수락하는 이유를 순치된 권력투쟁이라는 이념을 사용하여 설명한다. 윤리적 주관주의의 전제에 따라 각인이 동등한 권력을 갖고 있다면, 다수표라는 것은 항상 세력의 우세를 분명한 숫자로 표현해주는 것이 된다.

> 문제를 이런 식으로 보면, 민주적 절차에 대한 이 정당화는 사태가 자신의 뜻대로 전개되지 않을 때 폭력의 포기라는 동의를 철회할 수도 있다는 다수파의 폭력에 … 바탕을 두고 있는 셈이 된다 … . 이러한 견해에 따르면, 민주주의란 다름 아니라 인구의 한 부분이 다른 부분을 일정 기간동안 지배한다는 의미에 지나지 않는다.[6]

---

6) *Ibid.*, 77.

수적으로 우세하거나 아니면 적어도 상징적으로나마 우세한 정당이 던지는 위협이 내전의 잠재적 위험을 깔면서 던지는 사회심리적 위압 효과를 고려할 때, 다수파의 한시적 지배가 소수파에게도 '권력문제의 수락가능한 해결책'으로 추천될 만한 것으로 보인다는 것이다.

다수의 지배에 대한 이러한 홉스적 해석은, 만약 폭력적 대립의 순치가 모든 사람들에게 우선순위를 갖는 목표라고 한다면, 참여자의 관점에서도 설득력을 가질 수 있을 것이다. 그럼에도 불구하고, 어떻게 소수파가 다수의 전제로부터 — 설령 그것이 우호적 전제라고 할지라도 — 보호될 수 있을 것인지가 불분명한 채로 남아 있는 한, 그 설명은 민주주의 과정에 참여한 사람들에게는 여전히 불만족스러운 것이다. 그 외에도, 경합을 벌이는 정당들이 실제로 다수결원칙에 복종한다는 것이 보장되어야 한다.

(c) 소수파의 보호를 위하여 베커는 고전적 기본권에 호소한다. 그의 설명에 의하면, 소수파의 이익보장을 다수파가 인정하는 것은 다수파 자신이 언제든지 소수파로 전락할 수 있다는 위험 때문이다. 다수파는 권력을 상실하지 않을까 하는 두려움 때문에 그리고 소수파는 권력교제의 전망 때문에 기존의 게임규칙을 지키려는 동기를 갖게 되므로, 전제적 다수파가 영속화될 위험이 방지된다는 것이다. 그리고 여당과 야당 사이에 권력이 교체될 수 있는 조건은 경쟁하는 엘리트들이 유권자들을 이데올로기적 관점에 따라 여러 진영으로 분할하여 강령적 수단을 사용하여 — 일반적으로는 특정한 방식으로 해석될 수 있는 사회적 보상의 약속을 통하여 — 다수표를 얻음으로써 충족된다고 한다. 그러니까 정당성을 획득하는 과정은 '이데올로기적' 수단과 '사회정치적' 수단의 상호작용으로 귀착되는 셈이다. 이 상호작용이 요구되는 이유는 무엇보다도 사회적 이익을 분할정치적 조치를 통하여 충족하는 것이 궁극에는 결코 객관적일 수가 없으며 이데올로기적으로 설득력 있는 해석을 필요로 하기 때문이다.

그러나 소수파의 보호와 권력교체에 대한 이 객관적 설명은 권력장악과 유지에만 관심이 있는 엘리트들의 이해상황에 전적으로 맞추어져 있다. 하지만 이들에게 설득력 있다고 해서 반드시 시민들에게도 설득력 있는 것은 아니다. 시민공중이 경합하는 정당들의 이데올로기적 전리품 정도로만 간주되는 한, 그들은 민주적 과정에 참여하거나 최소한 민주적 과정을 호의적으로 용인하려는 동기조차 갖기 어려울 것이다. 이 공중은 한 당이 정권을 이양받으면 다른 정당보다 더 나은 정치를 할 것이라고 확신할 수 있기를 원한다. 이 당이 아니라 저 당을 택하는 좋은 근거가 있어야만 하는 것이다. 여기서 마침내 우리는, 관찰자의 전망에서 볼 때 설득력 있는 설명이 더 이상 참여자들의 관점에서도 같은 방식으로 설득력이 있는 논증으로 번역될 수 없는 지점에 이르렀다. 경험주의적 전제가 유지되는 한, 그러한 번역은 모순에 빠진다.

(d) 경험주의 모델의 객관적 관점에서 보면, 정당들 간의 권력투쟁에서는 타당성의 차원이 결여되어 있다. 베커는 정치적 논증이 여론에 영향을 주는 수사적 기능으로 끝날 뿐이지 합리적 수락가능성을 목표로 하는 것이 아니라는 것을 끊임없이 강조한다.

> 민주주의에서는 정치적 목표의 '객관적 진리'를 확신시키는 것이 중요한 문제가 아니다. 오히려 정당이 추구하는 목적의 민주적 수락을 얻어내는 것이 중요한 문제이다. 그런 한에서, 정치적 논증은…'참된' 이론을 발전시키기 위한 하나의 기여로 해석될 수 있는 학술적 주장(*Behauptung*)이라는 기능을 갖는다기보다는 물리적 폭력의 사용을 에둘러가는 '무기' 혹은 광고라는 기능을 갖는다.[7]

그러니까 규범적 내용을 담고 있지만 모호하기 그지없는 정치적 논쟁의 개념들은 오히려 정서적 의미를 갖는다는 것이다. 다시 말해서

7) *Ibid.*, 101.

그것들은 대중을 묶어내는 효과를 창출해야 한다는 것이다. 따라서, 베커에게 정치적 담론은 "인지적 기능이 아니라 사회심리적 기능을 갖는다."8)

베커는 왜 엘리트만이 아니라 시민들도 의사논증적 광고의 정서적 의미를 꿰뚫어보아야 하는지, 또 그 의미를 꿰뚫어보았음에도 불구하고 왜 그것을 수락해야만 하는지 그 이유를 설명해야 한다. 계몽된 시민들이 이미 정치과정을 타협형성에 불과한 것으로 평가하는 각성된 견해를 갖고 있기 때문에 경험주의적 자기서술이 민주적 과정에 참여하려는 시민들의 동기에 해로운 결과를 가져오지 않는다고 베커는 가정하는 듯하다. 그러나 타협도 정당화되어야 한다. 그렇다면 타협의 수락을 정당화하는 것은 무엇인가? 한편으로는 타협의 공정성을 평가할 수 있을 모든 규범적 규준들이 결여되어 있다. 이를테면 사회정의는 광고효과를 노리는 수사학의 영역으로 이관되어 버린다. "자유 민주주의의 정치적 현실 속에서 이것(사회정의)은 체계적으로 불필요한 이념이다."9) 다른 한편, 참여자들은 여전히 타협을 해야 할 충분한 이유를 가져야 한다. "경쟁적인 사회적 정치적 다원주의의 조건 아래에서 '사회정의'는 단순히 사회적 집단들 사이의 공정한(!) 이익균형을 뜻할 뿐이다." 이러한 모순이 생긴 것은 우연이 아니다. 결국 베커는 '공정성'과 같은 것을 타협을 평가하는 규준으로 명시적으로 천명하지 못한 채 뒷문으로 슬그머니 도입해야만 했다. 이익균형의 규칙체계에는 '힘의 균형'이 포함되어야 한다. 그러나 '사회정의'라는 개념이 암시하는 것과

---

8) *Ibid.*, 104. "세계관의 다원주의는 바람직스러운 것인데, 왜냐하면 민주적 정당화에서 중요한 것은 '진리'의 전달에 관련된, 철학적 혹은 종교적 견해에 대한 이론적 토론이 아니라 다수의 동의를 얻어내어 그것을 개인의 자유의 국가적 보장에 사용하는 이데올로기 정치적 수단으로서의 기능이기 때문이다. 대립적이기도 하는 이 상이한 세계관 내지 윤리적 단초들에 대한 토론은 여론에 많은 영향을 주는데, 여기서 어떤 발상이 '옳고' 어떤 발상이 '그른' 것인지를 밝혀내려는 토론은 바람직스럽지 않다"(155 f).

9) *Ibid.*, 186 f.

는 달리, 이익균형의 성과를 평가하기 위한 통일적 규준이 필요한 것은 아니다. 협상의 당사자들이 동의할 만한 협상결과에 대하여 동일한 이유에서 동의해야 할 필요는 없다는 말은 맞는 말이다. 그러나 당사자들이 제각기 자신의 시각에서 이익을 저울질해 보는 당파적 고려에서도 규범적 근거에 대한 공통의 인정이 암묵적으로 전제되어 있다. 그런 근거가 있을 때 비로소 왜 그 절차를 따를 때 생기는 결과를 공정한 것으로 간주할 수 있는지를 설명할 수 있으며, 따라서 협상절차 자체를 공평무사한 것으로 정당화할 수 있다.

따라서 관찰자의 전망에서 주장하는 것과 참여자의 전망에서 수락될 수 있는 것 사이의 간극을 목적합리적 고려만으로는 결코 메울 수 없다. 이것은 규범적 의도를 갖고 있는 경험주의적 민주주의 이론이 빠져드는 수행적 자기모순을 반영하고 있다. 사실 이것은 이미 베커 자신이 그의 저서의 부제에서 지적한 모순이기도 하다. 그 책이 권장하는 '민주주의를 지지하는 결정'은 단순히 그 책의 가정에만 의존할 경우에는 합리적으로 근거지어진 결정으로 이해될 수 없다. 만약에 단순한 결단만이 문제라고 한다면, 이제 우리는 독자의 한 사람으로서 의아스럽지 않을 수 없다. 도대체 그 책에서 다루어지는 텍스트는 어떤 종류의 것인가? 첫눈에 그것은 자유 민주주의의 규칙을 설명하고 정당화하는 철학적 이론을 다루고 있는 것으로 보인다. 그러나 그 이론의 내용을 알고 난 다음에 우리는 한 가지 사실을 깨닫게 된다. 만약 저자가 스스로에게 진실하다면, 그가 자신의 이론을 기껏해야 '자유주의적 법치국가관을 위한 이데올로기적 광고'로 이해할 수밖에 없다는 사실이 바로 그것이다.

(2) 우리의 분석결과를 이렇게 요약할 수 있을 것이다. 합리적 시민이 자신의 실천을 경험주의적 범주로 서술하는 한, 그는 민주주의적 게임규칙을 유지해야만 하는 충분한 근거를 가질 수 없다. 정당화의 의도를 가진 이론은 민주주의에 대한 직관적 이해 속에 담겨 있는 진

정한 규범적 의미를 억눌러선 안 된다. 규범과 현실의 관계에 대한 문제가 경험주의적 재정의라는 경로를 통해서 회피할 수 있는 문제가 결코 아니라면, 이제 이미 앞서 도입한 규범적 민주주의 모델로 되돌아가서, 거기에 함축된 암묵적 사회개념이 사회과학적 고찰을 위한 연결고리를 제공할 수 있는지를 검사해야 할 것이다.

법이론에 대한 우리의 분석에서 얻어낸 성과에 따르면, 토의정치의 절차가 민주주의 과정의 핵심을 형성한다. 민주주의에 대한 이러한 독해는 전통적인 민주주의 모델의 출발점이었던, 국가를 중심으로 하는 사회개념에 중요한 변화를 가져온다. 새로운 사회개념은 국가를 경제사회의 외피로 여기는 자유주의의 발상과도 다르고, 국가를 인륜적 공동체의 제도화로 이해하는 공화주의의 발상과도 구별된다.[10)]

자유주의의 견해에 따르면, 민주주의 과정은 오직 이익타협이라는 형식 속에서만 이루어진다. 타협형성의 규칙들은 보통선거와 평등선거, 대의제적 의회 구성, 의사결정의 양식, 의사(議事) 규칙 등을 통하여 결과의 공정성을 보장하는 것으로 간주되며, 그 규칙들은 궁극적으로는 자유주의적 기본권에 의해 정당화된다. 이에 반해 공화주의적 견해에 따르면, 민주적 의지형성은 윤리적-정치적 자기이해의 형식 속에서 이루어진다. 여기서 토론은 내용상으로는 시민들이 공유하고 있고 문화적으로 확립된 배후합의에 기반을 둘 수 있다. 그리고 사회적 통합을 가져오는 이 선이해는 공화주의적 설립행위에 대한 의례화된 기억을 통해 쇄신될 수 있다. 담론이론은 이 두 입장의 요소들을 수용하여 토론과 결정의 이상적 절차라는 개념 속에 통합한다. 이 민주적 절차는 실용주의적 고려, 타협, 자기이해 그리고 정의의 담론 사이에 내적 연관을 설립하고, 또 특정 문제와 관련한 적합한 정보의 흐름과 적

10) D. Held, *Models of Democracy*, Oxford 1987. 나는 이미 앞장에서도 '자유주의적' 국가개념을 사용하였는데, 나는 그 용어를 로크에서 출발하는 전통에 국한하는 좁은 의미에서 사용한다. 이 전통에는 드워킨과 롤즈와 같은 '자유주의' 유형은 포함되지 않는다.

절한 정보의 가공이라는 조건이 주어진다면 이성적이고 공정한 결과가 도출되리라는 추측을 정당화한다. 이 견해에 따르면, 실천이성은 더 이상 보편적 인권이나 공동체의 구체적 인륜성 속에 있는 것이 아니라 담론의 규칙과 논증의 형식 속에 있다. 그리고 이들의 규범적 내용은 상호이해지향적 행위의 타당성 기초로부터, 궁극에는 언어적 의사소통의 구조와 의사소통적 사회구성의 대체불가능한 질서로부터 나온다.

우리의 맥락에서 관심을 끄는 것은 민주주의 과정에 대한 이러한 서술을 통하여 국가와 사회를 규범적으로 개념화할 수 있는 길도 열린다는 점이다. 여기서 우리가 전제할 필요가 있는 것은 근대 초에 유럽 국가체계와 함께 형성되어 자본주의적 경제체계와 기능적으로 연계되어 발전한 '합리적 국가기구'의 공적 행정뿐이다.

공화주의적 견해에 따르면, 사회는 시민의 정치적 의견형성 및 의지형성이라는 매체를 통하여 자신을 정치적으로 구조화된 전체로 구성한다. 사회는 처음부터 정치사회 즉 시민사회(*societas civil*)이다. 왜냐하면 공동체는 시민들의 정치적 자치활동 속에서 이를테면 자기 자신을 의식하며, 시민들의 집합적 의지를 통하여 자기 자신에게 영향력을 행사하기 때문이다. 따라서 민주주의는 전체 사회의 정치적 자기조직과 동일한 의미를 갖는다. 여기서 바로 논쟁적으로 국가기구에 대항하는 정치관이 생겨난다. 아렌트의 정치 저작을 보면 공화주의적 논증의 방향을 읽어낼 수 있다. 탈정치화된 주민의 부르주아적 사생활 중심주의(*Privatismus*)에 대항하여, 그리고 국가기구로 전락한 정당에 의하여 정당성이 창출되는 것에 대항하여 정치적 공론장이 다시 활성화되어서, 쇄신된 시민세력이 관료적으로 자립화된 국가권력을 탈중심화된 자치의 형식 속에서 시민의 수중으로 환수할 수 있어야 한다는 것이 그것이다. 사회는 이러한 과정을 통하여 비로소 정치적 총체성으로 발전한다는 것이다.

공화주의자들이 국가기구와 사회의 분리를 반박하는 반응을 보이는 데 반해, 자유주의적 견해에 따르면 그 분리는 결코 제거될 수 없고 오직 민주주의 과정을 통해서 매개될 뿐이다. 물론 권력균형과 이익균형을 규제하기 위해서는 법치국가라는 채널이 필요하다. 자유주의 견해에 의하면, 자기이익을 추구하는 시민들의 민주적 의지형성은 비교적 약한 규범적 기대를 갖고 있으며, 복잡한 헌법의 일부에 지나지 않는다. 여기서 헌법은 규범적 예방조치(예를 들어 기본권, 권력분립, 법률에 따른 권력행사 등)를 통하여 국가권력을 기율하고, 정당 간의 경쟁과 여야 간의 경쟁을 통하여 국가가 사회적 이익과 가치정향을 적절하게 고려하도록 촉진하는 것으로 간주된다. 이러한 **국가중심적 정치관**은 집합적으로 행위할 수 있는 시민이라는 비현실주의적 가정을 포기할 수 있다. 그것이 지향하는 것은 이성적인 정치적 의지형성이 아니라 성공적인 국가활동이다. 자유주의적 논증의 예봉은 사적 개인들의 자생적인 사회적 거래관계가 국가권력에 의하여 교란될 수 있는 잠재력을 향하고 있다. 자유주의 모델의 중심축은 토론하는 시민들의 민주적 자결에 있는 것이 아니라 법치국가를 통해 경제사회의 기본틀을 확립하는 데 있다. 그것이 개인적 생활계획과 행복에 대한 사적 기대를 충족시킴으로써 본질적으로 비정치적 공동선을 보장한다는 것이다.

민주주의 과정에 자유주의보다는 강하지만 공화주의보다는 약한 규범적 함축을 부여하는 담론적 민주주의 이론은 다시 한 번 두 입장의 요소들을 수용하여 새롭게 종합한다. 이 이론은 공화주의자와 마찬가지로 정치적 의견형성과 의지형성 과정을 이론의 중심에 두지만, 그렇다고 법치국가의 헌법을 부차적인 것으로 이해하지는 않는다. 오히려 그것은 이미 보았듯이, 법치국가적 원리를 민주적 의견형성과 의지형성의 요구수준이 높은 의사소통 형식을 어떻게 제도화할 수 있는가 라는 문제에 대한 일관된 대답으로 이해한다.

담론이론에 의하면, 토의정치의 활성화는 집합적으로 행위할 수 있는 시민에 달려 있는 것이 아니라, 제도화된 심의와 비공식적으로 형성된 공적 의견 사이의 협력과 이에 상응하는 절차와 의사소통 전제의 제도화에 달려 있다. 국민주권의 절차화라든지 정치체계와 정치적 공론의 주변적 네트워크 간의 피드백 관계는 탈중심화된 사회의 이미지와 서로 잘 어울린다. 하여튼 이러한 민주주의 개념은 목표를 향해 행위하는 거대주체로 표상되는, 국가를 정점으로 하는 사회적 전체라는 개념을 더 이상 사용해서는 안 된다. 마찬가지로 그것은 권력균형과 이익균형을 시장에서의 교환 모델에 따라 몰의식적으로 규제하는 헌법규범의 체계 속에서 전체를 재현하지도 않는다. 시민의 자기결정을 사회전체를 포괄하는 거대주체에 귀속시키는 견해나 법칙의 보이지 않는 지배를 경쟁적인 개인 주체들과 관련시키는 견해는 의식철학적 사고방식으로부터 나온 것인데, 담론이론은 이런 사고방식과 작별한다. 앞의 견해에서는 시민이 전체를 반성하고 전체를 위해 행위하는 집합적 행위자로 기능하고, 뒤의 견해에서는 개별 행위자들이 맹목적으로 관철되는—왜냐하면 개인적 선택행위 너머에는 고작해야 개별 결정들의 더미만 있을 뿐 의식적으로 수행된 집합적 결정은 있을 수 없기 때문이다—권력과정의 종속변수로 간주된다.

담론이론은 민주적 절차나 정치적 공론장들의 의사소통 네트워크를 통하여 이루어지는 상호이해 과정의 한 차원 높은 상호주관성을 고려한다. 이 주체 없는 의사소통이 의회와 그 심의기구들의 내부와 외부에서 토의의 장을 형성하고, 이 토의의 장 속에서 사회 전체와 관련되고 규제를 필요로 하는 문제들에 관해 일정 정도 합리적인 의견형성과 의지형성이 일어난다. 공적 의견형성, 제도화된 선거, 입법부의 결정을 관통하는 의사소통의 흐름은 공론장에서 산출된 영향력과 의사소통적으로 산출된 권력이 입법을 통해 행정권력으로 변형되도록 보장하기 위한 것이다. 자유주의 모델에서와 마찬가지로 '국가'와 '사회'의 경계는 존중된다. 그러나 여기서 시민사회는 자율적 공론장의 사회적 기초로서, 경제적 행위체계와 공적 행정 모두로부터 구별된다. 민주주의에 대한 이러한 이해방식은 규범적 관점에서 볼 때, 근대사회가 통합의 필요와 조절의 필요를 충족할 때 사용하는 세 가지 자원인 화폐, 권력, 연대성의 관계에서 비중이동을 요구한다. 그 규범적 함축은 명백하다. 이제 더 이상 의사소통적 행위라는 샘에서만 길어올 수 없는 연대성의 사회통합적 힘이[11] 광범위한 영역에서 다양해진 자율적 공론장들과 법치국가적으로 제도화된 민주적 의견형성과 의지형성의 절차를 통해 발전하고, 나아가 법매체를 통하여 사회통합의 다른 두 매체인 화폐와 행정권력에 대항하여 자신을 주장할 수 있어야 한다.

이런 관점은 정당화 개념과 국민주권 개념에도 영향을 미친다. 자유주의의 견해에 따르면 민주적 의지형성은 오직 정치권력의 행사를 **정당화하는** 기능만 갖는다. 선거결과는 정권이양에 대한 인가이고, 정부는 공론장과 의회 앞에서 권력사용을 정당화해야 한다. 공화주의의 견해에 따르면 민주적 의지형성은 사회를 정치적 공동체로 **구성하고** 선거 때마다 이 설립행위에 대한 기억을 생생하게 유지하는 훨씬 강력한 기능을 수행한다. 정부는 정치 엘리트의 선거를 통하여 거의 무제한적인 위임권을 행사할 수 있는 권한을 가질 뿐 아니라 나아가 계획에 따라 특정한 정책을 수행한다. 국가기관이라기보다는 오히려 위원회라는 성격을 갖는 정부는 분리된 국가권력의 최상층이 아니라 자주관리적 정치공동체의 일부이다. 여기서도 담론이론은 새로운 생각을 도입한다. 이에 따르면 민주적 의견형성과 의지형성의 절차와 의사소통적 전제들이 법과 법규의 구속을 받는 행정부의 결정을 담론적으로 합리화하는 과정에서 가장 중요한 수문으로서 기능한다. 여기서 **합리화**는 단순한 정당화보다 더 큰 의미를 갖지만 권력구성보다는 작은 의미를 갖는다. 민주적 의견형성과 의지형성 과정은 정치권력의 행사를 사후에 통제할 뿐 아니라 어느 정도 그것을 미리 계획하기도 한다. 그러므로 행정권력이 이 과정과 연계되어 있는 한 그 권력의 총체적 조건이 달라진다. 하지만 그럼에도 불구하고 '행위할' 수 있는 것은 정치체계뿐이다. 행정체계는 집합적 구속력이 있는 결정을 내리는 하위체계이다.

---

11) 제 1장과 2장에서와 마찬가지로 여기서도 나는 '연대성'을 규범적 개념이 아니라 사회이론적 개념으로 사용한다.

이에 비해 공론장의 의사소통 구조는 사회문제의 압력에 반응하고 영향력 있는 의견을 자극하는, 광범위하게 엮여 있는 센서들의 네트워크이다. 민주적 절차를 통하여 의사소통적 권력으로 가공된 공적 의견은 스스로 '지배할' 수 없고 단지 행정권력의 사용을 특정한 방향으로 인도할 수 있을 뿐이다.

국민주권 개념은 원래 근대 초의 절대주의적 지배자와 결부되어 있던 주권개념을 공화주의적 관점에 따라 새롭게 해석하고 평가함으로써 등장하였다. 폭력의 정당한 사용을 독점하는 국가는 세상의 다른 모든 권력들을 복종시킬 수 있는 권력집중으로 간주되었다. 루소는 보댕으로 거슬러 올라가는 이 사상을 통합된 인민의 의지에로 옮겨 놓고 자유롭고 평등한 인격체의 자치라는 고전적 이념과 융합하여 근대적 자율성 개념으로 지양시켰다. 그러나 이러한 규범적 지양에도 불구하고 주권개념은 여전히 (처음에는 물리적으로도 현존했던) 국민의 육화라는 표상에 묶여 있었다. 공화주의적 견해에 의하면, 최소한 잠재적으로는 현존하는 국민이 바로 원칙적으로 대표될 수 없는 주권의 담당자이다. 다시 말해서 주권자로서의 국민은 타인에 의해 대표될 수 없다. 정치공동체를 구성하는 권력의 토대는 시민의 대표자에게 있는 것이 아니라 시민의 자기결정에 있다. 이러한 입장에 대항하여 자유주의는 좀더 현실주의적 견해를 제시했는데, 이에 따르면 민주적 법치국가에서 국민에서 출발하는 국가권력은 (예컨대 독일연방 공화국 헌법 20조 2항에 적혀 있듯이) 오직 "선거와 투표를 통해 그리고 특정한 입법, 행정, 사법기구에 의해서만 행사된다."

물론 이 두 가지 견해는 문제있는 전제 위에서만 완전한 양자택일적 선택지가 된다. 그 전제는 다름아니라 전체와 부분의 관계에서 출발하는 국가와 사회개념인데, 여기서 전체는 주권적 시민을 통해 구성되거나 아니면 헌법을 통하여 구성된다. 이에 비해 담론적 민주주의 개념에 조응하는 사회상은 탈중심화된 사회상이다. 물론 이 사회에서 정치적 공론장은 사회전체와 관련된 문제를 지각하고, 확인하고, 논의하는 장으로 분화되어 있다. 우리가 주체철학적 개념틀을 포기한다면, 주권이 구체적으로 국민에게 집중될 필요도 없고 헌법적 권능의 익명성 속으로 추방될 필요도 없다. 주체 없는 의사소통은 담론적 의견형성과 의지형성을 적절히 규제하여 그 오류가능한 결과가 이성적 결과라는 추측을 얻을 수 있도록 만드는데, 스스로 자기를 조직하는 법적 공동체의 '자기'는 다름아니라 이 주체 없는 소통형식 속으로 사라진다. 이로써 국민주권의 이념과 결부된 통찰은 부정되는 것이 아니라 상호주관적으로 재해석된다.[12] 국민주권은, 비록 익명의 주권으로 변했지만, 오직 의사소통적으로 산출된 권력으로서 자신을 관철시키기 위하여 민주적 절차와 요구수준이 높은 의사소통 전제의 법적 제도화 속으로 후퇴한다. 정확하게 말해서, 이 의사소통적 권력은 국가와 경제에 대해 똑같이 거리를 두는 시민사회의 결사체라는 기초 위에서 문화적으로 동원되는 공론장과 법치국가의 원리에 따라 제도화된 의지형성 사이의 상호작용으로부터 나온다.

절차주의적으로 독해할 때 국민주권의 사상은 사회의 틀을 짜는 기본조건을 가리키는데, 이 기본조건은 비록 법적 공동체의 자기조직을 가능하게 하지만, 그렇다고 해서 시민의 의지에 의해 직접 좌우되지는 않는다. 물론, 토의정치의 규범적 자기이해는 법적 공동체를 위하여 담론적인 사회구성 양식을 요청한다. 그러나 법치국가의 원리에 따라 조직된 정치체계가 배태되어 있는 사회 전체에까지 이 사회구성 양식이 확장되지는 않는다. 그 자기이해에 따르더라도, 토의정치는 전체적인 면에서 볼 때 법이론의 규범적 고찰방식만으로는 접근할 수 없는 복잡한 사회의 한 구성부분으로 머문다. 이 측면에서 민주주의에 대한 담론이론적 독해는 사회과학의 객관적 관점과 접맥점을 발견한다. 사회과학의 관점에서 볼 때, 정치체계는 사회의 정점도 중심도 아니고 심지어는 사회의 구조를 결정하는 모델도 아니다. 단지 다른 행위체계

12) 국민주권 개념에 대해서는 Maus(1992), 176쪽 이하를 볼 것.

와 나란히 서있는 하나의 행위체계일 뿐이다. 다른 한편으로, 정치는 사회적 통합을 위협하는 문제들을 해결하기 위한 일종의 안전장치를 제공하기 때문에, 정치는 정당하게 질서지어진 다른 모든 행위영역들과 — 이들이 어떤 방식으로 구조화되고 조절되든 간에 — 법이라는 매체를 통하여 소통할 수 있어야 한다. 정치체계가 그저 통상적 의미에서 다른 행위체계의 성과에 — 예를 들어 경제체계의 금융적 성과에 — 의존하는 것만은 아니다. 한 걸음 더 나아가 토의정치는, 그것이 제도화된 의견형성과 의지형성의 공식적 절차에 따라 이루어지든 비공식적으로 정치적 공론의 네트워크 속에서만 이루어지든 간에, 그것에 우호적인 합리화된 생활세계의 맥락과 내적 관계를 갖고 있다. 생활세계의 자원들은 상당정도 자발적으로 형성되고 산출되며, 어떤 경우에도 정치체계가 직접적 개입의 방식으로는 쉽사리 접근할 수 없는데, 다름아니라 토의과정을 통해 걸러지는 정치적 의사소통은 이러한 생활세계의 자원들에, 그러니까 자유로운 정치문화와 계몽된 정치적 사회화, 그리고 무엇보다 의견을 형성하는 결사체들의 주도적 발의에 의존한다.

2. 민주적 절차와 그 중립성의 문제

담론적 민주주의 개념은 정치적으로 구성된 사회라는 전통적 개념과 결별했다. 그러므로 그것이 기능적으로 분화된 사회의 형식 및 작동방식과 본래적으로 양립할 수 없는 것은 아니다. 그러나 다른 한편으로, 자유롭고 평등한 법적 인격체들의 결사체를 위해 가정된 담론적 사회구성의 모델과 아울러 법적 공동체의 자기조직이 복잡한 사회의 재생산 조건 속에서 과연 가능한지, 또 가능하다면 어떻게 가능한가 하는 의구심은 여전히 남아 있다. 이 질문에 대해 충실한 사회학적 정보를 갖고 대답할 수 있으려면 민주주의의 절차적 핵심을 올바른 수준에서 조작화하는 일이 중요하다. 실천이성의 이상적 내용은 민주적 절차 속에서 실용적 형태로 등장한다. 그리고 민주적 절차의 제도화 형식은 권리체계의 실현정도를 재는 척도이다. 민주적 법치국가의 이러한 규범적 내용을 고려할 때, 민주주의에 대한 절차적 이해를 사회학적으로 번역하는 작업은 너무 높은 수준에서 출발해서도 안 되고 너무 깊은 수준에서 출발해서도 안 된다.

보비오(N. Bobbio)는 자신의 민주주의 이론을 도입하면서 디플레이션 전략을 사용하였다.[13] 그는 먼저 고전적 구상이 약속했던 것을 이행하기 어렵게 만든 몇 가지 전반적인 사회변동을 언급한다. 무엇보다 먼저 거대조직들로 구성된 다중심적 사회가 등장하여, 집합적 행위자에 대한 영향력과 정치권력이 이들 거대조직들로 이행되었으며, 연합한 개인들이 그것을 획득하고 행사할 수 있는 기회는 점점 줄어들었다. 또 경쟁하는 집단이익들이 다양화되어 공평무사한 의지형성을 어렵게 만들었다. 게다가 국가관료제와 공적 과제의 증대는 전문가 지배

13) N. Bobbio, *The Future of Democracy*, Cambridge 1987.

를 촉진하였다. 마지막으로 정치적 무관심에 빠진 대중은 정치 엘리트로부터 소외되고, 정치 엘리트는 목소리를 잃어버린 시민들로부터 자립화되어 독자적인 과두제를 형성하였다. 이러한 회의적 진단 때문에 보비오는 민주주의의 게임규칙을 조심스럽게 규정할 필요를 느꼈다.

> 민주주의를 모든 형태의 독재정부와 구별하여 의미 있게 논의할 수 있는 유일한 길은 민주주의를 일군의 규칙을 통해 특징되는 것으로 간주하는 길이다…. 그 규칙은 누가 집합적 결정을 내릴 수 있는 권한을 가지며, 어떤 절차들이 적용되어야 하는지를 확정한다.[14]

민주주의는 (a) 가능한 최대다수의 관심있는 시민들의 정치적 참여, (b) 정치적 결정을 위한 다수결 원칙, (c) 통상의 의사소통 권리와 아울러 다양한 강령과 정치 엘리트 집단들 중에서 선택할 기회, (d) 사적 영역의 보호를 보장할 때 비로소 필수적인 '절차상의 최소조건'을 충족한다.[15]

이와 같은 최소주의적 정의의 장점은 그 기술적(*diskriptiven*) 성격에 있다. 그 정의는 국민국가를 통해 조직된 서구형 사회 속에 이미 존재하는 정치체계의 규범적 내용을 표현하고 있다. 보비오가 다음의 결론에 이를 수 있었던 것도 이러한 이유에서였다.

> 민주주의 국가의 최소 내용은 손상되지 않았다. 즉 기본적 자유권의 보장, 정당 간의 경쟁, 보통선거에 의한 주기적 선거, 집합적 결정이나 타협의 결과로 나온 결정, … 또는 다수결원칙에 기초하거나 정권의 상이한 분파들이나 동맹세력 사이의 개방적 논쟁의 결과로서 내려진 결정 등은 손상되지 않았다.[16]

---

14) *Ibid.*, 24.

15) *Ibid.*, 56. "자치의 필요와 나란히 전혀 지배받지 않고 평화롭게 방임되기를 원하는 욕망도 있다."

16) *Ibid.*, 40.

그러나 다른 한편 이러한 조작적 정의로는 결코 법이론의 재구성적 시각에서 제시되는 민주적 절차의 규범적 내용을 모두 담아내지 못한다. 비록 여러 정당들 간의 공적 논쟁이 민주적 결정양식의 필수조건으로 언급되고 있지만, 보비오가 제안한 정의는 민주주의에 대한 진정한 절차주의적 이해의 핵심을 건드리지는 못했다. 이것의 요점은 민주적 절차는 절차에 합당하게 이끌어낸 모든 결과들을 합리적 결과로 추정할 수 있게 만드는 의사소통 형식을 통한 담론과 협상을 제도화한다는 통찰에 있다. 이러한 관점을 누구보다 열정적으로 발전시킨 사람은 존 듀이(John Dewey)였다.

> 다수결원칙을 그 자체로서 보면 비판가들이 비난하는 대로 어리석은 원칙이다. 그러나 그것은 단순히 다수결원칙으로 끝나는 것이 아니다…. 더 중요한 것은 다수자를 다수자로 만들어주는 수단이다. 결정에 선행하는 논쟁이라든가 소수자의 의견을 충족하기 위한 의견수정 등…. 다시 말해서 본질적인 것은 논쟁과 토론과 설득의 방법과 조건들을 개선하는 일이다.[17]

의견형성과 의지형성은 오직 그 결과의 이성적 질에 대한 기대 덕분에 사회적 통합의 기능을 충족하는데, 토의정치는 정당화의 힘을 이 의견형성과 의지형성의 담론적 구조로부터 얻는다. 공적 논쟁의 담론적 수준이 가장 중요한 변수인 이유도 여기에 있다. 이 담론적 수준이 개략적인 지표에 만족하는 엉성한 조작적 정의 속에서 사라져 버려서는 안 된다. 이 측면을 고려하는 제안을 다루기 전에 먼저 (1) 이중궤도를 갖는 토의정치 개념을 발전시키고, (2) 공동체주의자와 자유주의자들의 반론에 대항하여 이 개념을 방어하고자 한다.

(1) 조슈아 코헨(Joshua Cohen)은 가능한 한 광범위하게 사회제도

---

17) J. Dewey, *The Public and its Problems*, Chicago 1954, 207 f.

속에 '반영'되어야 하는 심의와 의사결정의 '이상적 절차'에서 출발하여 토의정치 개념을 해명한다. 물론 코헨은 사회가 전체적으로 토의에 의해 조절되고 또 그런 한에서 정치적으로 구성된다는 이념에 대해 충분히 거리를 두지는 않았다.

> 토의 민주주의 개념은 민주적 연합체의 직관적 이상에 뿌리를 두고 있다. 이 민주적 연합체 속에서는 결사의 항목과 조건들에 대한 정당화가 시민들간의 공적 논증과 추론을 통해 진행된다. 이러한 질서 속에서 시민들은 공적 추론을 통하여 집합적 선택의 문제를 해결한다는 신념을 공유하고, 그들의 기본제도들이 자유로운 공적 토의를 위한 준거틀을 확립해주는 한에서 그것들을 정당한 것으로 여긴다.[18]

코헨과는 달리 나는 절차상으로 합당한 결정들에 정당성을 제공하는 그 절차 — 이 절차에 대해서는 아래에서 좀더 상세하게 규정할 것이다 — 를 모든 사회제도의 모델로 (심지어는 모든 국가제도의 모델로도) 이해하지 않고, 법치국가의 원리에 따르는 분화된 정치체계의 핵심구조로 이해하고자 한다. 만약 토의정치가 사회적 총체성의 모습을 결정하는 구조로 인플레이션된다면, 법체계 속에서 기대되는 담론적 사회구성의 양식이 사회의 자기조직으로 확대되어야 하며, 사회의 복잡성 전체를 관통해야 한다. 그러나 민주적 절차가 자신이 배태되어 있지만 자기 스스로 규제할 수 없는 맥락에 의존해야 한다는 단순한 이유만으로도 그것은 불가능한 일이다.

그럼에도 불구하고 코헨은 그 절차의 특징을 다음의 공준을 통해 설득력 있게 제시하고 있다.

(a) 토의과정은 논증적 형식 속에서, 다시 말해서 제안들을 제시하

18) J. Cohen, "Deliberation and Democratic Legitimacy," in : A. Hamlin, B. Pettit (eds.), *The Good Polity*, Oxford 1989, 17 ff.

고 비판적으로 검사하는 당사자들 사이에서 정보와 근거의 잘 규제된 교환을 통하여 일어난다.[19]

(b) 토의는 포괄적이고 개방적이다. 원칙적으로 누구도 배제되어선 안 된다. 결정에 영향을 받을 가능성이 있는 모든 사람들은 토의에 참여할 수 있는 동등한 기회를 갖는다.

(c) 토의는 외적 강제로부터 자유롭다. 참여자들은 오직 논증의 의사소통적 전제와 절차규칙에 의해서만 구속받으며, 이러한 한에서 주권적이다.[20]

(d) 토의는 참여자들의 동등한 위치에 영향을 줄 수 있는 내적 강제로부터 자유롭다. 각자 발언하고, 주제를 도입하고, 기고하고, 제안을 제시하고 비판하는 동등한 기회를 갖는다. '예/아니오'의 입장표명은 오직 더 나은 논지의 강제 없는 강제로부터만 나온다.[21] 나머지 조건들은 토의의 정치적 성격의 측면에서 그 절차를 특정화한다.

(e) 토의는 일반적으로 합리적 동기에서 나온 동의를 목표로 하며, 원칙적으로 무제한 계속될 수 있으며 언제라도 재개될 수 있다. 그러나 정치적 토의는 결정을 내려야 할 필요성을 고려하여 다수결에 의해 종결되어야 한다. 또 다수결원칙은 다수자의 오류가능성 있는 의견이 새로운 다수의견이 등장할 때까지는, 즉 소수자가 그들의 견해가 옳다는 것을 다수자에게 설득할 때까지는, 공동의 실천의 이성적 토대로

---

19) "토의 당사자들은 특정 제안을 제시하는 근거를 진술하고 그 근거를 지지하거나 비판할 것을 요청받으며, 이런 점에서 토의는 이성적이다…. 상대방이 상이한 목적을 갖고 있지만 평등한 사람들 사이의 자유로운 토의를 통하여 그들의 결사의 조건을 해결한다는 신념을 공유한다고 전제할 때, 상대방으로 하여금 제안을 수락하게 만들려는 목표 하에 근거들이 제공된다." *Ibid.*, 22.

20) "제안을 검토할 때 그들은 선행하는 규범이나 요청의 권위에 의해 제약받지 않는다"(22).

21) "현존하는 권력과 자원의 분배가 참여자들이 토의에 기여할 기회를 구조화하지도 않고 또 그 분배가 그들의 토의에서 권위적 역할을 하지도 않는다는 점에서 참여자들은 실체적으로 평등하다"(23).

간주될 수 있다는 추정을 정당화하는데, 그 이유는 그것이 토의와 내적 연관을 갖고 있기 때문이다.[22]

(f) 정치적 토의는 모든 사람들의 동등한 이익을 위하여 규제될 수 있는 모든 소재들로 확장된다. 그렇다고 해서 전통적 견해에 의할 때 '사적인' 성격을 갖는 주제와 대상들이 토론에서 배제되어야 할 이유가 더 늘었다는 말은 아니다. 특히 평등한 의사소통 권리 및 사회적 권리의 사실적인 행사를 좌우하는 자원들의 불평등 분배는 공적인 문제들이다.[23]

(g) 또한 욕구의 해석과 전정치적 태도와 선호의 변화도 정치적 토의의 대상이 될 수 있다. 이때 합의를 가져오는 논증의 힘은 공통의 전통과 생활세계 속에서 미리 형성되어 있는 가치합의에만 의존하는 것이 아니다.[24]

연합체가 공동의 삶의 조건을 민주적으로 규제하기 위하여 이러한 절차들을 제도화할 때 비로소 그것이 시민적 정치체로서 구성된다. 그리고 그것이 특정한 삶의 형식과 전승을 갖고 있으며 시공간적으로 경

---

22) "설령 이상적 조건 위에서라 할지라도 합의의 근거가 등장할 전망은 없다. 그러한 근거들이 없다면, 토의는 모종의 다수결원칙에 따라 투표에 의해 결정된다. 그러나 토의가 그렇게 끝난다고 해서 집합적 선택의 토의적 형식과 비토의적 절차를 통해 개별 선택을 집산하는 형식 사이의 구별이 사라지는 것은 아니다"(23).

23) "부의 불평등 또는 그러한 불평등의 결과를 교정할 수 있는 제도적 조치의 부재는 토의장 자체에서 요청되는 평등을 무너뜨릴 수 있다."(27); 또한 J. Cohen, J. Rogers, *On Democracy*, New York 1983, 6장, 146쪽 이하; W. E. Connolly, *The Terms of Political Discourse*, Lexington(Mass.) 1974도 참조할 것.

24) "공동선에 대한 적합한 개념들은 단순히 토의에 앞서 주어져 있는 이익과 선호만으로 구성되는 것이 아니다. 공동선을 구성하는 이익, 목표, 이상들은 오히려 토의를 거친 것들이며, 또 공적으로 고찰해 볼 때 공적 자원들에 대해 요구를 할 때 정당하게 호소할 수 있다고 생각되는 이익들이다"(23).

계가 그어진 특수한 법적 공동체를 형성한다. 그러나 이런 명료한 정체성이 있다고 해서 법적 공동체가 시민들의 정치적 공동체로 불리는 것은 아니다. 왜냐하면 민주적 과정을 지배하는 것은 모든 시민적 정치체를 동등하게 구성하는 보편적 정의의 원리이기 때문이다. 간단히 말해서, 토의와 결정의 이상적 절차는 공동의 삶의 조건을 공평무사하게 규제하기로 동의한 연합체를 그 담지자로 전제한다. 법적 공동체의 구성원들을 연합시키는 것은 궁극적으로는 각 의사소통 공동체를 하나로 묶는 언어적 고리인 것이다.[25)]

토의정치에 대한 이러한 이미지 속에서는 한 가지 중요한 내적 분화(이것에 대해선 4장에서 언급했다)가 빠져있을 뿐 아니라, 민주적 절차를 통해 규제되는 결정을 지향하는 토의와 공론장에서 이루어지는 비공식적 의견형성 과정 사이의 관계도 언급되지 않고 있다. 이 민주적 절차들이 보통선거의 경우와는 달리 단순히 비공식적 의견형성에 잇따르는 투표의 조직에만 국한되지 않는 한, 최소한 그것들은 '회의'에서 어젠

25) 이와 관련하여 근대 사회에서 결혼상대, 주거장소, 사회적 위치, 정치적 지지의 변화속도가 늘어나면서 생겨나는 통합문제를 다룬 왈처(M. Walzer)의 글을 참조할 것. 이 '4개의 이동'은 가족, 생활공간, 사회적 출신, 정치적 전통에 대한 귀속적 결속을 느슨하게 만든다. 개인들에게 이것은 사회적으로 통합되어 있지만 종속적 생활조건으로부터의, 정향과 보호막을 제공하지만 동시에 편견을 심어주는 억압적인 생활조건으로부터의 양가적 해방을 뜻한다. 이 분리가 양가적인 이유는, 그것이 개인의 선택공간을 증대시키고 따라서 개인에게 자유를 제공하는데, 이 자유가 한편으로는 소극적 자유로서 개인을 고립시키고 자신의 이익을 목적합리적으로 추구하도록 강제하며 다른 한편으로는 적극적 자유로서 개인으로 하여금 자유의지에 따라 새로운 사회적 유대를 맺고, 전통을 비판적으로 흡수하고, 토의적 방식으로 자신의 정체성을 구성할 수 있도록 만들기 때문이다. 왈처에 의하면, 궁극적으로는 사회적 관계의 언어적 구조만이 사회적 해체를 방지해준다. "4대 이동의 정도가 얼마나 되든 간에, 그것들이 더 이상 대화가 불가능할 정도로 우리를 분리시키는 것 같지는 않다. … 심지어는 자유주의 사회에서의 정치적 갈등조차도 그 당사자들에게 협상과 타협, 절차적 정의와 대화의 가능성을 박탈할 만큼 극단적 형태를 취하는 경우는 드물다"("The Communitarian Critique of Liberalism," *Political Theory* 18, 1990, 13 f).

다에 대해 '협상하고' 또 필요한 경우 결정을 내리기 위하여 '회동하는' 위원회의 구성과 작동방식을 규제한다. 의회의 절차를 확립함으로써 의사결정의 권능은 (그리고 부여된 정치적 책임은) 사회적으로 구획되고 시간적으로 제한된 공론장들이 구성되는 데 필요한 준거점을 제공한다. 또 그 준거점은 협상이 논증적으로는 어떻게 구조화되며 구체적 문제와 관련해선 어떻게 특정화되는지를 결정한다. 이런 식으로 '조정된' 공론장에서 민주적 절차는 공정한 협상의 타결을 포함하여 실천적 문제의 협동적 해결이라는 관점에서 의견형성과 의지형성의 과정을 구조화한다. 이러한 규제들의 작동적 의미는 문제의 발굴과 확인에 있다기보다는 오히려 문제의 가공처리에 있으며, 새로운 문제상황을 민감하게 지각하는 데 있다기보다는 문제의 선택과 해결책의 결정을 정당화하는 데 있다. 의회라는 정치체의 공론장은 주로 **정당화의 맥락**으로서 구조화된다. 그것은 행정부의 예비작업과 사후처리에 의존할 뿐 아니라, 시민들로 구성된 일반적 공중에 의해 운반되는, 절차를 통해 규제되지 않는 공론장들이 제공하는 **발견의 맥락**에도 의존한다.

이 '약한' 공중이 '여론'의 운반자이다.[26] 결정과 분리된 의견형성은 유동적인 시간적, 사회적, 객관적 경계를 가지면서 서로 중첩하는 하위문화적 공론장들의 개방적이고 융합적인 네트워크 속에서 이루어진다. 이러한 다원적 공론의 구조는 헌법이 보장한 테두리 안에서 어느 정도 자생적으로 형성된다. 원칙적으로 제한이 없는 의사소통의 흐름은 결사체 내부에서 발전되어 일반적 공론의 비공식적 구성부분을 형성하는 다양한 공론들을 관류한다. 이들이 모두 합쳐져서 결코 완전히 조직될 수는 없는 '야생적' 복합체를 형성한다. 이러한 무정부적 구조 때문에 일반적 공론장은 한편으로는 의회의 제도화된 공론장에 비해

26) N. Fraser, Rethinking the Public Sphere, in : C. Calhoun, *Habermas and the Public Sphere*, Cambridge(Mass.) 1992, 134. "나는 그 토의가 의견형성에만 국한되고 의사결정까지 포함하지 않는 공중을 약한 공중이라고 부르기로 하겠다."

불평등하게 분배된 사회적 권력과 구조적 폭력과 체계적으로 왜곡된 의사소통의 억압적 영향과 배제적 결과에 무방비 상태로 노출되는 정도가 더 심하다. 다른 한편 그것은 제약없는 의사소통 매체의 장점을 갖는다. 이 매체 속에서 절차적으로 규제된 공론장에 비해 새로운 문제들이 더 민감하게 지각되고, 자기이해의 담론이 더 광범위하고 더 표현적으로 이루어지며, 집합적 정체성과 욕구의 해석이 더 자유롭게 표현될 수 있다. 비공식적 여론은 이상적으로는 권력에 장악되지 않은 정치적 공론의 구조 속에서 형성되는데, 민주적인 의견형성과 의지형성은 이 비공식적 여론의 공급에 의존한다. 그리고 비공식적 공론장은 다시 평등한 시민권이 사회적 효과를 거둘 수 있는 그러한 사회적 기초의 지원을 받아야 한다. 계급적 제약에서 벗어나고 수천 년 묵은 사회적 계층화와 착취의 족쇄를 깨어버린 기초 위에서만, 문화적 다원주의의 잠재력이 완전히 개화될 수 있다. 물론 이 잠재력은 의미를 산출하는 다양한 삶의 형식들의 잠재력에 못지않게 다양한 갈등의 잠재력이기도 하다. 그러나 자신의 복잡성을 의식적으로 다루는 방법을 배운 세속적 사회에서 이방인들 사이에, 좀더 정확히 말해서 폭력을 포기하고 공동의 삶을 협동적으로 규제하면서도 서로가 이방인으로 남아 있을 권리를 허용하는 그러한 이방인들 사이에서 연대성을 형성할 수 있는 유일한 원천은 이 갈등을 의사소통적으로 해결하는 길 뿐이다.

(2) **절차의 중립성에 대한 보론 :** 따라서 토의정치는 민주적으로 조직된 의지형성과 비공식적 의견형성 간의 상호작용으로 살아간다. 그것은 절차에 의해 규제된 심의와 결정이라는 경로 속에서만 진행되는 것이 아니다. 규제된 민주적 절차를 보충해야 할 이 필요성은, 이제 이런 종류의 게임규칙이 중립적이라는 주장에 반대하여 제기되는 반론들을 논의할 때에도 잊지 말아야 한다.[27] 그 반론은 우선 브루스 애커만

27) "정의에 관한 심포지엄"(*Ethics* 93, 1983)에 실린 논문들을 참조할 것. 또 다

(Bruce Ackerman)이 제시한 설명에 반대하여 제기된다. 애커만은 권력의 소유자들이 자신의 기본적인 정치적 결정을 반대자들 앞에서 정당화해야 하는 정당화 담론의 형식에서 출발하여 민주적 절차를 설명한다. 이 담론이 따르는 규칙은 실천적 질문에 관한 공평무사하고 일관된 평가를 가능하게 해야 한다.[28] 특히 권력자는 좋은 삶에 대한 경쟁적이고 서로 양립하기 힘든 개념들에 대해 중립적 태도를 취해야 한다. 바로 이것이 논쟁의 핵심이다.

> 어떤 근거든 간에 그것에 기초하여 권력의 소유자가 (a) 자신이 생각하는 선개념이 다른 동료시민이 주장하는 것보다 더 좋다고 또는 (b) 자신이 생각하는 선개념과 무관하게 자신이 하나 또는 그 이상의 동료 시민에 비해 본래부터 우월하다고 주장하게 되는 한, 그 근거는 좋은 근거가 아니다.[29]

일차적으로 중립성은 논증논리적으로 근거지어진, 선한 것에 대한 정의로운 것의 선차성을 뜻하며, 따라서 좋은 삶에 대한 질문이 정의의 질문의 뒤로 후퇴한다는 것을 뜻한다. 그러나 만약 중립성이 이것으로 그치지 않고 더 나아가 윤리적 질문에 괄호를 쳐서 정치적 담론 일반으로부터 빼버릴 것을 요구한다면, 이것은 정치 이전의 태도, 욕

음 글도 참조할 것. S. Benhabib, "Liberal Dialogue vs. a Critical Theory of Discursive Legitimation," in : N. Rosenblum(ed.), *Liberalism and the Moral Life*, Cambridge(Mass.) 1989, 145 ff. ; J. D. Moon, "Constrained Discourse and Public Life," *Political Theory* 19, 1991, 202~229.

28) B. Ackerman, *Social Justice in the Liberal State*, New Haven 1980 : "누구든 간에 다른 사람의 권력의 정당성에 대해 의문을 제기할 때마다, 권력의 소유자는 그 질문을 억누르는 식으로 반응해서는 안 되고, 왜 자신이 권력을 사용할 권한을 질문자보다 더 많이 갖고 있는지 그 이유를 설명하는 식으로 반응해야 한다"(4) ; "이때 권력자가 내세운 이유는 그가 또 다른 권력주장을 정당화하기 위하여 내세웠던 이유와 일관성이 있어야 한다"(7).

29) *Ibid.*, 11.

구의 해석, 가치정향을 합리적으로 변화시킬 수 있는 정치적 담론의 힘을 박탈하는 결과를 빚을 수밖에 없을 것이다. '대화적 제약'에 대한 이와 같은 독해방식에 따르면, 첫눈에 논쟁적인 실천적 질문들은 아예 더 이상 추구할 수 없게 된다.[30] 이것은 선에 대한 질문을 '사적인' 문제로 처리하는 결과를 초래한다. 그러나 이러한 전제 위에서는, 절차의 중립성은 오직 회피규칙이나 '함구령'(*gag rule*)[31]을 통해서만 보장될 것이고, 사적인 것과 공적인 것의 전통적 구별 — 이 구별 자체는 토론의 대상에서 배제된다 — 에 종속되어 버릴 것이다. 그러나 이와 같이 윤리적 질문을 미리 배제하는 엄격한 제약은, 명시적이진 않다고 하더라도 적어도 묵시적으로는, 몸에 밴 배후의 전통에 유리한 방향으로 어젠다의 구조에 편견을 심어 넣는다. 우리의 견해차이를 토론 속에서 아예 표명할 수조차 없다면, 우리는 담론을 통해 도달가능한 동의의 가능성을 탐색해 볼 수 없다. 이러한 이유 때문에 찰스 라모어(Ch. Larmore)는 다른 독해방식을 제안한다.

> 특히, 정치적 중립성이라는 이상은 그와 같은 토론 속에 대안적 결정의 개연적 결과가 무엇이며 과연 그러한 결정들이 중립적으로 정당화될 수 있는가 라는 질문에 관한 결정이 포함될 뿐 아니라 나아가 좋은 삶에 대한 각자의 개념을 해명하고 인간적 번영에 대한 각자의 견해가 갖는 다양한 측면의 우월성을 타인에게 설득하려는 노력들도 포함된다는 점을 부정해서는 안 된다. 그 이상은 오직 다음의 요구만을, 즉 좋은 삶에 대한 특정 견해가 논쟁이 되고 있는 한, 국가의 어떠한 결정도 그 견해의 본래적 우월성이나 열등성에 대한 추정에 기초해서 정당화될 수는 없다는 요구만을 담고 있다.[32]

---

30) B. Ackerman, "Why Dialogue?," *Journal of Philosophy* 86, 1989, 16 : "우리는 (어떤) 불일치에 대해서(도) 아무 말하지 않고 그저 침묵을 지켜야 하며, 우리를 분열시키는 도덕적 이상을 논쟁적 어젠다에서 배제해야 한다."

31) St. Holmes, "Gag Rules or the Politics of Omission," in : J. Elster, R. Slagstad(eds.), *Constitutionalism and Democracy*, Cambridge 1988, 19~58 참조.

논의는 이 지점에서 두 갈래로 갈라진다. 왜냐하면 중립성 명제에 대한 이러한 관용적인 해석도 반박되고 있으며 그것도 정반대의 방향에서 반박되고 있기 때문이다.

공동체주의 진영에서 근본적인 반론이 제기된다. 이 반론에 의하면 실천적 질문 일반에 대한 공평무사한 평가규준은 특정한 세계해석과 생활계획의 맥락과 결코 분리될 수 없다. 다시 말해서 중립적이라고 추정되는 어떤 원칙도 사실은 중립적일 수 없다는 것이다. 따라서 외관상 중립적으로 보이는 모든 절차들이 좋은 삶에 대한 특정한 개념을, 애커만의 경우에는 자유주의적 개념을 반영하고 있다는 것이다. 또한 중립적 절차가 선호된 가치의 실현이나, 예를 들어 자유주의적 국가개념이나 정치개념의 관점에서 선차적인 것으로 간주되는 목표의 실현에 암묵적으로도 봉사해서는 안 된다. 그럴 경우 그것은 다른 선 개념이나 가치정향을 가진 시민들에게 불이익을 줄 것이기 때문이다. 만약에 중립성의 원리가 대안이 없는 혹은 불가피한 실천의 필수적 구성부분이라는 것을 성공적으로 정당화할 수 있다면, 이러한 반론은 힘을 갖지 못할 것이다. 어느 한 실천이 삶에 중요한 기능을 충족하고 다른 어떤 실천에 의해서도 대체될 수 없을 때, 그것은 '불가피한' 것이다. 애커만은 이 불가피성을 이용하여 다음의 질문을 던진다.

> 만약 우리가 제한된 대화의 기술을 싫어한다면, 어떤 방식으로 우리가 서로 만나게 될 것인가? 추방이나 야만적 억압 이외에 (다른 어떤) 길이 있는가?[33]

우리가 갈등의 규제나 집합적 목표의 추구와 같은 문제에 직면하여 폭력적 대립의 길을 피하려고 한다면, 그 절차와 의사소통 전제들을 임의로 통제할 수 없는 그런 상호이해의 실천에 참여해야만 한다.

---

32) Ch. Larmore, *Patterns of Moral Complexity*, Cambridge 1987, 47.

33) Ackerman, "What is Neutral about Neutrality?," *Ethics* 93, 1983, 390.

이런 생각에서 라모어는 중립성 원리의 근거를 논증의 일반적 규칙에서 찾는다.

> 정치적 중립성에 대한 중립적 정당화는 내가 합리적 대화의 보편적 규범이라고 믿는 것에 기초한다. 두 사람이 비록 특정한 사항에 대해서는 의견불일치를 보이고 있지만 그럼에도 불구하고 그들이 해결하려고 하는 더 일반적인 문제에 관해 계속하여 대화하기를 원한다면, 각자는 다른 사람이 거부하는 믿음을 버려야 한다. 이것은 (1) 반박된 믿음의 진리를 다른 사람에게 확신시켜 줄 자신의 다른 믿음에 기초하여 논증을 새롭게 구성하기 위해서이며, (2) 동의의 가능성이 더 높을 것으로 보이는 (문제의) 다른 측면으로 이동하기 위해서이다. 불일치에 직면해서도 대화를 계속하려는 사람은 논쟁을 해결하거나 또는 비켜가려는 기대를 품고 중립적 근거로 후퇴해야 할 것이다.[34]

'중립적 대화'는, 일단 윤리적 불일치를 확인한 이후에는, 그 불일치를 인정하는 가운데 모든 참여자들의 동등한 이익을 고려하는 정의의 담론이라는 더 높은 추상차원으로 이행할 것을 요구하는데, 이제 라모어의 접근방법에서 이 이행은 일반적인 논쟁규칙의 특수한 사례로 제시된다.[35]

이러한 제안에 대하여 공동체주의자의 반론이 한 번 더 급진화될 수 있다. 설령 중립성 원리가 일반적인 논증규칙으로부터 도출될 수 있다고 하더라도, 그 논증규칙의 재구성은 개별 논증참여자의 직관적 지식에, 보통의 경우엔 우리 자신의 직관적 지식에 의존할 수밖에 없다는 것이다. 왜냐하면 타당성 주장을 담론적으로 이행할 수 있는, 언제나

---

34) Larmore (1987), 53 : 이 '합리적 담론의 규범'에 대한 조금 다른 정식화가 다음 글에 나타난다. Ch. Larmore, "Political Liberalism," *Political Theory* 18, 1990, 347.

35) 여기서 나는 존 롤즈의 '중첩적 합의' 개념에 관한 논의는 일단 제외한다. J. Rawls, *Die Idee des politischen Liberalismus*, Frankfurt/Main 1992, 255~333. 이에 대해서는 J. Habermas (1991a), 204쪽 이하를 볼 것.

이미 암묵적으로 의식되어 있는 조건은 참여자의 전망에서 출발할 때에만 반성적으로 파악될 수 있기 때문이다. 그러나 이러한 합리적 재구성의 방법은 다음의 결과를 가져올 수 있다. "좋은 삶에 대한 개인들의 개념이 갈등을 빚을 때, 각자가 생각하기에 자신의 개념을 상대방에게 정당화할 수 있으리라고 여기는 그 이상적 조건 자체에 대해서도 각자 상당히 다른 개념을 갖는 경우가 종종 생겨날 것이다."[36]

라모어는 일반적인 문법적 지식이 일정 정도는 특수한 언어적 세계상이라든가 개인적인 자기이해 및 세계관과 융합되어 있다고 추정한다. 그러나 이 점을 인정한다고 하더라도, 우리는 최악의 경우 우리가 이미 획득하고 있는 실천적 지식에 대한 해명이 전망주의적으로 왜곡될 수 있다는 것을 고려해야지, 직관적으로 언제나 이미 사용되고 있는 이 지식 자체가 전망주의적으로 다양화될 것이라고 기대해서는 안 된다. 항상 오류의 가능성이 있는 재구성이 실제로 특정 경우에 잘못되었다고 한다면, 그 재구성은 언제나 이미 기능하고 있는 실천적 지식을 파악하지 못할 것이다.[37] 이러한 까닭에 우리는 논증적 실천이 하나의 초점을, 다시 말해서 그렇게 다양한 배경의 논증 참여자들이 행하는 상호이해의 노력들이 항상 직감적으로 만나게 되는 초점을 형성한다는 관점에서 출발해야만 한다. 왜냐하면 진리, 합리성, 근거제시 또는 합의 같은 개념들은, 설령 그것들이 상이하게 해석되고 상이한 기준에 따라 적용될 수 있다고 하더라도, 모든 언어와 모든 언어공동체에서 동일한 문법적 역할을 수행하기 때문이다.[38] 하여튼 현대사회에서는, 그러니까 실정법과 세속화된 정치와 이성의 도덕을 갖고서 탈인습적인 정당화의

---

36) Larmore(1987), 58.

37) 전이론적 지식에 대한 오류가능성 있는 재구성의 절차에 대해서는 J. Habermas, "Was heißt Universalpragmatik?," in : *Vorstudien und Ergänzungen zur Theorie des kommunikativen Handelns*, Frankfurt/Main 1984, 363쪽 이하를 볼 것.

38) J. Habermas(1988), 177 ff.

차원으로 이행했으며 또 그 구성원들에게서 자신의 문화적 전승에 대한 반성적 태도를 기대할 수 있는 현대사회에서는 이것이 참이다.[39] 물론 암묵적인 실천적 지식이 합리적 담론의 규칙과 전제에 관한 명시적 지식으로 변형되는 순간, 그리고 이 명시적 지식이 다시 제도화된 심의절차와 결정절차로 변형되는 순간, 해석상의 차이가 이 해명과정에서 작동할 수 있다. 권리체계를 상이한 방식으로 해석하고 조형하는 역사적 헌법들 간의 차이 속에는 이러한 차이도 포함되어 있다.

중립성 명제에 대한 엄격하지 않은 독해방식은 자유주의 진영의 반론에도 직면한다. 자유주의자들은 어느 한 당파가 제기하고 싶은 임의의 질문과 모든 논증에 정치적 담론을 개방하는 것에 반대한다. 그들은 무엇보다 페미니스트들이 주창하는 명제, 즉 적어도 참여자들 중의 한 사람이라도 공적 적합성이 있다고 간주하는 주제들은 모두 다 공적으로도 언어화될 수 있어야 한다는 명제를 반박하고 나선다. 물론 페미니스트들은 중립성 원리에 대한 엄격한 관점이 전통적 개념에 따를 때 '사적인' 것으로 간주되는 바로 그 문제들을 어젠다로부터 멀리 격리시킨다는 점을 우려한다. 구체적이고 분명한 사례들은 많다.

> 아주 최근까지도 여성에 대한 가정폭력이 공통의 관심사이며 따라서 공적 담론의 정당한 주제라는 페미니스트들의 생각은 소수에 국한되었다. 대다수의 사람들은 이 쟁점이 극히 소수의 이성애 부부 사이에서 생기는 사적인 문제로 여겼다…. 페미니스트들은 기층 대항 공론장을 형성하였으며, 가정폭력이 남성지배 사회에 광범위하게 번져 있

39) 이런 조건 위에서는 종교적 또는 형이상학적 세계관도 그 근본주의적 성격을 상실한다. 이 세계관들은 자신이 타당성 주장의 동일한 우주 내부에서 다른 세계해석과 경쟁하고 있다는 상황을 반영한다. 그런 한에서, 그것들은 자신의 진리주장을 포기하지 않으면서 세속화된 사유의 오류가능성 있는 전제들을 받아들여야 한다. 이런 맥락에서 존 롤즈는 '이성적인 포괄적 교리들'을 말한다. 전통과 현대의 구별의 인지적 측면에 대해서는 매킨타이어에 대한 나의 비판을 참조할 것. J. Habermas(1991a), 209~218.

는 체계적 특징이라는 견해가 이 공론장으로부터 퍼져나갔다. 지속적인 담론적 논쟁 끝에 우리는 마침내 그 견해를 상식으로 만드는 데 성공했다.

이와 같은 사례들에서 출발하여 낸시 프레이저(Nancy Fraser)는 다음의 결론에 이른다. "무엇이 공동관심사이고 무엇이 그렇지 않는가는 오직 참여자들만 결정할 수 있다."[40]

이 명제는 정치적 토론에서 주제의 제한을 철폐할 경우 사적 영역에 대한 법적 보호에 구멍이 뚫리고 개인의 인격적 불가침성이 위협받는다는 우려를 불러일으켰다. 그리하여 예를 들어 문(J. D. Moon)은 '반프라이버시 편견'을 말하기도 한다. 주관적인 사적 권리는 사적 개인들이 자신의 모든 행위에 대하여 공적으로 해명하고 대답해야 하는 의무에서 벗어나는 공간을 보호한다. 만약 이 영역이 더 이상 미리 구획되어 있지 않다면, 다음의 딜레마가 생길 것처럼 보인다. "사적인 것의 경계가 무엇이어야 하는지를 결정하기 위해서는 무제한의 담론이 필요한 듯이 보인다. 그러나 그러한 담론 자체가 그 경계를 침해하고 있다. 왜냐하면 그 담론은 무제한의 자기노출에 대한 요구에 의존하고 있기 때문이다."[41] 그러나, '사적' 용무 대 '공적' 용무라는 개념쌍과 '제한된' 담론과 '제한없는' 담론의 개념쌍과 관련된 혼동을 해명하는 순간 이러한 외관상의 딜레마는 해소된다.

절차를 통해 공적 담론에 가해지는 제한을 공적 담론의 주제영역에 대한 제한과 구별해야만 한다. 중립성 명제를 관용적으로 파악한다는 것은 비공식적인 것은 물론이고 절차를 통해 규제되는 의견형성과 의지형성도 좋은 삶, 집합적 정체성, 욕구의 해석과 관련된 윤리적 질문을 포괄할 수 있어야 한다는 것을 뜻한다. 예를 들어 '배우자 폭력'의

---

40) Fraser(1992), 129. 벤하비브도 같은 의미로 말한다. S. Benhabib, "Models of Public Space," in : *Situating the Self*, Cambridge 1992, 89~120.

41) Moon(1991), 221.

상황을 규제하는 정치적 입법자는 이 상황에 상응하는 주제와 논고들을 입법절차의 공정성을 해치지 않으면서 논쟁 속에 포함시킬 수 있다. 그러한 상황을 공적으로 주제화하고 다룬다고 해서 그것이 주관적 권리의 침해를 뜻하는 것은 결코 아니다. 우리는 공적 용무와 사적 용무를 이를테면 두 가지 측면에서, 즉 접근가능성과 주제화의 측면과 책임과 능력의 규제라는 측면에서 다시 구별해야 한다. 뭔가에 대하여 말하는 것은 타인의 일에 참견하는 것과 같지 않다. 확실히 친밀성의 영역은 낯선 사람의 침입과 비판적 시선으로부터 보호되어야 한다. 그러나 사적 개인의 결정에 맡겨지는 모든 것들이 공적으로 주제화될 수 없고 비판으로부터 보호되어야 하는 것은 아니다. 오히려 정치적 규제를 필요로 하는 모든 용무들은 공적으로 토론되어야 한다. 그러나 정당하게 공적 토론의 대상이 되는 모든 것이 또한 정치적 규제를 받아야 하는 것은 아니다(그리고 모든 정치적 규제가 사적 책임성에 영향을 미치는 것은 아니다). 이런 구별을 사용한다면, 적어도 개인의 인격적 불가침성이 보호되는 한, 공적 주제의 스펙트럼에 대한 제한을 제거하는 것에 대한 자유주의적 우려가 정당하지 않다는 것을 쉽게 보여줄 수 있다.

권리체계는 사적 자율성과 시민적 자율성의 동시적이고 보완적인 실현을 요구한다. 규범적으로 볼 때 그 두 개의 자율성은 똑같이 근원적이고 서로를 전제한다. 왜냐하면 하나가 없다면 다른 하나는 불완전한 상태에 머무를 것이기 때문이다. 그러나 시민권을 적절하게 실현하기 위해서는 개별적으로 사적 능력 및 책임과 공적 능력 및 책임이 분할될 수 있어야 하는데, 그 분할이 어떻게 이루어져야 하는지는 물론 역사적 상황에 달려 있으며 또 앞으로 보겠지만 (지각된) 사회적 맥락에 좌우된다. 자신의 이익을 (사적으로) 자율적으로 추구하는 영역을 '공동복지의 실현'이라는 공적 영역으로부터 구별하는 일은 사적 권리를 통해 구획된 영역 안에서 친밀성의 영역을 구획하는 일과 마찬가지로 단 한 번으로 끝나는 일이 아니다. 포르노그라피 논쟁이 보여주듯이 대단히 힘든 경우가 많은 이 경계긋기는 정치적 논쟁의 대상이 될 수 있어야 한다. 그러나 이 '경계문제'를 주제화한다고 해서 그것이 곧 현존하는 능력과 책임에 대한 침해를 뜻하는 것은 아니다. 특히 토의정치가 의견형성 및 의지형성의 상이한 두 차원, 즉 공식적 차원과 비공식적 차원이라는 두 개의 궤도를 따라 진행된다는 점을 명심한다면 이 점은 분명해진다.

일반적인 공론장은 그 의사소통의 흐름이 절차에 따라 규제되지 않는다는 의미에서 "무제한적이다." 그러므로 그것은 '욕구해석의 투쟁'에 더 알맞다.[42] '배우자 폭력'의 규제가 문제가 되건 직장 다니는 어머니들이 제기하는 미취학 어린이를 위한 유아원 내지 유치원 시설을 설립하라는 사회복지적 요구가 문제가 되건 간에, 처음에는 '사적인' 문제로 간주되었던 것들이 공론장 속에서 끈질기고 강고하게 추진된 공적 행위를 거쳐 하나의 정치적 쟁점으로 인정받을 때까지는 기나긴 여정이다. 또 그러한 쟁점들에 관한 여러 형태의 논고들을 통해 관련 당사자들의 욕구가 — 경쟁하는 세계관 및 자기해석의 테두리 안에서, 또 경합하는 '좋은 삶에 대한' 다양한 '비전들'의 틀 속에서 — 충분하게 표현될 때까지도 기나긴 여정이 필요하다. 공적 공간에서 펼쳐진 '인정투쟁' 이후에야 비로소 논쟁이 되었던 이해상황이 책임있는 정치적 층위에 의해 수용되고, 의회의 의사일정에 올라 논의되고, 필요한 경우 법안으로 제안되고 구속력 있는 결정으로 가공된다. 그리고 예컨대 새롭게 범죄로 규정된 행위에 대한 규제가 이루어지고, 사회적 육아체계 안에 대한 정치적 결정이 시행 — 이것이 사적으로 이루어지든 공적으로 이루어지든 — 될 때 비로소 그 효과가 사적 생활영역 속으로 파급되어 형식적 책임과 기존의 관행이 바뀐다.

42) N. Fraser, "Struggle over Needs," in : *Unruly Practices*, Oxford 1991, 161~190.

3. 토의정치 개념의 사회학적 번역

민주적 절차의 의미, 역할, 지위에 대한 이상의 해명이 이루어진 지금, 이제 우리는 이 절차가 복잡한 사회의 삶 속 어디에서 그리고 어떻게 자신의 장소를 발견할 수 있는가 라는 질문을 좀더 적절히 다룰 수 있을 것이다. 민주적 과정에 대한 절차주의적 이해에 이르기 위하여 로버트 달(Robert Dahl)은 보비오가 제안했던 조작적 정의에 비해 민주적 절차의 규범적 내용을 더 충실하게 담고 있는 지표들을 제시하였다. 나는 먼저 (1) 달의 접근방법에 대한 서술을 통해 하나의 전망을 얻어내고, (2) 그 전망에서 출발하여 재구성적인 민주주의 사회학의 비판적 의미를 해명하고자 한다.

(1) 먼저 달은 민주적 자기결정에 대한 직관적 이해를 아리스토텔레스 전통의 실체주의적 관념으로부터 해방시킨다.

> 우리의 공동선 — 그러니까 우리가 다른 사람들과 공유하는 선과 이익 — 이 특수한 객체, 활동, 관계들로 이루어지는 경우는 드물다. 통상 그것은, 다시 전통주의자의 용어를 사용해서 말하자면, 우리 자신과 다른 사람들의 — 물론 '모두'는 아니지만 그러나 그 실천과 제도 등을 수락할 만한 것으로 만드는 데 충분한 수의 사람들의 — 복지를 촉진하는 실천, 제도, 과정 등으로 구성되어 있다. … 이러한 제도들은 민주적 과정의 일반적 특징을 포함할 것이다.[43]

그 다음에 달은 모든 사람들의 동등한 이익을 도모하는 결속력 있는 결정을 위한 절차를 5개 관점에서 조작화한다. 그 절차는 다음을 보장해야 한다. (a) 관련된 모든 사람들의 포용. (b) 정치과정에 참여할 수

---

43) R. A. Dahl, *Democracy and its Critics*, New Haven 1989, 307.

있는 실질적 기회의 평등한 분배. (c) 투표로 결정에 참여할 수 있는 평등한 권리. (d) 주제를 선택할 수 있는, 좀더 일반적으로는 어젠다를 통제할 수 있는 평등한 권리 (e) 모든 참여자들이 규제를 필요로 하는 경쟁적 이익과 문제들에 대하여 충분한 정보와 좋은 근거들에 비추어 명료한 이해를 형성할 수 있는 상황.[44] 마지막 조건은 정보의 수준과 의지형성의 담론적 성격을 겨냥하고 있다. "각 시민은 결정해야 할 문제와 관련한 여러 가지 선택 중에서 자신의 이익에 가장 잘 부합할 선택을 발견하고 평가할 수 있는 적절하고 평등한 기회를 가져야만 한다. … 한 시민의 선과 이익이 공공선과 일반이익에 대한 주의를 필요로 하는 한, 그 시민은 이 문제에 대해 이해할 수 있는 기회를 가져야만 한다."[45] 특히 공적 토론과 계몽과정이 여기에 기여해야 한다. 달에게서도 중요한 것은 듀이가 '공론의 문제'라고 여겼던 정치적 의지형성의 '방법과 조건'인 것이다.[46]

위에서 말한 5개의 기준은 지금까지 어떤 정치질서에서도 충분하게 충족되지 않았다. 불가피한 사회적 복잡성 때문에 이 기준들을 세분화하여 적용해야 할 필요가 생긴 것은 사실이다(무엇보다도 의사결정 권한을 위임하고, 결정절차를 민감하게 수정하고, 그리고 일반적으로는 복잡성을 법적인 차원과 조직상의 차원에서 감소시킬 필요가 생긴다). 그러나 이것이 민주적 절차의 '점근적' 제도화를 원칙적으로 가로막지는 않는다.[47] 현존의 경쟁 민주주의를 민주적 절차가 명목적 형태로 정치적 참여권과 의사소통 권리로만 제도화되는 것에 그치지 않고 실천의 형식 속에서 — 비록 그것이 아무리 선택적일지라도 — 실제로 제도화되어 있는 행위체계로 개념화할 수 있는 것도 이러한 이유에서이다. 달은 미국 혁명과 프랑스 혁명 이래 점점 많은 수의 근대국가에서 관철

44) R. A. Dahl, *A Preface to Economic Democracy*, Oxford 1985, 59 f.
45) R. A. Dahl (1989), 112.
46) Dewey (1954), 208.
47) Dahl (1989), 115 ff.

되고 있는 일련의 실제적 법과 제도들을 통해 이러한 '다두제'를 특징짓는다. 달의 분류에 따르면, 1930년 무렵에 유럽의 15개 국가와 유럽 이외의 6개 국가가 이런 다두제에 포함되었다. 또 이러한 정치체계의 수는 그의 계산에 따르면 1970년대 말에 2배 가까이 늘었다고 한다.

나아가 달은 다양한 근대화 연구의 성과를 사용하여, 통시적으로 수집한 자료를 바탕으로 민주화에 유리한 이른바 '근대적이고 역동적이고 다원적인' MDP 사회의 사회적 지표를 확인한다. 이 MDP 사회는 익히 알려진 특징들을 보여준다. 상대적으로 높은 일인당 국민소득, 국민총생산의 장기적 성장, 일차부문과 이차부문이 줄어드는 경제생산 구조, 상대적으로 높은 정도의 도시화, 높은 교육수준, 유아사망률의 감소, 평균 기대수명의 증가 등. 달은 사회적 권력과 국가가 독점한 폭력을 법치국가적 방식으로 제어하는 데 **유리한 사회적 조건**이 무엇인가라는 관점에서 이들 지표들 간의 통계적 연관을 해석한다. "MDP 사회는 권력, 영향력, 권위, 통제를 하나의 단일한 중심으로부터 다양한 개인, 집단, 결사체, 조직들로 분산시킨다. 그리고 이 사회는 민주주의 사상에 우호적인 태도와 믿음을 촉진한다. 비록 이 두 가지 특징이 독립적으로 생겨났지만, 이들은 서로를 재강화시키고 있다."[48]

따라서 민주화를 촉진시키는 것이 기능적으로 분화된 사회에서 등장하는 다중심적 권력분배 하나만은 아닌 셈이다. 권력의 탈중심화는 상응하는 사회화 모델에 의해 뒷받침받는 자유주의적 정치문화와 결합되어야 하는 것이다. 이러한 정치문화의 테두리 안에서 비로소 경쟁적인 생활형식, 정체성, 세계관 사이의 갈등적인 하위문화적 긴장이 관용되고 폭력 없이 처리될 수 있다.

달은 민주화가 오늘날 도달한 수준을 넘어서 진전하기 위해 통과해야 할 가장 중요한 **병목지대**를 정책결정과 행정에서 사용되는 기술적인 운행기술의 전문화에서 찾는다. 이러한 전문화 때문에 시민들은 정

48) *Ibid.*, 252. 314쪽의 요약도 참조할 것.

치적 전문지식을 자신의 정치적 의견을 형성하는 데 사용하지 못하게 된다. 이것이 초래하는 주된 위험은 지식의 독점을 통해 형성되는 기술관료적 유형의 온정주의이다. 적실성 있는 전문적 운행지식의 원천에 대한 특권적 접근은 이 원천으로부터 차단되고 상징정치의 제물로 변한 채 식민화된 시민적 공중에 대한 보이지 않는 지배를 가능하게 만든다. 바로 이런 이유 때문에 달은 텔레커뮤니케이션의 기술적 가능성에 희망을 건다. '소시민단'(*minipopulus*)이라는 가치 하에 그는 특별한 지식을 보유하고 있는 대표자들로 구성된 모임을 통해 기능적으로 전문화되어 있는 동시에 탈중심화된 의지형성 모델을 제안한다.[49] 추상적이고 유토피아적 색조마저 가미된 이 제안의 기조는 연구의 의도나 구조와는 특이한 대조를 이룬다.

사실 달은 토의정치의 이념이나 절차가 선진사회의 제도 속에서 자리를 굳힌 지 이미 오래이기 때문에 그것들이 외부로부터 선진사회의 현실 속으로 수입될 필요가 없다는 점을 보여주려고 했다. 그러나 그는 이러한 목표를 달성하지 못했는데, 그 이유는 민주적 절차를 정당화하는 규범적 논증을 그것의 제도화 — 이것이 아무리 불완전하다고 할지라도 — 에 대한 경험적 분석에 설득력 있게 통합시키지 못했기 때문이다. 내가 보기에 그 이유 중의 하나는 그가 택한 사회학적 분석의 성격에 있다. 사회구조를 오로지 소득이나 교육수준이나 냉장고의 분배와 같은 분류기준만으로 파악하는 한, 그러한 사회학에는 민주화에 유리한 상황과 우호적 경향들을, 사회 자체 속에서 이미 작용하고 있고 정치체계에 의해 수용되어 발전될 수 있는 합리화 잠재력의 신호로 개념화할 수 있는 언어가 없다. 복잡한 사회에서 새로운 온정주의를 야기하는 지식의 독점이 민주화의 진전을 가로막고 있다는 진단은 법치국가적 정치체계의 토의적 핵심구조와 심층의 사회적 재생산 과정을 연결하는 교량으로서도 적합하다.

---

49) *Ibid.*, 339 f.

이미 보았다시피, 토의정치를 통해 정당한 법을 산출하는 것은 하나의 특수한 문제해결 절차이다. 다시 말해서 그 절차는 갈등규제와 집합적 목표추구라는 문제를 해결하는 프로그램을 짜기 위하여 지식을 요구하고 또 가공하는 절차인 것이다. 정치는 다른 사회적 통합 메커니즘이 과중한 부담을 안게 되면서 생기는 기능상의 공백을 메우기 위해 개입한다. 이때 정치는 법의 언어를 사용한다. 왜냐하면 법은 단순한 상호작용과 자연발생적 연대관계에서 나타나는 친숙한 상호인정의 구조를 기능적으로 분화된 사회의 복잡하고 점점 익명화되는 행위영역으로, 비록 추상적이지만 결속력 있는 형식 속에서, 전송시켜 주는 매체이기 때문이다. 그러나 법의 내적인 구조 때문에 법치국가의 원리에 따라 조직된 정치체계는 형식법의 접합 수준 밑에서 이루어지는 자연발생적 통합을 오직 **반성적 차원**에서만 **계승해 갈 수** 있다. 정치적으로 이루어진 사회적 통합은 담론의 필터를 통과해야만 한다. 다른 규제 메커니즘이 — 예를 들어 친숙한 가치, 규범, 상호이해의 관행을 통해 이루어지는 행위조정 모델이 — 실패한 곳에서, 정치와 법은 이 자연발생적인 문제해결 과정을 말하자면 의식의 문턱 위로 올려놓는다. 정치적 과정은 자신이 대체한 그 사회적 과정, 즉 해결능력 이상의 과중한 부담을 안고 있던 사회적 과정이 해결해야 했던 문제와 **동일한 종류**의 문제를 해결한다. 베르나르트 페터스(Bernard Peters)의 제안을 따라 사회통합의 일반적 문제를 평가하는 규준을 타당성의 3측면, 즉 진리, 규범적 옳음, 진정성의 측면에 따라 분류해 보면, 다시 말해서 상호이해지향적 행위의 발화수반적 결속력을 구별하는 관점에 따라 분류해 보면, 이 점이 분명하게 드러난다.[50]

사회통합의 측면에서 볼 때, 집합적 행위자들이나 개인적 행위자들의 행위들은 그것의 상이한 업적과 기여가 합쳐져서 긍정적으로 평가

50) B. Peters, *Die Integration moderner Gesellschaften*, Frankfurt/Main 1993, 2장.

된 결과를 낳을 수 있게끔 조정되어야 한다. 이 기능적 조정의 문제는 객관적 세계 속에서의 사건과 상황을 향한 인지적 정향을 요청한다. 그 결과는 기술적이고 경제적인 합리성의 규준에 따라 평가될 수 있다. 이때 성공의 조건은 참여자의 전망에서 집합적 목표의 실현으로 기술될 수도 있고, 관찰자의 전망에서 주어진 체계의 보존이나 상이한 체계들 간의 조율로 기술될 수도 있다. 기능적 조정의 개념은 분업적 협력의 구체적 모델을 일반화한다. 그것은 사회적 통합과 체계통합의 차이에 대해 중립적이다. 이에 비해 두 개의 다른 통합형식은 사회적 통합에 속한다.

그 두 통합형식은 갈등의 도덕적 규제에 관련되거나 정체성과 생활형식의 윤리적 보장에 관련된다. 갈등적인 요구들 사이에 균형을 맞추는 문제는 사회적 세계의 질서를 향한 규범적 정향을 필요로 한다. (페터스가 파슨즈와 관련하여 말하듯이) 표현적 공동체화의 문제는 좋은 삶의 기획과 욕구의 해석을 향한 정향을 필요로 한다. 결과들은 각기 도덕적 합리성이나 윤리적 합리성의 규준에 따라 평가된다. 이 두 규준이 효율성과 전략적 합리성의 규준과 더불어 사회통합 일반의 성공을 평가하는 기준을 제공한다. 이것으로부터 페터스는 문제해결 과정으로 개념화된 사회의 (혹은 그 부분체계의) 재생산 활동이 얼마나 성공적인지를 평가할 수 있게 해주는 복잡한 '사회적 합리성' 개념을 도출한다.[51] 따라서 하나의 질서의 관찰가능한 안정화는 결코 문제해결의 합리성을 보여주는 충분한 지표가 아닌 것이다.

이러한 제안에 따른다면 사회는 일반적으로 문제해결 체계로 간주되고, 그 성공과 실패는 합리성 기준에 따라 측정된다. 칼 도이치(Karl Deutsch)와 여타의 이론가들에서 비롯된 이러한 개념을 수용한다면, 우리는 법공동체의 담론적 사회구성 양식과 민주적 절차가 단지 사회체계의 일반적 작동방식을 반성적으로 한 단계 높이고 전문화시킨 것

---

51) B. Peters(1991), 204 ff.

에 지나지 않는다는 것을 알 수 있다. 민주적 절차에서 정당한 법의 생산은 문제들을 이성적이라고 추정할 만한 방식으로 처리하는가에 달려 있는데, 이때 그 문제들은 그 문제제기의 종류에 있어서는 사회 속에서 이를테면 무의식적으로 언제나 이미 다루어지는 것들과 일치한다. 토의정치의 핵심은 실용적, 도덕적, 윤리적 문제 — 이 문제들은 다름아니라 사회의 어디선가에서 기능적, 도덕적 혹은 윤리적 통합이 이루어지지 않음으로써 누적된 문제들이다 — 의 합리적 해결을 용이하게 만들어주는 담론과 협상과정의 네트워크로 구성되어 있다.

물론 오늘의 복잡한 사회에서 발생하는 기능적 조정에 대한 요구는 더 이상 개인과 집합체 간의 분업적 협력이라는 조망가능한 모델에 따라 충족될 수는 없고, 행정체계의 간접적인 조절과 운행의 성과를 통해서만 충족될 수 있다. 이제 달은 좁은 의미에서 '인지적' 조절과 운행상의 문제가 예컨대 도덕적 문제나 윤리적 문제 같은 다른 문제들을 주변으로 밀어넣고, 민주적 절차의 문제해결 능력에 과도한 부담을 준다는 위험을 인지한다. 토의정치가 인지적 과부하 상태에 빠졌다는 것을 보여주는 여러 가지 징후들이 있는데, 이 징후들은 그동안 널리 확산된 가정, 즉 민주적 절차에 따른 담론적 의견형성과 의지형성이 조절과 운행에 필수적인 지식을 수용하고 가공할 수 있기에는 너무 단순하다는 가정을 뒷받침하고 있다. 요구되고 있는 운행상의 지식은 주로 수평적이고 삼투적이고 평등주의적인 구조를 갖고 있는 의사소통 네트워크의 모세혈관들 속으로 더 이상 침투할 수 없는 듯이 보인다. 그러나 그러한 증거들이 있다고 해서 또다른 사실을 망각해서는 안될 것이다. 행정부의 행위가 의회의 통제로부터 분리되고 유관 문제들이 공적 논의의 장으로부터 전치되는 일이 저항없이 일어날 수는 없다는 사실이 바로 그것이다. 상황의 변화에 따라 이런 저런 유형의 '민주주의 문제'가 끊임없이 공적 논의의 장으로 밀려온다. 달은 자신의 연구를 그와 같은 주제화의 물결들에 대한 하나의 표현으로 파악할 수도 있었을 것이다. 만약 우리가 정치권력과 내재적으로 연결되어 있는 법이라는 매체 자체가 법의 민주적 기원이라는 전제를 요구하며 또 부분적으로는 반사실적인 이러한 전제가 경험적 효과도 갖는다는 가정에서 출발한다면, 이와 같은 반대경향들이 생기는 것도 결코 우연은 아니다. 또 이러한 가정에서 출발하면, 정치권력의 행사는 인지적으로 요구조건이 까다로운 조정 및 운행과정과 관련해서도 여전히 제약을, 즉 집합적 구속력이 있는 결정의 법적 형식성에 기인하는 제약을 받는다. 사회적 복잡성의 압력을 받는 정치체계에서 이러한 제약은 민주적 법치국가의 타당성 가정과 정치과정의 사실적인 경과형식 사이에서 인지적 부조화가 늘어난다는 현상 속에서 표현된다.

(2) 달의 연구를 단서로 삼아서 제시한, 현대사회에서 민주적 절차의 관철에 관한 우리의 첫 번째 분석에서 우리는 양면적 결과를 얻었다. 한편으로, 만약 우리가 토의정치를 하나의 반성적 학습과정으로, 다시 말해서 잠재적으로 진행되는 사회통합 과정에게 부담을 덜어주면서 그와 동시에 그런 부담 제거작업을 전담하는 행위체계 내부에서도 이 사회통합 과정을 계속 진행시켜 가는 반성적 학습과정으로 이해한다면, 토의정치는 낯설고 비현실적인 듯한 외관을 상당히 떨쳐버릴 수 있다. 다른 한편 복잡한 사회에서 정치와 법은 조정상의 필요와 통합의 성과 사이의 격차를 줄이려고 하지만, 행정체계가 토의적 결정 발견양식으로는 감당하기 힘든 운행상의 과제를 떠맡을수록, 그 격차는 더욱더 늘어난다. 이 과부하 상태를 보면서 우리는 복잡한 사회의 현실이 법치국가의 제도 속에 담겨 있는 규범적 요구에 얼마만큼이나 저항하고 있는지를 엿볼 수 있다. 민주주의 과정은 결정이론이 보여주다시피, 기능적으로 필수적인 자원들의 희소성 때문에 '안으로부터' 쇠약해진다. 그리고 '바깥으로는', 체계이론이 주장하다시피, 영향력을 행사하기 힘든 불투명한 기능체계들의 복잡성으로부터 저항을 받는다. 이 두 가지 방향에서 사회의 관성적 계기 — 사르트르는 이것을 '관성체'(*inerte*) 라고 불렀다 — 가 의식적이고 자율적으로 이루어지는 사회구

성의 토의적 양식으로부터 '자립화된' 듯이 보인다. 그러나 만약 복잡한 사회 속에 이와 같은 자립화의 경향이 불가피하게 내재한다면, 현존 정치체계를 가일층 민주화하기 위한 조건이 무엇인가라는 달의 질문은 공허한 질문으로 바꿔어 버린다. 이와 같은 반박성 증거들 앞에서는 '민주주의'와 단순한 '다두제'를 구별한다는 것 자체가 이미 경향성이 있다고 할 것이다.

먼저 우리는 어떤 의미에서 사회의 '자립화' 혹은 '사물화'라는 말을 할 수 있는지를 설명해야 한다. 이 진단과 관련된 문제가 결국 정치체계가 해결해야 할 일상적 문제상황과 결함의 사소한 저항에 있지 않다는 것은 분명하다. 참여자의 관점에서 보면 정상적인 관성적 계기는 규범과 현실의 차이로 지각되며, 이 차이는 실천적 질문을 지각하고 가공하려는 일차적 동인을 제공한다. 또한 우리는 제2의 자연으로 얼어붙은 자립화된 사회를, 연합된 시민들이 공적 자율성을 행사할 때 요구조건이 높은 담론의 의사소통전제를 사용해야 한다는 사실과 대조시킬 수도 없다. 만약 일반적인 논증전제들의 이상적 내용을 순수 의사소통적 사회구성의 모델로 실체화할 수 있다고 믿는다면, 그것은 공적인 의견형성과 의지형성의 담론적 성격을 오해한 결과이다.[52]

이미 일상적 실천에서도, 의사소통적으로 행위하는 주체들 간의 상호이해의 규준은 상호주관적으로 공유된 생활세계라는 거대한 배경에 기대어 '예/아니오'라는 대답을 촉구하는 타당성 주장에 있다. 이 타당성 주장은 비판에 열려 있으며, 의견불일치의 위험과 아울러 담론적 검증의 가능성도 포함하고 있다. 이런 의미에서 의사소통행위는 논증을 가리키고 있다. 그리고 이 논증 속에서 참여자들은 자신의 타당성 주장을 이상적으로 확장된 청중 앞에서 정당화한다. 논증에 참여하는 사람들은 사회적 공간과 역사적 시간의 경계를 넘어선 의사소통 공동

52) 이하의 내용에 대해서는 L. Wingert, *Gemeinsinn und Moral*, Frankfurt/Main 1993, 2부와 3부를 참조할 것.

체의 이상적 가정에서 출발한다. 나아가, 칼 오토 아펠(K.-O. Apel)의 정식을 빌려서 말한다면, 그들은 자신의 실재적인 사회적 상황 '내부에서' 이상적 공동체의 가능성을 전제해야만 한다.

> 논증에 참여하는 사람들은 언제나 이미 다음 두 가지를 동시에 전제한다. 첫째는 실재적 의사소통 공동체로서, 논증 참여자는 사회화 과정을 통해 이 공동체의 구성원으로 존재한다. 둘째는 이상적 의사소통 공동체인데, 이것은 원칙적으로 참여자의 논지의 의미를 적절하게 이해하고 그 진위를 정의적으로 판단할 수 있다.[53]

물론 이 정식은 마치 '이상적 의사소통 공동체'가 논증의 일반적 전제들에 뿌리내리고 있으면서 점진적으로 실현될 수 있는 이상이라는 지위를 갖는 듯한 오해를 불러일으킬 수도 있다. 그것과 등가관계에 있는 '이상적 대화상황'이라는 개념도, 비록 오해의 정도는 덜하지만, 대화의 기초를 이루는 타당성 주장들의 체계를 부당하게 실체화하는 방향으로 우리를 오도할 위험을 안고 있다. 논증의 참여자들이 상정해야만 하는 반사실적 전제는 행위 및 체험과 불가분의 관계에 있는, 시공간적 맥락의 국지성과 현재 이루어지고 있는 정당화의 관행을 넘어설 수 있는 전망을 제공하며, 따라서 맥락을 초월하는 타당성 주장의 의미를 정당하게 고려할 수 있게 해준다. 그러나 맥락을 초월하는 타당성 주장과 함께 논증 참여자들까지 예지적 존재의 이상적 공화국이라는 초월적 피안으로 자리를 옮기는 것은 아니다. 일탈을 확인할 수 있는 기준을 제공하는 이상의 투사와는 달리, "우리가 상호이해에 도달하려면 언제나 이미 상정해야 하는 이상적 전제는 이상과 실재 간의 어떤 종류의 상응관계나 비교도 포함하지 않는다."[54]

---

53) K.-O. Apel, "Das Apriori der Kommunikationsgemeinschaft," in : *Transformation der Philosophie*, Frankfurt/Main 1973, Bd. II, 428.

54) H. Brunkhorst, "Zur Dialektik von realer und idealer Kommunikations-

다른 한편 이와 같은 투사를 사유실험으로 사용하는 것은 정당하다.[55] 불가피한 사회적 복잡성의 기체를 가시화시키기 위한 박막을 얻기 위하여 본질주의적 오해를 방법론적 허구로 대체할 수 있다. 이와 같은 무해한 의미에서는, 이상적인 의사소통 공동체가 "순수한" 의사소통적 사회구성의 모델로 제시될 수 있다. 이 공동체는 담론적 상호이해라는 수단만을 자기조직의 메커니즘으로 보유하고 있으며, 또 이 수단을 사용하여 모든 갈등을 폭력없이 해결할 수 있는 것으로 간주된다. 이 공동체는 사회통합이라는 "집요한" 문제를 명시적인 상호이해를 통하여, 궁극적으로는 담론적으로 처리하며, 정치와 법의 도움 없이 처리한다.[56] 물론 이렇게 사유실험상으로 도입한 모델에 대해서도 오해해서는 안될 것이다. 이 모델은 시공간으로 지역화되고, 이미 분화된 구체적 사회와 관련된다. 따라서 그것은 담론적 상호이해 과정을 의사소통행위의 토대로부터 분리하지 않고, 그 과정들이 생활세계적

---

gemeinschaft"(1992), 미간행 원고, 5.

55) 이하의 논의에서 나는 B. Peters(1993), 5장과 6장에 많이 의존하고 있다.

56) 이것은 순수 사회구성의 '통제모델'(*Verfügungsmodell*)에 대한 하나의 대안을 의미한다. 주지하다시피 맑스는 《자본》에서 의지와 의식을 갖고서 이루어지는 의도적인 사회구성을 시민적 결사의 사법적 형상 — '자유로운 인간의 결사' — 을 분업적인 협력공동체라는 생산사회적 원형과 결합시키는 모델에 의거하여 설명하였다. 그는 스스로를 조직하는 사회의 자율성을 물질적 생산과정에 대한 의식적 통제나 계획적인 관리로 표상했다. 자연지배와 유사하게 사회적 주체는 대상으로 변한 자기자신의 삶의 과정을 "통제한다". 그러나 이 통제모델에 입각한 자율성 개념과 함께 사회적 자기조직 문제의 핵심, 다시 말해서 자유롭고 평등한 사람들의 공동체의 구성과 자기안정화의 문제는 사라지고 만다. 의도적 사회구성의 핵심을 형성하는 것은 사회적 협력에 대한 공동의 통제가 아니라, 모든 사람들의 동의를 얻을 수 있으며, 상호 대칭적인 인정의 융합적 관계를 (그리고 이와 함께 각인의 불가침성을) 보장하는, 공동의 삶에 대한 규범적 규제이다. 맑스에서 사회적 자기조직에 대한 이해의 열쇠를 제공했던 것은 의사소통적 실천이 아니라 이론적으로 대상화된 사회적 과정의 통제 혹은 계획이었다. 이 모델에 대한 나의 비판으로서 다음을 참조할 것. J. Habermas, "Dogmatismus, Vernunft und Entscheidung," in : Habermas(1971), 307~335.

맥락 속에 위치하고 있다는 점을 고려한다. 간단하게 말해서, 의사소통적 사회구성의 '유한성'은 추상되지 않는 것이다. 그러므로 의사소통적 사회구성을 가능하게 만드는 조건들을 우연적으로 부과된 제약과 혼동해선 안 된다. 이런 식으로 우리는 타자의 영향을 단순히 일자의 개인적 자유에 대한 제한으로 경험하는 개인주의적 오류를 피할 수 있다. 타자에 영향을 줄 수 있는 가능성은, 그것이 정당하게 규제되고 또 가정된 합의에 기초한다면, 오히려 사회적으로 구성된 자유를 행사할 수 있는 권한을 부여한다. 상호주관적으로 인정된 관습화된 규범들도 그것이 문제시될 수만 있다면 외적 강제처럼 느껴지지 않는다. 언어와 문화의 상징체계라든가 사회화된 개인들이 위치하는 생활형식의 문법도 이와 마찬가지이다. 이 모든 것들은 가능화하는 조건으로서 작동한다. 물론 생활세계적 맥락은 행위자의 행위공간과 해석의 공간을 제한한다. 그러나 그 제한은 가능한 상호작용과 해석의 지평을 열어주는 방식으로 이루어진다.

우리가 의도적 사회구성을 앞서 제안한 대로 의사소통적으로 매개된 것으로 개념화하는 순간, 우리는 더 이상 신체 없이 예지적이며 모든 것을 알고 있는, 말하자면 맥락으로부터 자유롭게 활동하는 존재를 다루는 것이 아니라, 육체의 구속을 받으면서 구체적 삶의 형식 속에서 사회화되어 있고, 역사적 시간과 사회적 공간 속에 자리잡고 있으며 의사소통행위의 망에 연루되어 있는 행위자들을, 오류의 가능성을 안고서 그때그때의 상황을 해석하면서 통제할 수 없는 생활세계의 자원을 먹고 살아가야 하는 행위자들을 다루게 된다. 여기서는 현존하는 하위문화, 세계상, 이해상황을 부인할 수 없거니와 이에 못지않게 미리 주어진 전통과 삶의 형식들의 우연성도 부인할 수 없다. 다른 한편 이 행위자들이 단순히 자신의 생활세계의 손에 좌우되는 것은 아니다. 왜냐하면 생활세계 자체는 오직 의사소통행위를 통해서만, 다시 말해서 비판가능한 타당성 주장에 대한 '예/아니오' 입장표명에 의존하는 상호이해과정을 통해서만 재생산될 수 있기 때문이다. 바로 이 '아니오'라고 말할 수 있음이 드러내는 규범적 단층선은, 적나라한 폭력이 개입하지 않는 한 항상 서로 설득하고 설득받을 것임에 틀림없는 사람들의 유한적 자유를 가리키는 표식이다. 그러나 그와 같은 이상적 조건 위에서도 담론과 협상은, 쟁점이 된 문제가 반성적이 된 탈전통적 전승의 빛에 비추어 민감하게 지각되고 적절하게 기술되고 생산적 대답을 얻을 수 있는 정도만큼만, 자신의 문제해결 능력을 펼칠 수 있다. 담론적 상호이해는 주제, 근거, 정보에 대한 이성적 처리를 보장하지만, 여전히 배울 능력이 있는 문화와 인격체의 맥락에 의존하고 있다. 이런 점에서 독단적 세계상과 엄격한 사회화 유형은 담론적 사회구성 양식을 봉쇄할 수 있다.

이와 같은 순수한 의사소통적 사회구성의 모델을 배경으로 삼아 이제 페터스(B. Peters)는 의견형성과 의지형성 과정 자체에 내재하는 관성적 계기, 그 과정이 논증의 의사소통 전제를 충족할 때 특히 분명하게 드러나는 관성적 계기에 관심을 기울인다. 이러한 문제제기와 관련해서는, 순수 의사소통적 사회구성의 이상화는 상호이해 과정 일반을 위해 기능적으로 필요한 자원들을 판별하는 데 적합한 배경을 제공한다. 왜냐하면 그 모델은 이른바 의사소통 과정 자체에 포함된 정보상의 비용과 결정상의 비용을 계산에 넣지 않기 때문이다. 그것은 수평적 연결망을 가진 단순한 의사소통이 보여주는 제한된 인지적 처리능력을 고려하지 않는다. 특히 공중 내부에서 나타나는 주의, 능력, 지식의 불균등 분배를 고려하지 않는다. 또한 그것은 상호이해 정향과 엇갈리는 태도와 동기를 무시하며 따라서 각 참여자의 자기중심주의, 의지의 박약, 비합리성, 자기기만에 대해 눈감고 있다. 이러한 강한 이상화에 비추어 볼 때 무엇보다 체계이론과 결정이론의 통찰은 이상적 모델과는 전혀 다른 방식으로 편성되어 있는 세계의 사실성을 어렵지 않게 드러내 줄 수 있다.

우리가 알고 있는 세계 속에서 의사소통과 결정은 통상적으로 고유한 공간과 시간을 점유하고 있으며, 고유한 에너지를 사용하며, 조직능력의 독자적 지출을 필요로 한다. 게다가 주제와 논고는 시간의 압력 속에서 선택되기 때문에, 결정을 내리지 못하거나 지연되는 비용이 생긴다. 더욱이 지식의 생산과 확산이 분업적으로 조직되기 때문에 능력과 지식의 불균등 분배가 생긴다. 여기에 덧붙여, 의사소통 매체는 자기 고유의 선택성을 갖고서 이 지식의 사회적 분배에 개입한다. 공론장의 구조는 정보획득과 사용의 불가피한 비대칭성을, 다시 말해서 메시지를 산출하고 평가하고 조형하고 제시할 수 있는 기회의 불가피한 불평등을 반영한다. 이러한 체계적 제약 외에 개인적 능력의 우연적인 불균등 분배도 첨가된다. 또, 개인적으로 투자할 수 있는 시간과 나름의 역사를 갖는 주제에 대한 삽화적인 주의집중이라든지, 그 주제에 대해 나름대로 의견을 표명하는 태세와 능력, 그리고 합리적 의지형성에 영향을 미치는 기회주의적 태도, 감정, 편견 등에 이르기까지, 정치적 의사소통에 참여하는 데 필요한 자원들은 일반적으로 대단히 제한되어 있다.

여기서 개괄적으로 지적한 것들은 방대한 양의 문헌을 통해 상세하게 확인할 수 있을 것이다. 문제는 우리의 맥락에서 그것들이 의미하는 바가 무엇인가에 있다. 먼저 그것들은 순수 의사소통적 사회구성 모델로부터 벗어난 일탈들을 예증하고 있다. 그 일탈들은 물론 그 정도와 범위에서는 상황에 따라 차이를 보이지만, 그 종류에서는 불가피한 관성적 계기를 우리에게 부각시켜준다. 특히 토의적 의견형성과 의지형성 과정이 크게 의존하고 있는 기능적으로 필수적인 자원들이 희소하다는 점을 잘 부각시켜준다. 설령 가장 유리한 조건이 구비되어 있다고 하더라도, 복잡한 사회는 사실 순수 의사소통적 사회구성의 모델과 결코 일치할 수 없다. 그러나 또한 우리가 잊지 말아야 할 것은, 이 모델이 사회적 복잡성의 불가피한 관성적 계기를 조명하고, 따라서 의사소통적 사회구성의 이면을 조명하는 방법론적 허구라는 의미만 갖는다는 점이다. 그리고 이 이면은 의사소통적 행위의 이상적 조건의 그림자 속에서 참여자 자신에게도 상당 정도 숨겨져 있다. 물론 이 모델이 방법론적 허구라는 성격을 갖는 것은 그것이 법과 정치가 없는 사회를 가정하고, 자기조직의 민주적 이상을 사회 전체에 투사한다는 사실 때문이다. 그러나 절차적 민주주의 개념을 통해 이 이념은 자기 스스로를 조직하는 법공동체라는 형태를 취한다. 이 견해에 따르면 담론적 사회구성의 양식은 오직 법이라는 매체를 통해서만 관철될 수 있다. 그리고 법 자체는 '순수' 사회구성의 모델이 추상한 계기들을 이미 통합하고 있다.

실정법은 그 본성상 사회적 복잡성의 축소이다. 앞서 우리는 '탈이상화'를 통해 이 점을 분명하게 보여주었다. 법적 규칙이 인지적 무규정성, 동기상의 불안정성, 도덕적 행위규범의, 나아가 일반적으로 비공식적 행위규범의 제한된 조정능력에 균형을 맞출 수 있는 것도 이 '탈이상화' 덕분이다. 앞서 우리는 오직 실천이성의 힘에만 의존하는 행위조정의 약점을 보충한다는 시각에서 법과 도덕의 보완관계를 설명하였다.[57] 그러나 이런 관점에서 보면 다양한 기본권과 법치국가의 원리들은 곧 순수 의사소통적 사회구성 모델에 비추어 볼 때 드러나는 불가피한 복잡성을 축소하는 단계들로 이해할 수 있다. 특히 헌법을 통해 이 원칙들을 구체화하는 것이나 (다수결 원칙, 대의기구, 견제와 균형, 통제층위들의 연계망 등을 통해) 토의정치의 절차를 제도화하는 것들은 그렇게 이해될 수 있다. 물론 모든 제도적 복합체 내지 조직적 복합체들은 복잡성을 줄이기 위한 장치들이기도 하다. 그러나 이와 동시에 헌법적 제도라는 형태로 존재하는 이 메커니즘들은 법치국가적 규제의 규범적 전제들 속으로 스며들어 그것을 약화시키는 사회적 복잡성에 대한 역운행 조치들(*gegensteuernden Vorkehrungen*)이라는 반성적 성격을 갖기도 한다. 복잡성을 유지하는 이런 종류의 역운행은[58] 비공식적

57) 제 3장을 참조할 것.

58) 역운행 개념은 뤼더센(K. Lüderssen)이 형법의 맥락 속에서 발전시켰다. K. Lüderssen, "Die Steuerungfunktion des Gesetzes — Überformung oder Gegensteuerung zur Entwicklungstendenz einer Gesellschaft," in : *Genesis*

여론이 절차를 통해 규제되는 제도화된 의견형성과 의지형성에 대해 보여주는 반작용 속에서 이미 작동하고 있다. 정치적 공론장의 의사소통 회로는 사회적 관성의 선택압력에 유달리 많이 노출되어 있다. 그러나 그렇게 산출된 영향력은 민주적 절차의 수문과 법치국가 원리에 따라 조직된 정치체계 일반의 댐을 통과할 때 비로소 정치적 권력으로 전환될 수 있다.

이제 법치국가 원리에 따라 규제된 정치체계의 권력순환 자체가 다시 사회적 복잡성의 압력을 받는다는 사실을 간과한다면 그것은 순진한 태도일 것이다. 그러나, 사회학적으로 볼 때 법치국가의 제도가 역운행 조치를 통한 복잡성 유지라는 의미를 갖는다는 사실을 고려한다면, 체계이론과 결정이론이 법공동체의 담론적 사회구성 양식의 가정에 대해 제기하는 반론의 위상은 달라진다. 이제 이를테면 다음의 질문들이 제기된다. 법치국가적 제도들의 규범적 역운행이 토의정치에 대한, 그리고 의사소통적 권력으로부터 행정권력으로의 전환에 대한 의사소통적, 인지적, 동기적 제약을 어느 정도나 보충할 수 있는가? 이 불가피한 관성적 계기들의 사회적 사실성이 법치국가의 헌법과 제도의 공식적 조직구조 속에서 이미 고려되어 있음에도 불구하고 그 사회적 사실성이 민주적 과정으로부터 자립화된 정당하지 못한 권력 복합체의 응결점을 형성할 가능성은 어느 정도나 되는가? 권력, 특히 사회적 기능체계들과 거대조직들과 행정부에 집중되어 있는 권력이 규범적으로 규제된 권력순환의 체계적 하부구조 속에 은밀하게 둥지를 틀 가능성은 어느 정도나 되는가? 또 정당화되지 않은 이 권력의 비공식적 순환이 법치국가 원리에 따라 규제된 권력순환에 어느 정도나 실질적으로 개입하는가?

---

und Geltung im Recht, Frankfurt/Main 1992.

8

시민사회와 정치적 공론장

전후 초기에 민주주의에 대한 사회학적 연구는 다원주의 이론으로 나아갔는데, 그때까지만 하더라도 그것은 여전히 규범적 민주주의 모델과 이른바 '현실주의적' 접근 — 즉 한편으로는 경제이론과 다른 한편으로는 체계이론 — 을 잇는 다리역할을 하고 있었다. 그러나 최근에 등장한 제도주의적 접근의 부활을 잠시 제쳐둔다면,1) 민주주의 이론이 발달해가면서 규범적 이론의 이상주의적 내용이 사회과학적 인식의 태양 아래에서 사라져 왔다는 인상을 피할 길이 없다. 어쨌든, 사회학에 규범적 내용과의 연결점을 제시했던 것은 — 규범적 요구가 가장 약했던 — 자유주의적 민주주의 모델뿐이었다. 사회학적 계몽은 정치과정에 대해 비록 냉소적 시각까지는 아니라 하더라도 미몽을 깨는 냉정

1) U. Bermbach, "Politische Institutionen und gesellschaftlicher Wandel," in: H. H. Hartwich (Hg.), *Macht und Ohnmacht politischer Institutionen*, Opladen 1989, 57~71; 또 J. G. March, J. P. Olsen, *Rediscovering Institutions: The Organizational Basis of Poitics*, New York 1989; "The New Institutionalism: Organizational Factors of Poitical Life," *American Political Science Review* 77, 1984, 734~749; "Popular Sovereignty and the Search for Appropriate Institutions," *Journal of Public Policy* 6, 1984, 341~370.

한 시각을 권장하는 것처럼 보인다. 무엇보다 그것은 규범적으로 '부당한' 권력이 법치국가의 원리에 따라 규제되는 권력순환 속으로 난입하는 장소들에 관심을 집중시킨다. 만약 행정체계 — 또는 '국가기구' — 를 준거점으로 삼는다면, 정치적 공론장과 의회는 투입 측면을 대표할 것인데, 여기서는 조직화된 이익들의 사회적 권력이 입법과정에 개입한다. 산출 측면에서도 행정체계는 자신들의 사회적 권력을 행정과정에 행사하는 사회적 하위체계들과 대규모 조직들의 저항에 직면하게 된다. 이렇게 사회적 권력이 민주적 과정으로부터 자립화되자, 이에 대한 반응으로 행정적 권력복합체도 자율성을 추구하려는 내생적 경향이 촉진되었다. 그리하여 점차 자립화된 행정권력은 투입과 산출 양면에 영향을 미치는 사회적 권력과 합쳐져서, 의사소통적 권력에 의해 운행되는 민주적 의사결정의 '공적' 순환과정을 절단하면서 그것과 정면으로 대립하는 대항순환을 형성하게 된다. 그러나 이러한 대항적 순환운동에 관한 대부분의 묘사는, 우리가 재구성적 관점에서 도입했던 규범적 구별을 무의미하게 만드는 경험주의적 권력개념을 통해 이루어지고 있다.

통상 정치사회학은 '권력'을 행위이론적 관점에서 타인의 저항에도 불구하고 자신의 의지를 관철할 수 있는 행위자의 능력으로 파악하거나, 아니면 체계이론적 관점에서 권력을 한편으로는 특수한 체계, 즉 정치체계의 권력 코드로 그리고 다른 한편으로는 일반적 조직권력, 더 정확하게 말해서 체계의 자기산출적인 자기조직능력으로 분할시킨다. 이러한 경험주의적 시각에서 보면, 특히 '의사소통적 권력'이라는 개념은 하나의 경향적(*tendenziöses*) 구성물로 보이지 않을 수 없다. 나는 정치사회학의 두 노선이 초래하는 규범적 패배주의가 단순히 냉정한 관찰증거의 결과에 그치는 것이 아니라 길을 잘못 들어선 개념적 전략의 결과이기도 하다는 점을 보여주고자 한다. 이러한 전략들은 정치권력이 법적 형식으로 구성됨으로써 갖게 되는 특수한 성격을 놓치고 만다.

(1) 이론발전에 대한 전체적 조망을 거쳐, 우선 경제적 민주주의 이론에 대한 존 엘스터(John Elster)의 수정사항들을 살펴볼 것이다. 이 수정은 절차적인 토의정치 개념이 경험적 적합성을 갖고 있음을 지지하고 있다. (2) 그 다음에는 이른바 자기산출적 기능체계들로 분해되어 탈중심화된 사회의 통합문제를 운행이론적으로(*steuerungstheoretisch*) 설명하려는 헬무트 빌케(Helmut Willke)의 시도를 논의할 것이다. 이 설명방식에 대한 비판을 통해, 다시 베르나르트 페터스(Bernard Peters)의 연구에 힘입어, 법치국가의 원리에 따라 규정된 '공식적' 권력순환의 경험적 중요성에 초점을 맞추는 사회학적 모델을 발전시킬 것이다. (3) 이 중요성은 무엇보다도 시민사회가 사회적 갈등의 공명판으로서 작용하는 자율적 공론장을 통하여 활기찬 자극을 제공함으로써 주변부에서 머물던 그 갈등을 정치체계 안으로 옮겨놓을 수 있는지의 여부에 달려 있다.

1. 사회학적 민주주의 이론

(1) 이미 다원주의 이론도 경험주의적 권력개념에 의존하고 있었다. 그 이론은 정치적, 행정적 권력을 그저 사회적 권력의 또 다른 현상형태로 간주하는 도구주의적 정치관을 갖고 있었는데, 이것이 위에서 도입한 자유 민주주의 모델과 경험과학 사이를 잇는 다리역할을 했다. 사회적 권력은 조직화된 이익의 관철능력을 통해 측정된다. 아래에서 위로 올라가는 방향에서 보면, 사회적 권력은 정당간의 경쟁과 선거를 통해 여와 야로 배분된 정치권력으로 전환된다. 다시 이 정치권력은, 회로화된 사회적 세력관계로부터 생겨난 정책들을 입법과정과 행정기구를 통해 구속력 있는 결정과 프로그램으로 전환시키기 위하여, 헌법

에 따라 배분된 권한의 테두리 안에서 사용된다. 뿐만 아니라, 위에서 아래로 가는 방향에서 보면, 행정권력은 의회에서의 의지형성과 조직화된 이익들의 세력관계에 영향을 미치기 위해 사용된다. 역으로 후자도 정책형성과 행정권력 사용에 대해 심지어 직접 영향을 미칠 수 있는 기회까지 갖는다. 이 모델에 따르면, 의뢰인들의 사회적 권력을 정당의 정치권력 획득에 연결하고, 입법과정을 국가의 조직 및 행정 서비스에 연결하고, 다시 행정과정을 의뢰인의 요구에 연결하는 하나의 순환과정이 작동한다. 이러한 과정을 규범적으로 평가하는 데 결정적인 것은 사회적 권력이 사회적 이해 당사자들 사이에 어느 정도 공평하게 분배되어 있다는 가정이다. 오직 이때에만, 사회적 세력균형이 이루어져서 정치체계가 제기된 요구들을 가능한 한 효과적으로 처리하고 또 사회적 이익들을 가능한 한 균등하게 만족시키는 방식으로 정치권력이 순환할 수 있다.

다원주의에 대한 사회과학적 이론은 한 가지 간단한 대체를 통해, 즉 개별 시민과 그들의 개인적 이해를 이익단체와 조직화된 이해로 대체함으로써,[2] 자유주의의 규범적 모델과 연결된다. 그 이론은 다음의 가정에서 출발한다. 모든 집합적 행위자들이 그들과 관련된 의사결정과정에 영향을 미칠 기회를 대체로 평등하게 누린다. 조직 구성원들이 단체 및 정파의 정책을 결정한다. 그리고 다중적 멤버십 때문에 그 정책은 이익타협과 이익착종을 감수해야 한다. 이러한 조건에서, 경쟁민주주의는 사회적 권력균형을 정치의 차원에 반영함으로써, 국가정책이 광범위한 범위의 이익을 평등하게 고려하게 된다.[3]

이러한 가정들이 거짓으로 드러난 후, 다원주의 이론은 조셉 슘페터(Joseph Schumpeter)의 의미로 수정되었다. 사실상 이익집단의 구성원들은 고도로 선별적으로 충원되었고 대체로 비활동적이고 조직의 정책

2) Bobio(1987), 28쪽을 보라.

3) F. Scharpf, *Demokratietheorie zwischen Utopie und Anpassung*, Konstnaz 1970, 29 ff.

에 거의 영향을 못 미쳤기 때문에, 이제 권력투쟁은 본질적으로는 엘리트들 사이에서 일어나는 것으로 가정되었다. 정치가들과 행정가들이 거의 비슷한 비중으로 정치적 영향력을 다투는 다수의 집합적 행위자들에 의존한다는 또 다른 가정도 지지할 수 없는 것으로 판명되었다. 따라서 다원주의적 가정들이 삭제된 엘리트 이론만이 남았다. 이 이론은 민주적 과정의 역할을 본질적으로는 선거를 통한 엘리트 집단의 선출로,[4] 즉 지도자의 선출로 환원시킨다. 물론 규범적 관점에서 그 이론은 여전히 어떻게 "근본적으로 엘리트가 주도하는 정치가 비엘리트들의 이익을 만족시킬"[5] 수 있는지를 설명해야만 한다. 이 질문과 함께 규범적 기대의 잔여물은 행정체계의 투입 측면에서 산출 측면으로 이동한다. 수동적 유권자 대중의 불특정적이고 고도로 집단적인 신뢰는 더 이상 경쟁적인 지도자 집단들의 정책들을 결정할 수 없기 때문에, 오직 결정능력이 있고 혁신을 꾀하는 엘리트들 자신의 합리성만이 행정기능이 공동선을 추구하는 방향으로 충족되는 것을 보증할 수 있다는 것이다. 사회로부터 상대적으로 독립적으로 작동하면서 필요한 대중적 지지를 스스로 만들어내고 정치적 목표기능들을 스스로 결정하는 행정체계라는 이미지는 여기서 생겨난다. 그렇다면 규범적 관점에서 다음 문제가 제기된다. 만약 국가기구가 더 이상 사회적 이익들에 의해 운행되지 않는다면, 국가기구가 최소한 이 이익들에 대한 충분한 감수성이나마 발전시킬 수 있는 조건은 무엇인가? 정치체계 스스로가 공적 성격의 욕구, 잠재적 갈등, 억눌린 문제들, 조직화할 수 없는 이익들 등을 접합하는 과제를 떠맡지 않을 수 없다.

그러나 1960년대 후반 이래, 이 문제에 대해 좀더 신중하게 평가할 것을 촉구하는 증거들이 쌓였다. 행정체계는 극도로 좁은 활동범위 내

4) J. A. Schumpeter, *Kapitalismus, Sozialismus und Demokratie*, Bern 1950, 427 ff. 이에 대한 비판으로는 B. Bachrach, *Die Theorie demokratischer Eliteherrschaft*, Frankfurt/Main 1967.

5) Scharpf(1970), 39.

에서만 작동할 수 있는 것처럼 보였다. 또 그것은 적극적으로 계획하기보다는 위기를 회피하는 정책에 주력하는, 상당히 수동적이고 반작용적인 행위양식을 따르는 것으로 보였다. 산출의 측면에서, '능동적 국가'는 금방 운행능력의 한계에 봉착했다. 기능체계와 거대 조직들이 직접적인 개입조치에 완강하게 저항했기 때문이다. 뿐만 아니라 투입의 측면에서도, 정당과의 연계가 점점 느슨해진 — 더 계몽되었든 아니면 민중주의 운동에 의해 동원되었든 간에 — 부동층 유권자 동향의 예측불가능성 때문에, 정부와 정당이 주도권을 발휘할 수 있는 공간도 제한되었다. 또한 정치혐오증이 늘어나면서, 기존 정당들은 저항적 투표와 투표불참으로 인한 정당성 철회를 두려워하지 않을 수 없었다. 정당성 결핍과 운행능력의 결핍은 정치를 정적주의(*Quietismus*)와 거의 구별하기 힘든 점진주의(*Inkrementalismus*)로 몰아갔다.

여기가 이론발전의 분기점이었다. **체계이론**은 규범적 모델과 연결되는 마지막 끈까지 잘라 버리고, 낡은 국가이론의 과제를 다시 꺼내들고, 자율적이라고 천명된 정치체계의 운행문제에만 몰두한다. 이와는 대조적으로 **경제적 민주주의 이론**은 방법론적 개인주의의 전제 아래 주로 정당화 과정에 초점을 맞춘다. 체계이론의 시각에서 보면, 정치체계의 작동방식은 여야의 정권교체 이외에는 민주주의의 규범적 내용의 흔적이 하나도 남아 있지 않은 자기반성적 조정의 합리성에 의해 측정된다. 합리적 결정이론의 관점에서 보면, 이 규범적 내용은 민주적 과정에 참여하는 사람들의 합리적 선택행위로 환원된다. 물론 이 두 접근방식은 각자의 방식으로 규범을 제거하려는 다이어트 요법을 과용했다. 이것은 그동안에 이론 내부에서 생겨난 문제들에서 분명하게 드러나는데, 이 문제들 때문에 시사적이긴 하지만 항상 일관적으로 추진되지는 않은 수정이 불가피해졌다.

경제적 민주주의 이론은 유권자와 정치가들의 행위의 합리성을 입증함으로써 자유주의의 몇몇 규범적 직관들을 경험적으로 확인하려고 했다.[6] 이 모델에 따르면, 유권자들은 투표를 통해 다소간 계몽된 자기

이익을 정치체계에 대한 요구로 번역하며, 반면에 공직을 얻거나 유지하려는 정치가들은 유권자의 표와 특정한 정책들을 교환한다. 합리적으로 결정하는 유권자와 정치 엘리트들 간의 거래들로부터 합리적 결정이 나온다고 간주되는데, 이때 그 결정의 합리성은 동등한 비중의 개별 이익들의 집산을 얼마나 고려하는가에 따라 측정된다. 그 이후 이른바 '유권자의 역설'에 대한 논의와 함께 변화가 일어났다. 오직 자기이익만 추구하는 행위자를 전제할 경우, 도대체 시민들이 투표에 참여한다는 사실 자체는 특정한 가설 위에서만 설명될 수 있었지만, 그 가설은 금방 허구로 판명났다. 단 한 표가 박빙의 승부를 결정할 수 있다는 유권자들의 예상이 있다고 해서 투표율이 달라지진 않았던 것이다. 그리하여 합리적 선택이론의 옹호자들은 메타 선호개념을 끌어들여 이기적인 합리적 선택 모델을 확대하여, 물론 자기중심적이긴 하지만 하여튼 윤리적 고려까지 포함하게 되었다.[7] 그러나, 확대되었다고는 하지만 여전히 자기중심적 결정기초에서 출발하여 변화하는 이익과 가치정향의 사회적 맥락을 무시하는 모든 모델들은 결국에는 경험적 증거들과 배치된다.[8] 가장 최근의 수정은 예를 들어 '세탁기'처럼 기능하면서 규범적 근거를 우선시하는 제도적 장치의 정화효과를 고려하고 있다. 제도화된 절차들은 이런 식으로 '책임있는' 정치적 행위를 촉진할 수 있다.

> 책임있게 행위한다는 것은 행위자들이 전문가, 일반화된 타자, 그리고 자기자신의 비판적 시각을 동시에, 미래완료 시점에서, 체계적으

6) A. Downs, *An Economic Theory of Democracy*, New York 1957.

7) A. Sen, "Rational Fools," *Philosophy and Public Affairs* 6, 1977, 328 ff.

8) J. Mansbridge, "Self-Interest in Political Life," *Political Theory* 18, 1990, 132~153; "이제 합리적 선택 모델들은 그것이 고려하고 있는 동기들과 이 모델이 사용되는 맥락의 범위를 확장할 필요가 있다. 특히 한 종류의 동기에 기초한 모델이 어떤 맥락에서 특정 행위자의 행위를 가장 잘 예측할 수 있는가를 질문해야 한다"(145).

로 취하여 자기 자신의 행위들을 평가하고, 이런 방식으로 행위기준을 객관적으로, 사회적으로, 그리고 시간적으로 평가하는 것이다.[9)]

클라우스 오페(Claus Offe)는 미드의 '일반화된 타자'의 시각을 사용하여, 나중에 보게 되겠지만, 경험주의적 행위이론의 개념적 틀을 파열시키는 의견형성과 의지형성 개념에 접근한다.

체계이론은 개인 행위주체와 집합적 행위주체 개념의 차원을 버린다. 이 이론은 점점 늘어가는 조직적 밀도를 갖는 복합체로부터, 사회를 독자적인 의미론을 지닌 채 서로 고립되어 있으면서 서로를 환경으로 대하는 자율적인 하위체계들의 네트워크로 파악해야 한다는 단호한 결론을 도출한다. 이러한 체계들 간의 상호작용에서 결정적인 것은 참여하는 행위자의 의도나 이익이 아니라 오직 각 체계의 고유한 내적 작동양식이다.[10)] 이러한 개념전략의 선택은 한편으로는 국가를 중심으로 하는 위계적인 사회개념의 거부를 가져온다. 집합적 구속력이 있는 결정을 전담하는 정치체계조차도 아무 특권 없이 (법체계까지 포함하는) 다른 모든 기능적 체계들에 대항하여 기회주의적으로 자기를 주장해야 한다. 다른 한편으로, 자유주의 모델 속에도 담겨 있던 국가중심적 정치관이 이제 완전히 그 모습을 드러낸다. 다시 말해서, 체계이론은 정당 간의 경쟁에 의해 지배되는 의견형성과 의지형성의 양식을, 시민사회, 정치문화, 사회화 속에 박힌 생활세계적 뿌리로부터 잘려나가 정치체계 속에 통합된 시민 및 의뢰인 대중에게 귀속시킨다. 여기서 정부와 행정체계는 최고도의 조직적 밀도를 지닌 복합체를 형성할

---

9) C. Offe, "Binding, Fessel, Bremse," in : A. Honneth et al. (Hg.), *Zwischenbetrachtungen*, Frankfurt/Main, 1989, 758.

10) 이에 대한 비판으로는, F. W. Scharpf, "Politische Steuerung und politische Institution," in : Harwich (1989), 17~29를 보라. 또한 *Politischen Vierteljahresschrift* 30, 1989, 5~21에, 그리고 "국가행위"에 대한 같은 잡지의 특집호인 *Politischen Vierteljahresschrift* 19, 1988, 61~87에 실린 샤르프와 루만의 논쟁도 보라.

뿐 아니라, '공식적' 권력순환과는 반대방향의 대항순환을 작동시킨다. 행정부는 정부입법안을 통해 입법과정을 조종함으로써, 국가기구로 변해버린 정당들을 통해 시민들로부터 대중적 지지를 이끌어냄으로써, 그리고 의뢰인들과 직접 접촉함으로써, 자신의 프로그램을 대부분 스스로 결정한다.[11] 사회적 복잡성이 증대하면서 무게중심은 이러한 비공식적 순환 쪽으로 기울어지고, "그런 조건 아래에서 도대체 정치적 책임성은 어떻게 가능한가"라는 질문은 의미를 잃고 만다.[12] 규범적인 것은 모두 기본개념에서 추방시킨 체계이론은 법치국가 원리에 따라 규제되는 권력순환의 규범적 제동장치에 대해선 무감각하다. 확실히 체계이론은 민주적 과정이 기능적 명령의 압력 밑에서 어떻게 공허해지는가에 대한 날카로운 관찰을 통해 민주주의 이론에 기여한다. 그러나 체계이론은 자신의 민주주의 이론을 위한 틀은 제공하지 못하는데, 왜냐하면 그것은 정치와 법을 재귀적으로 폐쇄된 상이한 체계들로 분할하고 또 본질적으로 행정권력의 자기운행이라는 시각에서 정치과정을 분석하기 때문이다.

그러나 체계이론은 이러한 선별적 접근방법으로 '현실주의적' 이득을 얻은 대가로 곤혹스러운 부대결과를 비용으로 치른다. 체계이론에 따르면, 모든 기능적 체계는 결코 번역될 수 없는 자신만의 고유한 코드와 의미론을 발전시킴으로써 자율성을 획득한다. 그 결과 체계들은 서로 직접 소통할 수 있는 능력을 상실하고, 단지 서로 '관찰할' 수 있을 뿐이다. 이러한 자폐증은 특히 정치체계 — 체계이론의 가정에 의하면 이것 역시 자기준거적 방식으로 환경에 대해 닫혀 있다 — 에 영향을

---

11) N. Luhmann, *Politische Theorie im Wohlfahrtsstaat*, München 1981, 46 : "행정부는 정책프로그램을 입안하고, 의회의 위원회와 유사한 제도를 지배한다. 정치는 정당조직을 이용하여 공중에게 무엇을 왜 선택해야 하는지를 제시한다. 공중은 이익집단이나 감정적 호소 같은 다양한 채널을 통해 행정부에 영향력을 행사한다."

12) Luhmann (1981), 48.

미친다. 체계이론에서도 정치체계는 기능적 체계의 교란을 교정하고 외따로 떨어져 있는 체계들을 '환경친화적으로' 조율하기 위한 조절활동을 전담한다. 그러나 그렇다 하더라도, 자기산출적 고립과 폐쇄 앞에서 정치체계가 어떻게 전체로서의 사회를 통합할 수 있을지는 설명할 길이 없다. 다양한 기능체계들의 자율성과 정치체계가 이들의 연관을 보장할 것이라는 기대 사이의 간극이 어떻게 메워질 수 있을지 알 길이 없다. "문제의 핵심은 자기준거적으로 작동하는 자율적 단위들 사이에선 성공적인 의사소통이 불가능하다는 데 있다."[13)]

'실재론적' 접근방법의 역사는 한편으로는 우리에게 민주적 의지형성의 도구적 특징에 관해 가르쳐주려는 경제적 민주주의론으로 이어지고, 다른 한편으로는 우리에게 이러한 의지형성의 무기력에 관해 가르쳐주려는 체계이론으로 나아갔다. 둘 다 권력의 법치국가적 구성이 갖는 경험적 유관적합성에 둔감한 권력개념에 의존했는데, 이는 둘 다 법과 정치권력의 내적 관계를 제거해 버렸기 때문이다. 엘스터와 빌케가 교훈적으로 추구한 질문 뒤에 자리잡고 있는 것은 궁극적으로 이 결합이었다. 그리고 엘스터의 수정은 예기치 않게 토의정치 개념의 복원을 가져온다.

(2) 사회과학적 설명임을 주장하면서 등장한 합리적 선택이론은 여전히 홉스적 문제 주위를 맴돈다. 그것은 어떻게 전략적 행위자들이 오직 합리적 결정만으로 그들의 사회적 관계를 안정시킬 수 있는지를 설명할 수 없다. 예리한 자기비판을 여기서 일일이 살펴볼 필요는 없을 것이다.[14)] 나에게 관심있는 것은 이 이론을 정치과정에 적용할 때 발생하는 난점들을 엘스터가 어떻게 다루고 있는가 하는 점이다. 우

---

13) H. Willke, *Ironie des Staates*, Frankfurt/Main 1992, 345.

14) Th. Schelling, *Micromotives and Macrobehavior*, New York 1978, 225 f.; H. Simon, "Rational Decision Making in Business Organizations," in: *Models of Bounded Rationality*, Bd. 2, Cambridge(Mass.) 1982, 486 f.

선, 기회와 선호를 주어진 것으로 간주할 수 있다고 가정하는 모델에서 출발하는 것은 이 맥락에서는 비현실적이다. 기회와 선호는 정치적 과정 자체 속에서 변화한다. 게다가, 여론조사 속에 표현된 개인적 선호들은 결코 피조사자의 실제적 선호를 믿을 만하게 반영하지 못한다. 만약 관련 정보와 근거를 검토한 후에 표명하게 될 선호가 실제적 선호라고 한다면 말이다. 다시 말해서, 가치와 태도의 정치적 변화는 맹목적 적응 과정이 아니라 건설적인 의견형성 및 의지형성의 결과인 것이다. 엘스터는 이것을 선호의 '자율적' 형성이라 부른다. "욕구에 대한 자율성의 관계는 신념에 대한 판단의 관계와 같다."[15]

그러나 특히 비현실적인 것은, 모든 사회적 행위가 전략적 행위이며 따라서 마치 이기적인 효용계산의 결과인 것처럼 설명할 수 있다는 가정이다. 이런 사회학적 모델의 설명력은 명백히 제한되어 있다.

> 이기적 행위의 위험은 늘 있지만, 그것이 실제로 존재하는 정도는 큰 폭으로 변화한다. 기회주의적 행위가 보편적이라는 가정에서 출발하는, 사회적 선택과 공적 선택에 관한 많은 문헌들은 실재 세계와는 거리가 먼 듯이 보인다. 실재 세계에는 정직함과 의무감이 많이 있다. 만약 사람들이 기회주의적 행위를 버릴 수 있는 경우에도 항상 그렇게 행동을 했다면, 우리가 알고 있는 문명은 존재하지 않을 것이다.[16]

이러한 그리고 이와 유사한 생각에서 이미 몇 년 전에 엘스터는 사회윤리적 책무와 도덕적 근거들을 추가하여 합리적 선택의 기초를 확대하였다. 나아가 그는 민주적 과정을 공적 토론을 통해 선호를 변화시키는 메커니즘으로 묘사했다.[17] 그가 특히 중시한 것은 그러한 합리

---

15) J. Elster, "The Market and the Forum," in : J. Elster, A. Hylland (eds.), *Foundation of Social Choice Theory*, Cambridge 1986, 109.

16) J. Elster, "The Possibility of Rational Politics," in : D. Held (ed.), *Political Theory Today*, Oxford 1991, 120.

17) Elster (1986), 112.

적 의지형성의 절차적 양상들이다.[18] 그리고 이러한 착상이 결실을 맺기 위해선, 합리적 선택 모델을 두 가지 점에서 대대적으로 수정해야 했다.

먼저, 그는 다른 행위유형을 덧붙여 이 이론을 확대시켰다. 자신의 선호에 의해 조절되고 (불완전한 정보라는 조건 아래에서) 결과를 지향하는 전략적 혹은 목적합리적 행위 외에, 규범에 의해 규제되는 행위가 있다. 후자는 전략적 행위로 환원될 수 없으며, 그런 점에서 기본적 행위유형이다.[19] 규범은 기회주의적 행위에 대한 사후 정당화에만 봉사할 뿐이라는 주장을 반박하면서, 엘스터는 만약 우리가 일반적으로 규범의 상호주관적 인정을 상정해서는 안 된다면, 누구도 특수한 경우에서 규범들을 전략적으로 다룰 수 없다고 주장한다. 이러한 한에서 규범의 사회적 타당성은 그러한 규범을 지향하는 것으로 가장함으로써 사람들이 얻을 수 있는 이득들보다 논리적 우선성을 누린다. 규범을 따르는 행위는 사실은 (부끄러움과 죄의식의 감정 같은) 내면화된 제재를 피하기 위한 목적합리적 행위라는 한발 더 나아간 반론도 설득력이 없기는 매한가지이다. 전제상 비합리적 행위의 결과를 합리적으로 다루는 것은 어떻게 그 행위가 (그것에 선행하는 규범의 내면화의 결과로서) 발생하게 되었는지를 설명하지 못한다. 사람들은 비합리적으로 행위하겠다고 합리적으로 결심할 수 없다.

다른 한편, 이러한 고찰은 엘스터가 새로운 행위유형을 여전히 경험주의적 전제하에서 도입했다는 것을 보여준다. 그의 설명에 따르면, 규범에 의해 규제되는 행위는 예상 결과를 지향하지 않는다는 점에서만 전략적 행위와 구별된다. 경제학적 인간이 사회학적 인간에 비해

18) *Ibid.*, 117 : "단순히 합리적 토론에 참여하기로 결정하는 것만으로는 사회적 행위가 실제로 합리적으로 이루어진다는 것을 보증하지 못한다. 왜냐하면 많은 것이 진행과정의 구조와 틀에 달려 있기 때문이다."

19) 이하의 내용에 대해서는, J. Elster, *The Cement of Society*, Cambridge 1989, 3장을 보라.

더 갖고 있는 것이 목적합리성이라는 것이다.[20] 규범과 가치지향은 합리적 평가의 대상이 아니다. 그것들은 학습과정 없이 반사실적으로 유지되는 행위기대를 근거짓는다. 따라서 엘스터는 공리주의적 의미에서, 도덕적 규범에서 그 의무적 성격을 벗겨내고 그것을 합목적적 행위를 위한 결정규칙에 포함시키거나, 아니면 의무론적 신념윤리의 의미에서, 그것들을 의무적 행위규범에 포함시키지만 그 이성적 성격은 벗겨낸다.

물론, 규범성과 합리성이 이런 식으로 서로를 배제하는 한, 합리적으로 동기지어진 행위조정은 전략적 행위자들 간의 협약이라는 형태를 취할 수밖에 없다. 합리적 동의과정이 '협상'(*bargaining*) — 타협안의 교섭 — 과 같은 것이 되어버린다. 사실 협상은 성공적 결과를 지향하는 전략적 행위자들의 협력자세를 요구하는 것으로서, 경험적 제약이나 비합리적 자기구속의 형태를 취하는 규범들과 연결되어 있다. 이것을 보여주기 위하여 엘스터는 규범적으로 규제된 협상과정을 성공에 대한 합리적 기대와 배후에서 조절작용을 하는 사회적 규범 간의 협력작용으로 설명하는 힘의 평행사변형을 발전시킨다.[21]

그러나 정치적 의지형성 과정에서 참여자들의 선호가 어떻게 합리적으로 변화될 수 있으며, 또 어떻게 새로운 선택지가 합리적 방식으로 열릴 수 있는지를 설명하려고 할 경우엔, 이렇게 경험주의적으로 가치지향을 도입하는 방식은 불충분한 것으로 판명된다. 정치적 과정은 확실한 위협에 기초하여 규제된 타협으로 끝나지 않는다. 이것이 엘스터가 집합행위 문제를 해결하기 위한 또 하나의 메커니즘으로서 '논

---

20) "전자는 도구적 합리성의 인도를 받는 것으로 가정된다. 이에 비해 후자의 행위는 사회적 규범에 의해 지시된다. 미래의 보상에 대한 기대가 전자를 '끌어당긴다'면, 의사-내면적 힘이 후자를 뒤에서 '민다.' 전자는 환경의 변화에 적응한다…. 후자는 … 명백하게 더 나은 새로운 선택지가 있는데도 지시된 행위를 고수한다." *Ibid.*, 97.

21) *Ibid.*, 231 ff.

증'(*argumentation*)을 도입하는 이유이다. "한편으로는 합리적 논증, 다른 한편으로는 위협과 약속이, 정파들이 동의에 도달하기 위해 사용하는 주요 수단들이다. 전자의 기준은 타당성이며 후자의 기준은 신뢰성이다."[22] '타당성이라는 기준'과 함께 새로운 유형의 의사소통과 행위조정이 등장한다. 협상을 통해 얻은 타협안에 대해서는 정파들이 서로 다른 이유에서 동의할 수 있는 데 비해, 논증의 결과로서 얻은 합의는 동일한 방식으로 정파들을 확신시킬 수 있는 동일한 근거에 의존해야 한다. 합의를 발생시키는 그러한 근거들의 힘은 실천적 담론들을 지배하는 불편부당성의 이념 속에 반영되어 있다.[23]

이러한 행보는 첫 번째 수정에 대한 수정을 요구한다. 이해관계와 행위갈등에 대한 불편부당한 평가라는 이념과 함께, 지금까지 비합리적이라고 간주되었던 규범들이 부분적으로 논증의 소용돌이 속으로 이끌려 들어오기 때문이다. 엘스터가 성공을 지향하는 행위자들이 서로에게 행사하는 영향력뿐만 아니라 상호이해에 도달하기 위한 논증에 참여하는 사람들 간의 의사소통도 행위조정의 메커니즘으로 설정하고자 한다면, 먼저 규범과 가치지향들의 합리적 핵심도 인정하고 이에 상응하여 합리성 개념을 확장시켜야 한다. 이를 위해서는 정당한 권리들을 근거지어 주는 — 그 합리성 주장이 진지하게 고려된 — 의무론적 정의개념이 도움을 줄 수 있다.[24] 정치의 과제는 단순히 비능률적이고 비경제적인 규제를 제거하는 데에만 있는 것이 아니라, 모든 시민

22) J. Elster, "Arguing and Bargaining in Two Constituent Assemblies," The Storr Lectures, Yale Law School, 1991, 미간행원고, 37 f.

23) 게임이론에서 의사소통행위 개념을 비판적으로 수용하는 것에 대해서는, J. Johnson, "Habermas on Strategic and Communicative Action," *Political Theory* 19, 1991, 181~201.

24) "정치에서 도구적 사유의 취약성을 감안할 때, 여기서 선택된 정의개념이 공리주의와 같은 결과주의적 개념일 수는 없다. 오히려 그것은 의사결정과 사회복지에서 평등한 몫을 가질 수 있는 개인의 내재적 권리에 초점을 맞추어야 한다." Elster, in : Held(1991), 116.

들의 동등한 이익에 부합되는 삶의 조건을 확립하고 보증하는 데 있기도 하다.[25]

이렇게 수정된 기본개념을 갖고서 엘스터는 필라델피아(1776)와 파리(1789~1791)의 제헌의회에서 있었던 토론을 경험적으로 분석한다. 이 분석에서 그는 '협상'과 '논증'의 이론적 구별에서 출발하는데, 여기서 논증은 우리의 용법에 따를 때 정의의 논증뿐만 아니라 국민의 일반적 복지와 관련된 윤리적-정치적 논증도 포함한다. 위의 두 근대적 제헌과정에 대한 비교분석을 거쳐 그는, 이런 종류의 의회적 의견형성과 의지형성이 오직 권력에 의해서만 조정되는 이익균형의 경험주의적 전제 아래에서는 적절히 설명될 수 없다는 가정을 검사한다. 오히려 그러한 과정 속에는 담론과 협상이 서로 얽혀 있다. 물론 타협형성이 종종 자생적으로 이루어지고, 또 그런 한에서 규제된 협상의 공정성 조건이 충족되지 않지만 말이다.[26] 엘스터의 스토어 강의(Storr Lectures)는 명시적인 메시지에 초점을 맞추는가 아니면 분석된 연설문의 논증논리적 역할을 주목하는가에 따라 두 가지 해석을 허용한다. 내용의 측면에서 엘스터는 일종의 법률사의 한 단면을 재구성한다. 여기서 그는 '헌법제정자의 의지'는 그때그때 인지된 일련의 상황 속에서 불편부당한 의견형성과 의지형성을 제도화함으로써 시민들의 정치적 자율성을 보증하려는 권리체계에 실질적 효력을 부여하는 데에 있다는 결론에 도달한다. 이 측면에서, 엘스터는 (적어도 암묵적으로는) 법치국가에 대한 담론이론적 독해를 헌법사의 맥락에서 검사하는 데 기여하고 있다.

그러나 그의 명시적 목표는 정치적 입법자의 결정이 어느 정도 합리적으로—즉 타당성에 기초한 상호이해와 성공지향적인 영향력 행사의

25) *Ibid.*, 120.

26) 제헌의회의 특별한 설계가 그의 가설에 유리하게 작용하고 있다는 명백한 반론에 대해 엘스터는 정당성의 위기에서 촉발된 혁명적 상황이라는 마찬가지로 특별한 상황을 들어 대응한다. 이 상황에서는—분리독립하려는 남부 주의 위협이나 개입하려는 국왕의 위협—오히려 양극적 분열효과를 갖지 않을 수 없었다.

공동작용을 통하여 — 동기화되었음을 보여주는 논증유형들을 합리적으로 재구성하는 데 있다.[27] 엘스터는 주로 이 두 가지 메커니즘의 상호작용을 검토한다. 논쟁의 실제적 과정은 예상대로 토의정치의 이상적 절차에서 벗어나는 것으로 판명되었다. 그러나 이와 동시에, 토의정치의 전제들이 논쟁과정에서 조절효과를 갖는다는 점도 확인되었다. 의견대립의 토의적 양식을 위한 의사소통적 전제들은 의회기구 속에 제도화되어, 적어도 민주적 절차를 통해 논거들을 걸러내고, 정당성을 산출하는 근거에 특권을 부여할 정도의 효과는 가져온다.

예를 들어, 모든 이익이 공적으로 대변될 수 있는 것은 아니다. 이러한 까닭에, (칸트도 강조한 바 있는) 정치적 의사소통의 공공성 자체가 이미, 논자들이 일관되게 의사를 표명하고 자신의 제안을 조리있게 설명해야 한다는 기대와 결합되어, 유익한 절차적 강제력을 발휘한다. 이러한 조건 아래에서는, 한 논자가 위장된 도덕적 또는 윤리적 근거 뒤에 공적으로 정당화될 수 없는 이익을 숨기고 있을 경우 그는 필연적으로 자기구속에 빠진다. 즉 바로 다음 번에 그는 자신의 비일관성을 드러내거나, 아니면 신뢰성을 유지하려고 할 경우 타자들의 이익을 포섭하는 방향으로 나갈 수밖에 없다.[28]

---

27) "내가 논증과 협상이라고 부르고자 하는 두 가지 유형의 언어행위가 헌법제정과정을 조명해줄 수 있다. 이 과정을 이해하는 데에는 토마스 셸링에 못지 않게 하버마스로부터도 도움을 얻을 수 있다…. 비록 설명사례들은 주로 두 개의 제헌의회에서 가져올 것이지만, 내가 말해야 할 것 중의 많은 것은 좀더 광범위하게 일상의 입법기구, 위원회, 그리고 이와 유사한 기구에도 적용된다." Elster(1991), 4.

28) *Ibid.*, 91 f.: "공평성은 이기적 목적에서 그것을 이용하려는 시도 (혹은 그것을 존중해야 할 필요)에 논리적으로 우선한다. 그러나 그렇다고 해서, 공평한 관심이 반드시 널리 퍼져 있다는 말은 아니다. 모든 사람을 포함시켜 마치 모두가 다 협력자인 듯이 행위하려고 할 경우, 전체 인구 중에서 얻을 수 있는 협력자는 소수에 지나지 않을 것이다. 그러나 이와 비슷하게, 공평한 마음을 가진 소수의 사람들은 다수의 사람들이 자기이익을 위해 그들의 공평성을 모방하도록 유도할 수 있다…. 또한 자기이익의 표명을 금지하는 규범은, 논쟁이 닫힌 문 뒤에서 일어나는 경우보다는 공적 무대에서 더 강한 힘을 발휘할 것이

이러한 고찰이나 이와 비슷한 고찰에서 우리는 합리적인 정치적 의지형성을 위한 조건을 개별 행위자의 동기와 결정기초라는 개인적 차원만이 아니라 제도화된 심의 및 결정과정이라는 사회적 차원에서도 찾아야 한다는 결론을 얻을 수 있다. 후자의 과정은 참여자들의 선호에 영향을 미치는 제도적 장치로 간주될 수 있다. 다시 말해서 그것은 주제와 제안, 정보와 근거들을 검사하고 선별하여, 이상적인 경우 오직 '타당한' 투입요소들만 공정한 협상과 합리적 담론의 여과장치를 통과할 수 있게 한다. 이와 함께 합리적 선택이론에서 담론이론으로 전망이 교체된다.

> 이러한 제도는 (즉 미국의 헌법은) '숨겨진' 또는 '침전된' 미덕으로서 역할을 하도록 고안되었으며, 따라서 진실, 지혜 이성, 정의 그리고 모든 종류의 특별한 도덕적 특질들과 같은 이 미덕의 **현실적 실천**을 지배자와 피지배자 양쪽에서 어느 정도 필수불가결한 것으로 만드는 역할을 하도록 고안되었다.[29]

실천이성이 의사소통과 제도화된 절차들의 형태 자체 속에 이식되는 한, 그것이 오로지 또는 주로 집합적 행위자나 개인 행위자들의 머리 속에서만 구현될 필요는 없다. 엘스터의 연구는 관찰가능한 정치적 의사소통의 담론적 차원이 그런 식으로 절차화된 이성의 실효성을 재는 기준이라는 가정을 지지해준다. 토의정치의 결과들은 의사소통적으로 산출된 권력으로 이해될 수 있다. 그리고 이 권력은 한편으로는 확실한 위협을 지닌 행위자들의 사회권력과 경쟁하고, 다른 한편으로는 공직자들의 행정권력과 경쟁한다.

다. 또한 공적 무대는 제기된 주장에 대한 공명판으로서 기능하면서 그 주장의 철회를 더 어렵게 만드는 대규모 청중을 앞에 두고 있기 때문에, 미리부터 원리에 충실하려는 자세를 장려할 것이다."

29) C. Offe, U. K. Preuß, "Democratic Institutions and Moral Resources," in: Held(1991), 149.

2. 정치권력의 순환모델

체계이론이 의회 안에서 산출되는 의사소통적 권력 — 그리고 정치적 공론장에서 획득된 영향력 — 을 부정할 필요는 없다. 그러나 그 이론은 의사소통적 권력의 무기력을 한층 강하게 폭로하는 방식으로 그 현상을 기술한다. 이 시각에서 보면, 정치체계는 법의 실정화가 완성된 이후에는 정당한 법의 자율적 원천을 포기할 수 있어야 한다. 다른 기능체계와 마찬가지로 정치체계도 자기만의 코드를 통해 재귀적으로 폐쇄된 의사소통 순환으로 자립화된다. 타자준거에서 자기준거로 자리를 옮긴 이 우연적인 정치는, 합법성의 보장을 전담하는 법체계와 결합하여, 자신의 정당화에 필요한 모든 것을 스스로 창출한다. 가장 조밀한 조직적 밀도를 지닌 복합체에서 출발하는 정당화의 필요성도, 여야의 대립에서 시작하여 정당 간의 경쟁을 매개로 유권자 공중의 느슨한 네트워크로 이어지는 연결선을 따라가면서, 온정주의적으로 충족될 수 있다. 그러나, 체계이론이 "윤리적으로 책임있고 반응성 있는 사회라는 전망에서 국가이론을 생각하는"[30] 과제와 대면할 경우, 국가기구에 닻을 내린 정치의 자기정당화에 대한 루만의 이러한 이미지에 균열이 생기기 시작한다.

이 절에서는 먼저 (1) 그러한 국가이론을 발전시키려는 빌케의 독창적 시도를 내재적으로 비판하고, 이를 통해 (2) 사회학적 정보를 지니면서 토의정치 개념을 사용하는 데 적합한 모델을 발전시킬 것이다.

(1) 헤겔은 그의 법철학(§250~256)에서 시민사회를 국가기관과 매개하는 중요한 과제를 조합주의적 단체에 부여했다. 빌케는 신조합주

30) Willke(1992), 12.

의 논쟁에 자극받아 헤겔의 신분국가를 — 군주라는 정점을 제거하고 — 체계이론적으로 해석할 생각을 갖게 되었다. 국가와 사회 사이의 회색지대에서 생겨난 경쟁행위, 원탁회의, 다양한 종류의 조정위원회를 그는 징후적 협상체계로 묘사한다. 이 협상체계는 정치가 탈중심화된 사회에서 더 이상 국가에 의해 대변될 수 없는 전체 사회의 통일성을 임상훈련을 받은 감독자의 역할 속에서 보존할 수 있도록 허용한다. 한편으로 빌케는 루만과 마찬가지로, 여러 하의체계 중의 하나가 되어 사회적 우선성을 더 이상 주장할 수 없게 된 정치체계로부터 사회전체를 통합하는 기능적 부담을 벗겨준다. 다른 한편 그는 국가를 신분사회적 통합의 보증자로 뒷문으로 다시 도입한다.

이 대답은 놀라운 것일 수 있지만, 그 질문은 체계이론의 자기산출적 선회가 가져온 논리적 결과이다. 사실, 분화된 부분체계들이 사회전체라는 한 단계 높은 차원에서 다시 통합된다는 것은 사회의 기능적 분화의 논리에 내재되어 있다. 탈중심화된 사회가 그 통일성을 더 이상 보존하지 못한다면, 사회는 부분의 복잡성 증대로부터 이득을 얻지 못할 것이며, 전체적으로 그것은 부분들이 얻는 분화상의 이득의 희생양이 될 것이다. 자기산출에 의존하게 된 사회는 실제로 이 곤경에 빠지는 듯하다. 기능적 체계들은 자신의 특수한 의미론을 통해 자율성을 향한 마지막 발걸음을 내디디고, 그 결과 거기서 나오는 모든 장점에도 불구하고 환경과의 직접적 정보교환은 파괴될 것이기 때문이다. 이제부터 모든 기능체계들은 사회에 대해 저마다 다른 이미지를 갖게 된다. 그들은 사회의 통일성을 모두에게 동일한 방식으로 재현할 수 있는 공동의 언어를 더 이상 갖지 못한다. 코드별 특수성이 없는 일반적인 상호이해는 이제 끝났다. 그 결과 각 체계는 자신이 다른 체계에 부과한 비용에 대해 무감각해진다. 사회 전체의 재생산과 관련된 문제를 지각하고 처리할 수 있는 장소는 더 이상 없다. 화폐나 행정권력 같은 특수언어들은 — 기능체계가 생활세계에 대해 그러듯이 — 일상언어를 거덜내, 그 어느 것도 전체 사회적 문제를 주제로 떠올리고 다루는 데 필요한 충분한 복잡성을 지닌 공명판을 형성하지 못한다. 이러한 전제 아래에선 정치적 공론장도 그와 같은 공명판을 형성할 수 없다. 다른 이유는 둘째 치더라도, 정치적 공론장은 시민공중과 함께 권력코드에 접속되어 있으며 상징정치의 제물로 변하기 때문이다.

다른 한편 통합능력이 위협받고 있다는 것은 정치와 법에겐 하나의 도전을 의미한다. 이런 경향은 어떤 의미에서는 정치와 법이 종교적 정당성의 붕괴에서 이미 한 번 경험했던 충격을 다시 야기한다. 그러나, 국가가 사회의 통일성을 더 이상 대변하지 못하는 상황에서 그 통일성을 어떻게 조직할 수 있는가 라는 질문은 더 이상 직접적으로 정당화의 문제로서 제기되지 않는다. 정당성의 규준은 이를테면 정치적으로 결정될 수 있는 문제에서만 의미를 갖는다. 따라서 그것은 사회 전체적 문제에는 적용될 수 없다. 그럼에도 불구하고, 정당성 창출의 관행은 전체 사회적 비합리성이라는 문제를 부담으로 안게 된다. 왜냐하면 법과 정치는 전체 사회의 결속을 보증하는 일종의 보증인 역할을 담당하기 때문이다. 어쨌든, 빌케는 전체 사회의 불충분한 통합 때문에 최소한 유인되었다고 볼 수 있는 정당화 문제가 회귀했다고 진단한다. 설령 이 문제가 '총체적 체계합리성'에 의해 측정된다고 하더라도 말이다. 이제 이런 종류의 사회적 합리성은 다름아니라 정치적으로 매개된 다양한 기능체계들 간의 조율과정을 통해 해결될 수 있어야 하는 것으로 간주된다. 빌케의 신조합주의적 전망이 "겨냥하는 것은 자율적이고 능동적이며 상호의존적인 하위체계들 사이의 관계를 조형하는 것이다. 이 체계들은 더 이상 어느 한 부분의 지배적 지위에 종속되지 않으며, 따라서 총체적 체계합리성을 보편자의 타당성으로부터 도출하지 않고 특수자들의 반성적 조율로부터 도출한다."[31] 이 진단에 따르면, 서구사회 속에서 정치체계는 이미 감독국가(*Supervisionsstaat*)로 향하는 길에 들어섰다. 이런 종류의 체계간 균형형성을 통해 통합되는

---

31) *Ibid.*, 205.

동시에 후견받게 될 사회에 대한 묘사는 세 가지로 요약할 수 있다.

(a) 감독국가는, 자신의 독자적 운영이나 활동에 교란이 발생하여 '개발원조'를 필요로 하거나 또는 외부비용을 환경에 부담시키고 있어서 '주의'를 촉구받아야 할 사회적 기능체계들 간의 조율을 비위계적 협상체계 속에서 추구한다. 그러나 자기준거적 체계가 구조변동으로 유인될 수 있는 방식 자체는 이 체계 자체의 구조에 의해 이미 확정되어 있다. 이 때문에 감독국가는 경제계획 분야에서 잘 알려져 있는, 금지규범과 인센티브를 넘어서는 '옵션정책'(*Optionenpolitik*)을 추구해야 한다. 그것은 조절되어야 할 체계의 작동양식과 자유도를 고려하고, 그 맥락을 적절하게 변화시키는 방식으로 그 체계의 자기조절에 영향을 미친다. 보건, 기술, 과학정책 등의 영역에서 종종 연구되었던 계획의 난점들은 직접적인 국가개입의 한계를 설득력 있게 보여준다. 따라서 직접적 개입 대신 이젠 기업상담의 양식이 다양한 폐쇄체계들을 하나의 '생산적이고 자기규제적인 연관'으로 엮기 위한 전략의 사례로 간주된다.

(b) 체계를 조절하는 정책도 법의 언어를 사용해야 하지만, 더 이상 조건적 프로그램이나 목적 프로그램의 형태로 사용하는 것이 아니라 '반성적' 법으로 사용한다.[32] 정치는 조절되는 체계에게 우선순위를 스스로 설정할 새로운 '형식들'을 제공하고, 이와 함께 체계내부에 주어진 선호들은 새로운 비중을 얻는다. 각 체계는 여전히 자신의 멜로디를 연주하지만 그 리듬은 달라진다. 이런 목적을 위해선, 개인주의적인 민법은 집합적 행위자의 차원으로 전환되고, 인격체에 대한 준거는 체계관계로 치환되어야 한다. 환경파괴, 방사능 오염, 치명적인 유전

---

32) G. Teubner, "Verrechtlichung — Begriffe, Merkmale, Grenzen, Auswege," in : F. Kübler (Hg.), *Verrechtlichung von Wirtschaft, Arbeit und sozialer Solidarität*, Frankfurt/Main 1984, 289~344.

자 손상으로부터의 보호라든가, 일반적으로는 거대기술 시설, 의약품, 과학실험의 통제되지 않은 부작용으로부터의 보호와 같이 위험사회에서 새롭게 등장한 집합재에 대한 법적 보호가 그 사례이다. 법은 권위적으로 결정된 운행목표를 명령하는 형태로 시행되어선 안 되고, 오히려 '상관적 프로그램'의 형태를 통해 위험을 산출하는 체계가 스스로 운행방향을 바꾸도록 유도하고 또 그렇게 할 수 있는 능력을 길러주어야 한다. 이런 방식으로 법은 자기변동의 촉매로서 기능한다.

(c) 비록 통합활동이 민주적 의견형성과 의지형성의 차원에서 체계간의 관계라는 차원으로 장소를 옮기고, 중심준거점이 인격체로부터 체계로 치환되었지만, 그러나 그 '본질적 내용'은 보존되어야 한다. 여전히 빌케는 '사회적 담론의 장치'를 말하고 심지어는 '합리적 담론을 통한 자율적 행위자들의 조율'도 말한다.[33] 그 조율과정은 탈중심화된 단위들 간의 의사소통 관계를 규제하는 (민주적?) 절차의 안내를 따르기 때문이다.

> 합의는 의견불일치의 기초와 한계의 기본틀에 관한 합의로서 요구되며, 의견불일치가 심화되어 체계의 해체를 초래하지 않도록 하기 위한 것이다.[34]

이 대목에서 빌케는 다음을 덧붙인다. "합의는 계속해서 재구성되는 상상적 경계선으로서만 필요하다. 이 선이 확정되는 순간 차이와 불일치가 거기에 달라붙어 그것을 무너뜨릴 수 있다." 이 말은 동의의 타당성에 있는 이상화의 계기를 체계이론적 기술 속에서 포착한 것이라고 할 수 있다. 그러나 다른 이론적 전통의 상호주관주의적 어휘로부터 민주적 합의에 대한 모사적 서술을 빌려오고 있는 이 말은, 그 전제가

---

33) Willke(1992), 202.

34) *Ibid.*, 49.

달라진 이상 당연히 은유적 의미만 가질 뿐이다.

다른 한편 시민들의 의사소통적 실천과는 달리 기능체계들의 '대화'는 규범과 가치와 이익을 다루지 않는다. 오히려 그것은 체계적 지식의 반성적 증대라는 인지적 목적에만 국한된다. 자신의 기능영역의 작동방식을 서로에게 설명하는 전문가들 간의 교환은 자기준거적 행위체계의 특정한 맹점을 극복하기 위한 것이다. 경영학 문헌에 나오는 사례들이 보여주듯이, 그 대화는 오히려 일종의 계속교육 코스와 유사하다. 여기서 강사나 사회자는 여러 분야에서 온 매니저들에게 다른 분야의 사업문제에 대한 상담자 역할을 하도록 한다. 다른 한편 대화를 규제하는 '회의규칙'은 민주적 절차규칙의 보편주의적 성격을 벗어던진다. 특정 시점에서 '치료를 필요로 하는' 기능체계들의 집합은 어떤 대표성도 주장할 수 없다.

이론내부로부터 불거져 나온 전체사회적 통합의 문제를 해결하기 위한 이런 흥미로운 제안은 몇 가지 난점에 직면한다. 이 난점들은 체계이론에 의해 억눌렸던 정당화 문제의 위상을 균형있게 드러내주기 때문에 여기서 논의할 만한 가치가 있다.

(a) 에 대하여 : 고전적 형태의 홉스적 문제는 자기이익을 추구하는 행위자들의 자아중심적 전망들의 만남으로부터 어떻게 타인의 이익을 고려하도록 하는 질서가 가능할 것인가라는 질문으로 제기되었다. 합리적 선택이론이 여전히 물고 늘어지는 이 질문은 체계이론에서는 다른 형태로 반복된다. 스스로를 안정시키는 질서는 이젠 체계전망의 인지적 조율을 통해 설명되어야 한다. 행위규제의 실천적 차원은 체계이론의 접근방식에서는 사라지고, 그 결과 기능체계 간의 관계에서는 합리적으로 근거지어진 '이타주의'는 그 의미를 상실한다. 그러나 홉스적 문제는 이렇게 순수 인식적 문제로 각색되면서 더 첨예화된다. 서로 충돌하는 전망들의 자기중심주의가 더 이상 단순히 선호나 가치정향을 통해서 규정되는 것이 아니라, 각자가 갖는 세계해석의 문법을 통해 규

정되어 있기 때문이다. 자기산출적으로 폐쇄된 체계는 자연상태의 개인과는 달리 더 이상 어떤 공동세계도 갖지 않는다. 그런 한에서, 각기 고유의 세계전망을 갖고서 자율적이고 자기준거적으로 작동하는 단위들 간의 성공적 의사소통이라는 문제는 현상학에서 잘 알려진 문제, 즉 초월적 주체의 단자론적 활동으로부터 어떻게 상호주관적으로 공유된 세계를 구성할 수 있는가 라는 문제와 정확하게 상응한다. 후설이 (또는 나중에 사르트르가) 이 상호주관성의 문제를 해결하지 못했듯이,[35] 체계이론도 자기산출적으로 폐쇄된 체계가 어떻게 자기준거적 운행의 순환 내부에서 순수 자기준거와 자기산출을 넘어설 수 있게 되는지를 설명하지 못한다.[36]

타자의 자기관찰에 대한 상호관찰이라는 반성의 나선운동은 타자관찰과 자기관찰이 항상 각 체계 자신의 관찰이라는 순환을 벗어나지 못한다. 그것은 상호 불투명성의 어둠을 깨뜨리지 못한다.[37] 다른 체계의 작동방식과 자기준거를 단순히 '관찰하는' 것이 아니라 '이해하기' 위해서는 체계들은 최소한 부분적인 공통언어라도 가져야만 한다. 그러나 이론의 전제상 그런 것은 있을 수 없다.

> 성공적인 의사소통의 전제는 부분들이 서로에게 유관적합한 정보를 서로 제시하여, 그 정보가 '읽힐' 수 있어야, 즉 다른 기준을 갖는 맥락 속에서도 이해될 수 있어야 한다는 것이다. 문제는 상이한 '언어게임'의 '언어'에는 상이한 현실과 세계해석이 결합되어 있는데 이 상이한 언어게임들 사이에 양립가능성을 설립하는 데 있다. **그러므로 사회질서의 심층구조가 이해가능한 정보의 문법과 연결되어 있다는 것은 복잡한 사회에서도 타당하다.**[38]

---

35) 나의 가우스 강좌 "Vorlseungen zur einer sprachtheoretischen Grundlage der Soziologie," in : Habermas (1984), 35 ff. 를 보라.

36) J. Habermas, *Der philosophische Diskurs der Moderne*, Frankfurt/Main 1985, 420~446에 실린 루만에 관한 보론을 보라.

37) Willke (1992), 165 f.

그러한 문법을 구성하는 '전송규칙들'은 단순히 사회 전체를 순환하는 일상언어의 문법적 규칙들에 의해 제공될 수 없다. 오히려 그것들은 — 국제사법의 모델에 따라 — 각 체계의 시각에서 다른 체계와의 상호이해의 교량을 세우는 충돌규범으로서 이제 설립되어야 한다. 그러나 참여체계는 그러한 규칙을 각기 자신을 위하여 산출하기 때문에, 그 규칙이 각 체계의 의미론적 전망주의를 아직 극복하지 못하고, 고작해야 새로운 발달단계를 위한 기초를 깔 뿐이다. 그러므로 요구되고 있는 전망의 착종은 새로운 규칙체계의 출현을 기다려야만 한다.

결국 빌케는 상호이해의 상호주관성의 조건을 사회진화라는 마술모자로부터 끄집어내야 한다.

> 여기서 새로운 종류의 규칙이 작동한다. 이 규칙은 처음으로 하위체계에 닻을 내리지 않고, 오히려 출현적인 전체체계와 연결되려는(!) 부분들의 능동적이고 의도적인 협력작용의 결과로서 체계의 수준에서 발생한다. 이런 유형의 규칙은 하나의 소재이며, 이 소재로부터 탈중심적인 맥락조절이 정치적 감독의 절차로서 형성될 수 있다.[39]

따라서 의미론적으로 폐쇄된 체계들이 상호관찰을 통해 수행하는 상호탐색으로부터, 분화된 특수언어들의 고향인 일상언어가 언제나 이미 성취하고 있는 것을 모사하는 하나의 언어가 출현하리라는 것이다. 더욱이 '상관적 프로그램'을 가진 법이 '이해가능한 정보의' 범사회적 '전송'이라는 일상언어적 성취와 이미 연결되어 있어야 한다는 점에서, 빌케의 '출현적 언어'라는 보조적 구성물은 더욱 설득력이 떨어진다. 분석적 언어철학의 논의맥락을 따른다면, 일상언어가 '최종적 메타언어'라는 것은 전혀 놀라운 일이 아니다. 그것은 범사회적으로 순환하면서 모든 특수한 언어로부터 그리고 모든 특수언어로 번역될 수 있는 열린

---

38) *Ibid.*, 345 f(강조는 필자).

39) *Ibid.*, 346.

언어 매체이다.

(b) 에 대하여 : 감독국가는 “전체의 합리성을 희생시키면서 부분체계의 합리성을 절대화하는 위험”[40]을 막아야 한다. 정치체계의 범위를 넘어서는 이러한 목표가 설정됨으로써, 정치 내부의 정당화 과정은 이제 정치가 더 이상 통제하지 못하는 맥락조절의 성공에 좌우된다. 그 조절은 이제 조합주의적 협상체계, 즉 체계간의 조율과 조정의 제도를 통해 이루어진다. 설령 정치가 체계 조절적 법률제정을 평가하는 포괄적인 체계 합리성을 포함함으로써 인지적 부조화 없이 자신의 특수한 정당성 기준을 확장하는 데 성공한다고 하더라도, 이와 함께 결정의 기초는 바뀌게 될 것이며, 따라서 더 이상 정치체계는 정당화에 필요한 모든 결정을 **오직 자기 자신**에게만 귀속시킬 수는 없게 될 것이다. 이것은 내부에서 전개되는 자기정당화 과정이 중단된다는 것을 뜻한다. 체계조절은 여전히 법의 형식 속에서 이루어진다. 그러나 법률을 제정하는 국가의 권한이 자기준거적으로 작동하는 다른 단위들의 **고유한 역동성**이 유입되는 협상체계에로 위임되면서, 법과 정치의 재생산은 국가행정과 사회적 기능체계 사이에 애매하게 분배된 ‘이중지배’의 어두운 그림자 속으로 빠져든다. 공공행정이 새로운 종류의 ‘사회적 담론’에 연루될수록, 점점 더 그것은 공식적 권력순환의 입헌 민주주의적 형식에 만족할 수 없게 된다. 전체사회의 해체위험을 제거하고 이를 통해 새롭게 분출한 정당화 문제를 막을 것으로 간주되었던 그 신조합주의가 독자적으로 진행되는 자기정당화 과정을 교란하는 것이다. 빌케가 제안한 법유형의 교체가 민주주의에 순기능적으로 이루어질 때에만 이런 반론이 기각될 수 있을 것이다.

집합적 행위자, 사회적 기능체계, 거대 조직들이 개인을 대신하여 행동할수록, 행위결과의 책임소재를 결정하는 기초도 더 분명하게 바

---

40) *Ibid.*, 197.

꾸며, 보호해야 할 위험사회의 새로운 집합재를 주관적 권리를 통해 보장할 수 있는 가능성도 점점 줄어든다. 이러한 이유에서 빌케는 개인주의적 방식으로 법을 권리체계 속에 정박시키는 것은 불합리한 것이라고 간주한다. 그 대신, 그가 요청하고 있는 상관적 프로그램은 체계의 자기조절을 위해 설계된다. 그것은 사회화된 개인의 사적 자율성과 공적 자율성에 더 이상 관계하지 않는다. 그럼에도 불구하고 이러한 법의 재구조화는 법치국가의 이념을 포기하는 것이 아니라 단지 다르게 해석하기 위한 것이다. 이런 가정에서라면, 협상체계의 합법적 규제는 그 정당성까지 보장할 만큼 충분해질 것이다.

> 이 이념(법치국가의 이념)이 사회 전체로 일반화되고, 나아가 기능체계의 자율성과 차이에 못지않게 시민의 자율성과 차이도 허용하고 촉진할 수 있도록 사회가 특정하게 구성될 때 비로소 고도로 복잡한 사회에서 민주주의가 보존될 수 있다. 기능체계의 자율성과 차이는 현재 도달된 기능적 분화의 정도를 보존하려는 자체목적에 그치는 것이 아니라, 더 나아가 시민의 기본법적 보호를 일반화하는 데 기여한다.[41]

실제로 이 정식화는 민주적 법치국가에 대한 역사주의적 독해와의 단절을 넘어서는 그 무엇을 보여주고 있다. "자연적 인격체로서의 시민들로부터 그들의 조직, 조합적 행위자, 기능체계로 확대되고", "범사회적 합의 위에 제도화된 헌법"의[42] 이념과 함께, 이를테면 헤겔적 신분국가의 체계이론적 변용이 민주적 법치국가를 대체하고, 그 정당화의 토대를 공허하게 만든다. 이 점은 간단한 사례에서도 확인할 수 있다. 신조합주의적 협상체계는 기능체계의 복잡성 증대를 자극함으로써만 이들을 서로 조율시킬 수 있다. 그러나 '제도형성에 참여할 권한이 있는' 조합체들의 복잡성 증대와 시민의 기본권의 실현 사이엔 어떤

---

41) *Ibid.*, 358(강조는 필자).

42) *Ibid.*, 357.

예정조화도 없다. 높은 수준의 체계분화가 종종 규범적 관점에서도 정당화될 수 있다는 것은 사실이다. 그리고, 국가행정과 자본주의적 경제의 복잡성 증대가 정치적 시민과 경제적 시민의 융합의 증대와 나란히 진행되는 한, 대체로 보아 기능적 관점에서 분화의 증대로 간주되는 과정과 규범적 관점에서 평등한 권리실현의 진보로 간주되는 과정 사이에 조응관계가 있다고 가정해볼 수 있다. 그러나 이 병행과정은 우연적인 관계의 문제이며, 지금까지 결코 직선적 관계가 아니었다. 게다가 이와 반대되는 발달경향을 보여주는 많은 증거들이 있다. 그 중의 하나만 든다면, 오늘날 경제적으로 독립적인 OECD 세계의 파편화된 사회에서는 인구의 다수가 누리는 번영과 사회경제적 안정의 그늘에서 거의 모든 측면에서 불이익을 당한 채 아무런 보호도 받지 못하는 힘없는 하층계급의 분절이 늘어나고 있다. 신조합주의적으로 협상된 정책과 사회 주변부를 형성하는 거의 조직되지 않은 인구층에 대한 헌법적 보호 사이에서 갈등이 일어나고 있다. 이 갈등은 개인적 보상의 불평등한 분배의 결과일 뿐 아니라, 집합재의 상실이 상이한 사회계급에게 선별적 영향을 미치기 때문에 생겨나는 것이기도 하다.

그러므로, 만약 사회적 기능체계가 헌법에 의해 그 도구적 역할로부터 해방되어 '자기목적'으로 격상하면, 법치국가의 이념은 손상된다. 이럴 경우 시민의 '자율성과 차이'와 체계의 그것은 '공식적인' 권력순환 내부에서도 법적 보호를 놓고 경쟁할 수밖에 없을 것이다. 공직자들이 조합화된 협상당사자들에 대해 비대칭적 지위 — 이것은 법조문에 침전되어 있는, 실제로 참여하지 않은 시민들의 의지를 대변해야 하는 의무에서 비롯된다 — 를 주장할 때에만, 정치체계의 법치국가적 구조가 보존된다. 조율과정에서도, 위임의 기반이 결정권한으로부터 분리되어선 안 된다. 이럴 때 비로소, 사회적으로 관용할 수 없는 기능체계들의 결함과 교란을 지각하고 확인하고 공적인 주제로 다룰 수 있는 권리를 갖고 있고 또 그럴 수 있는 위치에 있는 시민들과의 연결이 유지된다. 그러나 이 체계들은 자신의 특수한 맹점을 극복하고 자신을 하나의 체계 속의 부분체계로 관찰할 수 있는 방법을 조합주의적 제도 속에서 비로소 학습할 것이다. 그러므로 그 체계들은, 관련된 의뢰인들이 시민의 자격으로 체계들의 내적 결합의 부정적 결과와 외부비용을 체계들에게 가르쳐줄 수 있는 능력에 의존한다. 전문가의 담론이 민주적 의견형성, 의지형성과 다시 결합되지 않는다면 전문가들의 문제지각이 시민들의 그것을 희생시키면서 관철될 것이다. 그러나 시민적 공중의 관점에서 보면, 이러한 종류의 해석상의 차이는 모두 다 정당성을 위협하는 체계 온정주의의 증거로 간주될 수밖에 없다.

(c) 에 대하여 : 신조합주의적 조절담론을 경영의 관점에서 인지주의적으로 좁게 해석하는 이유는 기능체계들 간의 조율이 오직 기능적 조정의 문제만 제기하기 때문이다. 여기서는, 다양한 전문가 집단들이 조절과 관련하여 갖고 있는 지식들이 정책으로 발전되고, 체계이론에 의해 계몽된 법학자들에 의해 법률 프로그램으로 전환된다고 간주된다. 이러한 구상은 전문가들의 전문지식을 가치와 도덕적 관점으로부터 고립시킬 수 있다는 비현실적 가정에 바탕을 두고 있다. 전문지식이 정치와 관련된 조절문제에 동원되는 순간, 그것의 불가피한 규범적 성격이 드러나고, 전문가들 사이에서도 양극적 논쟁이 벌어진다. 결함 있는 체계통합의 부정적 결과는 침해된 이익과 위협받은 정체성이라는 생활세계적 배경 위에서만 해결을 필요로 하는 문제로 경험된다. 다른 것은 둘째치고 이런 이유만으로도, 정치적으로 처리되는 기능적 조정의 문제는 사회통합의 도덕적, 윤리적 차원과 얽혀 있다. 그러므로, 정부와 사회적 행위자 간의 조율과정이 정치적 공론장과 의회의 의지형성으로부터 자립화된다면, 그것은 정당화의 관점만이 아니라 인지적 관점에서도 반생산적이다. 이 두 가지 관점 모두에서 볼 때, 조절적 행정의 늘어난 지식기반이 토의정치, 즉 전문가와 대항 전문가 간의 공적으로 조직된 논쟁을 통해 규정되고, 공적 의견에 의해 통제되도록 하는 것이 바람직하다.

(2) 위에서 우리는 '신분제적' 방식으로 구성된 부분체계들의 사회라는 개념이 직면하는 반론을 (a)에서 (c)까지 분석했는데, 그 반론들은 모두 같은 방향을 가리키고 있다. 고도로 복잡한 사회의 통합은 체계온정주의적 방식으로, 시민공중의 의사소통적 권력을 외면하는 방식으로 수행될 수 없다는 것이 그것이다. 의미론적으로 폐쇄된 체계들은 사회 전체적 적합성과 규준을 지각하고 표명하는 데 필요한 공통의 언어를 스스로의 힘으로 창안하도록 유인될 수 없다. 그러한 과제를 담당할 수 있는 것은 전문적 코드들의 분화의 문턱 아래에 있으면서 사회 전체적 범위에서 순환하는 일상적 언어이다. 이것은 정치적 공론장의 주변적 네트워크 속에서 그리고 의회적 복합체 안에서 어쨌든 사회 전체적 문제를 처리하기 위해 항상 요구되고 있다. 이런 이유만으로도, 정치와 법은 자기산출적으로 폐쇄된 체계로 개념화될 수 없다. 법치국가적 원리에 따라 조직된 정치체계는 행정권력의 영역과 의사소통적 권력의 영역으로 내적으로 분화되며, 생활세계에 대해 열려 있다. 왜냐하면 제도화된 의견형성과 의지형성은 공론장, 결사체, 사적 영역의 비공식적 의사소통 연관으로부터 제공되는 투입물에 의존하기 때문이다. 달리 말해서, 정치적 행위체계는 생활세계적 맥락 속에 배태되어 있는 것이다.

의회와 공론장이 효과적으로 연결되어 있지 않을 경우, 기생국가적 협상체계는 정당화의 문제를 불러일으킨다. 나아가 그것은 기능적 조정의 문제에 전문화되어 있기 때문에, 누적되는 문제의 압력에 인지적 측면에서도 대처할 수 없다. 게다가, 조절문제에 집중한 결과 국가의 전통적 과제와 새로운 과제간의 비중관계도 왜곡된다. 예나 지금이나 (특정한 의미에서) 사회적 통합의 과제 — 즉 질서의 유지, 재분배, 사회보장, 집합적 정체성과 공통의 문화적 전승의 보호 — 는 정치적 안건 중에서 다른 것에 못지않은 중요한 위치를 차지하고 있다. 고도로 조직된 사회 복합체에 고정될 경우 일면적인 이미지가 생겨난다. 기능적으로 분화된 사회가 자기준거적으로 폐쇄된 체계들의 다양성으로 끝나는 것은 결코 아니다. 이 체계 패러다임에 가장 잘 부합하는 것은 자본주의적 경제와 (약간 거리는 있지만) 계획과 복지후생을 전담하는 공적 행정이다. 고도로 조직된 많은 영역들에서, 국가의 직접적 개입에 대립하는 고유한 역동성은 그 체계의 코드나 화폐와 유사한 운행매체 덕분에 생기는 것이 아니라 그 체계의 특수한 문제제기의 논리로부터 나온다. 교육체계나 과학체계를 그 사례로 들 수 있다. 그 외에도, 국가의 '맥락조절'이 목표로 삼고 있는 행위체계의 '내부 입법화'도 가족이나 학교같이 의사소통적으로 통합된 영역의 경우와 (예컨대 시장같이) 체계적으로 통합된 네트워크나 거대조직의 경우 그 의미를 달리한다. 전자의 경우 법적 구조가 기존 제도의 규범적으로 규제된 관계 위에 부과될 뿐이지만, 후자의 경우에는 그것이 법적으로 산출된 사회적 관계를 기능적으로 조정하는 데 기여한다. 마지막으로, 행정기관을 (진지하게 시민으로 간주된) 의뢰인과 토론하게 하는 참여적 관여형식은 신조합주의적 협상체계와는 다른 의미를 갖는다. 이런 차이들이 체계이론의 회색 일변도의 묘사 속으로 사라져선 안 된다.

앞장의 말미에서 제기한 질문에 대답하려면, 체계이론과 결정이론을 넘어 독자적인 길을 모색해야만 할 것이다. 입법과정에 대한 엘스터의 재구성적 분석은 절차에 의해 규제된 의견형성과 의지형성의 절차적 합리성을 주목한다. 그러나 그 시선은 의사소통적 권력의 산출 너머로 나아가지 않는다. 체계이론에 의해 확장된 시각으로 빌케는 조절문제로 과부하 상태에 빠진 국가에 집중한다. 그의 분석에 따르면 그 문제는 의사소통적 권력의 회피를 통해서만 해결될 수 있다. 그러나 이러한 진단은 다기능적 일상언어가 다름아니라 전문성 결여 덕분에 발휘할 수 있는 성과를 보지 못하고 있다. 일상언어는 생활세계를 재생산하는 상호이해 지향적 행위의 매체이다. 또한 이 매체를 통해 생활세계의 구성요소들이 서로 긴밀히 얽혀진다. 문화적 재생산(학교)과 사회화(가족)와 사회적 통합(예컨대 법)에 고도로 전문화된 행위체계들은 따로따로 작동하지 않는다. 이들은 일상언어의 공통적 코드를 통해 각기 다른 체계의 기능까지 병행하여 충족하며, 이를 통해 생활세계의 총체성에 대한 연관을 유지한다. 생활세계의 사적 영역의 핵심은 친밀성, 그러니까 공공성으로부터의 보호를 특징으로 갖는데, 이 핵심영역은 친척, 친구, 지인들 간의 만남을 구조화하며, 이 단순 상호작용의 차원에서 구성원들의 생활사를 서로 연결한다. 공론장은 자신의 담지자인 공중을 충원하는 이 사적 영역과 보완적 관계에 있다.

생활세계 전체는 의사소통행위들로 엮어진 하나의 네트워크를 형성한다. 행위조정의 측면에서, 생활세계의 한 구성요소인 **사회**는 정당하게 규제된 상호관계의 총체로 구성된다. 또한 그것은 집합체, 결사체, 특정 기능에 특화된 조직들을 망라한다. 기능적으로 전문화된 이 행위체계들 중의 일부는 사회적 행위영역, 즉 가치와 규범과 상호이해를 통해 통합된 행위영역으로부터 자립화하여 독자적인 코드를 형성한다. 예컨대 경제는 화폐를 통해, 행정은 권력을 통해 그렇게 한다. 그러나 이 체계들도 운행매체의 법적 제도화를 경유하여 사회라는 생활세계의 구성요소에 정박한다. 법의 언어는 공론장과 사적 영역의 생활세계적 의사소통에 특정한 형식을 부여하는데, 이 형식 속에서 생활세계적 의사소통의 메시지는 자기조절적 행위체계의 전문적 코드 속으로 수용될 수 있고, 또 그 반대방향의 전환도 일어난다. 이러한 전환장치가 없다면 일상언어는 사회 전체적 범위에서 순환할 수 없을 것이다.

이하의 논의에서 나는 페터스(B. Peters)가 발전시킨 모델을 사용하여 법치국가적으로 규제된 권력순환의 관철능력에 대한 질문을 좀더 정확하게 제기하고, 잠정적 대답을 모색할 것이다.[43] 페터스의 모델에 따르면, 법치국가의 원리에 따라 구성된 정치체계의 의사소통 과정과 결정과정은 중심과 주변의 축에 따라 배열되고, 수문체계를 통해 구조화되며 두 종류의 문제처리 방식으로 특징된다. 정치체계의 중심부는 익히 알고 있는 (정부를 포함한) 행정부, 사법부, 민주적 의견형

43) Peters(1993), 9장 2절.

성과 의지형성(의회, 선거, 복수 정당 등에 의한)의 제도적 복합체들로 구성된다. 공식적 결정권한과 실제적 특권을 소유하고 있다는 점에서 주변부와 구별되는 이 중심부는 내부적으로는 '다두제'의 형태로 조직되어 있다. 그러나 중심부 내부에서도 조직의 복잡성의 '밀도'에 따라 행위능력에 편차가 있다. 의회는 사회문제의 지각과 주제화에 가장 넓게 열려 있지만, 이러한 감수성의 대가로 행정부에 비해 문제처리 능력은 떨어진다. 행정부의 외곽에는 다양한 종류의 제도들이 일종의 내적 주변부를 형성하고 있다. 이 제도들은 자치권이나 국가로부터 위임받은 다른 종류의 통제기능과 주권기능을 갖고 있다(대학, 공적 보험체계, 직능단체, 복지단체, 다양한 유형의 재단 등). 그리고 중심부 전체는 대략 말해서 '수용자'와 '공급자'로 대별되는 외적 주변부를 갖고 있다.

실행의 차원에서는 다양한 정책영역에서 사적 조직, 경제단체, 노조, 이익집단 등과 공공행정 사이에 복잡한 네트워크가 형성되어, 다소간 불투명한 부문에서 특정한 조정기능을 담당한다. 이러한 협상체계들은 의회나 행정부를 상대로 또는 법정을 통해 사회문제를 쟁점화하고, 정치적 요구를 제기하고, 공적 이익 내지 필요를 표출하고, 이를 통해 입법안이나 정책에 영향을 미치려는 조직, '공급자' 집단, 결사체와 구별되어야 한다. 이 스펙트럼은 분명하게 정의된 집단이익을 대변하는 사회단체에서 시작하여, (인식가능한 정당정치적 목표를 갖고 있는) 결사체들과 (예를 들어 아카데미, 저작자 단체 같은) 문화적 제도를 거쳐, (환경보호, 소비자 보호, 동물보호 같은 공적 관심을 가진) '공적 이익단체'와 교회 또는 자선단체에까지 이른다.[44] 이렇게 쟁점부각과 해결책 제안을, 일반적으로는 공적 영향력을 주된 목적으로 삼는 의견형성적인 결사체들은 대중매체에 의해 지배되는 공론장의 시민사회적 하부구조에 속한다. 이 공론장은 다양하게 분화되고 교차연결된 자신

44) H. Merry, *Five Branch Government*, Urbana, III 1980, 25 : '공적 이익집단'에 대해서는 이미 E. E. Schattschneider, *The Semisovereign People*, New York 1960, 22쪽 이하에서 다루고 있다.

의 비공식적 의사소통 채널들과 더불어 진정한 주변부를 형성한다. 물론, 협상체계들에 대한 신조합주의적 논쟁이 보여주듯이, 산출지향적 '수용자'와 투입지향적 '공급자'가 확연하게 구별되는 것은 아니다. 그러나 정책집행에 대한 영향력 행사와 정책의 입안과 확정에 대한 영향력 행사 사이에서 나타나는 경험적으로 관찰할 수 있는 융합은 법치국가 원리의 훼손 없이는 법적으로 '정규화'될 수 없다.[45]

개괄적 기술에 이어 페터스는 두 개의 설명요소를 도입한다. 하나는 수문모델이고 다른 하나는 의사소통 흐름의 방향을 좌우하는 두 개의 문제처리 양식이다. 구속력 있는 결정이 권위를 갖고 시행되려면, 중심부의 좁은 채널을 통과해야 한다.

> 그럼에도 불구하고 결정의 정당성은 주변부에 있는 의견형성과 의지형성에 의존한다. 중심부는 정치적-법적 체계 영역에서 다수의 과정이 통과해야만 하는 수문들의 체계이다. 그러나 중심부는 그 과정들의 방향과 역동성을 부분적으로만 통제한다. 변화는 중심부에서도 주변부에서도 시작될 수 있다 … . 결국 민주주의의 이념은 여기서 스케치한 도식 안에서 주변적 혹은 중간적 지위를 갖는 정치적 의지형성 과정이 정치발전에 결정적인 것으로 가정된다는 사실에 달려 있다. 이것은 그 도식에 의해 예단되지 않는다.[46]

민주주의에 대한 담론이론적 독해의 이러한 사회학적 번역을 사용한다면, 구속력 있는 결정이 정당성을 가지려면 특정한 의사소통 흐름, 즉 주변부에서 시작하여 의회와 법정의 입구에서 (필요한 경우엔 집행하는 행정부의 출구에서) 민주적이고 법치국가적인 절차의 수문을 통과한 의사소통 흐름에 의해 규제되어야 한다. 이때 비로소 행정부의 권력과

---

45) 물론 이것은 예를 들어 행정부에게 결정을 공개하고 정당화할 의무를 부과하며, 의뢰인들에게는 청취권과 참여권을 허용하고 법의 우위를 해치지 않는 민주적 절차에는 해당되지 않는다.

46) B. Peters(1993), 340f.

핵심영역에 영향력을 행사하는 중간매개구조의 사회적 권력이 의회 속에서 형성되는 의사소통적 권력으로부터 자립화되는 현상을 막을 수 있다.

물론 이런 조건은 최소한 서구 민주주의에서 이르어지고 있는 정상적 정치과정이 충족하기엔 너무 강한 조건이다. '공식적' 권력순환을 가로지르는 반대순환 속에 단순히 냉소적인 사회적 사실성이 던지는 거부만이 포함되어 있는 것은 아니다. 왜냐하면 반대방향으로 흘러가는 이 의사소통의 다수는 문제를 축소시켜 공식적 순환이 불가피하게 안고 있는 복잡성의 부담을 덜어주기 때문이다. 피터스는 두번째 설명요인을 통해 이런 상황을 고려한다. 정치체계의 핵심영역에서 이루어지는 대부분의 작동은 관례에 따라 진행된다. 법원은 판결을 내리고, 관료들은 법률안을 준비하고 시행문제를 처리하며, 의회는 법률과 예산안을 의결하고, 정당핵심부는 선거전을 수행하고, 의뢰인들은 '그들의' 행정부서에 영향을 미친다. 이 모든 과정은 확립된 패턴에 따라 진행된다. 규범적 관점에서 볼 때 결정적인 문제는 그 패턴이 어떤 권력관계를 반영하며, 또 어떤 양식에 따라 변화될 수 있는가 하는 문제뿐이다. 그리고 이것은 다시 현행 관례가 주변부로부터 오는 혁신적인 자극에 열려 있는가에 달려 있다. 갈등이 생길 경우, 문제처리의 통상적 관례 위에 다른 작동양식이 중첩된다.

이 새로운 작동양식은 위기의식, 높아진 공적 관심, 강화된 해결책 모색으로, 요컨대 문제화로 특징지어진다. 문제의 지각과 문제상황이 갈등을 야기하면서 변화되는 경우, 시민들의 관심의 폭은 넓어진다. 이 과정에서 일차적으로는 가장 쟁점이 되고 있는 문제의 규범적 측면을 중심으로 더 넓은 공론장에서 논쟁이 불붙게 된다. 이어서 여론의 압력은 특별한 문제해결 양식을, 즉 권력순환의 법치국가적 규제를 강화하고 따라서 헌법에 의해 규제되는 정치적 책임에 대한 감수성을 현실화하는 문제해결 양식을 강제한다. 물론 의회와 사법부는 목적합리적 행위에 경도된 행정부의 결정공간을 '정상적인' 일처리 과정에서도 규범적으로 제한한다. 그러나 규범적 근거에 대한 접근가능성을 분배하는 법치국가적 도식은 갈등적인 경우에 뚜렷하게 그 모습을 드러낸다. 규범적 근거에 대한 구성적 내지 재구성적 처리를 공식적으로 담당하고 있는 의회와 법원은 이때 비로소 의사소통의 순환방향을 실제적으로도 규정하게 된다. 그런 식으로 첨예화된 갈등상황에선 정치적 입법자가 최종 발언권을 갖는다. 그러나 많은 증거들은 의회가 스스로 '어떤 문제를 갈등적인 문제로 만들' 수 있는 힘을 갖고 있지는 않다는 것을 보여준다. 시간의 압력 아래 결정을 내리는 제도들은 기존 관행으로는 파악되지 않거나 불충분하게 파악되는 잠재적 문제들에 대한 감수성이 떨어질 뿐 아니라, 새롭게 대두한 문제를 주도권을 잡고 성공적이고 극적으로 처리해갈 창발성도 별로 없다.

그러나, 우리가 두 개의 또 다른 가정을 도입할 때 비로소 정상적인 문제처리 양식과 특별 처리양식의 구별이 담론적 민주주의 개념의 사회학적 번역과 현실주의적 해석을 위해 유용하게 사용될 수 있다. 행정권력과 사회적 권력이 민주적으로 산출된 의사소통적 권력으로부터 부당하게 자립화하는 사태를 막기 위해선 다음 가정이 충족되어야 한다. 즉 주변부가 잠재적인 (그리고 정치적으로만 처리될 수 있는) 사회통합의 문제를 감지하고, 확인하고, 효과적으로 쟁점화하고, 의회의 (혹은 법원의) 수문을 통해 정치체계로 끌어들여 그 체계의 관행적 양식을 교란할 수 있는 ⒜ 능력과 ⒝ (종종) 충분한 동인을 갖고 있어야 한다.

가정 ⒝에는 별로 문제가 없다. 이미 보았듯이, 기능적 분화가 진척되면서 자율화된, 탈중심화된 부분영역들 사이의 연결관계가 이완된다. 그리하여 통합의 요구가 늘어나며, 이와 함께 위기가 영구화되고 학습과정의 가속화가 요구된다. 이에 비해 가정 ⒜에는 문제가 있다. 왜냐하면, 그 가정에 따르면 토의정치와 연결된 규범적 기대의 상당 부분이 의견형성의 주변적 구조에 배치되기 때문이다. 그 기대에는 사회전체적 문제를 지각하고, 해석하고, 세인의 주목을 끄는 혁신적 방식으로 무대에 올려놓을 수 있는 능력에 대한 기대가 포함되어 있다.

그러나 제도화되지 않은 공적 의사소통의 네트워크가 어느 정도 자생적인 의견형성 과정을 가능하게 하는 한에서만, 주변부가 이런 강한 기대를 충족할 수 있다. 그리고, 사회문제에 대한 민감한 감수성을 가진 이러한 종류의 자율적 공론장이 가능하려면 이 공론장이 시민사회적 결사체들 속에 사회적으로 정박해야 하며, 자유로운 정치문화와 사회화 유형 속에 배태되어 있어야 한다. 요컨대 그것은 그것을 환영하는 합리화된 생활세계에 의존한다. 물론 이런 생활세계적 구조들의 형성을 위로부터 자극할 수 있다. 그러나 그 구조들의 대부분은 법적 규제, 행정적 통제, 정치적 조절의 손길을 벗어난다. 의미는 임의로 재생하거나 늘릴 수 없는 하나의 희소자원이다. 나는 여기서 '의미'를 사회적 자생성의 극한치와 같은 것으로 이해한다. 모든 경험적 변수와 마찬가지로 이것도 조건지어진다. 그러나 여기서 조건은 공동의 삶을 스스로 조직할 수 있는 연합된 시민들의 능력을 내부로부터 제한하는 생활세계적 맥락 속에 자리잡고 있다. 하나의 법적 공동체의 담론적 사회구성의 양식을 궁극적으로 가능하게 만드는 것은 그 구성원의 의지에 의해 간단하게 좌우되지 않는다.

3. 시민사회, 공적 의견, 의사소통적 권력

지금까지 나는 일반적인 수준에서 정치적 공론장을 그 시민사회적 기초를 매개로 하여 생활세계에 뿌리내리고 있는 의사소통 구조로 다루었다. 나는 정치적 공론장을 다른 곳에서는 해결될 수 없기 때문에 정치체계가 가공해야만 하는 문제들의 공명판으로 기술하였다. 그런 한에서 공론장은 비록 전문화되지는 않았지만 사회 전체에 걸쳐 민감한 센서를 가진 경고체계이다. 그러나 민주주의 이론의 관점에서 보면, 공론장은 경고체계에 그치지 않고 문제의 압력을 증폭시켜야 한다. 다시 말해서 문제를 지각하고 확인할 뿐 아니라 설득력 있고 영향력 있게 주제화하고 가능한 해결책을 제공하고, 또 그 문제를 극화시켜 그것이 의회에 수용되어 처리될 수 있게 만들어야 한다. 그러니까 신호의 기능 외에 효과적인 문제화의 기능이 추가되어야 하는 것이다. 나아가, 비록 공론장이 독자적으로 문제를 해결할 수 있는 능력은 제한되어 있지만, 그 능력은 정치체계 안에서 문제를 계속 처리해 나가는 것을 통제하는 데 사용되어야 한다. 이것이 어느 정도나 가능한지에 대해서는 여기선 개괄적으로만 평가할 수 있을 뿐이다. 먼저 나는 논의가 분분한 (1) 공론장 개념과 (2) 시민사회 개념을 해명할 것이다. 이어서 이 해명을 단서로 (3) 공론장 내부에 있는 장벽과 권력구조를 개괄할 것이다. (4) 이 장벽과 권력구조는 임계상황에서 운동의 고조를 통해서만 극복될 수 있다. 마지막으로 (5) 법체계가 복잡한 사회에 대한 이미지를 형성할 때 고려해야 할 요소들을 종합할 것이다.

(1) 공론장은 행위, 행위자, 집단 및 집합체와 마찬가지로 기본적인 사회적 현상이다. 그러나 그것은 지금까지 사회질서를 설명해온 전통적 개념들로는 파악되지 않는다. 공론장은 제도로 개념화될 수 없으

며, 더구나 조직으로 개념화될 수 없는 것은 확실하다. 그것은 권한의 분화와 역할분화, 그리고 성원자격에 대한 규제 등을 갖춘 규범적 구조물이 아니다. 마찬가지로 그것은 체계도 아니다. 왜냐하면, 공론장 내부에 경계선을 그을 수는 있지만, 외적으로 볼 때 그것은 개방적이고, 삼투가능하고 변화가능한 지평을 특징으로 갖기 때문이다. 공론장을 기술하는 최선의 길은 내용과 태도표명의 소통을 위한, 따라서 의견들의 소통을 위한 네트워크로 기술하는 것이다. 여기서 의사소통 흐름들이 걸러지고 종합되어 주제별로 묶인 공적 의견의 더미로 집약된다. 생활세계 전체가 그렇듯이 공론장도 의사소통행위를 통해 재생산되며, 이 의사소통행위를 수행할 수 있기 위해서는 자연언어에 대한 숙달만 있으면 된다. 그러니까 공론장은 일상적인 의사소통적 실천의 일반적인 이해가능성이라는 기초 위에 서 있는 것이다. 우리는 생활세계를 단순 상호작용을 위한 일종의 저수지와 같은 것으로 알고 있다. 생활세계 내부에서 분화되어 있는 전문적 행위체계나 지식체계도 이 저수지와 피드백 관계를 유지하고 있다. 그것들은 (가족, 종교, 학교의 경우처럼) 생활세계의 일반적인 재생산 기능과 결부되어 있거나, (과학, 도덕, 예술처럼) 일상언어를 통해 소통되는 지식의 상이한 타당성 측면과 연결되어 있다. 그러나 공론장은 행위체계나 지식체계 중 어느 측면으로도 전문화되지 않는다. 그리고 공론장이 정치적 문제를 다루게 될 경우, 그 문제에 대한 전문적인 가공처리는 정치체계에 맡긴다. 공론장을 특징짓는 것은 오히려 상호이해 지향적 행위의 세 번째 측면과 관련된 의사소통 구조이다. 이 의사소통 구조는 일상적 의사소통의 기능이나 내용에 관계하는 것이 아니라, 의사소통행위 속에서 산출되는 사회적 공간과 관련된다.

성공지향적 행위자들이 서로를 객관적 세계 속에서 등장하는 그 무엇으로 관찰하는 데 비해, 의사소통 행위자들은 그들이 협동하여 산출한 해석을 통해 스스로 구성한 상황 속에서 서로 만난다. 상호주관적으로 공유된 언어상황의 공간은, 참여자들이 서로의 언어행위에 대하여 태도를 취하고 발화수반적 의무를 떠맡음으로써 맺는 상호주관적 관계에 의해 열린다. 서로를 관찰하는 접촉으로 끝나지 않고 의사소통적 자유의 상호인정을 먹고사는 모든 만남은 언어적으로 구성된 공적 공간 속에서 움직인다. 그 공간은 이미 함께 있거나 앞으로 함께 있게 될 잠재적인 대화 상대자 모두에게 원칙적으로 개방되어 있다. 이와 같이 언어적으로 구성된 공간에 제3자가 들어오는 것을 막으려면 이를테면 특별조치가 필요하다. 의사소통행위 속에서 형성된 이 단순하고 삽화적인 만남의 공간적 구조는 더 큰 규모의 공중을 위해 추상적 형식 속에서 일반화될 수 있고 영구화될 수 있다. 그와 같은 집회, 공연, 전시 등의 공적 하부구조를 가리키는 것으로는 구조화된 공간이라는 건축적 메타포가 유용할 수 있다. 예컨대 포럼, 무대, 경기장 같은 공간 말이다. 그러나 이러한 공론장은 여전히 공중이 물리적으로 모여 있는 구체적 장소에 묶여 있다. 그것이 이러한 물리적 현존과 분리되어, 흩어져 있는 독자, 청중, 구경꾼들이 매체를 통해 가상적으로 현존하는 것으로 확장될수록, 단순 상호작용의 공간구조가 공론장으로 일반화되면서 나타나는 추상성은 더 분명해진다.

이런 식으로 일반화된 의사소통 구조는 단순 상호작용의 조밀한 맥락이나 특정한 인물 또는 결정과 관련된 의무 등으로부터 분리된 내용과 태도표명으로 좁혀진다. 다른 한편, 맥락의 일반화, 융합, 늘어나는 익명성은 높은 정도의 해명을 필요로 하며 동시에 이 해명은 전문언어와 특수한 코드 없이 이루어져야 한다. 일반인을 지향한다는 것은 일정 정도의 탈분화를 의미하는 데 반해, 소통된 의견이 구체적인 행위의무와 분리되는 현상은 지성화의 효과를 가져온다. 확실히 의견형성 과정은, 거기서 다루어지는 것이 실천적 질문인 한, 참여자들의 선호변화 및 태도변화와 분리될 수 없다. 그러나 성향을 행위로 전환시키는 과정으로부터 그것이 분리될 수는 있다. 그러한 한, 공론장의 의사소통 구조는 공중에게 결정의 부담을 면제시켜준다. 그리고 그 결정은 의결을 담당하는 제도에 일임된다. 공론장에서 발언은 주제에 따라 그리고 긍정적 태도 및 부정적 태도에 따라 분류된다. 정보와 근거들은 가공되어 초점이 명료한 의견을 형성한다. 이런 식으로 묶인 의견을 **공적 의견**으로 만드는 것은 그것이 등장하는 양식과 그것이 '누리는' 광범위한 동의이다. 공적 의견의 대표성은 통계학적 의미의 대표성이 아니다. 그것은 개별적으로 질문을 받고서 사적으로 표명한 개인 의견들을 모아놓은 것이 아니다. 그런 점에서 그것은 여론조사 결과와 혼동될 수 없다. 정치적 여론조사는, 공론장 속에서 특정한 주제에 관해 이미 의견이 형성되어 있을 때, '공적 의견'에 대한 일정한 거울상을 제공할 뿐이다.

효과적인 전달매체를 통해 특정한 내용과 태도를 확산하는 것은 공적 의사소통 과정의 유일한 과제도 아니거니와 일차적 과제도 아니다. 물론 세인의 주목을 끄는 납득할 만한 메시지가 광범위하게 유포되어야만 충분한 수의 참여자들을 끌어들일 수 있다는 것은 분명하다. 그러나 공적 의견의 구조화와 관련하여 더 큰 의미를 갖는 것은 **공동으로 따르는 의사소통 실천의 규칙**이다. 특정 주제와 제안에 대한 동의는 제안, 정보, 근거들을 어느 정도 합리적으로 가공할 수 있는 논쟁이 어느 정도 충실하고 충분하게 진행된 이후에 그 결과로서만 **형성된다**. 일반적으로 '충실한' 제안들, 정보들, 근거들에 대한 '합리적' 가공이 '어느 정도' 이루어졌는가에 따라 의견형성의 **담론적 수준**과 그 결과의 '질'이 달라진다. 그러므로 공적 의사소통의 성공여부를 가늠하는 척도는 '일반성의 설립'[47] 자체에 있는 것이 아니라, 질적 조건을 갖춘 공적 의견이 등장하기 위해 충족해야 할 형식적 기준에 있다. 권력에 의해 통제된 공론장의 구조는 결실있는 명료한 토론을 배제한다. 공적 의견의 '질'이 그것을 산출하는 과정의 절차적 속성에 비추어 측정되는 한, 그 '질'은 경험적 문제이다. 그러나 규범적으로 본다면, 그것은 공

47) J. Gerhards, F. Neidhardt, *Strukturen und Funktionen moderner Öffentlichkeit*, Wissenschaftszentrum Berlin, 1990, 19.

적 의견이 정치체계에 미치는 영향력의 정당성을 측정할 때 그 기초를 제공한다. 정당성에 대한 믿음과 정당성이 일치하지 않듯이, 사실적 영향력과 정당한 영향력도 일치하지 않는다. 그러나 이러한 개념틀을 가질 때, 공적 의견의 실제적 영향력과 절차에 근거한 질 사이의 관계를 경험적으로 연구할 수 있는 전망이 열린다.

파슨즈는 '영향력'을 확신과 설득을 통해 상호작용을 조정하는, 상징적으로 일반화된 의사소통 형식으로 도입한다.[48] 예를 들어 특정 인격체나 제도들은 좋은 평판을 누릴 수 있으며, 이 평판 덕분에 그들은 일일이 권한을 입증하거나 설명을 제공할 필요도 없이 자신의 발언을 통해 타인의 신념에 영향력을 미칠 수 있다. '영향력'은 상호이해라는 자원으로 살아간다. 그러나 그것은 아직 현실적으로 검증되지 않은 신념에 대한 신뢰를 신용으로 획득하는 과정에 의존한다. 이러한 의미에서 공적 의견은 시민의 투표행위에 영향을 미치거나 의회, 정부, 사법부의 의지형성에 영향력을 행사하기 위해 사용할 수 있는 잠재적인 정치적 영향력이다. 물론 공적 확신의 뒷받침을 받는 공중의 정치적 영향력은, 그것이 현실적으로 권위를 갖고 있는 정치체계 구성원의 신념에 영향을 주고 유권자, 의원, 공직자 등의 행위를 규정할 때 비로소 정치적 권력으로 전환되고 구속력 있는 결정에 영향력을 행사할 수 있는 잠재력으로 전환된다. 사회적 권력과 마찬가지로 공중의 정치적 영향력도 제도적 절차를 거쳐야만 정치권력으로 변형될 수 있다.

공론장에서는 영향력이 형성되고, 또 영향력을 둘러싼 투쟁이 일어난다. 이 투쟁에서는 (검증된 공직자, 기성 정당, 그린피스나 국제 앰네스티 같은 유명한 집단들의 정치적 영향력처럼) 이미 획득된 정치적 영향력만 등장하는 것이 아니다. (예를 들어 성직자의 권위, 문인과 예술가의 지

48) T. Parsons "On the Concept of Influence," in : *Sociological Theory and Modern Society*, New York 1967, 355~382. '영향력'과 '가치결속'의 관계에 대해서나 이러한 일반화된 의사소통 형식과 화폐 및 행정권력 같은 조정매체 간의 구별에 대해서는 J. Habermas(1981), Bd. II, 408~419.

명도, 과학자들의 평판, 스포츠나 쇼비즈니스계 스타의 유명도 등처럼) 전문적 공론장에서 영향력을 획득한 인물이나 전문가 집단에 대한 평판도 거기에 가세한다. 공적 공간이 단순 상호작용의 맥락 너머로 확장되는 순간, 이를테면 주최자와 연사와 청중의 분화, 경기장과 관중석의 분화, 무대와 객석의 분화가 발생한다. 활동가들의 역할은 조직의 복잡성과 매체의 작용범위가 늘어나면서 점점 전문화되고 다양해지며, 이와 함께 그 역할은 영향력을 행사할 수 있는 차등적 기회를 갖게 된다. 그러나 활동가들이 공적 의사소통을 통해 획득하는 정치적 영향력은 궁극에는 평등한 위치에서 함께 모여있는 일반 공중이 보여주는 공명에, 그들의 동의에 기초한다. 시민들로 구성된 공중은 자기와 관련된다고 생각하는 주제들에 대한 이해가능하고 일반적인 관심을 끄는 제안을 통해서 설득되어야 한다. 공중이 이러한 권위를 소유하는 이유는 활동가가 등장할 수 있는 공론장의 내부구조를 공중이 구성하기 때문이다.

물론 우리는 이를테면 공중으로 나오고 공론장 자체의 재생산에 참여하는 활동가를 이미 구성되어 있는 공론장을 점령하여 이용하려는 활동가와 구별해야 한다. 예를 들어 사회적 기능체계에 뿌리를 두면서 공론장을 통하여 정치체계에 영향력을 행사하려는, 잘 조직된 거대 이익집단들이 그런 경우이다. 물론 이 이익집단들이 공적으로 규제되는 협상이나 사적인 압력행사에서 사용하는 제재 잠재력을 공론장에서 명시적으로 사용할 수는 없다. 이들이 — 예를 들어 임금협상의 당사자들이 그들의 요구, 협상전략, 협상결과에 관한 정보를 공중에게 전달할 때처럼 — 설득과 확신을 동원할 수 있는 언어로 자신의 이익을 표현할 수 있는 한에서만, 이들은 자신의 사회적 권력을 정치적 권력으로 전환시킬 수 있다. 이익집단들의 제안은 항상 일종의 비판에, 다른 원천에서 나온 제안들은 겪지 않는 비판에 노출된다. 돈의 힘이나 조직권력의 은밀한 사용 덕분에 유포된 공적 의견은 그 원천인 사회적 권력이 공개되면 즉시 신뢰성을 상실한다. 공적 의견은 관리되고 조작될 수 있지만 공적으로 매수되거나 공적으로 협박될 수는 없다. 이것은 공론장이 임의로 만들어질 수 없기 때문에 생기는 상황이다. 공론장과 그 공중은 전략적으로 행위하는 활동가들에 의해 점령되기 이전에 독자적인 구조를 형성해야 하며 또 자체 안에서 재생산되어야 한다. 순조롭게 기능하는 공론장의 형성을 규제하는 이 법칙과 같은 규칙성은 구성되어 있는 공론장에서는 잠재적 상태로 있다가, 공론장이 동원되는 순간에야 다시 효과를 발휘한다.

물론 정치적 공론장은 잠재적인 관련자들의 의사소통 연관으로부터 형성되는 정도만큼만 전체 사회문제를 지각하고 주제화하는 기능을 충족할 수 있다. 그것은 전체 시민들로부터 충원되는 공중에 의해 운반된다. 이 공중의 다양한 목소리 속에는, 기능적으로 전문화된 행위체계의 외부화된 비용 (그리고 내적 교란) 때문에, 나아가 자체 조정력에 결함이 있는 복잡한 기능체계들을 조절하는 국가기구 자체 때문에 사회 전체적 범위에서 발생하는 생활사적 경험이 메아리치고 있다. 이러한 종류의 부담은 생활세계 속에 누적된다. 생활세계는 적절한 안테나를 갖고 있다. 왜냐하면 자신의 서비스 제공에 실패할 수도 있는 기능적 체계들의 '수혜자들'의 사적인 생활사들이 생활세계의 지평 속에서 서로 섞이기 때문이다. 그 체계들의 서비스는 오직 직접적인 관련자들에 대해서만 '사용가치'라는 주화로 환전된다. 사회적으로 산출된 문제들의 생활사적 대차대조표를 작성할 수 있는 실존적 언어를 갖고 있는 것은 종교, 예술, 문학을 제외한다면 '사적인' 생활영역뿐이다. 정치적 공론장에서 언어화되는 문제들은 먼저 개인적 생활경험 속에 투영되면서 비로소 사회적으로 산출된 고통의 반영물로 가시화된다. 이것이 종교, 예술, 문학의 언어 속에서 함축성 있게 표현되는 한, 가치의 접합과 세계해석을 전문적으로 다루는 넓은 의미의 '문학적' 공론장은 정치적 공론장과 얽혀 들어간다.[49]

49) 교회와 종교 공동체의 이러한 기능에 대해서는 F. Schüssler-Fiorenza, "Die

정치적 공론장의 담지자인 정치적 시민(*Staatsbürger*)과 사회적 시민(*Gesellschaftsbürger*) 사이에는 개인적 통일성이 있다. 왜냐하면 이들은 노동자와 소비자, 피보험자와 환자, 납세자와 국가관료제의 서비스 수혜자, 학생, 여행자, 통근자 등의 보충적인 역할 속에서 이 역할에 상응하는 행위체계의 특정한 요청과 실패에 특별한 방식으로 노출되어 있기 때문이다. 이와 같은 경험은 우선은 '사적으로' 처리된다. 다시 말해서, 공유된 생활세계의 맥락 안에서 다른 생활사들과 엮여 있는 하나의 생활사의 지평 속에서 해석된다.

공론장의 의사소통 채널은 사적인 삶의 영역과 연결되어 있다. 즉 가족과 친구라는 조밀한 상호작용 망에 연결되어 있고, 이웃, 직장동료, 친지 등과의 좀더 느슨한 접촉망에 연결되어 있다. 이때 단순 상호작용의 공간구조가 확장되고 추상되지만 결코 파괴되진 않는다. 그 결과 일상적 실천을 지배하는 상호이해의 정향이 복잡하게 분화된 공론장 속에서 상당히 먼 거리를 가로질러 이루어지는 낯선 사람들 간의 의사소통에서도 유지된다. 사적 영역과 공론장을 가르는 문턱은 고정된 주제나 관계들의 집합에 의해 표시되지 않고, 변화된 의사소통 조건에 의해 표시된다. 확실히 이 조건은 접근가능성을 변화시키고, 한 쪽에는 친밀성을 다른 쪽에는 공공성을 보장한다. 그러나 그것이 공론장에 대항하여 사적 영역의 빗장을 잠그는 것은 아니고, 단지 주제들이 한 영역에서 다른 영역으로 흘러가도록 수로를 만들어줄 뿐이다. 그도 그럴 것이 공론장은 생활사의 차원에서 공명을 일으킨 사회적 문제상황에 대한 사적 가공처리로부터 자극과 추진력을 끌어오기 때문이다.

덧붙여 말하자면, 17~18세기에 유럽 사회에서 근대 부르주아 공론장이 '공중으로 결집된 사적 개인들의 영역'으로 형성되었다는 사실도 이러한 밀접한 관계를 보여주는 징후라고 하겠다. 역사적으로 보면,

---

Kirche als Interpretationsgemeinschaft," in : E. Ahrens(Hg.), *Habermas und die Theologie*, Düsseldorf 1989, 115~144쪽 참조.

공론장과 사적 영역의 연관은 신문과 잡지를 중심으로 응결된 부르주아적 사적 개인들의 독서공중의 클럽과 조직형식에서 드러난다.[50]

(2) 오늘날 완전히 변화된 역사적 상황 속에서 이 시민사회 영역이 재발견되었다. 물론 그동안 '시민사회'(*Zivilgesellschaft*)라는 표현은 자유주의 전통의 시민사회, 그러니까 헤겔에 의해 마침내 '욕구의 체계'로, 즉 사회적 노동과 상품거래의 시장경제적 체계로 개념화되었던 그 '부르주아 사회'와는 다른 의미를 띠고 있다. 오늘날 시민사회라고 불리는 것은 맑스와 맑스주의에서 생각하는, 사법적으로 구성되고 노동시장과 자본시장과 상품시장에 의해 조정되는 경제를 더 이상 포함하지 않는다. 그 제도적 핵심을 형성하는 것은 오히려 자유의지에 기초하는 비국가적이고 비경제적인 연결망과 자발적 결사체들이다. 이들을 통하여 공론장의 의사소통 구조가 생활세계의 구성요소 중의 하나인 사회 속에 뿌리내리게 된다. 시민사회는 어느 정도 자생적으로 출현한 단체, 조직, 운동들로 이루어지며, 이들은 사회적 문제상황이 사적 생활사에 불러일으킨 반향을 받아들여 응집시키고 증폭시켜 정치적 공론장으로 확대한다. 일반이익의 문제에 관한 문제해결적 담론들을 조직된 공론장의 틀 속에서 제도화하는 결사체들이 시민사회의 핵심을 형성한다.[51] 이 '담론적 설계'는 평등하고 개방적인 조직형식을 갖는데, 이 조직형식들은 그 핵심을 형성하는 의사소통의 본질적 특징을 반영하며 동시에 그 의사소통에 연속성과 지속성을 부여한다.[52]

---

50) J. Habermas, *Strukturwandel der Öffentlichkeit* (1962), Frankfurt/Main 1990, 86 ; 아울러 C. Calhoun (ed.), *Habermas and the Public Sphere*, Cambridge (Mass.) 1992, 1~50. 그리고 D. Goodman, "Public Sphere and Private Life : Toward a Synthesis of Current Historical Approaches to the Old Regime," *History and Theory* 31, 1992, 1~20.

51) T. Smith, *The Role of Ethics in Social Theory*, Albany (New York) 1991, 153~174.

52) '담론적 설계'의 개념에 대해서는 J. S. Dryzek, *Discursive Democracy*, Cam-

이와 같은 결사체들이 공론장의 가장 현저한 요소가 아닌 것은 확실하다. 공론장은 대중매체와 거대 에이전시에 의해 지배되고 있고, 시장조사 및 여론조사 기구에 의해 관찰되고 있으며, 또 공론장에는 정당과 각종 단체의 홍보, 선전, 광고가 넘쳐흐르고 있다. 그럼에도 불구하고 그 결사체는 시민들로 구성된 일반적 공중의 기층조직을 이루고 있다. 정도의 차이는 있지만 사적 영역으로부터 출현한 이 공중은 자신의 사회적 관심과 경험에 대한 공적 해석을 추구하고, 제도화된 의견형성과 의지형성에 영향을 미치려는 시민들로 구성된다.

물론 시민사회의 특징을 이렇게 기술하는 수준을 넘어 문헌 속에서 명료한 정의를 찾으려고 할 수도 있겠지만 그것은 허사로 끝날 뿐이다.[53] 아이젠스타트(S. N. Eisenstadt)는 시민사회를 다음과 같이 묘사하는데, 그 용어구사의 측면에서 보면 여전히 낡은 다원주의 이론과의 연속성을 드러내 보이고 있다.

> 시민사회는 분명히 사적이지만 국가와 구별되고 잠재적으로 자율적·다중적인 공적 장들을 포괄하고 있다. 그러한 행위자들의 활동은 그 내부에 존재하는 다양한 결사체들에 의해 규제되며, 이로써 사회가 무정형의 단순한 덩어리로 전락하는 사태가 방지된다. 시민사회 안에서 이 부문들은 폐쇄된 귀속적 사회배경이나 조합주의적 사회배경에 배태되어 있지 않다. 그들은 개방적이고 중첩적이다. 각 부문은 중앙 정치무대에 접근할 수 있는 자율적 경로를 갖고 있고 자신의 사회배경에 대한 일정한 헌신도를 갖고 있다.[54]

---

bridge 1990, 43 ff.

53) J. Keane, *Democracy and Civil Society*, London 1988 ; 이 개념을 새로운 논의 속에 도입한 그람시에 대해서는, N. Bobbio, "Gramsci and the Concept of Civil Society," in : J. Keane (ed.), *Civil Society and the State*, London 1988, 73~100.

54) S. N. Eisenstadt (ed.), *Democracy and Modernity*, Leiden 1992, IX. 또한 L. Roniger, "Conditions for the Consolidation of Democracy in Southern Europe and Latin America," in : Eisenstadt (1992), 53~68.

이 주제에 관해 가장 포괄적인 연구를 제시했던 코헨과 아라토는 국가와 경제 및 다른 사회적 기능체계와 구별되지만 생활세계의 사적 핵심영역으로 피드백되는 시민사회의 특징들을 이렇게 제시한다.

다원성 : 가족, 비공식 집단, 자발적 결사체들. 이들의 다원성과 자율성이 삶의 형식의 다양성을 허용한다.
공공성 : 문화와 의사소통의 제도들.
프라이버시 : 개인의 자기발전과 도덕적 선택의 영역.
합법성 : 다원성, 프라이버시, 공공성을 적어도 국가로부터 구별하고 경향적으로는 경제로부터 구별하는 데 필요한 일반적인 법률과 기본권의 구조. 이러한 구조들이 모여서 근대의 분화된 시민사회의 제도적 실존을 보장한다.[55)]

이 영역을 구성하는 기본권적 골격이 이 영역의 사회적 구조를 해독하는 첫 번째 열쇠를 제공한다. 집회의 자유라든가 단체와 협회를 결성할 수 있는 권리는 의견자유와 합쳐서 자유로운 결사체들의 운동공간을 정의한다. 그리고 이 결사체들은 공적 의견형성 과정에 관여하며, 일반이익과 관련된 주제들을 다루고, 제대로 대변되지 못하거나 조직화되기 어려운 집단들 및 쟁점들을 옹호하고 대변해주며, 문화적, 종교적, 혹은 인도주의적 목적을 추구하거나 신앙공동체를 결성하는 등의 활동을 한다. 또 신문, 라디오, 텔레비전의 자유라든가 자유로운 출판활동의 권리는 경합하는 의견들에 대한 개방성과 여러 의견의 다양한 대변을 유지해야 하는 공적 의사소통의 매체적 하부구조를 보장한다. 저널리즘의 영향에 민감할 수밖에 없는 정치체계는 정당활동과 시민의 투표행위 등을 통해 공론장 및 시민사회와 밀접하게 연결된다. 이러한 연결구조는 정당들이 국민의 정치적 의지형성에 영향을 미칠

---

55) J. L. Cohen, A. Arato, *Civil Society and Political Theory*, Cambridge (Mass.) 1992, 346.

수 있는 권리와 시민의 능동적이거나 수동적인 선거권(그리고 다른 참정권)에 의해 보장된다. 마지막으로, 결사체들은 삶의 형식, 하위문화, 신앙에서의 성숙한 다원주의에 의해 뒷받침받을 수 있는 한에서만 자율성과 자발성을 주장할 수 있다. 헌법을 통한 '프라이버시'의 보장은 사적 생활영역의 불가침성에 기여한다. 개별 인격체의 권리, 신앙과 양심의 자유, 이동의 자유, 서신, 우편, 텔레커뮤니케이션의 비밀 보장, 주거침입의 금지 그리고 가족의 보호 등은 개인적 불가침성과 독립적인 판단의 훼손할 수 없는 보호지대에 대한 윤곽을 규정한다.

자율적 시민사회와 침해될 수 없는 사적 영역의 밀접한 관계는 전체주의적인 국가사회주의 사회와 대비해 보면 분명하게 드러난다. 이 사회에서는 일망감시 체제를 갖춘 국가가 관료제에 의해 질식상태에 빠진 공론장을 직접 통제할 뿐 아니라, 이 공론장의 사적 기초까지 파괴한다. 행정적 개입과 상시적 감독으로 가족과 학교, 코뮨, 이웃에서 일어나는 일상적 만남의 의사소통적 구조는 산산조각이 난다. 중층적 규제와 법적 보장의 부재로 특징지어지는 영역에서 연대적 생활관계가 파괴되고 시민적 발의와 독자적 활동이 불구화되는 과정과 나란히 사회적 집단들과 결사체, 네트워크가 붕괴하고, 사회적 정체성의 주입과 와해가 일어나며, 자발적인 공적 의사소통은 질식상태에 빠진다. 그리하여 의사소통적 합리성은 공적 상호이해관계와 사적 상호이해관계 모두에서 동시에 파괴된다.[56] 사적 생활영역 속에서 의사소통행위가 보여주는 사회형성력이 불구화될수록, 그리고 의사소통적 자유의 불길이 꺼져 버릴수록, 그런 식으로 서로 고립되고 소외된 행위자들은 압류된 공론장 속에서 한낱 덩어리에 불과한 대중으로 형성되기 쉬워지고, 감시와 감독을 받으면서 국민투표 방식으로 동원되기 쉬워진다.[57]

---

56) E. Hankiss, "The Loss of Responsibility," in : J. MacLean, A. Montefiori, P. Winch(eds.), *The Political Responsibility of Intellectuals*, Cambridge 1990, 29~52.

57) 이와 관련하여 전체주의에 대한 한나 아렌트(H. Arendt)의 의사소통이론적 독

물론 헌법에 의한 보장만으로는 자유로운 공론장과 시민사회의 왜곡을 방지할 수 없다. 공론장의 의사소통 구조는 오히려 활기찬 시민사회에 의해 손상없이 보존되어야 한다. 정치적 공론장은 특정한 의미에서 자신의 자원에 의해 스스로 안정되어야 하는데, 이것은 **시민사회의 의사소통적 실천의 자기관련성**이라는 독특한 성격에서 잘 드러난다. 공론장 속에서 발언함으로써 동시에 이 공론장의 구조를 재생산하는 사람들의 텍스트는 공론장 일반의 비판적 기능과 관련된, 언제나 동일한 기층 텍스트를 드러내준다. 공적 담론의 명시적 내용이 무엇이었든, 그 담론의 수행적 의미는 왜곡되지 않은 정치적 공론장 자체의 기능을 현실화시킨다. 자유로운 의견형성의 제도와 그 법적 보장은 능동적 시민들의 정치적 의사소통이라는 흔들리는 기초에 의존한다. 시민들은 이 제도와 법적 보장을 사용함으로써 동시에 그것의 규범적 내용을 해석하고, 방어하고 급진화하는 것이다. 상이한 의견들을 제시하면서 서로 논쟁하고 영향력을 획득하기 위해 노력하는 과정에서 자신이 공론장의 구조를 재구조화하고 보존하는 공동사업에 관여하고 있다는 것을 알고 있는 활동가들은 현존하는 포럼을 단순히 이용하려는 활동가와 구별된다. 왜냐하면 전자의 정치적 참여는 **이중적 방향**이라는 특징을 보여주기 때문이다. 다시 말해서, 이들은 자신의 프로그램으로 정치체계에 직접 영향을 미칠 뿐만 아니라 이와 동시에 성찰적 방향에서 시민사회와 공론장을 안정화시키고 확장시키는 문제와 아울러 자신의 정체성과 행위능력을 보장하는 문제에도 관심을 기울인다.

코헨과 아라토는 이러한 종류의 '이중정치'(*dual politics*)를 특히 공세적 목표와 방어적 목표를 동시에 추구하는 '새로운' 사회운동 속에서

해를 참조할 것. H. Arendt, *Elemente und Ursprünge totalitärer Herrschaft*, Frankfurt/Main 1955, 749; "(전체주의 국가는) 한편으로는 정치적-공론장이 무너진 후에 잔존하는 모든 인간관계를 파괴하며 다른 한편으로는 완전히 고립되고 서로 소원해진 사람들을 다시 정치적 행위로 (물론 진정한 정치적 행위가 아니다) 동원될 수 있도록 … 강제한다."

발견한다. 이 운동은 '공세적' 측면에서는 사회 전체와 관련된 주제를 띄우고, 문제에 접근하는 방식을 정의하고, 문제의 해결책을 제안하고, 새로운 정보를 제공하며, 가치를 달리 해석하고, 좋은 근거를 동원하여 광범위한 동의를 얻어내고, 제도화된 정치적 의지형성의 파라미터를 변형시키고, 특정한 정치를 위하여 의회, 사법부, 행정부에 압력을 가한다. '방어적' 측면에서 이 운동은 현존하는 결사체 및 공론의 구조를 유지하고, 하위문화적 대항공론과 대항제도를 산출하고, 새로운 집합적 정체성을 다지고, 확장된 권리와 개혁된 제도라는 형태로 새로운 활동공간을 획득하려고 시도한다.

> 이 설명에 따르면, 사회운동의 방어적 측면에는 생활세계의 의사소통적 하부구조를 보존하는 동시에 발전시키는 과제가 포함된다. 이 정식은 사회운동이 문화적 현대성의 잠재적 운반자일 수 있다는 하버마스의 통찰뿐만 아니라 투렌이 논의한 이중의 측면도 포착한다. 이것은 정체성을 재정의하고, 규범을 재해석하고, 평등주의적이고 민주주의적인 결사체 형식을 발전시키기 위한 노력들이 성공하기 위한 필수조건이다. 집합적 행위의 표현적, 규범적, 의사소통적 모델은 … 또한 새롭게 창출된 의미, 정체성, 규범에 상응하는 시민사회 내부의 제도적 변동을 보장하려는 노력도 포함한다.58)

공론장의 자기준거적 재생산 양식 속에서, 그리고 정치체계와 공론장 및 시민사회의 자기 안정화를 겨냥하는 두 얼굴의 정치 속에서, 현존하는 권리의 역동적인 확장과 급진화를 위한 공간이 제공된다.

> 우리의 의견으로는, 만약 독립적인 발의와 운동을 통해 끊임없이 쇄신될 수 있는 정당한 정치적 옵션을 유지하는 정치문화가 결사체와 공중과 권리의 조합을 뒷받침한다면, 이 조합은 시민사회를 에워싸고

---

58) Cohen, Aarato (1992), 531.

보호하는 방어장벽을 대변할 것이다. 그리고 급진 민주주의 기획의 많은 부분은 이 시민사회 경계 안에서 재정식화될 수 있다.[59]

실제로 시민사회에 기초한 공론장과 법치국가의 원리에 따라 제도화된 의회에서의 의견형성과 의지형성(그리고 법정에서의 재판) 사이의 상호작용은 토의정치 개념을 사회학적으로 번역하는 데 좋은 출발점을 제공한다. 그러나 시민사회를 사회 전체의 자기조직의 흐름들이 집중되는 하나의 초점으로 간주해서는 안 될 것이다. 코헨과 아라토는 제도화되지 않은 정치적 운동형식과 정치적 표현형식들이 시민사회와 공론장을 통해 획득할 수 있는 활동공간이 제한되어 있다는 것을 강조하는데, 그것은 정당한 강조이다. 그들은 급진 민주주의적 실천의 '자기제한'이 구조적으로 필수적이라고 말한다.

첫째, 활기찬 시민사회는 자유로운 정치문화와 그것에 상응하는 사회화 유형이라는 맥락 속에서만, 그리고 침해되지 않은 사적 영역이라는 기초 위에서만 형성될 수 있다. 다시 말해서 그것은 이미 합리화된 생활세계 속에서만 발전될 수 있는 것이다. 그렇지 않을 경우, 자본주의적 현대화에 의해 위협받은 생활세계의 경직되고 완고한 전통을 맹목적으로 수호하려는 민중주의 운동이 등장하게 된다. 이 운동은 그 동원형식은 현대적이지만 그 목표는 반민주주의적이다.[60]

둘째, 공론장 속에서는, 적어도 자유주의적 공론장 속에서는, 행위자들이 영향력만 얻을 수 있을 뿐 정치권력을 얻지는 못한다. 개방된 논쟁 속에서 어느 정도 담론적으로 산출된 공적 의견의 영향력은 분명

---

59) *Ibid.*, 474.

60) 파시즘에 대한 I. Bibo의 고전적 연구(*Die deutsche Hysterie*, Frankfurt/Main 1991)에서 이미 이 이중적 측면이 강조되고 있다. 사회주의도 미래와 과거를 동시에 바라보는 두 얼굴을 갖고 있다. 다시 말해서 사회주의는 몰락한 전산업적 세계의 연대적 공동체가 가진 낡은 사회적 통합력을 산업주의의 새로운 교통형식들 속에서 구제하려고 했다. 이에 대해서는, J. Habermas, *Die nachholende Revolution*, Frankfurt/Main 1990, 179~204 참조.

뭔가 변화를 가져올 수 있는 경험적 힘이긴 하다. 그러나 이 공중의 정치적 영향력은 민주적 의지형성과 의견형성의 제도화된 절차라는 필터를 통과할 때 비로소 의사소통적 권력으로 전환되고, 정당한 법제정에 동참하게 된다. 또한 이때 비로소 실제로 일반화된 공적 의견으로부터, 이익의 일반화라는 측면에서 검증받은 확신이 등장하여 정치적 결정을 정당화할 수 있다. 의사소통적으로 유동화된 국민주권은 오직 비공식적인 공적 담론의 권력이라는 형태로만 존재해서는 효력을 가질 수 없다. 그 공적 담론이 자율적 공론장으로부터 생겨난 경우에도 사정은 마찬가지이다. 이 공적 담론의 영향력이 정치적 권력을 산출하려면, 의견형성과 의지형성의 민주적 제도 속에서 이루어지는 토론에 영향을 미쳐야 하고 공식적 의결이라는 권위있는 형태를 취해야만 한다.

마지막으로, 법과 행정권력에 의지하여 정치가 사용할 수 있는 도구들은 기능적으로 분화된 사회에선 제한된 효과만 갖는다. 물론 정치는 예나 지금이나 해결되지 않은 모든 통합문제를 담당한다. 그러나 정치적 조정이 간접적으로만 이루어질 수 있는 경우가 종종 있으며, 또 이미 보았다시피 정치적 조정은 기능체계와 여타의 고도로 조직화된 영역의 독자적 작동방식을 손상시키지 말아야 한다. 여기서 맑스주의적 사회혁명 개념의 바탕에 깔려 있는 완전히 자율적으로 조직된 사회라는 열망을 포기해야 한다는 요구가 시민사회로부터 태동한 민주주의 운동에게 제기된다. 시민사회는 직접적으로는 자기자신만 변형시킬 수 있고, 법치국가의 원리에 따라 조직된 정치체계의 자기변형에는 간접적 영향만 미칠 수 있다. 일반적으로 시민사회는 정치체계의 프로그램에 영향을 미칠 수 있다. 그러나 시민사회가 사회 전체를 통제하는 동시에 사회 전체를 위하여 정당하게 행위한다고 간주되는 역사철학적 거대주체를 대체하는 것은 아니다. 이외에도, 사회계획이라는 목적을 위해 사용되는 행정권력은 해방된 삶의 형식을 촉진하는 데 적합한 매체가 아니라는 점도 명심해야 한다. 해방된 삶의 형식은 민주화 과정의 결과로서 밑에서부터 발전될 수 있는 것이지, 개입을 통해 위로부터 유도될 수 있는 것이 아니다.

시민사회의 자기제한이 시민사회에 대해 금치산 선고를 내리는 것을 뜻하는 것은 아니다. 정치적 조정에 필요한 지식은 복잡한 사회에서는 누구나 소망하지만 또 그만큼 희소하기도 한 자원이다. 이 지식은 확실히 새로운 체계 온정주의의 원천이 될 수 있다. 그러나 행정체계는 관련 지식을 대부분 자체적으로 생산할 수 없고 지식체계나 여타의 중간 에이전시로부터 얻어와야 하기 때문에 그 지식에 대한 자연적 독점을 누리지 못한다. 시민사회는 전문지식에 대한 비대칭적 접근가능성과 제한된 문제해결 능력에도 불구하고 대항지식을 동원하고 적합한 전문지식을 나름의 방식으로 번역할 수 있는 기회를 갖고 있다. 비록 공중이 보통사람들로 구성되어 있고, 공적 의사소통이 일반적으로 이해될 수 있는 언어 속에서 이루어지지만, 그렇다고 해서 반드시 본질적인 질문들과 결정의 근거들을 분화시켜 파악할 능력이 없다는 뜻은 아니다. 그것이 공론장에 대해 기술관료적 금치산 선고를 내리기 위한 구실로 이용될 수는 있다. 그러나 시민사회의 정치적 발의가 미흡하여 공적으로 논의되는 문제의 조정적 측면과 관련하여 충분한 전문지식과 아울러 그 전문지식의 적절하고 (필요한 경우엔) 다차원적인 번역을 제공하지 못하는 한에서만 그럴 수 있다.

(3) 우리가 도입한 정치적 공론장과 시민사회는 단순히 규범적 가정에 그치는 것이 아니라 경험적 준거를 갖고 있다. 그러나 담론이론적으로 독해한 급진적 민주주의를 이 개념들을 통해 사회학적으로 번역하고 반증가능한 방식으로 다시 정식화하기 위해서는 다른 가정들이 추가로 도입되어야 한다. 나는 특정 상황에서 시민사회가 공론장에서 영향력을 획득하고, 공적 의견을 매개로 의회(와 사법부)에 영향을 미치고 정치체계를 공적 권력순환이라는 바탕 위에 세울 수 있다는 것을 보여주려고 한다. 물론 매스커뮤니케이션 사회학은 권력에 의해 침윤되고 대중매체에 의해 지배되는 서구 민주주의 사회의 공론장에 대한

회의적 이미지를 우리에게 전달하고 있다. 사회운동, 시민발의와 시민 포럼, 정치단체와 여타의 결사체 등은, 요컨대 시민사회의 다양한 집단들은 실제로 문제가 무엇인지를 민감하게 감지하긴 하지만, 그들이 보내는 신호와 그들이 던지는 충격은 일반적으로 볼 때 정치체계 안에서 단기적으로 학습과정을 자극하거나 의사결정의 방향을 바꾸기에는 너무 약하다.

복잡한 사회에서 공론장은 정치체계라는 하나의 극과 생활세계의 사적 부분과 기능적으로 전문화된 행위체계라는 또 다른 극을 매개하는 중간구조를 형성한다. 그것은 고도로 복잡한 네트워크로서 공간적인 측면에서 보면 서로 중첩하는 다수의 국제적, 국가적, 지역적, 공동체적, 하위문화적 영역들로 분화되어 있다. 또한 객관적 측면에서 보면 공론장은 기능적 관점들, 주제의 비중, 정치영역 등에 따라 어느 정도 전문화된, 그러나 여전히 일반인들이 접근할 수 있는 공론장들로 (예를 들어 대중과학적 공론장, 문학적 공론장, 교회의 공론장, 예술가의 공론장, 페미니즘 공론장, 대안적 공론장, 건강과 관련된 공론장, 사회정책 공론장과 과학정책 공론장 등) 분화된다. 마지막으로 공론장은 그 수준의 측면에서도 의사소통의 밀도, 조직의 복합성, 범위에 따라 분화된다. 그리하여 술집이나 커피하우스나 거리에서의 **삽화적** 공론장에서부터, 극장에서의 상연, 학부모 모임, 록콘서트, 파티모임, 정당집회 또는 교회의 교무회의 같은 **기획된** 임석 공론장을 거쳐, 전세계적 규모로 분산되어 있는 개별 독자, 청중, 시청자들로 구성되고 대중매체를 통해 설립되는 **추상적** 공론장에 이르기까지 다양한 수준의 공론장이 있다.

그러나 이렇게 다양한 분화에도 불구하고, 일상언어적으로 구성된 부분적 공론들은 서로에 대하여 열려 있다. 마치 햇살이 퍼지듯이 모든 방향으로 뻗어나가면서 계속하여 거듭 쓰이는 공론장이라는 하나의 텍스트는 사회의 내부 경계선을 따라 임의의 작은 텍스트들로 잘게 분할된다. 이 작은 텍스트에게 나머지 모든 것들은 하나의 맥락을 형성하게 된다. 그러나 하나의 텍스트와 그 다음 텍스트를 이어주는 해석학적 교량은 항상 세울 수 있다. 부분적 공론들은 배제 메커니즘을 통해 형성된다. 그러나, 공론장은 조직이나 체계로 굳어질 수는 없기 때문에 해지조건 없는 배제규칙은 없다.

달리 말하자면, 정치체계와의 연관에 의해 정의되는 일반적 공론장 내부의 경계선은 원칙적으로 투과될 수 있는 경계선이다. 자유로운 공론장에 내장되어 있는 무제한의 융합과 평등의 권리는 푸코가 말하는 유형의 배제 메커니즘을 방지하고 자기변형의 잠재력을 근거짓는다. 부르주아 공론의 보편주의적 담론도 19세기와 20세기를 지나면서 더 이상 내부의 비판으로부터 면제될 수 없었다. 예를 들어 노동운동과 페미니즘은 처음에 그들을 부르주아 공론장의 '타자'로 배제했던 구조를 해체하기 위해 바로 그 담론에서 출발할 수 있었다.[61]

이제 대중매체에 의해 통합된 공중이 하나의 민족사회의 구성원 전부를 포괄하고 나아가 심지어는 모든 동시대인들까지 포괄하며 이에 상응하여 추상적 형태를 띠게 될수록, 무대에 등장하는 배우의 역할은 객석의 관람자의 역할과 더욱 분명하게 분화된다. "무대 위의 배우의 성공이 궁극에는 객석에서 결정된다"고 하더라도,[62] 이제 공중의 '예/아니오'라는 입장표명이 어느 정도나 자율적인가 하는 질문이 제기된다. 다시 말해서 그 입장표명이 설득과정을 반영하는 것인가 아니면 정도의 차이는 있지만 숨겨진 권력게임을 반영하는 것에 지나지 않는가 하는 질문이 제기된다. 경험적 연구가 풍부하게 축적되었음에도 불구하고 이 핵심적 질문에 대해 적절한 대답은 여전히 얻지 못했다. 그러나, 공적 의사소통 과정이 생활세계로부터 출현하는 시민사회의 고유한 역동성에 맡겨질수록 그 의사소통 과정이 덜 왜곡되면서 이루어질 수 있다는 가정에서 출발한다면, 최소한 그 질문을 더 정확하게 제기할 수는 있을 것이다.

---

61) Habermas (1990), 15～20.

62) Gerhards, Neidhardt (1990), 27.

이를테면 공중으로'부터' 출현한 좀더 느슨하게 조직된 행위자와 그저 공중 '앞에' 등장한 행위자를 적어도 잠정적으로는 구별할 수 있다. 후자는 처음부터 조직권력, 자원, 위협잠재력을 보유하고 있다. 물론 시민사회에 더 확고하게 뿌리내리고 있는 행위자들도 돈, 조직, 지식, 사회적 자본과 같은 필요한 자원을 제공하는 '후원자'의 지원에 의존한다. 그러나 보호성 후원자나 심지어는 '동지적' 후원자도 그들이 지원하는 공적 행위자의 중립성을 반드시 해치는 것은 아니다. 이와는 대조적으로, 기능적으로 전문화된 행위체계를 등에 업고서 공론장에 영향을 미치는 집합적 행위자는 **독자적** 지원기반을 갖고 있다. 자신이 사용하는 자원을 다른 영역으로부터 얻을 필요가 없는 이러한 정치적, 사회적 행위자의 범주에는 이미 상당 정도 국가기구로 편입된 기성 정당과 사회적 권력을 갖고 있는 거대 이익집단이 일차적으로 포함된다. 이들은 '관찰대행기구'의 시장조사와 여론조사를 이용하며, 스스로 전문적 홍보 캠페인을 추진하기도 한다.

물론 조직의 복잡성이나 자원이나 전문화 등은 그 자체로 보면 결코 자생적인 '토착' 행위자와 단순한 이용자를 구별하는 충분한 지표가 되지 않는다. 또한 행위자가 대변하는 이익 자체에서도 행위자의 출신을 직접 읽어낼 수 없다. 다른 지표들이 좀더 신빙성이 있다. 행위자들은 그들의 정체성을 확인할 수 있는 방식에 따라 구별된다. 어떤 행위자들은 어떤 기능영역을 배경으로 갖고 있는가에 다라 확인될 수 있다. 즉 그들은 정당이나 경제단체, 직업단체, 세입자 보호협회 등을 대변한다. 또 어떤 행위자들은 정체성의 표식을 이제 비로소 **산출해야**만 한다. 이것은 시민사회적 행위자들에게 일반적으로 해당되는 것이지만, 먼저 자기동일시와 자기정당화의 단계를 통과하는 사회운동에서 특히 분명하게 드러난다. 나아가 이 단계가 지난 이후에도 사회운동은 목표지향적 정치와 나란히 '정체성의 정치'를 계속 추구한다. 사회운동은 자신의 정체성을 항상 재확인해야 하는 것이다. 또한 행위자들이 이미 구성된 공론장을 단순히 사용하는가 아니면 그들이 공론장의 구조를 재생산하는 데 관여하고 있는가 하는 차이도 앞서 언급했듯이 의사소통 권리의 위협에 대해 얼마나 민감한가에서 명백하게 드러난다. 또한 그 차이는 자기방어의 이익을 넘어서서 소수자나 주변집단들을 배제하거나 억압하는 공개적인 혹은 은폐된 형식에 대항하여 전선을 형성하려는 태도에서도 드러난다.

여기서 한 가지 덧붙이자면, 사회운동이 연대성과 공론장을 산출하는 조직형식을, 그리고 특수한 목표를 추구하면서 그와 동시에 현존하는 의사소통 권리와 구조를 완전히 사용하고 더 급진화할 수 있게 해주는 조직형식을 발견하는가 않는가 하는 문제는 사회운동으로서는 그 존재 자체가 걸린 문제이다.[63]

세 번째 행위자 범주를 형성하는 것은 넓은 의미의 '언론인'이다. 이들은 정보를 수집하고, '프로그램'의 선택과 제시방식에 대해 결정하고, 매스미디어가 지배하는 공론장에 주제, 각종 제안 및 해결책, 저자들이 접근하는 것을 일정 범위에서 통제한다. 매스미디어의 복잡성이 늘어나고 투하된 자본이 늘어나면서, 실효성 있는 의사소통의 채널도 집중화된다. 이에 비례하여 매스미디어는 공급과 수요 양 측면에서 늘어나는 선택의 압력에 직면한다. 이 선택과정이 새로운 종류의 권력의 원천이 된다. 직업상의 규준으로는 이 미디어의 권력을 충분하게 통제할 수 없다. 그러나 오늘날 이 '제 4의 권력'은 이미 그 단초에서는 법적으로 규제받고 있다. 예를 들어 독일연방공화국에서는 텔레비전 네트워크가 정당과 이익단체의 영향을 더 강하게 받는지 아니면 광고를 많이 하는 사기업의 영향을 더 강하게 받는지를 좌우하는 것은 그 네트워크의 법적 형식과 제도적 구조이다. 일반적 차원에서 말하자면, 텔레비전에 의해 형성되는 정치의 이미지는 주로 이미 미디어용으로 전문적으로 생산되고 기자회견, 뉴스 에이전시, 홍보 캠페인 등의 경로를 따라 대중매체 속으로 들어온 주제와 의견들로 구성되어 있다고

---

63) Cohen, Arato (1992), 492~563.

말할 수 있을 것이다. 정보생산자들이 개인적 능력, 기술장비, 전문성을 갖출수록 그들은 더 많은 성공을 거둔다. 정치체계 외부에서 또는 사회조직과 이익단체의 외부에서 활동하는 집합적 행위자들이 거대 미디어의 내용과 입장에 영향을 미칠 수 있는 기회는 통상적으로 더 적다. 거대 전자 미디어를 지배하는 '균형잡힌' 의견의 스펙트럼, 즉 중도적이고 탄력성이 덜한 의견의 스펙트럼에서 벗어나는 의견의 경우에는 특히 그러하다.[64]

이렇게 선별된 메시지들은 방송되기 전에 미디어 내부의 **정보처리 전략**에 따라 다시 통제된다. 이 전략의 방향은 미디어 전문가, 프로그램 감독, 신문 등이 지각하는 수용조건들에 따라 좌우된다. 공중의 수용도, 인지적 능력, 집중도 등은 극히 희소한 자원이고 수많은 '방송국'의 프로그램들이 이 희소자원을 둘러싸고 경쟁을 벌이고 있기 때문에, 뉴스와 논평의 모양새는 대부분 광고 전문가들의 조언과 지시를 따른다. 객관적 문제의 개인화, 정보와 오락의 혼合, 소재의 에피소드별 배열, 복잡한 맥락을 작은 단편들로 분절하기 등이 어우러져서 공적 의사소통의 탈정치화를 촉진하는 하나의 신드롬을 이룬다.[65] 이것이 문화산업이론의 진정한 핵심이다. 연구문헌들은 미디어의 제도적 틀과 구조에 대해서만이 아니라 미디어의 작업방식과 프로그램 제작방식과 사용방식 등에 대해서도 상당히 믿을 만한 정보를 제공하고 있다. 그러나 **미디어의 효과**에 관한 진술들은 라자스펠트(Paul Lazarsfeld) 이후 한 세대가 지났음에도 불구하고 여전히 논쟁의 여지가 많다. 그러나 미디어의 효과와 수용에 관한 연구는 최소한 소비자를 방송 프로그램에 의해 조종되고 관리되는 '문화적 얼간이'로 여기는 수동적 이미지는 제거하였다. 그 대신 사람들은 시청자들의 **해석전략**으로 시선을 돌

64) M. Kaase, "Massenkommunikation und politischer Prozeß," in: M. Kaase, W. Schulz(Hg.), *Massenkommunikation*, KZfSS 30, 1989, 97~117.

65) 이 말은 무엇보다 광범위한 공중이 가장 자주 이용하는 전자매체에 해당된다. 이것을 신문과 다른 매체에 적용할 때에는 유보조건이 뒤따라야 할 것이다.

렸다. 시청자들은 서로 의사소통하기도 하고, 방송 프로그램이 제공한 것을 비판하거나 거부할 수도 있으며 그것과 자신의 판단을 종합하기도 하기 때문이다.[66]

설령 우리가 매스미디어의 비중과 작동방식에 관해서나 공중과 다양한 행위자들 사이의 역할분배에 관해서 어느 정도 알고 있고, 또 미디어 권력이 누구의 수중에 들어가 있는지에 대해 근거있는 추측을 할 수 있다고 하더라도, 매스미디어가 정치적 공론장의 조망불가능한 의사소통 회로에 어떻게 개입하는지는 결코 분명하지 않다. 이에 비해 공중에 대한 정치적 영향을 둘러싼 경쟁에서 미디어가 차지하는 막강한 위치라는 상대적으로 새로운 현상에 대한 규범적 반응은 좀더 분명하다. 법치국가 원리에 따라 조직된 정치체계에서 미디어가 충족해야만 하는 과제를 구레비치(M. Gurevitch)와 블룸러(G. Blumler)는 다음과 같이 요약하였다.

① 긍정적으로든 부정적으로든 시민의 복지에 영향을 미칠 개연성이 있는 상황전개를 보도하여 사회정치적 환경을 감시하는 것.
② 하루의 핵심 쟁점을 확인하는 활동 — 여기에는 그 쟁점을 형성했거나 해결할 수 있는 힘을 확인하는 것도 포함된다 — 을 통한 유의미한 어젠다 설정.
③ 정치인들과 대변자들이 상이한 정치적 대의와 이익집단을 설득력있고 명료하게 지지할 수 있는 플랫폼의 제공.
④ (현재의 혹은 유망한) 권력보유자와 일반대중 사이의 대화와 다양한 견해들 사이의 대화.
⑤ 공직자들에게 권력을 행사하는 방식과 관련하여 책임을 지우는 메커니즘.

66) St. Hall, "Encoding and Decoding in TV-Discourse," in : St. Hall(ed.), *Culture, Media, Language*, London 1980, 128~138 ; D. Morley, *Family Television*, London 1988.

⑥ 시민들이 정치과정을 그저 묵종하거나 구경만 하는 대신 학습하고 선택하고 정치과정에 참여하게끔 인센티브를 제공하는 일.
⑦ 미디어 외부에 있는 세력이 미디어의 독립성을 전복하려는 시도에 대항하는 원칙적 저항.
⑧ 자신의 정치적 환경에 대해 잠재적으로 관심을 갖고 있고 또 그것을 이해할 수 있는 존재로서의 시청자에 대한 존경감.[67]

이러한 원칙들은 한편으로는 저널리즘의 직업코드와 직업윤리적 자기이해에 다른 한편으로는 미디어에 관련된 법을 통한 자유언론의 조직에 그 방향을 제공한다.[68] 이 원칙들은 토의 민주주의 개념에 동의하면서 간단한 규제적 이념을 표현하고 있다. 즉 대스미디어는 자신을 계몽된 공중으로부터 위임받은 자로 이해해야 한다. 매스미디어는 이 공중의 학습태세와 비판능력을 전제하는 동시에 요구하고 강화시킨다. 매스미디어는 사법부와 유사하게 정치적 행위자와 사회적 행위자로부터 독립성을 지켜야 한다. 매스미디어는 공중의 관심사와 제안을 공평무사하게 수용해야 하며, 이 주제와 의견들에 비추어 정치과정을 비판하고 정당화를 요구해야 한다. 매스미디어는 미디어의 권력을 중립화해야 하며, 행정권력이나 사회적 권력이 공중의 정치적 영향력으로 전환되는 것을 막아야 한다. 이러한 이념에 따르면 정치적, 사회적 행위자들은 공중이 지각한 문제나 공중의 동의하에 공적 어젠다로 설정된 문제에 대한 설득력 있는 해결안을 제시하는 한에서만 공론장을 '이용할' 수 있다. 정당도 자신의 정치적 권력을 유지하려는 전망에서 공중에 영향력을 미쳐 공론장으로부터 그저 대중적 지지를 추출하려고만

67) M. Gurevitch, G. Blumler, "Political Communication Systems and Democratic Values," in : J. Lichtenberg (ed.), *Democracy and the Mass Media*, Cambridge (Mass.) 1990, 270.

68) 톰슨(J. B. Thompson, *Ideology and Modern Culture*, Cambridge 1990, 261 ff.)이 지적하는 매스미디어의 '규제된 다원주의'를 위한 원칙들을 참조할 것.

하지 말고 그 대신에 공중 자체의 고유한 전망에서 출발하여 공중의 의견형성과 의지형성에 참여해야만 할 것이다.[69]

매스 커뮤니케이션 사회학은 공론장을, 행정권력과 사회권력에 의해 침윤되고 매스미디어에 의해 지배당하는 것으로 묘사한다. 이 이미지가 아무리 대략적인 것이라 할지라도, 이 이미지와 위에서 언급한 규범적 기대를 대비해 보면, 시민사회가 정치체계에 영향력을 미칠 수 있는 가능성을 평가할 때 발을 뒤로 빼게 될 것이다. 그러나 이와 같은 소극적 평가는 정지상태의 공론장에만 해당된다. 공론장이 움직이는 순간, 자신의 입장을 표명하는 공중의 권위를 받쳐주는 그 구조가 진동하기 시작하고, 이어서 시민사회와 정치체계 사이의 세력관계가 달라진다.

(4) 이로써 우리는 누가 주제를 일정에 올리고 의사소통 흐름의 방향을 규정할 수 있는가 라는 핵심질문으로 돌아오게 된다. 코브(Roger Cobb), 로스(Jennie-Keith Ross), 로스(Marc Howard Ross)는 새롭고 정치적으로 중요한 주제들이 최초의 발의에서 시작하여 결정권을 가진 형식적 처리에 이르기까지 어떤 발전경로를 겪는지를 묘사하는 모델을 세웠다.[70]

이들이 제안한 모델들 — 내부의 접근모델과 동원모델, 외부의 발의모델 — 을 민주주의 이론의 관점에서 적합한 방식으로 수정하면, 그 모델들은 공론장과 정치체계가 서로 영향력을 행사하는 대안적 방식을 표현해 준다. 첫 번째 경우에, 발의는 공직자나 정치지도자에서 시작

---

69) 존 킨도 이와 유사한 '매체철학'을 대변하고 있다. J. Keane, *The Media and Democracy*, Cambridge 1991.

70) R. Cobb, J. K. Ross, M. H. Ross, "Agenda Building as a Comparative Political Process," *American Political Science Review* 70, 1976, 126～138; R. Cobb · Ch. Elder, "The Politics of Agenda-Building," *Journal of Politics* 1971, 892～915.

하고, 쟁점이 된 주제는 그것이 공식적으로 처리될 때까지 내내 정치체계 안에서 순환하며, 공중은 이 과정에서 배제되거나 아무런 영향력을 행사하지 못한다. 두 번째 경우에도 발의는 정치체계 안에서 시작한다. 그러나 이 경우엔 쟁점이 된 주제의 옹호자가 공론장을 동원해야 한다. 왜냐하면, 그 쟁점의 공식적 처리에 도달하기 위해서든 결정된 프로그램을 실행하기 위해서든, 그는 관련된 공중의 지지를 필요로 하기 때문이다. 세 번째 경우에서 비로소 발의권이 정치체계 밖에 있는 세력에게 주어진다. 이 세력은 동원된 공론장의 도움으로, 즉 여론의 압력을 통해 쟁점을 공식적으로 검토할 것을 강제한다.

> 외부의 발의모델은 정부 바깥의 한 집단이 (1) 불만을 표출하고, (2) 그 쟁점에 대한 관심을 다른 집단들에까지 확대하여 그 쟁점이 공적 어젠다에 오를 수 있도록 하여, 이로써 (3) 그 쟁점을 의사결정자들이 진지하게 고려해야 할 공식적 어젠다로 채택하도록 충분한 압력을 행사하는 상황에 적용된다. 평등한 사회일수록 이 어젠다 형성 모델이 지배할 공산이 크다. 그러나 공식적 어젠다의 지위를 얻었다고 해서 반드시 당국의 결정이나 현실적으로 시행되는 정책이 불만집단이 원래 추구했던 것과 일치할 것이라는 보장은 없다.[71]

정상적인 경우, 쟁점과 제안들이 걸어가는 행로는 세 번째 모델보다는 첫 번째, 두 번째 모델에 더 가깝다. 권력의 비공식적 순환이 지배하는 한, 쟁점을 발의하고 그것을 어젠다에 올리고 결정되도록 하는 힘은 의회보다는 정부지도자와 행정부에 있다. 그리고 공론장에서 대중매체가 규범적 자기이해와는 반대로 그것이 다루는 소재를 주로 잘 조직된 힘있는 정보생산자들로부터 가져오고, 나아가 공적 의사소통의 담론적 수준을 높이기는커녕 오히려 낮추는 매체전략을 선호하는 한, 일반적으로 쟁점들은 주변부에서 발원하는 자생적 경로를 따르기보다

71) Cobb, Ross, Ross(1976), 132.

는 오히려 중심부에서 시작하고 또 중심부에 의해 관리된다. 어쨌든 공적 무대에서의 문제표명에 대한 회의주의적 관찰들은 이런 견해와 일치한다.[72] 물론 우리의 맥락에서 문제가 되는 것은 정치와 공중이 서로에게 행사하는 영향력에 대한 경험적 평가가 아니다. 우리의 목적을 위해서는, 지금까지 우리의 시나리오에서 무시되었던 시민사회 속의 행위자가 위기상황을 인식한 상태에서는 놀라우리만큼 능동적이고 중요한 역할을 담당할 수 있다는 점을 설득력 있게 보여주는 것으로 충분하다.[73] 비록 조직적 복잡성이 떨어지고 행위능력이 약하며, 구조적 핸디캡을 갖고 있지만 이들은 가속화된 역사의 결정적 순간이 오면 공론장과 정치체계 속에서 인습적으로 순환되는 의사소통 방향을 역전시켜 전체 체계의 문제해결 양식을 변화시킬 수 있는 기회를 얻는다.

공론장의 의사소통 구조는 사적 생활영역과 연결되어 있어서, 시민사회적 주변부가 정치의 중심부에 비해 새로운 문제상황을 지각하고 확인할 수 있는 감수성을 훨씬 더 많이 갖고 있다. 지난 10여 년의 거대한 쟁점들이 이 점을 증언하고 있다. 상승일로의 핵무기 경쟁을, 원자력의 평화적 사용과 여타 거대기술장치 또는 유전자 연구 같은 과학실험이 안고 있는 위험을 생각해 보라. 혹사당한 자연환경이 가져오는 위협(삼림황폐, 수질오염, 생물종의 소멸 등)을 생각해 보라. 또, 극적일 정도로 악화되는 제 3세계의 빈곤과 세계 경제질서의 문제, 인구의 인종적·문화적 구성을 변화시키면서 늘어나고 있는 이민 등을 생각해 보라. 이러한 쟁점들 중에서 국가기구, 거대 조직, 혹은 사회적 기능체계의 대변자들이 먼저 쟁점으로 제기한 것들은 거의 없다. 그것은 모두 다 지식인, 관련 시민들, 급진적 전문가들, 자원 '변호사들' 등에

72) St. Hilgartner, "The Rise and Fall of Social Problems," *American Journal of Sociology* 94, 1988, 53~78.

73) '생활세계의 대변자'로서의 사회운동에 대해선 통찰력 있는 한 경험적 연구에 분석되어 있다. L. Rolke, *Protestbewegungen in der Bundesrepublik*, Opladen 1987.

의해 시작되었다. 이렇게 가장 멀리 떨어져 있는 주변부로부터 출발한 이 쟁점들은 잡지, 관심있는 결사체, 클럽, 직업단체, 아카데미, 대학 등으로 밀려들어오고, 포럼, 시민발의 또는 여타의 토론장을 발견한 후에 경우에 따라 몇 가지가 묶여 사회운동과 새로운 하위문화의 핵으로 자리잡는다.[74] 그리고 후자는 다시 그 쟁점들을 극화시키고 효과적으로 제시하여 대중매체에서 그 쟁점을 다루게 만들 수 있다. 이 쟁점들은 대중매체 속에서 논쟁적으로 다루어짐으로써 거대한 공중에게 도달하고, 공적 어젠다에 오르게 된다. 때로는 그것이 주변적인 급진정당이나 후보의 놀라운 선거결과, '낡은' 정당의 조심스레 확대된 강령, 법원의 결정 등을 경유하여 정치체계의 핵심영역으로 진입하여 공식적으로 다루어질 때까지, 주위의 이목을 끄는 행위, 대중적 저항, 지속적 캠페인이 요구되기도 한다.

물론 쟁점들이 발전해가는 다른 행로도 있고, 주변에서 중심으로 진입하는 다른 경로도 있으며, 복잡한 분기와 피드백의 다른 유형도 있다. 그러나 일반적으로는, 사회적 문제상황이 지각되면서 주변부에서 위기의식이 발생하는 순간, 어느 정도 권력의 침윤을 받은 정치적 공론장에서도 세력관계가 변한다고 말할 수 있다. 시민사회의 행위자들이 한자리에 모이고 상응하는 쟁점을 정식화하여 공론장에서 선전하면, 그들의 노력은 성공을 거둘 수 있다. 왜냐하면 공론장의 내생적 동원과 함께 그렇지 않았더라면 잠재적 상태에 머물러 있을 법칙성 — 이것은 모든 공론장의 내부구조에 내장되어 있으며 대중매체의 규범적 자기이해 속에도 보존되어 있다 — 이 활성화되기 때문이다.

무대의 배우는 청중석의 호응 덕분에 영향력을 갖는다는 것이 바로 그 법칙성이다. 최소한 이렇게 말할 수 있을 것이다. 즉, 합리화된 생활세계가 강한 시민사회적 기초를 제공함으로써 자유로운 공론장의 형성을 지원하는 한, 공적 논쟁이 상승기류를 타면서 입장을 표명하는

74) J. Raschke, *Soziale Bewegungen*, Frankfurt/Main 1985.

공중의 권위가 강화된다. 왜냐하면, 그러한 조건이 갖추어진다면, 위기의식을 통해 동원이 일어나는 경우 비공식적 의사소통은 두 가지를 성취할 수 있기 때문이다. 한편으로 그것은 민중주의적 지도자에 의해 유혹된 세뇌된 대중의 축적을 막는다. 다른 한편 그것은 공적 미디어를 통해 추상적으로만 모이는 공중의 흩어진 비판적 잠재력을 하나로 모으고, 이 공중이 제도화된 의견형성과 의지형성에 정치적 영향력을 행사하는 데 도움을 준다. 하위 제도적 운동정치는 이익정치의 인습적 궤도를 이탈하여, 이를테면 법치국가적으로 규제되는 정치체계의 권력순환의 배후를 강화시킨다.

그러나 자유로운 공론장 속에서만 이 운동정치가 그저 민중주의적(*plebiszitärer*) 정당화의 포럼에 그치고 마는 정형화된 공론장 속에서 이루어지는 것과는 다른 방향을 갖는다.[75]

강화된 정당화의 압력이 갖는 이러한 의미는 하위제도적 시민저항이 고조되면서 타고 올라가는 사다리의 위쪽에서 특히 분명해진다. 저항의 논증이 더 강한 반향을 얻고 더 큰 미디어 정치적 영향력을 창출하기 위해 사용할 수 있는 마지막 수단은 시민불복종 운동이다. 이 비폭력적이고 상징적인 규칙위반 행위는, 그것의 자기이해에 따르면, 그 합법성에도 불구하고 현행 헌법의 원칙에 비추어 볼 때 정당하지 못한 공적 결정에 대한 저항의 표현이다. 그 행위는 두 부류의 수신자를 동시에 지향한다. 한편으로 그것은 공직자와 위임권의 담지자들에게 공식적으로 끝난 정치적 심의를 재개하여 이미 내려진 결정에 대한 지속적인 공적 비판을 진지하게 검토하여 필요한 경우 그 결정을 수정할 것을 요구한다. 다른 한편 그것은 롤즈가 말하는 "사회의 다수자의 정의감에,"[76] 즉 비상한 수단을 통해 동원되어야 할 시민공중의 비판적

---

75) C. Offe, "Challenging the Boundaries of Institutional Politics : Social Movements since the 1960s," in : Ch. S. Maire, *Changing Boundaries of the Political*, Cambridge 1987, 63~106.

76) Rawls(1975), 401.

판단에 호소한다.

논쟁의 구체적 대상과 무관하게, 시민불복종은 언제나 제도화된 정치적 의지형성을 공론장의 의사소통 과정에 다시 연결시키라는 암묵적 요구도 제기한다. 이런 행간의 메시지는 그 법치국가적 구조상 시민사회로부터 분리되어선 안 되고 주변부로부터 자립화되어서도 안 되는 정치체계에게 던져진다. 이로써 시민불복종은 그것의 원래의 고향인 시민사회와 관계하게 된다. 이 시민사회는 위기상황에선 민주적 법치국가의 규범적 내용을 여론의 매체 속에서 활성화하여, 제도정치의 체계적 관성에 대항하여 그것을 동원한다.

이러한 **자기준거성**은 코헨과 아라토가 롤즈, 드워킨, 그리고 나의 논의를 끌어들여 제안한 정의에서 강조되고 있다.

> 시민불복종은 통상 집합적 행위자들이 벌이는 불법적 행위로서, 그 성격상 공적이고, 원칙적이고, 상징적이며, 주로 비폭력적 저항수단을 사용하고, 이성의 능력과 시민들의 정의감에 호소한다. 시민불복종의 목표는 … 특정 법과 정책은 정당하지 않으며 변화되어야 한다는 점을 시민사회와 정치사회의 여론에게 설득하는 데 있다. 시민불복종에 참여한 집합적 행위자들은 기본권이나 민주적 정당성의 이념에 호소하면서 입헌 민주주의의 유토피아적 원리를 불러들인다. 그러므로 시민불복종은, … 시민사회가 정치사회에게 합법적 방식으로 영향을 미치려는 노력이 실패하고 다른 길도 모두 소용없을 때, 시민사회와 정치사회의 연결고리를 다시 역설하기 위해 동원하는 수단이다.[77]

시민불복종에 대한 이 해석은, 적어도 위기상황에는 정치체계에 대한 공론장의 압력을 강화시킴으로써 정치체계가 갈등양식으로 바뀌어 비공식적 권력순환을 중립화할 수 있도록 만들 수 있다고 믿는 시민사회의 자기이해를 표현하고 있다.

---

77) Cohen, Aarato (1992), 587 f. '전투적 관용'에 대해선, Rödel, Frankenberg, Dubiel (1989), 4장을 보라.

이외에도 시민불복종의 정당화는[78] 헌법을 종결되지 않은 기획으로 보는 역동적인 이해를 바탕으로 한다. 이 장기전망에서 보면 민주적 법치국가는 완성된 구조물로 나타나는 것이 아니라, 권리체계를 변화하는 상황 속에서 새롭게 실현하는 목적, 즉 권리체계를 좀더 적절하게 제도화하고 더 급진적인 내용을 추출하는 목적을 갖고 있는, 미묘하고 민감한 기획, 무엇보다도 오류의 가능성이 있고 수정가능한 기획으로 나타난다. 이것은 권리체계의 실현에 능동적으로 참여하고, 변화된 맥락조건을 참조하고 인식하는 가운데 사실성과 타당성의 긴장을 실천적으로 극복하려는 시민의 전망이다. 법이론이 이 참여자의 전망을 자신의 전망으로 삼을 수는 없다. 그러나 법이론은 법과 민주적 법치국가에 대한 패러다임적 이해를 재구성할 수는 있다. 그리고 이 이해는 시민들이 자신의 사회에서 법적 공동체의 자기조직에 가하는 구조적 제한에 대한 이미지를 형성할 때 그 이정표가 된다.

(5) 이 재구성적 시각에서 보면, 법치국가의 기본권과 원리는 다름 아니라 자유롭고 평등한 시민들로 이루어진 사회의 자기구성이 갖는 수행적 의미를 명시화한 것이라는 사실이 드러난다. 이 실천은 민주적 법치국가의 조직형식 속에서 영구화된다. 역사 속의 모든 헌법은 시간에 대해 이중의 관계를 맺는다. 역사적 기록으로서 그것은 그것 속에 해석되어 있는 설립행위를 기억시켜준다. 그것은 시간 속의 출발점을 표시하는 것이다. 이와 동시에 그것의 규범적 성격은 권리체계를 해석하고 실현하는 과제는 모든 세대에게 새롭게 제기된다는 사실을 말해준다. 정의로운 사회의 기획으로서 헌법은 현재적 미래의 기대지평을 표현하는 것이다. 이 계속되는 헌법제정의 지속적 과정이라는 측면에서, 정당한 입법의 민주적 절차는 특별한 위상을 갖는다. 우리의 사회

78) 법적 논의에 대해서는, R. Dreier, "Widerstandsrecht im Rechtsstaat?," in : Recht-Staat-Vernunft, Frankfurt/Main 1991, 39~72 ; Th. Laker, *Ziviler Ungehorsam*, Baden-Baden 1986.

와 같은 복잡한 유형의 사회에서 과연 그렇게 요구수준이 높은 절차가 효과적으로 실행되어 법치국가적 원리에 따라 규제된 권력순환이 정치체계 속에서 관철될 수 있는가, 또 관철될 수 있다면 어떻게 관철될 수 있는가 하는 피할 수 없는 질문이 제기되는 것도 이러한 이유에서이다. 이 질문에 대한 대답은 다시 법에 대한 우리 자신의 패러다임적 이해를 보여준다. 이렇게 역사적으로 위치지어진 헌법이해를 해명하기 위하여 다음 4가지를 지적하고자 한다.

(a) 법치국가적으로 구조화된 정치체계는 한편으로는 집합적 구속력이 있는 결정을 산출하는 전문화된 기능을 담당하며, 그런 한에서 여러 부분체계 중의 하나일 뿐이다. 다른 한편 정치는 법과의 내적 연관 때문에, 사회 전체와 관련되는 문제를 책임지고 있다. 집합적 구속력이 있는 결정은 동시에 권리의 실현으로도 해석될 수 있어야 한다. 이 과정에서 상호이해 지향적 행위의 인정구조가 법이라는 매체를 통하여 단순 상호작용의 차원으로부터 낯선 사람들 간의 추상적으로 매개된 익명의 관계라는 차원으로 전이된다. 정치는 그때그때 특수한 집합적 목표를 추구하며, 특정한 갈등을 규제할 뿐 아니라 이와 동시에 일반적인 통합문제도 다룬다. 법적 형식에 따라 조직되어 있기 때문에, 정치는 비록 그 작동방식의 측면에서는 기능적으로 전문화되어 있지만 전체 사회적 문제에 대한 연관을 유지한다. 다시 말해서 그것은 다른 행위체계들이 더 이상 충분히 수행할 수 없는 사회적 통합의 과제를 반성적 차원에서 수행한다.

(b) 이러한 비대칭적 위상은 왜 정치체계가 두 가지 측면에서 제약받으며, 또 이에 상응하는 규준들에 의해 그 활동과 결정이 평가받게 되는지 그 이유를 설명해준다. 기능적으로 전문화된 행위체계로서 그것은, 독자적 논리를 따르며 또 그런 한에서 직접적 개입을 거부하는 다른 기능체계들에 의해 제한받는다. 이 측면에서 정치체계는 (법률적

조직형식과 재정수단을 포함하여) 행정권력의 효율성의 한계에 직면한다. 다른 측면에서 정치는 법치국가적으로 규제된 행위체계로서 공론장과 연결되어 있으며, 의사소통적 권력의 생활세계적 원천에 의존한다. 여기서 정치체계는 사회적 환경에 의해 외적으로 제약받는 것이 아니라, 오히려 내적인 가능화 조건에 대한 의존성을 경험하게 된다. 궁극적으로 정치는 정당한 법의 산출을 가능하게 하는 조건들을 임의로 좌우할 수 없기 때문이다.

(c) 이 두 측면 모두에서 정치체계는 그 활동의 **효율성**과 그 결정의 **정당성**에 영향을 미칠 수 있는 흐름에 노출되어 있다. 시행된 법률 프로그램이 실효성이 없거나, 질서유지 및 조절활동이 규제를 필요로 하는 행위체계들에게 해체적 효과를 야기할 때, 정치체계는 규제능력을 상실하게 된다. 사용된 수단이 법 매체 자체에게 과도한 요구를 제기하여 정치체계 자체의 규범적 구성이 과부하 상태에 빠질 때에도 그런 일이 발생한다. 복잡한 조절문제 앞에서, 경우에 따라 적합성의 상실, 잘못된 조절, 자기파괴 효과가 누적되어 '규제의 트릴레마'로 첨예화될 수 있다.[79] 다른 한편 정치체계의 결정이 (아무리 효율적인 것이라고 하더라도) 더 이상 정당한 법으로 소급될 수 없다면, 사회적 통합의 수호자로서 정치체계는 실패한다. 행정체계가 의사소통적 권력으로부터 자립화할 때, 기능체계와 (대중매체를 포함하는) 거대조직의 사회적 권력이 정당치 못한 권력으로 전환될 때, 법치국가적으로 규제된 권력순환은 힘을 잃는다. 자생적인 공적 의사소통을 위한 생활세계적 자원이 충분하지 못하여 사회적 이익의 강제 없는 표출을 보장하지 못할 때에도 같은 현상이 발생한다. 정당치 못한 권력의 자립화와 시민사회와 정치적 공론장의 허약성은 '정당화의 딜레마'로 악화될 수 있으며, 이

79) G. Teubner, "Reflexives Recht," *Archiv für Rechts-und Sozialphilosophie*, 68, 1982, 13 ff.

딜레마는 경우에 따라선 조절의 딜레마와 연결되어 악순환에 빠질 수도 있다. 그렇게 되면 정치체계는 정당성의 결함과 조절의 실패가 서로를 강화시키는 소용돌이 속으로 빠져들게 될 것이다.

(d) 물론 이러한 위기는 역사적으로만 설명될 수 있을 뿐이다. 이 위기가 기능적으로 분화된 사회에 구조적으로 내장되어 있어서, 자유롭고 평등한 인격체들의 공동체가 법적인 자기구속을 통하여 시도하는 자기권한부여의 기획을 애초부터 부인하는 것은 아니다. 그러나 그 위기는 법치국가적으로 조직된 정치체계가 고유한 비대칭성을 지니면서 고도로 복잡한 순환과정에 배태되어 있다는 것을 보여주는 징후이다. 그리고 행위자들이 시민으로서, 의원으로서, 판사로서, 공무원 등의 자격으로 수행적 태도 속에서 권리체계의 실현에 전망있게 참여하려면 이 복잡한 순환과정에 대한 특정한 이미지를 갖고 있어야 한다. 이 권리는 변화하는 사회적 상황 속에서 상이하게 해석되어야 하기 때문에, 이 권리가 이 맥락에 던지는 빛도 변화하는 법 패러다임들의 스펙트럼 속으로 갈라진다. 역사상의 다양한 헌법들은 하나의 동일한 실천을 구성하는 (그 수만큼의) 다양한 방식들로 이해할 수 있다. 그러나 모든 실천과 마찬가지로 이 실천도 역사 속에 위치하고 있다. 참여자들이 이러한 실천이 도대체 무엇을 의미하는지에 대해 명확한 인식을 갖고자 한다면, 그들 자신의 그때그때의 실천에서 출발해야 할 것이다.

9

법의 패러다임

늦어도 18세기 위대한 성문법들이 탄생한 이후부터, 현행법은 주로 텍스트라는 형태로 모습을 갖추었다. 어떤 규범이 타당한지를 법전에 실려있는 법규들이 말해주게 된 것이다. 그 법규가 판결의 기초가 되었다. 또 그것이 제공하는 전망에서 법 도그마틱은 현행법을 해석하려고 했다. 법이론과 법률사는 법률 텍스트와 규칙체계를 이해하는 데 있어서 비록 서로 방향은 달랐지만 더 객관적인 접근방법을 발전시켰다. 이미 살펴보았다시피, 법이론은 판례들을 일반화하고 추상화함으로써 참여자의 관점 자체는 포기하지 않으면서 일정한 거리를 유지할 수 있다. 이와는 대조적으로, 법률사가들의 객관적 시선은 행위체계로서 법이 자리잡고 있는 사회적 맥락에 집중된다. 판결과 당대 법 도그마틱의 암묵적 배후가정들도 이 사회적 맥락으로부터 흘러나온다. 이런 객관적 전망에서 볼 때 참여자들 자신에게는 잠재적인 것으로 머물러 있던 의미맥락이 드러난다. 이 의미맥락은 법체계와 사회적 환경을 객관적으로 연결시킬 뿐 아니라, 법학자들이 사회에 대해 갖고 있는 이미지를 매개로, 주관적으로 연결시키기도 한다. 이런 점에서 전문가들이 개별적 법규를 법체계 전체의 맥락 속에서만 해석하는 것이 아니라 당대의 사회에 대한 당대의 지배적인 선이해의 지평 속에서 해석하기도 한다는 점이 분명해진다. 이러한 한에서, 법해석이라는 것은 특정한 방식으로 지각된 현재의 사회적 상황이 던지는 문제에 대한 대답이기도 하다.

법전 스스로 몇몇 두드러진 부문에서 이러한 암묵적 시대진단을 명시적으로 드러내고 있다. 예를 들면 정치적 변혁이나 혁명으로부터 생겨난 헌법의 '권리선언' 같은 것이 그런 부문이다. 전문적으로 정식화되거나 발전된 법학자들의 법과는 대조적으로 이 권리선언은 인간 존엄성의 침해와 억압의 구체적 경험에 대응하는 시민들의 강렬한 의지 표명과 정치적 선언인데, 문체와 단어 하나하나에서도 이것을 느낄 수 있다. 대부분의 기본권 조항 속에는 시민들이 겪었던 불의가 메아리치고 있는데, 마치 한마디 한마디가 그 불의들을 조목조목 부정하고 있는 듯하다.[1] 이와 같이 역사적으로 드물었던 혁명적 헌법설립의 순간에는 명명백백하던 것이 입법과 사법의 일상적 실천 속에서는 침묵의 상태에 머물러 있다. 따라서 역사가들은 세심한 주의를 기울여 그것을 해독해내야 한다. 의회와 법원은, 현실적으로 허용된 좁은 행위가능성을 고려하여 해석한 맥락 속에서만, 권리를 실현하고 판결을 내리는 목표를 추구할 수 있다. 행위자들이 자신의 결정과 그 근거들을 통해 무엇에 대답했고 또 대답하고 있는지를 이해하려면, 그들이 가진 **암묵적인 사회 이미지**를 알아야 하며, 또 그들이 법체계의 실현이라는 과제에 비추어 당시의 사회구조와 성과, 잠재력과 위험에 대해 어떻게 생각하고 있었는지를 알아야 한다.

일찍이 1931년에 오토 칸-프로인트(Otto Kahn-Freund)는 제국노동재판소(Reichsarbeitgericht)의 '사회적 이상'을 이데올로기 비판의 견지

---

1) 이것을 보여주는 인상적 사례는 1945년 이후에 체결된 독일 주헌법의 상세한 기본권 조항들이나 1990년 4월의 독일 민주주의 공화국 헌법안이다. 후자의 헌법안은 비록 실행되진 못했지만, 원탁회의의 "DDR 신헌법" 연구진에 의하여 1990년 베를린에서 간행되었다.

에서 검토했다.[2] 그로부터 20년 후, 프란츠 비아커(Franz Wieacker)는 사법(私法)에 관한 고전적 법규집에서 자유주의적 법 패러다임을 해독하면서 기술적 관점에서 '사회적 모델'이라는 유사한 개념을 도입했다. 여기서 그는 "주어진 법질서의 사회적 모델을 밝혀내고 이 모델이 어떻게 변화하고 있는가를 밝히고, 학문전통의 문학적, 인문학적, 개념적 연속성에 의해 처음엔 은폐되었던 이른바 숨은 청사진을 밝혀내려"고 했다.[3] 비아커의 이 유명한 연구는 부르주아 형식법의 패러다임을 밝혀내는 동시에 이를 통해 법의 '실질화'가 발생한 배경도 분명하게 드러내 주었다. 이미 막스 베버가 개탄했던 이 경향은 2차대전 종전 이후 사회복지국가적 발달이 진행되면서 비로소 전 범위에 걸쳐 관철되었다. 이러한 법의 사회적 변형과정은 처음에는 자유주의적 법 모델 위에 사회복지국가적 정의관과 연관된 새로운 도구적 법이해가 중첩되었다가, 자유주의 모델을 밀어낸 후 마침내 그것을 대체하는 과정으로 파악되었다. 독일 법학계는 유일하게 합리적인 것처럼 보였던 법질서의 고전적 통일성과 체계적 구조를 해체하는 이 과정을 법의 위기로 받아들였다.

1950년대 초, 헌법학자들은 독일연방공화국의 기본법 구조 속에서 사회복지 조항이 차지하는 위상을 둘러싸고 격렬한 토론을 벌였다. 토론은 양분되어, 한 진영이 공세적으로 대변하는 입장을 다른 진영이 반박하는 양상으로 진행되었다. 토론의 쟁점은 두 개의 경쟁적인 법 패러다임 중에서 어떤 것을 규범적으로 선택할 것인가였다. 사회복지국가가 성공적으로 관철된 후 그 부작용이 정치적으로도 절박한 쟁점으로 등장하고 나서야 비로소, 두 패러다임이 '이것 아니면 저것' 식의

---

2) O. Kahn-Freund, "Das soziale Ideal des Reichsarbeitsgerichts," in : Th. Ramm(ed.), *Arbeitsrecht und Politik*, Frankfurt/Main 1966, 149 ff.

3) F. Wieacker, "Das Sozialmodell der klassischen Privatrechtsgesetzbücher und die Entwicklung der modernen Gesellschaft," in : *Industriegesellschaft und Privatrechtsordnung*, Frankfurt/Main 1974, 5.

완전한 배타적 관계에 있다는 암묵적 전제에 대해 의문이 제기되었다. 이젠 명백해진 '복지국가 위기'의 여러 측면들 중에서 사법적 관점에서 볼 때 특히 당혹스러웠던 것은, 날로 팽창하는 국가관료제가 자신의 수혜자(*Klienten*)의 개인적 자기결정을 제약하고 있음을 인식하지 못하는 '둔감성'이었다. 사회복지국가적 패러다임의 이 '둔감성'은 자유주의 패러다임의 '사회적 맹목성'과 정반대되는 약점이었다. 1970년대 이래, 패러다임 논의의 물줄기는 어느 정도 '성찰적' 방향으로 바뀌었다. 패러다임 변동이 역사적으로 밝혀지면서, 패러다임적 법이해는 단순히 직감적으로 방향을 인도하는 배후지식이라는 지위를 잃어버리게 되었다. 이와 함께 올바른 패러다임적 법이해를 둘러싼 논쟁이 법 도그마틱의 명백한 주제로 떠올랐다.

오늘날의 법질서는 부르주아 형식법의 조건적 프로그램이나 사회복지법의 목적적 프로그램 중 어느 한쪽만을 일방적으로 따르지 않는다. 조직적 규범과 절차적 규범이 확장되었지만 그렇다고 입법자들이 복잡한 소재들과 독자논리를 따르는 기능적 영역들을 규제해야 하는 부담이 충분할 정도로 줄어든 것은 아니다. 법질서의 이 복잡하고 불투명한 구조 때문에 기존의 친숙한 대안들을 넘어서는 새로운 패러다임에 대한 모색이 촉발되었다.[4] 《헌법의 미래》의 말미에서 디이터 그림이 독자들에게 잠정적으로 제시한 해답은 현재의 논쟁상황이 안고 있는 전형적 아포리아를 보여주는 데 부족함이 없다. 뒤에서도 살펴보겠지만, 이 연구에서 그는 운행상의 결함이 발생하고 헌법의 구속력이 약화되는 구조적 이유를 논의한다. 그가 결론적으로 던지는 질문은 과연 헌법의 이념에 미래가 있는가이다.

헌법이 더 이상 공적 권력의 담당자들을 규제하지 못한다면, 헌법이

4) 이 토론에 대한 개요로는 H. D. Assmann, *Wirtschaftsrecht in der Mixed Economy*, Frankfurt/Main 1980의 2장을 보라.

국가활동의 모든 영역에 대해서도 더 이상 구속력을 갖지 못할 것이라는 점을 고려해야만 한다. 헌법을 다른 방식으로 이해함으로써 이 효력상실 문제를 해결할 수 있을지, 아니면 헌법이 부분적 질서의 수준으로 축소되고 말지는 현재로서는 열린 질문이다.[5]

독일의 법전문가들은 두 가지 선택지를 가지고 있는 것처럼 보인다. 복잡한 사회에 맞게 설계된 헌법 프로젝트로 이어지는, 법에 대한 새로운 이해방식을 설득력 있게 제시하든지,[6] 아니면 법에 대한 규범적 이해 자체를 포기하든지 하는 것이 그것이다. 후자의 대안은 법이 강제 없이 형성되고 상호주관적으로 공유된 신념의 약한 힘을 사회통합적 권력으로 전환시킬 수 있으며, 그리하여 단적인 폭력 — 이것이 어떤 모습으로 나타나든 간에 — 을 궁극적으로 극복해낼 수 있을 것이라는 기대를 포기하는 것을 의미한다.[7]

이 연구를 마감하면서 나는 지금까지 발전시킨 절차주의적 법이해가 첫 번째 대안의 선택에 기여할 수 있는지를 검토하고자 한다.

먼저, (1) 법의 실질화가 사법(私法)의 몇몇 영역에서, 그리고 기본권의 사회적 변화와 관련하여 어떻게 발생했는지를 설명하고자 한다. 패러다임 전환은 일반적으로 법적 인격체의 지위와 결부된 사적 자율성이 사회적 맥락의 변화에 따라 다른 방식으로 실현되어야 한다는 점을 보여준다. (2) 복지국가의 발전은 개인이 자율적 삶을 영위하는 것을 위태롭게 만드는 부대결과를 낳았는데, 나는 법적 평등과 사실적 평등의 변증법을 통해 이 문제를 다루고자 한다. 법제화의 의도치 않

5) D. Grimm, *Die Zukunft der Verfassung*, Frankfurt/Main 1991, 437(강조는 필자).

6) U. K. Preuß, *Revolution, Fortschritt und Verfassung*, Berlin 1990.

7) 법체계를 자기기술 체계로 보는 체계이론적 설명을 채택한다면 이런 결론이 지지될 수 있다. 이에 대해선, R. Wiethölter, "Ist unserem Recht der Prozeß zu machen?," in : Honneth et al. (Hg.), *Zwischenbetrachtungen im Prozeß der Aufklärung*, Frankfurt/Main 1989, 794~812.

은 결과는 사적 자율성과 공적 자율성의 내적 연관에 대한 주의를 환기시킨다. 복지국가 서비스의 바람직하지 않은 결과들에 대해서는 시민권의 실질화(*Staatsbürgerqualifikation*)를 추구하는 정치를 통해 대응할 수 있다. 이 정치에서 사회적 권리는 오직 사적 자율성과 공적 자율성을 동시에 보증하는 시민권 지위에 의해서만 근거지어진다. (3) 정부가 해야 할 일들이 변화하고 행정의 기능영역이 확장됨에 따라 권력분립에서도 문제가 발생한다. 자립화된 행정의 독자적 프로그램 설계라든지 국가기관의 자기위임과 관련된 문제는 권력의 기능적 분립을 행정체계 자체로 옮겨놓는 방식으로 대처할 수 있을 것이다. 그리고 이것은 영역별로 특수한 공론장들에 의한 새로운 참여와 통제라는 요소를 통해 가능해질 것이다.

1. 사법(私法)의 실질화

(1) '사회적 이념', '사회모델', '사회적 비전' 그리고 더 단순하게 '이론'이라는 표현이 한 시대의 법에 대한 패러다임적 이해를 일컫는 용어로 사용되고 있다. 그러한 표현들은 법을 제정하고 적용하는 관행에 전망을 제공하는, 사회에 대한 암묵적 이미지를 가리킨다. 좀더 일반적으로 말하면, 이 이미지는 자유롭고 평등한 시민들의 연합체를 실현하는 프로젝트에 그 방향을 제공한다. 그러나 법 패러다임의 변화에 대한 역사적 연구들은 — 그리고 패러다임 논쟁에 대한 법 도그마틱적 고찰들은 — 현행법에 대한 전문가적 해석에 국한되어 있다. 법 패러다임은 일차적으로는 법원의 전형적 판결들에서 읽어볼 수 있지만, 대개의 경우 그것은 판사가 사회에 대해 가지고 있는 이미지와 일치한다. 예를 들어 프리드리히 퀴블러(Fredrich Kübler)는 사회현상학적 지식사

회학에 입각해서 사법적 담론의 사실판단의 바탕에는, 즉 사건의 사실적 진행경로와 사회행위체계의 기능방식에 대한 기술과 평가의 바탕에는 '현실의 사회적 구성'이 있다고 말한다.

> '사실'이란 행위기대와 행위동기, 인간 상호작용, 복잡하게 얽혀 있는 사회적 사건들의 거대한 흐름으로부터 나온 작은 조각들과 상호 연관되어 있다. 보다 정확하게 표현하자면, 사실이란 사건들의 경과 자체라기보다는 이 사건들에 대해 법정이 가지고 있는 표상이다.[8]

헨리 슈타이너(Henry J. Steiner)는 판사가 가진 암묵적인 사회이론적 표상을 '사회적 비전'이라 부른다. 그것은 판사가 판결을 정당화하면서 사실을 확증하고 이것을 규범과 연관시킬 때 맥락을 형성한다. "사회적 비전이란, 사회(사회경제적 구조, 사회적 상호작용의 유형, 도덕적 목표, 정치 이데올로기), 사회적 행위자(그들의 성격, 행위, 능력), 그리고 사건(원인, 크기, 피해)에 대해 법정이 가지고 있는 관념을 의미한다". 그는 우발적 사고에 대한 미국 법정의 판결을 전거로 이 개념을 설명한다.

> 이 개념은 재난과 사고의 사회적 비용, 시장가격 메커니즘의 작동방식, 개인의 신중한 행위능력, 거래형식의 관료제적 합리성, 계약의 표준조항들의 효과, 그리고 19세기 혹은 오늘날의 성장 혹은 분배 이데올로기 등과 같이 다양한 문제들에 대한 법정의 이해방식을 의미한다. 사회적 비전은 경험적 관찰자료(자동차 사고의 빈도)뿐 아니라 사건의 평가적 유형(해당 맥락에서 자유로운 선택의 부재) 그리고 기술된 내용에 대한 거부감이나 동정심('교활한' 거래, 혹은 '비극적' 손실)과 같은 것을 모두 포함한다.[9]

---

8) F. Kübler, *Über die praktischen Aufgaben zeitgemäßer Privatrechtstheorie*, Karlsruhe 1975, 9.

9) H. J. Steiner, *Moral Argument and Social Vision in the Courts*, Madison

근래에 와서, 판결에 있어서 사회이론적 배경이해가 불가피하다는 것은 더 이상 기술적 법률사만의 관심대상이 아니다. 법도그마틱학자들과 법조인들도 그것을 의식하고 있다. 오늘날, 판결은 더 이상 자신의 사회적 모델을 당연시하는 순진한 태도를 취할 수 없다. 행위자의 배후에서 방향을 제시하는 지식의 순수성이 사라졌기 때문에, 오늘날의 패러다임적 법이해는 자기비판적 정당화를 요구받고 있다. 이런 성찰의 물결이 밀려오면서 전문적인 법 도그마틱도 '올바른' 패러다임에 대한 질문을 피해갈 수 없게 되었다. 그리하여 이 문제에 대해 처음에는 기술적 태도를 견지했던 퀴블러도 구성적 태도로 입장을 바꾸면서 이렇게 말한다. "사법(私法)이 사회 전체와 맺고 있는 관계, 즉 사법의 사회적 발생맥락과 기능양식을 설명하고 정당화해야 할 필요성이 점점 더 절실해지고 있다." 그 이유는 자유주의적 모델이든 사회복지국가적 모델이든, "기존의 설명방식은 이제 충분한 설득력을 가지지 못하기" 때문이다.10) 바람직한 패러다임이란 복잡한 사회를 잘 기술할 수 있어야 하고, 자유롭고 평등한 법적 공동체의 자기구성이라는 원초적 이념을 다시 부각시킬 수 있어야 한다. 나아가 그것은 조망불가능 상태에 이른 복잡한 사회적 환경에 적응하면서 그 중심을 상실하고 조금씩 조금씩 해체되고 있는 법질서를 특수주의적으로 해석하는 유행을 극복할 수 있어야 한다. 뿐만 아니라, 판사가 가진 사회에 대한 이미지가 고착되어 있다는 점도 법철학이 이 과제를 스스로 해결해야 한다는 견해를 지지해 준다.

성문법전과 그 적용사례라는 쉽게 접근할 수 있는 자료를 이용하는 법률사가들의 연구방식은 검증기법상 분명 타당한 측면이 있다. 그러나, 그렇다고 해서 특정 법체계 속에 새겨진 패러다임을 그 전문 관리

(Wisc.) 1987, 92.

10) F. Kübler, "Privatrecht und Demokratie : Zur Aktualität gesellschaftstheoretischer Vorstellungen in der Jurisprudenz," in : F. Baur et al. (Hg.), *Funktionswandel der Privatrechtsinstitutionen*, Tübingen 1974, 719.

자들의 주관적 표상체계와 동일시하는 잘못을 범해선 안 된다. 그럴 경우, 법학이 사회과학과 학제간 협력만 맺으면, "이론'이라는 개념하에 종합된 판사들의 표상들"의 규칙형성적 기능을 비판적으로 걸러내어 그것으로부터 스스로 이론적 주장을 제기할 수 있는 패러다임적 법 이해를 발전시킬 수 있다는 그릇된 결론에 도달할 수 있다. 이러한 관점에 따르면, 새로운 패러다임은 판사의 '자연적' 이론들을 법학적으로 그리고 사회과학적으로 해명함으로써 얻어야 한다. 나아가 그 패러다임 자체가, "사회과정의 경로와 공동체를 구성하는 기대유형 및 통합방식에 대한, 공유된 신념에 기초하여 얻은 일련의 표상들의 총합"으로서 하나의 이론이라는 형태를 취할 수 있게 된다. 그리고 그러한 이론은 "일종의 지침이라는 성격을 가질 것이다. 즉 그것은 법을 이해하고 해석하는 방식을 규정할 것이며, 성문법이 어느 지점에서, 어떤 방향으로 그리고 어느 정도나 법도그마틱과 판례법에 의해 보충되고 수정되어야 할지를 규정할 것이다. 이것은 곧 그것이 사회적 존재의 미래에 대해 책임을 분담한다는 것을 의미한다."[11]

퀴블러는 적절한 법 패러다임이 앞서 보았듯이 사법적 결정과정에 제공할 수 있는 방법론적 이득을 강조한다. 그것이 개별 사건들에 대해 일관되고 합리적으로, 즉 정합적 규칙체계에 비추어 결정을 내리는 과제의 복잡성을 줄여줄 것이라는 것이다. 또 그는 그 '이론'이 법조인의 자기이해를 도와줄 뿐 아니라 나아가 의뢰인과의 관계에서는 사법체계의 기능을 정당화할 것이라고 본다. 퀴블러가 염두에 두고 있는 민법과 관련해서 보면, 그 '이론'은 민법의 기본구조를 "모든 사람이 이해할 수 있도록 설명하고, … 그럼으로써 사법(私法)의 기능조건에 대한 동의를 낳을 수 있다"[12]는 것이다. 최소한 이 대목에 오면, 올바른 법 패러다임을 둘러싼 논쟁이 전문가들 사이의 논쟁일 따름인지, 아니

11) Kübler(1975), 51 f.

12) *Ibid.*, 60.

면 패러다임 자체가 법학적으로 정초된 이론의 형태를 띨 수 있는 것인지 당연히 의문이 생기게 될 것이다.

물론, 여기서 논쟁의 초점을 법원으로부터 국민에게로, 즉 법원의 의뢰인 전체로 재빨리 옮겨버리는 것도 일방적이기는 매한가지이다. 이런 의미에서 로렌스 프리드만(Lawrence Friedman)은, 사회의 구조변동은 법문화를 통해, 다시 말해서 전 국민의 패러다임적 법이해의 변화를 통해 법 자체의 변화를 낳는다는 테제를 옹호한다.

> 여기서 법문화란 법에 대해 사람들이 머리 속에 가지고 있는 관념, 견해, 가치, 태도를 의미한다. 어떤 사람들이냐고 묻는다면 대답은 모든 집단, 모든 수준에 있는 모든 사람들이다.[13]

이와 같은 법사회학적 시각에서 보면 법문화와 법의식의 변화는 물론 일종의 자연발생적 성격을 얻는다. 그러나 프리드만의 제안은 양쪽 다 문제시된 두 패러다임 간의 경쟁 자체가 최근에 쟁점으로 부각되었다는 상황을 온당하게 고려하지 못하고 있다. 이 상황은 그 자신 사회적 진공상태 속에서 활동하지는 않는 민주적 입법자가 법을 동원한 결과이다. 그리고 입법의 동원력은 국민이 사법부와 행정체계의 의뢰인이라는 역할만 갖고 있는 것이 아니라 저자의 역할, 시민공중의 역할도 갖고 있다는 사실을 새삼 일깨워준다.

법 패러다임이 일종의 잠재적 배경지식으로서 기능하는 한, 그것은 모든 행위자의 의식에, 즉 입법부, 사법부, 행정부의 의식만이 아니라 시민들과 의뢰인들의 의식에도 영향을 미친다. 사회복지 패러다임이 소진되면서 법률적 문제들이 뒤따랐다. 당연히 이 문제들은 먼저 법률 전문가들에게 풀어야 할 과제로 의식되었으며, 그것을 해결하기 위해 그들은 법 속에 새겨져 있는 사회모델을 연구하기 시작하였다. 사회복

---

13) L. M. Friedman, "Transformations in American Legal Culture 1800~1985," *Zeitschrift für Rechtssoziologie* 6, 1985, 191.

지 패러다임을 고수하는 것과 부르주아 형식법으로 돌아가는 것 사이의 양자택일에 직면하여 두 모델을 잡종교배하려는 법 도그마틱적 시도도, 비록 법에 대한 반성적 이해를 촉발시키진 않았지만, 그것을 촉진시키는 데에는 일조했다. 헌법이 요구수준이 높은 권리실현의 과정으로 파악되는 순간, 이 프로젝트의 역사적 위치를 규정하는 과제가 등장한다. 그러나 이 경우, 민주적 법치국가의 규범적 내용을 주어진 사회구조와 그 발달경향이라는 지평 속에서 효과적으로 실현할 수 있는 방안에 대한 모종의 생각을 모든 행위자들이 갖고 있어야만 한다. 법체계가 사회의 한 부분이면서 전체 사회에 투영되는 한, 법체계의 올바른 패러다임적 인식에 대한 논쟁은 그 핵심에서는 정치적 논쟁이다. 민주적 법치국가에서 이 논쟁은 모든 행위자와 관련된다. 따라서 그것이 정치적 장과 분리되어 전문가들끼리 나누는 밀담형식으로만 진행되어서는 안 된다. 사법부와 법 도그마틱은 판결과 관련된 특권, 더 일반적으로는 전문가적 경험과 지식 덕분에 이 해석논쟁에 특권적 방식으로 참여한다. 그러나 시민 공중 스스로가 확신을 갖고 있어야 하는 헌법이해를 전문가들이 과학적 권위를 앞세워 다른 사람들에게 부과할 수는 없다.

(2) 이미 언급된 여러 논자들의 전공분야가 말해주듯이, 패러다임 전환은 사법(私法) 분야에서 가장 먼저 감지되고 논의되었다. 특히 독일에서 그것은 결코 우연이 아니다. 독일에서 사법은 입헌군주제 하에서 판례법과 법학의 영역으로서 발전했다. 19세기 내내, 즉 1900년 민법전(Das Bürgerliches Gesetzbuch)이 만들어지기까지, 사법은 입헌 민주주의의 영향력을 거의 받지 않고 독자적이고 자기충족적인 법영역으로 체계적으로 폐쇄되어 있었다. 국가와 사회의 분리라는 전제 위에서, 사법은 국가개입으로부터 자유로운 탈정치화된 경제사회를 조직함으로써 법적 주체의 소극적 자유와 더불어 법적 자유라는 원칙을 보증한다는 관점에서 출발하여 법 도그마틱적 체계를 정교화해 왔다.

이와는 대조적으로 공법은 분업에 의해 권위주의적 국가영역에 맡겨졌다. 공법의 목적은 개입제한이라는 조건 아래 작동하는 행정체계를 규제하는 동시에 개인의 법적 보호를 통해 시민의 적극적인 법적 지위를 보증하는 데 있었다. 사회적 보호의무를 권위주의적 국가가 지각하고 시행한다는 점에서 사실 사법(私法)의 실질화 경향은 이미 준비되어 있었다. 그러나 자기충족적 사법의 헌법적 토대가 무너진 것은 바이마르 공화국의 수립부터였다. 이때부터 "개인적 자유의 영역으로서의 사법을 국가강제력이 행사되는 영역으로서의 공법에 대립시키는" 일은 불가능해졌다.[14] 헌법에 대한 사법의 실질적 우위의 종말, 이것은 이데올로기적으로 고수되었던 '사법사회'(*Privatrechtsgesellschaft*: Franz Böhm)의 사실적 해체에 대한 확인이었을 뿐인데, 독일 민법이론은 이것을 — 회고적 시선 속에서 — 공법의 원칙이 사법을 '압도한 것'으로, 하나의 통일적 법체계라는 독자적 건물의 '파괴'로 지각했다.

사법에 대한 민주적 헌법의 우위는 앞으로는 기본권의 규범적 내용이 적극적인 입법자를 통해 사법영역 안에서도 실현되어야 한다는 것을 의미했다. "헌법에 따르면, 사법의 입안자들은 기본권의 내용을 사법적 관계의 참여자들에게 직접적으로 구속력을 갖는, 세분화되고 더 구체적인 법률로 전환시키는 임무를 가지고 있다. 사법 속에 기본권이 실현될 수 있도록 다양한 수정을 가하는 것은 원칙적으로 입법부의 책임이다"[15] 2차대전 후 이러한 과정이 연방 헌법재판소의 판결을 통해 가속화되면서, 법체계의 해체에 대한 불평이나 수시로 법규를 재정의하는 응급조치 그 어느 것도 변화된 법률상황을 전통적 범주에 끼워맞추기엔 역부족이었다. 이미 수세에 몰렸던 민법분야 법도그마틱이 흔들리기 시작한 사법/공법 양분체제의 바탕에 암묵적 전제로서 깔려 있던 비법률적인 배후가정들에 대해 성찰하기 시작했던 것도 이러한 특

14) L. Raiser, *Die Zukunft des Privatrechts*, Berlin 1971, 20.

15) K. Hesse, *Verfassungsrecht und Privatrecht*, Heidelberg 1988, 27.

수상황 때문이었다.

물론 19세기 이래 이와 유사한 법의 사회적 변화가 독일과는 다른 법률전통을 가진 (비교가능한) 사회들에서도 관찰된다. 여기서도 자유주의적 법 모델이 사회복지국가적 모델에 의해 중첩되고 대체되는 과정에 대한 연구가 주로 사법영역에서 촉발되었다.[16] 독일에서 법발달을 가져온 특수한 사회적 이유를 제쳐둔다 하더라도, 분명 사회복지국가는 사법체계에 대한 도전을 의미했다. 우리는 패러다임 전환에 대한 의식을 가져온 사회변화가 사적 자율성과 시민적 자율성의 관계를 더 이상 대립관계가 아니라 상호적 연관으로 파악할 것을 촉구한다는 것을 보게 될 것이다. 물론 이 과제는 처음부터 시민권의 모든 측면에 대한 시각을 유지하고 있었던 공법보다는 법적 주체의 소극적 지위에 맞추어 설계된 민법에게 더 큰 문젯거리였다. 사법 내부에서 사법과 공법이 뒤섞임으로써 초래된 혼란을 해결하기 위해 새로운 체계적 개념들을 개발하려 했던 초기의 시도들이 이를 잘 보여준다.

고전적 사법은, 하고 싶은 대로 할 수 있는 소극적 자유라는 의미의 개인의 자기결정은 특정한 권리체계와 제도를 통해 충분히 보장할 수 있다고 보았다. 여기에는 사적인 권리와 불법행위로부터의 보호가 포함되어 있을 뿐 아니라 무엇보다도 모든 형태의 계약의 자유(특히 재화와 서비스의 교환에서)와 혼인과 가족에 대한 제도적 보장과 결부되어 있는 재산권(상속을 포함한, 사용과 처분의 보장)이 포함되어 있다. 그러나 이러한 상황은 (노동법, 사회법, 경제법과 같은) 새로운 법률영역의 등장만이 아니라 계약법, 불법행위에 관한 법, 재산법 등의 실질화로 근본적으로 변화했다. 이와 함께 그때까지 사법 또는 공법으로 분할될 수 있었던 원칙들이 다양하고 복잡하게 융합되고 결합되었다. 이제 사법 전체가 개인의 자기결정을 보호하는 목표를 넘어서서 사회정의의

---

16) 영미국가들에 대해서는 P. S. Atiyah, *The Rise and Fall of Contract of Freedom*, Oxford 1979; L. M. Friedman, *Total Justice*, New York 1985; Steiner(1987)를 보라.

실현에 이바지해야 하는 것으로 보였다. “이리하여 사법에서도 법적 동료들의 생존을 보장하고 약자를 보호하는 것이 개인의 이익을 추구하는 것과 같은 정도의 중요성을 차지하게 되었다.”[17] 이러한 전망에서 보면, 그때까지 오직 사적 자율성을 보장한다는 관점에서 일관된 전체성을 형성했던 법률영역 속으로 사회윤리적 관점이 밀려오게 된다. 이제 사회정의의 관점은 형식적으로 평등하지만 실질적으로는 차이가 있는 법률적 관계를 분화시켜 해석하는 새로운 방식을 요구했고, 이 과정에서 동일한 법제도가 다양한 사회적 기능을 충족하게 되었다.

분열된 법률영역들을 재조직화하기 위해 루드비히 라이저(Ludwig Raiser)는 사회학적 역할이론을 동원하여 하나의 특정한 ‘영역’ 내지 행위영역을 별도로 구별하였다. 그의 해석에 의하면, 이 영역의 ‘공적’ 혹은 ‘정치적’ 내용은 개인에게 보장된 법적 보호의 강도에 반비례한다. 개인이 사회적 역할을 통해 사회적 상호의존관계에 더 깊숙이 들어갈수록 보호의 강도는 감소한다는 것이다. 다른 이론적 언어로 표현하자면, 개인적으로 영향을 미칠 수 없는 기능적 체계와 거대조직에 의해 개인의 선택공간이 결정될수록 보호의 수준이 감소된다는 것이다.

> 치안, 산업, 노동 혹은 공공업무를 규제하는 공법에서 나는 나의 직업적 활동에 따라 분류되는 반면, 사법의 규범은 생산자이거나 소비자로서, 가장이나 가옥소유주로서, 스포츠클럽의 회원이거나 직업단체의 회원으로서 혹은 통근자로서, 즉 각 경우에 상황별로 특수한 권리와 의무를 가진 나에게 적용된다. 따라서 여기서 사용되는 계약, 소유, 점유, 조직구성원의 지위, 불법행위의 책임소재 같은 사법(私法)적 제도들 자체는 동일할 수 있지만, 그 기능과 그 법적 평가는 전형적 상황에 따라 그리고 해당영역의 공적 내용에 따라 달라진다.[18]

---

17) Hesse(1988), 34.

18) Raiser(1971), 29.

이러한 이유에서 라이저는 협의의 사적 영역(집, 가족, 혼인과 같은 친밀성의 영역과 여가, 소비, 사적 단체의 영역)과 전형적 집단이익에 의해 규정되는 광의의 사적 영역을 구분한다. 여기서 개인은, 예를 들어 고용관계나 임대차관계, 혹은 운수업이나 유통업에서의 의뢰인 내지 고객의 역할에 의존한다. 이와는 대조적으로 사회적 영역은 기업, 대규모 조직, 단체, 각종 중간 매개구조 간의 상호작용에 의해 지배되는데, 이러한 것들은 개인의 결정에 경제적 사회적 권력을 행사한다. 독일 헌법재판소의 결정에도 반영되어 있는[19] 이러한 영역이론은 그 나름의 기술적 가치를 가지고 있다. 그러나 이 이론의 진정한 의도는 '사적 영역'이라는 사회학적 개념을 통해 주관적인 사적 권리의 윤리적 핵심을 분명하게 강조하려는 것이다.

원래 고전적 사법과 연결되어 있던 법적 자유의 원리는, "개인이 법적 가능성과 사실적 가능성의 차원에서 원하는 대로 행위할 수 있는 가능한 한 최대의 자유를 누릴 수 있어야 한다"[20]고 요구했다. 이 원칙은 칸트의 보편적 인권, 즉 평등한 개인적 자유를 최대한 누릴 수 있는 권리와 일치한다. 자의적으로 행동하는 주체의 선택공간은 가능한 한 최소의 금지와 명령에 의해서만 제한되어야 하기 때문에 법적 자유의 원칙은 개인이 자신의 이익을 추구할 수 있는, 부정적 방식으로 구획된 행위공간을 직접 보증한다. 이와 동시에 이 원칙은 '독립', '자기책임성', 인성의 '자유로운 계발'과 같은 덕목으로 특징지어지는 이성적인 삶의 계획을 나름대로 추구할 수 있다는 윤리적 의미에서 자율적인 삶의 영위를 가능하게 한다. 윤리적 인격체의 적극적 자유는 의식적으로 자신의 삶을 살아감으로써 실현되고, 핵심적인 사적 영역들에서 나타난다. 이 영역에서는 상호주관적으로 공유된 생활세계 구성원들의 개인적인 삶의 궤적들이 공통의 전통이라는 틀 속에서 그리

19) R. Alexy(1985), 327~330.

20) *Ibid.*, 317.

고 단순 상호작용의 차원에서 서로 섞인다. 윤리적 자유로서 이 자유는 법적 규제를 벗어나지만, 법적 자유에 의해 가능해진다. 윤리적 인격체가 법적 주체의 외피를 벗어던지고 법적 자유의 메타법률적인 사용가치, 즉 인륜적 사용가치를 증명할 수 있는 가장 핵심적 영역을 보호하는 것은 사실 사법의 고전적 자유 — 인격과 개인을 보호하는 권리, 계약의 자유, 재산권, 결사의 권리 — 이다.[21]

물론 영역이론은 그 현상학적 설명력에도 불구하고 만족스럽지 않다. 이 이론이 복잡한 사회적 기능연관을 과도하게 단순화시켜, 조작화할 수 없는 '공적 내용'을 지닌 생활영역의 공간적 모델 속에 모사하고 있어서만이 아니다. 이 이론의 진짜 약점은 다양한 법률영역을 평가하고 체계적으로 구획할 때 법률적 기준 대신에 모호한 사회학적 지표들을 동원하고 있다는 사실에 있다. 이러한 대체는 잘못된 가정을 암시한다. 이 가정에 따르면, 마치 사적 자율성에 대한 고전적 사상의 타당성 영역이 "사회구성원으로서의 개인의 위치와 그것에 수반되는 사회적 책임"[22]이라는 경쟁적 사상의 타당성 주장이 정치적으로 관철됨으로써 축소된 듯이 보인다. 그것도 사회윤리적으로 심화된 인격체 개념, 즉 엄밀히 말해서 법률적 개념으로 포섭될 수 없는 인격체 개념을 위해서 말이다. 하지만 사법에서의 변화는 실제로는 사적 자율성에 대한 법 패러다임적 이해방식의 변화에 기인한 것이다.

시장 메커니즘은 자유주의 모델이 가정하는 방식으로 기능하지 않으

21) 인격체에 대한 도덕적, 법적, 윤리적 개념 간의 구분에 대해서는 R. Forst, *Kontexte der Gerechtigkeit*, Frankfurt/Main 1994를 보라. 기본법의 헌법적 질서가 '의존하고' 있는 인간유형에 대한 헤세(Konrad Hesse)의 기술에서 다루고 있는 것도 인격체에 대한 메타법률적 개념이다. "그것은 '인격체'로서의 인간, 도구화될 수 없는 고유한 가치를 지닌 존재이다. 그것은 자유롭게 계발되어야 할 존재인 동시에 공동체와 연관되고 공동체에 묶여있는 존재이며, 인간적 삶을 책임 있게 같이 만들어가는 데 참여할 것을 요구받는 존재이다." Hesse(1988), 43.

22) Raiser(1971), 9.

며, 마찬가지로 경제사회도 권력으로부터 자유로운 영역이 아니다. 그러므로, 사회복지 모델 속에 반영된 것과 같은 변화된 사회적 조건 속에서 법적 자유가 관철되기 위해서는 기존의 권리를 '실질화'하고 새로운 권리유형을 만들어내는 것이 필수적이다. 그러나 가능한 한 최대로 평등한 자유를 누릴 수 있는 권리 속에서 표명된 사적 자율성의 관념은 전혀 바뀌지 않았다. 변화한 것은, 그 속에서 각 개인의 사적 자율성이 평등하게 실현되어야 하는 사회적 맥락이다. 개인은 사적 자율성을 통해 법적 인격체의 지위를 보장받는다. 그러나 이 지위가 사회학적 의미의 사생활에 대한 보호를 통해서만 정초되는 것은 아니다. 물론 법적 자유가 윤리적 자유를 가능하게 한다는 점이 무엇보다 사생활 영역에서 증명될 수 있지만 말이다. 자유로운, 즉 사법적 의미에서 자율적인 법적 주체의 지위는 행위 및 상황과 연관된 권리들의 총체로 구성된다. 그리고 이 권리들은, 어떤 사회적 영역을 막론하고, 법적 자유의 원칙을 정치적 자율성에 입각하여 특정화한 결과들이다. 그러므로, '사적인 삶의 계획이라는 불가침의 영역'을 법적으로 구획한다는 것은 이 영역에 대해 제약을 가할 때에는 사례별로 각별한 비중을 갖는 특수한 근거들이 요구된다는 것을 의미할 따름이지,[23] 사적으로 자율적인 삶을 살아가는 데 사용될 수 있는 모든 권리들이, 윤리적 관점에서 각별한 의의를 갖고 있으며 오직 사회학적으로만 구획될 수 있는 사적 영역의 보호와 관련된다는 것을 의미하지는 않는다.

여기서 특히 중요한 점은, '사회적' 영역(광의의 혹은 협의의 사적 영역과는 구분되는)에서 고전적 자유에 대한 제약이 생기는 이유를 결코 (사회정의나 사회적 책임 같은) 다른 법적 원칙의 간섭으로 돌릴 수 없다는 점이다. 제약으로 보이는 것은 만인의 평등한 개인적 자유의 강화라는 동전의 이면일 따름이다. 왜냐하면 보편적 자유권이라는 의미에서 사적 자율성은 보편적 평등권, 즉 실질적인 법적 평등을 보장하는

23) Alexy(1985), 329.

규범에 따라 동등하게 대우받을 수 있는 권리를 함축하기 때문이다. 이것이 과거의 상태와 비교할 때 어느 한 당사자에게 **실제적인** 제약을 낳을 수도 있을 것이다. 그러나 이때 그 제약은 법적 자유의 원칙에 대한 규범적 제약이 아니라, 그 원칙이 요구하는 주관적 자유의 평등한 배분과 양립할 수 없는 특권의 폐지이다.

(3) 사회복지 모델은 부르주아 형식법에 대한 개혁주의적 비판으로부터 등장했다. 이 모델에 따르면, 사법을 통해 (특히 재산권과 계약의 자유를 통해) 제도화된 경제사회는 공동선의 실현영역인 국가로부터 분리되어 시장기제의 자연적 작동에 맡겨져 있다. 이 '사법사회'는 주로 시장 참여자라는 역할 속에서 가능한 한 합리적으로 자신의 특수이해를 추구함으로써 행복을 추구하고 발견하는 법적 주체의 자율성을 기준으로 한 것이다. 개인적 자유의 영역을 구획함으로써, 즉 (개인적 법적 보호 청구권을 통해) 소극적인 법적 지위를 보장함으로써 사회정의도 동시에 성취할 수 있을 것이라는 규범적 기대는 법적 자유의 원칙과 보편적 평등권의 상호침투에 근거한 것이다. 왜냐하면, 법의 테두리 안에서 원하는 대로 할 수 있는 각 개인의 권리는 이 법이 실질적인 법적 평등의 의미에서 **동등한** 대우를 보장한다는 조건 아래에서만 실현될 수 있기 때문이다.

이것은 이미 성문법의 추상적 일반성을 통해, 즉 부르주아 형식법의 특징인 조건적 법률 프로그램이라는 형식을 통해 보장되어 있는 것처럼 보인다. 어쨌든, 이 법률형식은 권한을 부여하고 금지를 명하는 부르주아 사법적 규범의 전형적 형식이다(또한 그 형식은 이 사법적 규범에 조응하는 주관적인 공적 권리의 전형이기도 하다. 왜냐하면 이 권리는 법적 구속을 받는 행정부의 개입활동에 특정한 법적 유보조건을 달기 때문이다). 그러나 그와 함께, 법적 자유의 원칙을 사법적으로 특정화함으로써 사회정의도 동시에 실현할 수 있으리라는 기대는 계약, 재산, 상속, 결사에 관한 법적 규범이 허용하는 자유를 **실질적으로 행사할 수 있는** 비차별적 조건을 확정하는 것에 암묵적으로 의존하게 된다. 그 기대는 특정한 사회이론적 가정 혹은 사실에 대한 특정한 가정에 암묵적으로 의존한다. 무엇보다 그것은 (기업가의 자유와 소비자 주권에 의해) 시장을 통해 조직된 경제과정의 평형상태라는 경제적 가정에 의존하며, 또 이에 상응하는 사회학적 가정으로서 부의 분배와 사회권력의 평등한 배분에 대한 가정에 의존한다. 이 사회학적 가정은 사법이 보장하는 권한을 실질적으로 사용할 수 있는 기회의 평등을 보장하기 위한 것이다. '소유할 수 있고 취득할 수 있는' 자유가 정의의 기대를 충족시키려면, '법적 능력'(*rechtlichen Können*)의 평등이 있어야만 한다.

그리하여 부르주아 형식법의 사회계약 모델은 일찍부터 경험적 비판의 공격대상이 되었다. 개혁주의는 이 비판의 결과로서 등장했다. 그러나 개혁주의는 규범적 전제의 변화에 의존하기 보다는 그것에 대한 더 추상적인 해석에 의존했다. 정부가 제공한 하브구조와 계획에 기초한 조직화된 자본주의라는 조건에서, 그리고 경제적 권력, 자산, 사회적 상황의 불평등이 늘어나는 상황에서는, 주관적인 사적 권리의 객관적인 법적 내용만 두드러지게 가시화되었다. 이런 식으로 변화된 사회적 맥락에서, 개인적 자유를 평등하게 누릴 수 있는 보편적 권리는 더 이상 법적 주체의 소극적 지위만으로는 보장될 수 없게 되었다.

오히려, 한편으로 기존의 사법적 규범들을 내용의 측면에서 실질화하고, 다른 한편으로는 사회적으로 생산된 부의 보다 정의로운 분배(그리고 사회적으로 생산된 위험으로부터의 보다 효율적인 보호)에 대한 요구를 근거짓는 새로운 기본권 범주의 도입이 필수적인 것으로 판명되었다. 규범적 관점에서 보자면, 기존 자유권의 실질화와 새로운 사회적 권리 범주의 도입은 모두 다 상대적으로 근거지어진다. 다시 말해서, 법적으로 보장된 주관적 행위자유의 평등한 배분—이것 자체는 절대적으로 근거지어져 있다—과 관련하여 근거지어진다. 법의 실질화는, "실질적 자유, 즉 허용된 것들 중에서 선택할 수 있는 실질적 가능성이 없다면 법적 자유, 즉 뭔가를 하거나 하지 않을 수 있는 법적 허용은 무가치하다"는 사실로부터 도출된다. 이에 비해 사회적 권리는 "현대 산업사회에서 대다수 기본권 소유자들의 사실적 자유가 그들이 통제하는 환경 속에서 그 실질적 기초를 얻지 못하고, 본질적으로는 정부활동에 의존한다"라는 사실에 기인한다.[24] 이밖에도, 민주주의 헌법은 사법과 늘어난 기본권 목록을 연결하는데, 이 연관은 사법의 입법자들을 구속할 뿐 아니라, 헌법재판소의〔기본권의 '파급효과'(*Ausstrahlung*) 혹은 '대사인적(對私人的) 효력'(*Drittwirkung*)에 대한 학설에 기초한〕 결정에도 반영되고 있다.[25]

재산권과 계약법과 같은 고전적 영역에서의 변화는 부르주아 형식법의 실질화 과정을 잘 보여주는 대표적 사례로 꼽힌다. 먼저 재산권 보장은 물권의 수준을 넘어서 자산가치가 있는 모든 주관적 권리(예를 들어 가입자 권리, 연금청구권 및 연금계승권)를 포함하는 것으로 확장되었다. 그 결과 많은 영역에서 '소유의 공적 대리'(*die publizistischen Eigentumssurrogate*)가 자유를 보장하는 물권의 역할을 대신하게 되었다. 한편, 재산권에 수반되는 사회적 책무는 "사회적 관계 혹은 사회적 기능" 속에 있는 모든 대상으로 확대되었다. 그리하여, 기본권으로서의 재산권의 구속력은 "가장 개인적인 소유라는 상대적으로 좁은 핵심영역으로" 제한되었다〔예를 들어 공동결정권, 수용(*Enteignung*) 및 이와 유사한 공용징수, 사용권의 분리 등을 보라〕.[26] 호르스트 베트게(Horst Bethge)는 재산권의

---

24) Alexy(1985), 458 f.

25) J. Köndgen, *Selbstbindung ohne Vertrag*, Tübingen 1981 ; Ch. Joerges, "Die Überarbeitung des BGB, die Sonderprivatrechte und die Unbestimmtheit des Rechts," *Kritische Justiz* 20, 1987, 166~182. 독일에서 기본권에 의한 사법(司法)의 '장악'은 민법질서를 헌법상의 기본권 규범에 구속시킨다는 의미로, 즉 객관적 법규범의 일치에 대한 요청으로 해석되거나, 또는 '특정화를 요하는' 주관적인 공적 권리의 사법(私法)적 구체화로 해석된다. 이에 대해서는, H. H. Rupp, "Vom Wandel der Grundrechte," *Archiv des öffentlichen Rechts* 101, 1976, 168 ff.를 보라.

26) H. J. Papier, *Eigentumsgarantie des Grundgesetzes im Wandel*, Heidelberg 1984, 27.

보장이 "그것에 수반되는 명시적인 사회적 책무가 소극적 의미에서 뿐 아니라 적극적이고 능동적인 의미에서도 가장 많이 진전된" 자유권이라고 본다.[27]

교환관계의 객관화로 귀결된 계약법의 변화에 대한 법도그마틱의 평가도 극적이기는 마찬가지였다. 그 변화는 사실적 계약관계의 고려, 중요한 재화와 용역의 인도에 관한 계약을 맺어야 하는 공급자의 의무, 신의 보호 이론, 선의의 오해와 계약의 적극적 파기와 같은 관념들 속에서 분명하게 나타난다. 특히 그것은 계약내용 통제 및 계약체결 관계의 통제와 이에 상응하는 의무, 즉 정보와 조언을 제공하고 적절한 주의를 기울여야 하는 의무 등에서 잘 나타난다. 재산권의 경우와 마찬가지로 여기서도 규제의 명시적 목적은 시장에서 취약한 위치를 점하는 사람들(피고용인, 세입자, 소비자 등)을 위하여 '시장의 실패'를 보충하는 데 있다.

상황별로 전형적인 신의보호의 조건, 약속준수 노력이나 계약이행의 책무 등은 사회적 보호규범으로 이해할 수 있다. 계약법이 이런 식으로 실질화되면서, 이제 계약내용의 '옳음'은 더 이상 계약체결의 자유와 결부된 자유로운 의지천명이라는 허구에만 의존하지 않는다. '계약체결에 관한 법률'도 "체계적 우위와 종속성을 보완하기 위한 일반적인 사법적 체계의 일부이다. 이러한 보완적 법률은 계약을 체결하는 주체들이 평등하다는 허구를 믿지 않고 그 대신 정보, 권력, 권위상의 구조적 우위를 경험적으로 분석하고 법률적인 구속력이 있는 평가를 내린다."[28]

위에서 언급한 사례들은 주로 판결과정에서 시작된 법의 발전을 보여주는 것들인데, 그 기저에는 사회과정에 대한 달라진 지각과 해석을

27) H. Bethge, "Aktuelle Probleme der Grundrechtsdogmatik," *Der Staat* 24, 1985, 369.

28) D. Hart, "Soziale Steuerung durch Vertragsabschußkontrolle," *Kritische Vierteljahresschrift für Gesetzgebung und Rechtswissenschaft* 1, 1986, 240 f.

보여주는 가정이 깔려 있다. 그 사례들이 우리의 맥락에서 관심을 끄는 이유도 여기에 있다. 재산권과 관련된 성문화된 사회적 구속과 계약내용 및 계약체결에 대한 사법적 개입은 경제적 권력 위치의 비대칭성을 보충하는 목표를 추구한다.[29] 이 목표는 법적 자유를 행사할 수 있는 기회의 평등이라는 원칙에 의해 정당화되었는데, 이때 그 원칙은 거부된 사회모델(시장의 실패)에 대해서는 비판적으로 사용되었고, 새로운 모델인 사회복지국가 모델에 대해서는 건설적으로 사용되었다. 이 새로운 배경이해는 두 가지 요소를 담고 있다. 먼저, 사회가 점차 복잡해지면서 기능적으로 특화된 행위영역들이 나타났고, 이 영역들에서 개별 행위자는 '의뢰인'이라는 주변적 위치로 내몰리고 독립적으로 작동하는 체계의 우연성에 내맡겨지게 되었다는 생각이 생겨났다. 다른 한편으로, 이러한 우연성들을 행정력을 이용해서 즉, 예방적인 방식이나 치료적인 방식으로 활동하게 된 복지국가의 재분배적 조치를 통해 규범적으로 제어할 수 있다는 기대가 있다.

우발사고 처리에 대한 미국의 판결을 예로 들어, 슈타이너는 미국에서 패러다임 전환을 볼 수 있는 분명한 증거들을 제시한다.

> 이와 같은 관습법상의 변화가 의미하는 것은 정치적 혹은 법적 전제의 근본적 변화가 아니라, 자유주의 사상의 변화, 즉 사적 활동을 용이하게 하는 국가의 기능을 강조하는, 보다 개인주의적 사회에 대한 비전과 이데올로기로부터 보다 관리적, 재분배적, 복지국가적인 비전과 이데올로기로 변화하고 있다는 점이다.[30]

자유주의적 관점에서 사업상의 거래에서 생기는 우발적 사고들을

---

29) 연방고등법원의 판결에 대한 위헌심사청구건에 관해 연방 헌법재판소가 내린 1990년 7월 2일자 결정(1 BvR 26/84)의 판결이유가 이 대목에서 흥미롭다. *Juristenzeitung* 45/14, 1990, 691 ff. 특히 692쪽을 보라.

30) Steiner(1987), 9; 아울러 Köndgen(1981), 19 ff.

기술하고 해석할 때 사용한 특징들의 목록을 작성하여 오늘날의 복지국가적 규제라는 관점에서 본 그것과 비교한다면 아래와 같은 표를 얻을 수 있다.

순서대로 (위에서 아래로) 이 표를 읽어보면, 해석유형의 차이는 관찰자가 행위수준에서 기술하는 전망에서 체계수준에서 기술하는 전망으로 교체되는 것으로 나타난다. 좌변에서는 자연적, 즉 우연적으로 변화하는 환경 속의 개별 행위자가 준거점이다. 이 행위자는 주관적 행위자유를 갖는 동시에 자신의 결정의 결과에 대해서도 책임진다. 우변에서는 한 체계의 통계적으로 기술된 상호관계가 준거점이 된다. 여기서는, 관련 당사자 양측의 이중적으로 우연적인 결정과 그 결과는 종속변수로 간주된다. 이제 표를 거꾸로 (아래에서 위로) 읽으면, 해석유형의 차이는 행위자의 전망의 변화로 나타난다. 자유주의적 시장모델의 시각에서 보면, 사회는 자연발생적 힘의 결과이고, 따라서 개별 행위자가 영향을 미치지 못하는 '제2의 자연'과 같은 것이다. 그러나 규제적 사회복지국가의 시각에서 보면, 사회는 이러한 의사자연적 성격을 상실한다. 체계의 상태가 '사회적 관용의 한계'라는 특정 수준을 넘어서 변화하게 되면, 국가는 운행실패의 결과로 간주되는 이 위기상황에 대해 책임을 지게 된다.

자유주의적 관점	오늘날의 관점
개체적	통계적
개인적, 인격적	범주적, 비인격적
구체적, 일회적	일반적, 세부사항 삭제
우연적, 무작위적	반복적, 체계적
분리된 개별행위	전체 활동의 부분
예측불가능(특수성)	예측가능(집합자료)
정관(靜觀) 주의, 운명론	보험과 규제를 통한 관리, 계획

사회복지 모델은 다양한 형태로 나타날 수 있는데, 국가가 자신의 수중에 있는 사회에 직접 정치적으로 개입할 수 있는 광범위한 활동공간을 갖고 있다고 순진하게 생각하는가, 아니면 좀더 현실주의적 관점에서 국가가 여러 체계 중의 하나로서 운행상의 간접적 자극만 제공하는 좁은 행위공간에 국한되어야 하는 것으로 간주하는가에 따라 달라진다. 그러나 국가의 운행기능을 개인의 권리에 규범적으로 묶어두는 과제가 '체계의 요구'에 순응하기 위하여 포기되지 않는 한, 사회복지국가 모델에 대한 위의 두 독해방식은 서로의 행위공간을 놓고 싸움을 벌이는 두 행위주체, 즉 국가라는 행위자와 지배에 종속된 행위자 간의 경쟁관계를 상정하고 있는 셈이다. 그리하여 혹자는 이 모델이 국가의 행위자적 속성을 사들이고 그 대가로 개별 행위자의 자율적 지위를 희생시켰다고 주장할 수도 있을 것이다. 문제가 되는 것이 적극적인 '개입'국가이든 아이러니컬한 '감시'국가이든, 사회적 운행의 능력이라는 측면에서 국가에게 부여된 것은 체계적 종속상태에 빠진 개인의 사적 자율성으로부터 빼앗아온 것일 수밖에 없는 것처럼 보인다. 이런 시각에서 보면, 국가라는 행위주체와 사적 행위주체는 제로섬 관계에 있다. 한 쪽의 권한증대는 다른 쪽의 권한상실을 의미한다. 자유주의적 관념에 따르면, 과거 사법(私法)의 주체들은 평등하게 분배된 자유라는 틀 속에서 행위하면서 의사자연적인 사회적 상황의 우연성에서만 한계에 부딪혔다. 그러나 오늘날 그들이 직면하고 있는 것은 주관적 행위자유의 평등한 분배를 위하여 운행의 방식이나 사회적 조형의 방식으로 이 사회적 우연성에 개입하는 상위의 정치적 의지에 의한 온정주의적 시혜라는 것이다.

사회복지국가적 온정주의는 이 새로운 패러다임이 도대체 법적 자유의 원칙과 양립가능한가라는 곤혹스러운 문제를 불러일으켰다. 이 문제는 국가개입의 매체인 행정적 권력의 결코 중립적이지 않은 속성에서 비롯된 법제화의 부정적 결과들이 드러나면서 더욱 첨예화되었다. 서비스를 제공하고 삶의 기회를 배분하는 사회복지국가는 고용, 생활

보장, 의료, 주거, 최저소득, 교육, 레저, 삶의 자연적 기초들을 보장함으로써 처음으로 모든 사람들에게 인간으로서 존엄한 삶을 영위할 수 있는 물질적 기초를 제공했다. 그러나 개인의 생활 속 깊이 침투하는 이러한 급부 때문에 사회복지국가는 개인의 자율성을 침해할 위험을 안고 있다. 하지만 이 자율성은 다름아니라 그것이 소극적 자유를 사용할 수 있는 평등한 기회를 위한 실질적 전제조건을 제공함으로써 보장하려고 했던 바로 그 자율성이다. 이러한 이유에서, 한스 H. 루프(Hans H. Rupp)는 사회적 급부의 권리를 '자기 몫을 갖는 권리'(*Teilhaberechts*)로 보는 이해방식에 반대한다.

> 자기 몫 갖기(*Teilhabe*)는 자유주의적 의미의 자기 것 갖기(*Eigenhaben*)의 정반대이다. 전자는 개인의 자기결정, 자기실현, 자기책임을 이미 만들어진 국민총생산의 한 조각을 가질 수 있는 단순한 수동적인 참여와 동일한 것으로 만든다. 그리고 그것은 개인의 '자유'를 자신에게 배분된 몫을 받고 지시에 따라 그것을 사용할 수 있는 권리로 축소시킨다. '자기 몫을 갖기'에 대한 이와 같은 해석은 … 기본권 제도를 통해 개인적 자유의 발생을 보장한다는 것과는 아무런 관계도 없다.[31]

사회복지국가가 사적 자율성의 '발생의 보장'을 국가의 안전 및 서비스 제공에 대한 요구로 환원해서는 안 된다는 말은 분명히 옳은 말이다. 그러나 그 보장이 '서구-자유주의적 자유개념'을 수사적으로 동원하는 식으로 도달될 수 없다는 것도 분명하다. 왜냐하면 부르주아 형식법의 사회이론적 자기이해에 대한 정당한 비판은 자유주의적 법 패러다임으로의 회귀를 금지하기 때문이다. 다른 한편 사회복지국가 모델의 약점은 그것이 이 비판에 너무 집착했으며 따라서 비판받은 출발전제의 사법적 협소화에 너무 고착되어 있었다는 사실에 기인한다고 볼 수 있을

31) Rupp(1976), 180.

것이다.

다시 말해, 두 패러다임은 산업자본주의적 경제사회에 대한 생산주의적 이미지를 공유하고 있다. 이 경제사회는 한쪽의 독해방식에서는 사회정의의 기대를 사적 자율성에 따라 사적 이익을 추구하는 것을 통해 충족시키는 것으로 간주되었고, 다른 독해방식에선 사회정의에 대한 기대를 무산시킨 장본인으로 기능한다. 양쪽 다 법적으로 보호된 소극적 지위의 사회적 기능방식이 갖는 규범적 함의에 고착되어 있었으며, 따라서 사적 자율성을 자유권을 통해 보장하는 것으로 충분한가 아니면 사회복지국가의 개입에 의해 사적 자율성의 발생이 보장되어야 하는가 라는 문제에 고착되어 있었다. 양쪽 모두 사적 자율성과 시민적 자율성의 내적 연관을 보지 못하며, 따라서 법적 공동체의 자기조직이 갖는 민주주의적 의미도 시야에서 사라진다. 아직도 해결되지 않은 양자간의 논쟁은 법질서의 수신자로서 법적 인격체의 지위를 보장하기 위한 사실적 전제를 규정하는 데 국한되어 있다. 그러나 법적 인격체가 수신자로서 법에 종속될 뿐 아니라 동시에 자신을 그 법의 저자로 이해하는 한에서만 그는 자율적이다.

권리체계를 정당화하는 과정에서 우리는 시민의 자율성과 법의 정당성이 서로를 참조하고 있다는 것을 보았다. 탈형이상학적 조건에서는, 평등한 권리를 가진 시민들의 담론적 의견형성 및 의지형성 과정에서 나온 법만이 정당한 것으로 간주된다. 그리고 사적 자율성이 보장되어 있을 때 비로소 시민들은 민주적 참정권에 의해 보증된 공적 자율성을 적절하게 행사할 수 있다. 공적 자율성의 적절한 행사가 사적 자율성의 '발생의 보장'에 봉사하는 것과 마찬가지로, 사적 자율성의 보장은 공적 자율성의 '발생의 보장'에 봉사할 수 있다. 이 순환관계는 타당한 법의 발생과정에서도 명시적으로 드러난다. 왜냐하면 정당한 법은 법치국가의 원리에 의해 규제된 권력순환, 다시 말해서 시민사회적 제도를 매개로 생활세계의 사적 핵심영역에 뿌리내리고 있는, 권력에 침윤되지 않은 정치적 공론장의 의사소통으로 살아가는 권력순환의 형식 속에서만 재생산될 수 있기 때문이다. 이러한 사회개념이 도입되면서, 일반적으로 규범적 기대라는 짐은 행위자의 자질, 능력, 행위계획이라는 차원으로부터, 그 속에서 비공식적이고 제도화되지 않은 의견형성 및 의지형성과 공식적으로 제도화된 심의와 의사결정 사이의 상호작용이 이루어지는 의사소통 형식들이라는 차원으로 넘어간다. 사적인 행위주체와 국가적 행위주체가 주도하는 활동공간들 간의 제로섬게임 대신에, 한쪽에는 생활세계의 사적, 공적 영역의 어느 정도 훼손되지 않은 의사소통 형식들이 등장하고 다른 한쪽에는 정치체계의 그것이 등장한다.

그렇다고 해서 법이 행위자를 내적 준거로 삼는다는 점을 무시해도 좋다는 뜻은 아니다. 법은 개인적 권리 담지자의 대리인 역할을 하는 익명의 체계로 전환되지 않는다. 오히려 모든 권리는 궁극적으로 자유롭고 평등한 법적 주체가 서로에게 부여하는 권리 체계로부터 나온다. 정치권력이 생겨나는 의사소통적 관계에 준거함으로써, 즉 정당한 법의 산출과 재생산을 위해 필수적인 의사소통적 형태들에 준거함으로써, 우리는 정당한 법과 더불어 마치 피부처럼 사회 전체를 에워싸고 있는 상호인정의 추상적 구조에 관심을 기울일 수 있게 된다.

법질서는 시민들의 동근원적인 사적 자율성과 시민적 자율성을 평등하게 보장하는 한에서 정당하다. 그러나 이와 동시에 법의 정당성은 오직 그 속에서만 이 자율성이 표현되고 입증될 수 있는 의사소통 형식으로부터 나온다. 이것이 절차주의적 법이해의 핵심이다. 사적 자율성의 형식법적 보장만으로는 불충분한 것으로 판명된 이후, 그리고 법을 통한 사회적 조종과 운행이 자신이 복원하려 했던 바로 그 사적 자율성을 위협하게 된 이후, 이제 남아 있는 유일한 출구는 사적 자율성과 공적 자율성의 발생조건을 동시에 보장하는 의사소통의 형식들간의 관계를 주제화하는 길이다.

2. 법적 평등과 사실적 평등의 변증법 : 페미니즘적 평등정치

우리를 사회복지 모델의 곤경에서 벗어나게 해줄 절차주의적 법 패러다임은 아직은 그 윤곽이 분명하지 않다. 그 패러다임은 다음 세 가지 전제에서 출발한다. (1) 신자유주의가 '시민사회와 그 법의 귀환'[32]으로 선전하고 있는 후퇴로는 막혔다. 그러나 (2) '개인의 재발견'이라는 요구는 사회복지국가적 유형의 법제화가 사적 자율성의 회복이라는 그 명시적 목표와는 정반대되는 결과를 낳을 위험 때문에 제기되었다.[33] 마지막으로 (3) 사회복지국가 프로젝트가 과거와 동일한 노선에서 그대로 연장되어서도 안 되지만, 그렇다고 중단되어서도 안 되며, 한 차원 높은 성찰단계에서 계승되어야 한다.[34]

이것의 기본의도는 자본주의 경제체계를 순치시키는 것, 즉 행정적 권력의 사용도 함께 통제하면서 자본주의 경제체계를 사회적, 생태적으로 '재구조화'하는 것이다. 여기서 행정적 권력의 제어란, 효율성의 측면에서는 행정체계가 간접운행이라는 부드러운 기제를 사용하도록 통제하는 것을 의미하며, 정당성의 측면에서는 행정체계를 의사소통권력에 연결시키고 정당하지 않은 권력에 대해 면역력을 키운다는 것을 뜻한다. 자유주의적 패러다임과 사회복지국가 패러다임이 각기 자신의 법률형식 — 즉 형식법과 실질법 — 을 우선시했던 것과 유사하게

---

32) E. J. Mestmäcker, "Wiederkehr der bürgerlichen Gesellschaft und ihres Rechts," *Rechtshistorischen Journal* 10, 1991, 177~184 ; 또한 E. Mestmäcker, "Der Kampf ums Recht in der offenen Gesellschaft," *Rechtstheorie* 20, 1989, 273~288도 보라.

33) S. Simitis, "Wiederentdeckung des Individuums und arbeitsrechtliche Normen," *Sinzheimer Cahiers* 2, 1991, 7~42.

34) J. Habermas, *Die Neue Unübersichtlichkeit*, Frankfurt/Main 1985, 157 ff.

절차주의적 법 패러다임이 특정한 법률형식 — 즉 반성법 — 을 특권화하는 방식으로는,[35] 복잡한 사회라는 조건에서 권리체계를 실현하는 이 길의 특징을 온전히 규정할 수 없다. 오히려, 그때그때 법률형식의 선택은 권리체계의 본래 의미와 관련하여, 즉 시민의 사적 자율성과 공적 자율성을 동시에 보장하려는 의미와 관련하여 결정되어야 한다. 그리고 그것은 모든 법률행위가 동시에 기본권을 정치적으로 자율적으로 조형하는 과정에 대한 공헌으로, 따라서 계속 진행되는 헌법제정 과정의 요소로 이해될 수 있을 때 보장된다. 먼저 사법의 시각에서 사회복지국가에서 발생하는 법의 몇 가지 딜레마를 다루고,[36] 이를 통해 절차주의적 법 패러다임의 배경이해에 대해 상세히 서술할 것이다.

(1) 사법영역에서는 사회복지국가적 온정주의로부터 벗어나는 길에 대한 여러 가지 제안이 있다. 그 중의 하나는 주관적 권리의 소송가능성에 초점을 맞춘다. 이 사유노선은 실질화된 법이 여러 유형의 사회적 상황과 복잡하게 얽혀있기 때문에 분쟁 당사자들에게 높은 수준의 이해능력을 요구한다는 관찰에서 출발한다.[37]

권리가 사회적으로 실효성을 가지려면, 관련 당사자 모두가 충분한 정보를 갖고 있어야 하며, 해당사건과 관련하여 각법절차와 관련한 기본권이 보장하는 법적 보호를 실제로 사용할 수 있어야 한다. 법을 동

35) G. Teubner, "Substantive and Reflexive Elements in Modern Law," *Modern Law Review* 17, 1983, 239 ff. ; "Regulatorisches Recht : Chronik eines angekündigten Todes," *Archiv für Rechts-und Sozialphilosophie*, Beiheft 54, 1990, 140~161, 그리고 이에 대해서는, E. Rehbinder, "Reflexives Recht und Praxis," *Jahrbuch für Rechtssoziologie und Rechtstheorie*, Bd. XII, 1988, 109~129.

36) G. Teubner (ed.), *Dilemmas of Law in the Welfare State*, Berlin 1986.

37) 채권법 분야에서 이러한 논의로는 다음을 보라. G. Brüggemeier, "Justizielle Schutzpolitik de lege lata," in : G. Brüggemeier, D. Hart, *Soziales Schuldrecht*, Bremen 1987, 7~41.

원할 수 있는 능력만 하더라도 이미 일반적으로는 공식교육, 사회적 배경, 여타 변수들(성별, 연령, 소송경험, 분쟁상태에 있는 사회적 관계의 종류)에 의존한다. 그러나 실질적인 법을 동원할 경우 접근장벽은 더 높아진다. 왜냐하면 실질화된 법은 일반인들로 하여금 자신들의 일상적 문제들(노동, 레저, 소비, 주거, 질병 등과 관련된 것들)을 일상생활의 경험적 맥락을 추상하는 매우 전문적인 법률적 형태로 잘게 분해하여 재구성할 것을 요구하기 때문이다.

이 때문에 보호를 필요로 하는 의뢰인의 법률지식, 법률적 측면에서 문제를 인식하고 표현할 수 있는 능력, 소송에 임하려는 자세, 그리고 권리를 법적으로 관철할 수 있는 능력을 증대시키는 보완적인 법적 보호정책이 바람직한 방향으로 요청된다. 법률보험(*Rechtschutzversicherung*)과 법률구조(法律救助) 등과 같은 전통적 수단 이외에도, **권리관철의 집합적 양식**을 발전시키는 방식으로 사회적 이익의 대항력을 촉진시킬 수 있다. 물론 단체소송과 집단민원 같은 수단이라든가 옴부즈맨 제도나 중재위원회의 설치 등을 통해 지나친 부담에 짓눌린 청구인의 왜소화를 막을 수 있다. 그러나 이것은 집단적인 법적 보호가 유능한 이익대변을 통해 개인의 부담을 덜어주는 것 외에도 개인으로 하여금 자신의 이익의 조직적인 인식, 표명, 관철에 동참하도록 한다는 조건 아래에서만 가능하다. 위의 제안들이 복지국가에서 시민의 목소리가 줄어드는 현상을 더 악화시키지 않을 수 있으려면, 관련된 시민이 법적 보호의 조직화를 하나의 정치적 과정으로 경험해야 하며, **본인 스스로** 대항력의 구성과 사회적 이익의 접합과 표명에 참여할 수 있어야 한다. 이렇게 법적 절차에의 참여를 권리를 실현하는 과정에 동참하는 것으로 해석할 경우, 집합적으로 그 가치가 올라간 적극적인 법적 지위를 능동적 시민의 지위와 결합할 수 있다. 헤벌레(Paul Häberle)는 법적 절차에의 참여가 갖는 이러한 민주적-과정적 의미를 일반화하여 사회적 권리의 실현에까지 확장한다. 그는 '능동적인 절차적 지위'(*status activus processualis*)의 정교화에 희망을 건다.[38] 물론 절차법을 민주주의 이론의 대체물로 오용하여 그것에 과도한 짐을 지우는 일이 있어서는 안 되겠지만, 게오르그 옐리네크(Georg Jellinek)의 지위이론을 수정하는 이 제안은 적어도 사적 자율성과 공적 자율성의 내적 연관을 다시 기억시켜준다는 점에서 의의가 있다.

루돌프 비트횔터(Rudolf Wiethölter)의 제안을 따르는 학파는[39] 사회복지국가적 운행을 위하여 실질화된 법을 사용하는 데서 비롯되는 소극적 자유의 침해를 다른 방식으로 보충하려고 한다. 여기서도 조직과 절차는 개인의 적극적 법적 지위를 강화할 것으로 간주되고 있지만, 이번에는 그 방법으로서 집합적 권리관철이 아니라 협력적 의지형성이 제시된다. 입법자는 다양한 행위영역에서 내부입법화(*Binnen-konstitutionalisierung*)를 위해 사용할 수 있는 절차와 조직형식들을 제공하고, 관련 당사자들은 이것들을 사용하여 자치행정제도와 중재위원회를 모델로 자신의 문제와 갈등을 스스로 해결할 수 있다고 간주된다. 그리고 이러한 방식으로 개인의 사적 자율성은 절차참여자의 사회적 자율성에 의해 보충되거나 대체될 수 있다는 것이다. 이러한 시각에서 에버하르트 슈미트(Eberhard Schmidt)는, 실질법 속에 이미 '절차'법이 "겹쳐져 있다"고 주장한다.

> 사적 자율성의 황금시대가 자유로운 경제적 경쟁의 자율적 운행능력을 여전히 확신하고 있었던 부르주아의 개발욕구와 연결되어 있다면, 그리고 실질적 분배행위를 정착시켰던 이후의 노력들이 본질적으로는 모종의 대의체계를 통해 초창기 모델에서 배제되었던 사람들의 이해를 관리하기 위한 필요에서 비롯되었다면, 오늘날 우리가 처한 상황

---

38) P. Häberle (1978).

39) R. Wiethölter, "Proceduralization of the Category of Law," in : C. Joerges, D. M. Trubek (eds.), *Critical Legal Thought*, Baden-Baden 1989, 501~510 ; 같은 책의 C. Joerges, "Politische Rechtstheorie und Critical Legal Studies," 597~644 ; 그리고 G. Brüggemeier, "Wirtschaftsordnung und Staatsverfassung, *Rechtstheorie* 8, 1982, 60~73.

은 격렬한 계급적대가 점차 사라지고, 대신 계층집단 간의 상호의존이 꾸준히 증가하는 상황이라고 할 수 있다.

행위체계들의 상호의존성이 증가하는 과정에 병행하여 "참여자의 의사표명능력이 점차 늘어간다". 슈미트에 의하면, 이러한 능력 — 이것은 근본적으로 새로운 현상이다 — 은 개인적 수준이 아니라 연대적 방식으로 발전했다. 생산영역에서는 노조운동을 보면 당장 이 점을 알 수 있다. 이 영역에서 우리는 보호와 소득의 욕구에 대한 표준적 정의가 개인적 수준에서 이루어지지도 않았고 국가에 의해서 규제되지도 않았다는 사실을 오래 전부터 익히 알고 있었다. … 때로는 임금협상이 심지어 강제법을 대체할 수도 있다는 사실은, 이 영역에서 사회적 자율성이 국가에 의한 타율적 결정에 대해 우선성을 가진다는 사실을 보여주는 좋은 예이다.[40]

그러나, 적극적인 절차적 지위개념과 유사하게, 사회적 자율성 개념도 사적 자율성과 공적 자율성을 너무 성급하게 하나의 공통분모로 환원시킨다. 임금협상의 자율성이 갈등해소를 전담하는 비정부적 행위체계의 내부입법화를 보여주는 좋은 사례임은 분명하다. 아울러 이 사례는 결사체 구성원들의 적극적인 법적 지위가 의사-정치적인 참여권을 포함할 수 있고 능동적 시민권과도 융화될 수 있다는 것도 잘 보여준다. 그러나 바로 이 임금협상의 자율성은 다른 한편으로는 개인의 자기결정이 집합적 권력에 의해 잠식될 수 있음을 보여주기도 한다. 입법자가 법률제정의 권한을 협상 당사자에게 넘겨주고 자신은 보완적 과제만 다루기로 했다고 해서 이것이 개별 피고용인에게 무조건 자율성의 증가를 의미하는 것은 아니다.

슈피로스 시미티스(Spiros Simitis)는 이 문제와 관련된 광범위한 법률현상을 연구했는데, 거기에는 경직된 성별 연령제한, 여성노동자 보

40) E. Schmidt, "Von der Privat-zur Sozialautonomie," *Juristenzeitung* 35, 1980, 158.

호에 대한 규범, 시간제 노동에 대한 규제, 전산정보의 내부보호, 작업안전에 대한 규제조치, 그리고 일반적으로는 이른바 '정규 노동상태'에 대한 법적 규정 등이 망라되어 있다. 이 연구결과에 따르면, 업무협약과 임금협상이라는 도구도 정치입법자들이 통과시킨 노동법과 다를 바 없이 사회적 요구의 충족에 대한 대가로 강한 도식화와 의로부터의 행위지시를 부과하고 있다. 이러한 규범적 통제는 **자유를 제한하는 정규화** 효과를 가질 수 있다. 예를 들어, 관련 당사자 자신이 인습적 역할들에 대한 해석, 분화, 변형과정에 참여하지 못하고 그 역할들이 그대로 답습되는 한, 그 규범적 통제는 그 수혜자의 사적으로 자율적인 삶의 계획을 부당하게 제약하게 된다.

> 법률과 임금협상은 노동자의 자기결정이 전달될 수 있는 통로가 되지 못한다. 반대로, 그것들은 개별 노동자를 더 잘 보호한다는 명목으로 타율성을 제도화한다. 법률과 임금협상이 노동자를 개인이 아니라 집합체의 일부로 인식하는 한, 작업장에서 발생하는 종속적 결과들을 상쇄하는 기준을 만들 수 없다. 그 결과 법률과 임금협상은 **노동자 행위의 식민지화**를 낳는데, 처음에는 이것이 거의 감지되지 않지만 점차 확산되고 정착된다.[41]

따라서 노동관계의 내부입법화는 그 자체로서 자율성의 증가를 낳지 않는다고 할 수 있다. "이리하여, 법률적 규정이든 단체협상에 따른 규정이든 가릴 것 없이, 개별 노동자의 기대보다는 (전체 노동자의 상황이 아니라면) 특수한 노동자집단의 상황에 맞추어진 규제로 인해 개인의 의견은 예외없이 억압되고 만다."[42]

물론 시미티스는 신자유주의와 같은 퇴행적 사고를 지지하지는 않는

41) Simitis (1991), 11 (강조는 필자) ; 또한 다음 글도 보라. S. Simitis, "Zur Verrechtlichung der Arbeitsbeziehungen," in : Kübler (1984), 73~166.

42) Simitis (1991), 10.

다. 복지국가규제를 낳았던 원인들이 탈규제를 통해 사라지지는 않을 것이기 때문이다.[43] 그러나 이러한 분석이나 이와 유사한 분석들은 평등한 지위와 평등한 대우와 같은 문제, 즉 기존의 절차적 권리를 효율적으로 실행하거나 혹은 새로운 권리를 도입하는 것 그 자체만으로는 해결되지 않는 문제들에 관심을 기울인다. 개인의 사적 권리만으로는 사실적 평등과 법적 평등 간의 올바른 연관을 밝힐 수 없다. 사적 자율성과 공적 자율성이 같은 기원을 가지고 있다면, 이 관계는 궁극적으로는 시민 자신들에 의해서만 규정될 수 있다.

(2) 법률제정과 적용의 과정이 합리적 결과를 낳을 것이라는 추정을 정당화시켜주는 절차와 의사소통적 전제 — 이것 자체도 법적으로 제도화되어 있다 — 의 도움으로 담론이론은 법의 정당성을 설명한다. 정치적인 입법자가 통과시킨 규범과 법정에서 인정된 권리는, 그 적용대상자들이 법적 주체들의 결사체의 자유롭고 평등한 구성원으로 대우받을 때, 내용적 측면에서 '합리적'인 것으로 입증된다. 다시 말해, 그것이 법적 개인들의 인격적 불가침성을 보호하는 동시에 그들을 평등하게 대우할 때 합리적인 것으로 입증된다. 법률적으로 이것은 평등한 대우의 요구로 나타난다. 물론 이것은 법률적용상의 평등, 즉 법 앞에서 시민의 평등을 포함한다. 그러나 평등한 대우와 같은 의미를 갖는 것은 오히려 실질적인 법적 평등이라는 더 넓은 원리이다. 이 원리에 따르면, 그때그때 유관적합한 측면에서 같은 것은 같게 대우하고 같지 않은 것은 같지 않게 대우해야 한다. 그러나 각 경우에 '유관적합한 측

---

43) S. Simitis, "Selbstbestimmung : Illusorisches Projekt oder reale Chance?," in : J. Rüsen et al., *Die Zukunft der Aufklärung*, Frankfurt/Main 1988, 177 : "개입은 자의나 우연의 결과가 아니기에, 간단히 번복될 수 없다." 그리고 I. Maus, "Verrechtlichung, Entrechtlichung und der Funktionswandel von Institutionen," in : G. Göhler (Hg.), *Grundfragen der Theorie politischer Institutionen*, Opladen 1987, 132~172.

면'을 정의하기 위해서는 근거제시가 필요하다. 이러한 이유에서 로베르트 알렉시(Robert Alexy)는 평등원칙을 (정당화의 담론과 적용의 담론에서) 논증부담을 할당하는 규칙이라는 의미로 해석한다.44) 이때 정당화의 근거들은 그 자체가 규범적인 것이거나 아니면 규범적 근거에 기초한 것이다. 그것들이 담론상황에서 '중요하게 간주'되고, 궁극적으로는 법질서의 저자인 시민공중에 의해 합리적인 것으로 수용될 때, 그것들은 좋은 근거 또는 '비중있는' 근거가 된다. 정당한 법은 평등하게 대우받아야 하는 수신자들의 사적 자율성과, 동등한 권한을 갖는 법질서의 저자로서 (궁극적으로) 평등대우의 기준들을 결정해야만 하는 시민들의 공적 자율성 사이의 원환을 완결한다.

이 기준들은 사적 영역과 공적 영역의 경계를 어떻게 설정할 것인가 하는 문제와 결코 무관하지 않다. 사회복지국가 패러다임과 자유주의 패러다임 간의 역사적 논쟁은 이 경계에 대한 논쟁이자, 각각의 평등대우의 기준들에 대한 논쟁이라고도 할 수 있다. 이제 논쟁이 성찰적으로 되면서, 어느 한 패러다임의 자연발생적 지배도 끝이 났다. 따라서, 사실적 평등이 사적으로도 공적으로도 자율적인 시민들의 법적 평등에 필수적인 것인지, 그렇다면 어떤 측면에서 그러한지는 사례별로 결정되어야 한다. 절차주의적 법 패러다임은 바로 이러한 이중적 준거, 즉 법적 평등과 사실적 평등이 사적 자율성 및 공적 자율성에 대해 갖는 관계라는 이중적 준거를 규범적으로 강조한다. 정치체계의 권력순환이 법치국가적 규제의 경로를 따라야 한다면, 원칙적으로 논쟁적인 평등대우의 기준에 대한 정치적 논쟁은 담론적으로 이루어져야 한다. 그리고 절차주의적 법 패러다임은 이러한 논쟁이 이루어지는 모든 장을 특권화한다.

부르주아 형식법에 대한 사회복지국가적 비판은 법의 적용대상자의

44) Alexy(1985), 370, 372 : "불평등한 대우가 허용될 만한 충분한 근거가 없다면, 평등한 대우를 해야 한다." 또는 "불평등한 대우가 요구되는 충분한 근거가 있다면, 불평등한 대우를 해야 한다."

법적 자유와 사실적 자유 간의 변증법에 눈길을 돌리고, 주로 기본적인 사회적 권리의 실행에 초점을 맞춘다. 사실적 평등은 법적 규제가 그 영향을 받는 사람들에 대해 가지는 관찰가능한 사회적 효과를 통해 측정되는 데 비해, 법적 평등은 법의 틀 속에서 자신의 선호에 따라 자유롭게 결정하는 이들 법의 수신자들의 권한에 관계한다. 법적 자유의 원칙은 사실적 불평등을 산출하는데, 이는 그것이 상이한 주체에 의해 동일한 권리의 차별적 사용을 가능하게 할 뿐 아니라 이를 용이하게 하는 경향이 있기 때문이다. 결국 이 원칙은 사적 삶을 자율적으로 추구하는 데 필요한 주관적인 법적 전제를 충족한다. 이러한 점에서 법적 평등은 사실적 평등과 일치될 수 없다. 다른 한편, 평등하게 배분된 개인의 자유를 이용할 수 있는 기회를 실질적으로 축소시킴으로써 특수한 개인이나 집단을 차별하는 사실적 불평등은 평등한 법적 대우의 요구와 모순된다. 사회복지국가적 보완이 법적으로 보장된 권한을 동등하게 사용할 수 있는 기회의 평등을 처음으로 만들어낸 한에서, 사실적으로 불평등하게 분배된 생활조건과 권력위치를 보정하는 것은 법적 평등의 실현에 기여한다. 이러한 점에서, 법적 평등과 사실적 평등 간의 변증법은 법의 발전을 추진한 규범적으로 의심의 여지없는 동력이 되었다.

사회복지국가적 규제는 법적 평등의 관점에서 생활조건과 권력위치의 사실적 평등을 보장하려고 했다. 그러나 이 목표는, 복지수혜자들이 자신의 삶을 사적인 자율성을 갖고 살아가기 위해 보장되어야만 할 행위공간을 심각하게 제한하는 조건 속에서, 혹은 그런 수단을 통하여 추진되었다. 이와 함께, 법적 평등과 사실적 평등 간의 관계는 딜레마로 발전하게 된다. 위에서 거론했던 예들을 검토하면서 시미티스는 "실질적 행위능력의 증가라는 가능한 이득이 새로운 종속으로 전환되는" 임계지점을 밝혔다.[45] 노동과 가족생활에 대한 법적 규제 때문에

45) Simitis(1989), 193 ; 또한 가족법에서의 발달과정에 대한 시미티스의 분석도

노동자 혹은 가족구성원들이 '정규적' 노동관계 혹은 표준적인 사회화 유형에 따른 행위를 강제당할 때, 수혜자들이 사회적 보조를 받는 대가로 고용, 청소년, 복지, 주택문제를 전담하는 기관의 정규화하는 간섭을 받아들이거나 또는 자신의 생활에 실질적으로 간섭하는 법원의 결정을 수용해야만 할 때, 집합적인 법적 보호, 단체결성권 등이 조직구성원들의 결정의 자유를 희생시키는 대가 위에서만 이익의 효율적 대변을 보장하게 되고, 그 결과 조직의 구성원들이 수동적 추종자나 동조자의 위치로 떨어질 때, 그 임계지점에 도달하게 된다. 이 중요한 예들 모두가 동일한 현상을 가리킨다. 즉, 주관적 행위자유를 행사할 기회의 평등을 위한 사실적 전제조건의 충족이 생활조건과 권력관계를 변화시키지만, 그 결과 상황적 불이익의 보정이 후견적 형식과 결합되어, 자유의 사용을 위한 권한부여가 보호감독(*Betreuung*)으로 뒤바뀌는 양상이 생긴다.

사회입법에서도 분명히 드러나듯이,[46] 실질화된 법에는 자유의 보장과 자유의 박탈의 양가성이 새겨져 있는데, 이것은 법적 평등과 사실적 평등의 변증법으로부터 비롯된 것이며, 그런 한에서 이 법제화

보라. 그 분석의 결과 그는 다음의 결론에 도달한다. "가족구성원 하나하나가 독자적인 개인이며 따라서 독자적 관심을 갖고 있다는 것을 인정한다고 해서, 정확한 교육관의 실현이라는 목적을 추구하며 따라서 항상 새롭게 조형되어야 할 세밀한 개입체계를 발전시켜야 하는 필연성이 나오는 것은 아니다. … 오히려, 각 법적 규제는 가족 내 상호작용이 그 구성원의 발달에 대해 갖는 의미를 방향타로 삼아야 한다. 따라서 그 규제는 가족내 역동성 속에서 진정한 출발점을 찾아야 한다. 가족이 조화로운 통일체라는 관념을 거부한다고 해서, 그것이 가족 바깥의 권위에게 실질적 결정권을 넘겨야 하는 필연적 이유가 되는 것은 결코 아니다. 무엇보다도, 개입으로 인해, 가족구성원들이 서로 어떤 관계를 가져야 할지를 스스로 결정할 수 있는 권리와 의무가 침해되어선 안 된다. … 의사소통을 비록 불가능하게 만들진 않지만 적어도 위협하는 부담들을 덜어줌으로써 관련 당사자들의 자율성을 높이려는 시도가 그들을 이전보다 더 심한 규제적 상황 속에 몰아넣는 결과를 가져와선 안 된다"(*Ibid.*, 184 f).

46) H. F. Zacher, "Verrechtlichung im Bereich des Sozialen," in : Kübler (1984), 14~72.

과정의 구조로부터 비롯된 것이다. 그러나 이 구조 자체를 딜레마적이라고 기술한다면 그것은 성급한 판단이다.[47] 왜냐하면 권한의 부여가 보호감독으로 바뀌는 지점을 확인하는 기준들이 맥락에 따라 다르고 논쟁의 여지도 있기는 하지만, 결코 자의적이진 않기 때문이다.

이 기준들 속에는, 물론 정치문화나 사회적 상황에 따라 다르게 해석되겠지만, 분명한 규범적 직관이 표명되어 있다. 권리체계에 대한 담론이론적 독해에 의하면, 실정법은 입법자의 의결에 의존하고 있기 때문에, 법률의 적용대상자가 자신을 법률 제정자로 인식할 수 있으려면 실정법이 법적 인격체의 자율성을 상호보완적 관계에 있는 사적 자율성과 공적 자율성으로 나누어야 한다. 자율성의 두 측면은 각기 그 보완물을 참조하는 본질적으로 불완전한 요소들이다. 이 상호준거의 관계에서, 법적 규제가 자율성을 촉진시키는지 침해하는지를 판단하는 직관적 규준을 얻을 수 있다. 이 규준에 따르면, 시민들은 공적 자율성을 행사할 때 사적 개인이 시민으로서 역할을 다할 수 있도록 사적 자율성의 경계를 설정해야 한다. 이것은 시민사회에서 사적 개인을 동원하는 공론장의 의사소통구조가 그 핵심적 사적 영역을 고스란히 보존하고 있는 생활세계로부터의 자생적 투입에 의존하기 때문이다. 이와 동시에, 사적 자율성과 공적 자율성이 서로를 전제하고 있다는 규범적 직관은 특정시기 법적 평등을 위해 어떠한 물질적 전제조건이 필요한지를 명시할 수 있는 기준에 대한 공적 논쟁에 도움이 된다. 뿐만 아니라 이 기준은 법적 규제가 형식적 법률적 차별이나 복지국가적 온정주의를 낳는 시점도 결정한다. 어떤 법프로그램이 사실적 불평등이 가져오는 자유제약의 부작용에 둔감하다면 그것은 차별적이다. 그리

47) Habermas(1981), Bd. 2, 530~547. 이 맥락에서 제안되고 있는 제도로서의 법과 매체로서의 법의 구분은 사회적으로 통합적인 규범과 정치적 조절의 법적 형식을 대조적인 것으로 본 것으로, 유지될 수 없는 구분이다. 이에 대해서는 K. Tuori, "Discourse Ethics and the Legitimacy of Law," *Ratio Juris* 2, 1989, 125~143을 보라.

고, 그것이 사실적 불평등에 대한 국가의 보완이 초래하는 자유제약의 부작용에 대해 둔감하다면, 그것은 온정주의적이다.

사회적 급부(그리고 생태적 위협이나 기술적 위협으로부터의 보호)의 인정은 상대적으로 정당화될 수 있다. 즉 그것은 정치적 자기결정의 필수조건으로서 개인의 자기결정의 보장과 간접적으로 연결된다. 이러한 의미에서, 울리히 프로이스(Ulrich Preuß)는 자율적 시민의 지위를 보장한다는 점에서 복지권을 인정한다.

> 〔오늘날〕 시민권의 실질화라는 불가피한 출발점은 천부적 소질, 재능, 능력과 상관없는 각 시민의 평등한 자유이다. … 각 개인은 이 점에 대해 이해관계를 가지고 있을 뿐 아니라 민주사회 전체가 특정한 자질(그 자질이 어떤 것이든)을 갖춘 시민의 결정에 의존한다. 이러한 이유에서 사회 역시 자치적 시민들의 자질에 이해관련이 있다. 특히, 사회는 시민들이 정보를 가지고, 자신들이 정치적으로 영향을 미칠 수 있는 결정의 결과를 성찰하고 고려하며, 그리고 동료세대뿐 아니라 미래세대의 이해라는 점에서 자신의 이해를 정식화하고 확증해야만 발전한다. 단적으로, 사회는 시민들의 '의사소통 능력'에 의존한다. … 기본적 재화의 불평등한 배분은 시민적 덕목을 손상시키고, 그 결과 집합적 결정에 의해 도달할 수 있는 합리성마저도 훼손시킨다. 이러한 이유에서 사회적 재화의 불평등한 배분에 대한 보상정책은 '시민권 실질화의 정책'으로서 정당화될 수 있다.[48]

물론, 이 해석이 모든 기본권을 민주적 과정을 위해 기능화시키는 결과를 가져와선 안 된다.[49]

---

48) U. Preuss, "Verfassungstheoretische Überlegungen zur normativen Begründung des Wohlfahrtsstaates," in : C. Sachße et al. (Hg.), *Sicherheit und Freiheit*, Frankfurt/Main 1990, 125 f.

49) 뵈켄푀르데는 '기본권의 민주적 기능이론'을 다음과 같이 규정한다. "기본권은 원칙적으로 민주적 의사형성의 … 자유로운 과정의 헌법적 요소로서 그 의미와 중요성을 가진다." E. Böckenförde, *Staat, Gesellschaft und Feiheit*, Frankfurt/Main 1976, 235.

(3) 사회복지국가적 법 패러다임은 사회적으로 생산된 삶의 기회의 정의로운 배분문제에 전적으로 정향되어 있다. 그러나 이 패러다임은 정의를 분배정의로 축소시킴으로써 정당한 권리는 자유를 보증하는 것이어야 한다는 의미를 놓치고 있다. 즉 권리체계는 자유롭고 평등한 시민공동체의 자기조직화에 참여하는 사람들이 항상 이미 암묵적으로 전제하고 있는 것들을 열거할 따름이다. 정의사회의 이념에는 해방과 인간 존엄성의 약속이 연결되어 있다. 평등한 법적 지위와 평등대우의 분배적 측면 — 사회적 보상의 공평한 배분 — 은 각 개인의 자유와 인격적 불가침성을 보장하려는 법의 보편주의적 특성으로부터 나온다. 법적 공동체에서 한 개인의 자유가 다른 사람의 억압을 통해 얻어진다면 누구도 자유롭지 못하다. 권리의 평등한 분배는 서로를 자유롭고 평등한 시민으로 인정하는 상호성으로부터 나온다. 이와 같은 동등한 존중이라는 측면에서, 주체들은 평등한 권리를 주장할 수 있다. 이와 관련해서 자유주의 패러다임이 범하는 보완적 오류는, 정의를 권리의 평등한 분배로 환원시킨 데에, 다시 말해서 권리를 분할되고 소유될 수 있는 재화에 포섭시킨 데 있다.

권리를 모두가 공통적으로 소비하는 집합재로 보는 것도 마찬가지로 잘못된 견해이다. 권리를 행사하는 사람만 권리를 '향유'할 수 있다. 물론 개인의 자기결정은 정당하게 산출된 규범으로부터 도출된 권리들을 행사하는 과정 속에서 드러난다. 이러한 이유에서, 주관적 권리의 평등한 배분은 시민들이 입법과정에 참여하여 오직 공동으로만 행사할 수 있는 공적 자율성과 분리될 수 없다.

사회복지국가적 패러다임과 자유주의 패러다임의 상호보완적 맹점은 동일한 결점에 뿌리를 두고 있다. 양 패러다임 모두 자유의 법적 구성을 '분배'로 잘못 이해하고 그것을 획득된 재화 혹은 할당된 재화의 평등한 배분이라는 모델로 통합시킨 것이다. 아이리스 마리안 영은 이러한 결점을 설득력 있게 비판했다.

> 권리의 분배란 무엇을 의미하는가? 혹자는 물질적 재화, 자원 혹은 소득에 대해 분배몫을 가질 권리로 해석할지도 모르겠다. 그러나 이 경우, 분배되는 것은 재화이지 권리가 아니다. · · 권리는 소유개념으로는 적절히 파악될 수 없다. 권리는 사물이 아니라 관계이다. 권리는 타인과의 관계에서 무엇을 할 수 있는지를 정하는 제도적으로 정의된 규칙들이다. 권리는 소유보다는 행위를 가리키며, 행위를 가능케 하거나 제약하는 사회적 관계를 가리킨다.[50]

불의(*injustice*)는 일차적으로 자유의 제약, 인간 존엄성의 침해를 의미한다. 그러나 부정의는 차별 속에서, 즉 '억압받고' '지배받는' 사람들로 하여금 그들의 사적, 공적 자율성을 행사하지 못하도록 하는 차별 속에서 그 모습을 드러낸다.

> 정의란 분배뿐 아니라, 개인의 능력과 집합적 의사소통 및 협동을 발전시키고 행사하는 데 필수적인 제도적 조건을 일컫는다. 이와 같은 정의 개념에서 본다면, 불의란 무엇보다도 두 가지 형태의 구속, 억압, 지배를 의미한다. 이 구속 중에는 분배적 유형도 있지만, 분배논리와는 잘 맞지 않는 다른 요소들도 있다. 의사결정절차와 분업 그리고 문화가 그런 것이다.[51]

이러한 비판이 사회복지국가 패러다임을 거부하는 페미니스트 법이론의 맥락에서 제기된 것은 우연이 아니다. 미국에서 가장 발달한 페미니즘 논의는 법적 평등과 사실적 평등의 변증법이 흥미로운 방식으로 첨예하게 나타나는 법의 발전에 초점을 맞추고 있기 때문이다. 남성과 여성의 평등대우라는 문제는 바람직한 해방을 단순히 공평한 사회적 몫이라는 의미의 복지혜택이라는 측면에서만 이해해선 안 된다는 점을 잘 보여준다. 여성이 스스로의 삶을 자율적으로 살아가는 데 권

50) I. M. Young, *Justice and the Politics of Difference*, Princeton 1990, 25.
51) *Ibid.*, 39.

리가 도움이 된다면, 그것은 이 권리가 시민적 자기결정 과정에의 평등한 참여를 촉진하는 한에서만 그러하다. 왜냐하면 여성 자신만이 해당사안에 대해 평등과 불평등을 결정할 수 있는 '적합한 측면'을 규정할 수 있기 때문이다. 페미니즘이 평등한 법적 대우의 해방적 의미를 강조하는 것은, 그것이 사회복지국가적 '분배 패러다임'이 은폐하고 있는 구조적 종속의 측면에 초점을 맞추기 때문이다.

> 지배는 사람들이 행위나 자신의 행위조건의 결정에 참여하지 못하게 하는 제도적 조건 속에 있다. 복지자본주의 사회는 매우 새로운 지배 유형을 만들어냈다. 일상적 노동과 삶의 행위들이 점차 합리화된 관료적 지배하에 놓이게 되고, 삶의 여러 영역에서 전문가의 견해나 관련 당국의 방침이 중요하게 되었다.[52]

이러한 식민지화된 종속이 극복되지 않는 한, '적극적 차별시정'(*begünstigenden Diskriminierung*)의 정책은 그 의도가 아무리 좋은 것일지라도 잘못된 방향으로 나아가게 된다. 왜냐하면 그것은 그때그때 평등한 대우 및 불평등한 대우의 적합한 근거가 무엇인지를 말할 수 있는 유일한 목소리인 당사자들의 목소리를 억압하기 때문이다.[53]

1977년 텍사스주 휴스턴에서 채택된 페미니스트 헌장에서부터 이야기를 풀어나가 보자. 이 헌장은 다양한 사회적, 인종적, 지역적 배경을 가진 2천여 명의 대표들에 의해 제정되었다. 법이론의 측면에서 이

---

52) *Ibid.*, 76.

53) 페미니즘적 법이론 중에서 권력이론적 접근방법은 분배이론적 접근방법에 비해 다음의 이점을 가지고 있다. 즉 그것은 평등한 권리의 해방적 의미와 아울러 개인의 자율성과 시민적 자율성도 권리체계의 규범적 핵심으로 파악한다는 장점을 갖는다. 물론, 페미니즘적 권력분석은 종종 성을 하나의 단일한 실체로 간주하는 경향이 있는데, 이것은 과거 정통 맑스주의가 계급을 거시적 주체로 대상화시킨 것과 유사하다. C. A. MacKinnon, *Towards a Feminist Theory of the State*, Cambridge(Mass.) 1989는 매우 뛰어난 연구이지만, 이 경향에서 완전히 자유롭지는 못하다.

요구들의 목록을[54] 살펴보면, 오늘날까지 실현되지 않은 페미니즘 운동의 관심사들의 역사적 층위들을 볼 수 있다. 먼저 자유주의적 요구들은 한편으로는 여성들을 사회적 행위체계 속에 좀더 포괄적으로 통합하는 문제(교육과 고용에서 모든 성차별의 폐지, 공직사회의 선출직과 임명직에서 여성대표의 증가)에 관한 것이다. 다른 한편, 그 요구들은 새로운 의미에서 '특수한 권력관계'의 영역으로 간주되는 사회영역들에서(매맞는 아내들과 이혼 후 경제력을 박탈당한 주부들을 위한 정부지원, 배우자부양과 관련된 형법과 가족법의 수정) 혹은 새로운 법적 정의(定意)의 관점에서 (출산과 관련된 자유, 포르노그라피, 동성애 등) 기본권 충족에 관한 것이다. 이런 요구들과 나란히 사회복지적 요구들이 있다 (부양아동이 있는 가난한 주부들에 대해 복지혜택수준이 아닌 임금성격의 이전소득을 포함하여 모든 사람들의 적절한 생활수준에 대한 요구와 모든 소득수준의 가족들에게 연방정부 지원의 탁아 서비스를 제공하고 아동을 돌볼 수 있도록 부모에 대한 적절한 배려를 해야 한다는 요구). 이 층에서 마지막 요구는 사회복지적 요구의 성취결과에 대한 불만족스러운 경험으로부터 나온 것으로 이해할 수 있다. 페미니즘적 개혁의 성공에 대한 성찰적 태도는 유연적, 시간제 노동의 기회확충과 더불어 완전고용에 대한 요구 속에서도 표현되고 있다. 평등권헌법(Equal Rights Amendment)을 위한 정치적 투쟁의 시대부터 지속되어 온 이러한 의제들에서 나타나는 비동시적인 것의 동시성은 지난 200여 년 동안의 학습과정의 단면을 보여준다. 그리고 이 학습과정에는 법에 대한 패러다임적 이해방식의 전형적인 변화가 반영되어 있다.

19세기에 시작된 고전적 페미니즘은 여성의 평등을 일차적으로 교육제도와 직업체계, 공직, 의회 등에 접근할 수 있는 평등한 권리라는 측면에서 이해했다. 형식적 권리를 충족시킨다는 수사는 사회적 지위의 획득을 가능한 한 젠더로부터 분리시키고, 교육, 직업, 소득, 사회

54) D. L. Rhode, *Justice and Gender*, Cambridge(Mass.) 1989, 61 f.

적 지위, 영향력, 정치권력에 대한 경쟁에서 여성에게 동등한 기회를 (결과는 별도로 하고) 보장하려는 의도를 가진 것이었다.

자유주의 정치는 그때까지 공정한 경쟁의 기회가 부정되었던 여성들을 사회 속으로 통합하는 것을 목표로 했다. 일단 해당영역에 접근할 수 있는 기회의 차별이 극복된다면 성의 차이는 사회적 적실성을 가지지 못할 것으로 간주되었다. 자유주의 페미니즘의 반대자들은 '자연적' 질서의 중립화에 강력하게 저항하였다. 이들에 따르면 (부르주아) 아내가 해야 할 전통적 역할이 있고, 가부장제적 분업관념(이것은 철저히 근대적 발명품인데)에 따라 그녀는 가정생활이라는 사적 영역에 머물러야 한다는 것이다. 양측은 서로를 '가정 숭배'와 '자아실현 강박'이라고 비난했다.[55] 물론, 여성의 형식적 평등이 중요한 사회적 영역에서 적용되면서, 여기서도 법적 평등과 사실적 평등의 변증법이 감지되기 시작했으며, 무엇보다 복지입법, 노동법, 가족법과 같은 영역에서 특수한 법적 규제가 만들어졌다. 임신과 모성, 그리고 이혼판결시 양육권 등과 관련된 보호규범, 즉 재생산기능과 관련된 명백한 생물학적 차이에서 출발하는 보호규범에서 대표적인 예들을 발견할 수 있다. 성범죄를 다루는 형법의 특수조항에서도 사정은 비슷했다. 이 영역들에서, 페미니스트적 입법은 '자연적'인 것이든 '사회적'인 것이든 불리함을 보상함으로써 여성의 법적 지위상의 평등을 고양시키는 사회복지적 프로그램에 입각하고 있다.

1960년대 말 이래, (특히 미국과 독일과 같은 나라들에서는) 논쟁의 대립지형에 혼란이 발생했다. 그때 이후 새로운 페미니즘 운동은 사회복지라든지 평등대우와 같은 자유주의적 요구에 공적 관심을 집중시키는 것으로는 부족하다는 점을 깨닫기 시작했고, 무엇보다도 성공적으로 실시된 프로그램들의 모호한 효과들에 초점을 맞추기 시작했다. 복지국가의 온정주의는 여러 경우에서 축어적 의미를 가지게 되었다. 예를

55) 미국에서 페미니즘의 역사에 대해서는 Rhode(1989), 제1부를 보라.

들어, 임신 및 출산과 관련된 법률조항은 여성의 직업상실의 위험을 증가시키고, 노동영역에서 보호입법은 전반적으로 노동시장에서의 성별분리 혹은 저임금층에의 여성집중을 심화시켰으며, 이혼법의 규제완화는 여성에게 이혼의 부담을 안겨주고, 그리고 복지, 노동, 가족법의 상호연관이 무시됨으로써 부정적 피드백과정을 통해 젠더별로 특수한 불이익들이 점차 축적되었다. 이러한 일들이 발생하는 한, 여성에 대한 현실적 차별문제를 해결하려 했던 법의 실체화는 반대효과를 낳게 되었다.

'빈곤의 여성화'를 보여주는 통계들은 미국뿐 아니라 전세계적으로 경악할 수준이다.[56] 오늘날 서구사회에서 전반적으로 나타나는 이 경향은 독일에 새로 편입된 주들에서 심각하고 첨예한 형태로 반복되고 있다. 이 영역에서 다시금 여성들은 '현대화의 손실'을 남성보다 훨씬 더 심각하게 경험하고 있다.

법률적 관점에서 본다면, 이와 같은 재귀적 형태의 차별이 만들어지는 이유는 불리한 조건과 불리한 집단을 구분하는 데 사용되었던 분류체계가 지나치게 일반적인 것인 데 있다. 일반적으로 여성의 동등한 지위를 촉진시키려는 시도는 종종 다른 범주를 희생하면서 한 범주의 여성(이미 특권을 누리고 있는)에게만 혜택을 주었다. 왜냐하면 젠더에 따른 불평등은 복합적이고 불명료한 방식으로 다른 소외집단(계급, 연령, 인종, 성적 취향 등)의 구성원들과 연결되어 있기 때문이다. 그러나 여

56) Rhode(1989), 126. "혼인, 고용, 출산력 유형의 변화에 따른 이들 상호연관된 불평등은 빈곤의 여성화를 가속화시켰다. 빈곤의 공식분류가 실질적 요구를 반영하지 못하는 불완전한 지표라고 할지라도 상대적인 측면을 보여줄 수는 있다. 모든 연령에서 여성은 남성보다 가난할 확률이 두 배 높고, 편모인 여성들은 5배 정도 더 높다. 빈곤한 성인의 2/3가 여성이고 고질적인 빈곤층의 2/3가 여성가장 가구이다. 편부모 가족의 90%가 여성가장 가구이며, 편부모 가족의 반이 빈곤선 이하에서 살고 있다. 소수민족 집단에서는 상황이 더 열악하다. 빈곤한 흑인가족의 3/4, 빈곤한 라틴계 가족의 반 이상이 여성가장 가구이다."

기서 중요한 의미를 갖는 것은, 입법과 판결이 '잘못된' 분류에 도달하게 된 이유가 맥락에 대한 무지에 있다기보다는 그 맥락 인지방식이 낡은 패러다임적 법이해에 의존했다는 데 있다는 점이다. 이것은 1970년대 이후 급진적 페미니즘의 다양한 조류들이 공유하고 있는 표명되지 않은 쟁점들이었다. 페미니스트 운동은 평등에 대한 자유주의적, 사회복지적 정책의 배후에 있는 전제, 즉 남녀간의 평등한 권리가 기존의 제도적 틀 안에서, 그리고 남성이 지배하는 그리고 남성에 의해 정의되는 문화 속에서 성취될 수 있다는 가정에 반대한다.

노동시장이나 직장에서, 혼인과 이혼에서, 사회보장, 의료, 성희롱, 포르노그라피 등에서 여성의 불이익을 보상하고자 한 특별법들은 젠더에 따라 특수한 삶의 환경과 경험의 차이에 대한 해석에 의존한다. 이러한 경우 입법과 판결이 전통적인 해석패턴에 입각한 것인 한, 법적 규제는 성정체성의 고정관념을 강화하는 것일 따름이다. 그러한 '표준화 효과'를 만들어내면서 입법과 판결 자체가 자신들이 해결하려는 문제의 일부가 되어버렸다.

> 가장 기초적 수준에서, 전통적 접근은 일관적이고 설득력 있는 방식으로 차이에 대한 정의를 만들어내는 데 실패했다. 현대의 평등보호법이 문화적이고 상황적인 차이를 본원적이고 본질적인 차이로 간주하는 경우는 비일비재했다. 성과 연관된 특징들은 과대평가되거나 과소평가되었다. 직업제한과 같은 경우들에서 법정은 생물학적 차이가 운명을 결정하는 것을 용인했다. 출산과 관련된 차별규정 등의 맥락에서 법정은 재생산과 관련하여 여성이 가지고 있는 특수한 욕구들을 무시했다. 현재의 분류가 기존의 성별 차이를 따르는지 여부에 초점을 맞추는 것은 그러한 분류를 따름으로써 가지게 되는 불이익과 관련된 문제를 흐리게 했다. … 중요한 것은 동등한 대우가 아니라 여성적인 방식을 평등한 것으로 인정하는 것이다. 이러한 전략은 우리의 법률 패러다임의 실질적 변화를 요구한다.[57]

이러한 문제가 극단적으로 전개된 예는, 여성이 군복무를 해야 하는가, 해야 한다면 어떤 기능적 측면에서 그런 것인가를 둘러싼 논쟁이다. 이 논쟁은 무엇보다도 배제의 상징적 함의, 예를 들면 여성이 시민권에 핵심적 의무로부터 면제된다면 남성과 똑같이 시민으로서 존중을 받을 수 있는가 라는 문제와 관련된 것이다. 타당한 차이를 결정하기 위해 성에 대한 고정관념을 잘못 사용하는 경우는 공직과 관련된 문제들에서 더 뚜렷하게 나타난다. 완전고용된 남성의 '정상적 노동관계'가 보상을 필요로 하는 '일탈'을 측정하는 기준으로 사용된다면, 보상법에 의해서 여성은 자신들을 구조적으로 불리하게 만드는 제도에 적응할 수밖에 없다.

> 고용소송에 대한 보다 만족스러운 이론틀을 만들기 위해서는 젠더나 직업을 고정된 것으로 보아서는 안 된다. 단지 해당직업에서 여성이 '남성과 비슷한'지 아닌지가 문제의 초점이 되어서는 안 된다. 이보다 더욱 중요한 것은, 그 직업이 생물학적 차이를 수용하는 방식으로 재정의될 수 있는지, 젠더가 사회적 구성물이라면 이것을 재정의해서 그 차이들이 직업적으로는 의미없는 것이 되도록 할 수 있는지에 관한 것이다.[58]

평등에 대한 사회복지 정치와 자유주의 정치 양자에서 여성에게 동화의 압력 — 이러한 압력은 바로 이들 프로그램이 성공하는 곳에서 감지된다 — 이 가해지는 궁극적 이유는, 성차가 똑같이 문제가 되는 두 변수의 관계이며 따라서 두 변수 모두 해석이 필요한 것으로 파악되지 않고 오히려 그 차이가 당연한 것으로 전제된 '정규적', 즉 남성중심적 관계로부터의 일탈로 개념화되었다는 데 있다. 물론, 두 개의 법률 패러다임은 전제는 동일하지만 상이한 결과를 낳는다. 사회복지국가적

57) Rhode (1989), 81.

58) Rhode (1989), 97 f.

패러다임은 차이에 대해 특수한 법적 혜택을 제공하고 차이를 그대로 동결시키지만, 자유주의적 시장모델은 실질적 불평등을 무시하고 사소한 것으로 취급한다.[59]

오늘날 논쟁의 중심은 젠더에 따른 차이를 어떻게 적절히 정의할 것인가에 있다. '여성의 본성'에 대한 찬양과 '관계적 페미니즘' 간에는 큰 차이가 없다고 하더라도, 동화에서 차이로의 테마전환이 자동적으로 전통주의적인 역할정의의 회귀를 의미하진 않는다. "그 관점에서, 젠더 불평등은 남성이 가진 기회의 부정에서 나오는 것이 아니라 여성과 연관된 기능과 자질의 가치폄하에서 비롯된다."[60] 그러나 페미니즘적 비판이 '동일성/차이 접근방법' 자체 속에, 다시 말해 평등대우라는 규범적 명령에 의해 추동되는 법적 평등과 사실적 평등의 변증법 속에 잘못이 있다고 추정하고, 구래의 패러다임적 권리이해와 아울러 권리의 실현이라는 이념 일반까지 거부한다면, 그것은 비판의 진정한 대상을 잘못 잡은 것이다.[61]

권리이론이 개인주의적으로 축소된 권리개념과 필연적으로 연결되어 있는 것은 결코 아니다.[62] 권리의 상호주관적 개념에서 출발해보

59) MacKinnon(1989), 219를 보라. "이론적으로 말하자면, 성차별에 대한 주류 접근에는 성평등을 이루는 두 가지 대안적 경로가 존재하고 이 경로들은 동일성/차이의 긴장에 따라 나뉜다. 주도적 경로는 남성과 똑같이 되는 방법을 취한다. 이 경로는 이론적으로 '젠더 중립성'이라고 부를 수 있고 철학적으로는 단일기준을 가지고 있다. 이 입장은 형식적 평등을 법적 형식 속에서 찾는다. … 평등을 원하지만 자신들이 '다르다'고 생각하는 여성들에게 이 이론은 대안적 경로, 즉 남성과 달라지는 길을 제시한다. 차이의 동등한 인정은 법적으로는 특수한 혜택법 혹은 특수한 보호법으로 나타나고, 철학적으로는 이중기준적이다. 그것은 보호적 노동입법을 떠올리게 하는 석연치 않은 것이다."

60) Rhode(1989), 306.

61) MacKinnon(1989), 12, 13장; Young(1990), 4장; C. Smart, *Feminism and the Power of Law*, London 1989, 138~159.

62) 벤하비브(Seyla Benhabib)는, 후기 구조주의적인 페미니즘의 입장에서 정치담론을 맥락주의적이고 이성비판적 관점에서 해석하는 것에 반대한다. 그녀의 "Feminism and the Question of Postmodernism," in: Benhabib(1992),

면, 잘못의 진정한 원천이 어디에 있는지를 쉽게 식별할 수 있다. 먼저 공적 토론을 통해 어떤 측면에서 여성(혹은 특수한 여성집단)과 남성의 경험과 생활환경 상의 차이가 개인적 자유를 누릴 수 있는 평등한 기회에 영향을 미치고 있는지 분명하게 밝혀져야 한다. 제도적으로 정의된 젠더 고정관념이 주어진 것으로 전제되어서는 안 됨은 물론이다. 오늘날 이러한 사회적 구성물들은 의식적, 토론적 방식으로만 형성될 수 있다. 즉 그것들은 당사자 자신들이 공적 담론을 주도하면서 비교의 기준을 명료히 하고 유관적합한 측면을 정당화할 것을 요구한다. 실용주의 전통에 입각해서 마사 미노우(Martha Minow)는 권리개념을 고수하면서 공적으로 전개되는 법적 평등과 사실적 평등 간의 변증법을 주창한다.

> 권리를 관계의 속성으로 해석하는 것, 즉 협상적으로 문제해결을 시도하는 공동체 속에서 타협에 의한 것으로 해석하는 것은 법을 인간의 통제를 벗어난 어떤 힘으로 고착시키는 것이 아니라 이 과정에 의해 고양되거나 방해받은 관계패턴들에 대한 인간적 책임의 문제로 보는 것을 의미한다. 이와 같은 방식으로 권리개념을 공동체적 담론을 지속시키기 위해 사용한다면, 법적 조치를 취하는 것과 안 하는 것에 대한 인간적 책임을 생각할 수 있게 된다.[63]

성 정체성과 젠더관계는 생물학적 차이를 중심으로 형성되었지만 역사적으로 변화하는 사회적 구성물이다. 여성들의 평등투쟁에서 그리고 그것과 관련된 법률 프로그램의 패러다임적 이해의 변화에서 우리는, 평등한 대우와 불평등한 대우를 정의하는 유관적합한 측면이 사전에 설득력 있게 명시되고 정당화되지 못한다면, 여성도 사적 삶의 기획을

203~241을 보라.

63) M. Minow, *Making All the Difference : Inclusion, Exclusion and American Law*, Ithaca 1990, 309.

자율적으로 추구할 수 있도록 보장하는 주관적 권리가 적절히 정식화될 수 없다는 사실을 관찰할 수 있다. 젠더별 역할들과 젠더에 따른 차이들에 대한 분류는 한 사회의 문화적 자기이해방식의 기층과 관련된다. 급진적 페미니즘은 기존 사회의 자기이해 방식이 오류의 여지가 있으며 원칙적으로 논쟁적 성격을 가지고 있음을 강조했다. 사정이 이러하다면, 성 정체성의 차이와 젠더관계에 대한 상이한 관점들은 반드시 공적 토론의 대상이 되어야 한다. 그러나 여기선 전위적 페미니스트들도 문제의 정의에 관한 독점권을 갖고 있지 않다. 모든 당사자들이 인격적 침해, 차별, 억압의 구체적 경험에 기초해서 권리요구를 발언할 수 있는 기회를 가질 수 있어야 한다. 이때 비로소, 지식인 일반과 마찬가지로, 여성들의 대변자들도 그 어떤 것도 예단하지 않을 수 있으며, 그 누구에 대해서도 후견자 역할을 자처하지 않을 수 있다.

정당한 법질서 속에 반영되어 있는 구체적인 인정의 관계는 항상 '인정투쟁'으로부터 발생한다. 이 투쟁은 구체적인 무시의 경험에서 겪었던 고통에 의해, 그리고 그것에 대한 분노로 인해 발생한다.[64] 악셀 호네트가 보여주었듯이, 그때그때 주어진 맥락에서 평등한 사람들을 평등하게 대우하고 불평등한 사람을 불평등하게 대우한다고 할 때 그 기준이 될 측면들을 확인하기 위해 반드시 명료하게 표현되어야 하는 것은 다름아니라 인간 존엄성에 대한 모욕의 경험이다. 욕구의 해석을 둘러싼 이러한 투쟁은 판사나 공무원들이 대신 할 수 없으며, 심지어는 정치적 입법자에게 위임시킬 수도 없다.

이로부터 우리의 맥락에서 중요한 의미를 갖는 결과가 나온다. 즉, 아무리 맥락에 민감한 법적 규제라 할지라도, 그것이 동시에 정치적 공론장에서 여성의 위치를 강화하고 그럼으로써 정치적 의사소통 형식에의 참여를 확대시키지 않는다면, 자율적인 사적 생활을 위한 평등한 권리는 적절히 구체화될 수 없다. 정치적 의사소통은, 평등한 지위를

64) A. Honneth, *Kampf um Anerkennung*, Frankfurt/Main 1992.

결정하는 유관적합한 측면을 명료히 할 수 있는 유일한 영역이기 때문이다. 사적 자율성과 공적 자율성의 관계에 대한 이와 같은 통찰은 왜 현대 페미니즘이 단기적 성공을 노린 전적으로 성공지향적인 도구주의적 정치모델에 대해 유보하고 있는지 그 이유를 설명해준다. 다시 말해서 그 통찰은 왜 페미니즘이 '정체성 정치'와 같은 기치를 내걸면서 정치과정 그 자체로부터 생겨나는 의식화를 중시하는지 그 이유를 설명해준다. 이러한 절차주의적 이해에 의하면, 기본권의 실현은 평등하게 권리를 부여받은 시민들의 사적 자율성을 오직 그들의 정치적 자율성의 활성화와 병행하여 보장하는 과정이다. 이러한 법률 패러다임은 보편적으로 적용되는 '정의로운 사회의 성 정체성'을 설정하는 기획과는 양립할 수 없다. 그 정체성이 양성적이든 혹은 여성성이나 모성의 기치 하에서 본질주의적인 젠더 이분법에 기초한 것이든 간에 말이다. 다른 한편, 절차주의적 법이해는 지금 여기서 확인할 수 있는 구체적인 불의에 대한 규정적 부정의 전망을 열어준다.

> 좋은 사회가 어떤 것일지에 대해 선험적으로 알 수는 없지만, 현재의 어젠다에 대해서 좋지 않은 것이 어떤 것인지는 충분히 알 수 있다. 좋은 사회에서는 지위, 권력, 경제적 보장에서의 젠더 격차가 크지 않을 것이다. 좋은 사회란, 여성의 출산의 자유를 제약하고 실질적 빈곤, 폭력, 인종차별을 관용하고, 가족의 필요와는 상관없이 직장을 구조화하는 그런 사회가 아닐 것이다. 마지막으로, 그러나 가장 근본적으로, 좋은 사회는 그 구성원의 대다수에게 일상생활에 대한 그들의 실질적 권력을 부정하는 그러한 사회가 아닐 것이다. 그 잠재력을 충분히 실현하려면 페미니즘은 남녀간의 관계에 관한 것뿐 아니라 여성간의, 남성간의 관계에 대한 전망도 가지고 있어야 한다. 여성운동을 탄생시켰던 성평등의 대의는 필수적이긴 하지만 그 운동의 기저에 있는 가치를 표현하는 데는 불충분하다.[65]

65) Rhode (1989), 317.

3. 법치국가의 위기와 절차주의적 법이해

지금까지 나는 권리실현과 관련해서 절차주의적 법 패러다임에 대해 논의했다. 그러나 이 새로운 법 이해방식 역시 일차적으로는 복잡한 사회 속에서 민주적 법치국가가 공고화될 수 있는 방법이 무엇인가라는 질문과 연관된다. 이미 살펴보았듯이, 사회복지국가 모델로의 이행은 권리가 불법적인 행정력의 개입에 의해서뿐 아니라 권리의 실질적 행사에 필수적인 서비스 제공의 방기에 의해서도 침해될 수 있다는 사실에 의해 정당화될 수 있었다. 사회의 구조변동은 평등한 자유라는 보편적 권리의 내재적 함의에 대한 인식을 새롭게 했던 것이다. 그러나 이것이 새로운 규범적 관점을 작동시킨 것은 아니었다.

> 〔자유주의〕 형식법 패러다임을 규정하는 전제, 즉 오직 개인주의적 정의만이 사회적 연대를 보증할 것이고, 계약의 자유만이 신뢰를 실효성 있고 정의로운 방식으로 보호할 것이라는 전제는 더 이상 지지될 수 없게 되었다. 따라서 침해에 대한 소극적인 권리에 덧붙여 특정한 급부를 제공해야 하는 적극적 의무가 나타나게 되었다는 사실은 상호성의 원칙에 … 기초한 법관념에 어떤 근본적 변화가 일어났다는 것을 의미하지 않는다.[66]

그럼에도 불구하고 변화한 것이 있다면, 그것은 새로운 사회적 권리가 매우 모호한 효과를 낳았다는 점이다. 이 권리를 가진 개인들이 온정주의적으로 제공되는 혜택들을 향유할 뿐 아니라 그들 자신이 사실

---

66) K. Günther, "Der Wandel der Staatsaufgaben und die Krise des regulativen Rechts," in : D. Grimm (Hg.), *Wachsende Staatsaufgaben — sinkende Steuerungsfähigkeit des Rechts*, Baden-Baden 1990, 62.

적 불평등에 직면하여 법적 평등을 확립시킬 수 있는 기준들의 해석에도 참여하는 한에서만, 이 권리들이 의심의 여지없이 사적 자율성을 강화한다. 추상적 차원에서 이 조건은 법률의 민주적 정당화와 법치국가적 권력분립에 의해 충족된다. 그러나 예컨대 페미니스트적 평등정책의 영역에서 나오는 구체적 사례를 보면, 이와 같이 말쑥하고 간단한 대답은 의심스러워진다. 정부가 해야 할 일이 양적으로 늘어나고 질적으로 변화함에 따라 정당화의 요구도 변화한다. 법이 정치적 조절과 사회적 조형의 수단으로 사용될수록 법의 민주적 발생을 통해서 생겨나야 하는 정당화의 부담도 커진다.

물론, 구체적 특수성과 목표지향성은 입법자의 정치 프로그램에 의해 항상 법 속에 들어오기 마련이다. 부르주아 형식법조차도 집합적 목표를 고려해야 했으며, 이것은 군대 및 조세와 관련된 정책들에서 잘 나타난다. 그러나 이러한 경우들에서 집합적 목표의 추구는 법의 주요 기능인 행위기대의 규범적 규제에 종속되어야 했고, 그럼으로써 정치 전반이 일종의 권리실현으로 해석될 수 있어야 했다. 이러한 요구는 사회적 과정을 조절하기 위하여 법을 이용하는 적극적 국가가 내리는 집합적으로 구속력 있는 결정에도 마찬가지로 해당된다. 만일 정치가 법률형식을 임의의 목적을 위하여 이용하고, 그럼으로써 법의 내적 기능을 파괴한다면, 법과 정치권력의 구성조건은 침해된다. 사회복지국가에서도 법에 내재하는 사실성과 타당성 간의 긴장이, 따라서 법의 규범성이 유지되어야 한다면, 법은 정치로 완전히 환원될 수 없다. "정치는 법을 사용할 수 있다. 그러나 이와 동시에 법은 정치가 법을 사용하기 위한 절차적 조건을 규정한다."[67]

법적 형식에 의해 정치에 부과된 제약은 구조적인 것이지, 신자유주의가 걱정하듯이 양적인 것이 아니다. 정치적 과정이 ― 법치국가의 원리에 따라 분화된 ― 정당한 법제정의 절차적 조건을 침해할 대, 궁극

67) *Ibid.*, 57.

적으로 권리체계의 정치적으로 자율적인 조형을 위한 민주적 절차를 침해할 때 비로소, 정치의 총량이 법이라는 매체에 과도한 부담을 주게 된다. 정치가 법적 형식이라는 외피만을 쓰고서 법의 민주적 발생의 조건을 더 이상 따르지 않는 순간, 그 정치를 규범적으로 평가할 수 있는 기준 역시 상실된다. 이와 같은 정책 프로그램을 집행하는 경우, 행정권력 동원의 효율성 기준이 법적 규제의 정당성 기준을 대체하게 된다. 사실, 국가의 과제에 대한 기대가 늘어나면서 이러한 위험도 늘어나는 듯하다. 이렇게 되면, 정치적 목적을 위해 도구화된 법은 독립적인 행정체계의 견지에서 기능적 통합의 문제를 해결하기 위한 (오로지 이 문제해결만을 위한) 또 하나의 수단에 불과한 것으로 전락한다.[68] 이러한 전제를 취한다면, "두 기준의 범주적 차이는 발전되지 않고, 경험주의적 방식으로 재해석될 뿐이다. 정당한 정치적 의견형성 및 의지형성과 효율적 집행은 정치계획을 통해 사회구조의 변화를 성공적으로 이루어 내는 데 똑같이 중요한 조건들로 설정된다."[69]

그러나 사실 정당성 문제는 행정적 조절의 비효율성 문제로 환원될 수 없다. 정당성 결여는, 문제의 원인이 조정기제 때문이라고 할지라도 결국은 법의 민주적 형성과정의 교란으로부터 비롯된다. 정당성 문제를 단지 조절 및 운행문제의 종속변수로 간주하는 것은, 사회복지국가적 목표를 위해 동원된 법이 경쟁하는 가치들을 아무 기준도 없이 자의적으로 화해시키려는 목적에 이용될 수 있다는 잘못된 가정에서 출발한 것이다. 그러한 이미지는 법에 대한 잘못된 패러다임적 이해의 산물이다. 그런 이미지가 기술적 내용을 가지고 있다고 할지라도 그것은 단지 혼동에서 비롯된 것이며, 이 혼동은 절차주의적 법이해를 취함으로써 해소될 수 있다. 규범적 기준이 조건에 따라 달라지는 경우,

68) 바이마르 공화국 시기의 민주적 법실증주의자들 중 일부는 대체로 법에 대한 이러한 관점, 즉 법적 형식의 본질적 규범성을 보지 못하는 사회복지 입법자들의 관점에서 벗어나지 못했다.

69) Günther, in : Grimm(1990), 65.

규제적 법률은 뿌리를 상실하고 정당한 법제정이라는 토양에 기초하지 않게 된다. 왜냐하면 그러한 기준은 생활사적으로 체험된 억압과 무시의 경험이 언어화되는 공적 포럼 속에서만 형성될 수 있기 때문이다.

제도화된 심의와 결정과정이 욕구표명의 강제되지 않은 과정과 분리된다면, 그것은 자신의 파라미터를 상실한다. 그리고 이 파라미터는 그것이 스스로 산출할 수 없는 것이다. 이로써 법적 평등과 사실적 평등의 변증법은 융합되어 일종의 제2의 자연으로 전락하게 된다. 즉 그 변증법은 점점 더 스스로를 프로그램하는 행정체계의 적용과정으로부터 나오는 우연적인 기준에 의해 조절된다. 집합적 목표를 달성하기 위해 법을 도구화하는 정부기관들은 강력한 권력을 가진 의뢰인들과의 공조 하에 집합재의 독립적 관리행정으로 자립화되고, 목표의 선택 자체를 도구화될 수 없는 권리들을 실현하는 프로젝트에 비추어 통제하지 않게 된다.

정당하지 못한 권력의 자립화는 오늘날 부정할 수 없는 경향이다. 그러나, 이 경향을 단순히 법치국가의 공허화로 기술하지 않고 나아가 국가와 사회의 구조적 변화의 불가피한 결과라고 서술한다면, 그것은 잘못이다. 나는 먼저 (1) 법치국가 위기에 대한 잘 알려진 몇 가지 견해들을 살펴보고, 이러한 위기진단에 숙명적 취지를 부여하는 기능주의적 배후가정에 대해 검토할 것이다. (2) 이어서 절차주의적 패러다임의 관점에서 '헌법의 효력약화'라는 진단을 설명한 뒤에, (3) 자기조직적인 법적 공동체라는 '프로젝트'가 가진 의미에 대한 간략한 언급으로 결론을 대신할 것이다.

(1) 현대 법비판의 핵심쟁점은 의회입법의 구속력이 감소하고, 질적으로 새로운 과제들의 증가로 인해 국가내의 권력분립 원칙이 위협받고 있다는 점이다. 고전적 행정체계는 경제적 자율조절에 맡겨진 경제사회의 질서를 유지하는 과제에만 집중할 수 있었으며,[70] 그런 한 원칙적으로 개입의 필요성은 헌법에 의해 영구적으로 확정되고 법치국가

적으로 보장된 질서가 교란될 때만 생겨났다. 전형적인 범죄구성 요건들을 특정한 법률적 개념 속에서 정확히 기술하고 그것을 다시 명료히 정의된 법률적 결과와 연결짓는 보편적이고 추상적인 법은 이런 경우를 위해 설계되어 있었다. 왜냐하면 거기서 법질서의 의미는 공공질서 유지에 한정된 국가기구에 의해 시민들의 법적 자유가 침해되는 것을 막는 데에 있었기 때문이다.

그러나 사회복지국가적 입법자들이 행정부에게 계획과 정치적 조절의 과제를 요구하면서, 고전적 법규로는 행정활동을 적절히 프로그램화할 수 없게 되었다. 반응적, 양극적, 선별적 특징을 띤 고전적 개입행정을 보완하기 위해[71] 질적으로 전혀 다른 종류의 실천을 지닌, 계획하고 서비스를 제공하는 행정이 등장했다. 생활보장, 하부구조 구축, 계획, 위험예방 등의 과제, 즉 광의의 정치적 조절의 과제를 맡게 된 현대적 '서비스' 행정(*Leistungsverwaltung*)은 미래지향적이고 확장적인 방식으로 행위했다. 나아가 그 개입의 손길은 시민들과 사회집단들의 관계에까지 미쳤다. 현재 행정관행은 "고도의 복잡성, 상황의존성, 불확실성을 주기 때문에, 그것이 전혀 사유 속에서 완전히 선취될 수 없고 따라서 규범적 수준에서 최종적으로 결정될 수도 없다. 여기서 고전적 법규범은 대부분 무너진다. 왜냐하면 이 규범들은 조건적인 프로그램의 유형으로서, 범죄구성 요건의 측면에서는 국가가 정당하게 개입할 수 있는 전제들을 규정하고, 법적 결과의 측면에서는 국가가 사용할 수 있는 수단들을 규정하고 있기 때문이다."[72] 법률 형식의 스

70) D. Grimm, *Recht und Staat in der bürgerlichen Gesellschaft*, Frankfurt/Main 1987.

71) D. Grimm, "Wandel der Staatsaufgaben und die Krise des Rechtsstaats," in : *Die Zukunft der Verfassung*, Frankfurt/Main 1991, 165 f. "교란으로 판명된 외부적 사건을 항상 전제한다는 점에서 그것은 반응적이다. 그 활동이 국가와 교란요인의 관계에만 제한된다는 점에서 그것은 이분법적이다. 그 활동이 개별 교란의 방지 및 제거로 끝난다는 점에서, 그것은 선택적이다."

72) *Ibid.*, 172.

펙트럼은 특별법, 실험적 한시법, 불확실한 진단을 포함한 규제적 명령에까지 확장되었다. 입법자의 언어 속에 포괄조항, 일반조항이, 일반적으로는 불확정적 법률언어들이 들어오게 되었고, 이로 인해 '법의 비결정성'에 대한 열띤 토론이 촉발되어 독일뿐 아니라 미국에서도 법학계를 불안 속으로 몰아넣었다.[73]

여기서 내가 관심을 가지고 있는 것은 법의 실체화가 기능적 권력분립에 미치는 영향이다.[74] 나는 이미 법의 사법(司法)적 발달과정, 즉 잠정적으로는 입법의 위치까지 확장되어 법적 정당성의 기초뿐 아니라 판결의 합리성까지도 위협하게 된 과정에 대한 비판을 상세히 거론한 바 있다.[75] 그러나 이보다 더 문제가 되는 것은 조절적 행정활동에 대한 헌법적 제약이 결여되어 있다는 점이다. 물론 행정체계와 의뢰인 간의 예전의 권위주의적 관계는 이미 오래 전에 법정에 의해 감시되고 양측 모두에게 구속력을 가지는 행정법상의 관계로 대체되었다. 뿐만 아니라 행정심판의 관할영역이 법률유보의 확장을 통해 넓어졌다.[76] 그러나 이것만으로는 법적 구속력의 허약성을 충분히 보완할 수 없다. 왜냐하면 조절과제를 수행함에 있어 많은 경우에는 행정체계가 법기술적 의미에서 직접 개입하지 않아도 되기 때문이다.

---

73) Joerges, Trubek (1989).

74) 독일에서 법의 일반성에 대한 논의는 칼 슈미트가 1928년 그의 헌법론(*Verfassungslehre*)에서 제시했던 극단적 견해에 의해 규정되었다. 이 견해는 독일에서는 직접적으로는 포르스트호프(Ernst Forsthoff)에 의해, 간접적으로는 노이만(Franz Neumann)을 통해 영향력을 획득했다. 1950년대 말 나 자신도 이러한 영향에서 벗어나지 못했다. J. Habermas, L. v. Friedeburg, C. Oehler, F. Weltz, *Student und Politik*, Neuwied 1961의 서론을 보라. 최근 분석으로는 H. Hofmann의 역사적으로 성찰적이고 체계적으로 명료한 글, "Das Postulat der Allgemeinheit des Gesetzes," in : C. Starck (Hg.), *Die Allgemeinheit des Gesetzes*, Göttingen 1987, 9~48을 보라.

75) 이 책의 제5장과 6장을 보라.

76) W. Schmidt, *Einführung in die Probleme des Verwaltungsrechts*, München 1982, 241~261 ; H. Faber, *Verwaltungsrecht*, Tübingen 1987, 25 ff.

개입이 없다면 법률유보도 없다. 어떤 법률유보도 필요하지 않다면 법률적 구속도 없는 것이다. 행정에 대한 어떠한 법적 통제도 없다면, 법정에서 합법성을 심사할 여지가 없다. 그러나 이러한 결함은 개입영역 자체로 확장되기도 한다. 입법자 스스로가 사회관계와 구조를 변화시키고, 이것이 다시 기본권이 상충되는 대규모의 사회집단들에 영향을 미치는 경우, 법률유보는 기본권 보호라는 효과를 잃어버린다.[77]

그러한 영역에서 행정은 스스로 프로그램을 설정하고, 비례성 원칙이나 합리성 조항 및 하드십 조항[78] (*Zumutbarkeits-und Härteklauseln*)을 따른다. 판결에서는 자주 적용되는 이러한 조항들은, 행정체계가 규범적으로 중립적 방식으로 법적 지침을 따르는 것을 더 이상 허용하지 않는다.

이 문제들은 국가의 사회정책, 특히 그 예방적 활동이 전개되는 시간적 지평의 확장으로 인해 더욱 심각해졌다. 국가는, 능동적으로든 소극적 방치를 통해서든, 점차 과학 및 기술과 관련된 새로운 위험의 생산에 관여하고 있다. 예를 들어 원자력이나 유전공학과 관련된 위험들은 미래세대에 대한 배려의 문제를 제기한다. 이 문제는 — 입법부가 이 문제를 다룰 때도 당연히 — 타인의 이해관계를 대신 지각할 수 있는 확장된 관점을 요구한다. 일반적으로, '위험사회'[79]의 위험들은 전문가들의 분석력과 예측력만이 아니라 위험관리 행정의 문제처리 능력, 행위태세, 반응의 신속성을 강하게 요구한다. 이 때문에 사회복지국가에 존재하는 법적 구속력과 법적 안정성의 문제가 극적으로 심화

---

77) Grimm(1990), 26.

78) 하드십 조항이란 불가항력적 사태가 발생하였을 때 면책이 되거나 또는 계약당사자가 계약내용이나 계약기한 등을 조정하기 위하여 상호간에 성실하게 교섭한다는 것을 약속하는 약관을 말한다(역주).

79) U. Beck, *Risikogesellschaft*, Frankfurt/Main 1986 ; *Gegengifte : Die organisierte Unverantwortlichkeit*, Frankfurt/Main 1988.

된다. 한편으로, 입법자의 예방규범은 이렇게 복잡하고, 미래에까지 영향을 미치고, 또 예측에 의존하고 자기수정을 요구한다는 점에서 역동적 행정활동을 고작해야 부분적으로만 규범적으로 규제할 수 있고, 또 부분적으로만 그것을 민주적 과정에 되연결시킬 수 있다. 다른 한편, 대규모 인간집단에 영향을 미치는 잠재적 위험보다는 물질적 위험에 관심을 기울인 고전적 예방의 명령적 조절수단들은 실패하고 만다.

행정체계가 가진 재량권의 범위 — 이 재량권은 행정이 점차 예방에 주력하면서 논쟁의 여지가 많은 기술적 관점에 따라 행사할 수밖에 없다 — 를 감안할 때, 기본권 보호의 역동적 독해조차도 충분한 법적 보호를 보증할 수 없다. "분명한 실체적 권리보호를 대신해서 절차적 입장을 취한다고 해서 영향을 받는 사람들의 상황이 개선되는 것은 결코 아니다."[80] 이러한 맥락에서 데닝어(Denninger)는, "법적 안정성에 기초한 체계로부터" 개인의 법적 보호를 "수정하고 해체시키는" "법익의 안정성에 기초한 체계로 강조점이 이동했다"고 기술한다.[81] 뿐만 아니라 사회복지국가에서 국가의 보호의무에 대한 기본권적 통제가 법치국가를 '안전국가'(*Sicherheitsstaat*)로[82] 확장하는 결과를 가져오면서, 권리증대와 후견의 변증법은 가속화되었다. "이것은 헌법적 자유의 변화에서 특히 분명하게 드러난다. 그 변화는 사회가 너무도 많은 안전상의 위험을 만들어내서 감시기구를 상당한 정도로 확장하지 않고서는 헌법적 가치를 유지할 수 없게 되었을 때 발생한다."[83]

그러나 조절과제의 증대가 입법체계를 주변화시키고 행정권력의 자립화만 가져온 것은 아니다. 그것은 국가를 사회적 기능체계들, 거대조직, 단체 등과의 협상 속으로 몰아넣었다. 그러나 이들은 (제재, 사

80) E. Denninger, "Der Präventions-Staat," in : Denninger(1990), 42.

81) *Ibid.*, 33, 35.

82) J. Hirsch, *Der Sicherheitsstaat*, Frankfurt/Main 1980.

83) D. Grimm, "Verfassungsrechtliche Anmerkungen zum Thema Prävention," in: Grimm(1991), 217.

용료, 금융적 인센티브 등의 형태로 부과되는) 명령적 조절에는 상당한 정도로 저항하며, 오직 설득적 의사소통 수단만을 수용한다.

> 간접적 조치들에 대해 복종해야 할 의무는 없다…. 정치적 조치는 협상의 대상이 되고, 이 협상에서 사적인 조절대상자들의 자발적 수용 자세를 국가가 존중해야 한다. … 국가와 사회는 동일한 수준에서 만난다.[84)]

막강한 사회적 힘을 갖고 있는 조직 및 단체들이 정당한 이유 없이 그리고 국가기관이 통상적으로 지는 공적 책임을 지지도 않으면서 공적 권력의 행사에 관여한다면, 국가주권이 손상된다. 이미 언급했듯이, 의사헌법적 협상력을 갖춘 사회적 행위자들을 헌법의 틀 속에서 제어하기란 점점 어려워지고 있다. 심지어는 정당도 이 경우에 해당되는데, 독일 기본법 21조에 따르면 정당은 "국민의 정치적 의지형성에 참여"할 수 있는 권리를 가지고 있지만, 현재는 모든 국가권력을 망라하는 독자적 권력 카르텔로 자립화되었다. 그러나 이 카르텔은 충분한 헌법상의 근거를 갖고 있지 않다. 과거에는 정당이 정치적-공적 영향력을 의사소통적 권력으로 전환시키는 촉매역할을 했지만, 이제 정당은 정치체계의 핵심영역을 장악하면서 권력분립의 틀을 벗어나고 있다. 정당들은 의사국가적 통합기능을 세 가지 방식으로 행사한다. (a) 행정부, 사법부, 대중매체와 여타 사회영역으로부터 충분히 당원을 충원할 수 있는 능력을 통해, (b) 정치적 결정을 공식적 책임을 가진 위원회로부터 비공식적 합의와 정당간 야합의 밀실로 이전시킴으로써, (c) 공론장을 정권획득을 위한 수단으로 도구화함으로써 그러하다.

이러한 혹은 이와 유사한 위기진단을 어떻게 정식화하고 평가할 것인지는 논쟁의 대상이 될 수 있을 것이다. 그러나 이 진단은 그 올바른 대답이 유화책도[85)] 아니고 자유주의적 법이해로 돌아가는 것도 아

---

84) Grimm(1990), 19.

닌 그런 법치국가의 위기경향을 지적하고 있다. 그러나 새로운 조절과제들의 복잡성 때문에 법이라는 매체 자체가 과부하상태에 빠진다는 결론도 그렇게 설득력 있는 것은 아니다. 법의 사회적 통합력이 구조적으로 과부하상태에 빠지는 경우란, 법치국가의 위기에 출구가 없다는 것이 증명되는 경우뿐일 것이다. 나는 그러한 사면초가라는 암시는 기능주의에 경도되고 국가활동에 고착되어 법을 이해하기 때문에 빚어진 것이라고 본다.

국가과제의 복잡성 증대를 기준으로 개략적 시대구분을 해볼 수 있다. 이에 따르면, 국가는 처음에는 질서유지라는 고전적 과제에, 그 다음에는 사회적 보상의 정의로운 분배에, 마지막으로는 집합적 위험의 관리에 특화되어 있다. 절대주의 국가를 제어하는 것, 자본주의적으로 산출된 빈곤을 극복하는 것, 과학과 기술이 산출한 위험을 예방하는 것이 시대별 주제와 목표로 제시된다. 이러한 목표에 조응하는 국가의 이념형적 형태가 각기 법치국가(*Rechtstaat*), 사회복지국가(*Sozialstaat*), 안전국가(*Sicherheitsstaat*)이다.

이러한 이념형들에 대한 명칭에서 이미 알 수 있듯이 법치국가로 표현되는 역사적 구성물만이 법 자체와 밀접한 연관을 유지했다. 자유주의 국가에서 개입행정은 법을 통해 작동했지만, 사회복지국가의 조절활동과 예방국가의 간접적 조정은 점차 다른 자원에 의존해야 했다. 그 자원이란 화폐와 경제적 가치가 있는 하부구조적 활동, 그리고 정보와 기술적 전문지식이다. 자유주의 시기의 고전적 행정체계만이 법이라는 규범적 도구를 통해 과제를 적절히 해결할 수 있었다. 사회복지국가와 안전국가의 행정체계는 확충된 재원과 새로운 지식기반에 의존하게 되었다. 그리고 그 활동양식이 인지적 양식으로 바뀜으로써, 법이라는 규범적 도구와는 거리를 두게 되었다.

효과적 행정의 기능적 조건에 관심이 있는 사람에게는 이러한 분석

---

85) B. Peters(1991), 136 ff.

적 관심이 유익할 것이다. 그러나 이와 같은 기능주의적 고찰의 결과가 곧장 법률 패러다임으로 전이되어선 안 된다. 이러한 관점에서 나타나는 사물화의 경향은, 긴급한 문제들이 점점 더 법적 성격을 띠지 않게 되었다는 것을 의미할 따름이다. 그러나 그렇다고 해서 그것에 조응하는 행정활동이 점점 더 법적 규제를 벗어날 수밖에 없다는 의미는 아니다. 그것은 한 시대의 지배적 문제들을 명명하는 양식에 의해서 암시되는 것일 따름이다. 이 양식에 따르면, 자유주의 국가만이 자신의 문제, 즉 법적 안정성을 확립하는 문제를 법이라는 매체를 사용하여 해결할 수 있다.

효율적인 정부활동의 조건이 (형식법에 의해 보장되는) 정당성의 필수조건과 일치될 수 있는 경우란 개입행정과 민주적 경제사회가 상호보완적일 때뿐이다. 자유주의 이후의 시기에서는 효율성의 조건이 결코 정당성의 조건과 일치될 수 없음이 분명해졌다. 이러한 분리는 행정이 법치국가의 원리에 따라 조직되어야 하면서 동시에 사회를 계획하고 조절하는 목표도 달성해야 한다는 새로운 갈등상황을 만들어냈다.

그러나 이러한 목표상의 갈등이 있다고 해서 그것이 자동적으로 법의 적합성 상실을 의미하는 것도 아니며, 법치국가적 규범의 구속력 상실을 의미하는 것도 아니다. 어떻게 법적 자유와 평등이 다른 방식으로 보장될 수 있는가 라는 질문을 다루기 위해서는 물론 다른 분석적 관점에 주목할 필요가 있다. 행정의 기능변동을 고려하면서 어떻게 권리체계를 실현할 것인가라는 질문에서 출발한다면, 행정사회학적 관점에서 본 시대구분은 그 예리함을 상실한다. 법도그마틱적 관점에서 볼 때, 안정성을 위협하는 새로운 위험은 새로운 문제를 제기하는 것이 아니라 구래의 문제들 — 이미 사회복지국가의 발달과정에서 익히 알려진, 규제적 법률의 구속력 약화라는 문제들 — 을 더 첨예한 형태로 제기할 뿐이다. 예방적 규범들은 개인적 법적 보호에서 집합적인 법적 보호로의 시효만료된 확장을 고려하는 한에서만 새로운 문제를 야기한다.

우리의 맥락에서 더 중요한 것은, 자립화된 행정권력이 아무런 결과

없이 법치국가적 규제로부터 분리될 수는 없다는 점이다. 즉, 자신의 프로그램을 스스로 만들어내는 행정체계는 고전적 권력분립이 의도했던 중립성, 즉 규범적 근거와 관련된 중립성을 포기해야 한다. 이러한 측면에서 사물화 경향은 전혀 관찰할 수 없다. 행정체계가 정치적 입법의 과제를 맡으면서 그 집행과정에서 자신의 프로그램을 자율적으로 발전시키는 한, 규범의 정당화 문제와 적용의 문제를 스스로 결정해야 한다. 그러나 이러한 실천적 질문들은 효율성의 측면에서는 결정될 수 없고, 규범적 근거들에 대한 합리적 처리를 요구한다.

하지만 인지적 방식으로 작동하는 행정체계는 이를 위한 의사소통적 전제와 절차를 결여하고 있다. 현장에서 직접 결정될 수 없는 규범적 질문을 기술관료적으로 거부하고 경험주의적으로 재정의한다고 해서 그 문제를 객관적 사실의 문제로 사물화시켜 처리할 수 있는 것은 결코 아니다. 오히려, 그것은 "가치복합체들을 아무런 기준도 없이 양립시키는"(권터) 이차적 자연발생성을 초래한다. 법치국가의 침식을 보여주는 징후들은 분명 위기경향을 알리는 신호들이다. 그러나 이 위기경향 속에서 드러나고 있는 것은 점점 복잡해지는 국가활동이 법치국가적 원리 때문에 출구 없는 과잉 요청에 시달리고 있다는 점이라기보다는 오히려 법치국가적 원리들의 불충분한 제도화이다.

(2) 법 패러다임은 행위를 인도하는 상황진단을 가능하게 만든다. 그것은 권리체계의 실현이라는 프로젝트의 관점에서 주어진 사회의 지평을 밝혀준다. 이러한 점에서 그것은 일차적으로 세계의 지평을 열어주는(*welterschließende*) 기능을 갖는다. 법 패러다임은 하나의 해석적 전망을 열어주며, 이 전망에서 법치국가의 원리들은 (특정한 해석체계 속에서) 사회 전체적 맥락과 관계를 맺을 수 있다. 그것은 불특정적 원리로서 더 많은 해석과 특정화를 필요로 하는 기본권을 실현하는 과제와 관련된 제약과 가능성 조건을 밝혀준다. 따라서 다른 패러다임과 마찬가지로 절차주의적 패러다임도 규범적 요소와 기술적 요소를 모

두 포함하고 있다.

한편에서 담론적 법이론은 민주적 법치국가를 (정치적 자율성의 행사와) 정당한 법률제정을 가능하게 하는 담론적 의견형성 및 의지형성을 위한 절차와 의사소통적 전제를 정당한 법을 통해 (즉 사적 자율성 역시 보호하면서) 제도화하는 과정으로 개념화한다. 다른 한편 의사소통적 사회이론은 법치국가적 원리에 따라 조직된 정치체계를 여러 행위체계 중의 하나로 간주한다. 이 행위체계는 제도화된 의견형성 및 의지형성과 비공식적인 공적 의사소통 간의 상호작용을 통해서 사회 전체의 통합문제를 보증하는 역할을 수행한다. 그리고 이 역할을 성공적으로 수행하기 위해서는, 정치체계가 시민사회에 기초한 공론장을 매개로 — 자유주의적 정치문화와 이에 조응하는 사회화 과정에 의해 주조된 — 생활세계적 맥락 속에 뿌리박고 있어야 한다. 마지막으로, 특정한 법개념은 규범적 분석과 경험적 분석 간의 관계를 설정한다. 이 개념에 따르면, 법적 의사소통은 의사소통행위 속에서 실현되는 인정구조들을 단순 상호작용의 차원으로부터 조직화된 관계라는 추상적 차원으로 옮겨놓는 하나의 매체로 파악될 수 있다. 법적 의사소통들의 망은 복잡한 사회의 경우에도 사회 전체를 포괄할 수 있다.

한마디 덧붙이자면, 절차주의적 법 패러다임은 패러다임 투쟁의 한 산물이다. 이 패러다임은, 법에 대한 사회복지국가적 모델과 자유주의적 모델이 권리의 실현을 너무 구체주의적으로 해석했으며, 사례별로 해석을 필요로 하는 사적 자율성과 공적 자율성의 내적 연관을 은폐하고 있다는 전제에서 출발한다. 이러한 전제 위에서 본다면, 앞서 언급한 위기경향은 다르게 해석될 수 있다. 그리고 이 변화된 평가에 입각해서 다른 실천적 방안들을 제안해 볼 수 있다.

핵심적 문제는 정치적 조절을 위한 법의 도구화이다. 이 도구화는 법이라는 매체의 구조에 지나친 부담을 안겨주고, 정치를 도구화될 수 없는 권리들의 실현에 묶어주는 연결고리를 끊어 버린다. 그러나, 절차주의적 관점에서 볼 때, 이 문제의 원인을 더 이상 한 유형의 법을 다른 것으로 대체한 데에서 찾을 수는 없다. 규제적 법의 대두는 법치국가적 권력분립의 특수한 역사적 형태가 해체된 계기(*Anlaß*)에 지나지 않는다. 오늘날 정치적 입법자는 규제를 필요로 하는 사안의 성질에 따라 형식적, 실체적, 절차적 법 중에서 하나를 선택해야 한다.

여기서 권력분립의 원칙을 다른 방식으로 제도화할 필요성이 나온다. 왜냐하면, 대안적인 법적 형태들에 대한 반성적 관계로 인해 추상적이고 일반적인 법에 더 이상 특권을 부여할 수 없기 때문이다. 즉 그 법은 더 이상 법률을 제정하는 층위, 적용하는 층위, 시행하는 층위의 제도적 분리를 가능하게 하는 유일한 지지대로 간주될 수 없는 것이다. 이른바 자유주의 시기에도 제도적 권력분립은 결코 기능적 분립과 완전히 일치하지 않았다. 사회복지국가가 발달하면서 그 차이가 더 선명하게 드러났음은 물론이다. '입법부', '사법부', '행정부'라는 너무 구체적인 말은 다양한 종류의 근거들의 보유와 그것을 다루는 다양한 방식들을 다른 추상수준에서 규제하는 법치국가적 권력분립의 논리를 숨긴다. 이 논리는 — 국지적 맥락과는 상관없이 — 각기 조응하는 종류의 근거들에 접근할 수 있는 가능성을 열어주는, 다양한 담론들과 이에 상응하는 의사소통 형태들의 제도화를 요구한다.

해결을 요하는 문제들, 적절한 법률유형, 그리고 필요한 근거들에 대한 성찰적 접근방식은 법률 프로그램의 민주적 발생과 그것의 계속적인 가공 모두에 대해 중요한 결과를 가져온다. 현재의 상황에서 우리를 곤혹스럽게 하는 것은, 고전적 권력분립구도에서는 의회 입법자들과 사법부에만 허용되었던 규범적 근거들에 실제로 접근할 수 있는 기회가 대단히 광범위하게 확산되었다는 사실이다. 이 점에 대해서 간단히 짚고 넘어가겠다.

(a) 법을 성찰적으로 다루기 위해서는 의회적 입법자가 먼저 메타수준의 결정을 내려야 한다. 다시 말해서, 그가 도대체 결정을 내려야만 하는지, 아니면 그를 대신해서 다른 누가 결정을 내릴 수 있는 것인

지, 그리고 만약 그가 결정을 하고자 할 경우, 그의 법률 프로그램의 정당한 처리와 관련하여 어떤 결과가 생기는가 라는 문제들에 대해 먼저 결정을 내려야 한다. 단순한 경우로는, 입법자가 그 권위를 충분히 행사하지 못하고 법률의 개입을 요구하는 문제들에 대한 규제를 포기하는 우유부단함 때문에 입법권이 아무런 통제도 없이 법원과 행정체계로 이양되는 경우가 있다.

다른 경우에는 더 어려운 질문이 생기는데, 과연 의회적 입법자가 혼자서는 특정성을 충분히 고려하면서 결정을 내릴 수 없는 문제들에 대하여 입법권을 분산시킴으로써 결정의 부담을 덜 수 있는가 하는 문제이다. 그러나 입법자가 규제적 법을 이용하는 경우 — 대체로 이 경우가 문제가 되는데 —, 그것의 약한 구속력이 사법부와 행정부에서 정당한 방식으로 보완될 수 있는 조치를 취해야 한다.

입법자는 자신의 정책을 추구하면서 권리들을 해석하고 정교화하는 데 비해, 사법부는 특수한 사건들에 대해 일관된 결정을 내리기 위해 '법률'에 의해 주어진 근거들을 동원할 수 있을 뿐이다. 앞서 살펴보았듯이 이것은 헌법재판소의 헌법해석의 경우에도 마찬가지이다. 절차주의적 이해방식에 따른다면 헌법재판소는 자신의 역할을 제한적 역할로 이해할 것이지만 말이다. 절차주의적 법 패러다임에서 무엇보다 보호되어야 할 것은 민주적 과정의 절차적 조건들이다.

이 조건들은, 규범이 충돌하는 많은 까다로운 사건들을 새로운 각도에서 조명할 수 있게 해준다는 점에서 중요성을 가지고 있다. 사적으로 자율적인 시장 참여자들과 복지관료들의 수혜자들이 남긴 공백은 참여적 시민들의 활동으로 채워질 수 있다. 그들은 정치적 담론에 참여해서 침해된 이해에 대해 문제제기하고, 새로운 요구를 제시하면서 같은 경우들은 같은 것으로 다른 경우들은 다르게 처리하는 기준을 형성하는 데 동참한다. 모든 단서조항에도 불구하고 입법과 판결 간의 회색지대에서의 결정은 사법부에 맡겨지는 경향이 있기 때문에 법률 프로그램들이 법정에서 발전적으로 구체화되는 한, 사법적 적용담론은 반드시 정당화의 담론들을 통해 가시적 방식으로 보충되어야 한다.

물론 의사입법적인 의견형성 및 의지형성의 요소들은 판결에 필요한 것과는 다른 종류의 정당화를 요구한다. 추가적인 정당화의 부담은 법정에 추가적 의무를 부여함으로써, 즉 사법계 전체를 망라하는 포괄적인 비판적 토론 속에서 자신의 견해를 정당화해야 하는 의무를 부과함으로써 해결될 수도 있을 것이다. 이를 위해선 법적 공론장의 제도화가 요구될 것이고, 이 공론장은 기존의 전문가 문화를 넘어서서, 충분히 신중한 태도로 법원의 중요결정들을 공적 토론의 대상으로 만들어야 할 것이다.

(b) 그러나 규제적 법률의 약화된 구속력은 무엇보다도 조절과제를 담당하고 있는 행정영역에서 보충될 필요가 있다. 오늘날 행정활동은 규범적으로 분명한 책임의 틀 속에서 전문적 효율성을 기하면서 규범적으로 중립적으로 법을 집행하는 수준을 넘어섰다. 전문가 지배 모델에 의하면, 행정체계는 실용적 결정만 내릴 수 있을 뿐이다. 물론 행정체계가 이러한 이상을 따랐던 적은 한 번도 없다. 현대의 서비스 행정에서는 집합재들 간의 우선순위를 결정하는 것, 경합하는 목표들 중의 하나를 선택하는 것, 그리고 개별 케이스에 대해 규범적 판단을 내릴 것을 요구하는 문제가 산적해 있다. 이 문제들은 규범적으로 중립적인 과제수행이라는 전문가적 한계에 가두어질 수 없는, 정당화의 담론과 적용의 담론 속에서만 합리적으로 처리될 수 있다.

따라서, 여전히 효율성을 지향하는 행정적 결정과정 속에 절차법의 도움으로 정당성의 필터를 설치해야만 한다. 이런 점에서, 국가기구가 민주주의에 의해 '포위된' 요새라는 나의 이미지는 잘못된 것이다.[86] 행정체계가 개방된 법률 프로그램을 집행할 때마다 규범적 근거의 검

86) J. Habermas, "Volkssouveränität als Verfahren"(원서 626쪽. 이 번역서에서는 번역하지 않았다 — 역주).

토를 피할 수 없는 한, 정부입법의 이러한 행보는 법치국가적 정당성의 조건을 충족하는 의사소통적 형식과 절차 속에서 수행될 수 있어야 할 것이다. 이와 같은 행정의 '민주화'는 필요한 정보를 제공할 의무를 행정부에게 부과하는 수준을 넘어서서, 행정에 대한 의회적, 사법적 통제를 내부로부터 보충하게 될 것이다. 그러나 관련 당사자들의 참여, 옴부즈맨 제도의 활성화, 의사사법적 절차, 청문회 등이 그러한 민주화에 적절한 것인지, 아니면 효율성을 추구해야 하지만 위에서와 같은 방식을 취할 경우 쉽게 교란이 생길 수 있는 행정영역에서는 다른 장치가 마련되어야 하는지는, 개혁이 이루어지는 곳에서는 늘 그러하듯이, 제도적 상상력과 신중한 확인의 상호작용을 통해 해결되어야 할 문제이다. 물론 행정참여가 단순히 법적 보호를 대신하는 것으로 간주되어선 안 된다. 오히려 그것은 규범적 관점에서 볼 때 입법행위와 판결행위를 대체한다고 볼 수 있는 결정들을 정당화하기 위한 사전(*ex ante*) 절차로 간주되어야 할 것이다.

이런 절차가 있다고 해서 행정에 대한 사후(*reaktive*) 통제가 불필요해지는 것은 물론 아니다. 법률유보의 확대, 헌법적 보호의 역동화, 집합적 법적 보호와 같은 것들은, 앞서 예방적 국가과제와 관련하여 논의했던 **개인적인 법적 보호**의 손상을 예방하기 위한 법률적 조치들이다. 이러한 법률구조는 당사자가 자신의 권리를 행사할 의지가 없거나 행사할 수 없다면 효과를 거두지 못한다. 절차주의적 패러다임은 입법자의 관심을 법의 **동원조건**으로 돌리게 만든다. 사회분화가 고도로 진행되고 이에 따라 잠정적으로 위험에 처한 집단들의 지식과 의식이 파편화되는 상황에서는, "개인들도 자신의 이익을 발전시키고 이것을 다른 사람들과 공유하여, 정부의 의사결정 과정에서 관철할 수 있게끔 하는" 각별한 배려가 있어야 한다.[87)]

87) D. Grimm, "Interessenwahrung und Rechtsdurchsetzung in der Gesellschaft von morgen," in : Grimm(1991), 178.

(c) 이상의 고찰에서는 아직 거대한 사회적 권력과 복잡한 내적 구조를 가진 조직 및 사회적 기능체계에 대한 행정부의 신조합주의적 관계가 다루어지지 않았다. 이러한 조직과 하위체계들은 명령적 조절방식으로는 접근하기 어려우며, 이미 이런 이유만으로도 법적 보호를 필요로 하는 의뢰인 및 수혜자들과 구별된다. 이미 보았다시피, 이들과의 협상과정에서 국가가 여러 참여자 중의 하나라는 지위에 만족한다면 법치국가의 기본골격에 훼손이 생긴다. 사회 전반에 영향을 미치는 정치적 결정과 관련해서는, 국가는 과거에 그러했던 것처럼 공적 이익을 인식해야 하며, 필요하다면 그것을 관철할 수도 있어야 한다.

국가가 현명한 조언자나 절차적 법률을 제공하는 감독관의 역할을 하는 경우에도, 그 절차법을 제정하는 과정은 투명하고, 이해가능하고, 통제가능한 방식으로 입법 프로그램과 연결되어 있어야 한다. 이것을 위한 특별한 지침은 없다. 의회에 영향을 미치고 정당한 법의 발생조건을 보장하는 것은 공론장이다. 따라서 부당한 권력의 자립화에 대항하여 '자유의 수호자'의 역할을 담당할 수 있는 것 역시 궁극적으로는 충분한 정보를 갖고 의혹의 눈길을 던지며 경계를 늦추지 않는 활기찬 공론장뿐이다.

이로써 우리는 절차주의적 패러다임의 핵심에 이르렀다. 인게보르크 마우스(Ingeborg Maus)의 정식화에 따르면, 법의 민주적 발생의 핵심은 "법적으로 제도화된 국민주권과 제도화되지 않은 국민주권의 전면적인 조합과 상호매개"이다.[88] 권리체계의 실현을 위한 사회적 토대는 자연발생적으로 작동하는 시장도, 의도적으로 작동하는 사회복지국가의 조치들도 아니다. 오히려 그것은 시민사회와 공론장으로부터 나와서 민주적 절차를 통해 의사소통적 권력으로 전화되는 의사소통의

---

88) Maus(1992), 203 ff. 또한 Maus, "Basisdemokratische Aktivitäten und rechtsstaatliche Verfassung : Zum Verhältnis von institutionalisierter und nichtinstitutionalisierter Volkssouveränität," in : T. Kreuder(Hg.), *Der orientierungslose Leviathan*, Marburg 1992, 99~116을 보라.

흐름과 공적 영향력 속에 있다. 이 맥락에서 중심적 의미를 갖는 것은 자율적 공론장을 보호육성하고, 시민참여를 확대하며, 미디어의 권력을 제어하는 것, 그리고 정당이 국가의 시녀가 아니라 매개적 기능을 다하는 것이다. (국민투표와 국민청원 같은) 직접민주주의의 요소를 헌법에 포함시키자는 널리 알려진 제안들, 그리고 풀뿌리 수준에서 (후보 결정과정이나 당내 의견형성 과정 등에서) 민주적 절차를 도입하자는 제안들은 정치적 공론장이 권력에 휘둘리는 것을 막기 위한 것이다.

미디어 권력을 좀더 강도높게 헌법적으로 규제하려는 시도 역시 같은 취지에서이다. 대중매체는 정치엘리트와 여타 기능체계들의 엘리트의 압력으로부터 자유로운 행위공간을 확보해야 한다. 또 대중매체는 비판적 공중의 의사소통적 자유를 제약함이 없이 여론형성의 담론적 수준을 보장할 수 있어야 한다.[89] 절차주의적 법 패러다임에서 정치적 공론장은 단순히 의회의 앞뜰에 그치는 것이 아니라, 정치적 중심을 둘러싸고서 자극과 충격을 제공하는 주변부가 된다. 규범적 근거들의 관리를 통해 그것은 정치체계를 정복하려는 의도 없이 정치체계 전반에 영향을 미친다. 총선과 다양한 형태의 참여채널들을 거쳐 여론은 입법부에 권한을 부여하고 조절적 행정활동을 정당화하는 의사소통적 권력으로 전화된다. 다른 한편 법정의 결정에 대한 공적으로 동원된 비판은 직접 법을 발전시키는 사법부에게 더 강도높은 정당화의 의무를 부과한다.

정당이 국가기구로 전락한 것에 대한 오늘날의 비판은 일차적으로는 유권자의 동의를 얻기 위한 정강정책의 경쟁을 정치엘리트의 충원과

---

89) 적어도 '제 4의 권부'에 대한 헌법적 규제의 필요성을 제기하고 있는 헌법재판소의 결정으로는 *Neue Juristische Wochenschrift* 1981, H. 33, 1774 ff.; 1987, H. 5, 239 ff.; 1987, H. 47, 298 ff.; 1991, H. 14, 899 ff.를 보라. 이에 대해선, F. Kübler, "Die neue Rundfunkordnung: Marktstruktur und Wettbewerbsbedingungen," *Neue Juristische Wochenschrift* 1987, H. 47, 2961~2967을 보라.

공직배분의 수단으로 도구화시킨 것에 집중되고 있다. 여기서 문제가 되는 것은 정당이 충분한 근거를 갖고 동시에 행하는 두 가지 기능의 제도적 분화에 관한 것이다. 여론의 촉매자로서 정당은 정치적 의견형성과 (시민적 권리행사를 고취하기 위한) 정치교육에 동참해야 한다. 동시에, 충원기구로서 정당은 인물을 선택하고 정치체계에 지도부를 파견한다. 정당 자체가 정치체계의 일부가 되는 한, 두 가지 기능은 더 이상 분화될 수 없다. 왜냐하면, 행정권력의 담당자라는 관점에서 정당은 시민사회와 협력할 수 있는 특권을 일종의 조정기능이라는 의미에서 이해하고 행사하며, 정치적 공론장을 대중적 지지를 만들어내야 할 환경으로 취급하기 때문이다. 이에 비해, 시민공중은 스스로를 재인식할 수 있는 기회를 행정수반이 아니라 민주적 정당지도자 속에서 가질 수 있어야 한다. 후자는 욕구의 적절한 해석과 관련 쟁점의 관철을 둘러싼 경쟁 속에서, 정확한 문제인식과 최선의 해결책을 둘러싼 논쟁에서 두각을 나타내야 한다.

민주적 경쟁이 이들 지도자들에게 행정권력을 장악한 사람들이 공직의 보너스로 얻는 것보다 더 높은 평판을 제공하지 못한다면, 정치는 여전히 성역이라는 허상을 벗지 못하게 될 것이다. 자기조직적 법적 공동체의 집인 민주적 법치국가에서는, 담론적으로 유동화된 주권의 상징적 장소는 늘 비어 있다.[90]

(3) 탈형이상학적 사유 — 현대화로 인한 상실에 대한 근본주의자들의 반격에도 불구하고 이것 외에는 어떤 설득력 있는 대안도 존재하지 않는다 — 의 조건에서, 국가는 그 성스러운 실체를 잃었다. 국가권력

90) 르포르(Claude Lefort)의 관점을 이어받아, 뢰델(Ulrich Rödel), 프랑켄베르그(Günter Frankenberg), 두비엘(Helmut Dubiel)이 *Die demokratische Frage*, Frankfurt/Main 1989, 83 ff.에서 이 관념을 발전시켰다. 그리고 U. Rödel(Hg.), *Autonome Gesellschaft und libertäre Demokratie*, Frankfurt/Main 1990도 참조할 것.

의 영적 토대의 세속화는 이미 시작된 지 오래이지만, 아직까지도 제대로 완수되지 않았다. 법치국가 자체가 위험에 빠지지 않으려면, 가일층의 민주화로 이 결함을 메워야 한다. 민족사회에 국한된 전망을 넘어서서, 탈식민지화 시대가 종결된 시점에서, 세계사회의 국제질서로 전망을 넓혀본다면, 이 명제를 증명해주는 증거들을 더 많이 수집할 수 있을 것이다. 걸프전에서 연합국측이 주장한 정당화나 유럽안보협력회의(Konferenz über Sicherheit und Zusammenarbeit in Europa)의 권한확대는 국제법의 점진적 탈국민국가화를 잘 보여준다.[91] 이 사례에는 국민국가적 주권의 해체경향이 반영되어 있다. 현재 등장하고 있는 세계적 공론장의 지평에서 볼 때, 이 경향은 새로운 보편주의적 세계질서의 시작을 의미할 수 있다.[92] 물론, 서문에서 언급한 문제들이 제기하는 압력을 감안할 때, 이 경향은 하나의 희망, 그야말로 절망에서 나온 희망에 지나지 않는다.

이러한 개혁주의적 전망을 통상적인 복잡성의 논증으로 반박하는 사람은 정당성과 효율성을 혼동하고 있다. 뿐만 아니라 법치국가의 제도 자체가 언제나 이미 복잡성을 축소할 뿐 아니라 법에 내재된 사실성과 타당성의 긴장을 안정시키기 위하여 역운행(*Gegensteuerung*)을 통해 복잡성을 유지하기 위한 것이라는 사실도 인식하지 못하고 있다. 다른 한편, 내가 '법치국가의 위기'에 대한 이해와 관련하여 절차주의적 법패러다임으로부터 도출한 결론들은 개별적 항목의 수준에서는 독창적인 것이 아니다. 그러나 이 패러다임은 현재 논의중이거나 이미 진행중인 개혁의 노력에 일관성을 부여해줄 수 있다.

만약 유토피아가 구체적 삶의 형태의 이상적 투사와 같은 것이라면, 하나의 프로젝트로서 이해된 헌법은 사회적 유토피아도 그 대체물도 아니다. 이 프로젝트는 "집합적 이성과 세속화된 전능성을 국가 속에

---

91) J. Habermas, *Vergangenheit als Zukunft*, Zürich 1991, 14 ff.

92) R. Knieper, *Nationale Souveränität : Versuch über Ende und Anfang einer Weltordnung*, Frankfurt/Main 1991.

서 제도적으로 통합하는" 유토피아와 정반대된다. 오히려 이 프로젝트는 시민사회의 이상과 그것의 능력, 즉 담론적 과정 속에서 그리고 현명한 제도화를 통해 스스로에게 영향을 미칠 수 있는 능력을 함축하고 있다.[93] 울리히 프로이스는 '헌법'을 오류가능성이 있는 학습과정의 제도화로, 즉 사회가 자기 자신을 규범적으로 주제화하지 못하는 무능력을 단계적으로 극복하게 해주는 제도로 정의한다. "한 사회가 규범의 인도를 받은 적응, 저항, 자기수정의 과정과 적절한 제도적 형식 속에서 자기 자신과 대면할 때, 그 사회의 근간이 마련된다."[94]

절차주의적 법 패러다임을 지금까지 경쟁을 벌였던 다른 두 패러다임과 구별시켜 주는 것은 그것이 '공허'하거나 '내용이 빈약하다'는 의미에서 '형식적'이라는 점에 있지 않다. 절차주의적 패러다임은, 권리체계 실현과 관련하여 민주적 과정에 과거와는 다른 비중과 다른 역할을 부여할 수 있는 열정적 준거점을, 시민사회와 정치적 공론장에서 찾는다. 복잡한 사회에서 가장 희소한 자원은 시장경제의 생산성도, 공공행정의 조절능력도 아니다. 무엇보다도 소진되어 가는 생태경제(*Naturhaushalt*)의 자원과 해체되고 있는 사회적 연대의 자원이야말로 부양이 필요한 자원이다. 오늘날 사회적 연대의 힘은 의사소통적 자기결정의 형태를 통해서만 회복될 수 있다.

우리 사회의, 즉 역사적으로 등장한 특정한 사회의 기능조건에 적합하게 설계된 권리실현의 프로젝트는 단순히 형식적인 것으로 그칠 수 없다. 그럼에도 불구하고 절차주의적 법 패러다임은 자유주의 모델과 사회복지국가적 모델과는 달리, 더 이상은 특수한 사회적 이념이나 선한 삶에 대한 특수한 비전에 편향되지 않으며, 나아가 특수한 정치적 선택지에도 편향되지 않는다. 왜냐하면 이 패러다임은 단지 법적 주체가 참여적 시민으로서 자신들의 문제가 무엇이고 어떻게 해결할 것인

93) Preuß(1990), 64.
94) *Ibid.*, 73.

가에 대해 서로 논의하면서 합의에 도달하기 위한 필수적 조건을 명시할 뿐이며, 또 이런 의미에서 형식적이기 때문이다. 확실히 절차주의적 패러다임에는 전문가 자격으로 법을 다루는 엘리트들의 자기이해뿐 아니라 모든 참여자들의 자기이해의 모습까지 규정할 수 있으리라는 자기준거적 기대가 깔려 있다.

그러나, 담론이론에 대해 거듭거듭 제기되는 억지스러운 반론들을 미리 고려해서 말하자면, 이 기대는 주입되어야 할 것도 아니고, 전체주의인 것과는 전혀 상관없다. 왜냐하면 이 새로운 패러다임 자체가 자신이 제시한 조건 속에서 토론의 대상이 되기 때문이다. 이 패러다임이 그 안에서 모든 사람들이 각자의 방식으로 각자의 몫을 다하면서 헌법의 해석에 참여하는 선이해의 지평을 형성하는 한, 우리에게 지각된 사회적 맥락의 모든 역사적 변동은 이 패러다임적 법이해 자체의 재검토를 요청하는 하나의 도전으로 파악되어야 할 것이다. 확실히 이러한 이해방식도 법치국가와 마찬가지로 하나의 도그마적(*dogmatischen*) 핵심을 담고 있는데, 그것이 바로 자율성의 이념이다. 이 이념에 따르면, 사람들이 상호주관적으로 획득한 통찰에 의거하여 스스로에게 부과한 법에 복종하는 한에서만 자유로운 주체로서 행위할 수 있다. 물론 여기서 '도그마적'이란 말은 나쁜 의미로 사용된 것이 아니다. 왜냐하면 이 자율성의 이념은 사회문화적 삶의 형식의 상징적 하부구조라는 사실과 함께 '주어져 있는', 즉 그러한 삶의 형식 속에서 정체성을 형성한 우리들로서는 결코 회피할 수 없는 사실성과 타당성의 긴장을 표현하기 때문이다.

4판 후기 (1994)

어떤 의미에서 저자는 자신의 텍스트에서 말했던 것을 독자의 반응을 통해 처음으로 경험한다. 또한 이를 통해 그는 자신이 말하려고 했던 것을 의식하게 되며, 또 말하기를 원했던 것을 좀더 분명하게 표현할 수 있는 기회를 얻게 된다. 이 책이 출판되고 몇 년 지나지 않아서, 일련의 명석하고, 대부분 선의에 넘치며, 모두 다 배울 것이 많았던 서평들을 읽고 난 후, 내 자신이 이러한 상황에 처했다. 확실히 해석자는 텍스트를 저자보다 더 잘 이해할 수 있는 이점을 누린다. 그러나 새 판이 나오면 저자도 자신이 이해하기에 책의 전체구조를 규정하는 사상을 해석자의 역할 속에서 다시 개괄해 볼 수 있을 것이다. 또 이런 방식으로 그동안 제기되었던 반론들 중 몇 가지를 해명할 수 있는 기회도 얻을 수 있다.

1

근대법은 강제적이고 실정적이며, — 그 주장에 따르면 — 자유를 보장하는 규범들의 체계에 의해 형성된다. 강제성과 실정성이라는 형식적 속성은 정당성 주장과 결합되어 있다. 국가의 제재위협에 의해 뒷받침받는 규범들이 정치적 입법자의 변화가능한 결정으로부터 생겨난다는 상황은 이 규범들이 모든 법적 인격체들의 자율성을 평등하게 보장할 것이라는 기대와 결합되어 있다. 정당성에 대한 이 기대는 법률제정과 법률집행의 사실성과 착종되어 있다. 그리고 이 착종관계는 다시 법의 양가적 타당성 양식 속에 반영된다. 그러니까 근대법은 그 수신자들에게 야누스의 얼굴을 보여준다는 말이다. 그것은 법에 대한 두 가지 접근방법 중 어느 것을 택할 것인지를 수신자들에게 일임한다. 수신자들은 법규범을 단순히 그들의 개인적 행동범위에 대한 사실적 제약이라는 의미의 명령으로 간주하여, 가능한 규칙위반의 계산가능한 결과들에 대해 **전략적**으로 접근할 수 있다. 또 그들은 **수행적** 태도를 취하여, 법규범을 타당한 명령으로 간주하고 '법에 대한 존중'에서 그것을 준수할 수도 있다. 국가가 두 가지를 모두 보장하는 한에서, 법규범은 타당성을 갖는다. 한편으로 국가는 법규범의 평균적 준수를 보증하며, 필요하다면 제재를 통해 강제하기도 한다. 다른 한편 국가는 규범 자체의 정당한 발생을 위한 제도적 전제조건을 보장하는데, 이는 법에 대한 존중에서 법을 준수할 수도 있게 하기 위해서이다.

그럼, 정치적 입법자에 의하여 언제라도 변화될 수 있는 규칙의 정당성은 무엇에 근거하는가? 포괄적 세계관과 집합적 구속력을 지닌 윤리가 무너진 다원주의 사회에서는, 그리고 아직 남아 있는 탈전통적인 양심의 도덕으로는 과거 종교와 형이상학에 의존하던 자연법을 위한 충분한 토대를 더 이상 제공하지 못하는 곳에서는, 이 질문이 특히 첨예하게 제기된다. 법을 산출하는 민주적 절차가 정당성의 유일한 탈형이상학적 원천을 형성한다는 것은 분명하다. 그러나 이 절차가 그런 정당화의 힘을 갖는 이유는 무엇인가? 이 질문에 대해 담론이론은 일견 개연성이 없어 보이는 단순한 대답을 제시한다. 즉 민주적 절차는 쟁점과 기고, 정보와 근거들이 자유롭게 소통되도록 만들고, 정치적 의지형성의 담론적 성격을 보장하며, 이로써 절차에 합당하게 산출된 결과들이 어느 정도 이성적일 것이라는, 오류가능성을 인정하는 추정을 근거짓는다. 이런 담론이론적 접근방법을 지지하는 일차적 근거들은 다음 두 가지 고려를 통해 얻을 수 있다.

사회이론의 관점에서 볼 때, 법은 사회적 통합의 기능을 충족한다. 헌법을 통해 조직된 정치체계와 더불어 법은 사회적 통합이 이룩되지 않을 때를 대비하는 일종의 안전망을 제공한다. 그것은 일종의 '전송벨트'로서 기능한다. 이 전송벨트를 통해, 대면적 상호작용에서 친숙하게 나타나는 상호인정의 구조가, 추상적이지만 구속력 있는 형식 속에서, 낯선 사람들 간의 체계적으로 매개된 익명의 상호작용으로 이송된다. 물론 화폐 및 행정권력과 나란히 사회통합의 제3의 원천인 연대성은 법을 통해서는 간접적으로만 생겨난다. 법은 행위기대를 안정화시키고, 이를 통해 개인적 권리의 추상적 담지자들 사이에서 상호인정의 대칭적 관계를 보장한다. 법과 의사소통행위 사이의 이 구조적 유사성은 왜 의사소통행위의 반성적 형식인 담론이 법적 규범의 생산(과 적용)에 구성적 역할을 담당하는지 그 이유를 설명해준다.

법이론의 관점에서 볼 때, 근대 법질서는 자신의 정당성을 오직 자기결정의 사상으로부터만 끌어올 수 있다. 시민들은 법의 수신자로 법에 종속되어 있지만, 동시에 항상 자신을 그 법의 저자로도 이해할 수 있어야 한다. 사회계약이론은 시민의 자율성을 쿠르주아 계약법의 범주 속에서 사유했으며, 따라서 그 자율성을 계약을 체결할 수 있는 당사자들의 사적으로 자유로운 선택으로 간주했다. 그러나 사회질서의 설립이라는 홉스적 문제는 독립적 행위자들이 내리는 합리적 선택의 우연적인 만남을 통해서는 만족스럽게 해결될 수 없었다. 이 때문에 칸트는 자연상태의 당파들에게 진정한 도덕적 능력을 부여했다. 나중에 롤즈도 이와 유사하게 원초적 입장 속의 당사자들에게 도덕적 능력을 부여하였다. 오늘날 담론이론은 언어적 선회를 따라, 도덕성에 대한 이러한 의무론적 이해에 대한 또 하나의 해석을 제공한다. 그 결과 담론적 모델 혹은 토의모델이 계약모델을 대체한다. 법적 공동체는 사회계약을 통해서 구성되는 것이 아니라 담론을 통해 이루어진 동의라는 바탕 위에서 구성되는 것이다.

그러나 도덕적 논증이 헌법을 제정하는 담론의 모델로 남아 있는 한, 이성법 전통과의 단절은 물론 불완전하다. 이럴 경우, 칸트에서 확인할 수 있듯이, 시민의 자율성은 도덕적 인격체의 자유의지와 합치되고, 도덕성 혹은 자연법이 계속하여 실정법의 핵심을 형성하게 된다.[1] 이러한 모델은 여전히 위계적 법질서라는 자연법적 이미지에 기초하고 있다. 실정법은 도덕법에 종속되어 도덕법으로부터 방향을 제시받는다는 것이다. 그러나 도덕과 법의 관계는 사실은 훨씬 복잡하다.

이 책에서 발전시킨 논증의 본질은 법치와 민주주의 사이에 단순히 역사적으로 우연한 관계가 아니라 개념적 혹은 내적 연관이 있다는 주장에 있다. 제 9장에서 보여주었다시피, 이 관계는 법적 평등과 사실적 평등의 변증법 속에서도 분명하게 나타난다. 이 변증법은 법에 대한 자유주의적 이해방식에 대한 반응으로서 사회복지국가적 법 패러다임을 불러일으켰다가 오늘날에는 민주적 법치국가에 대한 절차주의적 자기이해를 권장하고 있다.

민주적 과정이 정당화의 짐을 모두 짊어진다. 그것은 법적 주체의 사적 자율성과 공적 자율성을 동시에 보장해야 한다. 왜냐하면, 만약 관련 당사자들이 먼저 공적 토론에 참여하여 전형적 사례들을 동일한 부류로 혹은 다른 부류로 취급할 때 관련된 적합한 특징들이 어떤 것인지를 지를 해명하고 이어서 의사소통적 권력을 사용하여 그들의 새롭게 해석된 필요들이 적절하게 고려되도록 만들지 않는다면, 주관적인 사적 권리들은 정치적으로 실행되기는커녕 적절하게 정식화될 수도 없을 것이기 때문이다. 그러므로 절차주의적 법이해는 민주적 의견형성과 의지형성의 의사소통적 전제조건과 절차적 조건들에게 정당화의 유일한 원천이라는 특별한 위상을 부여한다. 이런 절차주의적 견해는 실정법이 자신의 정당성을 한 차원 높은 법으로부터 끌어올 수 있다는

1) 마우스는 칸트의 사법(私法)에 대한 이러한 해석을 비판한다. I. Maus (1992), 148 ff.

플라톤적 이념과도 양립할 수 없으며, 입법적 결정의 우연성 너머에 있는 어떤 정당성도 부정하는 경험주의적 견해와도 양립하지 않는다. 그렇다면, 법치와 민주주의의 내적 관계를 증명하기 위해서는, 먼저 왜 실정법이 단순히 도덕성에 종속될 수 없는지를 설명해야만 할 것이다(제 2절). 둘째, 어떻게 국민주권과 인권이 서로를 전제하는지를 보여주어야 한다(제 3절). 셋째, 민주주의 원리는 도덕원리로부터 독립된 자기 고유의 뿌리를 갖는다는 점을 분명히 해야 한다(제 4절).

2

(1) 도덕과 법이 모두 다 사람들 사이의 갈등을 규제하고 또 모든 참여자와 관련자들의 자율성을 평등하게 보장해야 한다는 것은 분명하다. 그러나 흥미롭게도, 도덕과는 전혀 달리 법의 실정성은 자율성을 분리시킨다. 도덕적 자기결정은 통일적 개념이다. 이 개념에 따르면 각 인격체는 자신의 공평한 판단에 의거하여 구속력 있다고 여기는 규범만을 따른다. 이와는 대조적으로, 시민들의 자기결정은 사적 자율성과 공적 자율성이라는 이원적 형식 속에서 등장한다. 법적 자율성은 도덕적 의미의 자유와 일치하지 않는다. 법적 자율성은 두 개의 계기를 더 포함한다. 즉 합리적으로 결정하는 행위자의 선택자유와 윤리적으로 결정하는 인격체의 자유를 포함한다.

먼저, 주관적 권리는 법적 인격체를 조심스럽게 규정된 방식으로 도덕적 명령의 구속으로부터 해방시켜주고 행위자에게 자유로운 선택의 정당한 범위를 보장한다는 의미를 갖는다. 이 주관적 권리를 갖고서 근대법 전체는 명시적으로 금지되지 않은 것은 허용된다는 원리를 관철시킨다. 도덕성 속에서는 권리와 의무 간에 내재적 대칭성이 존재하는 데 반해, 법적 의무는 권리보호의 결과로서만 등장하며, 개념적으로 권리가 의무에 선행한다. 그러나 사적 자율성이 단순히 법적으로 보장된 경계 안에서 이루어지는 자유선택만을 뜻하는 것은 아니다. 사적 자율성은 개인이 자신의 실존적 삶의 계획을 추구할 수 있는, 혹은 롤즈의 말로 하면 그가 현재 갖고 있는 선에 대한 구상을 추구할 수 있는 윤리적 자유를 지켜주는 보호막을 형성하기도 한다.[2] 만인이 평등하게 주관적 자유를 누릴 수 있으려면 공동의 입법자로서 참정권을 갖는 시민들이 자율성을 공동으로 행사해야 하는데, 이때 비로소 자율성이 도덕적 성격을 갖는다. 따라서 도덕적 자율성은 이성적으로 자기를 구속하는 능력과 같은 말이라고 할 수 있다. 이에 비해, 법적 인격체의 자율성은 3개의 상이한 구성요소를 포함한다. 공동으로 행사되는 시민의 자율성, 합리적 선택의 능력, 윤리적 자기실현의 능력이 그것이다.

법적 자율성의 행사는 의사소통적 자유의 공적 사용과 주관적 자유의 사적 사용으로 나누어진다. 이 분화는 법을 제정하고 (적용하는) 층위가 내리는 집합적 결속력이 있는 결정으로부터 생겨나는 법의 실정성에 의하여 설명된다. 그러므로 개념적으로 그것은 최소한 타당한 법을 제정하고 (적용하는) 저자로서의 역할과 법에 종속되는 수신자로서의 역할 사이의 잠정적 분할을 요구한다. 그러나 만약 법적 인격체의 자율성이 도덕적 의미의 자율성보다 더 많은 것을 포함한다면, 실정법은 도덕의 특수한 경우로 간주될 수 없는 것이다.

(2) 자연법과 실정법 사이에 위계관계를 설정하는 것을 금지하는 또 다른 이유들이 있다. 도덕적 규범과 법규범은 각기 다른 준거집단을 가지며, 상이한 문제를 규제한다. 사회적 공간과 역사적 시간의 측면에서 무제한적인 도덕적 세계는 생활사적 복잡성을 갖고 있는 모든 자연적 인격체를 포괄한다. 그런 한에서 도덕적 세계는 완전히 개인화된 인격체의 불가침성에 대한 도덕적 보호를 지칭한다. 이와는 대조적으로 시공간적으로 지역화된 법적 공동체는 그 구성원들이 주관적 권리의 담

2) J. Rawls, *Political Liberalism*, New York 1992.

지자라는 지위를 획득하는 한에서만 그들의 불가침성을 보호한다.

또한 도덕과 법은 그 외연에서도 다르다. 법적 규제를 필요로 하고 또 법적으로 규제될 수 있는 문제들의 범위는 도덕적 문제들에 비해 더 좁으면서 더 넓다. 더 좁은 이유는 법적 규제가 오직 외적인 행위, 즉 강제가능한 행위에만 미칠 수 있기 때문이다. 더 넓은 이유는, 정치적 지배를 조직화하는 수단으로 사용되는 법은 집합적 목표나 프로그램에 구속력 있는 형식을 제공하며 따라서 단순히 대면적 갈등의 규제로 끝나지 않기 때문이다. 정책과 법적 프로그램이 갖는 도덕적 비중은 사례마다 다르다. 왜냐하면 법적 규제를 필요로 하는 문제들은 결코 도덕적 문제만 제기하는 것이 아니라, 경험적, 실용적, 윤리적 측면도 포함하고 나아가 타협될 수 있는 이익의 공정한 균형과 관련된 쟁점들도 포함하기 때문이다. 그러므로 민주적 의견형성과 의지형성의 절차는 단순히 도덕적 담론에만 의존하는 것이 아니라, 담론과 협상의 복잡한 네트워크에 의존하는 것이다. 또 도덕적 명령의 규범적 타당성은 초점이 분명한 데 비해, 법적 규범의 정당성 주장은 정당화의 입법적 실천 자체와 마찬가지로 다양한 유형의 근거들에 의하여 지원받는다.[3]

요약하면 이렇게 말할 수 있다. 법은 도덕보다 더 복잡한 구조를 갖는데 그 이유는 첫째, 법은 (각자의 가치와 이익을 지향하는) 행위의 주관적 자유를 해방시키면서 동시에 규범적으로 제한하기 때문이며, 둘째 법은 집합적 목표도 규제하는데 그 규제는 도덕적 고려만을 통해 정당화하기에는 너무 구체적이기 때문이다. 자연법에서처럼 법을 도덕에 종속시키지 않고 그 대신 실정법을 도덕의 기능적 보충으로 간주하는 것이 의미가 있다. 법은 개인의 양심에 집중되는 도덕의 인지적 요

3) 보통 정치적 문제는 대단히 복잡한 구조를 갖고 있어서, 그 문제는 실용적, 윤리적, 도덕적 측면에서 동시에 다루어져야 한다. 물론 이 측면들은 분석적으로만 분리될 수 있다. 이러한 까닭에, 다양한 종류의 담론을 직선적으로 배열된 구체적인 문제들을 통해 예시하려고 했던 나의 시도(4장 230쪽 이하)는 길을 잘못 든 것이다.

구와 동기적 요구와 — 실증적 의무를 충족하기 위하여 흔히 요구되는 도덕적 분업이 있다고 할 때 생기는 — 조직화의 요구를 판단하고 행위하는 인격체로부터 경감시켜 준다. 그러니까 법은 관찰자의 관점에서 볼 때 흔히 인지적으로 무규정적이고 동기적으로 불안정한 결과를 초래하는 이른바 도덕의 기능적 허약성을 보충하는 것이다. 그러나 이런 보완관계가 있다고 해서 법이 도덕적 중립성을 갖는다는 말은 결코 아니다. 사실 도덕적 근거들은 입법과정을 통해 법 속으로 들어간다. 도덕적 고찰들이 법률 프로그램을 정당화하는 데 충분히 선택적이지 않다고 하더라도, 정치와 법은 여전히 — 정당화의 공통된 탈형이상학적 기초 위에서 — 도덕과 조화를 이룰 수 있는 것으로 간주된다.[4)]

법을 자연법과 실정법으로 이중화한다는 것은 '역사적 법질서는 미리 주어진 초감각적 질서를 복사하는 것'이라는 암시를 포함하고 있다. 담론이론적 법개념은 법실증주의와 자연법의 두 암초 사이를 헤쳐나간다. 만약 원칙적으로 변화가능한 강제법의 정당성이 절차적 합리성으로 간주되고, 궁극적으로는 입법자의 합리적인 정치적 의지형성을 (그리고 법적용을) 위한 적절한 의사소통적 제도로부터 나온다면, 임의처분할 수 없는 법적 타당성의 계기가 맹목적 결단론 속으로 사라질 필요도 없고, 또 시간의 소용돌이에서 살아남기 위하여 도덕에 포섭될 필요도 없다. 그렇다면 새로운 담론이론적 전제에서 출발할 경우, 이성

4) 물론 도덕적으로 근거지어진 권리와 정치를 구별해야만 한다. 정당한 정치적 프로그램이 모두 권리에 의해 근거지어지는 것은 아니다. 그러므로 한편으로 정치적 망명에 대한 개인적 권리와 이에 상응하는 법적 구제의 보장을 지지하는 (그리고 그것을 국가에 의해 보장되는 제도적 보증으로 대체하는 것에 반대하는) 강력한 도덕적 근거들이 있다. 다른 한편 개인은 이민에 대한 절대적인 법적 청구권을 갖지 않는다. 비록 서구사회는 자유주의적 이민정책을 채택해야 할 도덕적 의무가 있지만 말이다. 이 책에서(원서 658쪽 이하) 나는 이것을 분명하게 구별하지 않았다(원서 658쪽 이하 부분은 부록논문으로서 이 번역서에서는 번역하지 않았다 — 역주). 그러나 찰스 테일러에 대한 나의 응답을 참조하라. Ch. Taylor, *Multikulturalismus und die Politik der Anerkennung*, Frankfurt/Main 1993, 179 ff.

법을 이끌었던 중심질문은 이렇게 다시 정식화될 수 있다. 시민들이 법적 동료들로 이루어진 자발적 결사체를 스스로 구성하고 공동의 삶을 실정법이라는 수단으로 규제하기로 결정할 때, 시민들이 서로에게 인정해야만 하는 권리가 무엇인가? 이러한 헌법제정의 수행적 의미 속에는 이미 민주적 법치국가의 전체 내용의 뉘앙스가 포함되어 있다. 다시 말해서, 법치국가의 권리체계와 원리들은 이러한 법적 공동체의 자기구성을 위한 첫 번째 행위에 포함되어 있는 그 실천을 수행한다는 것이 갖는 의미로부터 전개될 수 있는 것이다.

우리가 이렇게 도덕적 존엄성을 누리는 고차적인 법이라든가 선행하는 법의 지원을 받지 않으면서 법을 재구성해야 한다면, 두 개의 문제가 제기된다. 첫째, 우리가 인권으로 간주되는 자유권을 정치적 권리로서의 실정법과 동일한 차원에 놓는다면, 사적 자율성과 공적 자율성의 평등한 보장을 어떻게 생각해야 하는가? 이 문제가 제 3절에서 제기된다. 둘째, 법의 정당화에 있어서 규준을 제공하는 담론원리가 법과 도덕성의 보완관계 때문에 도덕원리와 동일시할 수 없다면, 담론원리를 어떻게 이해해야 하는가? 이 문제를 제 4절에서 다룰 것이다.

3

법치국가와 민주주의 사이의 내적 연관은 개념적 차원에서는 사법(私法) 주체의 주관적 자유와 시민의 공적 자율성이 서로를 가능하게 만든다는 사실을 통하여 설명할 수 있다. 정치철학에서 이 관계를 서술하는 전형적 방식은 다음과 같다. 사회적 시민의 사적 자율성은 인권('자유, 생명, 재산'에 대한 고전적 권리)과 익명의 법치에 의하여 보장되고, 시민들의 정치적 자율성은 국민주권의 원리로부터 도출되며 민주적 자기입법이라는 모습을 취한다. 그러나 정치철학의 전통 속에서 이 두 요소간의 관계는 해결되지 않은 경쟁으로 점철되었다. 로크로 거슬러 올라가는 자유주의는, 적어도 19세기 이후에는, 다수의 전제라는 위험에 호소하면서 국민주권에 대한 인권의 우선성을 하나의 공준으로 상정하였다. 이에 반해 아리스토텔레스로 거슬러 올라가는 **시민적 공화주의**는 항상 비정치적인 '근대인의 자유'에 비해 정치적 참여에 대한 '고대인의 자유'에 선차성을 부여했다. 루소와 칸트도 그들이 개념화하고자 했던 통찰을 놓치고 말았다. 칸트에서 평등한 주관적 자유에 대한 '근원적' 권리로 요약되는 인권은 주권적 입법자에게 단순히 외적 제약으로 부과되어서도 안 되고, 주권자의 입법적 목표를 위한 기능적 필수조건으로 도구화되어서도 안 된다.

물론 인권을 **도덕적** 권리로 훌륭하게 정당화할 수도 있을 것이다. 그러나 우리가 인권을 **실정법**의 요소로 간주하는 순간, 인권이 주권적 입법자에 의해 온정주의적으로 부과될 수 없다는 점이 분명해진다. 만약 입법자가 인권을 미리 주어진 도덕적 사실로 발견하여 실정법으로 제정하기만 하면 된다면, 법의 수신자들은 자신을 법의 저자로 이해할 수 없을 것이다. 다른 한편 이 입법자가 인권을 침해하는 어떤 결정을 내린다면, 그것은 곧 자신의 자율성을 침해하는 것일 수밖에 없다. 앞서 우리는 법을 그 형식적 속성상 도덕과 구별되는 고유한 종류의 매체로 규정했는데, 이제 이것이 이 딜레마를 해결하는 데 유익한 것으로 드러난다.

시민들은 자신이 제정한 법이 정당한지를 담론원리를 통해 판정할 수 있다. 그러나 헌법을 제정하는 활동에는 이 담론원리보다 더 많은 것이 필요하다. 담론을 통하여 이성적인 정치적 의지를 형성할 수 있게 해주는 의사소통의 형식들 자체가 법적으로 제도화될 필요가 있는 것이다. 담론원리는 법적 형태를 취함으로써 민주주의 원리로 변형된다. 그러나 이를 위해서는, 법코드 자체가 주어져 있어야 한다. 그리고 이 코드를 확립하기 위해서는 가능한 법적 인격체의 지위가, 즉 주관적 권리의 담지자들로서 법적 동료들의 자발적 결사체에 속하며, 자신의 권리를 효과적으로 청구할 수 있는 인격체의 지위가 창출되어야 한다. 사적 자율성에 대한 이러한 보장이 없다면 실정법 같은 것은 전혀 존재할 수 없을 것이다. 따라서, 법적 인격체의 사적 자율성을 보장하는 고전적 자유권이 없다면, 시민들이 자신의 시민적 자율성을 사용할 수 있는 조건들을 법적으로 제도화할 매체도 없는 셈이 된다.

주체들이 공동의 삶을 실정법을 통해 정당하게 규제하기를 원한다면, 이제 그들은 자신의 자율성을 실현할 수 있는 매체를 더 이상 자유롭게 선택할 수 없다. 그들은 오직 법적 주체로서만 법의 산출에 참여한다. 그들이 법을 제정할 때 어떤 언어를 사용할지를 마음대로 결정할 수 있는 힘은 이제 그들에게 없다. 그러므로, 우리가 찾는 '인권'과 국민주권의 내적 연관은 자기입법의 법적 제도화가 개인적 자유의 보장도 동시에 함축하는 코드의 도움을 통해서만 충족될 수 있다는 사실 속에 들어있는 것이다. 역으로 이 자유들의 (그리고 그들의 '공정한 가치'의) 평등한 분배는 다시 민주적 절차에 의해서만 충족될 수 있다. 왜냐하면 정치적 의견형성과 의지형성의 결과가 이성적이라는 추측의 근거는 이 민주적 절차로부터 나오기 때문이다. 이런 방식으로 사적 자율성과 공적 자율성은 어느 쪽도 다른 한 쪽에 대해 우위를 점하지 않으면서 서로를 전제한다.

이런 사상 속에는 자유주의에 대한 비판이 함축되어 있는데, 이것이 인권의 우위를 방어하는 논자들을 자극하였다. 예를 들어 회페(Otfried Höffe)는 인권을 (이것의 보편적 타당성을 그는 인간학적으로 정초하고자 한다) 단순한 기본권으로 격하시킨 것에 대해 이의를 제기하였다.[5] '권리'를 실정법의 의미에서만 말하려는 사람은 사실 도덕적으로 정당화된 행위규범 및 인권과 실정적으로 유효한 헌법적 규범으로서 인권을 구별할 수밖에 없다. 이와 같은 헌법상의 기본권이 도덕적 규범과 구별되는 다른 의미를 가져야 할 필요는 없지만, 그 지위는 다르다. 실정법으로 제정된 소송가능한 규범으로서 헌법적 권리는 특정 법적 공

5) O. Höffe, "Eine Konversion der Kritischen Theorie?," *Rechtshistorisches Journal* Nr. 12, 1993.

동체의 범위 안에서만 유효하다. 그러나 이러한 지위는 특정 법적 공동체의 모든 구성원만 포함하지 않고 모든 인격체들을 포함하는 고전적 자유의 보편주의적 의미와 모순되지 않는다. 모든 인격체들이 법질서의 관할권 안에 거주하고 있기만 하다면, 법적 기본권이라는 지위를 갖고서도 인권은 모든 인격체에게 확장될 수 있다. 그런 한, 모두가 헌법의 보호를 받는다. 예를 들어 독일연방공화국에서는, 외국인, 망명객, 무국적자의 법적 지위는 이 기본권의 인권적 의미 때문에 시민의 지위에 적어도 근접은 하고 있다. 이러한 집단들도 동일한 법적 보호를 받으며, 법률에 따른 유사한 의무와 권한을 갖는다.[6]

고전적 자유의 인권적 내용과 그 내용을 국민국가적 차원에 국한시킨 실정법적 형식 사이의 불일치는 다름아니라 담론적으로 근거지어진 '권리체계'가 개별 민주적 법치국가를 넘어서 권리의 세계화를 가리키고 있다는 점을 일깨워준다. 칸트가 이미 깨닫고 있었듯이, 기본권은 그 의미론적 내용 때문에 국제적 규모에서 법제화되는 "세계시민적 상태"를 요구한다. 유엔 인권선언으로부터 소송가능한 권리가 등장하기 위해서는, 단순히 국제사법재판소를 갖는 것만으로는 충분하지 않다. 결정을 통과시킬 수 있을 뿐 아니라 그 결정에 따라 행위하고 그 결정을 강제할 수도 있는 유엔을 통해 개별 주권국가들의 시대가 끝날 때에만, 국제사법재판소가 적절하게 기능할 수 있을 것이다.[7]

인권의 우위를 방어할 때 자유주의자들은 법적 인격체들이 국가에 의한 폭력독점의 남용으로부터 보호받을 수 있어야 한다는 설득력 있는 통찰을 이정표로 삼는다. 그리하여 찰스 라모어(Charles Larmore)는

6) 그렇다고 해서 여전히 존재하는 한계들, 특히 지방선거에서 외국인의 투표권이나 '이중국적'과 관련하여 얼마동안 논의되었던 독일 시민법의 결함들을 부인하려는 것은 아니다. 원서 653쪽 이하를 보라(원서 653쪽 이하 부분은 부록논문으로서 이 번역서에서는 번역하지 않았다—역주).

7) 이에 대해서는 J. Habermas, *Vergangenheit als Zukunft*, München 1993의 "후기"를 보라.

도덕적으로 근거지어진 적어도 하나의 주관적 권리는 민주적 의지형성에 선행해야 하고 또 그것에 제약을 가해야 한다고 생각한다. "이성에 비추어 보아 그 타당성이 자명할 수 없는 규범에 대해서는 어느 누구도 복종을 강요당해선 안 된다."[8] 말 그대로 독해해보면, 이 논지는 인격체들이 스스로 법적 공동체를 구성하려는 한, 그것만으로도 이미 그들은 정당성에 대한 기대를 포함하는 실정법 개념을 받아들인 것이라는 견해를 피력하고 있다. 이 경우, 정당화의 필요는 이러한 법개념의 의미론적 함축들 중의 하나이며, 따라서 헌법제정 활동 자체의 한 부분이다. 그러나 더 강하게 독해해보면, 그 논지는 비인격적 법치가 그것이 제어하려고 했던 리바이어던의 폭력만큼이나 근본적이라는 특수한 신념을 표현하고 있다.

명백한 역사적 경험들이 이러한 자유주의적 사고방식을 설명해주기는 한다. 그러나 이 사고방식은 법과 정치의 구성적 연관을 정당하게 고려하지 못하고 있다.[9] 그것은 국민주권을 폭력의 독점과 혼동하고 있다. 또 그것은 법적 형식 속에서 등장하는 행정권력이 ― 적어도 그것이 민주적 법의 테두리 안에서 행사되는 한에서 ― 갖는 본래 기술적인, 그러나 결코 억압적이지 않은 의미를 놓치고 있다. 무엇보다도 그것은 상호주관적으로 행사되는 시민적 자율성이 모든 정치적 공동체에 대해 갖는 구성적 의미를 놓치고 있다. 그 두 측면을 모두 다 정당하게 고려하려면 2단계 재구성이 필요하다. 이 재구성은 먼저 서로를 평등한 시민으로서 인정함으로써 서로에게 권리를 허용하는 시민들의 수평적 사회구성에서 출발하고, 그 다음에 전제되어 있는 폭력을 법치국가적으로 제어하는 단계로 나아간다. 이렇게 두 단계를 밟아나갈 때 우리는 폭력을 독점한 국가기구로부터 개인을 보호하는 자유주의적 권리가 결코 근원적이지 않고 오히려 먼저 상호적으로 허용된 주관적 자

---

8) Ch. Larmore, "Die Wurzeln radikaler Demokratie", *Deutsche Zeitschrift für Philsophie* 41, 1993, 327.

9) 기본개념적 분석에 대해서는 이 책의 제 4장 1절 참조.

유의 변형으로부터 출현한다는 점을 알게 된다. 법코드 자체와 결합되어 있는 주관적 권리는 행정체계가 자의적으로 개입해서는 안 되는 핵심적인 사적 영역의 경계를 확정한다는 소극적 의미를 이차적 수준에서 비로소 획득하게 된다. 국가에 대한 방어권은 법적 동료들의 자치적 결사체가 국가에 의해 조직되는 법적 공동체로 분화되는 과정의 결과로서만 등장한다. 방어권은 행정의 합법성이라는 법치국가적 원리와 동근원적으로 발생한다. 그러므로, 권리체계의 개념적 구성에서, 그것들은 라모어가 인권의 우위를 근거짓기 위하여 부여하려고 했던 근본적 위치를 갖지 않는다.

4

실정법은 자신의 정당성을 더 이상 한 차원 높은 도덕법으로부터 도출할 수 없고, 오직 합리적이라고 추정되는 의견형성과 의지형성의 절차로부터만 도출할 수 있다. 담론이론적 접근방법을 사용하여 나는 사회적 다원주의와 이데올로기적 다원주의라는 조건 속에서 입법에 정당화의 힘을 부여하는 이 민주적 절차를 좀더 자세하게 분석하였다.[10] 이 자리에서 그것을 상세하게 근거지을 여유는 없지만, 나는 하나의 원리에서 출발했다. 그 원리에 따르면, 모든 관련자들이 합리적 담론의 참여자로서 동의할 수 있는 규범적 규제와 행동방식만 정당성을 주장할 수 있다.[11] 시민들은 어떤 권리들을 서로에게 허용해야 하는지를

10) 이 책의 제 4장 222~234쪽, 그리고 제 7장 408쪽 이하를 보라.

11) 이 책의 제 3장 161쪽 이하를 보라. 일반적 동의를 받을 수 있는 능력이라는 이념은 행위규범의 타당성이 — 지역적인 것에 그치지 않는 — 합리적 수락가능성이라는 의미를 갖는다는 점을 보여준다. 당위적 타당성에 대한 이러한 해명은 규범의 적용과정이 아니라 정당화의 과정과 관련된다. 그런 한에서, 이것을 사법적 결정의 준칙과 비교하는 것은 맥락을 잘못 잡은 것이다. 이와 관련하여 N. Luhmann, "Quod omnes tangit …," *Rechtshistorisches Journal* Nr. 12, 1993을 보라.

이 '담론원리'에 비추어 검사한다. 법적 주체로서 시민들은 이 자기입법의 닻을 법매체 자체 속에 내려야 한다. 다시 말해서 그들은 담론원리가 적용되는 정치적 의견형성과 의지형성의 의사소통적 전제와 절차들을 법적으로 제도화해야 하는 것이다. 그러므로 평등한 주관적 자유에 대한 보편적 권리의 도움을 받아 시도되는 법적 질서의 확립은 의사소통적 자유를 공적으로 사용할 수 있는 평등한 기회를 보장하는 의사소통적 권리와 참여적 권리를 통하여 완성되어야 한다. 이런 식으로 담론원리는 민주주의 원리라는 법적 형태를 획득하게 된다.

오네일(Onora O'Neill)이 가정하는 것과는 달리 보편적 동의가능성이라는 반사실적 이념은 결코 공적 담론의 법적 제도화에 개입하는 사실성에 의하여 흡수되고 중립화되지 않는다.[12] 알브레히트 벨머는 다음 사실을 정당하게 강조했다.

> 법의 정당성이라는 개념은 반사실적으로도 적용된다…. 물론, 모든 의사결정의 공통성이, 가능한 한, 사실적 공통성으로 실현되어야 한다는 것이, 다시 말해서 궁극적으로는 모든 관련된 사람들이 공동의지를 형성하는 집합적 과정에 참여할 수 있는 평등한 권리를 부여받아야 한다는 것이 근대적 정당성 개념의 논리 속에 들어 있다. 이것이 민주주의의 이념이다. 그러나 만약 관련된 모든 사람들이 집합적으로 통과시킬 수 있는 법이 정당한 법이라고 한다면, 그리고 관련된 모든 사람들이 집합적 의사결정 과정에 참여할 수 있는 평등한 권리를—원칙적으로—가져야 한다면, 공적 논증을 통해 규범적 문제에 대해 결정을 내리는 것이 정당한 법을… 실현하고 법의 정당성에 대한 인정을 보장하려는 모든 노력에서 중심역할을 담당해야 한다는 것은 두말할 나위가 없다. 이 경우 어떤 법규범—혹은 법규범 체계—을 지지하는 논증을 제시한다는 것은 곧 왜 선의와 분별력을 가진 모든 사람들이 볼 때 이 규범 혹은 규범들이 모두의 이익을 평등하게 고

---

12) O. O'Neill, "Kommunikative Rationalität und praktische Vernunft," *Deutsche Zeitschrift für Philosophie* 41, 1993, 329~332.

려하는 것이라고 판단할 수밖에 없는지 그 이유를 다른 모든 관련된 사람들에게 보여준다는 것을 뜻한다.[13)]

논증일반에 내장된 사실성과 타당성의 이 긴장은 물론 도덕적 담론에 이미 내장되어 있다. 그리고 이 긴장이 법매체 속에서 단순히 강화되고 조작화될(*operationalsiert*) 뿐이다.

그러나 벨머는 보편적인 동의가능성의 이념이 법의 정당성을 설명하는 데에만 사용될 뿐, 도덕적 규범의 타당성에까지 확대된다고 보지는 않으려 한다. 그는 담론윤리가 법적 타당성의 특수한 사례 속에 존재하는 규범적 타당성과 실재적 담론의 관계를 도덕적 명령의 타당성에까지 이월시키는 것은 오류라고 믿는다. 이 대목에서 우리의 관심을 끄는 것은 이 반론 자체가 아니다.[14)] 그러나 이 반론에 의해 담론적 법이론과 담론적 도덕이론이 실제로 제기하는 구획문제가 주목의 대상으로 떠오른다. 만약 벨머와는 달리 우리가 담론이론을 오직 민주주의 원리만 설명하기 위하여 도입하지 않고 그것을 좀더 광범위하게 사용하여 모든 종류의 규범적 문제에 대한 공정한 평가의 의미를 해명하기 위하여 사용한다면, 행위규범 일반에 대한 탈인습적 정당화와 도덕적 규범의 정당화 사이의 경계선이 흐려질 위험이 생긴다.

나의 견해로는, 담론원리는 법과 도덕의 구별에 대하여 여전히 중립적인 추상수준에 위치해야만 한다. 한편 담론원리는 행위규범 자체를 공평하게 평가하는 데 충분한 규범적 내용을 갖는 것으로 간주된다. 다른 한편 담론원리는 도덕원리와 일치되어선 안 된다. 왜냐하면 그것은 나중에 가서야 도덕원리와 민주주의 원리로 분화되기 때문이다. 그러므로 어느 정도나 담론원리 자체가 담론윤리적 보편화 원리(U)의 내

---

13) A. Wellmer, *Ethik und Dialog*, Frankfurt/Main 1986, 121 f.

14) 벨머에 대한 비판으로는, J. Habermas, *Erläuterungen zur Diskursethik*, Frankfurt/Main 1991, 131 ff ; L. Wingert, *Gemeinsinn und Moral*, Frankfurt/Main 1993을 보라.

용을 이미 소진하지 않는지를 보여주어야 한다. 그렇지 않으면, 담론원리 속에 그저 숨겨져 있을 뿐인 도덕원리가 다시 자연법에서처럼 법의 정당화의 유일한 원천이 되고 만다.

내가 제시한 담론원리 'D'의 정식화는 다음과 같다. "가능한 모든 관련 인격체들이 합리적 담론의 참여자로서 동의할 수 있는 행위규범만이 타당하다." 그러나 여기서는 두 개의 핵심개념이 규정되지 않은 상태로 있다. 즉 이 정식화는 상이한 '행위규범들'을 (그리고 그것에 상응하는 규범적 진술들을) 특정화하지도 않고, 상이한 '합리적 담론'(협상절차가 담론적으로 정당화되어야 하는 한, 협상도 이 합리적 담론에 의존한다)을 특정화하지도 않는다. 그러나 바로 이 때문에 이 정식화는 담론원리를 적절하게 특정화하여 민주주의 원리와 도덕원리를 도출하는 데 필요한 충분한 재량권을 제공한다.

민주주의 원리는 법규범의 형식적 속성을 드러내는 규범들에만 적용된다. 이에 반해 도덕원리는—이 원리에 따르면 타당한 규범들은 모든 인격체의 이익을 평등하게 고려해야 한다[15]—오직 도덕적 근거만이 결정적 역할을 하는 담론유형에 제한되어야 함을 의미한다. 도덕원리는 담론의 유형을 특정화하지 않고, 민주주의 원리는 논증(그리고 협상)의 형식을 특정화하지 않는다. 이것이 두 가지 비대칭성을 설명해준다. 첫째, 도덕적 담론은 단일한 유형의 근거에만 특화되며, 이에 상응하여 도덕적 규범들은 초점이 분명한 규범적 타당성의 양식을 제공받는다. 이에 반해 법적 규범의 정당성은 도덕적 근거들을 포함하여 광범위한 스펙트럼의 근거들에 의하여 지원받는다. 둘째, 논증의 한 규칙으로서 도덕원리는 오직 판단의 형성에만 기여하는 데 비해, 민주

15) 보편화원리 'U'에 대한 다음 정식화를 참고하라. "모든 타당한 규범은 다음 조건을 충족해야 한다. 즉, 그 규범을 일반적으로 준수할 때 모든 개인의 이익의 충족과 관련하여 발생하리라고 예측되는 결과와 부수적 결과들을 관련된 모든 사람들이 강제 없이 수락할 수 있어야 한다"(J. Habermas, *Moralbewußtsein und komminikatives Handeln*, Frankfurt/Main 1983, 131).

주의 원리는 지식만 구조화할 뿐 아니라 시민들의 제도적 실천까지 구조화한다.

만약 우리가 도덕과 법의 관계를 이런 식으로 정의하고 더 이상 '올바름'이라는 공통의 명칭을 사용하여 법적 규범의 정당성 주장을 도덕적 정의의 주장과 동일시하지 않는다면,[16] 우리는 법 자체의 도덕적 정초에 대한 또 다른 질문은 미결정상태로 열어놓을 수 있다. 이 문제는 다름아니라 이성법이 자연상태에서 사회상태로의 이행문제로서 제기했던 문제였다. 우리가 사회의 학습과정의 결과로서 근대에서 발견하는 실정법은 형식적 속성을 갖고 있으며, 이 덕분에 실정법은 행위기대를 안정화시키는 데 적절한 수단으로 간주되었다. 복잡한 사회에서는 실정법을 대신할 수 있는 기능적 등가물이 있어 보이지 않는다. 만약 우리가 공동의 삶을 실정법을 통해 조직하고 그리하여 법공동체를 형성하는 것이 단순히 기능적으로 권장되는 것이 아니라 도덕적으로 요청되는 것이라는 것을 철학이 증명하려고 노력한다면, 철학은 불필요한 일을 하는 셈이 된다. 철학자는 다음의 통찰, 그러니까 복잡한 사회에서 법은 도덕적으로 요구되는 상호존중의 관계를 낯선 사람들 사이에서도 믿을 만하게 확립할 수 있는 유일한 매체라는 통찰에 만족해야만 한다.

5

법은 나르시시스트처럼 자기 안에 폐쇄된 체계가 아니라, 자유롭고 평등한 시민들의 '민주적 인륜성'과[17] 그것을 환영하는 자유주의적 정

---

16) R. Alexy, *Begriff und Geltung des Rechts*, Freiburg 1992를 보라.

17) 민주적 인륜성 개념에 대해서는, A. Wellmer, "Bedingungen einer demokratischen Kultur," in : M. Brumlik, H. Brunkhorst(Hg.), *Gemeinschaft und Gerechtigkeit*, Frankfurt/Main 1993, 173~196 ; A. Honneth, "Posttraditionale Gesellschaften," *Ibid.*, 260~270.

치문화라는 자양분을 먹고 산다. 정당한 법이 단순한 합법성으로부터 생겨날 수 있다는 역설적 사실을 설명하려고 해보면 이 점이 분명해진다. 민주적 입법절차는 시민들이 자신의 의사소통적 권리와 정치적 참여권을 공동선을 위해서도 사용하는 데 의존한다. 권리의 이러한 사용을 정치는 요구할 수 있지만 법은 요구할 수 없다. 모든 주관적 권리와 마찬가지로, 정치적 권리도 그 형식상 자유로운 선택의 공간을 허용할 뿐이고 법적 행위를 하나의 의무로 만들 뿐이다.

그러나 이런 형식적 구조에도 불구하고, 정치적 권리들은 담론적 의견형성과 의지형성 속에서 정당화의 원천을 열어 보여줄 수 있다. 만약 시민들이 자신의 의사소통적 자유를 개인적 자유처럼 개인적 이익의 추구를 위해서만 사용하지 않고, 오히려 그 자유를 '이성의 공적 사용'을 위한 의사소통적 자유로 사용하기만 한다면 말이다. 자유롭고 평등한 시민들이 사적인 법적 주체로서의 역할로부터 방향을 돌려 그들 공통의 삶의 규칙에 관한 상호이해에 도달하는 과정에 함께하는 참여자의 전망을 취할 때에 비로소 법이 정당한 것으로 유지될 수 있다. 이러한 한, 민주적 법치국가는 자유에 익숙한 국민들의 동기에 의존한다. 그리고 그 동기는 법적-행정적 조치로는 생산될 수 없다. 왜 절차주의적 법 패러다임에서는 활기있는 시민사회의 구조와 자율적인 정치적 공론장이 규범적 기대의 상당 부분을 떠맡으며, 특히 규범적으로 기대되는 법의 민주적 발생을 책임지는지 그 이유가 여기서 밝혀진다.

이것 때문에 사회과학자와 법학자들 사이에서 이중형태의 회의론자가 생긴다고 해도 놀라운 일은 아니다. 경험주의자로서 사회과학자들은 이익 앞에서 항상 웃음거리로 전락하고 마는 이상이 얼마나 무기력한지를 우리에게 가르쳐준다. 그리고 실용주의자인 법학자들은 실체적 국가권력의 지원을 받아야만 해결될 수 있을 정도로 갈등이 강렬하다는 것을 가르쳐준다. 그러나, 담론이론적 접근방법은 이성적 의견형성과 의지형성을 위한 조건을 개인적 혹은 집합적 동기와 결정의 차원으로부터 토의와 의사결정의 제도화된 과정이라는 사회적 차원으로 이동시키며, 바로 이런 점에서 담론이론적 접근방법이야말로 현실주의적 요소를 도입한다. 이러한 수순과 함께, 이제 **구조주의적** 관점이 역할을 한다. 즉 민주적 절차들과 그것에 상응하는 의사소통적 제도들은 오직 적합하고 타당한 투입요소들만 '고려될 수' 있게끔 쟁점, 기고, 정보, 근거들을 걸러내는 필터로서 기능할 수 있다. 그럼에도 불구하고 여전히 우리는 다음 질문에 대답해야만 한다. 칸트와는 달리 '악의 종족'을 위하여 설계되지 않은 법과 민주주의의 자기이해가 도대체 어떻게 복잡한 사회의 기능적 조건들과 양립할 수 있는가?

사실 내가 사실성과 타당성의 긴장을 주제로 삼았던 것도 바로 이런 회의주의 때문이었다.[18] 재구성적 절차를 취하는 법이론은 방법론적으로 다음 전제에서 출발한다. 즉 민주적 법치국가의 반사실적 자기이해는 적합한 실천에 전제되어 있는, 불가피하지만 그러나 사실적으로 유효한 이상화 속에서 표현된다는 전제에서 출발한다. 이미 헌법제정의 첫 번째 행위가 충일한 확장적 이념의 쐐기를 사회적 복잡성 속에 박아넣는다. 자유롭고 평등한 인격체들의 공동체의 자기구성이라는 이 이념에 비추어볼 때, 법을 제정하고, 적용하고, 실행하는 기존의 관행들은 비판과 자기비판에 노출되지 않을 수 없다. 자유로운 선택, 전략적 행위, 자기실현 등은 주관적 권리의 형식 속에서 자유롭게 방면되는 동시에 강제적 규범에 의해 회로화된다. 바로 이 강제적 규범에 관하여 시민들은 민주적 절차를 따라 그리고 법적으로 보장된 의사소통적 자유의 공적인 행사를 통해 상호이해에 도달해야 한다. 그러므로, 한편으로 법은 족쇄에서 풀린 개인적 자유의 갈등 잠재력을 규범을 통해 감소시키는데, 다른 한편 그 규범은 족쇄에서 풀린 의사소통적 자유라는 흔들리는 기초 위에서 정당한 것으로 인정받는 한에서만 강제력을 행사할 수 있다. 바로 여기에 법의 역설적 성과가 있다. 이로써, 그렇지 않았더라면 의사소통의 사회적 통합력과 대립했을 폭력이 정당

18) 이 책 62~69쪽.

한 강제라는 형식 속에서 사회적 통합의 수단으로 전환된다. 이 과정에서 사회적 통합은 고유한 반성적 형태를 띠게 된다. 다시 말해서, 정당화의 필요성을 의사소통적 생산력의 도움을 빌려 충족함으로써, 법은 의견불일치의 영구적 위험을 법적으로 제도화된 공적 담론을 촉진하는 가시로 사용하는 것이다.

1993년 9월 프랑크푸르트에서
하버마스

하버마스 교수와의 인터뷰

한 상 진

하버마스 교수와의 인터뷰는 두 번 있었다. 첫째는 1995년 12월 18일 독일 뮌헨 근처의 슈타른베르크에 있는 그의 사저에서 이루어진 것으로, 그 일부는 1996년 1월 1일자 《조선일보》에 게재되었고 전문은 1996년 계간 《사상》 봄호에 실렸다. 둘째는 1999년 12월 하순에 이루어진 서면 인터뷰로, 그 일부만이 2000년 1월 1일자 《동아일보》에 게재되었다. 《사실성과 타당성》의 부록으로 여기에 실린 인터뷰 텍스트는 위에 언급한 두 인터뷰의 전문을 두 개의 주제, 즉 "세계화의 도전과 한국의 대응"과 "동아시아의 발전과 지식인의 역할"에 맞게 재배치한 것이다. 첫 번째 주제의 골격은 《동아일보》 인터뷰에 있고 두 번째 주제의 골격은 《조선일보》 인터뷰에 있다. 하버마스 교수도 이 책의 부록으로 인터뷰 텍스트를 싣는 것에 대해 흔쾌히 동의했다.

인터뷰 1. 세계화의 도전과 한국의 대응

한상진 : 새천년의 출범과 함께 당신의 저서《사실성과 타당성》(*Faktizität und Geltung*) 한국어판이 서울에서 출간되는 것은 의미있고 반가운 일이 아닐 수 없습니다. 그 한국어판의 서문에 흥미있는 구절이 있는데요. "사회적 불평등은 시민적 연대를 해치지 않는 범위 안에 머물러야 한다"는 당신의 주장이 그것입니다. 이 멋진 생각을 어떻게 제도화할 수 있을까요?

하버마스 : 같은 생각을 존 롤즈도 정의의 '두 번째' 기본원칙으로 표현하고자 했습니다. 자본주의 경제가 성장하면 그 부산물로 사회적 격차가 커지는데, 롤즈에 의하면 생산성이나 복지증대 또는 불평등한 분배 등 전체의 패키지가 사회 최하위층의 생존과 복리에 관심을 두는 한에서만 그 격차를 받아들일 수 있다는 것입니다. 자본주의 경제는 가격이라는 언어만 이해할 뿐 외부비용에 대해선 눈과 귀를 막고 있기 때문에, 분배정의를 스스로의 힘으로 보증하진 못합니다. 견디기 힘든 사회적 불평등을 보완하는 것이 사회복지국가의 요체지요. 이 이념은 사회민주주의에 핵심을 두고 있지만 또한 민주적 입헌국가의 원칙 그 자체로부터 생겨납니다. 이 원칙에 따르면, 시민들은 단순히 평등한 권리를 가질 뿐만 아니라 실제로 누릴 수 있어야 합니다. 시민들 하나하나가 이 권리를 실제로 활용하는 평등한 기회를 누려야 한다는 거죠. 이런 의미에서 롤즈도 평등하게 분배된 권리는 모든 시민에게 '평등한' 가치를 가져야 한다고 말하고 있습니다.

사회정의를 촉진하려면 대체로 특권집단에게 더 많은 부담을 지울 필요가 있습니다. 이것은 곧 시민적 연대의 표현입니다. 한 시민이 다른 시민에 대해 책임을 지는 이유는 두 사람 모두 동일한 정치공동체에 속하기 때문이지요. 복잡한 현대사회에서 개인의 지위상승이나 경제적 성공은 결코 개인이 거둔 성취의 결과만은 아닙니다. 우연도 있지만 더 나은 출발조건 같은 구조적 이점이 작용할 수도 있다는 점을 분명히 인식할수록, 이 책임을 더 쉽게 이해할 수 있게 됩니다.

물론 입헌국가의 제도가 있고 민주적으로 선출된 정부가 있다고 해서 이것이 자동적으로 사회정의를 보증하는 것은 아니죠. 사회정의를 위해서는 국민의지와 공론의 압력이 중요하고, 이 압력은 사회운동의 형태로 나타나는 경우도 있습니다. 다른 한편 국민국가의 역량이 중요한데, 오늘날 세계화의 추세 속에서 국민국가의 역할이 특히 위협받고 있습니다.

한상진 : 세계화의 결과, 갈수록 증대하는 국내외의 구조적 불평등이 심각한 문제입니다. 한국에서도 IMF가 강제했던 구조조정 정책들이 미증유의 실업문제를 만들어냈지요. 이런 세계 자본주의의 새로운 국면에 어떻게 대처해야 할까요? 세계화에 내장된 자본의 논리를 당신이 주창해 온 의사소통의 합리성으로 통제할 수 있다고 보십니까? 아니면 맑스주의 전통으로부터 새롭게 배워야 할까요?

하버마스 : 위의 두 가지 조건 모두로부터 배워야 합니다. 그러나 무엇보다 '지구적 통치'(*Global Governance*)에 대한 새로운 정치학적 분석으로부터 배워야 합니다. 누구도 세계정부를 원하지는 않습니다. 그러나 세계화된 시장, 특히 금융시장을 어느 정도 다시 규제할 수 있는 세계적 규모의 내치(內治, *Weltinnenpolitik*)가 없다면 사태가 어려워질 것이라는 인식이 전문가와 시민들 사이에서 점점 더 확산되고 있습니다. 마지막 GATT 라운드에서 세계무역기구(WTO)의 창출까지 세계경제를 주도해 온 신자유주의 교리는 점점 강한 압력을 받고 있습니다. 경제주의적으로 협소화된 이 이데올로기는 경제체계가 가져오는 경제외적 영향을 무시하고 있어요. 내가 보기에 문제는 주도적 국가들에게 정치적 의지가 없다는 것입니다. 그들은 팍스 아메리카나의 우산 아래 야생적인 '초고속 자본주의'(*Turbo-Kapitalismus*)로부터 최대의 이익을 얻어내느라 온통 혈안이 되어 있으니까요.

오늘날 국민국가는 더 이상 영토에 구애받지 않은 대기업에게 충분한 세금을 부과하여 자국의 사회적 균형을 유지하는 데 필요한 재정정책을 펼치기가 어렵게 되었습니다. 이러한 탈국민국가적 상황에서 우리는 두 가지 과제에 직면합니다.

한편으로 유엔기구는 (칸트의 의미에서) 세계시민적 질서로 발전되어야 합니다. 물론 그 기능은 평화보장, 인권정책, 세계적 위험(생태적 위험, 전염병의 위험, 기술적 위험 등)의 방지 등에 제한되어야겠지요. 그렇게 되면, 시민들은 자국의 시민권과 함께 세계시민의 지위도 갖게 되어, 필요하다면 자국의 정부에 대항하여 일정한 권리를 향유할 수 있게 될 것입니다. 다른 한편, 방대한 지역에서 초국가적 결합이 일고 있습니다. '유럽연합'(EU) 같은 초국민국가적 국가나 '아세안' 같은 것이 그것이지요. 물론 이런 조직들은 아직 너무 약해서 'G 7' 국가들이 원하지 않거나 할 수 없는 일을 해낼 수는 없습니다. 때문에 유엔과 국민국가 사이의 중간 수준에서 이를테면 경제정책에 관해 세계적으로 구속력이 있는 게임의 규칙을 만들어 집행할 수 있는 조직이나 절차를 만드는 것이 중요합니다. 조세정책에 관하여 국민국가들 사이에 일정한 공조가 없다면 궁극적으로 (불평등을 줄이려는) 사회정책의 목표는 이루어질 수 없습니다.

한상진 : 이런 일들을 시민들이 어떻게 추진할 수 있을까요? 당신이 말하는 의사소통의 합리성을 어떻게 제도화할 수 있을까요?

하버마스 : 《사실성과 타당성》은 법이론과 민주주의에 관한 저술입니다. 나는 여기서 입헌 민주주의의 포괄적인 틀을 새로운 하나의 지침을 따라 설명하려고 했지요. 스스로를 자유롭고 평등한 존재로 생각하는 국민이 실정법을 수단으로 삼아 삶을 공평하게 꾸려가려면 시민들의 '자유로운 토의정치'(*deliberative politics*)를 법률적으로 제도화해야 한다는 것입니다. 요컨대 정치적 담론과 법률적 담론의 제도화로 입헌국가의 새로운 틀을 짤 수 있다는 것이지요.

한상진 : 그러나 입헌국가의 틀 안에서 의회와 법원의 담론은 이미 제도화되지 않았습니까? 당신이 주장하는 정치적, 법률적 담론의 제도화는 이와 어떻게 다른 것인가요?

하버마스 : 나의 작업의 핵심은 법치주의 전통에 대한 자유주의적 해석의 한계를 밝히고 대안을 제시하는 것입니다. 단순화시키자면, 법을 출발점으로 삼아 제도의 결정을 정당화하는 것만으로는 충분하지 않다는 것입니다. 민주주의 시각에서 보자면, 법에 복종하는 시민이 바로 근원적 입법자라는 사실, 즉 국민주권이 공론의 형태로 표출되고 검증되는 절차가 시민사회 안에 확고하게 자리잡고 있어야 한다는 것입니다. 독일의 경험을 말씀드리면, 법치국가의 전통은 오래 전부터 확고했지만 민주주의 이론을 법 이론에 본격 도입하기 시작한 것은 1945년 이후입니다. 민주주의가 없는 법치주의는 행정국가로 전락합니다. 민주주의의 토대가 없이는 법치국가를 정당화할 수가 없어요. 그런 의미에서 헌법적 원리로서 인권은 제도로서 국회나 법원에 의존하는 것이 아니라 국민주권의 표현입니다. 헌법 자체가 민중의 자기결정권의 산물이며 그 기초 위에서 법치국가가 존립하지요. 따라서 제도화의 핵심문제는 이 민중의 자기결정권을 어떻게 실현하느냐에 있습니다.

요컨대, 국회나 법원의 담론도 중요하지만 민주주의를 위해서는 시민사회의 공론장이 더욱 중요하다는 것입니다. 그러나 우리는 여기서 매스미디어의 권력에 부딪칩니다. 정보의 선택이 고도로 선택적이니까요. 현대사회에서 정당이나 기업, 행정부, 이익집단처럼 잘 조직된 집단들은 용이하게 자신의 의사를 표현하지만 인권단체나 지역 시민운동 등은 제대로 소리를 전달할 기회가 없습니다. 따라서 소수의견을 포함해서 시민들의 자기의사 표현의 기회를 어떻게 제도적으로 보장하느냐가 중요합니다. 하나의 가능성은 총선 때 공익추구 시민단체의 목록을 만들어 유권자로 하여금 제2의 투표로서 이 목록의 하나에 투표하는 것입니다. 이에 따라 공공기금을 이들에 배분하여 공익을 실현하는 시민사회의 다양한 목소리를 활성화할 수 있겠지요. 물론 어젠다를 이렇게 정하기까지는 많은 절차상의 문제가 있습니다. 그러나 이렇게 해서 시민사회의 공론장을 민주적으로 활성화하는 것은 유익하리라 봅니다.

한상진 : 공산주의 체제의 붕괴는 어떻게 설명될 수 있겠습니까? 아울러 서구 자본주의의 미래는 어떻게 보시는지요?

하버마스 : 현대사회는 기본적으로 세 개의 매체에 의해 운영되고 있다고 생각합니다. 화폐나 시장, 행정력이나 관료제, 그리고 의사소통, 규범, 가치에 의해 만들어지는 연대(*solidarity*)가 그것입니다. 사람 사이의 연대는 흔히 전통에 저장됩니다만, 사회가 복합적으로 변하면 변할수록 실정법의 언어로도 표현되지요. 연대에 관하여 법은 경제나 행정이 어느 정도 이해하는 유일한 언어입니다. 이런 추상화의 수준에서 말한다면, 현대사회는 사회통합의 세 가지 힘의 균형점, 아직 정확히 밝혀지지 않았고 또 깨지기 쉬운 이 균형점을 찾는 문제에 직면해 있습니다. 균형이 파괴되면 병리현상과 명백한 위기가 나옵니다.

이 가정 위에서 우리는 구 소련제국의 붕괴를 다음과 같이 설명할 수 있습니다. 화폐에 의해 매개되어야 할 시장이 인위적 행정력에 의해 대체됨에 따라 자체의 논리를 따르는 경제체계의 기능에 심각한 손상이 왔지요. 아울러 놀랄 만큼 비폭력적으로 정당성의 문제가 체제의 내파(內破, *implosion*)를 촉진시켰습니다. 자신의 약속을 명백히 지킬 수 없게 된 정치체제에 갈수록 환멸과 소외감을 느낀 지식인이 이 과정을 가속화시켰지요.

선진 자본주의 사회는 이와는 다른 보완적 문제를 안고 있습니다. 자본과 노동시장의 세계화와 함께 투자전략의 세계화는 개별 정부의 경제 개입능력을 제한합니다. 따라서 전형적인 국민경제, 즉 정치적 개입을 받는 경제는 갈수록 의미가 없게 됩니다. 서구 복지국가가 위기에 직면하고 풍요 속의 하류계층이 등장하는 것은 이 때문이지요. 따라서 나는 정치와 경제의 증가하는 균열, 이론적으로 말하면, 행정력과 화폐 사이의 증가하는 불균형이 OECD 국가가 가까운 미래에 직면할 가장 위험한 도전이라고 생각합니다. 이 문제를 해결하려면 경제의 세계화에 부응하는 새로운 세계정치 또는 시민사회가 필요합니다. 모든 제약으로부터 벗어난 세계경제의 모순, 즉 혜택의 불평등한 배분을 극복하려면 초국가적 수준의 새로운 정치적 행위자가 요구되지요.

한상진 : 그런데 서구의 미래에 관하여 당신은 토니 블레어가 내건 “제3의 길”을 ‘수세적’인 것으로 비판했습니다. 수세적이란 무슨 뜻인가요? 서울 강의에서 앤터니 기든스는 앞으로 20~30년간은 제3의 길 정치가 서유럽을 주도할 것이라고 주장했는데, 동의하십니까? 대안으로 당신은 ‘공세적’ 제3의 길을 제안하셨는데, 그 이유는 무엇인가요?

하버마스 : 내 친구 앤터니 기든스는 훌륭한 사회이론가입니다. 그러나 이에 못지않게 훌륭한 정책자문역까지를 할지는 좀더 기다려야 할 듯합니다. 지금까지 제3의 길의 윤곽은 상당히 불투명합니다. 제3의 길의 정책은 주로 ‘인적 자본’에 집중되어 있지요. 학교교육, 직업교육, 재교육, ‘평생교육’에 더 많은 투자를 하는 것은 물론 나쁘지 않습니다. 그것은 분명 노동자의 유연성도 촉진할 것입니다. 그러나 거기엔 쉽게 혼동되는 미세한 선이 있어요. 변화하는 경제적 요구와 생활환경에 적응하는 능력을 갖추는 것도 중요하지만, 힘들게 성취한 법적 권리가 폐기되어서는 안 되기 때문에 양자를 구별해서 보아야 한다는 것이 나의 입장입니다.

아무런 조치가 없다면 사람들은 시장의 우연성에 무기력하게 노출되어 인간의 존엄성을 훼손당할 것입니다. 고전적인 노동자의 권리는 이것을 방지하기 위한 것인데, 이 권리들을 경솔하게 다루어선 안됩니다. 인간은 상품이 아니라는 맑스의 기본통찰은 여전히 유효합니다. 사회민주주의 전통을 계승하려 한다면 이 점은 핵심으로 남아 있어야 합니다.

지금까지 제3의 길로 제시된 정책들은 인간존엄성의 기준에 따라 ‘초고속 자본주의’를 제어하기보다 오히려 노동자들을 세계시장의 기능적 명령에 적응시키려 한다는 점에서 ‘수세적’입니다. 이에 비해 ‘공세적’ 전략은 20세기 3/4분기에 관철되었던 서구 국민국가의 전통, 즉 정치와 시장의 균형을 초국가적 차원에서 재건하려는 것이지요. 잘사는 OECD 나라의 경험을 돌이켜보면, 정치의 손을 떠난 시장을 정치가 다시 찾아야 한다는 요청이 분출하고 있어요. 국가의 경제개입이 상대적으로 강했을 때 사회적 보호를 확장할 수 있었고 민주적 입헌국가는 모든 시민들이 평등한 권리를 누릴 수 있도록 하겠다는 약속을 역사상 처음으로 지킬 수 있었던 것입니다. 이것은 결코 신자유주의자들이 주장하듯이 무차별 평등주의를 뜻하는 것이 아닙니다. 반대로 모든 사람이 자신의 생각에 따라 삶을 꾸려갈 수 있도록 동등하게 효과적인 기회를 가져야 한다는 자유주의 기본이념을 실현하는 것입니다.

한상진 : 그러나 현실은 반대의 방향으로 가고 있지 않습니까? 이런 맥락에서 제도권 정치에 대한 불만과 의문이 큰 것 같습니다. 왜 이런 현상이 나오며 이것을 어떻게 극복할 수 있을까요?

하버마스 : 사회 기능분화의 일반적 추세에 비추어 정치체계와 시민사회의 분리는 불가피합니다. 그러나 갈수록 정치가 전문화된 정치계급에 의하여 배타적으로 점유됨에 따라 민주주의의 의미 그 자체가 파괴되고 있습니다. 원래 민주주의의 규범에 의하면 정치집단이 얻고 처분하는 권력은 생동하는 공론장 안에서 시민들이 만들어가는 정치적 여론과 의지로부터 독립될 수 없는 것입니다. 대중의 '반정치' 기류를 넘어설 수 있는 유일한 길은 따라서 활력있는 시민사회를 가꾸는 것이지요. 그 토양에서 사회운동이 활성화되어야 합니다. 내가 생각하는 것은 단순한 대중동원이 아니라 혁신적 쟁점과 민주적 압력을 만들어내는 정치적 감각과 상상력을 갖춘 올바른 유형의 사회운동입니다.

한상진 : 요즈음 한국에는 "시민이 세상을 바꾼다"는 캠페인이 요란합니다. 그런데 당신은 '자기 제한적' 사회운동 모델을 주창하셨습니다. 급진주의로부터 거리를 지키면서 온건한 사회운동론을 주창하시는 이유

는 무엇인가요?

하버마스 : 민주주의가 확립된 곳에서는 국가권력을 정복하려는 사회운동이나 정치운동은 아무런 의미가 없기 때문이지요. 오직 민주주의 틀 안에서 민주화 과정을 한 걸음 더 진척시켜야 할 뿐입니다. 헌법의 원리를 문자 그대로 받아들여 그것의 실현을 밀고 나가야 합니다. 시민사회의 욕구를 표현하기 위하여 언로를 열고 공론을 동원하며, 의회와 정부의 어젠다에 적합한 쟁점들을 투입시키는 것이 주 임무입니다.

한상진 : 그러나 급속한 산업화를 경험한 한국의 경우, 민주화에 대한 요구와 함께 복잡한 체제를 어떻게 효율적으로 관리하느냐의 문제도 매우 심각한 것 같습니다. 현대성의 위기를 민주적으로 해결하는 것이 과연 가능할까요? 위기의 결과가 진정한 민주화라기보다는 법치를 우선하는 기술관료의 승리로 낙착되지는 않을까요?

하버마스 : 이미 말씀드린 것처럼 독일에서는 100여 년 동안 민주주의 없는 법치국가가 있었습니다. 바이마르 민주주의가 몰락한 것도 이와 관련됩니다. 왜냐하면 민주주의 안에서만 시민들이 인권침해에 민감해질 수 있기 때문입니다. 1933년 이후 독일에서 파시즘이 테러만으로 관철되었던 것은 아닙니다. 파시즘이 먹혀들었던 것은 서구의 오래된 민주주의 국가와는 달리 인권의 전통이 시민의 가슴과 신념 속에 뿌리내리지 못했기 때문입니다. 박정희 대통령 시대의 한국도 좋은 보기입니다. 자본주의가 발전함에 따라 시민들간의 사적 시장거래는 점차 보장되었지만 민주주의를 필수적으로 촉진한 것은 아니었습니다. 그러나 다른 점도 눈에 띕니다. 생활수준이 향상되면서 자유로운 시민들의 자기결정권이 확보되어야만 인간다운 삶이 가능해진다는 인식이 국민들 사이에 넓게 확산되었으니까요. 요컨대 나는 성숙한 후기산업 사회의 기능적 문제들은 결국 민주주의 없이는 해결될 수 없다고 생각합니다. 지성을 갖춘 시민들이 무엇인가를 자율적으로 이루는 과정을 따라 지식사회도 유지되지요. 그리고, 우리 모두가 알고 있듯이, 오직 민주주의 하에서만 개인

의 자율성과 시민의 자율성을 동시에 실현할 수 있을 뿐입니다.

한상진 : 기능주의적 처방의 부족을 지적하는 것은 옳지만, 반대로 민주화의 부작용을 걱정하는 소리도 있지 않습니까?

하버마스 : 의사결정과정에 시민이 민주적으로 참여하게 되면 체제의 효율성이 떨어진다는 주장은 꼭 맞는 것은 아니지만 그럴 수도 있습니다. 그럼에도 불구하고 민주화는 필수적인데, 그 이유는 권력구조를 변화시켜야만 우리가 추구하는 공동의 목표를 담론을 통해 검증할 수 있기 때문입니다. 체제의 비리와 부패가 단적인 보기입니다. 시민들의 삶에 중요한 영향을 미치는 결정은 시민들의 참여 하에 이루어져야 한다는 것이 민주주의의 참뜻이지요. 이렇게 볼 때 사회 각 부문의 민주화, 시민들의 보다 많은 참여, 권력의 분산은 복합적 체제 운영에 필수적입니다. 시장과 관료제만을 가지고서는 시민들의 집합적 요구를 만족시킬 수는 없습니다.

한상진 : 현대사회에서 인간의 자유란 무엇일까요? 더 이상 강제 없는 자유를 생각하기는 어렵고 체제의 네트워크가 열어주는 여러 가능성 가운데 가장 좋은 것을 개인이 합리적으로 선택하는 것, 그 안에 자유가 있다는 주장도 있지 않습니까?

하버마스 : 나는 이 주장이 비현실적이라고 생각하지는 않습니다. 그러나 두 가지 점에서 의문을 느낍니다. 첫째는 규범적인 것이지요. 그렇게 되면 우리의 삶은 갈수록 지역화, 특수화되고 파편화되면서 어느 누구도 영향을 미칠 수 없는 체제의 분화된 논리에 의존하게 됩니다. 개인은 각자 자신의 이익을 추구하지만 사회 전체의 정치역량은 사라집니다. 어쩌면 개인의 모델은 다국적기업이거나 컴퓨터 통신일지도 모르지요. 개인의 이동은 많지만 주변적 집단의 증가와 같은 엄청난 사회적 부정의(不正義)가 나옵니다. 그럼에도 어떤 대안도 나오지 않습니다. 일종의 사회적 정치적 숙명주의가 작용하지요. 나는 서구 근대화에는 일정한 민

주적, 도덕적 원리가 내장되어 있다고 보며, 이것이 고대 사회의 숙명주의와 같은 것으로 대체되거나 포기되는 것을 용인할 수 없습니다.

둘째는 경험적인 것으로서 인간은 정서적, 규범적으로 어느 정도 통합된 문화와 공동체에서 생활하고 있다는 것입니다. 이 유대가 너무 파괴되면 그만큼 강력한 저항이 나올 수밖에 없지요. 물론 여러 특수 이익들이 대변되는 경우도 있습니다. 그러나 체제의 자기완결적 운행에 반대하여 사회집단들이 자신의 생활세계와 삶의 문법을 지키려 한다는 데 문제의 핵심이 있다고 봅니다.

한상진 : 이와 관련하여 여성운동이 많은 관심을 끌고 있는데요. 여성운동에서 발견하는 해방의 잠재력은 무엇입니까?

하버마스 : 페미니즘은 여러 이유로 매우 중요합니다. 첫째, 이것은 오늘날 유일하게 성공적인 것은 아니지만 가장 강력한 사회운동입니다. 둘째, 다른 운동과 비교할 때, 여성운동은 순수하게 비폭력적입니다. 셋째, 성에 따른 관계를 변화시키면서 여성운동은 사회의 가장 기초적인 제도, 즉 가족과 사회화에 즉각 영향을 미칩니다. 뿐만 아니라 이것은 가족으로부터 사회일반으로 여성적 가치를 옮겨갑니다. 나는 우리의 정치문화가 이런 가치의 일반화로부터 혜택을 받기를 기대합니다. 서구에서 보자면 우리는 도덕적, 법률적, 정치적으로 자긍심을 가질 수 있는 보편주의적 전통을 지녀왔는데, 페미니즘을 통하여 이 전통 안에 놀랍도록 선택적이고 은밀한 방식으로 사회적 불의가 작동해 왔음을 발견했습니다. 이 맹목성이 어떻게 루소와 칸트, 헤겔을 거쳐 자유주의와 맑스주의의 정책에 이르기까지, 누구나 철저하게 남성위주의 생각을 갖도록 확산되었는가를 발견하는 것은 놀라운 일입니다. 여성해방은 가정을 훨씬 넘어서는 파급효과를 가져오지만, 장기적으로 보면 아마도 서구보다도 한국 같은 사회를 보다 근본적으로 변화시키는 힘이 되지 않을까요.

철학적으로 말하자면, 남자와 여자를 동등하게 대우한다는 것은 한쪽을 다른 쪽에 단순히 적응시킨다는 뜻에서의 평등화는 아니라는 점을 페미니즘으로부터 배울 수 있습니다. 동등한 권리는 푸코적 의미의 '균등화'를 뜻하는 것이 아닙니다. 누구나 동등하게 존중한다는 것은 서로의 차이를 존중하는 것이며 서로가 갈수록 다를 수 있다는 점을 존중하는 것입니다. 법적·도덕적 보편주의가 이런 차이와 개인화를 촉진시키는 조건입니다. 일부 탈현대 사상가들은 이 둘 사이의 내적 관계를 잘못 보고 있습니다. 즉 추상적 원칙에 대한 적어도 암묵적 동의가 있어야만 그 기초 위에서 누구건 설사 다른 사람에게 아무리 낯설게 보인다 하더라도 자신의 고유한 삶의 방식과 프로젝트를 추구할 수 있는 동등한 권리를 갖게 되는 것입니다.

한상진 : 차이의 문제에 대해서 좀더 묻겠습니다. 당신은 보편적 권리를 차이의 선행조건으로 보시는데, 여성운동은 보편적 권리의 개념으로 여성을 남성 지배의 사회체제에 통합하는 것이 아니라 남성과의 차이를 중시하는 방향으로 나아가야 한다는 주장이 있습니다.

하버마스 : 차이에 대한 강조는 증가하는 사회체제의 복합성과 개인화를 반영하는 것이지요. 총체성 개념에 대한 반발도 있습니다. 따라서 그 동기를 이해할 수 있고 후기 구조주의적 차이의 개념으로 분석할 수 있는 사회현상도 존재합니다. 그럼에도 불구하고 이런 접근은 개념적 혼란에 빠지기 쉽습니다. 말하자면 이들은 보편주의와 특수주의의 내적 연관, 즉 갈수록 일반화가 가능한 원칙에 의해 행위를 규제하는 것과 갈수록 보다 많은 개인화의 공간을 여는 것의 내적 관계를 제대로 보지 못하고 있습니다.

한상진 : 한국의 페미니즘은 압도적으로 서구사상들에 의존해 있는 실정입니다. 한 보기로 유교와 페미니즘은 거의 양립불가능한 것으로 간주되었지요. 그러나 최근 변화의 조짐이 있습니다. 유교 전통을 대변하고 유교 학문의 중심이라 할 수 있는 서울의 어느 대학에서 유교와 페미니즘에 관한 학술토론회가 열렸으니까요. 이것은 상호 대화를 위한 의미

있는 시도일 수도 있고 전통의 재창조를 위한 과정일 수도 있다고 봅니다. 그런데 이런 문화적 접근이 페미니즘의 좋은 전략이 될 수 있을까요? 유교가 여성을 억압한다고 정면에서 공격함으르써 페미니즘이 훨씬 더 많은 것을 얻을 수 있다는 주장도 있습니다.

하버마스 : 작업장이나 고용체계처럼 중요한 기능이 아직도 전통적인 가족에 의존해야 하는 곳에서, 페미니즘은 어느 정도 사회적 토대를 위협할 것입니다. 그러나 여성의 평등한 권리에 대한 정치적 요청이 언제 성공을 거둘지는 나로서는 충분히 알 수 없는 구체적 상황과 많은 요인들에 달려 있습니다. 당신의 질문에 대답하자면, 나는 공동사회와 공동체에 대한 전래의 관념들을 더 큰 포용과 평등의 방향으로 수정하는 데 필요한 개념적 공간을 유교적 전통이 제공하리라고 봅니다. 일반적으로 위대한 세계종교들은 자기모순에 빠지지 않으면서 상당히 '현대화'될 수 있고 현대적 평등의 이념과도 조화를 이룰 수 있습니다. 그리고 이 과정에서 반드시 자기모순에 빠지는 것도 아닙니다. 그런 변형과정이 실제로 가능한지, 또 어떻게 가능한지는 기존 제도와 권력관계에 대한 개방적 토론이 어느 정도 열려 있는가에 달려 있습니다. 물론 대화가 쉬운 것은 아닙니다. 한 보기로 여성도 사제가 될 수 있어야 한다는 페미니스트의 요구를 가톨릭 교회는 아직 수용하지 않고 있습니다. 그러나 당신이 정당하게 말했듯이, 공개토론은 획일적 세계관을 분해하고 개방시키는 매체로 작용해왔고 또 작용할 것입니다.

한상진 : 잠시 21세기 종교의 역할을 생각해 보고자 합니다. 타자를 있는 그대로의 다름 속에서 인정하는 문화가 왜 그리 중요한가요?

하버마스 : 현대사회에서 종교의 가르침은 다른 신앙이나 주장과 경쟁할 수밖에 없습니다. 이제 종교는 이를테면 절대적인 것으로 간주된 자신만의 진리에 의해 통치되는 하나의 폐쇄된 우주 속에서 움직일 수 없습니다. 종교는 신앙의 다원주의와 만나면서 동시에 과학적 세속지식의 회의주의와도 만나게 됩니다. 세속적 지식은 항상 오류의 가능성을 열어

두고 있지만, 그렇기 때문에 지식과 비지식을 구별하는 권위를 공적으로 인정받고 있지요. 서구의 개념에 따르면, 한국이나 일본 같은 나라는 이 측면에서 독단적이지 않습니다. 여기에선 세계관의 다원주의를 서구처럼 목구멍의 가시처럼 느끼지 않으니까요. 종교적 관용이 무리한 기대가 아니라 오히려 익숙한 습관과 같습니다. 때문에 서구에서처럼 신앙을 반성적으로 변화시켜야 할 강도 높은 정서적 압력은 아마도 적을 것 같습니다. 현대 신앙은 자신이 거처하는 장(場)의 상대성이라는 배후의식에 의해 규정됩니다. 물론 이것이 진리의 상대화까지 가져온 것은 아니지요. 종교인들은 다른 신앙을 가진 사람의 눈으로 자신을 바라보게 되었는데, 이런 반성적 의식은 중요한 정치적 의미를 내포하고 있습니다. 사람들은 신앙의 진리가 폭력에 의해 관철되거나 특히 국가권력으로 유지되어서는 안 된다는 사실을 배우게 되었습니다. 타자를 그 자체의 타자성으로 인정하는 문화는 이러한 신앙의 현대화와 관련된 경험으로부터 나온 것입니다.

한상진 : 1996년 당신은 해인사에서 어느 스님과 긴 대화를 나누었는데 그 분위기가 매우 기억에 남습니다. 불교에 매력적인 면이 있던가요? 혹시 당신이 원한다면 철학적 탐구에서 불교를 어떻게 다루고 싶습니까?

하버마스 : '팔만대장경'을 관리하는 스님과 나누었던 밀도 있는 대화를 생생하게 기억합니다. 그때 나는 혹시 불교적 삶의 도덕적 계율이 여전히 주술적 관념을 통해 이루어지는 것은 아닌지를 캐보려고 했지요. 여러 불상을 보고서 불교적 구원론에 보편주의가 관통하는지를 알고 싶었습니다. 아마 그것은 피상적 질문이었을 것입니다. 그러나 스님의 대답은 나를 설득시키는 힘이 있어 그때 이후 나는 불교에 철학적 관심을 갖게 되었습니다. 나의 인상으로는, 불교는 신의 관점에 버금가는 개념구성을 보이는 것 같습니다. 어쩌면 불교가 유일신의 교리와 유사한 추상적 개념수준을 달성한 유일한 세계종교가 아닌가 합니다. 내가 제대로 이해했다면, 불교는 유대-기독교 전통이나 이슬람 전통과는 달리, 행위

하는 인격체라는 관념에서 출발하지 않고, 비인격적인 '그 무엇'이라는 관념에서 출발하여 추상수준을 반대방향으로 발전시켰습니다. 유일신의 교리들은 인격체의 속성을 신의 '전능성', '전지성', '최고선'으로 격상시켰습니다. 이에 비해 불교는 지각될 수 있고 판단될 수 있는 대상들의 속성을 점차적으로 부정하여 '비존재자'의 이념에 이르렀고, 근본적인 '무'(無) 라는 소실점에 도달했습니다. '무'는 그 무엇을 특정한 실체로 만드는 모든 것을 사상한 후에 마지막으로 남는 것이지요. 그리스인들은 이러한 추상작용을 이론적 관점에서 활용하여 존재자의 '존재'에 도달한 반면, 불교는 똑같은 인지작용을 도덕적 관점에서 활용하여, 세계 속의 그 무엇을 구성하고 있는 모든 것의 속박을 벗어 던진 '무'라는 개념에 도달한 것 같습니다.

한상진 : 흥미로운 관찰 같군요. 그런데 당신은 한국의 지식인들에게 더 이상 서구에서 발전 모델을 찾으려 하지 말고 바로 우리 자신의 문제와 경험을 깊이있게 성찰할 것을 종용한 적이 있습니다. 특히 우리 고유의 전통으로부터 아직 소진되지 않은 규범적 잠재력을 찾아내야 한다고 주장했지요. 이렇게 전통을 재구성하는 데 비판적 분석을 어떻게 활용할 수 있을까요? 해체적 계보학이 의미있다고 보십니까?

하버마스 : 푸코가 이해한 계보학적 접근은 니체로부터 커다란 비판적 잠재력을 물려받았습니다. 그러나 이 방법은 인도주의나 보편적 도덕과 같은 규범적 상을 이미 전제하고 있음에도 이것을 분별없이 비판합니다. 그 결과 자신의 비판적 실천을 정당화할 수 있는 근거도 사라진 일종의 규범적 백지상태를 만들어내지요. 이로써 이를 따르는 후속 세대들에게 의도치 않게 냉소적 의식을 부추깁니다. 그러므로 해체의 방법이 전통의 비판적 계승에 기여하려면, 반드시 재구성의 방법으로 나아가야 할 것입니다. 유교적 전통의 재구성으로 망각되었던 상호연대의 공동체적 삶에 대한 경험을 일깨울 수 있겠지요. 또한 개체의 생존이 상호배려와 상호인정의 관계 속에 뿌리내리고 있다는 의식을 새롭게 할 수도 있을 것입

니다. 이에 비해 불교는 기독교와 함께 평등주의적 도덕 개념에 합류하여 자신의 연줄망이나 지역의 에토스를 넘어서게 될 것입니다. 아시아 국가에서는 이 두 개의 전통 안에서 병리적 근대화의 주된 위험에 대항하려는 신념이 약동하고 있는 듯합니다. 난폭해진 자본주의가 부추기는 소유적 개인주의라는 위험이 한편에 있고, 문화의 억압 속에 싹트는 자기민족 중심주의라는 위험이 다른 한편에 있다고 봅니다.

한상진 : 분단국가의 통일문제를 생각해보고자 합니다. 당신은 독일 통일 과정에 관하여 비판적 입장을 피력하지 않으셨습니까?

하버마스 : 베를린 장벽이 무너진 후 한동안은 동서독이 점진적으로 연방제를 향하여 나아가는 것이 좋을 것이라는 공감대가 사람들 사이에 강했습니다. 그러나 동독 체제가 급격히 무너지면서 헬무트 콜 총리는 서둘러 이를 흡수하는 방식을 택했습니다. 여기에는 일정한 논리가 있었지요. 그러나 대가도 치렀습니다. 무엇보다 동독주민들이 자신의 문제들을 공개적으로 토론할 수 있는 공론장을 갖지 못했던 것이 아쉽습니다. 정당, 미디어, 기업, 시장을 포함하여 모든 것이 급격히 접수당한 셈입니다. 그들이 누릴 자격이 있는 자존심을 박탈당한 셈이지요. 때문에 주민들의 멘탈리티에 많은 부작용이 생기고 있습니다.

한편 통일과정은 새롭고 모순된 쟁점을 제기했습니다. 사실 민족과 민족주의의 문제는 2차 세계대전 이래 거의 시야에서 사라졌지요. 그런데 이것이 갑자기 사회과학에 도전장을 냈습니다. 바로 그때 나 역시 민족 개념의 시민문화적 뿌리와 종족우선주의의 차이를 밝히기 위하여 "시민권과 민족정체성"이라는 논문을 썼습니다. 이 글을 읽으면 민족을 둘러싼 모든 담론의 역설적 결과가 분명해질 것입니다. 민족의 경계를 성찰하면서 우리는 표준화된 분석의 한계를 깨닫게 됩니다. 우리가 '사회'에 대하여 말할 때 우리는 항상 암묵적으로 민족사회를 지칭합니다. 그런데 바로 그 민족의 문제에 부딪치면서 우리는 초민족적 기구나 네트워크의 중요성, 즉 세계화의 차원에 눈을 뜨게 됩니다.

한상진 : 그런 입장에서 한반도의 미래를 어떻게 보십니까? 1996년 서울대 강의에서 당신은 독일의 흡수통일과는 다른 점진적이고 시민의 참여를 존중하는 접근방식을 제안했습니다. 그런데 당신이 주장하는 상호공존과 호혜의 방식은 성공을 거둘수록 역설적으로 분단의 기득권을 영구화하는 결과를 낳을 수도 있지 않을까요? 이런 딜레마를 어떻게 극복할 수 있을까요?

하버마스 : 나의 담론이론은 어떻게 규범적 합의가 가능한가, 즉 합의에 의해 갈등을 해결하려는 의지가 있을 때 도덕적, 법적, 정치적 문제에 관해 어떻게 동의를 얻어낼 수 있는가를 설명하기 위한 것입니다. 물론 전략적 상황에서는 이런 합의를 기대하기 힘들지요. 그러나 전략적 대립의 상황에서도 상호이해의 정책을 추진하는 것이 현명할 때가 가끔 있습니다. 북한과의 대화도 그런 경우라고 봅니다. 고도의 군사력을 갖고 있고 특히 반응을 예측할 수 없는 상대에 대해서는 이런 대화정책 이외에 다른 여지가 없어요. 상대의 반응을 예측하기 어려운 이유는, 그에게는 모든 정치적 통일이 궁극에는 자기포기라는 것을 알고 있기 때문입니다. 소비에트 연방의 붕괴에서 우리는 평화적인 자기 청산과정은 오직 안으로부터 이루어질 수 있고, 무엇보다 자신의 상황에 전망이 없다는 것을 파악한 지식인층이 주도했다는 점을 알게 되었습니다. 서울대 서남강좌에서 나는 이런 과정을 위해 넘치는 민족감정에서 일을 서두르기보다는 오히려 좀더 장기적인 과도기를 상정하는 것이 남북한 주민들을 위하는 길이라는 생각을 표명했을 뿐입니다.

한상진 : 김대중 정부의 '햇볕 정책'이 독일의 '동방 정책'으로부터 배워야 할 교훈이 있다면 무엇일까요?

하버마스 : 냉전이 끝난 상황에서 독일의 '동방 정책'과 비교할 수 있는 것은 아무것도 없다고 봅니다. 한반도에서 김대중 대통령이 풀어가야 할 어려운 상황에 대해서는, 내가 어떤 조언을 하기보다 그 자신이 누구보다 상황을 잘 판단할 수 있을 것으로 믿습니다.

한상진 : 한국의 돌진적 근대화가 가져온 부작용을 여러 가지로 진단하신 적이 있는데요. 오랫동안 사회통합에 깊은 관심을 가진 사회학자로서 어떤 처방을 내리겠습니까?

하버마스 : 추상적으로 말씀드려 모든 시민들이 같은 배에 타고 있다는 느낌을 가질 수 있어야만 시민 사이의 연대가 손상되지 않습니다. 소외된 계층이 자신의 운명을 바꿀 수 있다는 희망이 없는 상황임에도 불구하고 경보장치가 울리지 않는 정치공동체는 더 이상 민주주의가 아닙니다. 사회적 분절이 지속될 뿐 배제된 집단들에게 어떤 채널도 열어주지 않는다면 민주주의는 껍데기에 불과한 것이지요.

한상진 : 감사합니다. 새해에는 더욱 건강하시기를 빕니다.

인터뷰 2. 동아시아의 발전과 지식인의 역할

한상진 : 냉전시대는 끝났지만 인종간·민족간 갈등이나 전쟁, 실업, 빈부격차, 환경오염 같은 위기의 징후 등이 세계 도처에서 심각해지고 있습니다. 이런 상황에서 당신은 계몽주의 전통을 일관되게 옹호하면서 미완의 현대성(*modernity*) 프로젝트를 완성하려는 야심찬 작업을 계속했습니다. 이 점에서 우리는 존경을 표합니다. 그러나 이러한 작업이 과연 보편적 타당성을 갖는 것일까요? 지구상의 많은 개발도상 국가들은 근대화 과정에서 식민화를 경험했습니다. 탈식민화를 주장하는 사람들에게 당신은 무엇을 제안하겠습니까? 일본, 중국 같은 동아시아의 발전에 대해서는 어떻게 생각하시는지요.

하버마스 : 당신이 언급한 비서구사회는 동질적인 것이 아닙니다. 아프리카의 많은 나라들은 아직도 탈식민지 시대의 국가건설과 민족형성의 문제로 고심중이지만 동아시아는 이와 다르지요. 더욱이나 경제적 격차도 심합니다. 한국, 대만, 홍콩, 싱가포르는 물론이고 최근에는 거의 중국까지도 급속히 발전하는 근대사회의 문지방을 넘어섰다는 점은 언급할 필요조차 없겠지요. 이들 나라에서는 서구문명을 즉각적으로 모방한 디자인보다는 일본 모델이 보다 더 중요한 것처럼 보입니다. 한국의 식민지 과거를 규정했던 것도 일본이 아닙니까? 서구의 사회경제적 하부기반과 상업문화의 소비패턴만 증가하고 있는 것이 아니라 보다 중요한 점은 한국이나 일본 그리고 이와 유사한 나라들은 생산력 발전의 경쟁에 이미 적극 뛰어들고 있다는 점입니다. 비서구 문화에서도 과학과 기술이 고유한 방식으로 발전하고 있다는 점에서 이 사례들은 흥미롭습니다.

내가 오늘의 상황에 대하여 가지고 있는 이미지는 다음과 같은 것이지요. 세계 시장의 힘에 의해 촉진되고 강제된 자본주의적 근대화가 다소간 불가항력적으로 계속되면서 이에 대한 반응이 문화에 따라 다르게 나오고 있습니다. 때로는 방어적이고 때로는 혁신적인 것도 있어요. 어느 것이건 서구문화에 대한 도전이 강합니다. 문화 사이의 만남의 지형이 근본적으로 변하고 있다는 생각입니다.

한상진 : 동양을 어떻게 볼 것인가는 서구인에게 항상 문제였지요. 맑스도 베버도 중국을 이해하는 데는 한계가 많았습니다. 사이드의 '오리엔탈리즘'은 서구의 동양관이 얼마나 선택적인가를 잘 보여줍니다. 우리는 여기서 서구적인 지식으로 얼개가 짜여진, 은밀하지만 매우 근본적인 권력을 발견합니다. 이런 맥락에서 아시아란 과연 무엇일까요? 당신의 보편주의적 계몽의 개념 또는 합리성의 개념이 자칫하면 서구적 관점을 비서구 사회에 강요하는 것처럼 보일 수도 있지 않을까요?

하버마스 : 계몽주의 전통에 대한 탈현대 비판의 가장 좋은 부분은 근대화 과정이 일어나게 된 문화적 맥락을 새롭게 성찰하고 서구의 자기중심주의를 버리도록 압력을 넣는 것이지요. '계몽의 변증법'으로 우리는 근대화의 이면에 있는 자기파괴적 경향을 잡을 수 있습니다. 바로 이것이 오늘날 현대성에 관한 담론을 이끌어가는 주된 힘입니다. 아시아의 의미도 이런 맥락에서 보아야겠지요. 그러나 추상적 대립의 함정은 피해야 합니다. 차이냐 총체성이냐, 상황의존이냐 자율성이냐, 분절이냐 통합이냐를 단순히 대립시킨다든지 단절이냐 연속이냐, 네트워크냐 분화냐, 카오스냐 질서냐를 양분하는 따위의 포스트 모던 논의는 서구적 합리주의의 숨겨진 단면을 보여주는 거울상(*mirror image*)에 불과합니다. 이런 거울상으로는 자기도취에 빠진 서구문화의 자의식을 깰 수가 없습니다.

이런 관점에서 볼 때, 포스트 모더니즘은 오래된 서구중심 문화의 마지막 표현인 것처럼 보이기도 합니다. 이런 관점을 사기보다는 아시아인은 자신의 문화에 대한 해석학적 배경에서 출발하여 우리 서구인의 한계, 즉 타자를 항상 자신의 눈으로만 바라보는 습관에 종지부를 찍도록 도와주었으면 합니다. 하나의 보기는 인권 문제입니다. 인권은 서구의 전유물이 아닙니다. 인간의 기본권리를 어떻게 해석하고 유엔의 인권정책을 어떻게 수행할 것인가에 관하여 다양한 소리가 표출되어야 합니다. 여러 문화 사이의 대화가 필요하고 이를 통해 서르가 상대로부터 배울 준비를 해야 합니다. 동양과 서양의 도식적 양분은 유익하지 않습니다.

한상진 : 당신은 일본을 수차 방문하신 적이 있지요. 서로의 대화가 어떠했습니까?

하버마스 : 첫 번째 방문은 1981년으로 기억되는데 나의 발표는 다분히 의례화되었고 별 토론이 없었습니다. 두 번째는 1980년대 중반이었고 당시 나의 책 《의사소통행위이론》이 거의 일본어로 번역되었던 상태였습니다. 교토에서 열린 이 심포지엄에서는 일본인의 기준에서 꽤 활발한 토론이 있었습니다. 그러나 질문과 응답이 주종을 이루었으며 내가 주로 설명을 하는 편이었지요. 마지막으로 나는 2년 전 교토와 오사카에서 열린 심포지엄에 참여했습니다. 변호사 집단이 이를 주관했지요. 이때 비로소 비판적 견해를 듣게 되었습니다. 상당히 시간이 걸린 셈이지요.

몇 가지 에피소드가 생각납니다. 내가 일본을 처음 방문했을 때 어느 날 오전에는 칸트에 대한 토론을 했고 오후에는 신토에 들렀는데, 그곳에서 참배를 하는 어느 일본학자를 보고 나는 오전과 오후에 그가 보인 행위에 대해 일관성이 있는지 물었지요. 그는 일관성에 대한 기대가 삶의 어떤 영역에서는 잘못된 것이라고 말했습니다. 이것이 토론의 한 출발점이 되었지요. 여러 문화를 수용하고 관용하는 포용적인 삶의 방식이 무엇인가에 대하여 생각해 볼 수 있었습니다.

다른 하나의 에피소드는 2년 전 일본에 갔을 대 나의 오래된 친구인 미시마가 나에게 한 말입니다. 그는 동경대학의 득문학 교수였다가 지금은 오사카로 옮겼습니다. 그는 매우 지성적인 사람이며 독일문학에 대하여 나보다 훨씬 더 해박합니다. 그는 나에게 반드시 서울을 가도록 권유했습니다. 그는 매우 착잡한 심정으로 한국에 대하여 열광적이었습니다. 그는 한국 지성사회의 비판문화에 대하여 각별한 느낌을 가졌습니다. 그가 그토록 열광적이라면 분명히 이유가 있을 것입니다. 한국의 어떤 점이 일본인으로서 그를 착잡하게 만드는지 나도 발견하고 싶습니다.

한상진 : 곧 한국을 최초로 방문할 예정이신데요, 동양의 예의상 다소 주저스럽습니다만, 한국의 젊은 학자들이 당신 이론의 문제점에 관하여 비판적 토론을 시도한다면, 당신은 놀라실 것인가요?

하버마스 : 일본과는 달리 한국의 학계에는 미국적이고 서구적인 비판 문화의 에토스가 기능하고 있다는 것을 들어서 알고 있습니다. 한국을 방문했던 동료들이 이 점을 확인해주더군요. 나는 이런 비판적 토론을 진정으로 기대합니다. 사실상 나의 온 생애를 통하여 나는 비판적 논쟁에 익숙해진 상태에 있음은 당신도 잘 알고 있지 않습니까? 내가 사정을 잘 모르는 외국에 가서 혼자 일방적으로 말하는 데 대하여 나는 주저스럽고 비대칭적이라고 느낍니다. 별로 매력적인 것이 아니지요. 그러나 개방적인 자세로 비판을 듣게 된다면 나도 많은 것을 배울 수 있어 좋을 것 같습니다.

한상진 : 동아시아에 대한 관심이 부쩍 느는 것은 반가운 일입니다만, 인류문명의 중심이 아시아·태평양 지역으로 이동하고 있다는 가설도 있습니다. 이에 대하여 어떻게 생각하시는지요?

하버마스 : 동아시아의 경제력은 급속히 증가하고 있습니다. 경제적, 생태적, 정치적 측면에서 새로운 국면이 조성되고 있는 것이 분명합니다. 그러나 내가 주로 관심을 가지고 있는 문화영역에서만 보자면, 당신이 언급한 미래학자들의 견해는 일견 서구중심주의를 비판하는 것 같지만 사실은 서구사상의 거울상이 아닌가 싶습니다. 한 보기로 중국문화를 읽으면서 서구가 직면한 결함의 어떤 보완 같은 것을 여기서 발견하려는 것은 모든 것을 자신의 눈으로만 보는 서구사상의 잔영일 뿐입니다. 외국문화를 일방적으로 비판하는 것도 잘못된 것이지만 아부하는 것도 값싼 행동이지요. 나는 미래에 관하여 서구중심주의도 그 반대도 신봉하지 않습니다. 우리에게 진정으로 필요한 것은 상이한 문명과 문화 간의 대

화이며 상호교류입니다.

한상진 : 그렇지만 문명간의 충돌을 이야기하는 사람도 있지 않습니까? 갈수록 증가하는 중국의 부와 권력을 생각할 때, 동서양의 대화의 전망은 어떻습니까?

하버마스 : 세계시장을 둘러싼 경쟁과 금융체계의 취약성 때문에 경제적 라이벌을 이루는 거대지역 간의 갈등이 더 첨예해지지 않는 한, 나로서는 '문명충돌'의 동기는 없다고 봅니다. 만약 세계적 수준에서 생활조건의 현저한 격차를 줄이고 세계경제를 안정시키는 데 성공한다면, 오히려 문화 간의 의사소통이 더 강화되고 각 문화의 고유한 지평이 확장될 것을 기대합니다. 이를 위해서는 무엇보다 평화의 보장과 유엔제도 안의 상호협력이 필수적이지요. 예를 들어 인권에 관한 문화 간 토론을 강화할 필요도 있습니다.

한상진 : 2002년은 유엔이 설정한 문명 간의 대화를 위한 해입니다. 존 롤즈의 '중복합의' 개념이 이런 대화를 이끄는 좋은 길잡이가 될 수 있을까요?

하버마스 : 나는 롤즈보다 더 낙관적인데, 그 이유는 서로 다른 문화에 속한 사람들이라 하더라도 같은 '도덕적 관점'을 공유한다고 생각하기 때문입니다. 물론 사람들의 도덕적 견해는 분명 매우 다릅니다. 그러나 논란거리가 된 규범적 문제에 관하여 공동의 해결책을 찾을 때에는, 처음부터 어떤 공통의 시각을 갖게 되지요. 우리는 대화를 통하여 우선 상대방이 어떻게 자기 자신과 세계를 이해하는가를 안으로부터 살펴보아야만 비로소 그들의 관심을 이해하고 올바로 평가할 수 있다는 것을 이미 알고 있습니다. 또한 갈등에 관해서도 이성적 해결이란 오직 그 정신을 담은 실천이 관련 당사자 모두에게 '똑같이 좋을' 때 가능하다는 점도 알고 있지요.

한상진 : 찰스 테일러나 마이클 월저 같은 공동체주의자는 문화적 소

수집단에 대한 억압을 막기 위하여 개인의 권리를 다소 억제하더라도 집합적 권리를 선호하는 경향이 있습니다. 당신은 이에 대해 반대하지요. 캐나다 퀘벡주의 독립문제에 관련하여 당신의 입장을 개진해 보시겠습니까?

하버마스 : 분리주의 운동은 결코 동질적 집단이 명확하게 구획된 지역에서 발생하는 것이 아닙니다. 오히려 종속적이었던 영토가 독립할 경우, 새로운 소수파를 가진 또 하나의 다수파 문화를 창출하는 결과만 초래할 것입니다. 따라서 퀘벡주가 독립된다면 그 지역 원주민과 이주민 외에 프랑스계 다수파와 영국계 소수파를 만들어낼 것입니다. 다양한 종족적, 언어적, 문화적 집단들 간의 갈등은 사라지지 않을 것입니다.

대안은 집합적 권리에 있지 않아요. 그렇게 접근하면 개별 구성원의 권리를 제약할 수 있습니다. 예를 들어 퀘벡주의 경우 프랑스계 부모가 영어를 사용하는 학교에 자녀를 보낼 수 있는 권리를 제약할 수 있습니다. 독일의 사례를 든다면, 터키 여학생이 필요하다면 부모의 반대를 무릅쓰고라도 공립학교의 체육수업에 참여할 수 있어야 할 것입니다. 그러나 이것을 보장하려면, 소수파가 상처받지 않고 다수파 문화와 공존할 수 있는 조건을 개인적 권리라는 형태로 보장해야 합니다. 요약하자면, 모든 시민들은 자신이 원하는 문화적 환경 속에서 자신의 언어와 전통, 정체성을 유지하거나 계승발전시킬 수 있어야 하고, 자신의 문화가 더 큰 공동체에서 공적으로 인정받고 또 그렇게 존속시킬 권리를 가져야 합니다. 또한 모든 시민은 자신의 문화적 환경을 떠나서 다른 문화적 전통 속에서 자신의 정체성을 형성할 수 있는 자유도 가져야 합니다. 정체성은 어느 누구에게도 법적 수단으로 강요될 수 없는 거죠. 그러므로 집합적 권리는 소수집단을 보호하기 위한 올바른 수단이 아닙니다.

한상진 : 21세기는 문화의 세기라는 말도 있습니다. 탈물질적 가치가 세계적으로 확산되고 있다는 조사결과도 있는데요. 당신이 생각하는 문화변동의 방향은 어떤 것인가요?

하버마스 : 탈물질주의는 어느 정도 경제생활의 안정이 확보되면서 가능해집니다. 그러나 개인의 자유, 사회정의, 삶의 질, 의미추구 같은 새로운 가치의 확산은 일반적인 근대화의 패턴에 닿는 현상입니다. 사회가 복잡해질수록 사람들은 점점 더 전통을 당연한 것으로 취급하지 않습니다. 반대로 일반화된 규범과 가치를 따라 각자 자신의 결정으로 개성적인 생활을 꾸려가려고 하지요. 보편화와 개인화의 양면적인 변화가 광범위하게 일어나고 있습니다.

한상진 : 오늘날 급속히 진행되는 정보통신 혁명과 당신이 대변하는 계몽의 전통 사이에는 상당한 긴장이 있는 것은 아닌가요?

하버마스 : 실제 생활의 모든 문제들에 대하여 마치 사회이론이 대답할 수 있는 것처럼 보는 것은 잘못된 것입니다. 이론이 성취할 수 있는 것은 사실 얼마 안 되는 편입니다. 당신의 질문에 관하여 내가 말하고 싶은 것은 우리가 일단 의사소통과정에 들어가 누군가와 이 세상의 어떤 것에 관하여 이해하려고 한다면 희미한 이성의 소리를 외면할 수 없다는 것입니다. 우리가 하는 말에 대하여 우리는 이것이 진실이라는 주장을 은연중에 하고 있습니다. 자신의 말에 대해 증거를 대려고 노력하고 때로는 향상된 이성의 빛으로 우리의 생각이 잘못되었다는 것을 깨닫기도 합니다. 이런 의사소통행위는 물론 전략적 상호작용이나 상징조작, 거짓, 적나라한 강요 등에 의해 깨질 수도 있고 이와 혼합되어 있지요. 그러나 우리가 정직한 의사소통을 암묵적으로 전제하지 않는다면 조작이나 거짓을 비판할 수 있는 내적 기준은 어디에서 나오겠습니까.

활자와 전자 매스미디어는 우리의 대면적 의사소통을 다른 수준의 것으로 변화시킵니다. 우리는 여기서 종래와는 다른 권력현상과 왜곡을 발견하지요. 소수의 행위자와 피동적인 다수 청중의 역할이 분화된다고 하더라도, 의사소통 안에 적합성과 명료성의 기준이 작동한다면, 그 자체가 사람들의 합리적 의사소통을 어렵게 하는 것은 아닙니다. 정치적으로 건강한 공론장이 형성되려면 올바른 질문과 함께 필요한 정보가 순환되어야 하며 가장 주변적인 목소리를 포함해서 찬반토론의 기회가 광범하게 보장되어야 합니다. 여론이 실제로 이렇게 형성되는 것은 아니지만 자유주의 정치문화는 이런 민주적 이상을 품에 안고 있습니다.

최신의 정보기술 혁신에 직접 관련된 정치문제를 언급하고 싶군요. 새로운 미디어는 정보의 지구적 소통을 촉진할 뿐 아니라 동시에 새로운 종류의 파편화를 가져옵니다. 공론장을 위해서는 사람들이 서로 다른 곳에서라도 유사한 적합성을 갖는 주제에 관하여 동시에 말할 수 있는 의사소통의 구조가 있어야 합니다. 그런데 TV 채널과 인터넷의 확산은 모든 것을 분산시킵니다. 이 결과 쟁점이나 프로그램에 한정된 지구적 의사소통의 공동체가 서로 고립된 채 어지럽게 확대되는 경향이 있습니다. 도시적 중심이 없는 지구촌이 형성된다고 할까요.

한상진 : 그렇다면 이런 상황에서 개혁의 주체는 과연 어떻게 형성될 수 있을까요? 당신은 일찍이 콜버그의 도덕발전론에 기대어 탈인습적 가치가 학생운동이나 신사회운동 등에 각인되어 있다고 주장하지 않았습니까?

하버마스 : 나는 지금도 규범적 지향이 사회운동에 엄청난 자극을 준다고 생각합니다. 베버적 용어로 말하자면, '이해관계'(*interests*)에 못지않게 '관념'(*ideas*)도 중요하다는 것이지요. 산업사회에 그동안 풍미했던 사회갈등의 패턴은 분명히 변했습니다. 주요 갈등은 더 이상 하류계급과 상류계급의 갈등이 아닙니다. 근대화나 사회변혁 과정에는 으레 이득을 보는 집단과 손해를 보는 집단이 있기 마련입니다. 이들의 이해는 상반되지만 둘 다 게임에는 참여하지요. 그러나 오늘날에는 게임에서 빠진 제3자, 실업자나 노동시장에 들어간 적이 없는 사람처럼 자신만의 노력으로는 상황을 변화시킬 수 없는 주변화된 집단들이 많습니다. 노령의 빈민, 복지혜택에 의존하는 사람들, 사회보장제도가 없는 사람들, 흔히 소수민족이나 이민들로 구성되는 이런 집단들은 현대적 유형의 룸펜프롤레타리아트라고 할 수 있습니다.

이들 국외자들은 도시 게토나 감옥 등에서 일어나는 자멸적인 저항이 아니고서는 게임 안에 있는 사람들을 위협할 수 있는 수단이 없습니다. 그러나 이런 문제를 사회적, 지리적으로 봉쇄하기가 어려운 상황이 되면 하류계층은 과거의 공개적인 적대보다 덜 가시적이지만 고통스러운 갈등을 만들어냅니다. 거대사회의 빈 구멍을 비집고 들어가 야금야금 도시 센터를 오염시키고 정치제도의 정당성을 잠식하는 연막작전이 확산되지요. 지구적 관점에서 보자면, 가장 가난한 나라와 발전된 나라 사이의 관계도 이와 유사합니다.

이처럼 근대화 과정으로부터 고통받는 집단의 분절화에 대한 대응은, 이것이 전세계적이건 어느 한 나라 안에서건 간에, 아직도 게임에 참여하는 집단에서 나와야겠지요. 국외자의 명백한 무능력은 오직 게임 안에 있는 사람들이 정의에 대한 보편주의적 운동을 벌일 때 비로소 보상될 수 있습니다. 분명히 아이디어만으로는 아무것도 이룩할 수 없습니다. 그러나 사회화의 패턴, 고등교육, 정보의 지구적 확산 등은 갈수록 정의에 대한 사람들의 감수성을 자극하고 있다고 봅니다. 최소한 인지불화 현상을 만들어내지요. 자유주의 정치문화에서 이것은 때때로 정치적 행동으로 이어집니다. 예컨대 독일에서는 1980년대에 평화운동과 환경운동이 효과적으로 일어났는데 이것은 탈인습적 도덕과 탈물질적 가치를 빼놓고는 설명할 수 없는 것입니다.

한상진 : 갈수록 중요해지는 시민운동의 역할을 조명하는 이론적 관점으로써 당신이 발전시킨 '공론장'(*Öffentlichkeit*) 개념과 그람시의 헤게모니 개념은 상호보완적이 될 수 있을까요?

하버마스 : 그람시는 문화 헤게모니의 개념을 다소 정통적인 계급투쟁의 맥락에서 발전시켰고 그 투쟁은 정치권력의 인수를 목표로 했습니다. 시민사회나 공론장 개념은 이와 완전히 다른 시각을 제공합니다. 여기서는 정치적 자기제한의 개념이 중요하니까요. 의사소통의 매체를 통해 언술적 권력을 만들어내는 것이 중요합니다. 시민사회는 제도정치와 다른

것으로 있을 때 비로소 이에 활력을 넣을 수 있습니다.

한상진 : 비판이론의 전통은 맑스주의의 내재적 한계를 파헤치는 데는 성공했으나 생태계 문제에 대해서는 응분의 관심을 쏟지 못했다고 봅니다. 당신이 발전시킨 의사소통이론과 대화윤리는 이에 관해 어떤 처방을 내릴 수 있을까요? 대화윤리로 자연을 새롭게 만날 수 있습니까?

하버마스 : 벤야민이나 블로흐, 호르크하이머, 아도르노 같은 비판이론 제1세대는 매우 포괄적이고 심지어 형이상학적 색조가 강한 자연의 개념을 지니고 있었습니다. 인간의 이성은 원래 자연에 내재된 것이지요. 이것이 점차 쪼개지고 자연으로부터 분리되면서 수단적 이성이 착취와 억압 같은 파괴적 힘을 내게 되었습니다. 이들은 인간과 자연의 일치가 파괴된 흔적들을 날카롭게 의식했습니다. 아마도 이들은 생태계 문제에 관심을 가진 우리 세대 첫 번째 사람들이 아닌가 싶습니다. 그러나 당신이 지적했듯이, 대화윤리는 인간중심적입니다.

나는 여기서 일상적 의사소통의 전망에 정의의 개념이 이미 내장되어 있다는 점을 강조합니다. 합리적 대화는 포용적이고 평등한 특징을 갖습니다. 우리가 진심으로 실천적 대화를 하려 한다면 모든 사람의 목소리를 평등하게 고려해야지요. 그런데 동물이나 식물, 자연환경은 오직 말할 수 있는 존재, 즉 인간의 입을 통하여 소리를 낼 뿐입니다. 그러나 그렇다고 우리가 자연에 미친 손실과 부담에 대한 관심이 줄어드는 것은 아닙니다. 수백 년간 우리가 자연의 소리를 무시함에 따라 자연은 이제 우리를 위협하고 복수를 하고 있는 셈입니다.

이런 맥락에서 우리가 직면하는 주요 정치문제는 지구적 정의의 문제입니다. 이를 위해서는 당연히 보편주의적 윤리가 필요하지요. 생태계 문제는 분열된 우리 세계가 사실상 엄청난 위험을 공유하는 운명적 공동체로 연결되어 있음을 잘 보여줍니다. 우리는 인구증가와 경제성장주의를 억제해야 하고 재조정해야 합니다. 이 준엄한 생존의 명령에 관하여 가장 큰 과오와 책임은 선진 산업사회에 있지요. 자연보호 정책은 서구를 뒤쫓는 지구상의 많은 나라들에게 발전을 가로막는 요인이 될 수 있고 균형잡힌 지구적 배분을 어렵게 할 수도 있을 것입니다. 이 점에 착안하여 남과 북 사이의 사회경제적 격차를 현재의 수준으로 동결하고자 하는 것은, 우리 서구인의 관점에서 보자면 그저 천박한 냉소주의를 자아낼 뿐입니다.

한상진 : 생태문제와 함께 세대간의 정의(正義)에 대해서는 어떻게 생각하십니까?

하버마스 : 세대 간 정의는 나이든 세대가 젊은 세대의 삶의 기회를 줄이지 말고, 현재의 세대가 미래세대의 삶의 기회를 해치지 말아야 한다는 것을 뜻합니다. 마찬가지로 이것은 또한 노인세대의 삶과 건강이 젊은 세대의 공리주의적 계산의 제물이 되어선 안 된다는 것을 뜻합니다. 어떤 경우건, 현재중심의 이기주의가 미래와 과거에 대해서까지 승리를 구가하도록 해서는 안 된다고 봅니다.

한상진 : 그러면 이제 관심을 당신이 주도했던 논쟁들에로 돌려보겠습니다. 당신은 수많은 이론들을 절충하는 노력을 해왔는데, 무슨 목적으로 이런 작업을 하고 있으며 종합의 원리는 무엇인가요?

하버마스 : 나의 접근은 절충적이라기보다는 다원적입니다. 나는 나의 이론을 구상함에 있어 기존 학문분과 안으로 들어가 생각을 정리하고 다듬고 협력하는 방식을 택했습니다. 예컨대, 의사소통의 합리성 개념을 옹호하려면 보편주의, 맥락주의, 해체주의 등 사이에 벌어지고 있는 합리성 논쟁을 잘 알아야 합니다. 의미론에 대한 나의 접근은 언어행위이론으로부터 나온 여러 논쟁에 관련됩니다. 대화윤리 개념은 흄이나 신아리스토텔레스적 접근과 경쟁하고 있습니다. 이것은 정상적인 학문의 과제지요.

나의 모든 작업은 하나의 질문과 직관으로 엮이고 있습니다. 그 질문은 내가 만들어낸 것은 아닙니다. 베버가 그랬듯이 근대화의 변증법적 과정으로서 사회문화적 근대화를 이해한다는 것은 과연 무엇을 뜻하는가? 나는 이 문제를 체계적으로 분석하고 싶었습니다. 우리는 근대화 과정에서 얻는 것이 있듯이 잃는 것도 있습니다. 희망이 약동하는가 하면 위기적 파국이 따라옵니다. 직관은 이런 것이지요. 아무리 위기적 파국이 온다 하더라도 희망을 주는 사회통합이 가능하다는 것입니다. 우리 각자가 자신의 자율성을 지키고 자신의 삶을 의식적으로 꾸려가는 것이 중요하지요. 우리를 묶는 사회적 끈을 너무 심하게 끊지 말고 서로를 존중할 때 오는 삶의 안전과 기쁨을 잃지 않은 채, 우리가 원한다면, 낯선 사람 가운데 낯선 사람으로 머무를 수 있는 그런 사회를 만들어갈 수 있다는 것입니다.

한상진 : 당신이 주도했던 수많은 논쟁에 압도되어 어떤 사람은 당신을 '살아있는 백과사전'으로 묘사하는데요.

하버마스 : 터무니없는 말입니다. 나는 기억력이 나빠요. 여러 정보를 얻고 세미나를 준비하기 위하여 많은 책을 미리 읽었을 뿐입니다. 나의 주된 관심은 철학과 과학을 겸허하게 연결시키는 데 있었지요. 문제를 전체적으로 개관하면서 우선 좋은 쟁점을 제기하려고 노력했습니다. 사실 철학자보다 과학자들이 더 많은 것을 알고 있지요. 따라서 이들의 연구결과를 통하여 나름대로 가설을 세우려고 했습니다. 심리학의 자아발달론이나 촘스키의 보편구문론 등과 같은 이론 그 자체에 흥미를 느꼈던 것은 아닙니다. 오히려 철학적인 문제제기가 항상 출발점이었어요. 그러나 문제의 경험적 내용을 찾는 과정에서 기존 학문분야의 토론에 뛰어들었고 그 과정에서 무엇인가를 얻게 되면 기뻤지만 그렇지 못한 때도 있었습니다.

한상진 : 1960년대 초 실증주의 논쟁은 원래 아도르노와 칼 포퍼가 만나 서로 자기주장만 했던 싱거운 논쟁 아니었습니까? 그런데 일년 뒤 당신이 포퍼를 다시 비판하면서 엄청난 바람이 일기 시작했습니다. 그때

영국의 《더 타임스》가 프랑크푸르트 학파를 대대적으로 보도했던 것을 저도 본 기억이 납니다. 그 논쟁의 성과에 만족하십니까?

하버마스 : 이 토론은 다소 우연적인 면이 강합니다. 당시 나는 아도르노의 입장을 더욱 발전시키는 글을 쓰고 싶었습니다. 그런데 뜻밖에 한스 알버르트가 반론을 펴면서 큰 관심이 일게 되었지요. 내가 논쟁을 만들었던 것은 아닙니다. 그러나 이를 통하여 비판이론과 과학을 접목시키려는 나의 생각이 보다 뚜렷한 방향과 얼개를 찾게 된 것은 사실입니다.

한상진 : 그 뒤 해석학 논쟁을 필두로 하여 사적 유물론의 재구성, 국가론, 체계이론 또는 기능주의, 역사학 등을 둘러싼 수많은 논쟁들이 이어졌습니다. 특히 당신이 프랑크푸르트 대학으로 돌아온 후 시도했던 탈현대 논쟁이 많은 관심을 끌었지요.

하버마스 : 그러나 상대방은 아무런 응답을 하지 않았습니다. 논쟁이 있었던 것은 아니지요. 나 역시 의도적으로 싸움을 걸려는 생각은 없었습니다. 《현대성의 철학적 담론》을 읽어보면 알겠지만, 이것은 푸코, 데리다 등이 취했던 입장에 대한 비판적 리뷰의 성격을 갖습니다. 이런 도전에 대하여 그들이 즐거워할 것으로 나는 생각했었습니다. 학문의 일상적 업무가 이런 것들이니까요.

한상진 : 그렇게 보면 푸코가 1984년 타계한 것은 아쉬운 일이 아닐 수 없습니다. 그러나 당신은 1983년 푸코를 파리에서 만났고 그가 사망하자 곧 그를 추모하는 글을 썼지요. 그래서 푸코와의 첫 만남이 어떠했는지 궁금합니다. 푸코가 오래 살았다면 아마도 당신과 우호적인 협력이 이루어졌을 것이라는 추측도 있지요. 그렇다면 어떤 일이 가능해졌을까요?

하버마스 : 1983년 푸코의 초청으로 콜레주 드 프랑스에서 강의했습니다. 2년 후에 출간된 《현대성의 철학적 담론》의 전반부 여섯 장을 선보였지요. 푸코와 만난 첫날 저녁, 우리는 독일영화에 대해 얘기를 나누었습니다. 독일과 프랑스 지식인의 관계를 잘 보여주는 대화였다고 기억합

니다. 나는 그에게 알렉산더 클루게(Alexander Kluge)를 납득시키려고 했지만, 그는 헤르초그(Herzog)와 지베르게르그(Sybergerg)에 열중했으니까 말입니다. 곧이어 우리는 철학적 성장과정에 대해 얘기를 나누었는데, 독일과 프랑스의 비동시성이 잘 드러났습니다.

푸코는 자신의 세대가 레비스트로스와 하이데거의 도움으로 "초월적 주체의 감옥에서" 벗어나야 했다고 설명했는데, 그가 묘사한 상황은 독일과는 대조적이었습니다. 독일에서는 하이데거의 영향력이 2차대전 내내 막강했지만 1960년대 초부터는 포퍼의 과학이론과 아도르노의 사회이론에 의해 공격을 받았지요. 푸코는 프랑크푸르트 학파의 전통을 너무 늦게 알게 되었다고 아쉬움을 표명했습니다.

푸코는 인상적인 인물이었습니다. 그의 정치적 열정은 철학자이자 과학자로서의 열정과 결합되어 있었죠. 그는 또한 국립도서관에 진을 치고 앉아서 자기 학문에 진력한 박식한 학자이기도 했습니다. 그가 치명적인 병에 걸렸다는 말을 리처드 세네트(Richard Sennett)에게서 듣고선 무척 슬펐습니다. 다음해에 파리에서 예정된 칸트의 "계몽이란 무엇인가"에 관한 소규모 비공개 회의에서 다시 만나기로 하고 헤어졌었지요.

한상진 : 그럼에도 일반적인 풍조는 당신과 푸코의 이론을 상보적인 것으로 보기보다 대립적인 것으로 보는 것입니다. 푸코의 분석을 어떻게 평가하십니까?

하버마스 : 푸코는 현상을 보는 우리의 시각을 근본적으로 바꾸어 놓았습니다. 그의 저작은 '세계의 지평을 여는' 힘을 갖고 있지요. 어떤 사회학자도 그렇지 못했고 오직 소수의 철학자만 그랬을 뿐입니다. 또한 푸코의 방법은 일상적 상호작용의 모세혈관 속에 자리잡은 보이지 않는 권력을 미시적으로 분석하는 데 안성맞춤이죠. 나 자신도 정신분석의 영향을 받아 '체계적으로 왜곡된 의사소통'이라는 개념을 도입했는데, 나는 늘 푸코의 분석이 그런 현상에 대한 연구의 모범이라고 생각했습니다.

한상진 : 이렇게 대담을 나누다 보니 1970년대 말에 썼던 저의 박사학위 논문이 생각납니다. 당신의 '언술검증'(*discursive testing*) 개념과 푸코의 '언술분석'(*discursive analysis*) 개념을 연결시키려는 것이었죠. 그때 저는 당신이 밝힌 비판의 규범적 지향이 푸코의 분석에도 전제되어 있다고 주장했습니다. 물론 당시에는 소수의견이었지요.

하버마스 : 나보다 먼저 나의 주장을 예견한 셈이군요. 나 역시 푸코를 만났을 때 이 점에 관해 직접 질문을 던져 보기도 했습니다. 사회분석의 규범적 토대에 관하여 그 역시 많은 생각을 하고 있었습니다. 그 당시 푸코는 《성의 역사》 2권과 3권의 집필을 거의 끝낸 상태에 있었지요. 푸코는 나의 주장에 대하여 다소 방어적이었습니다. "이 문제를 나도 의식하고 있으며 《성의 역사》 2권과 3권에서 드디어 해결했다"는 논지였으니까요.

한상진 : 데리다에 관하여도 한 말씀 묻고 싶은데요. 그의 저술 《맑스의 유령》이 출간된 직후 파리에서 그를 만난 적이 있습니다. 당신의 비판에 관하여 그가 어떻게 생각하는지 궁금했지요. 그런데 그는 자신을 '탈현대' 이론가로 분류하는 통념에 단호히 반대하면서 자신도 계몽의 전통 위에 서 있다고 강조했습니다. 데리다는 당신이 자신을 오해 또는 오독하고 있다는 불만을 피력했는데요.

하버마스 : 나는 데리다를 프랑크푸르트 대학에 초청하여 대화를 나눈 적이 있습니다. 적어도 정치적 현안문제에 대해서는 우리는 항상 같은 편에 서 있지요. 한 보기로 데리다는 현대의 테러리즘에 관하여 피에르 부르디외 같은 프랑스 동료들과 함께 '세계 작가의회'를 구성하여 활동해왔고 나도 그 구성원인데, 여기서 보듯이 우리는 정치적 비판의 장을 공유하고 있습니다. 그러나 그의 이론과 정치적 비판 사이의 내적 연관에 대하여 나는 아직 분명하지 않습니다. 그러나 이에 대해 배울 용의가 있습니다. 언젠가 그가 설명해준다면 나는 그의 말을 경청할 것입니다.

한상진 : 프랑스 지식인들의 반응은 없었다 하더라도 당신의 탈현대 논쟁이 많은 관심을 끌었던 것은 사실입니다. 그런데 프랑스 지식인 가운데 '탈현대'라는 용어를 명시적으로 쓰고 있는 대표적인 사람은 프랑수아 리오타르가 아닙니까?

하버마스 : 거기까지 들어가고 싶은 생각은 없군요. 원인이 무엇이건 간에 데리다와의 대화가 실패한 이후 나는 다시 같은 일을 반복할 수는 없습니다. 나의 친구 로티는 나와 리오타르에 관하여 글을 썼지만, 이것은 인위적으로 대화를 만들어낸 것이지요. 진정한 토론은 없었습니다. 나는 리오타르를 읽었고, 흥미있는 부분도 있지만 언어게임의 양립불가능성이라는 테마로 무엇을 논하려는 것인지 나는 이해하기 어렵습니다. 마침 리오타르와 나 사이의 대화가 어떻게 진행될 수 있을지에 관하여 만프레드 프랑크가 쓴 흥미있는 책이 나왔습니다. 보다 나의 입장에 가까운 책이지요. 이 가상적 토론에서 내가 무엇을 말할 것인가에 관심있는 사람이라면 이 책을 읽으면 얻는 것이 있을 것입니다.

한상진 : 당신이 수많은 논쟁을 주도할 수 있었던 비결은 무엇일까요? 혹시 유능한 조교의 도움을 받은 것은 아닌가요?

하버마스 : 그 점에서 나는 행운아였습니다. 나는 1961년 30대 초의 나이에 하이델베르크 대학에서 교수직을 얻었고 3년 뒤 프랑크푸르트 대학으로 옮겼는데, 독일 기준에서 이것은 꽤 빠른 것이었지요 그때부터 나는 클라우스 오페, 알브레히트 벨머 같은 아주 유능한 조교들과 일을 같이 하게 되었습니다. 그 뒤로도 많은 조교가 있었습니다. 가장 만족스러웠던 것은 근래의 법이론 연구그룹이지요. 나는 1971년 프랑크푸르트 대학을 떠났다가 1983년에 다시 돌아왔는데 1985년에 독일 학술진흥재단에서 주는 '라이프니츠 상'을 받게 되었습니다. 상금은 연구소를 하나 세울 수 있을 만큼 많은 것이었지만, 나는 이미 12년간이나 슈타른베르크에서 연구소장 일을 했기 때문에 개인연구가 더 소중했습니다. 그래서 법연구 팀을 가동시켰는데, 두 명은 이미 교수자격논문을 쓴 상태였고

젊은 박사 연구자들이 참여했지요. 이들은 자신의 연구를 위한 왕성한 에너지와 강한 동기를 가지고 있었습니다. 우리는 매주 어느날 오후에 집중적인 세미나를 열었는데 이로부터 《사실성과 타당성》의 골격이 나오게 되었습니다.

한상진 : 당신은 앞서 로티를 언급했는데요. 그 역시 철학적 사유방식에서 근본적인 '언어적 선회'를 단행한 사람 아닙니까? 그렇지만 그의 탈현대적 맥락주의는 상대주의로 기운 데 반하여 당신은 보편주의를 옹호하지요. 그런 점에서 둘 사이의 긴장은 쉽게 이해됩니다. 그런데 그 차이의 정치적 의미는 무엇입니까?

하버마스 : 로티와 나는 정치적으로는 같은 입장입니다. 인권정책에서도 차이는 없죠. 그러나 로티는 미국에서 민주주의가 오랜 전통을 갖고 있다는 행복한 상황에 기대고 있습니다. 그러나 독일인은 다른 경험을 갖고 있어요. 도처에서 다시 싹트는 자기민족 중심주의를 막아야 할 절실한 이유가 있다는 것입니다. 그 이유는 독일에만 타당한 것이 아니지요. 다른 여러 문화에도 해당될 것입니다.

한상진 : 당신의 학문세계 전체에 대하여 한마디 코멘트를 하자면, 청년기 저술은 상상력과 박진감이 넘치는 데 비해 후기저술은 체계적이고 우아하게 느껴집니다. 그런데 자본주의적 발전과정에서 수많은 문제들에 직면해 있는 오늘의 동아시아의 현실에서 비판이론을 추구하려면 당신의 초기저술들에 보다 깊은 관심을 가져야 할 것 같은데 당신의 반응은?

하버마스 : 저자보다 독자가 텍스트를 더 잘 이해하는 경우가 많지요.

한상진 : 감사합니다. 더욱 건강하시기 바랍니다.

인터뷰 3. 공론장*과 한국사회

사회(한상진 교수) : 하버마스 교수는 지난 4월 27일 우리나라에 오셨고 내일 5월 12일 아침 일찍 출국할 예정입니다. 그는 이번 방문중 7개의 다른 논문들을 서울, 대구, 광주 등에서 발표했습니다. 서울로부터 시작해서 한국철학회, 한국사회학회 등에서도 논문 발표와 토론을 가졌습니다. 어제 오후에는 이론 워크숍이 서울대에서 있었는데요, 서울에 오기 전에 받아보았던 20여 편의 국내학자의 논문들에 대해 매우 진지하게 토론과 비평을 해주셨습니다. 지난 2주 동안의 꽉 짜인 스케줄 때문에 매우 피곤하실 겁니다. 하버마스 교수는 2주간의 짧은 시간에 이처럼 많은 일을 해보기는 처음이라고 저에게 여러 번 불평같은 말을 하기도 했습니다. 우리가 그를 쥐어 짠 셈입니다. 그럼에도 불구하고 이 자리에 참석해 주신 하버마스 교수의 친절과 헌신에 대해 감사의 말씀을 드리고자 합니다.

오늘 이 모임이 생기게 된 경위를 간략히 말씀드리겠습니다. 하버마스 교수의 입국 이전부터 여러 곳에서 인터뷰 요청이 쇄도했습니다. 그래서 저는 그분에게 이곳의 일정을 다 마친 후 귀국하기 전에 문화학술담당 기자들과 공동회견을 하는 것이 어떻겠느냐고 제안했습니다. 그 방식이 인터뷰와 대담 등의 개별적 요구를 피할 수 있는 유일한 방법이라고 생각했기 때문입니다. 그는 이에 동의했고 따라서 그 뜻을 언론연구원에 알렸습니다.

오늘 많은 언론인들이 이 자리에 참석해 주셨습니다만, 사용가능한

---

* 이 인터뷰는 1996년 5월 11일 한국 프레스센터에서 열렸던 〈하버마스 교수 초청 공동기자회견〉 내용을 우리말로 옮긴 것으로서, 하버마스(저) / 한상진(편) 《현대성의 새로운 지평 : 한국방문 7강의》(나남출판, 1996, 393~408쪽)에 "한국을 떠나며"라는 제목으로 소개된 바 있다.

시간이 충분하지 않습니다. 약 2시간 가량의 시간이 준비되어 있을 뿐인데요. 저는 시간을 절약하기 위해서 여러분들이 영어로 직접 질문하기를 희망합니다. 또한 각각의 질문에 대하여 짤막한 대답을 하버마스 교수에게 요청하고자 합니다. 12시까지는 반드시 끝내야 합니다. 여러분들께서 이 시간제약을 이해해 주실 줄 믿습니다. 여러분들은 원하시는 모든 질문을 할 수 있습니다. 하버마스 교수께서는 해인사, 불국사, 포항제철 등을 방문한 바 있고 광주, 대구 근교를 둘러보았습니다. 또 많은 사람들과 이야기를 나누었습니다. 질문에 대해 언급할 수 있는 모든 것에 대해 아마 답변을 시도하실 겁니다. 어느 분이든지 먼저 자신의 소속을 밝혀주시고 손을 들어 질의해 주시지요.

질문 : 서울대 공개강연 때 선생님께서는 민족통일로 가는 에너지로서 민족주의가 시민적 자유와 결사에 근거한 개방적인 것이 되어야 한다고 강조하신 것으로 알고 있습니다. 그러나 민족주의는 근대 이후 세계 도처에서 큰 관심을 끄는 주제가 되고 있습니다. 이런 현상에 대하여 어떻게 생각하시는지요? 아울러 한국에서는 오늘날 두 전직 대통령이 재판을 받는 중에 있습니다. 이런 상황에서 정치에서 도덕성이 강조되고 있고 때로는 정치의 과잉도덕화가 우려의 대상이 되기도 합니다. 이에 대한 선생님의 견해는 무엇인지요?

하버마스 : 본인은 유럽을 잘 알고 있을 뿐이고 따라서 이 경험에 근거해서 대답하고 싶습니다. 유럽사에서 민족주의는 종종 공포적 경향을 수반하는 경우가 있었습니다. 앞으로는 그렇게 심한 공포적 경험이 반복되지는 않겠지만, 지난 수십 년 동안 한 국가를 이루었던 나라들에서 많은 민족분규가 일어난 것이 사실이지요. 또 이런 형태의 민족분규는 앞으로도 지속될 것처럼 보입니다. 민족주의가 안고 있는 위험을 충분히 경계할 필요가 있습니다. 부패문제에 관해서는 두 가지를 말씀드릴 수 있습니다. 첫째, 사회 안에 만연되어 있는 부패를 근절시키고자 하면, 설사 작은 부패라 하더라도 이것이 정치와 이익집단이 미치는 효과가 크

기 때문에, 강력한 법적 수단으로 제재하는 것이 정당합니다. 둘째로, 과잉도덕화에 대해서는 베버가 1차 대전 이후에 많이 지적했던 주제로서, 특히 공론장의 발전과 여론형성에 자칫하면 부작용을 가져올 수 있습니다. 정당간의 경쟁에도 영향을 미칠 수 있지요. 예컨대 미국에서는 정치인들의 사생활이 지나치게 부각되어 정치의 본질과는 다른 도덕적 쟁점이 정치를 압도하는 경향마저 있습니다. 우리는 여기서 정치의 과잉도덕화가 안고 있는 문제를 발견합니다.

맑스주의와 오늘의 서구 상황

질문 : 당신의 이론과 맑스주의의 관계에 대하여 여쭙고자 합니다. 당신은 아직도 넓은 의미의 맑스주의적 전통 안에서 이론적 작업을 계속하고 있다고 보십니까? 아니면 이를 거의 포기하고 서구적 자유주의 전통을 받아들이고 있는 것인가요? 서구사회에서 맑스주의의 미래는 어떻다고 보십니까?

하버마스 : 서구적 전통에서 맑스주의는 크게 두 가지로 구분될 수 있습니다. 첫째는 소련을 종주국으로 하는 정통 맑스주의이고, 둘째는 그람시 이래의 서구 맑스주의입니다. 서구 맑스주의는 처음부터 정통 맑스주의에 대해 비판적이었지요. 특히, 관료적 사회주의를 비판했습니다. 서구에서 맑스주의는 현실정치에 별로 큰 영향을 미치지는 못했습니다만, 이탈리아 공산당에는 큰 영향을 주었다고 봅니다.

본인은 헤겔주의 맑스주의 전통을 따라가고 있는 사람으로서 독일 비판이론에 많은 부채를 안고 있습니다. 역사적 맥락에서 볼 때 독일 비판이론은 파시즘이나 국가사회주의 또는 러시아와의 대결 속에서 성장해 왔습니다. 그러나 본인은 2차 대전 이후에 학문활동을 했기 때문에 제1세대 비판이론가와도 입장이 다릅니다. 다시 말해, 서독이 민주주의를 헌법적 차원에서건, 제도적 차원에서건 또는 정치문화의 차원에서건 간에, 실행해 가는 과정에서 성장했기에 민주주의에 대해 보다 낙관적 견해를 가지고 있습니다. 한편, 소련의 붕괴 이후 세계화의 경향이 가속되고 있는데요. 이 경험 속에서 OECD 국가들마저도 새로운 문제들에 직면하고 있습니다. 민주주의가 제대로 정착하려면 모든 사람이 피부로 느낄 수 있도록 복지(福祉)와 정의(正義)가 신장되어야 하는데, 다시금 정치·경제적 문제가 제기되고 사회정의 문제가 심각해지고 있습니다. 실업의 증가와 인종분규는 좋은 보기입니다. 따라서 자본주의 비판이 다시금 중요해지는 상황으로 우리가 이행하는 것처럼 보입니다. 그러나 그 비판은 과거와 같은 정통 혹은 구시대적 맑스주의의 이론틀 내에서 추진되어야 하는 것은 아닙니다.

질문 : 서구의 1968년 혁명 이후와 1990년대 상황이 비슷하지 않나 하는 생각들을 하는데요. 서구의 1968년 혁명 이후 후기구조주의적 사조가 나왔다고 한다면, 하버마스 박사께서는 1990년대 이후에는 어떤 사상적 흐름이 나올 것으로 보시는지요. 1968년 이후 서구의 혼돈된 지성의 상황과 1990년대 오늘날의 혼돈된 서구의 상황을 비교해 볼 때 말입니다.

하버마스 : 우선, 1968년 상황과 오늘날의 상황은 상당한 차이가 있습니다. 1968년의 변화가 학생들의 저항으로부터 시작되었다면 오늘날 미국과 유럽에서 동일한 상황이 벌어질 가능성은 거의 없습니다. 미래에 대한 대답을 알고 있으면 얼마나 좋겠습니까? 후기구조주의가 저항적 문화로부터 나온 것은 분명해 보입니다. 그러나 오늘날의 상황에서 본다면 많은 것이 흩어져 있을 뿐입니다. 중심이 존재하지 않습니다. 한 예로서, 전자미디어, 인터넷 등에서 보이는 문화적 비판활동이 각광을 받고 있지 않습니까? 그런 측면에 주목하는 대표적 학자로 장 보드리야르가 있습니다. 사람들은 점차 점진적인 개선방식, 작은 질문을 던지고 작은 대답을 얻는 방식을 선호하게 되고, 절제와 겸양이 겸비되어 있는 그러한 활동이 주종을 이루게 됩니다. 하지만 본인은 그런 유형의 활동에 전형적인 사람은 아닙니다. 우리가 직면하고 있는 새롭고 곤혹스러운 상

황을 보다 명확하게 진단하고 쟁점화할 수 있는 이론적 노력이 어느 때보다 필요합니다. 그러나 이러한 나의 대답이 충분한 답변이 되지 않는다는 것을 잘 알고 있습니다.

두 가지 정도를 보완해서 설명해 보겠습니다. 지난 10년간 특히 미국에서는 자유주의와 공동체주의 사이의 지적(知的) 논쟁이 일어났습니다. 그 논쟁은 주로 민주주의의 규범적 문제를 둘러싼 논쟁이었지요. 롤즈, 드워킨, 테일러와 나 자신을 포함해서 그동안 철학자, 사회과학자, 법률가들 사이에 활발한 논쟁이 있었습니다. 그러나 이 모든 논쟁은 상당히 수세적인 성격의 것입니다. 왜냐하면 이 토론은 현실정치와 사회과정에 아무런 연계나 영향력 없이 학문세계 안에서만 일어나고 있기 때문입니다.

두 번째 보완설명은 이런 것입니다. 한국은 이러한 서구의 상황과는 다르다고 봅니다. 한국은 서구에서 어떤 모델을 찾을 필요가 없다는 것이지요. 한국은 독일의 1960년대와 비슷하고 정치·경제적으로 낙관적이고 미래지향적이며 발전지향적인 멘탈리티를 보이고 있습니다. 때문에 그러한 고유한 잠재력을 자기성찰적으로 활용하면서 이론을 발전시킬 필요가 있다고 봅니다. 보다 큰 문제, 적어도 중범위 수준의 문제를 꺼내서 그 적합성을 타진하고 검토하는 작업을 망설이지 말고 계속 추진할 필요가 있습니다. 서구와 미국에서 어떤 모델을 찾을 필요는 없다고 봅니다.

정보화 사회와 지식인의 역할

질문 : 저의 질문은 정보화사회에 관련된 것입니다. 정보화사회라는 말이 요즘 세계적으로 유행하고 있고 한국에서도 정보통신부 소속의 연구그룹들이 있습니다. 저 자신이 그 그룹을 이끈 적도 있습니다. 그러나 당신의 이론에 의하면 정보화사회가 꼭 좋은 것만은 아닙니다. 생활세계의 식민화라는 당신의 테제는 정보화사회에 의해 표상되는 일종의 병리

현상인 것처럼 제게는 비치고 있습니다. 저는 독일사회가 그러한 식민화의 문제를 어떻게 극복했는지에 대해 묻고 싶습니다.

하버마스 : 근래에 나오고 있는 전자미디어, 컴퓨터, TV, 인터넷 등으로 이야기되고 있는 정보혁명은 아직 기업세계, 과학정보 부문에 큰 영향을 미치고 있지만, 사회전반에 광범위한 영향을 미치는 단계는 아닌 것 같습니다. 사회적 영향을 검토한다면 TV의 영향이 아직까지는 가장 중요하지 않겠습니까? 그런데 신문과 TV는 상호보완적으로, 누적적으로 발전하는 경향이 있습니다. 즉 TV를 많이 보는 사람이 신문도 많이 본다는 것입니다. 따라서 TV가 프린트미디어의 완전한 경쟁자나 대체물이 되리라고는 생각하지 않습니다.

다른 하나의 문제는 사적 채널이 많이 늘어나는데, 그 결과 공공채널이 더 어려움을 겪고 있는 것이 사실입니다. 또 수용문제도 있습니다. 채널이 많아질수록 시청자의 선택이 많아지지만 아예 채널을 끄는 경향도 늘어납니다. 그런 경향이 때로는 정보의 분절화(分節化) 현상을 가져옵니다. 규범적으로 이야기하자면, 모든 시민들이 자기 나름대로 통합된 세계상을 발전시켜, 그 정치적 쟁점을 판단할 수 있게 되는 것이 가장 바람직스럽습니다. 그러나 채널의 다양화가 어떤 결과를 가져올지는 아직 모호합니다. 어떤 사람은 압도적 다원성을 잘 소화하지만 다른 사람은 분절화된 정보에 의존하는데, 이것은 상당 부분 수용자의 성격과 태도에 관련되어 있는 것 같습니다.

질문 : 근대사회는 대단히 빠르게 변화하고 있습니다. 당신은 방금 '분절화'에 대해 이야기했습니다. 철학이 개인과 특수영역 사이에서 또는 인터넷과 같은 커뮤니케이션이 오고 가는 공동체 내에서 '연결자'(*connector*)로서의 역할을 여전히 할 수 있다고 보십니까? 특수한 그룹이 서로에 대해서만 소통가능할 뿐이 아닐까요? 사회의 한 부분으로서의 철학이 다른 그룹들의 문제를 해결할 수 있을 것이라고 생각하십니까?

하버마스 : 이 주제는 오늘 오후에 프레스센터에서 마지막으로 발표할

논문과 직접 연관되는 문제이군요. 본인의 입장은 철학이 현대의 총체성과 관계되는 문제를 해결하고 답을 주는 열쇠를 가지고 있다는 주장은 이제 할 수 없다는 겁니다. 그런 시대는 이미 지났고 철학도 이제는 과학의 한 부분이 되고 있습니다. 그렇지만 매우 특정적이고 구체적인 방식으로 철학은 상이한 영역들을 '번역'하는 역할을 할 수 있다고 생각합니다. 예컨대 과학과 기술의 발전이 가져오는 사회적 결과들 또는 우리의 생활에 미치는 법의 영향들, 이런 것들을 심사숙고해서 사회부분들을 연계시키는 역할을 할 수 있지요. 특히 두 가지를 말씀드리고 싶습니다.

첫 번째는 공적인 지식인으로서의 역할입니다. 현대사회는 항상 자신의 문제를 질문하는 방식을 가지고 있습니다. 때문에 자기의식을 활발히 개진시켜 가는 운동으로서 철학의 역할은 매우 중요합니다. 이것은 문필가, 예술가 등과 함께 철학이 지식인으로서 할 수 있는 중요한 영역입니다.

둘째는 현대의 생명공학이나 핵공학의 발전이 부딪히는 문제를 다루는 일종의 윤리위원회 같은 것을 생각할 수 있습니다. 그런 위원회의 윤리문제를 검토하는 전문화된 철학자의 역할도 현대사회에서는 가능합니다. 그러나 전체적으로 본다면 철학자는 어떤 고정관념이나 사상에 정박되어 있기보다는 자유롭게 부동(浮動)하는 형태를 선호하기 때문에 '아나키즘'적 요소가 있습니다. 오늘 이렇게 기자들과 공동 인터뷰를 하고 있습니다만, 이것은 평소에 하지 않은 생소한 일입니다. 철학자와의 인터뷰는 여러분들이 늘상 하는 인터뷰와는 상당히 차이가 있을 줄 압니다. 그런 차이를 여러분들이 감지해 주었으면 좋겠습니다.

한국의 종교문화와 근대화

질문 : 종교와 관련하여 철학의 역할에 관한 질문을 던지고 싶습니다. 탈형이상학적 사고로 특징되는 당신의 작업에는 종교를 포함한 형이상학에 관한 논의가 있습니다. 만약 저의 독해방식이 옳다면, 당신은 소통적

토론이라는 면에서 형이상학을 극복하려고 애쓰는 것 같습니다. 그러면 한국의 종교운동에 대해서는 어떤 견해를 가지고 계십니까? 만일 당신이 의사소통의 관점에서 형이상학을 포함한 종교를 극복하려고 시도한다면 고대 그리스 철학에서 논의되었던 '비타 엑티바', 아벰 컨템플라티바'와 같은 것들에 대비되는 의미로서 종교에 관한 견해는 무엇입니까?

하버마스 : 종교를 서구적 감각에서 불교와 힌두교, 기독교 그리고 유태교와 같은 것으로 볼 때, 종교는 철학이 다룰 수 없는 독특한 역할을 하고 있습니다. 그것은 인간이 겪는 실존적 질문에 대한 궁극적인 대답을 제공한다는 것입니다. 예컨대 죽음이나 고통에 대해서 성찰할 수 있고 또 위안을 줄 수 있다는 것이지요. 철학은 이러한 기능을 할 수 없습니다. 이런 상황에서 우리는 탈형이상학 시대의 철학을 생각할 수 있습니다. 본인이 추구하는 탈형이상학 그 자체가 또 다른 형태의 형이상학이 아니냐는 질문도 있습니다. 그러나 이에 대한 문제는 더 이상 여기서는 다루지 않겠습니다. 단지 철학은 결코 큰 질문들을 포기해서는 안 된다는 점, '오류가능성'을 전제하는 사고방식을 가지고 철학적인 모든 가정들을 되돌아보는 운동이 필요하다는 점을 강조하고자 합니다. 이것을 본인은 '탈형이상학적 사유형식'이라고 보고 있습니다. 그 이전의 형이상학은 이런 오류 가능성을 설정하지 않았던 시대의 산물입니다. 조금 다른 이야기이긴 합니다만, 그리스시대의 형이상학은 근본적으로 종교적인 것에 기인한 것이고 아시아적인 종교도 상당한 정도의 유사성을 가지고 있습니다.

만일 한국인들이 지금까지 추구했던 근대화를 계속 추구하면서 동시에 문화적 정체성을 보존하고자 한다면, 한국에는 매우 중요한 문화적인 유산이 있는 것 같습니다. 불교와 유교는 좋은 자산입니다. 이 문화적 자산을 좀더 깊게 파헤쳐서 그것을 근대적인 삶의 형식과 조화될 수 있게 만드는 작업이 필요하지 않을까요? 해인사 팔만대장경 연구소의 스님과 이야기를 나누면서 불교가 유지하는 지극히 순수한 도덕적 · 윤리적 자원에 감동을 받았습니다. 다른 한편 유교 역시 가족공동체를 지향하는 자원을 많이 갖고 있기 때문에 의사소통이론의 관점에서 본다면 이 문화자산을 공동체적 연대의 기반으로 갱신해 갈 필요가 있습니다.

결국 요약하자면, 불교의 순수한 내적 초월의 윤리와 공동체 지향적 성격이 강한 유교가, 밖에서 보는 관찰에 불과하지만, 한국인들에게 근대화 과정의 문화적 정체성을 회복하고 발전시키는 데 중요한 역할을 할 수 있지 않을까 생각해 보았습니다. 가장 심층적인 문화자산으로 파고들어 가서 이것을 살아 있는 문화자원으로 만들 필요가 있다는 것이지요. 그 작업이 어느 때보다도 중요한 의미를 가질지도 모릅니다. 그러나 이것은 바깥에서 보는 관점으로서, 100퍼센트 자신있는 이야기는 아닙니다.

비판이론이 한국사회에 던지는 의미

질문 : 당신의 비판이론, 특히 의사소통이론은 현대사회에 대한 새로운 비판의 가능성을 열어놓은 것으로 평가를 받습니다. 당신은 비판의 인식론적 토대를 확립하려고 노력했지요. 그것은 해방적 관심이자 모든 인류에 대한 보편적 관심으로 나타납니다. 그러나 그것을 어떻게 실현할 수 있을지 제게는 명백하지 않습니다. 인간생존의 불가항력적 조건에 의해 자유와 평등은 쉽게 무시될 수도 있습니다. 자유와 평등을 용인하지 않는 제3세계의 권위주의 정권이 이 점을 잘 보여줍니다. 당신은 이러한 현실에 대해 어떻게 설명하거나 반응하겠습니까?

하버마스 : 대답은 반드시 맥락 안에서 이루어져야 하지만 일차적으로는 추상적인 대답을 하겠습니다. 어떤 공동체건간에 그 안에는 항상 생존의 요건에 시달리면서, 생존을 확보하는 과제와 함께 사람들 사이의 관계를 보다 더 형평성 있게, 정의롭게 구현하는 어려운 과제를 안고 있습니다. 한국의 경우 근대화 또는 현대성은 이미 확고부동한 사회적 사실로 드러나고 있습니다. 이것은 더 이상 어떤 선택이 아닙니다. 근대화는 착취나 식민화, 억압을 가져오기 때문에 그 자체를 정당화하는 데 다소 어려움이 있을지도 모르지만 이것은 회피할 수 없는 숙명으로 다가옵

니다. 이러한 맥락하에서 본인은 다음과 같은 말씀을 드리고 싶습니다. 한국의 개발독재체제가 경제발전을 주도해 오면서 인권억압, 착취, 사회적 부정의와 같은 가공할 결과를 가져왔다는 사실에 우리는 주목할 필요가 있습니다. 그러나 다른 한편 근래 정치적 민주화가 이루어지면서 경제발전도 계속할 수 있다는 점도 확인되고 있습니다. 그렇다면 아직 미완의 상태에 있는 민주주의를 완성시키기 위해서 정부가 좀더 자신감을 가지고 과거 군사정권의 잔재를 청산하는 작업을 훨씬 더 강력하게 추진할 수 있지 않을까 생각합니다. 좀더 구체적으로, 설사 북한의 위협이 있다 하더라도 남한체제의 강점이 확실한 만큼 과거청산 작업을 목적의식적으로 실천함으로써 자유민주주의 사회를 건설할 수 있다는 말씀입니다. 이런 맥락에서 국가보안법은 폐기되거나 근본적으로 개정되어야 할 것처럼 보입니다. 왜 자유냐 생존이냐의 선택에 한국인이 아직도 매여 있어야 하는지를 나는 이해할 수 없습니다. 그런 단계는 이미 지나간 것이 아닌가 생각합니다.

질문 : 제가 알기로 당신은 히틀러의 대중선동 같은 것들 때문에 대중강연을 대단히 싫어하시는 것으로 알고 있습니다. 하지만 한국에서는 실제로 많이 하셨는데요. 그중에 선생님께서 평소에 하신 이론적 작업 중의 하나가 빠지지 않았나 하는 생각을 하게 되었습니다. 그건 최근의 신보수주의에 대한 문제가 이번 강의에서는 한 번도 언급되지 않았다는 겁니다. 아시다시피 사회주의 붕괴 이후 세계적인 보수화 경향과 더불어 국내에서도 사회 전체가 보수화되고 있습니다. 방금 국가보안법 문제를 말씀해 주셨는데요. 경우에 따라서 정치권에서는 상대방을 압도하기 위해 마녀사냥식의 색깔논쟁도 일으키고 있습니다. 선생님께서는 그 보수주의, 특히 신보수주의의 위험성을 여러 저작에서 지적하셨는데요. 이를 어떻게 이해해야할지 말씀해 주시기 바랍니다.

두 번째로는, 국내 일정이 매우 빡빡한 가운데서도 국민회의 김대중 총재를 만나신 것으로 알고 있습니다. 그 과정이 어떻게 되었는지 궁금하고 어떤 말씀을 나누셨는지 공개할 수 있다면 말씀해 주십시오.

하버마스 : 김대중 박사와는 제가 머물고 있는 호텔에서 만나 1시간여 동안 우호적인 대담을 나누었습니다. 남북한의 통일문제와 이에 관련된 대외정책 문제에 대해서 의견을 교환했습니다. 매우 감동을 받았고 정책 구상이 자유주의적 기본노선과 상당히 유사하다는 인상을 받았습니다. 덧붙여 저는 개인적인 삶의 위험을 무릅쓰고 인권이나 민주주의 문제에 헌신하는 개인들을 항상 평소에 존경하고 있습니다.

신보수주의는 학생저항운동에 대한 일종의 반동으로서 1970년대부터 나온 사조라고 할 수 있습니다. 신보수주의는 우리가 근대화를 추구하는 과정에 어떻게 전통문화를 유지할 것이냐, 즉 삶의 연줄망이나 시각을 어떻게 전통에 연결시킬 것인가에 관련되어 나타났습니다. 그 밑에는 자본주의적 근대화와 문화적 전통주의 사이에 기능적 상보성이 있다는 전제가 깔려 있지요. 그러나 다른 한편, 근대화는 불가피하게 문화적 모더니즘을 불러오는데, 그러면 문화를 어떻게 보다 더 현대화할 것이냐의 질문이 나옵니다. 그러면 전통에 대한 도전이 일어나게 되지요. 이렇게 예술, 철학, 사회비평, 문예비평 등 여러 분야에서 문화의 현대화가 일어나면 이것이 우리의 삶의 정치적·경제적 기본구조를 무너뜨리거나 훼손시키지 않을까 하는 염려가 나올 수 있습니다. 그런 위험에 대한 생각이 신보수주의 운동을 이끌어가는 힘이 아닌가 생각합니다.

질문 : 당신은 김대중 씨에 대해 언급했습니다. 한국에서는 또 다른 중요한 김 씨가 있습니다. 그는 김영삼 대통령인데, 당신도 알고 계시겠지요? 클린턴 대통령과 김영삼 대통령의 4자회담 제안에 대한 당신의 견해는 어떻습니까? 아울러 김영삼 정부의 개혁 드라이브에 대해 어떻게 생각하시는지 궁금합니다. 이에 대해서 혹자는 환영하고 있고, 다른 이는 비판하고 있습니다. 어떤 이는 김영삼 대통령이 크롬웰적인 집정관주의적 독재주의의 경향을 보이고 있다고 비판합니다. 이런 종류의 비판에 대해 어떻게 생각하십니까?

하버마스 : 한국의 현 대통령에 관한 이야기는 충분한 정보가 없기 때

문에 조심스럽습니다. 한 가지를 언급한다면, 국가보안법에 관한 것입니다. 과거 민주화운동 시절 그 분은 국가보안법을 없애거나 고치겠다고 언명한 것으로 알고 있는데, 그 약속을 포기한 것이 아쉽습니다. 4자 회담 모델은 훌륭한 발상입니다. 한국과 북한이 대화적으로 참여하는 전제 조건하에서 강대국이 참여하는 모델은 실현성이 있는 좋은 모델이 아닌가 생각합니다.

질문 : 과도한 일반화가 될지도 모르겠지만 선생님은 인간해방이 시민사회와 공론장의 활성화를 통해서 가능하다고 주장해 오신 것으로 알려져 있는데요, 그러한 주장은 서구, 그러니까 노동자와 자본가의 관계가 상당히 안정되어 있는 서구의 경험, 특히 독일의 경험에 근거해 있는 것이 아닌가 생각합니다. 그러한 선생님의 견해가 아시아, 특히 한국에서 어느 정도로 유효성을 갖는다고 생각하시는지 말씀해 주십시오.

하버마스 : 공론장은 적어도 세 가지의 전제가 필요합니다. 하나는 이것을 통해 우리가 자유롭게 토론한다는 점에서 그 가치에 대한 규범적 기대가 있어야 하구요. 두 번째는 그것을 수행할 수 있는 자유주의적 정치문화가 보장되어야 합니다. 마지막으로 가장 중요한 것은 민주적인 제반 원칙에 부응하는 갈등해소 절차를 요구한다는 겁니다. 예컨대 노조결성의 자유와 노조활동의 자유가 보장되어야 하고 기업수준만이 아니라 전국적 수준에서 이것이 보장되어야 합니다. 노동자의 권리가 법적으로 보장되는 이러한 일련의 조건 위에서 공론의 장이 제대로 활동할 수 있다는 것이지요. 만일 이러한 조건이 한국사회에 아직 갖추어지지 못했다면, 그래도 이 쟁점을 비폭력적으로 주장하고 실현하기 위해 싸워야 할 장은 역시 공론의 장이 아니겠습니까? 공론의 장은 결국 정당한 요구를 개진하는 도전의 장입니다.

질문 : 독일 통일과 관련되는 부분인데요, 독일의 통일을 가능하게 만든 것은 도대체 무엇이었습니까? 그것은 연방정부의 정치력이었습니까? 위로부터의 혁명이었습니까? 아니면 모든 것이 고르바초프의 실수였습니까? 저는 동독의 마지막 수상이었던 마치에르와 대화를 나눌 기회를 가졌는데, 그는 "공산주의자가 스스로를 개혁하는 것은 불가능하다"라고 주장하더군요. 당신은 북한 김정일 체제의 운명을 어떻게 예견하고 계십니까?

하버마스 : 독일 통일에 관한 마치에르 동독 수상의 발언 가운데는 옳은 것이 많습니다. 그러나 결국 따지고 보면 소련체제의 내파(內破)가 독일 통일을 가능하게 만들었습니다. 고르바초프가 서독 정부로부터 경제적 도움을 얻는 대가로 놀라울 만큼 자유주의적 방식으로 소련 군대를 동독으로부터 철수시킨 것, 1990년 초에 고르바초프가 콜과 겐샤를 만났을 때 독일 통일을 제안하기보다 연기할 것으로 추측했는데, 그것을 적극적으로 받아들인 것을 보고 다들 놀랐습니다. 북한 체제가 내파될 가능성은 그리 높지 않은 것처럼 보이며, 그렇게 될 때 문제는 훨씬 심각해질 수 있다는 데 주의할 필요가 있습니다. 점진적으로 상황을 통제할 수 있는 것이 한국을 위해서도 좋다고 봅니다.

질문 : 고대 인촌기념관에서 있었던 한국사회학회 토론에서 언론에 대한 권력의 침투상황에 대해 잠시 언급하신 적이 있습니다. 오늘날 한국의 언론상황은 정치권력과 재벌의 힘에서 독립되지 못한 점이 상당히 심각합니다. 단적으로는 재벌들의 언론소유가 늘어나고 있고, 사주의 지속적인 세습체제가 언론의 독립을 어렵게 하고 있다는 생각이 듭니다. 이런 문제들을 과연 어떻게 해결할 수 있을까요? 조언을 부탁드리겠습니다.

하버마스 : 현대사회에서 매스미디어는 그 자체가 권력이 되는 경향이

있습니다. 따라서 미디어의 권력을 적법한 틀과 수단으로 규제하고 조정할 필요가 있지요. 미디어의 권력은 정보를 선택하는 권력이기 때문에 항상 새로운 모습으로 드러납니다. 이런 상황에서 다원주의를 신장하려면 미디어의 정치적·사회적 권력을 규제하는 적절한 법이 필요합니다. 특수한 연줄망은 어느 사회에서나 작용하지만 민주주의는 보편적 원리에 의해서 작동하는 체제 아닙니까? 따라서 특수 이해관계를 어떻게 보편적 틀로 규제하느냐의 문제가 제기됩니다. 특히 신문과 방송의 보도에 관련해서는 편집진과 경영 및 재정을 담당하는 부분 사이의 기능적 분화와 독립이 절대적으로 필요합니다. 독일에서는 이 분화가 당연하게 이루어지고 있습니다. 사적인 TV 채널에서는 다소 불투명한 면이 있지만 그곳에서도 이것은 대체로 이행되고 있습니다.

보다 구체적 방법에 관해서는 두 가지를 강조하고 싶습니다. 하나는 반독점법과 같은 법적 규제가 필요하다는 것이지요. 재벌이 언론에 손대지 못하도록 해야 합니다. 다른 하나는 미디어의 내부구조를 조정하는 법적 장치입니다. 편집권의 완전한 독립을 보장해야 한다는 것입니다. 최종적 문제는 고위 편집인이 어떻게 선임되느냐의 문제일 텐데요. 여기에는 이해관계를 갖는 사주의 의사가 반영될 것입니다. 그러나 사주의 개인적 결정이 너무 지나치게 드러나지 않고, 그의 행위가 신중하고 조심스럽도록 강요하기 위해서라도 광범위한 청문회 같은 것이 있어야 합니다. 이것은 이미 서구사회에서 널리 실시되고 있는 것이지요. 특히 미디어의 투명성이 보장되어야 하고, 한쪽의 힘을 다른 한쪽에서 체크할 수 있는 견제와 균형의 제도적 장치가 중요합니다.

결론적으로 미디어는 오늘날 어느 때보다도 다원주의적 의사수렴과 의사개진에 충실해야 합니다. 상호보완적 관점 또는 대안적 관점을 경쟁적으로 개진할 수 있어야 한다는 겁니다. 공론장은 적합한 쟁점을 여과시켜 사회에 확산함으로써 찬성과 반대의 논리가 자유롭게 개진되는 곳이지요. 따라서 사실 타협이 필요없는 영역입니다. 타협이나 교섭은 정당이나 의회가 해야 할 일이고, 공론의 장에서는 찬성과 반대의 의견을 가능한 한 선명하게, 거의 합의점이 없는 것 같이 보인다 하더라도, 그 수준까지 밀고 가는 것이 중요합니다. 바로 이것이 공론장이 해야 할 일이고 일단 그렇게 되면 정당, 의회, 정부가 그 가운데서 타협하고 교섭하는 것이 바람직스럽습니다. 여기서 우리는 복합사회의 일종의 기능 분화 모델을 발견할 수 있습니다.

참고문헌

Aarnio A., *The Rational as Reasonable*, Dordrecht 1987.

Ackerman B., *Social Justice in the Liberal State*, New Haven 1980.

______, "What is Neutral about Neutrality?", *Ethics* 93 (1983).

______, "The Storrs Lectures; Discovering the Constitution", *Yale Law Review* 93 (1984), 1013~1072.

______, "Why Dialogue?", *Journal of Philosophy* 86 (1989).

______, *We the People*, Cambridge/Mass. 1991.

Ahrens E. (Hg.), *Habermas und die Theologie*, Düsseldorf 1989.

Alexy R., *Theorie der juristischen Argumentation*, Frankfurt/M. 1978, 1990[3].

______, *Theorie der Grundrechte*, Baden-Baden 1985 u. Frankfurt/M. 1986.

______, "Probleme der Diskurstheorie", *Zeitschrift für philosophische Forschung* 43 (1989), 81~93.

______, "Zur Kritik des Rechtspositivismus", in: Dreier (1990), 9~26.

______, "Eine diskurstheoretische Konzeption der praktischen Vernunft", in: Maihofer/Sprenger (1993), 1~27.

Altman A., "Legal Realism, Critical Legal Studies and Dworkin", *Philosophy and Public Affairs* 15 (1986), 202~235.

Apel K.-O., *Transformation der Philosophie*, 2 Bde., Frankfurt/M. 1973.

______, "Das Apriori der Kommunikationsgemeinschaft", in: ders. (1973), Bd. II.

______, *Der Denkweg von Charles S. Peirce*, Frankfurt/M. 1975.

______, "Sprache und Bedeutung, Wahrheit und normative Gültigkeit",

Archivo di Filosofia 55 (1987), 51~88.

______, *Diskurs und Verantwortung*, Frankfurt/M. 1988.

______, "Zurück zur Normalität?", in: ders. (1988).

______, "Kann der postkantische Standpunkt der Moralität noch einmal in substantielle Sittlichkeit aufgehoben werden?", in: ders. (1988), 103~153.

______, "Diskursethik vor der Problematik von Recht und Politik", in: Apel/Kettner (1992), 29~61.

Apel K.-O./Kettner M. (Hg.), *Zur Anwendung der Diskursethik in Politik, Recht und Wissenschaft*, Frankfurt/M. 1992.

Arendt H., *Elemente und Ursprünge totalitärer Herrschaft*, Frankfurt am Main 1955.

______, *Vita Activa*, Stuttgart 1960.

______, *Über die Revolution*, München 1965.

______, *Macht und Gewalt*, München 1970.

______, *Das Urteilen, Texte zu Kants Politischer Philosophie*, München 1982.

Arens P., *Zivilprozeßrecht*, München 1988[4].

Arnnaud A. J., Hilpinen R., Wroblewski J. (Hg.), "Juristische Logik und Irrationalität im Recht", Beiheft 8, *Rechtstheorie*, 1985.

Assmann H. D., *Wirtschaftsrecht in der Mixed Economy*, Frankfurt/M. 1980.

Atiyah P. S., *The Rise and Fall of Contract of Freedom*, Oxford 1979.

Bachrach B., *Die Theorie demokratischer Eliteherrschaft*, Frankfurt/M. 1967.

Barbalet M., *Citizenship*, Stratford, England 1988.

Baur F. u. a. (Hg.), *Funktionswandel der Privatrechtsinstitutionen, Festschrift für L. Raiser*, Tübingen 1974.

Baynes K., *The Normative Grounds of Social Criticism, Kant, Rawls, and Habermas*, Albany, New York 1992.

Beck U., *Risikogesellschaft*, Frankfurt/M. 1986.

______, *Gegengifte. Die organisierte Unverantwortlichkeit*, Frankfurt/M. 1988.

Becker W., *Die Freiheit, die wir meinen*, München 1982.

Beiner R., *Political Judgement*, London, Chicago 1983.
Benhabib S., *Critique, Norm and Utopia*, New York 1986.
______, "Liberal Dialogue vs. a Critical Theory of Discoursive Legitimation", in: Rosenblum (1989).
______, *Situating the Self*, Cambridge 1992.
______, "Models of Public Space", in: dies. (1992), 89~120.
______, "Feminism and the Question of Postmodernism", in: dies. (1992), 203~242.
Benjamin W., *Der Surrealismus*, Gesammelte Schriften II, 3.
Bermbach U., "Politische Institutionen und gesellschaftlicher Wandel", in: Hartwich(1989), 57~71.
Bethge H., "Aktuelle Probleme der Grundrechtsdogmatik", *Der Staat* 24 (1985).
Bibo I., *Die deutsche Hysterie*, Frankfurt/M. 1991.
Blankenagel A., *Tradition und Verfassung*, Baden-Baden 1987.
Blühdorn J., Ritter J. (Hg.), *Recht und Ethik*, Frankfurt/M. 1970.
Bobbio N., *The Future of Democracy*, Cambridge/Mass. 1987.
______, "Gramsci and the Concept of Civil Society", in: Keane (1988), 73~100.
Böckenförde E. W., "Grundrechtstheorie und Grundrechtsinterpretation", in: *Neue Juristische Wochenschrift* 1974.
______(Hg.), *Staat und Gesellschaft*, Darmstadt 1976.
______, *Recht, Freiheit, Staat*, Frankfurt/M. 1991.
______, "Das Bild vom Menschen in der Perspektive der heutigen Rechtsordnung", in: ders. (1991) 58~66.
______, "Entstehung und Wandel des Rechtstaatsbegriffs", in: ders. (1991), 143~169.
______, "Die sozialen Grundrechte im Verfassungsgefüge", in: ders. (1991), 146~158.
______, "Grundrechte als Grundsatznormen", in: ders. (1991).
Boyle J., "The Politics of Reason: Critical Legal Theory and Local Social Thought", *Pennsylvania Law Review* 133 (1985), 685~780.
Brest P., "The Fundamental Rights Controversy", *Yale Law Journal* 90

(1981), 1063~1109.

Broda C. (Hg.), *Festschrift für R. Wassermann*, Neuwied, Darmstadt 1985.

Brüggemeier G., "Wirtschaftsordnung und Staatsverfassung", *Rechtstheorie* 8 (1982), 60~73.

______, "Justizielle Schutzpolitik de lege lata", in: Brüggemeier/Hart (1987), 7~41.

Brüggemeier G./Hart D., *Soziales Schuldrecht*, Bremen 1987.

Brunkhorst H., "Die Ästhetisierung der Intellektuellen", in: *Frankfurter Rundschau* vom 28. Nov. 1988.

______, "Zur Dialektik von realer und idealer Kommunikationsgemeinschaft", in: A. Dorschel u. a. (Hg.), *Transzendentalpragmatik*, Frankfurt/M., 342~358.

Bubner R., *Antike Themen und ihre moderne Verwandlung*, Frankfurt/M. 1992.

______, "Das sprachliche Medium der Politik", in: ders. (1992), 188~202.

Buchanan A. E., *Marx and Justice*, London 1982.

Calhoun C., *Habermas and the Public Sphere*, Cambridge/Mass. 1992.

Carens J. H., "Aliens and Citizens: The Case for Open Borders", *Review of Politics* 49 (1987).

Cobb R./Elder Ch., "The Politics of Agenda-Building", *Journal of Politics* (1971), 892~915.

Cobb R./Ross J. K./Ross M. H., "Agenda Building as a Comparative Political Process", *American Political Science Review* 70 (1976), 126~138.

Cohen J., "Deliberation and Democratic Legitimacy", in: Hamlin/Pettit (1989).

Cohen J./Rogers J., *On Democracy*, New York 1983.

Cohen J. L./Arato A., *Civil Society and Political Theory*, Cambridge/Mass. 1992.

Coing H., "Zur Geschichte des Begriffs 'subjektives Recht'", in Coing u. a. (1959).

______, "Das Verhältnis der positiven Rechtswissenschaft zur Ethik im 19. Jahrhundert", in: Blühdorn/Ritter (1970).

______ et al., *Das subjektive Recht und der Rechtsschutz der Persönlichkeit*, Frankfurt/M., Berlin 1959.

Conolly W. E., *The Terms of Political Discourse*, Lexington/Mass. 1974.

Czybulka D., *Die Legitimation der öffentlichen Verwaltung*, Heidelberg 1989.

Dahl R. A., *A Preface to Economic Democracy*, Oxford 1985.

______, *Democracy and its Critics*, New Haven 1989.

Daniels N. (Hg.), *Reading Rawls*, Oxford 1975.

Denninger E., *Staatsrecht*, Reinbek 1973.

______, "Verfassungsrechtliche Schlüsselbegriffe", in Broda Chr. (1985), wieder in: Denninger (1990).

______, "Verfassung und Gesetz", in: *Kritische Vierteljahresschrift für Gesetzgebung und Rechtswissenschaft* (1986).

______, *Der gebändigte Leviathan*, Baden-Baden 1990.

______, *Der Präventions-Staat*, in: ders. (1990).

Derrida J., Gesetzeskraft. *Der »mystische Grund der Autorität«*, Frankfurt/M. 1991.

Dewey J., *The Public and its Problems*, Chicago 1954.

Dippel H., "Die politischen Ideen der französischen Revolution", in: *Pipers Handbuch der Politischen Ideen*, Bd. 4, München 1986.

Downs A., *An Economic Theory of Democracy*, New York 1957.

Dreier R., "Was ist und wozu Allgemeine Rechtstheorie?", Tübingen 1975.

______, *Recht—Moral—Ideologie*, Frankfurt/M. 1981.

______, "Recht und Moral", in: ders. (1981).

______, *Rechtsbegriff und Rechtsidee*, Frankfurt/M. 1986.

______ (Hg.), *Rechtspositivismus und Wertbezug des Rechts*, Stuttgart 1990.

______, *Recht—Staat—Vernunft*, Frankfurt/M. 1991.

______, "Widerstandsrecht im Rechtsstaat?", in: ders. (1991), 39~72.

Dryzek J. S., *Discursive Democracy*, Cambridge 1990.

Dubiel H., *Zivilreligion in der Massendemokratie*, Manuskript 1989.

Durkheim E., *Physik der Sitten und des Rechts*, Frankfurt/M. 1991.

Dworkin R., *Taking Rights Seriously*, Cambridge/Mass. 1977; dt.:

Bürgerrechte ernstgenommen, Frankfurt/M. 1984.

______, *A Matter of Principle*, Cambridge/Mass. 1985.

______, "Principle, Policy, Procedure", in: ders. (1985), 72~103.

______, *Law's Empire*, Cambridge/Mass. 1986.

______. "Liberal Community", *Calif. Law Rev.* 77 (1989), 479~589.

______, *Foundations of Liberal Equality. The Tanner Lectures on Human Values*, Vol. VIII, 1990.

Edelstein W./Nunner-Winkler G. (Hg.), *Zur Bestimmung der Moral*, Frankfurt/M. 1986.

Eder K., Die *Entstehung staatlich organisierter Gesellschaften*, Frankfurt/M. 1976.

______, *Geschichte als Lernprozeß?*, Frankfurt/M. 1985.

Eisenstadt S. N. (Hg.), *Democracy and Modernity*, Leiden 1992.

Ellscheid G./Hassemer W. (Hg.), *Interessenjurisprudenz*, Darmstadt 1974.

Elster J., "The Market and the Forum", in: Elster/Hylland (1986).

______, *The Cement of Society*, Cambridge 1989.

______, *Arguing and Bargaining*, Manuskript 1991.

______, "The Possibility of Rational Politics", in: Held (1991).

______, *Arguing and Bargaining in Two Constituent Assemblies, The Storr Lectures*, Yale Law School, 1991, Manuskript.

Elster J./Hylland A. (Hg.), *Foundations of Social Choice Theory*, Cambridge 1986.

Elster J./Slagstad R. (Hg.), *Constitutionalism and Democracy* Cambridge 1988.

Ely J. H., *Democracy and Distrust. A Theory of Judicial Review*, Cambridge/Mass. 1980.

Ennecerus L., *Allgemeiner Teil des bürgerlichen Rechts*, Tübingen 1959[15].

Esser J., *Grundsatz und Norm in der richtrlichen Fortbildung des Privatrechts*, Tübingen 1964.

______, *Vorverständnis und Methodenwahl in der Rechtsfindung*, Kronberg 1972.

Euchner W., *Naturrecht und Politik bei John Locke*, Frankfurt/M. 1979.

Ewald F., *L'Etat Providence*, Paris 1986.

Faber H., *Verwaltungsrecht*, Tübingen 1987.

Ferguson A., *Versuch über die Geschichte der bürgerlichen Gesellschaft*, Frankfurt/M. 1986.

Fetscher I./Münkler H. (Hg.), *Pipers Handbuchpolitischer Ideen*, Bd. 3, München 1985.

Fiss O., "Objectivity and Interpretation", *Standford Law Review* 34 (1982), 739~763.

Forst R., *Kontexte der Gerechtigkeit*, Frankfurt/M. 1993.

Forsthoff E., *Der Staat der Industriegesellschaft*, München 1971.

______(Hg.), *Rechtsstaatlichkeit und Sozialstaatlichkeit*, Darmstadt 1968.

Forum für Philosophie Bad Homburg(Hg.), *Die Ideen von 1789*, Frankfurt/M. 1989.

Fraenkel E., *Deutschland und die westlichen Demokratien*, (hg. v. Alexander v. Brüneck), Frankfurt/M. 1991.

______, "Die repräsentative und plebiszitäre Komponente im demokratischen Verfassungsstaat", in: ders. (1991), 153~203.

______, "Parlament und öffentliche Meinung", in: ders. (1991).

Frankenberg G., "Der Ernst im Recht", *Kritische Justiz* 20 (1987).

Frankenberg G./Rödel U., *Von der Volkssouveränität zum Minderheitenschutz*, Frankfurt/M. 1981.

Frankfurt H. *The Importance of what we know about* Cambridge/Mass. 1988.

______, "Freedom of the Will and the Concept of the Person", in: ders (1988), 11~25.

Fraser N., *Unruly Practices*, Oxford 1991.

______, "Struggle over Needs", in: dies. (1991), 161~190.

______, "Rethinking the Public Sphere", in: Calhoun (1992).

Frege G., *Logische Untersuchungen*, Göttingen 1966.

Friedman L. M., "Transformations in American Legal Culture 1800-1985", *Zeitschrift für Rechtssoziologie* 6 (1985).

______, *Total Justice*, New York 1985.

Fröbel J., *System der socialen Politik*, Mannheim 1847.

______, *Monarchie oder Republik*, Mannheim 1848.

Fuller L., *The Morality of Law*, Chicago 1969.

Furet F., *Vom Ereignis zum Gegenstand der Geschichtswissenschaft*, Frankfurt/M. 1980.

______, *La Revolution 1780-1880*, Paris 1988.

Furet F./Richet D., *Die Französische Revolution*, Frankfurt/M. 1968.

Gadamer H. G., *Wahrheit und Methode*, Tübingen 1960.

Gehlen A., *Der Mensch*, Bonn 1950.

______, *Urmensch und Spätkultur*, Bonn 1956.

Gerhards J./Neidhardt F., *Strukturen und Funktionen moderner Öffentlichkeit*, Wissenschaftszentrum Berlin 1990.

Giddens A., *Profiles and Critiques in Social Theory*, London 1982.

Giegel H. J. (Hg.), *Kommunikation und Konsens in modernen Gesellschaften*, Frankfurt/M. 1992.

Glotz P., *Der Irrweg des Nationalstaates*, Stuttgart 1990.

Glusy Ch., "Das Mehrheitsprinzip im demokratischen Staat", in: Guggenberger/Offe (1984), 61~82.

Göhler G. (Hg.), *Grundfragen der Theorie politischer Institutionen*, Opladen 1987.

Göhler G. u. a. (Hg.), *Politische Institutionen im gesellschaftlichen Umbruch*, Opladen 1990.

Goodin R., "What is so Special about our Fellow Countrymen?", *Ethics* 98 (1988), 663~686.

Goodman D., "Public Sphere and Private Life: Toward a Synthesis of Current Historical Approaches to the Old Regime", *History and Theory* 31 (1992), 1~20.

Gorden R. W., "Critical Legal Histories", *Stanford Law Review* (1984).

Görlitz A., Voigt R., *Rechtspolitologie*, Hamburg 1985.

Grawert R., "Staatsangehörigkeit und Staatsbürgerschaft", *Der Staat* 23 (1984), 179~204.

______, "Staatsvolk und Staatsangehörigkeit", in: Isensee/Kirchhoff (1987).

Grimm D., "Reformalisierung des Rechtsstaats?", *Juristische Schulung*, H. 10 (1980), 704~709.

______, *Recht und Staat der bürgerlichen Gesellschaft*, Frankfurt/M. 1987.

______(Hg.), *Wachsende Staatsaufgaben—sinkende Steuerungsfähigkeit des Rechts*, Baden-Baden 1990.

______, Die Zukunft der Verfassung, Frankfurt/M. 1991.

______, "Rückkehr zum liberalen Grundrechtsverständnis?", in: ders. (1991), 221~240.

______, "Der Wandel der Staatsaufgaben und die Krise des Rechtsstaats", in: ders. (1991).

______, "Verfassungsrechtliche Anmerkungen zum Thema Prävention", in: ders. (1991).

______, "Interessenwahrung und Rechtsdurchsetzung in der Gesellschaft von morgen", in: ders. (1991).

Guggenberger B./Offe C. (Hg.), *An den Grenzen der Mehrheitsdemokratie*, Opladen 1984.

Gunsteren H. R. van, "Admission to Citizenship", *Ethics* 98 (1988).

Günther K., *Der Sinn für Angemessenheit*, Frankfurt/M. 1988.

______, "Ein normativer Begriff der Kohärenz. Für eine Theorie der juristischen Argumentation", *Rechtstheorie* 20 (1989).

______, *Hero-Politics in Modern Legal Times*, Institute for Legal Studies, Madison Law School, Series 4, Madison/Wi. 1990.

______, "Der Wandel der Staatsaufgaben und die Krise des regulativen Rechts", in: Grimm (1990).

______, "Kann ein Volk von Teufeln Recht und Staat moralisch legitimieren?", in: *Rechtshistorisches Journal*, Heft 10 (1991) 233~267.

______, "Die Freiheit der Stellungnahme als politisches Grundrecht", in: Koller u.a. (1991).

______, "Universalistische Normbegründung und Normanwendung", in: Herberger u.a. (1991).

______, "Möglichkeiten einer diskursethischen Begründung des Strafrechts", in: Jung u.a. (1991), 205~217.

Gurevitch M./Blumler G., "Political Communication Systems and Democratic Values", in: Lichtenberg (1990).

Häberle P., "Grundrechte im Leistungsstaat", in: *Veröffentlichungen der Vereinigung der Deutschen Staatsrechtslehrer* 30 (1972), 43~131.

______(Hg.), *Verfassungsgerichtsbarkeit*, Darmstadt 1976.

______, *Verfassung als öffentlicher Prozeß*, Frankfurt/M. 1978.

______, *Die Verfassung des Pluralismus*, Frankfurt/M. 1980.

______, "Die offene Gesellschaft der Verfassungsinterpreten", in: ders. (1980), 79~105.

Habermas J., *Theorie und Praxis*, Frankfurt/M. 1971.

______, *Legitimationsprobleme im Spätkapitalismus*, Frankfurt/M. 1973.

______, *Zur Rekonstruktion des Historischen Materialismus*, Frankfurt/M. 1976.

______, *Theorie des kommunikativen Handelns*, 2 Bde., Frankfurt/M. 1981(a).

______, *Philosophisch-politische Profile*, Frankfurt/M. 1981(b).

______, *Zur Logik der Sozialwissenschaften*, Frankfurt/M. 1982.

______, *Moralbewußtsein und kommunikatives Handeln*, Frankfurt/M. 1983.

______, *Vorstudien und Ergänzungen zur Theorie des kommunikativen Handelns*, Frankfurt/M. 1984.

______, *Der philosophische Diskurs der Moderne*, Frankfurt/M. 1985(a).

______, *Die neue Unübersichtlichkeit*, Frankfurt/M. 1985(b).

______, "Gerechtigkeit und Solidarität", in: Edelstein/Nunner-Winkler (1986).

______, *Eine Art Schadensabwicklung*, Frankfurt/M. 1987.

______, *Nachmetaphysisches Denken*, Frankfurt/M. 1988.

______, "Der Philosoph als wahrer Rechtslehrer": Rudolf Wiethölter, *Kritische Justiz* 22 (1980), 138~156.

______, *Die nachholende Revolution*, Frankfurt/M. 1990.

______, *Strukturwandel der Öffentlichkeit*, Frankfurt/M. 1990.

______, *Erläuterungen zur Diskursethik*, Frankfurt/M. 1991(a).

______, *Texte und Kontexte*, Frankfurt/M. 1991(b).

______, *Vergangenheit als Zukunft*, Zürich 1991(c).

Habermas J./Friedeburg L.v./Oehler Ch./Weltz F., *Student und Politik*, Neuwied 1961.

Hall St. (Hg.), *Culture, Media, Language*, London 1980.

Hall St., "Encoding and Decoding in TV-Discourse", in: ders. (1980),

128~138.
Hamlin A./Pettit B. (Hg.), *The Good Polity*, Oxford 1989.
Hankiss E., "The Loss of Responsibility", in: MacLean/Montefiori/Winch (1990), 29~52.
Hart D., "Soziale Steuerung durch Vertragsabschlußkontrolle", *Kritische Vierteljahresschrift für Gesetzgebung und Rechtswissenschaft* (1986).
Hart H. L. A., *Der Begriff des Rechts*, Frankfurt/M. 1973.
______, "Rawls on Liberty and its Priority", in: Daniels (1975), 230~252.
Hartig A. I., "Das Bicentennaire—eine Auferstehung?", in: *Merkur*, März 1989.
Hartwich H. H. (Hg.), *Macht und Ohnmacht politischer Institutionen*, Opladen 1989.
Hassemer W., "Juristische Hermeneutik", *Archiv für Rechts- und Sozialphilosophie* 72 (1986).
______, "Rechtsphilosophie, Rechtswissenschaft, Rechtspolitik", *Archiv für Rechts- und Sozialphilosophie, Beiheft* 44 (1991), 130~143.
Hayek F. A. v., *Die Verfassung der Freiheit*, Tübingen 1971.
Held D., *Models of Democracy*, Oxford 1987.
______, *Political Theory and the Modern State*, Oxford 1989.
______, "Citizenship and Autonomy", in: ders. (1989), 214~242.
______(Hg.), *Political Theory Today*, Oxford 1991.
Heller H., *Gesammelte Schriften*, Leiden 1971.
Hellesness J., "Toleranz und Dissens", *Zeitschr. f. Phil.* 40 (1992), 245~255.
Herberger M. u. a. (Hg.), *Generalisierung und Individualisierung im Rechtsdenken, Archiv für Rechts- und Sozialphilosophie*, Beiheft 45, 1991.
Hesse K., *Verfassungsrecht und Privatrecht*, Heidelberg 1988.
______, *Grundzüge des Verfassungsrechts der Bundesrepublik Deutschland*, Heidelberg 1990.
Hilgartner St., "The Rise and Fall of Social Problems" *American Journal of Sociology* 94 (1988), 53~78.

Hirsch J., *Der Sicherheitsstaat*, Frankfurt/M. 1980.

Hobbes Th., *Vom Menschen—Vom Bürger*, Hamburg 1977.

______, *Leviathan*, Neuwied 1966.

Hoerster N. (Hg.), *Recht und Moral*, Göttingen 1972.

Hoerster N., *Verteidigung des Rechtspositivismus*, Frankfurt/M. 1989.

Höffe O., *Politische Gerechtigkeit*, Frankfurt/M. 1987.

______, *Kategorische Rechtsprinzipien*, Frankfurt/M. 1990.

______, *Gerechtigkeit als Tausch?* Baden-Baden 1991.

Hofman H., "Das Postulat der Allemeinheit des Gesetzes", in: Starck (1987), 9~48.

Holmes St., "Gag Rules or the Politics of Omission", in: Elster/Slagstad (1988), 19~58.

Honneth A. u.a. (Hg.), *Zwischenbetrachtungen im Prozeß der Aufklärung*, Frankfurt/M. 1989.

Honneth A., *Kampf um Anerkennung*, Frankfurt/M. 1992.

Hoy D. C., "Interpreting the Law: Hermeneutical and Poststructuralist Perspectives", *Southern California Law Review* 58 (1985), 135~176.

______, "Dworkin's Constructive Optimism vs. Deconstructive Legal Nihilism", *Law and Philosophy* 6 (1987), 321~356.

Huber E. R., "Rechtsstaat und Sozialstaat in der modernen Industriegesellschaft", in: Forsthoff (1968).

Huber H., *Rechtstheorie, Verfassungsrecht, Völkerrecht*, 1971.

______, "Die Bedeutung der Grundrechte für die sozialen Beziehungen unter den Rechtsgenossen", in: ders. (1971).

Ihering R. v., *Geist des römischen Rechts*, Leipzig 1888.

Isensee J. v./Kirchhoff P. (Hg.), *Handbuch des Staatsrechts*, Heidelberg 1987.

Joerges Ch., "Die Überarbeitung des BGB, die Sonderprivatrechte und die Unbestimmtheit des Rechts", *Kritische Justiz* (1987), 166~182.

______, "Politische Rechtstheorie und Critical Legal Studies", in: Joerges/Trubek (1989), 597~644.

Joerges Ch./Trubek D. M. (Hg.), *Critical Legal Thought: An American-German Debate*, Baden-Baden 1989.

Johnson J., "Habermas on Strategic and Communicative Action", *Political Theory* 19 (1991), 181~201.

Jung u. a. (Hg.), *Recht und Moral*, Baden-Baden 1991.

Kaase M., "Massenkommunikation und politischer Prozeß", in: Kaase/Schulz(1989), 97~117.

Kaase M., Schulz W. (Hg.), *Massenkommunikation*. KZfSS 30, 1989.

Kahn P. W., "Reason, Will and the Origins of American Constitutionalism", *Yale Law Journal* 98 (1989), 449~517.

Kahn-Freund O., "Das soziale Ideal des Reichsarbeitsgerichts", in: Ramm(1966).

Kallscheuer O., Revisionismus und Reformismus, in: *Pipers Handbuch der politischen Ideen*, Bd. 4, München 1986.

Kant I., *Die Metaphysik der Sitten, Werke* (hg. von Wilhelm Weischedel) Bd. IV.

______, *Grundlegung zur Metaphysik der Sitten*, Werke, Bd. IV.

______, *Über den Gemeinspruch*, Werke, Bd. VI.

Kaufmann A., *Theorie der Gerechtigkeit*, Frankfurt/M 1984.

______, "Über die Wissenschaftlichkeit der Rechtswissenschaft", *Archiv für Rechts- und Sozialphilosophie* 72 (1986).

______(Hg.), *Rechtsstaat und Menschenwürde, Festschrift für W. Maihofer*, Frankfurt/M. 1986.

Kaufmann A., "Recht und Rationalität", in: ders. (Hg.), *Festschrift für W. Maihofer*, Frankfurt/M. 1986.

______, *Rechtsphilosophie in der Nach-Neuzeit*, Heidelberg 1990.

Keane, J., *Democracy and Civil Society*, London 1988.

______(Hg.), *Civil Society and the State*, London 1988.

Keane J., *The Media and Democracy*, Cambridge 1991.

Kelsen H., "Wer soll der Hüter der Verfassung sein?" in: *Die Justiz* VI (1931), 576~628.

______, *Allgemeine Staatslehre*, Bad Homburg 1968.

Kennedy D., "Form and Substance in Private Law Adjucation", *Harvard*

Law Review 89 (1976).
Kersting W., *Wohlgeordnete Freiheit*, Berlin 1984.
Kielmannsegg P., "Ohne historisches Vorbild", *FAZ* vom 7. Dez. 1990.
Kleger H./Müller R., *Religion der Bürgers*, München 1986.
Knieper R., *Nationale Souveränität. Versuch über Ende und Anfang einer Weltordnung*, Frankfurt/M. 1991.
Koch H. J., *Die juristische Methode im Staatsrecht*, Frankfurt/M. 1977.
Kohlberg L., *The Philosophy of Moral Development, Essays on Moral Development*, Vol. I, San Francisco 1981.
Koller P. u. a. (Hg.), *Theoretische Grundlagen der Rechtspolitik, Archiv für Rechts- und Sozialphilosophie*, Beiheft 51, 1991.
Köndgen J., *Selbstbindung ohne Vertrag*, Tübingen 1981.
Koselleck R., *Vergangene Zukunft*, Frankfurt/M. 1979.
Koslowski P., *Gesellschaft und Staat*, Stuttgart 1982.
Kress K. J., "Legal Reasoning and Coherence Theories: Dworkins Rights Thesis, Retroactivity and the Linear Order of Decisions", *University of California Law Review* 72 (1984), 369~402.
Kreuder Th. (Hg.), *Der orientierungslose Leviathan*, Marburg 1992.
Kriele M., *Einführung in die Staatslehre*, Reinbek 1975, Opladen 1981.
______, *Recht und praktische Vernunft*, Göttingen 1979.
Kübler F., "Privatrecht und Demokratie", in: Baur u. a. (1974).
______, *Über die praktischen Aufgaben zeitgemäßer Privatrechtstheorie*, Karlsruhe 1975.
______(Hg.), *Verrechtlichung von Wirtschaft, Arbeit und sozialer Solidarität*, Baden-Baden 1984, Frankfurt/M. 1985.
______, "Die neue Rundfunkordnung. Marktstruktur und Wettbewerbsbedingungen", in: *Neue Juristische Wochenschrift*, Heft 47 (1987), 2961~2967.
Kuhlmann W. (Hg.), *Moralität und Sittlichkeit*, Frankfurt/M. 1986.
Kunig Ph., *Das Rechtsstaatsprinzip*, Tübingen 1986.
Kuratorium für einen demokratisch verfaßten Bund Deutscher Länder (Hg.), *In freier Selbstbestimmung. Für eine gesamtdeutsche Verfassung mit Volksentscheid*, Berlin, Köln, Leipzig 1990

(Schriftenreibe der Heinrich-Böll-Stiftung, Heft 4, 1990).
Laker Th., *Ziviler Ungehorsam*, Baden-Baden 1986.
Langer C., *Reform nach Prinzipien. Zur politischen Theorie Immanuel Kants*, Stuttgart 1986.
Larmore Ch., *Patterns of Moral Complexity*, Cambridge 1987.
______, "Political Liberalism", *Political Theory* 18 (1990).
Lepenies W., *Melancholie und Gesellschaft*, Frankfurt/M. 1969.
Lepsius M. R., *Interessen, Ideen und Institutionen*, Opladen 1990.
______, "Ethnos und Demos", in: ders. (1990), 247~255.
______, "Der europäische Nationalstaat", in: ders. (1990).
Lichtenberg J. (Hg.), *Democracy and the Mass Media*, Cambridge/Mass. 1990.
Lösche P., "Anarchismus", in: *Pipers Handbuch der Politischen Ideen*, Bd. 4, München 1986.
Löwith K., *Weltgeschichte und Heilsgeschehen*, Stuttgart 1953.
Lüderssen K., *Genesis und Geltung im Recht*, Frankfurt/M. 1993.
______, "Die Steuerungsfunktion des Gesetzes—Überformung oder Gegensteuerung zur Entwicklungstendenz einer Gesellschaft", in: ders. (1992).
Luhmann N., *Legitimation durch Verfahren*, Neuwied 1969.
______, "Normen in soziologischer Perspektive", *Soziale Welt* 20 (1969).
______, *Ausdifferenzierung des Rechts*, Frankfurt/M. 1981.
______, *Politische Theorie im Wohlfahrtsstaat*, München 1981.
______, *Rechtssoziologie*, Opladen 1983.
______, "Einige Probleme mit »reflexivem« Recht", *Zeitschr. f. Rechtstheorie* 6 (1985).
______, *Die soziologische Beobachtung des Rechts*, Frankfurt/M. 1986.
______, *Ökologische Kommunikation*, Opladen 1986.
______, "Intersubjektivität oder Kommunikation", *Archivo di Filosofia*, Vol. LIV, 1986.
______, "Politische Steuerung. Ein Diskussionsbeitrag", in: *Politische Vierteljahresschrift* 30 (1989), 4~9.
______, *Gesellschaftsstruktur und Semantik*, 3 Bde., Frankfurt/M. 1990.

______, *Juristische Argumentation*, Manuskript 1991.

______, *Beobachtungen der Moderne*, Köln 1992.

MacCormick N., *Legal Reasoning and Legal Theory*, Oxford 1978.

MacIntyre A., *Whose Justice? Which Rationality?* Notre Dame/Ind. 1988.

MacKinnon C. A., *Towards a Feminist Theory of the State*, Cambridge/Mass. 1989.

MacLean J./Montefiori A./Winch P. (Hg.), *The Political Responsibility of Intellectuals*, Cambridge 1990.

Macpherson C. B., *Die politische Theorie des Besitzindividualismus*, Frankfurt/M. 1973.

Maier Ch. S. (Hg.), *Changing Boundaries of the political*, Cambridge 1987.

Maihofer W. (Hg.), *Begriff und Wesen des Rechts*, Darmstadt 1973.

Mailhofer W./Sprenger G. (Hg.), *Praktische Vernunft und Theorien der Gerechtigkeit*. Vorträge des 15. IVR-Weltkongresses in Göttingen, August 1991, Bd. 1, Stuttgart 1993 (*Archiv für Rechts-und Sozialphilosophie* Beiheft 50).

Manin B., "On Legitimacy and Political Deliberation", *Political Theory* 15 (1987).

Mansbridge J., "Self-Interest in Political Life", *Political Theory* 18 (1990), 132~153.

March J.G./Olsen J.P., "The new Institutionalism: Organizational Factors of Political Life", in: *American Political Science Review* 77 (1984), 734~749.

______, "Popular Souvereignity and the Search for Appropriate Institutions", *Journal of Public Policy* 6 (1984), 341~370.

______, *Rediscovering Institutions. The Organizational Basis of Politics*, New York 1989.

Markov W., *Die Jakobinerfrage Heute*, Berlin 1967.

Marshall T. H., *Citizenship and Social Class*, Cambridge/Mass. 1950, wiederin: ders. (1973); dt. in: ders., *Bürgerrecht und soziale Klassen*, Frankfurt/M. 1992, 33~94.

______, *Class, Citizenship and Social Development*, Westport/Conn. 1973.

Marx K., *Der 18. Brumaire des Louis Napoleon*, Berlin 1953.

Mashaw J. L., *Due Process in the Administrative State*, New Haven 1985.

Maus I., "Entwicklung und Funktionswandel des bürgerlichen Rechtsstaates", in: Tohidipur (1978), Bd. I.

______, *Bürgerliche Rechtstheorie und Faschismus*, München 1980.

______, *Rechtstheorie und politische Theorie im Industriekapitalismus*, München 1986.

______, "Entwicklung und Funktionswandel der Theorie des bürgerlichen Rechtsstaats", in: dies. (1986), 11~82, auch in: Göhler (1987).

______, "Verrechtlichung, Entrechtlichung und der Funktionswandel von Institutionen", in dies. (1986), 277~331.

______, "Die Trennung von Recht und Moral als Begrenzung des Rechts", *Rechtstheorie* 20 (1989), 191~210.

______, "Zur Theorie der Institutionalisierung bei Kant", in: Göhler u. a. (Hg.) (1990).

______, *Zur Aufklärung der Demokratietheorie*, Frankfurt/M. 1992.

______, "Basisdemokratische Aktivitäten und rechtsstaatliche Verfassung", in: Kreuder (1992), 99~116.

Mayntz R. (Hg.), *Implementation politischer Programme* II, Opladen 1983.

______, *Steuerung, Steruerungsakte, Steuerungsinstrumente*, H. 70, Hi-Mon, Gesamthochschule Siegen 1986.

McCarthy J. E., "Semiotic Idealism", *Transactions of the Ch. S. Peirce Society*, Vol. 20, 1984.

Menke-Eggers Ch., *Die Souveränität der Kunst*, Frankfurt/M. 1988.

Merry H. J., *Five Branch Government*, Urbana/Ill. 1980.

Mestmäcker E. J., "Der Kampf ums Recht in der offenen Gesellschaft", *Rechtstheorie* 20 (1989), 273~288.

______, "Die Wiederkehr der bürgerlichen Gesellschaft und ihres Rechts", *Rechtshistorisches Journal* 10 (1991), 177~184.

Michelman F. I., "The Supreme Court 1985 Term", Foreword, *Havard Law Review* 100 (1986), 4~77.

______, "Justification (and Justifiability) of Law", *Nomos*, Vol. XVIII (1986).

______, "Justification and the Justifiability of Law in a Contradictory

World", *Nomos*, Vol. XVIII (1986).

_____, "Political Truth and the Rule of Law", *Tel Aviv University Studies in Law* 8 (1988).

_____, "Law's Republic", *The Yale law Journal*, Vol. 97 (1988).

_____, "Bringing the Law to Life", *Cornell Law Review* 74 (1989).

_____, "Conceptions of Democracy in American Constitutional Argument: The Case of Pornography Regulation", *Tennessee Law Review* 56 (1989).

_____, "Conceptions of Democracy in American Constitutional Argument: Voting Rights", *Florida Law Review* 41(1989), 443~490.

Millar J., Vom *Ursprung des Unterschieds in den Rangordnungen und Ständen der Gesellschaft*, Frankfurt/M. 1967.

Miller D., "The Ethical Signifacance of Nationality", *Ethics* 98 (1988).

Minda G., "The Jurisprudential Movements of the 1980s", *Ohio State Law Journal* 50 (1989), 599~662.

Minow M., *Making all the Difference. Inclusion, Exclusion and American Law*, Ithaca 1990.

Moon J. D., "Constrained Discourse and Public Life", *Political Theory* 19 (1991), 202~229.

Morley D., *Family Television*, London 1988.

Münch R., *Theorie des Handelns*, Frankfurt/M. 1982.

_____, "Die sprachlose Systemtheorie", *Zeitschr. f. Rechtstheorie* 6(1985).

_____, *Die Kultur der Moderne*, 2 Bde., Frankfurt/M. 1986.

Naucke W., *Die Wechselwirkung zwischen Strafziel und Verbrechensbegriff*, Stuttgart 1985.

_____, *Versuch über den aktuellen stil des Rechts*, Schriften der H. Ehlers-Akademie 19 (1986).

Negt O./Mohl E. Th., "Marx und Engels—der unaufgehobene Widerspruch von Theorie und Praxis", in: *Pipers Handbuch der Politischen Ideen*, Bd. 4, München 1986.

Neumann U., *Juristische Argumentationslehre*, Darmstadt 1986.

_____, "Rückwirkungsverbot bei belastenden Rechtsprechungsänderungen der Strafgerichte?", in: *Zeitschrift für die gesamte*

Staatswissenschaft 103 (1991), 331~356.
Offe C., *Contradictions of the Welfare State*, London 1984.
______, "Challenging the Boundaries of Institutional Politics: Social Movements since the 1960s", in: Maier (1987), 63~106.
______, "Bindung, Fessel, Bremse", in: Honneth u. a. (1989).
Offe C./Preuß U. K., "Democratic Institutions and Moral Resources", in: Held (1991).
Ogorek R., *Richterkönig oder Subsumtionsautomat. Zur Justiztheorie im 19. Jahrhundert*, München 1986.
Papier H. J., *Eigentumsgarantie des Grundgesetzes im Wandel*, Heidelberg 1984.
Parsons T., *Sociological Theory and Modern Society* New York 1967.
______, "On the Concept of Influence", in: ders. (1967), 355~382.
______, *The System of Modern Societies*, Englewood Cliffs 1971.
Parsons T./Shils E., *Toward a General Theory of Action*, New York 1951.
Parsons T./Bales R. F./Shils E., *Working Papers in the Theory of Action*, New York 1953.
Pateman C., *The Problem of Political Obligation*, Oxford 1979.
Peirce Ch. S., *Collected Papers*, Vol I-VIII, Cambridge/Mass. 1966.
Perry M. J., *Morality, Politics and Law*, Oxford 1988.
Peters B., *Rationalität, Recht und Gesellschaft*, Frankfurt/M. 1991.
______, *Die Integration moderner Gesellschaften*, Frankfurt/M. 1993.
Pitkin H., Justice. "On Relating Private and Public", *Political Theory* 9 (1981).
Pocock J. G. A., *The machiavellian Moment: Florentine Political Thought and the Atlantic Republican Tradition*, Princeton 1975.
______, "Virtues, Rights, and Manners", *Political Theory* 9 (1981), 353~368.
Popitz H., *Die normative Konstruktion von Gesellschaft*, Tübingen 1980.
Posposil L., *Anthropologie des Rechts*, München 1982.
Preuß U. K., *Legalität und Pluralismus*, Frankfurt/M. 1973.
______, *Die Internalisierung des Subjeckts*, Frankfurt/M. 1979.

______, "Was heißt radikale Demokratie heute?", in: Forum für Philosophie Bad Homburg (1989), 37~67.

______, *Revolution, Fortschritt und Verfassung. Zu einem neuen Verfassungsverständnis*, Berlin 1990.

______, "Verfassungstheoretische Überlegungen zur normativen Begründung des Wohlfahrtsstaates", in: Sachße u. a. (1990).

Puchta G. F., *Cursus der Institutionen*, Leipzig 1865.

Puhle H. J., "Die Anfänge des politischen Konservatismus in Deutschland", in: *Pipers Handbuch der Politischen Ideen*, Bd. 4, München 1986.

Putnam H., "Why Reason can't be naturalized", *Synthese* 52 (1982), 1~23.

______, *Vernunft, Wahrheit und Geschichte*, Frankfurt/M. 1982.

Raiser L., *Die Zukunft des Privatrechts*, Berlin 1971.

______, *Die Aufgabe des Privatrechts*, Frankfurt/M. 1977.

______, "Der Stand der Lehre vom subjektven Recht im Deutschen Zivilrecht", in: ders. (1977).

Raiser Th., *Rechtssoziologie*, Frankfurt/M. 1987.

Ramm Th. (Hg.), *Arbeitsrecht und Politik*, Frankfurt/M. 1966.

Raschke J., *Soziale Bewegungen*, Frankfurt/M. 1985.

Rawls J., "Justice as Fairness: Political not Metaphysical", *Philosophical and Public Affairs*, Vol. 14 (1985).

______, *Theorie der Gerechtigkeit*, Frankfurt/M. 1975.

______, "Kantian Constructivism in Moral Theory, Journal of Philosophy", Vol. 77 (1980), 515~572.

______, *The Tanner Lectures on Human Values 1982* (hg. von St. McMurrin), Salt Lake City 1983.

______, "The Basic Liberties and their Priorities", in: ders. (1983).

______, "The Domain of the Political and Overlapping Consensus", Manuskript 1989

______, *Die Idee des politischen Liberalismus*, Frankfurt/M 1992.

Regh W., "Insight and Solidarity, The Idea of a Discourse Ethics", Diss. pfil., Northwestern University, Evanston 1991.

Regh W., "Discourse and the Moral Point of View: Deriving a Dialogical

Principle of Universalization", *Inquiry* 34 (1991), 27~48.
Rehbinder E., "Reflexives Recht und Praxis", *Jahrbuch für Rechtssoziologie und Rechtstheorie*, Bd. XII(1988), 109~129.
Richards D. A. J., "Moral Philosophy and the Search for Fundamental Values in Constitutional Law", *Ohio State Law Journal* 42 (1981).
Ridder H., *Die soziale Ordnung des Grundgeserzes* Opladen 1975.
Ritter J., *Metaphysik und Politik*, Frankfurt/M. 1969.
Rödel U. (Hg.), *Autonome Gesellschaft und libertäre Demokratie*, Frankfurt/M. 1990
Rödel U./Frankenberg G./Dubiel H., *Die demokratische Frage*, Frankfurt/M. 1989.
Rohde D. L., *Justice and Gender*, Cambridge/Mass. 1989.
Rolke L., *Protestwegungen in der Bundesrepublik*, Opladen 1987.
Roniger L., "Condition for the Consolidation of Democracy in Southern Europe and Latin America", in: Eisenstadt (1992), 53~68
Rorry R., *Solidarität oder Objektivität*, Stuttgart 1988.
______, "Der Vorrang der Demokratie vor der Philosophie". in: ders. (1988).
Rosenblum N. (Hg.), *Liberalism and the Moral Life*, Cambridge/Mass. 1989.
Rousseau J.-J., *Contrat Social III*, 1; deutsch: *Staat und Gesellschaft*, München 1959.
Royce J., *The Spirit of Modern Philosophy*, Boston 1892.
Rupp H. H., "Vom Wandel der Grundrechte", *Archiv des öffentlichen Rechts* (1976).
Rüsen J. u. a. (Hg.), *Die Zukunft der Aufklärung*, Frankfurt/M. 1988.
Rüthers B., *Die unbegrenzte Auslegung*, Frankfurt/M. 1973.
Sachße Ch. u. a. (Hg.), *Sicherheit und Freiheit*, Frankfurt/M. 1990.
Salgo R., "Soll die Zuständigkeit des Familiengerichts erweitert werden?", *Zeitschrift für das gesamte Familienrecht* 31 (1984).
Savigny F. C. v., *System des heutigen Römischen Rechts*, Berlin 1840.
Scharpf F. W., *Demokratietheorie zwischen Utopie und Anpassung*, Konstanz 1970.
______, "Verhandlungssysteme, Verteilungskonflikte und pathologien der

politischen Steuerung", in: *Politische Vierteljahresschrift*, Sonderheft »Staatstätigkeit«, 19 (1989), 61~67.

______, "Politische Steuerung und politische Institution", in: *Politische Vierteljahresschrift* 30 (1989), 10~21.

______, "Politische Stererung und politische Institution", in: Hartwich (1989), 17~29.

Schattschneider E. E., *The Semisouvereign People*, New York 1960.

Scheit H., *Wahrheit—Demokratie—Diskurs*, Freiburg 1987.

Scheling Th., *Micromotives and Macrobehavior*, New York 1978.

Schelsky H., *Die Soziologen und das Recht*, Opladen 1980.

Schlosser H., *Grundzüge der neueren Privatrechtsgeschichte*, Heidelberg 1982.

Schluchter W., *Die Entwicklung des okzidentalen Rationalismus*, Tübingen 1979.

______, *Religion und Lebensführung*, Frankfurt/M. 1988.

______, *Beiträge zur Werttheorie*, in: ders. (1988).

Schmidt E., "Von der Privat- zur Sozialautonomie", *Juristenzeitung* 35 (1980).

Schmidt J., "Zur Funktion der subjektiven Rechte", *Archiv für Rechts- u. Sozialphilosophie*, Bd. 57 (1971), 383~396.

Schmidt W., *Einführung in die Probleme des Verwaltungsrechts*, München 1982.

Schmidt-Assmann E., "Der Rechtsstaat", in: Isensee/Kirchhoff (1987).

Schmitt C., *Die geistesgeschichtliche Lage des heutigen Parlamentarismus*, Berlin 1926.

______, *Verfassungslehre*, Berlin 1928.

______, *Der Hüter der Verfassung*, Tübingen 1931.

______, *Über drei Arten des rechtswissenschaftlichen Denkens*, Hamburg 1934.

Schnädelbach H., "Was ist Neoaristotelismus?", in: Kuhlmann (1986).

Schnur R. (Hg.), *Zur Geschichte der Erklärung der Menschenrechte*, Darmstadt 1964.

Schulin E., *Die Französische Revolution*, München 1988.

Schumpeter J. A., *Kapitalismus, Sozialismus und Demokratie*, Bern 1950.

Schüssler-Fiorenza F., "Die Kirche als Interpretationsgemeinschaft", in:

Ahrens (1989), 115~144.
Sen A., "Rational Fools", *Philosophy and Public Affairs* 6 (1977).
Shuck P. H., Smith R. M., *Citizenship without Consent*, New Haven 1985.
Shue H., "Mediating Duties", *Ethics* 98 (1988), 687~704.
Simitis S., "Zur Verrechtlichung der Arbeitsbeziehungen", in: Kübler (1984), 73~166.
______, "Selbstbestimmung: Illusorisches Projekt oder reale Chance?", in: Rüsen u. a. (1988).
______, "Wiederentdeckung des Individuums und arbeitsrechtliche Normen", *Sinzheimer Cahiers* 2 (1991), 7~42.
Simon H., "Rational Decision Making in Business Organizations", in: *Models of Bounded Rationality*, Bd. 2, Cambridge/Mass. 1982.
Smart C., *Feminism and the Power of Law*, London 1989.
Smith T., *The Role of Ethics in Social Theory*, Albany, New York 1991.
Starck Ch. (Hg.), *Die Allgemeinheit des Gesetzes*, Göttingen 1987.
Starobinski J., *1789—Die Embleme der Vernunft*, München 1988.
Steiner H. J., *Moral Argument and Social Vision*, Madison/Wisc. 1987.
Suhr D., "Staat — Gesellschaft — Verfassung", *Der Staat* 17 (1978).
Summers R. S., *Instrumentalism and American Legal Theory*, Ithaca 1982.
______, *Lon Fuller*, Stanford 1984.
Sunstein C. R., "Interest Groups in American Public Law", *Stanford Law Review* 38 (1985).
______, *After the Rights Revolution*, Cambridge/Mass. 1990.
Taylor Ch., *Negative Freiheit?*, Frankfurt/M. 1988.
______, "Legitimationskrise", in: ders. (1988).
______, "Was ist menschliches Handeln?", in: ders. (1988)
______, "Sources of the Self", Cambridge/Mass. 1989.
______, "The Liberal-Communitarian Debate", in: Rosenblum (1989).
Teubner G., "Reflexives Recht", *Archiv für Rechts- u. Sozialphilosophie* 68, (1982).
______, "Substantive and Reflexive Elements in Modern Law", 17, *Law and Society Review* 239, 1983.

______, "Verrechtlichung — Begriffe, Merkmale, Grenzen, Auswege", in: Kübler (1984) 289~344.

______ (Hg.), *Dilemmas of Law in the Welfare State*, Berlin 1986.

______ (Hg.), *Autopoietic Law: A New Approach to Law and Society*, Berlin 1988.

______, *Recht als autopoietisches System*, Frankfurt/M. 1989.

______, "Regulatorisches Recht: Chronik eines angekündigten Todes", *Archiv für Rechts- u. Sozialphilosophie*, Beiheft 54 (1990), 140~161.

______, "Die Episteme des Rechts", in: Grimm (1990).

Thadden R. v., "Die Botschaft der Brüderlichkeit", in: *Süddeutsche Zeitung* vom 26./27. Nov. 1988.

Thompson J. B., *Ideology and Modern Culture*, Cambridge 1990.

Tohidipur M. (Hg.), *Der bürgerliche Rechtsstaat I*, Frankfurt/M. 1978.

Toulmin St., *Der Gebrauch von Argumenten*, Kronberg 1975.

Toulmin St./Rieke R./Janik A., *An Introduction to Reasoning*, New York 1979.

Tribe L. H., "The Puzzling Persistence of Process-Based Constitutional Theories", *Yale Law Journal* 89 (1980), 1063~1080.

Trubek D. M./Esser J. P., "Critical Empiricism and American Critical Legal Studies", in: Joerges/Trubek (1989).

Tugendhat E., *Einführung in die sprachanalytische Philosophie*, Frankfurt/M. 1976.

______, *Selbstbewußtsein und Selbstbestimmung*, Frankfurt/M. 1979.

Tuori K., "Discourse Ethics and the Legitimacy of Law", *Ratio Juris* 2 (1989), 125~143.

Turner B. S., *Citizenship and Capitalism*, London 1986.

Unger R. M., *Law and Society*, New York 1976.

______, *The Critical Legal Studies Movement*, Cambridge/Mass. 1986.

Varain H. J., "Die Bedeutung des Mehrheitsprinzips", in: Guggenberger/Offe (1984).

Voigt R. (Hg.), *Abschied vom Recht?*, Frankfurt/M. 1983.

Vollrath E., *Die Rekonstruktion der politischen Urteilskraft*, Stuttgart 1977.

Walzer M., *Spheres of Justice*, New York 1983.
______, "The Communitarian Critique of Liberalism", *Political Theory* 18 (1990).
Weber M., *Wirtschaft und Gesellschaft*, Köln 1956 (1964).
______, *Rechtssoziologie* (hg. von J. Winckelmann), Neuwied 1960.
______, *Methodologische Schriften*, Frankfurt/M. 1968.
______, "Über einige Kategorien der verstehenden Soziologie", in: ders. (1968)
Weber W., *Spannungen und Kräfte im westdeutschen Verfassungssystem*, Stuttgart 1951.
Weinberger O., "Der Streit um die praktische Vernunft", in: Maihofer/Sprenger (1993), 29~47.
Wellmer A., *Ethik und Dialog*, Frankfurt/M. 1986.
______, "Models of Freedom in the Modern World", *The Philosophical Forum* XXI (1989/90), 227~252.
______, "Konsens als Telos sprachlicher Kommunikation?", in: Giegel H. J. (1992), 18~30.
Wesel U., *Frühformen des Rechts in vorstaatlichen Gesellschaften*, Frankfurt/M. 1985.
Westbrook R. B., *J. Dewey and American Democracy*, Ithaca 1991.
Wieacker F., *Privatrechtsgeschichte der Neuzeit*, Göttingen 1967.
______, *Industriegesellschaft und Privatrechtsordnung*, Frankfurt/M. 1974.
______, "Das Sozialmodell der klassischen Privatrechtsgesetzbücher und die Entwicklung der modernen Gesellschaft", in: ders. (1974).
Wiethölter R., "Proceduralization of the Category of Law", in: Joerges/Trubek (1989), 501~510.
______, "Ist unserem Recht der Prozeß zu machen?", in: Honneth u. a. (1989), 794~812
Willke H., *Ironie des Staates*, Frankfurt/M. 1992.
Windscheid B., *Lehrbuch des Pandektenrechts*, Frankfurt/M. 1906.
Wingert L., *Gemeinsinn und Moral*, Frankfurt/M. 1993.
Winzeler R., *Die politischen Rechte des Aktivbürgers nach schweizerischem Bundesrecht*, Bern 1983.

Wroblewski J. "Legal Syllogism and Rationality of Judicial Decision", *Rechtstheorie* 5 (1974).

Young I. M., *Justice and the Politics of Difference*, Princeton 1990.

Zacher H. F. "Verrechtlichung im Bereich des Sozialen", in: Kübler (1984), 14~72.

찾아보기

A

B

I・J

K

L

M

N · O

P

R

S